상위 1 등급 비문학 독해 배경지식

| 1권 |

KB034067

01 서양 철학 사상의 흐름

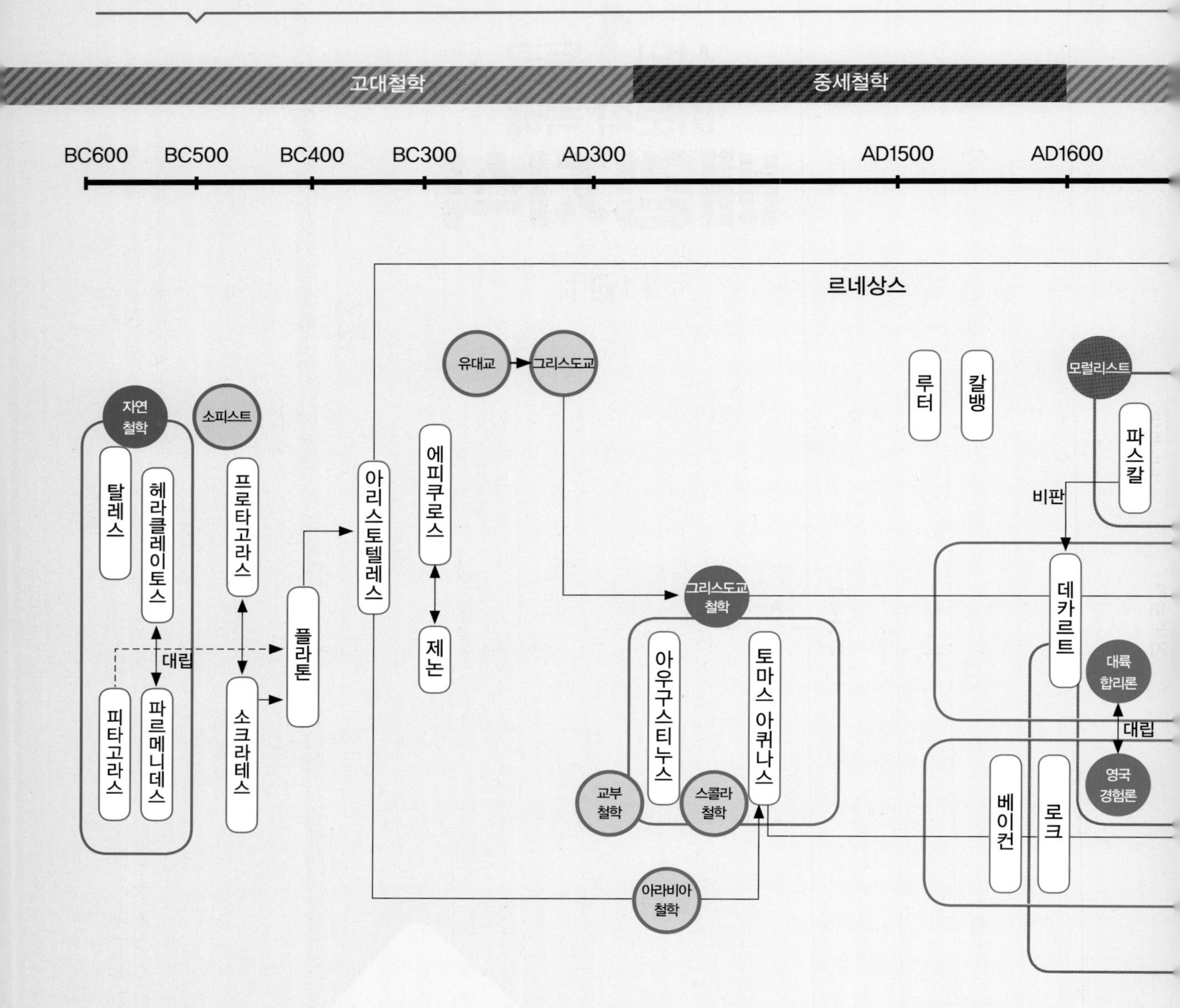

근대철학

현대 철학

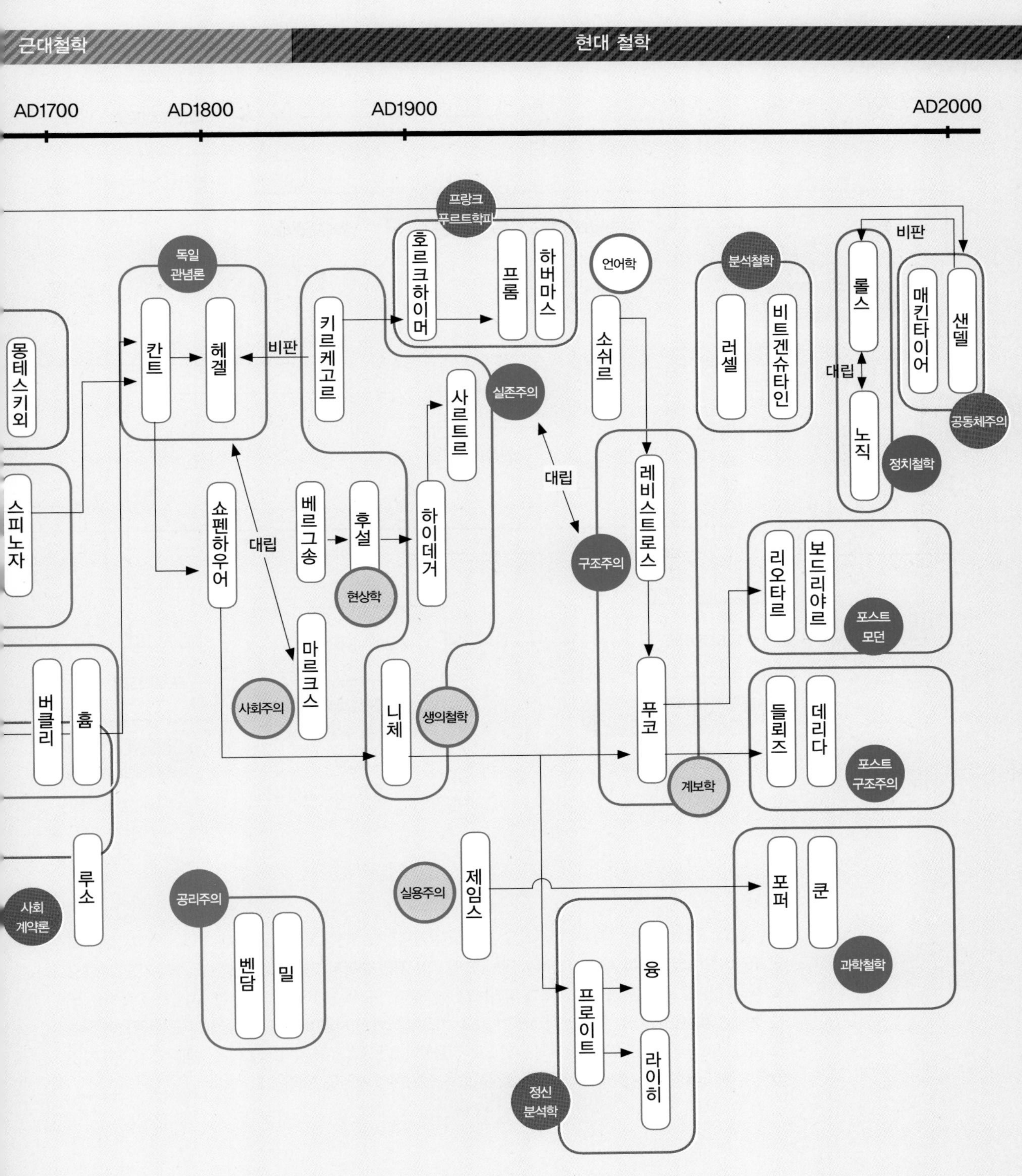

AD1700
AD1800
AD1900
AD2000
독일 관념론
칸트
헤겔
비판
키르케고르
프랑크푸르트학파
호르크하이머
프롬
하버마스
언어학
소쉬르
분석철학
러셀
비트겐슈타인
비판
롤스
대립
노직
정치철학
매킨타이어
샌델
공동체주의
몽테스키외
스피노자
쇼펜하우어
대립
베르그송
후설
현상학
하이데거
사르트르
실존주의
대립
구조주의
레비스트로스
리오타르
보드리야르
포스트 모던
마르크스
사회주의
니체
생의철학
푸코
계보학
들뢰즈
데리다
포스트 구조주의
버클리
흄
루소
사회 계약론
공리주의
벤담
밀
실용주의
제임스
포퍼
쿤
과학철학
프로이트
융
라이히
정신 분석학

02 서양 고대 철학 사상의 흐름

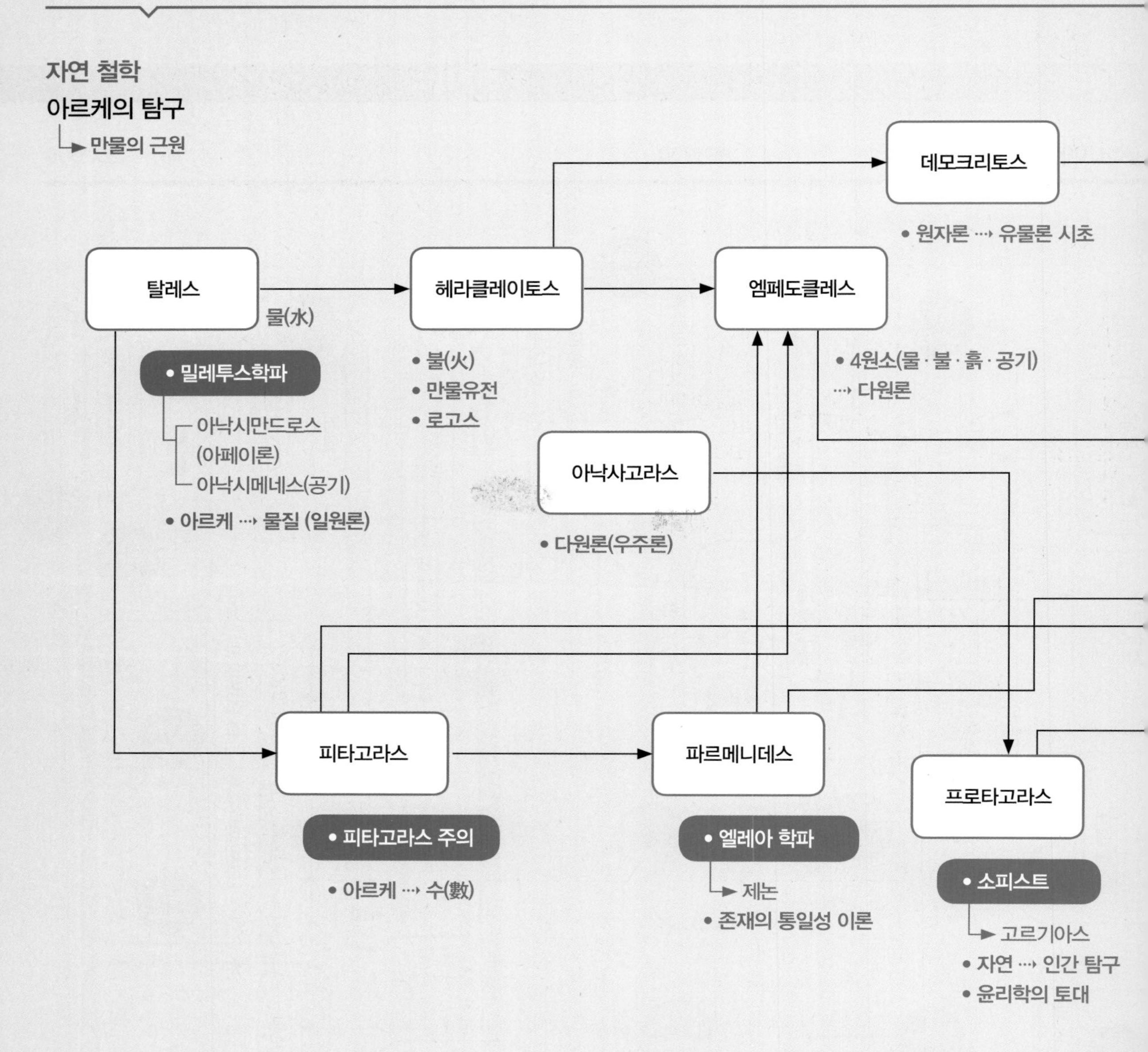

인류 역사에서 정신의 발전이 이루어진 것은 대략 기원전 500년경 무렵으로, 고대 그리스 철학자들은 과학과 신비를 서로 분리해서 생각하기 시작했다. 일군의 **'자연 철학자'**그룹으로, 그들은 세계의 기원을 '신'으로 생각하지 않고, 자연 안에서 세계를 바라보기 시작했다. 탈레스를 비롯한 자연 철학자들은 존재하는 모든 것에는 공통된 만물의 근원인 **'아르케'**가 있고, 이것이 다양한 사물이 생겨나는 공통의 근원 물질이 되는 동시에, 우리가 경험하는 모든 변화의 원인으로 작용한다고 보았다. 이 시기의 철학은 밀레투스학파의 자연 철학, 피타고라스학파, 엘레아학파, 헤라클레이토스, 원자론의 사상을 포함한다.

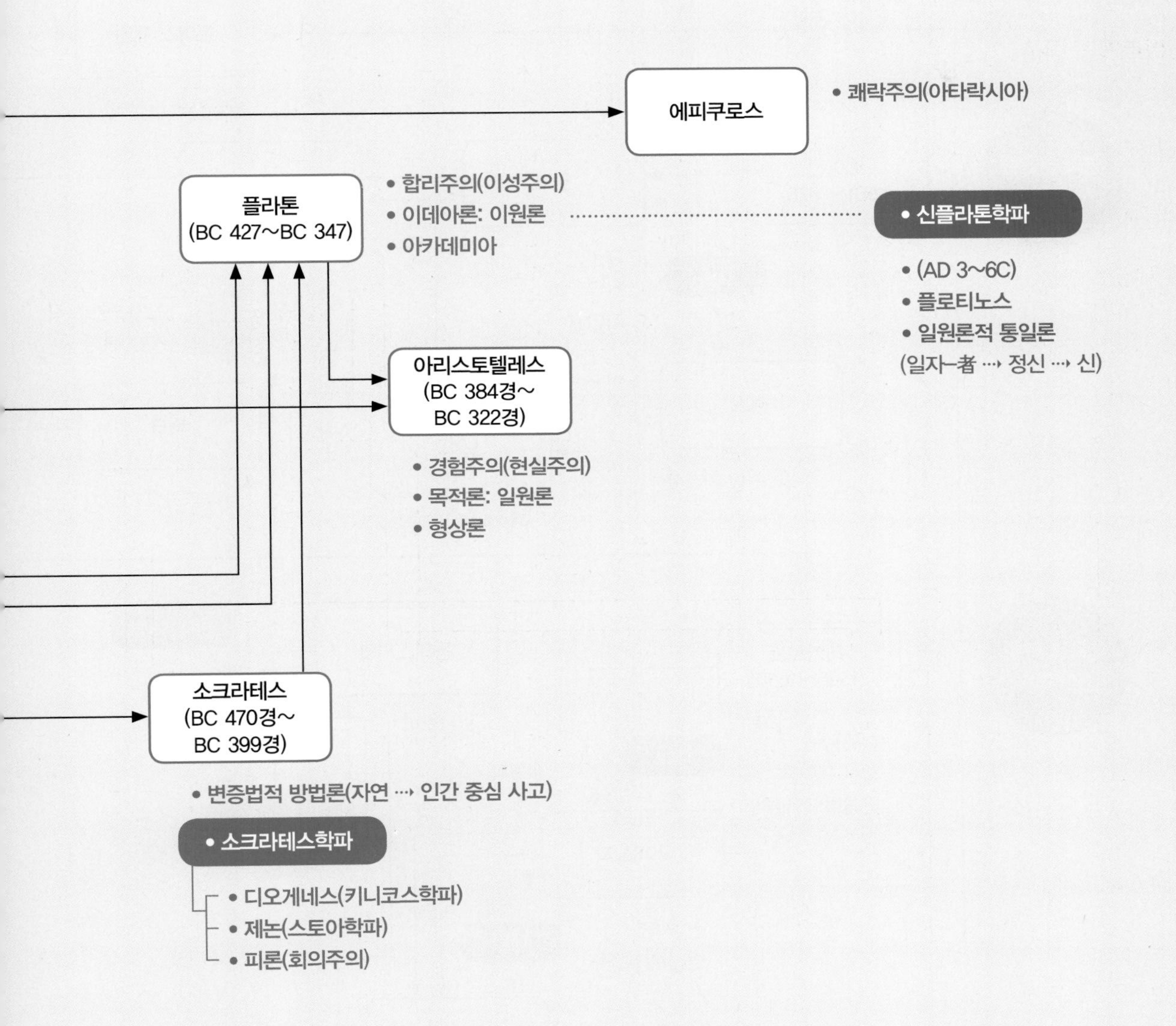

이후 소피스트를 중심으로 철학의 관심은 자연의 근본 원리가 아니라 인간과 사회로 전환됐고, 소크라테스, 플라톤, 아리스토텔레스라는 걸출한 철학자들이 아테네를 중심으로 그리스 철학의 전성기를 이루었다. 특히 플라톤은 스승 소크라테스의 인간 중심 사고를 이어받아 **'이데아론'**을 체계적으로 조직함으로써 서양 정신사에 엄청난 영향력을 끼친 사고체계를 구축한 결과, "서양철학 전체는 플라톤의 각주에 불과하다."라는 후세의 평가를 받았다. 플라톤의 제자 아리스토텔레스는 플라톤의 사상을 이어받아 과학을 체계화하고 논리학을 공식화하는 한편, 다방면의 방대한 저술을 통해 지식을 체계화함으로써 이후 서양철학의 방향과 내용에 매우 큰 영향을 끼쳤다.

03 서양 근대 철학 사상의 흐름

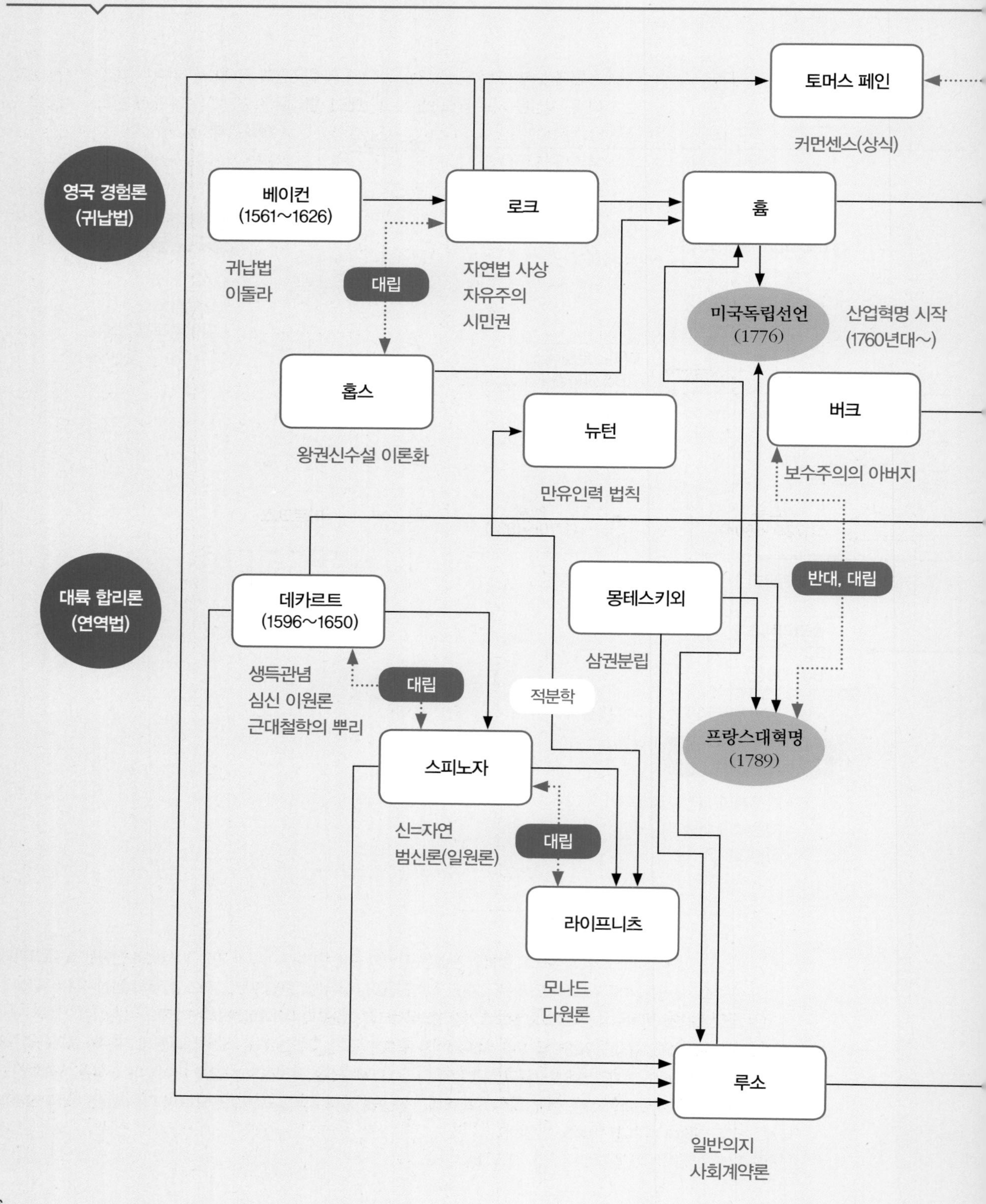

근대에 이르러 유럽을 중심으로 대륙의 합리론과 영국에서 비롯된 경험론이 탄생했다. 이 두 사상은 서로 대립하면서 발전했다. **합리론**은 인간 이성을 통해 진리를 깨달을 수 있다는 생각으로, 데카르트의 사상으로부터 시작하여 스피노자, 루소로 이어졌다. **경험론**은 인간의 인식에서 경험의 역할을 중시하며, 로크의 사상으로부터 시작하여 버클리, 흄으로 이어졌다. 이후 **칸트**는 합리론과 경험론의 대립을 넘어 둘을 체계적으로 종합했는데, 그는 인식이 경험과 개념의 종합에서 나온다고 생각했다. 칸트의 철학은 이후 헤겔에 계승되면서 **독일 관념론**으로 발전했다.

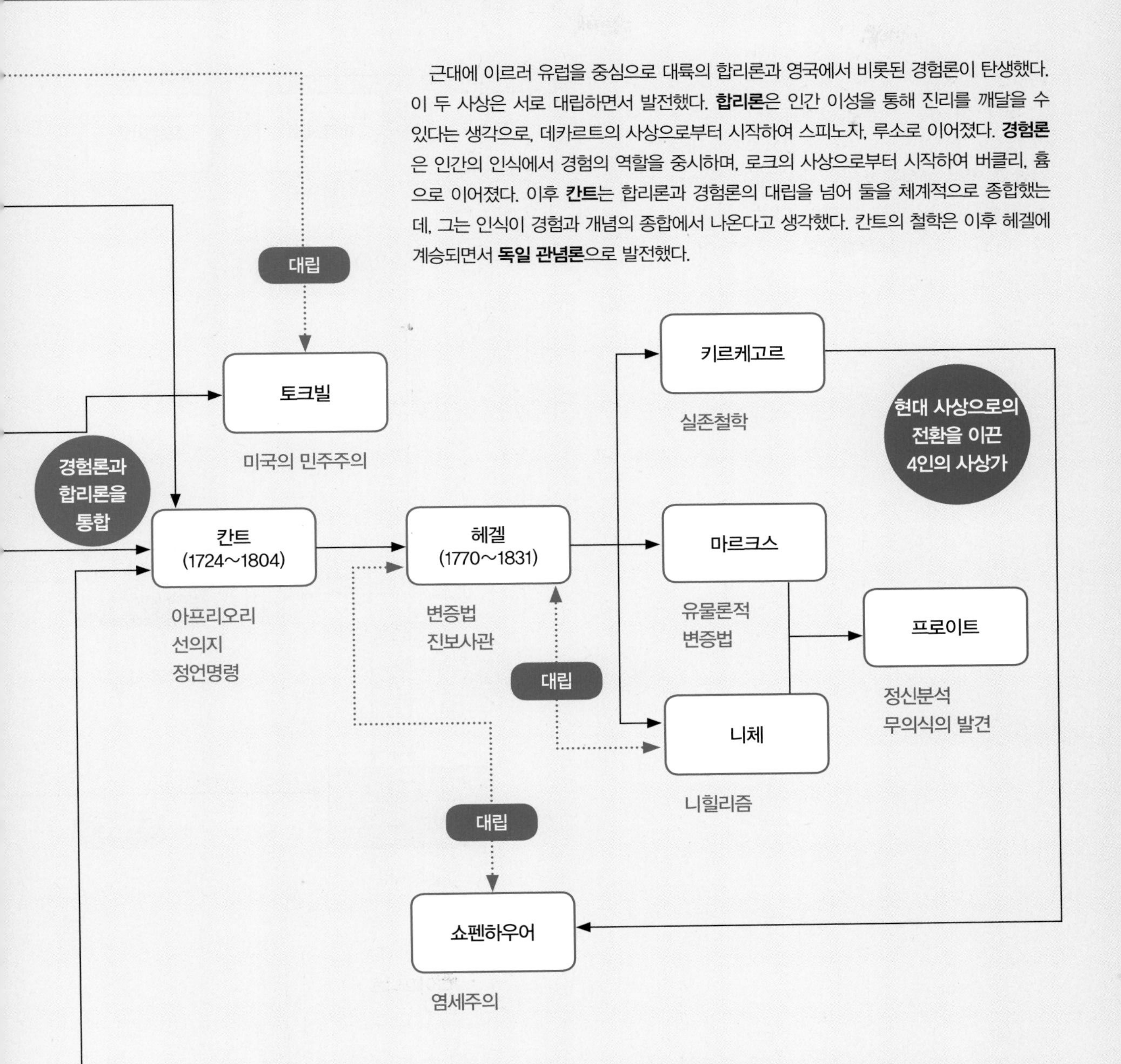

서양 근대 철학을 한마디로 요약하면, 사물을 이루는 실체로서 물질(대상)보다는 정신(이성)을 우위에 두고 세상을 인식하는 **'주체의 철학'**이라고 말할 수 있다. 하지만 19세기 중엽 이후 인간 이성의 우월성을 강조하는 주체 중심의 철학에 대한 비판이 일어나기 시작했는데, 이른바 '반이성의 철학', **'탈주체의 철학'**이 시작되었다. 이때 현대 사상으로의 획기적인 발상의 전환을 이끈 4인의 사상가가 있었는데, '실존철학'의 **키르케고르**, '유물론적 변증법'의 **마르크스**, '니힐리즘'의 **니체**, 그리고 '무의식'의 **프로이트**가 그들이다. 이들은 이후 현대 철학에서 실증주의, 실용주의, 분석철학, 실존철학 등 다양한 분파의 사상이 태동하는 데 절대적인 영향을 끼쳤다.

04 20세기 서양 현대 철학을 이끈 5명의 사상가

본격적인 현대 철학 시기는 20세기부터로 볼 수 있다. 이 시기 이후의 현대 철학 사상은 일반적으로 프랑스 · 독일을 중심으로 한 **대륙철학**과 **영미 분석철학**으로 구분된다. 오늘날 현대 철학은 '유사와 상사'로 대변되는 다양화 · 다원화의 철학적 흐름으로 분파되어 발전을 거듭하고 있다.

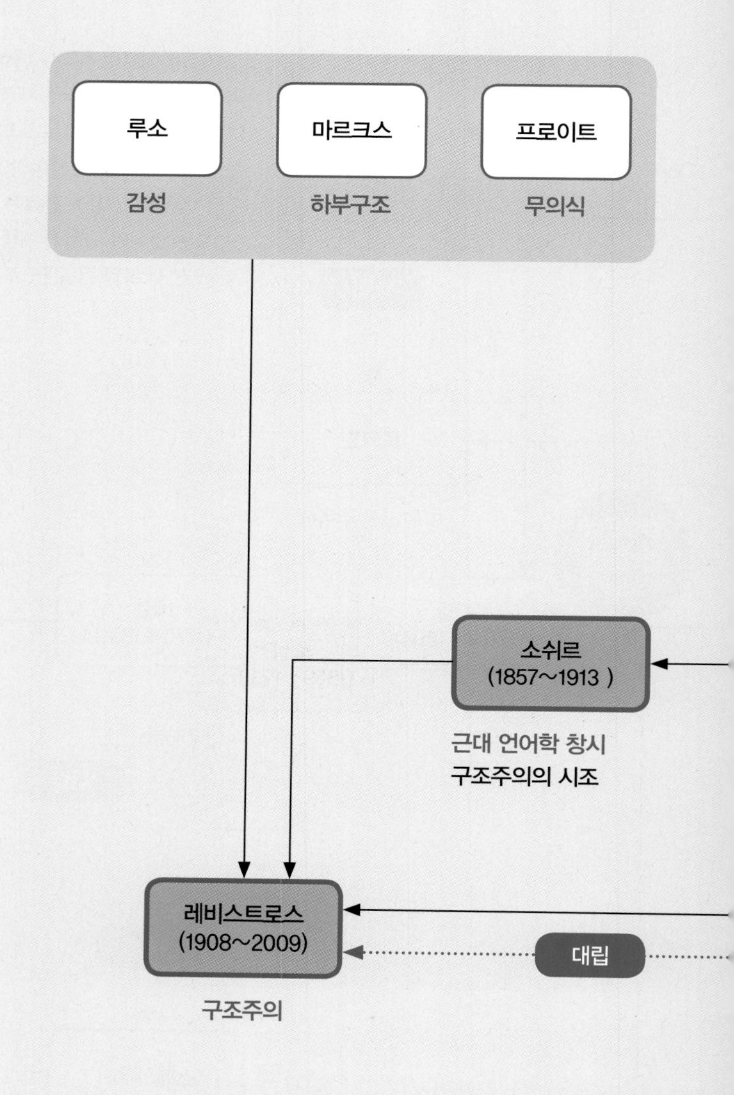

대륙철학

대륙철학은 독일 출신 철학자 후설의 **현상학** 탄생을 기점으로 한다. 후설의 현상학은 니체의 철학을 융합한 이래 하이데거를 거쳐 가다머의 **해석학**과 사르트르의 **실존주의** 철학을 낳았다. 한편, **구조주의**를 주창한 레비스트로스는 실존주의를 인간중심주의 사상이라고 비판하면서 다양한 문화에 눈길을 돌렸다. 이후 구조주의는 **해체주의**, **포스트모더니즘** 등 포스트 구조주의로 발전했다. 유대인을 중심으로 한 **프랑크푸르트학파**는 마르크스주의를 근간으로 반파시즘 사상을 전개했다. 중요한 대륙철학자로는 베르그송, 가다머, 벤야민, 바타유, 라캉, 알튀세르 등이 있다.

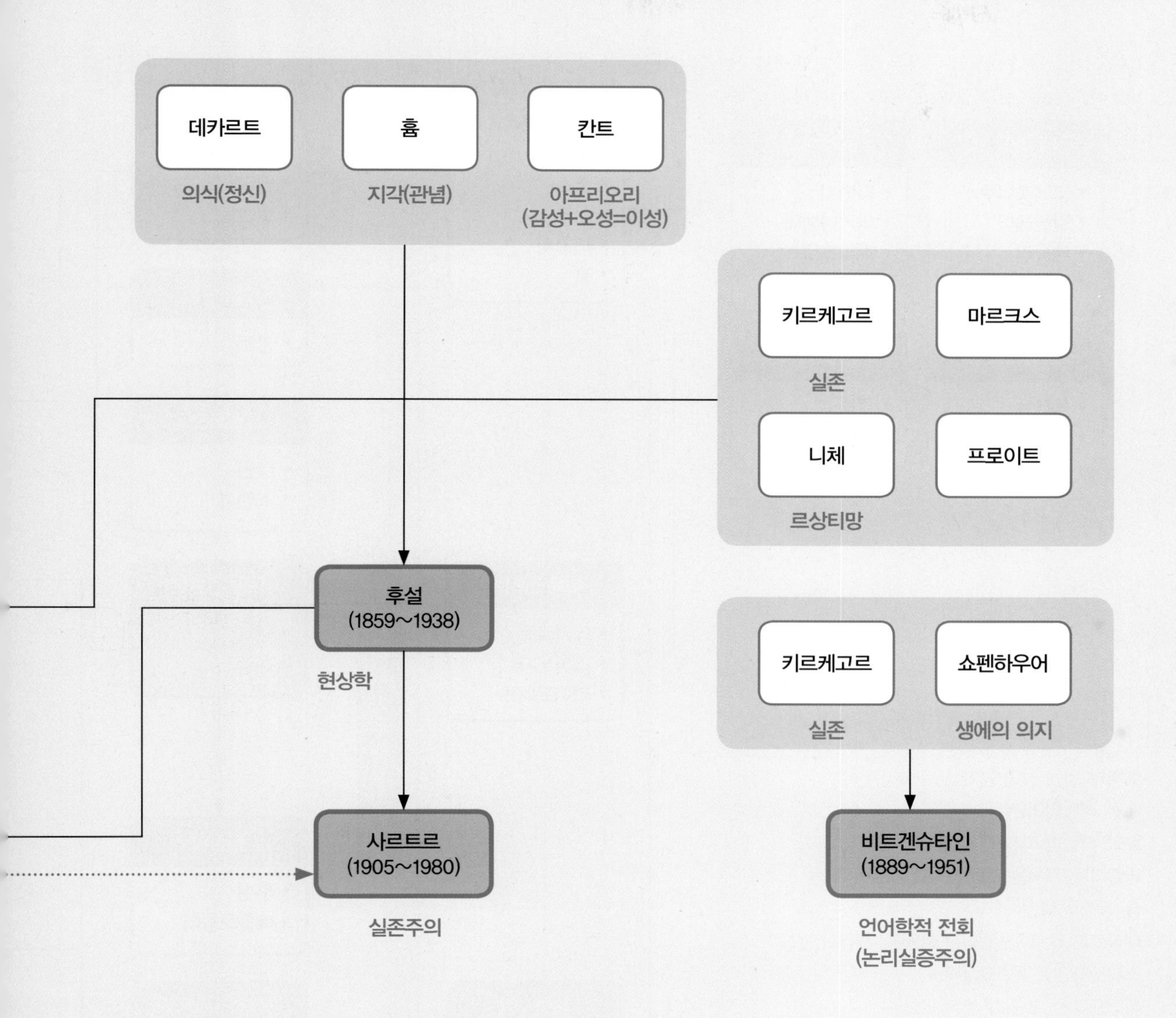

영미 분석철학

20세기 초엽, 구조주의 철학의 출발점이라 할 수 있는 소쉬르의 언어학에서 시작하여, 이후 프레게, 러셀, 비트겐슈타인, 무어 등 논리학으로부터 언어의 의미를 조사하는 **분석철학**이 크게 유행했다. 분석철학은 프레게와 전기 비트겐슈타인의 영향을 받은 독일 **인공언어학파**와 무어와 후기 비트겐슈타인의 영향을 받은 **일상언어학파**로 나뉜다. 그 후 일상언어학파는 주로 영국에서 발전했고, 독일의 인공언어학파 학자들은 나치로부터 탈출하여 미국으로 망명한다. 그들의 철학은 공리주의와 미국의 사상적 기반이라 할 수 있는 **프래그머티즘**과 결합하면서 주로 미국에서 발전했다. 현재 분석철학의 범위는 매우 폭넓게 쓰이고 있지만, 영미 철학이라고 하면 일반적으로 분석철학이라고 부른다.

05 서양 근대~현대 철학의 사상별 중심 사상가

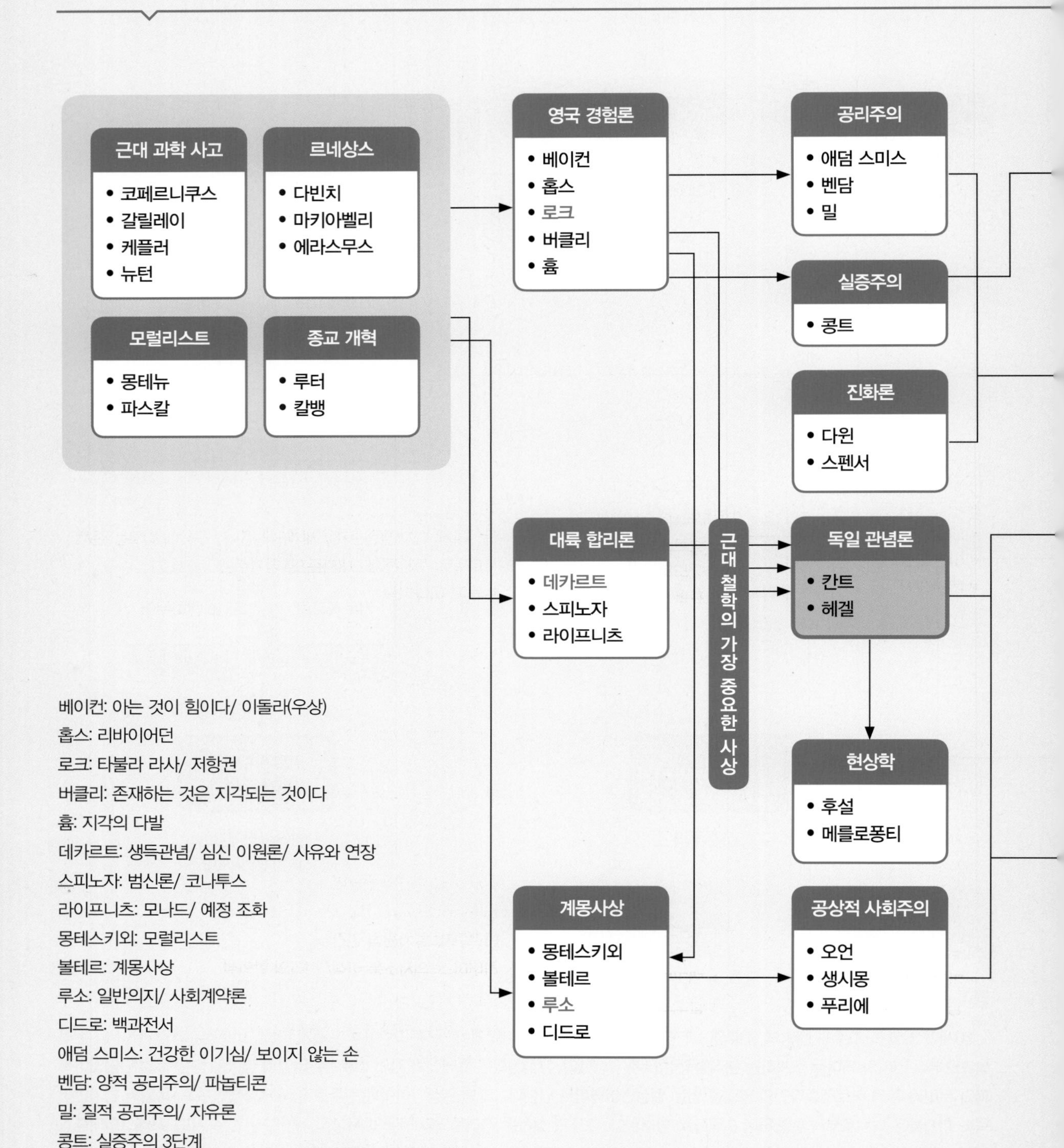

베이컨: 아는 것이 힘이다/ 이돌라(우상)
홉스: 리바이어던
로크: 타불라 라사/ 저항권
버클리: 존재하는 것은 지각되는 것이다
흄: 지각의 다발
데카르트: 생득관념/ 심신 이원론/ 사유와 연장
스피노자: 범신론/ 코나투스
라이프니츠: 모나드/ 예정 조화
몽테스키외: 모럴리스트
볼테르: 계몽사상
루소: 일반의지/ 사회계약론
디드로: 백과전서
애덤 스미스: 건강한 이기심/ 보이지 않는 손
벤담: 양적 공리주의/ 파놉티콘
밀: 질적 공리주의/ 자유론
콩트: 실증주의 3단계

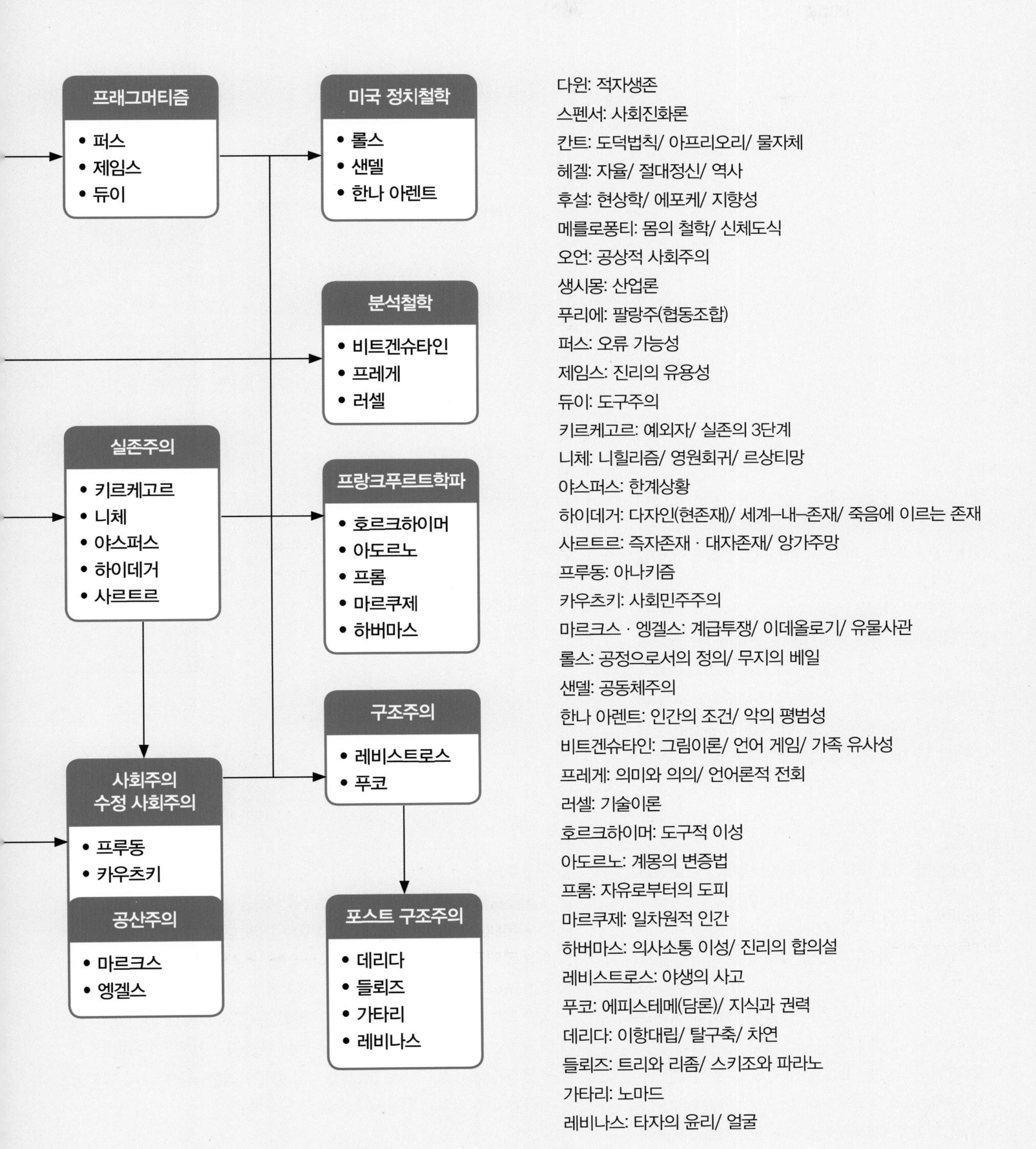

프래그머티즘
• 퍼스
• 제임스
• 듀이
미국 정치철학
• 롤스
• 샌델
• 한나 아렌트
분석철학
• 비트겐슈타인
• 프레게
• 러셀
실존주의
• 키르케고르
• 니체
• 야스퍼스
• 하이데거
• 사르트르
프랑크푸르트학파
• 호르크하이머
• 아도르노
• 프롬
• 마르쿠제
• 하버마스
구조주의
• 레비스트로스
• 푸코
사회주의
수정 사회주의
• 프루동
• 카우츠키
공산주의
• 마르크스
• 엥겔스
포스트 구조주의
• 데리다
• 들뢰즈
• 가타리
• 레비나스
다윈: 적자생존
스펜서: 사회진화론
칸트: 도덕법칙/ 아프리오리/ 물자체
헤겔: 자율/ 절대정신/ 역사
후설: 현상학/ 에포케/ 지향성
메를로퐁티: 몸의 철학/ 신체도식
오언: 공상적 사회주의
생시몽: 산업론
푸리에: 팔랑주(협동조합)
퍼스: 오류 가능성
제임스: 진리의 유용성
듀이: 도구주의
키르케고르: 예외자/ 실존의 3단계
니체: 니힐리즘/ 영원회귀/ 르상티망
야스퍼스: 한계상황
하이데거: 다자인(현존재)/ 세계–내–존재/ 죽음에 이르는 존재
사르트르: 즉자존재 · 대자존재/ 앙가주망
프루동: 아나키즘
카우츠키: 사회민주주의
마르크스 · 엥겔스: 계급투쟁/ 이데올로기/ 유물사관
롤스: 공정으로서의 정의/ 무지의 베일
샌델: 공동체주의
한나 아렌트: 인간의 조건/ 악의 평범성
비트겐슈타인: 그림이론/ 언어 게임/ 가족 유사성
프레게: 의미와 의의/ 언어론적 전회
러셀: 기술이론
호르크하이머: 도구적 이성
아도르노: 계몽의 변증법
프롬: 자유로부터의 도피
마르쿠제: 일차원적 인간
하버마스: 의사소통 이성/ 진리의 합의설
레비스트로스: 야생의 사고
푸코: 에피스테메(담론)/ 지식과 권력
데리다: 이항대립/ 탈구축/ 차연
들뢰즈: 트리와 리좀/ 스키조와 파라노
가타리: 노마드
레비나스: 타자의 윤리/ 얼굴

06 현상학, 실존주의, 구조주의의 사상적 흐름

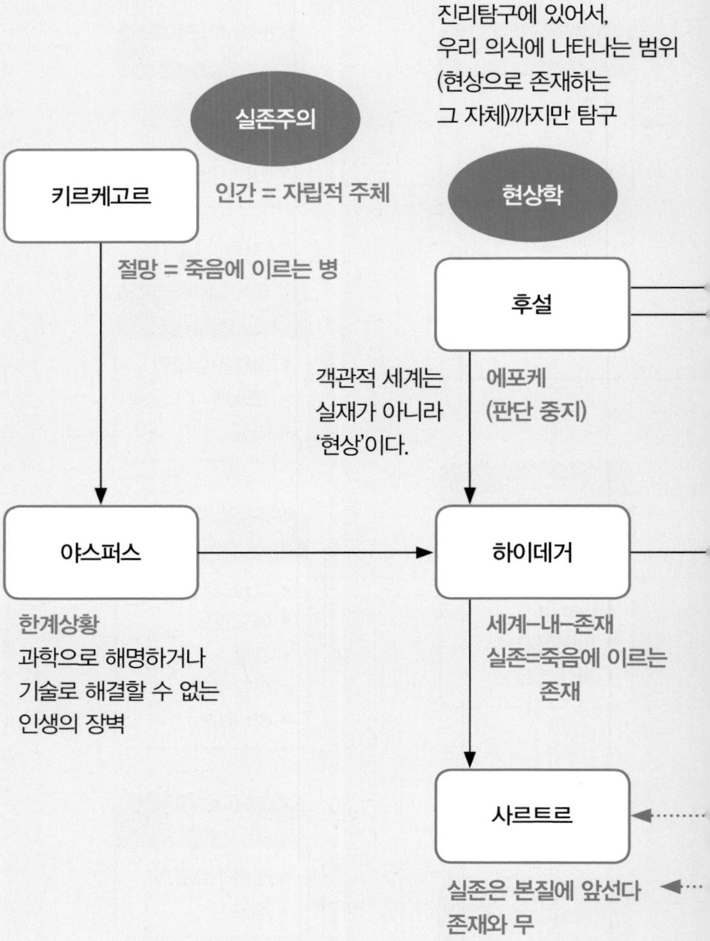

실존주의

인간 존재의 본질 규정으로서의 '실존'이란 인간이 언제나 스스로 자기의 존재를 규정하는 식으로(사물처럼 태어날 때부터 이미 주어진 어떤 본질 규정을 갖지 않은 채로) 존재한다는 것을 의미한다. 이러한 철학적 · 문학적 사상을 '실존주의'라고 부르며, 개인의 자유, 책임, 주관성을 중요시한다. 19세기 키르케고르에 의하여 주창된 이 사상은 이후 야스퍼스와 가브리엘 마르셀로 대표되는 유신론적 실존주의와 하이데거, 사르트르, 메를로퐁티, 보부아르 등의 무신론적 실존주의의 두 가지 형태로 나타났다. (문학에서는 도스토옙스키, 카프카, 카뮈 등이 실존주의 작가이다.)

현상학

존재(삶과 세계, 지식과 진리)와 얽혀있는 의미를 질문하는 철학적 사유의 입장이다. 현상에 대한 로고스(앎)가 우리 의식 안에서 어떻게 가능한지를 의식 구조 분석을 통해 밝히는 것으로, 관찰자의 관조를 통해 나타나는 사물들과 그 세계를 묘사하고 기술하는 철학적 방법론을 일컫는다. 이 방법론은 어떠한 철학적 전제나 선입견 없이 세계 또는 사물을 있는 그대로 받아들이고 이해하려는 태도를 지닌다. 즉 현상학은 독립적 존재로서의 본질에 대해 어떤 가설도 세우지 않고 우리 의식에 나타나는 범위까지만(현상으로 존재하는 그 자체만을) 탐구하는 철학적 접근 방식이다.

구조주의

구조주의는 세계를 파악하는 일종의 새로운 사고방식이다. 구조주의는 사물의 참된 본성을 사물 그 자체에서 찾는 것이 아니라, 우리가 구성하고 지각하는 사물들의 관계에서 만들어진다고 본다. 사물 간의 관계는 '구조' 안에서 만들어지는데, 어떤 존재나 사건이든 그 완전한 의미는 그것이 위치하는 구조 안에서 통합됨으로써 비로소 인식될 수 있다고 보는 견해이다. 구조주의적 사유는 예술이 실재의 모방이라는 단순한 도식에서 벗어나게 하면서, 사람들에게 예술작품을 보다 다양한 시각에서 더 가볍고 자유롭게 즐길 수 있도록 한다.

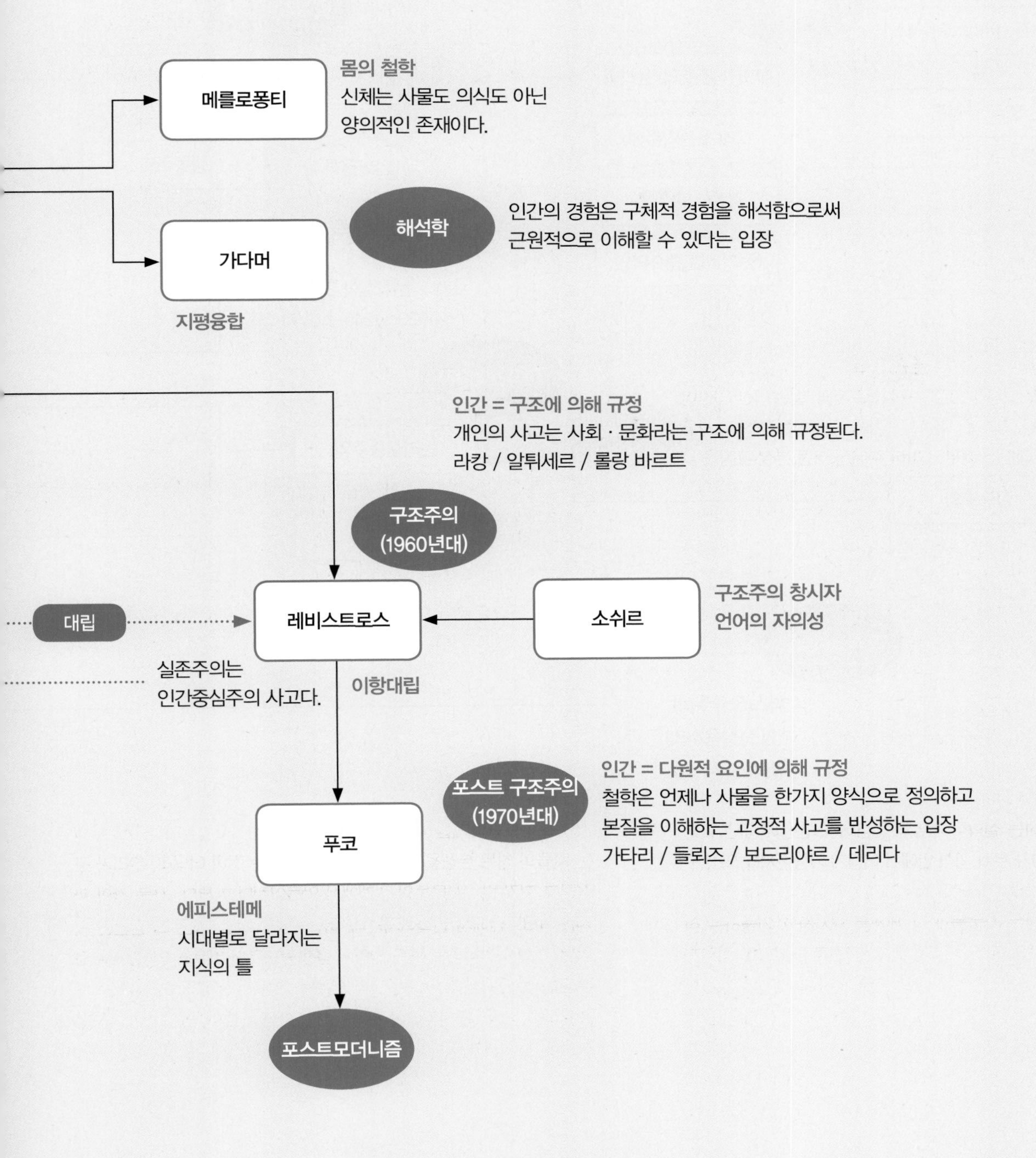
메를로퐁티
몸의 철학
신체는 사물도 의식도 아닌
양의적인 존재이다.
해석학
인간의 경험은 구체적 경험을 해석함으로써
근원적으로 이해할 수 있다는 입장
가다머
지평융합
인간 = 구조에 의해 규정
개인의 사고는 사회 · 문화라는 구조에 의해 규정된다.
라캉 / 알튀세르 / 롤랑 바르트
구조주의
(1960년대)
대립
레비스트로스
소쉬르
구조주의 창시자
언어의 자의성
실존주의는
인간중심주의 사고다.
이항대립
포스트 구조주의
(1970년대)
인간 = 다원적 요인에 의해 규정
철학은 언제나 사물을 한가지 양식으로 정의하고
본질을 이해하는 고정적 사고를 반성하는 입장
가타리 / 들뢰즈 / 보드리야르 / 데리다
푸코
에피스테메
시대별로 달라지는
지식의 틀
포스트모더니즘

07 현대 분석철학과 과학철학의 사상적 흐름

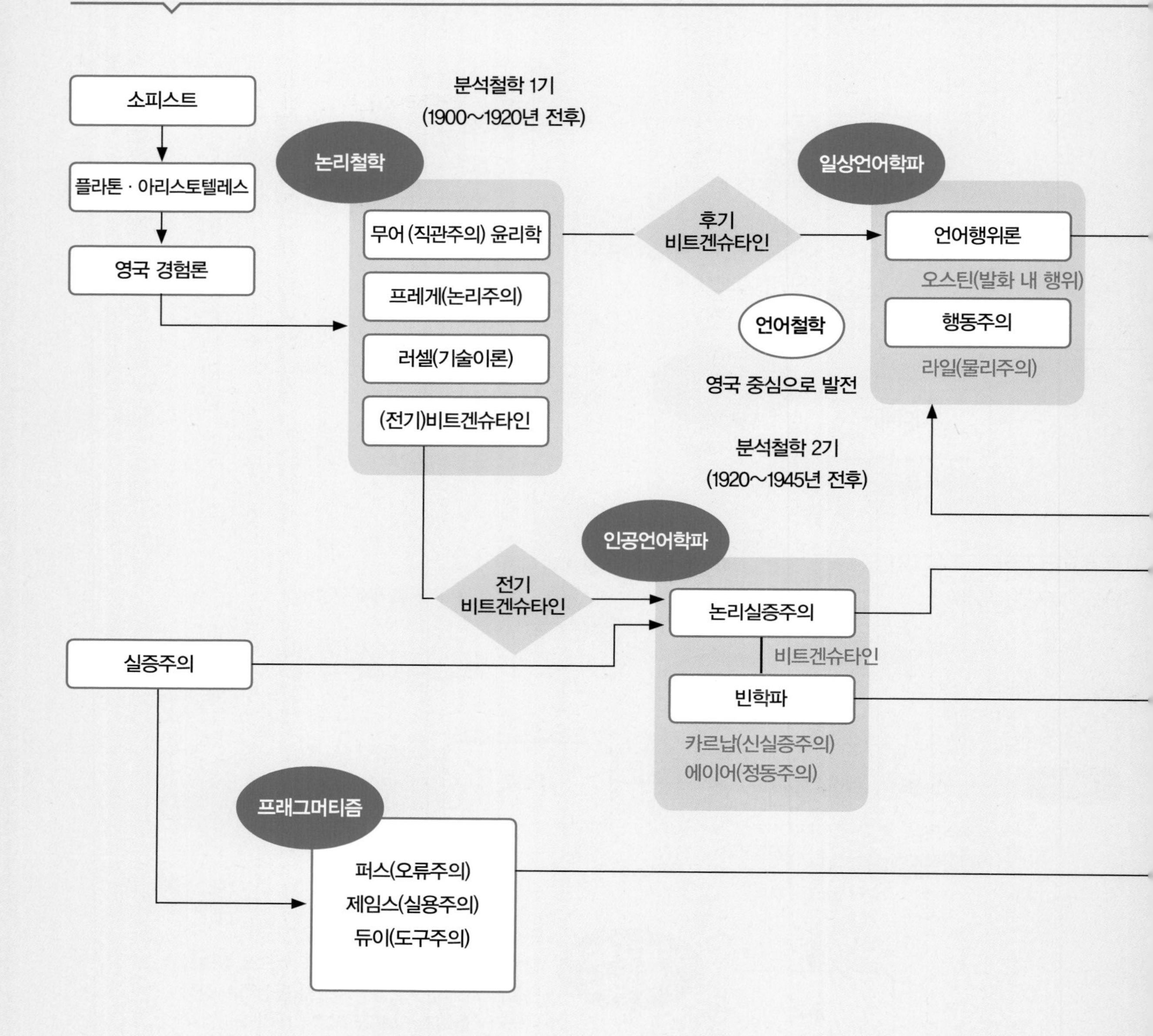

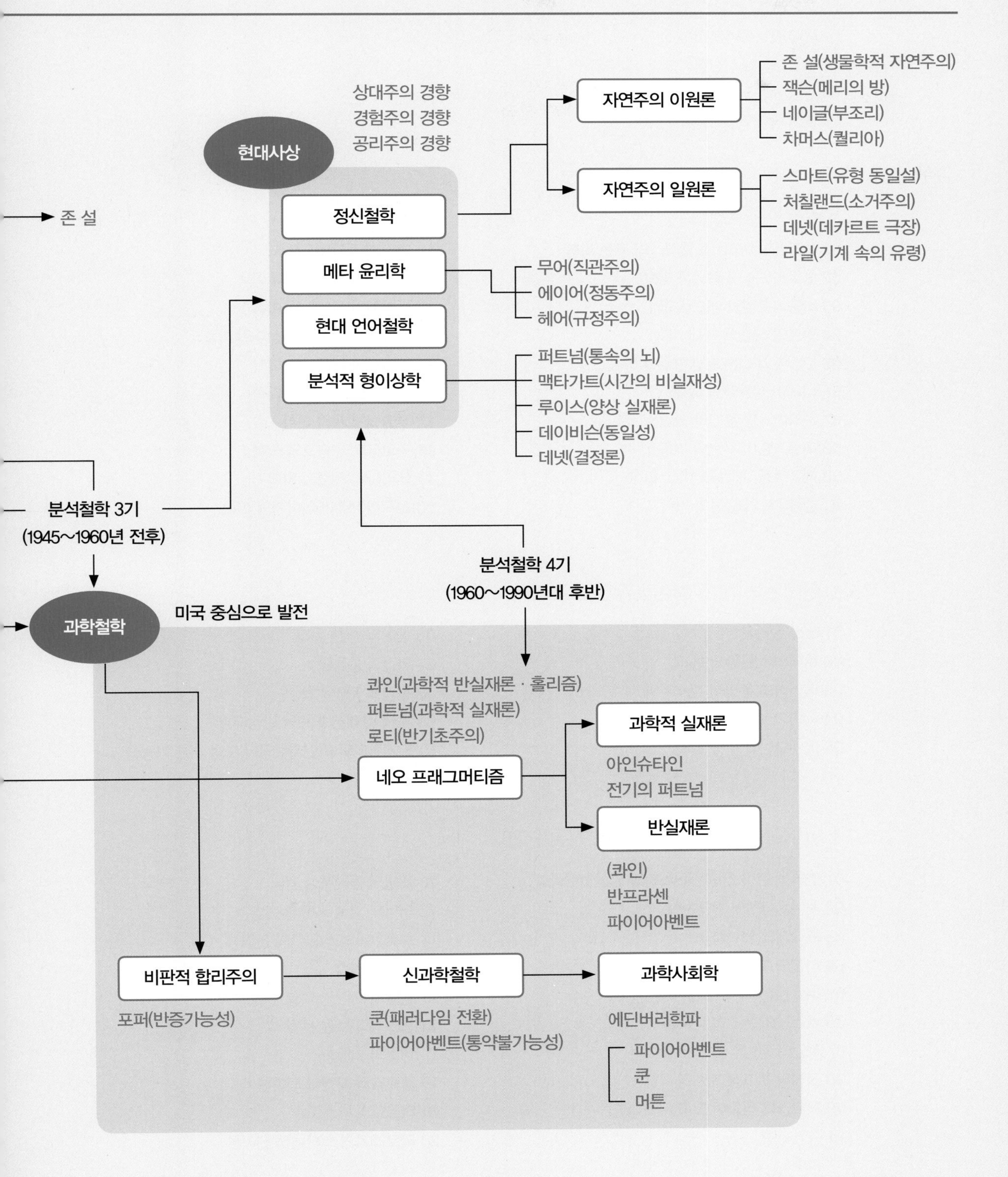
존 설
현대사상
상대주의 경향
경험주의 경향
공리주의 경향
정신철학
메타 윤리학
현대 언어철학
분석적 형이상학
자연주의 이원론
존 설(생물학적 자연주의)
잭슨(메리의 방)
네이글(부조리)
차머스(퀄리아)
자연주의 일원론
스마트(유형 동일설)
처칠랜드(소거주의)
데넷(데카르트 극장)
라일(기계 속의 유령)
무어(직관주의)
에이어(정동주의)
헤어(규정주의)
퍼트넘(통속의 뇌)
맥타가트(시간의 비실재성)
루이스(양상 실재론)
데이비슨(동일성)
데넷(결정론)
분석철학 3기
(1945~1960년 전후)
분석철학 4기
(1960~1990년대 후반)
과학철학
미국 중심으로 발전
콰인(과학적 반실재론 · 홀리즘)
퍼트넘(과학적 실재론)
로티(반기초주의)
네오 프래그머티즘
과학적 실재론
아인슈타인
전기의 퍼트넘
반실재론
(콰인)
반프라센
파이어아벤트
비판적 합리주의
포퍼(반증가능성)
신과학철학
쿤(패러다임 전환)
파이어아벤트(통약불가능성)
과학사회학
에딘버러학파
파이어아벤트
쿤
머튼

권두 - 철학과 사상의 계보

1. 미술 사조와 미학 이론 20

2. 현대 윤리학의 핵심 키워드 10

3. 언어철학과 논리학의 핵심 키워드 20

4. 동양 사상의 핵심 키워드 40

5. 철학·심리·과학·경제 사고 실험 50

(5) 생명과학 10

(6) 생명과학의 원리 및 과정 10

(7) 정보통신·코딩 10

7. 꼭 알아야 할 기술의 구조 및 작동 원리 30

8. 꼭 알아야 할 경제의 핵심 개념 20

9. 꼭 알아야 할 법철학 10

10. 주제 통합 10

상위 1등급 비문학 독해 배경지식

| 1권 |

북아이콘

수능 국어 독서 영역 고득점을 위한 개념 사용 설명서

개념은 사고의 출발점이자 생각의 기본 단위이다.

개념은 "어떤 대상 고유의 본질적 속성을 반영하는 사유의 형식"이다. 개념은 "세계를 이루는 사물 · 사건 · 사태 · 대상 · 현상에 대한 어떤 판단의 결과로서, 그 대상을 지칭하는 여러 특성과 특질 속에서 공통된 요소를 추상하여 종합한 하나의 관념"이다. 개념은 이를테면 '생각을 담은 그릇'으로, 사고의 출발점이자 생각의 기본 단위이며, 세계를 들여다보는 창이라 할 수 있다. 우리는 개념을 통해 세상을 이해하고 세계를 파악할 수 있기에, 개념은 인간의 인식 과정에서 중요한 의미를 지닌다.

우리는 어떤 사물 · 대상에 관한 개념을 가지고 있어야만 그것에 관한 판단, 즉 사고와 추리와 논증을 할 수 있다. 그렇기에 사고와 추리와 논증은 판단을 따라 구성되고, 판단은 또한 개념을 따라 조직화된다. 개념이 없으면 판단과 추리라는 사고를 하기 어렵고, 인식한 내용을 체계적으로 정리할 수 없다. 글에 실린 개념의 의미를 올바로 정의하지 못하거나, 개념화하여 생각하지 못하면, 주장이나 논증을 효과적으로 끌고 나가기 힘들다.

특히 형이상학적 근본 물음을 집약한 핵심 개념은 인류사를 빛낸 저명한 사상가들이 생각을 거듭하면서 층층이 쌓아 올린 사고의 집약이자, 지식의 총체이다. 우리는 인간 정신의 근간인 근본 물음을 개념적으로 인식하고 개념화하여 사고함으로써 정신의 활동을 강화하고, 보다 본질적이면서도 다양한 시각에서 인간과 세계의 이해를 넓힌다. 이것이 우리가 형이상학적 근본 물음과 관련한 개념을 공부해야 하는 당위이자, 대학 입시에서 이것과 관련한 많은 사상가의 다양한 개념적 지식을 다룬 지문이 출제되는 이유다.

하지만 근본 물음을 담은 핵심 개념을 이해하기란 상당히 어렵다. 다음은 중학교 사회 교과서에 실린 지문 일부다. 먼저, 아래의 짧은 글에서 얼마만큼 많은 개념(핵심어)이 동원되면서 글 내용이 펼쳐지고 있는지를 확인할 수 있을 것이다. 중학교에 들어가서 사회 교과서를 접하고는 그 내용의 어려움에 당혹감을 느끼는 학생들이 많은데, 가장 큰 이유는 다름 아닌 높은 수준의 어휘를 맞닥뜨리는 데서 오는 사고의 어려움, 즉 개념 이해가 안 되기 때문이다.

정의로운 사회를 실현하려면 **'사회 정의'**를 바로 세우고 이에 따라야 한다. 사회 정의는 사회를 공평하고 올바르게 구성하는 **공정성**의 원리로, 사회적으로 옳고 그름을 평가하고 판단하는 기준이다. 우리는 사회 정의에 따라 공정한 사회 규칙이나 제도를 마련하고, 구성원을 공평하고 차별 없이 대우하는 사회를 만들어 감으로써 정의로운 사회를 실현할 수 있다.

사례의 글은 '사회 정의'에 대한 설명이지만, 글 전체의 의미를 파악하기 위해서는 '공정'이란 개념어의 의미를 정확히 알아야 한다. 글 내용은 '사회 정의=공정성의 원리를 따르는 것'이란 주어(피정의항)와 술어(정의항)가 결합한 명제('A는 B다'라는 형식으로 이루어진 판단의 진술)로써 집약될 수 있는데, 여기서 중요한 것은 말할 것 없이 정의항에 해당하는 서술의 의미일 것이다. 따라서 이 글은 '공정'의 의미를 이해하는데 생각을 집중해야 하며, 이를 통해 '공정'이란 개념은 '정의'를 설명하는 협소한 의미를 뛰어넘는(즉, 법적 의미에 윤리적 의미를 더한) 의미임을 파악하면서 글 내용에 집중할 수 있어야 한다.

하지만 많은 학생은 글의 의미 파악은 고사하고 핵심어가 어느 것인지 찾아내는 것조차 힘들어한다. 그 가장 큰 이유는 글에 실린 개별 단어의 의미를 똑같은 가중치로써 받아들이기 때문이다. 무슨 뜻인가 하면, 문해력(글을 읽고 그 의미를 이해하는 능력)이 떨어지는 학생들은 글을 읽으면서 중심 의미 파악은 차치하고 그 안에 실린 단어의 의미조차 이해하지 못하는 경우가 많은데, 이는 다른 무엇보다 어휘력 부족에서 비롯된다. 하지만 이것만으로 문해력은 설명되지 않는다. 어휘력이 부족하다고 해서 단어의 '위계', 말하자면 더 높은 단위의 의미를 담은 상위개념과 그 반대인 하위개념, 그리고 비슷한 의미를 담은 유개념 등, 이른바 '개념 범주화'의 능력이 떨어지는 이유가 더 크다. 아래의 ①과 ②는 상위개념이자 유개념이며, ③은 ①, ②의 하위개념이자 종개념인데, 학생들은 어떤 단어(개념어)가 상위개념이고 또 하위개념인지, 그리고 유개념이고 종개념인지 분별하지 못함으로써 모든 단어가 똑같이 중요하거나 그렇지 않다고 보는 것이다.

①사회 정의 = ②공정성의 원리 – ③(공평한, 차별 없는, 규칙, 제도…)

글의 중심 생각은 개념으로 구현된다.

이로 인한 가장 큰 문제는, 글을 읽어 그 안에 실린 핵심어는 물론이고 중심 문장이나 핵심 내용을 파악하기 어렵다는 것이다. 말했듯, 개념은 '생각을 담은 그릇'으로, 글은 개념의 위계를 따라 한 방향으로 집약되면서 중심 생각으로서의 글 내용의 핵심을 이룬다. 그런데 글에 실린 모든 단어가 똑같이 중요하거나 그렇지 않다고 생각될 경우, 어떻게 글에서 핵심 내용, 즉 중심 생각을 간파할 수 있단 말인가? 이것이 문해력이 떨어지는 많은 학생에게서 나타나는 공통된 현상으로, 학생들은 글에서 단어 하나하나를 살펴 읽는 동안 정작 핵심 개념어와 그것이 들어 있는 중심 문장과 같은 중요한 글감을 놓치고 만다. 핵심어나 중심 문장은 글 전체의 의미를 담고 있는 상위개념이기에 그만큼 추상적이고 관념적일 수밖에 없으며(앞서 사례로 든 '공정'의 의미를 머릿속에서 떠올려보라). 따라서 글을 거듭 읽으면서 그 의미를 구체화해야 하는데도 불구하고 이것을 찾아내기조차 못한다면, 지문 독해는 그만큼 요원하다 할 것이다.

학생들이 글을 읽어 그 의미를 파악하지 못하고, 글의 중심 생각을 잡아내지 못하는 두 번째 이유는 **글에 실린 핵심 내용을 '개념 덩어리'로 구성하고 집약하지 못하기** 때문이다. 이는 글에 실린 개별적인 정보 조각을 뜻이 통하게 결합하는 정신의 도약이라 할 수 있다. 지문에 실린 정보를 덩어리로 뭉치면 우리의 두뇌는 더욱 효과적으로 작동한다. 일단 글에 실린 생각의 단위인 개념을 한데 뭉치면 그에 따르는 세부 사항을 전부 기억할 필요가 없다. 개념과 개념을 합치고 나누고 쪼개가면서 생각을 거듭하다 보면 핵심 개념을 중심으로 사고의 덩어리가 만들어진다. 그것이 바로 글의 중심 생각이자 핵심 내용이다. 물론 그 안에는 글에 실린 핵심 개념어가 빠짐없이 들어 있다.

최근 학습에 절대적인 영향을 미치는 사고 능력이라고 주목받고 있는 '메타 인지'란 것도 따지고 보면 개념 이해와 무관하지 않다. 메타 인지란 글을 읽어 내용의 핵심을 정확히 파악할 수 있는 독해 능력이자, 이를 기억으로 담아 설명할 수 있는 지적 역량이다. 이는 글에 실린 핵심 개념 및 이와 관계하는 중요한 단어(및 서술)를 정확히 포착한 후 그것들의 관계를 따라 생각을 되짚어내는 것만으로도, 글의 중심 생각과 핵심 내용을 막힘없이 설명할 수 있다. 메타인지 능력은 이런 연습만으로도 얼마든지 향상한다.

독해력 향상에 필요한 것은 글에 대한 배경지식이다.

하지만 이런 식으로 공부하는 학생이 과연 몇이나 될까? 이것을 확인하는 것은 그다지 어렵지 않다. 어림잡아 지난 10년 동안 출제된 수능과 수능 모의고사, 그리고 당해 연도 EBS 출제 지문을 읽는다고 가정할 때, 학생들은 고등학교 3년 동안 적어도 3백 편 이상의 독서 지문을 읽는다. 따라서 학생들은 인문 · 예술, 사회 · 문화, 과학 · 기술과 관련한 다방면의 다양하고 폭넓은 내용은 물론이고, 그것에 실린 수많은 핵심 개념을 접하게 된다. 그러함에도 불구하고 학생들에게 지문 하나를 주고서 글에 실린 내용의 핵심을 설명하라고 요구할 경우, 이를 어림잡아서라도 설명할 수 있는 학생이 과연 몇 될까? 이런 탓에 궁극적으로는 같은 주제 내지는 개념적으로 맥락을 같이하는 지문을 단지 제재나 화제만 바꿔가면서 출제한 지문인 경우에도 이것을 생경하게 여기면서 독해에 어려움을 느끼는 것이다. 이런 비효율적인 공부가 어디 있단 말인가?

물론 지금 학생들이 치르는 수능 국어 독서 영역은 이런 비효율적인 공부가 어느 정도 통하고 있는 것 또한 엄연한 현실이다. 지금의 수능 독서 영역에서 출제하는 지문과 발문의 물음은 그야말로 '숨겨진 그림 찾기'식으로 구성되어 있다. 지문에 실린 글 내용과 선지에 들어 있는 대답 간의 '일치–불일치' 관계를 찾아내면 그것으로 큰 어려움 없이 문제의 정답을 찾을 수 있다. 물론 독해력과 어휘력이 일정 수준에 이른 학생의 경우에 한해서인데, 말하자면 학생들은 글 내용은 물론이고 그 의미를 정확히 이해하지 못한 상태에서도 정 · 오답을 가릴 수 있도록 만든 시험, 이것이 지금의 수능 국어 비문학 문제이다.

그렇더라도 최상위권 학생들을 가려내기 위해 문제의 변별력을 높이는 몇몇 문제가 반드시 출제되는데, 이것은 일정 수준 이상의 문해력이 뒷받침되어야만 정답을 맞힐 수 있다. 글을 읽고 그 중심 생각을 파악할 수 있도록, 그리고 글에 실린 핵심 개념의 의미를 출제 의도에 맞게 이해할 수 있도록 독서 훈련을 해야 하는데, 이를 위한 가장 효과적인 읽기 공부의 하나가 바로 개념 학습이다. 다시 말해, 글을 읽으면서 그것에 실린 핵심 개념의 의미를 정확히 이해하고, 이것을 중심으로 **글의 핵심 내용을 덩어리 짓는 '의미 단위 읽기' 공부를** 해야 한다. 이것이 수능 국어 비문학 독해의 요체이다.

학생들은 특히 형이상학적 근본 물음 및 이것을 확장한 관련한 개념을 접하면서 크게 당혹감을 느끼게 된다. 그 이유는 크게 다음 두 가지다. 먼저, 생각의 깊이가 다르기 때문이다. 많은 저명한 철학자가 추상적이고 관념적인 개념을 정신과 세계를 이어주는 역할로써 현실에 적용함으로써, 우리가 그들의 통찰과 그들의 언어를 이해하기란 무척 어렵기 때문이다. 쉽게 말해, 어떤 대상 내지는 현상에 대해, '장삼이사(張三李四)'인 우리가 인식하고 사고한 내용과 위대한 철학자의 그것 간의 어쩔 수 없는 지적 · 질적 수준 차이를 메우기란 절대 쉽지 않다.

다음으로, 형이상학적 근본 물음과 관련한 개념은 우리에게 '관념적'인 의미로 다가오기 때문이다. 무슨 뜻인가 하면, '관념'의 실체적 의미를 놓고서 서양 지성사에서 이를 유명론과 실재론으로 나누어 살피면서 오랜 기간 대립해온 것에서 알 수 있듯이, 특히 형이상학적 물음을 담은 근본 개념은 워낙에 추상적이고 관념적이기에 우리 머릿속에서 쉽게 집약되지 못하고, 지식으로 체계화되지 않는다. 그뿐 아니라, 인식하는 자('나')와 인식되는 대상(개념) 사이의 피치 못할 간극에서 오는 정신과 사고의 불일치와 그에 따른 혼란으로 인해, 속된 말로 '정신 줄'을 놓을 수 있기 때문이다. 형이상학적 근본 물음이란 게 가장 높은 범주의 개념을 다루는 것이라서, 우리의 짧은 머리로 그 심오한 사상을 담기에는 용량이 작다는 뜻이다.

트리적 사고와 리좀적 사고를 동시에, 함께 펼쳐라.

그렇다면 우리는 개념, 특히 교과 과정에서 다루는 핵심 개념을 어떻게, 어떤 식으로 이해하면서 글을 읽어야 할까? 이것을 설명하기 위해 현대 구조주의 철학자 들뢰즈와 가타리의 '트리적 사유(수목적 사고체계)'와 '리좀적 사유(뿌리적 사고체계)' 개념을 예로 들어 설명하는 것이 좋을 듯하다. 트리는 마치 생물 계통 분류 방식을 따르듯이, 줄기에서 나뭇가지로 갈라지는 계통도를 기존 머릿속 사유 방식에 의해 이미지화하는 것이다. 트리는 먼저 확실한 기본 원칙을 세우고 그 기준을 토대로 몇 가지 패턴이나 예외를 생각하면서 사유를 한다. 분류 작업을 할 때는 대부분 트리 형태의 사유 방식을 활용한다. 이에 비해 리좀은 중심은커녕 시작도 끝도 없는 네트워크형 사유 방식이다. 이 사고법이 특징은 전체를 구성하는 각 부분의 접속이 자유롭고, 망의 형태가 종횡으로 움직이며, 다양한 요소가 섞인 상태라 할 수 있다. 따라서 리좀은 여러 존재가 복잡하게 얽히고설키면서 하나의 중심으로 위계를 형성하려 들지 않으며, 전방위로 확산한다. 한마디로, 트리적 사유는 수직적이고 종적인 사고체계인 데 비해 리좀적 사유는 수평적이고 횡적인 사고체계라고 보면 된다.

이것을 개념 이해에 적용하면 학습에 아주 효과적이다. 형이상학적 근본 물음을 담은 개념일수록 그 의미는 추상적이고 관념적이며, 따라서 글을 읽어 그 의미를 파악하기 어렵다. 그렇더라도 개념은 다음 두 가지 차원, 즉 개념을 규정하는 두 속성인 외연(범위, 범주)을 넓히고 내포(의미, 내용)를 강화한다. 개념을 정확히 규정하는 것은 곧 개념을 구성하는 두 가지 중요한 측면인 개념의 외연과 내포를 명확히 하는 것이다. 특히 형이상학적 근본 물음을 담은 최상위 개념은 마치 '트리'와도 같아서, **그 뼈대를 이루는 핵심 내용을 잘 파악하면,** 다시 말해 개념적으로 잘 이해하고 있으면, 그것으로 우리의 사유 체계는 확고하게 정립될 수 있을뿐더러, 상황과 맥락에 맞게 다양하게 적용할 수 있다.

이것이 중요한 이유는, 형이상학적 근본 물음이란 것은 결국 따지고 보면 '이성과 감성', '본질과 현상', '실재와 관념', '정신과 물질', '보편과 특수', '주관과 객관', '절대와 상대'와 같은 핵심 개념, 곧 개념적 '트리'를 따라 철학자들이 이를 어떻게 규정하고 또 어떤 식으로 설명하고 있는지를 드러내는 것일 뿐이기 때문이다. 예를 들어, '인간'에 대한 규정을 놓고서, 많은 철학자의 사상은 그 핵심 가치를 '이성에 두는가, 아니면 감성에 두는가'라는 트리를 중심으로 사유한 결과물로서의 개념적인 규정일 뿐이다. 또 '지각'이란 개념에 관해서도, 이것이 '감각적 경험을 따르는 것인가 아니면 이성적 판단에 의한 것인가'를 놓고서 여러 사상가가 대립하면서 사유의 지반을 넓힌 것일 뿐이다.

따라서 '보편', '정신', '이성', '언어', '사랑', '행복' 등등, 여러 형이상학적 근본 물음에서 개념의 트리를 정확히 포착한 후 이것에 대한 철학자의 대답을 잘 살피면, 그 사상의 집약을 명확히 인식하고 이해할 수 있다. 그리고 근본 물음에 대한 대답이란 것도 따지고 보면 개념의 트리가 서로 얽히고 또 설키면서 글 내용을 다양한 시각, 다양한 관점에서 조망하고 있음을 깨닫게 된다. 그렇게 해서, 형이상학적 근본 물음 간에는 개념적으로, 그리고 내용 면에서 서로 중첩하고 관계하고 있음을 깨닫고는, 개념 공부의 중요성에 새삼 놀랄 것이다.

그런 다음, 사고의 폭을 늘리고 지식을 확대함으로써, 개념 이해의 폭을 넓힐 필요가 있다.

이때 필요한 것이 리좀적 사고를 하면서 유개념과 종개념, 상위 개념과 하위개념 간의 종차를 좁히거나 넓혀나가는 것으로, 사고의 확장은 이런 노력을 통해 이뤄진다. 특히 형이상학적 근본 물음을 담은 핵심 개념에 대한 철학자들의 다양한 대답을 서로 견주고, 세밀히 들여다보고, 거듭 생각하고, 관련한 개념을 트리와 리좀, 곧 씨줄과 날줄로써 촘촘히 엮어 이해한다면, 아무리 추상적이고 관념적인 내용을 담은 개념이더라도 그 핵심 내용을 잘 파악할 수 있을 것이다.

이는 이 책에서 설명하는 핵심 개념과 사상, 그리고 형이상학 주제별 20개의 근본 물음에 대한 철학자들의 대답을 거듭 읽으면서 글 내용을 이해하는 것으로도 충분하며, 그 과정에서 개념과 지식의 뼈대를 굳건히 세움으로써 어렵고 복잡한 개념을 담은 지문일지라도 이를 막힘없이 읽고 해석할 수 있을 것이다. 명심할 것. 최근의 수능 출제 지문은 철학적 근본 물음을 확장하되, 이를 리좀적 사고로써 세밀히 파고 들어가며 살필 수 있도록 내용을 구성하는 것이 일반적 추세란 사실을.

지식을 개념화하여 생각하면 정보 처리 역량과 속도가 향상된다.

여기까지의 설명을 정리하는 의미에서 개념 학습을 위한 효과적인 공부법의 핵심을 거듭 정리하면 다음과 같다. 이 책을 읽으면서 확인할 수 있겠지만, 지식의 여러 분야는 겹치고 분화된다. 지식은 연속체로, 하루아침에, 부지불식간에 만들어지는 것이 절대 아니다.

지식은 개념을 통해 구현된다. 개념은 인류사를 빛낸 수많은 저명한 사상가들이 생각과 고민을 거듭하면서 켜켜이 쌓아 올린 지성의 결정체이다. 어느 한 사상가가 일생을 바쳐 이룩한 지식의 보고인 핵심 개념을 따라 또 다른 사상가가 생각을 보태면서 그 의미를 심오하고 다양한 세계로 인도하는 것이다. 이런 이유로, 인류사의 근본 물음을 담은 핵심 개념을 연결하는 가교로서의 하위의 세부 개념 역시 핵심 개념 못지않게 중요하다. 어찌 보면 문해력은 개념과 개념의 관계를 살펴 그 맥락적인 의미를 깨닫는 것이라고 할 정도로, 개념 이해는 독해력 향상을 위해 무척 중요하다.

따라서 학생들은 이 책을 읽으면서 다음과 같이 공부하기 바란다. 먼저, 수능 출제 지문 정도 분량으로 구성된 한 편의 짧고 완결적인 의미를 지닌 글을 정신을 집중하면서 세밀히 읽되, 주제 개념이라 할 수 있는 **핵심 개념을 따라 생각을 집약하면서** 읽어라. 워낙 크고 넓은 생각의 단위를 담은 개념이라 많은 설명과 해석이 필요한데도 불구하고 그 핵심만을 간추려 집약한 것이기에, 문장 하나하나, 개념 하나하나를 이해하는 것만으로도 무척 버거울 것이다. 이때 글에 실린 개념들을 주제를 따라 서로 견주고(비교), 나누고 합치고(분류와 종합), 때로는 심층적으로 들여다보면서(분석) 세밀히 살피기 바란다. 여기에는 다른 장에 실린 유개념 및 대립하는 개념도 포함되는데, 핵심 개념은 주제를 달리하면서 개념적으로 겹치고 또 겹치는 과정에서 그 의미를 다양하게 형성한다는 사실을 깨닫는다면 이를 이해할 수 있을 것이다. 그 과정에서 핵심 개념을 따라 의미가 다양하게 변주되고, 개념과 개념이 서로 밀접하게 관계를 이루면서 의미를 구성하고 있음을 깨닫는다면 글의 맥락적인 이해는 그리 어렵지 않을 것이다.

다음으로, 머릿속에서 **'개념의 덩어리'를 만들면서** 글을 읽어라. 이를 위한 그 첫 번째 단계는 **덩어리 짓고자 하는 정보를 담은 중요한 개념에 집중하면서 글을 읽는** 것이다. 글을 읽어 중요하다고 생각되는 무언가를 처음으로 받아들일 때는 머릿속에서 새로운 신경 패턴을 만들어 그것을 두뇌의 여러 부위에 분포된 기존 패턴(지식)과 연결한다. 그 과정에서 머릿속 생각의 회로가 새롭게 만들어지면서 한편으로는 기억으로 강화되고, 다른 한편으로는 사고의 폭을 확장한다.

두 번째 단계는 **덩어리로 만들려는 핵심 개념의 '의미'를 정확히 이해하는** 것이다. '이해'란 기억의 흔적들을 서로 묶는 강력한 접착제와도 같은데, 그 점에서 핵심 개념에 집중하면서 글을 읽으면 이전에 학습한 여러 기억의 흔적이 연결되면서 폭넓고 포괄적인 사고의 확장이 일어나게 된다. 명심할 것. 모든 글 내용은 핵심 개념을 중심으로 마치 블랙홀처럼 빨려 들어가면서 의미 덩어리를 만들어 낸다. 핵심 개념을 중심으로 글쓴이의 생각을 집약한 것이 글(또는 단락, 생각 단위) 내용의 핵심 논지다. 글을 읽으면서 이 부분(글의 중요한 내용)을 명제로 간략히 정리할 수 있는 능력이 바로 독해력으로, 그 중심에 핵심 개념이 들어 있다.

덩어리 짓기의 세 번째 단계는 **그 덩어리를 어떻게 활용할 것인지를 이해하는 '맥락 파악'하기다.** 이는 상향식과 하향식의 두 가지 방식으로 이루어진다. 상향식 덩어리 짓기 과정은 개념을 추상화하여 생각하는 과정으로, 구체적인 의미를 담은 개념(하위개념)에서 추상적인 의미를 담은 개념(상위 개념)으로 넓혀나가면서 글 이해의 폭을 넓히는 것이다. 추상화는 사물 또는 현상에서 어떤 공통적인 요소, 측면, 성질을 추출하여 파악하는 것으로, 개념을 추상화하는 과정에서 **핵심 개념의 본질, 즉 개념의 의미를 파악할 수** 있다. 그리고 그 과정에서 글에서 중요한 부분과 그렇지 않은 부분을 가려낸 후 중요한 부분에 정신을 집중토록 함으로써, 글 내용의 핵심을 정확히 파악할 수 있다.

한편, 하향식으로 큰 덩어리를 나누는 과정은 추상적인 의미를 담은 개념(상위개념)에서 구체적인 의미를 담은 개념(상위개념)으로 좁혀나가면서 글 내용의 의미를 구체화하는 것이다. 핵심 개념일수록 추상화된 의미를 담고 있기 마련인데, 추상화란 것은 폭넓은 일반성을 가지는 대신에 이를 쉽게 연상(생각을 구체화)할 수 없어서 이해하기 힘들다. 이때 개념을 상위 개념에서 하위개념으로 좁히면서, 그리고 개념이 표상하는 지식이나 지적 체험에 설명이나 사례를 연결해서 구체화해 나가면 **글 내용의 핵심이 단박에 포착된다.**

개념에 대한 상향식 의미 짓기와 하향식 의미 짓기 과정, 다시 말해 개념의 추상화 과정과 구체화 과정은 모두 글의 중심 생각과 글 내용의 핵심을 파악하기 위해 꼭 필요하다. 상향식 접근과 하향식 접근이 만나는 곳에 '맥락'이 자리한다. 좀 더 정확히 설명하자면, 의미 단위 읽기에 있어서 **개념의 덩어리 짓기는 글 내용의 핵심이자 중심 생각을 어떻게 효과적으로 파악할 수** 있는지를 배우는 과정이고, **맥락의 이해는 개념과 개념의 관계를 살펴 문제 해결을 위한 접근 방법, 즉 논리적 사고력을 키우는** 과정이라 할 수 있다. 결국, 이 모든 것은 올바르고 충실한 개념 학습을 통해 실현될 수 있음을 공부하는 학생들은 반드시 알고서 글을 읽어야 한다.

끝으로, 이 책으로 공부하면서 다음과 같은 물리적인 노력을 함께 수행하기 바란다. 이를테면 글을 읽는 내내 핵심 개념을 머릿속에서 항상 생각하면서 생각을 집약하고, 글에서 중요한 부분(문장)에 밑줄을 긋는 등의 의식적인 노력이 따라야 한다. 더불어 개념과 개념의 관계를 살피고, 중요한 단어(개념)에 동그라미를 치고, 그러면서 머릿속에 들어 있는 관련 개념을 끄집어내 지문 옆에 적으면서, 개념의 위계와 범주를 따라 글의 중심 생각(핵심 논지)을 확정할 수 있어야 한다. 이 모든 정신 활동이 글의 이해는 물론이고 사고의 폭을 넓힌다는 사실을 깨닫고, 지식의 보고이자 사고의 집약이라 할 수 있는 개념 학습에 힘을 쏟는다면, 탄탄한 지문 독해력에 기반한 수능 고득점 달성은 어렵지 않을 것이다. 논술은 말할 것도 없다. 이 책을 거듭 반복해서 읽기 바란다. 이 책에 실린 개념에만 익숙해져도, 시험장에서 글 내용이 눈에 들어오지 않아 속된 말로 '멘붕'이 오는 불상사는 막을 수 있을 것이고, 글 내용이 눈에 쏙쏙 들어올 것이다. 이것, 믿어도 된다.

김 태 희

1 인문·예술, 사회·문화, 과학·기술 배경지식을 집약해 체계적 학습 및 원리적 이해 가능

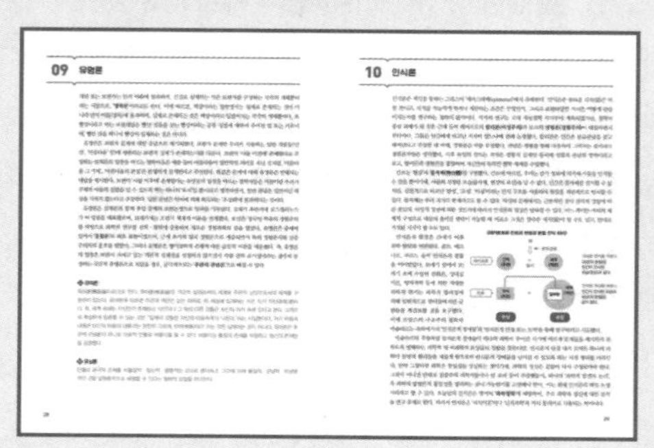
09 유령론

10 인식론

수능 독서 영역은 인문 · 예술, 사회 · 문화, 과학 · 기술, 주제 통합 등 다양한 분야에서 출제됩니다. 이에 따라 수능 국어 영역 독서 전 분야에 걸쳐 개념 및 지식을 총망라하여 수록했습니다. 개념과 개념, 지식과 지식이 서로 꼬리에 꼬리를 물면서, 그리고 서로 겹치고 쪼개지면서 확장 · 분화되고 있음을 직접 확인할 수 있을 것입니다. 그 접점에 '맥락'이 자리하므로, 이것만 잘 파악하고 이해하는 것만으로도 개념을 충실히 이해할 수 있을 것입니다. 그리고 수능과 논술에서 '제재'와 '화제'를 달리하면서 펼쳐내는 그 어떤 지문도 막힘없이 읽을 수 있을 것입니다.

2 개념과 지식의 학습이 곧 지문 독해 연습의 과정으로 독서 지문 읽기 효과 발생

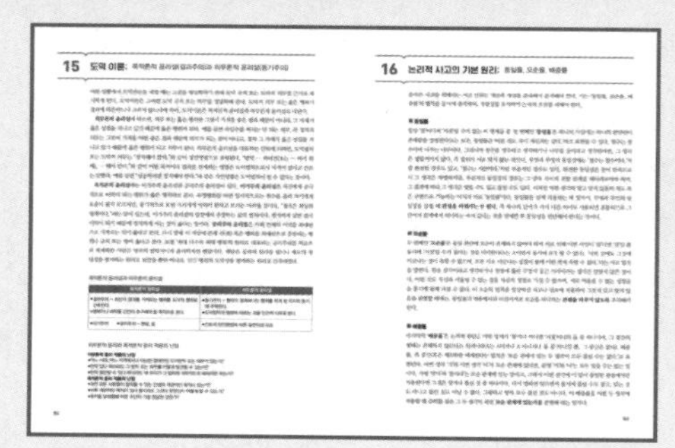
15 도덕 이론

16 논리적 사고의 기본 원리: 동일률, 모순율, 배중률

수능 국어는 독서 전 분야에 대한 상식 이상의 배경지식을 요구합니다. 글에 대한 독해 속도는 이러한 배경지식의 수준에 따라 좌우된다고 할 수 있습니다. 따라서 독서 영역 분야별 개념과 지식을 익혀 독해 속도를 늘리는 것이 중요합니다. 해당 주제에 대한 지식을 어느 정도 갖고 있으면 지문이 훨씬 많이 보이고 해석하기가 수월해집니다. 이 책은 인류사 수천 년 동안 제시되고 축적된 광활한 지식과 심오한 사상을 주제별 쪽 단위 수능 지문 길이 형식으로 구성하여 학습의 과정이 곧 독서 지문 읽기 효과로 연결될 수 있도록 하였습니다. 이를 통해 다른 어떤 핵심 개념과 맞닥뜨리더라도 그 의미를 어렵지 않게 파악할 수 있을 것입니다.

3 출제 예상 배경지식 학습으로 수능, 논술, LEET, 편입, 공무원 등 모든 시험의 대비 가능

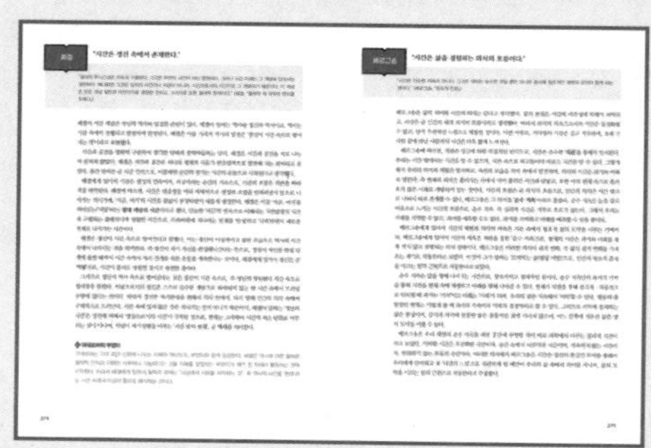

시험 현장에서 알지 못하는 낯선 주제의 지문을 접하게 되면 당황하게 됩니다. 평소에 다양한 분야의 글을 읽는 것이 필요하지만, 어떤 분야든지 배경지식을 조금이라도 갖고 있으면 마음이 편해지고 집중력이 생깁니다. 이를 위해 학생들이 특히 어려워하는 인문, 철학, 예술, 과학, 기술, 경제, 주제 통합 등의 기출 및 출제 예상 배경지식을 학습할 수 있도록 구성하였습니다. 이 책으로 모든 분야 지문들에 대한 효과적인 대비가 가능할 뿐 아니라, 수능 · 논술 · LEET · 편입 · 공무원 등 개념과 지식이 필요한 각종 시험의 대비가 가능합니다.

4 출제 빈도가 높아지고 있고 고득점에 필수인 현대 사상의 최신 개념 수록

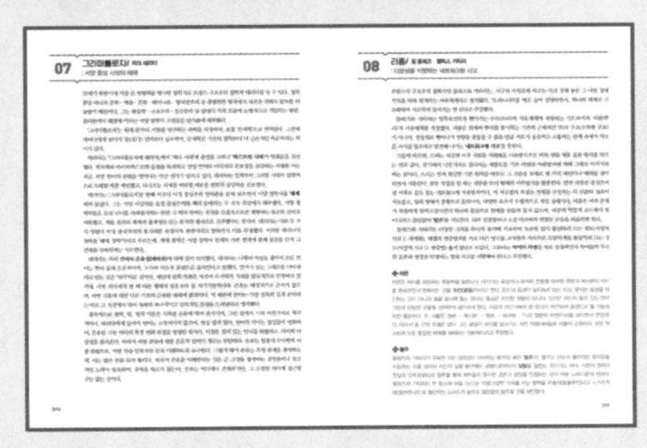

현대 사상가들이 쏟아내는 최신 개념을 빠짐없이 수록하였습니다. 실제 이 부분에서 최근 출제 빈도가 높아지고 있는데, 그 이유는 다른 무엇보다 학생들로 하여금 글 내용을 생경하게 느끼도록 하여 변별력을 높이기 위해서입니다. 글 내용을 접하는 것만으로도 다른 학생들보다 비교우위에 설 수 있을 것입니다. 이런 개념일수록 배경지식을 활성화할 수 있어야 글이 눈에 들어옵니다. 따라서 여기서 다루는 개념과 친숙해지도록 노력할 필요가 있으며, 수능 고득점을 받기 위해서는 반드시 그래야만 합니다.

5 개념의 비교·연계, 주제별 쪽 단위 수능 지문 길이 형식 학습으로 지문 적응도 향상

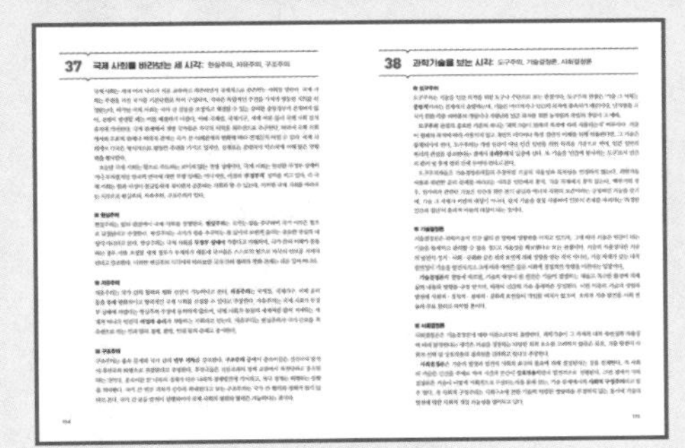

교과과정에서 중요하게 다루는 필수 지식을 핵심 개념별 비교 논점을 따라 어떤 식으로 세분화하면서 펼쳐지는가를 파악할 수 있도록 구성하였습니다. 텍스트를 논리적으로 독해하기 위한 중요한 방법의 하나가 글의 대립 구조, 즉 글 내용의 핵심을 서로 '비교'하면서 파악하는 것에 있음을 생각한다면, 그리고 실제 그 부분에 출제자의 의도가 집중되어 있음을 고려한다면, 비교의 층위를 살피면서 읽어야 합니다. 그런 연습을 하는 것만으로도 실제 수능 지문에서 글 내용이 개념별로 어떤 식으로 의미와 표현을 달리하면서 변주되는지를 파악할 수 있을 것입니다.

6 철학 사상, 예술 미학 이론, 경제 원리, 사고 실험, 주제 통합 등 실전지식 구성

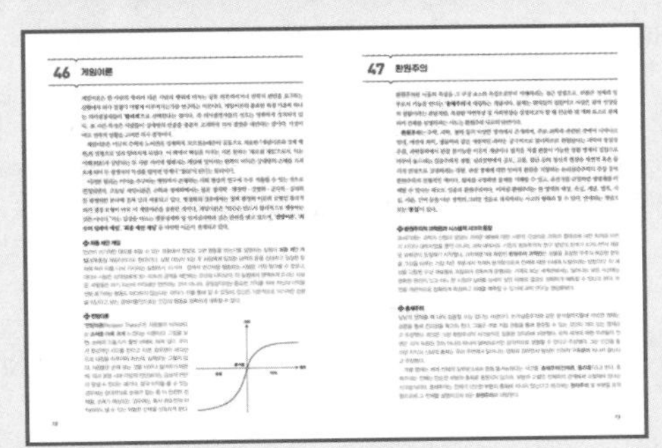

'세상 모든 주의(이즘)', '미술 사조와 미학 이론'에서는 사상의 흐름과 이론이 이해되도록 하였습니다. '언어철학과 논리학', '현대 윤리학', '동양 사상', '법철학' 등에서는 논점에 대한 이해를 통해 관점을 세우는 데 주력하였습니다. '경제'에서는 학생들이 어려워하는 개념과 관계에 대한 이해가 가능하도록 하였으며, '철학 · 심리 · 과학 · 경제 사고 실험'에서는 심리 이론과 용어, 각종 사고 실험 등을 체계적으로 제시하였습니다. 이를 통해 각 영역별 및 분야별 개념, 관점, 지식, 이론, 논점의 이해가 가능하며, 개념과 개념, 지식과 지식의 비교를 통해 철학과 사상, 예술미학, 사회와 문화, 과학기술의 구조 및 작동 원리에 대한 조망이 가능합니다. 또한 주제 통합 유형과 배경지식 학습의 중요성 등도 구성하였습니다.

권두 - 철학과 사상의 계보

차례

2. 개념 vs 개념, 지식 vs 지식 비교 50

77쪽

01 인간 본성에 대한 이해(1): 역사 속의 두 인간관-이성적 · 사회적 본성과 충동적 · 이기적 본성/ 인문 · 예술
02 인간 본성에 대한 이해(2): 진화생물학적 관점-이기주의, 이타주의, 호혜적 이타주의/ 인문 · 예술
03 인간 행동의 동기(1): 자유의지와 결정론/ 인문 · 예술
04 인간 행동의 동기(2): 이성적 합리성과 제한된 합리성/ 인문 · 예술
05 인간 행동의 동기(3): 도덕적 인간과 비도덕적 사회/ 인문 · 예술
06 신 존재 증명: 존재론적 증명, 목적론적 증명, 우주론적 증명, 도덕학적 증명, 인간학적 증명/ 인문 · 예술
07 인식론적 의미론의 세 방법: 객관적 인식, 주관적 인식, 현상학적 인식/ 인문 · 예술
08 심신 이원론의 세 관점: 상호 작용론, 평행론, 부수현상론/ 인문 · 예술
09 진리 판단에 대한 세 이론: 대응설, 정합설, 실용설/ 인문 · 예술
10 상대주의의 다양한 관점: 인식론적 상대주의, 윤리 상대주의, 과학 상대주의, 문화 상대주의/ 인문 · 예술
11 정신의 본질: 실체설, 작용설, 전체설/ 인문 · 예술
12 진리에 관한 비합리주의 관점: 생철학과 해석학/ 인문 · 예술
13 본질과 실체에 대한 동서양의 인식: 형상과 질료, 이(理)와 기(氣)/ 인문 · 예술
14 판단 능력: 사실판단, 가치판단, 도덕판단/ 인문 · 예술
15 도덕 이론: 목적론적 윤리설(결과주의)과 의무론적 윤리설(동기주의)/ 인문 · 예술
16 논리적 사고의 기본 원리: 동일률, 모순율, 배중률/ 인문 · 예술
17 논리적 해석의 두 변인: 상관관계와 인과관계/ 인문 · 예술
18 올바른 논증의 두 측면: 연역 추론과 귀납 추론/ 인문 · 예술
19 예술적 재현의 두 원리: 유사와 상사/ 인문 · 예술
20 예술 작품 인식의 세 관점: 모방론, 표현론, 형식론/ 인문 · 예술
21 현대 미술의 구분: 추상미술, 구상미술, 비구상미술/ 인문 · 예술
22 현대 사회의 이해: 다원주의와 공동체주의적 다원주의/ 인문 · 예술
23 대중문화에 대한 다양한 해석: 계급문화론, 이데올로기론, 민중문화론, 헤게모니론/ 사회 · 문화
24 자유와 평등의 양립 가능성: 기회의 평등과 결과의 평등/ 사회 · 문화
25 정의를 바라보는 시각: 형식적 정의, 실질적 정의, 공정으로서의 정의/ 사회 · 문화
26 분배 정의를 보는 세 입장: 자유주의, 공리주의, 평등주의/ 사회 · 문화
27 의사 결정의 두 시각: 집단사고와 집단지성/ 사회 · 문화
28 사회 · 문화 현상을 이해하는 세 이론: 기능론, 갈등론, 상징적 상호작용론/ 사회 · 문화
29 사회를 이해하는 두 이론: 사회실재론과 사회명목론/ 사회 · 문화
30 민족 정체성을 바라보는 다양한 관점: 근원주의, 상황주의, 역사문화주의/ 사회 · 문화
31 비용-편익 분석의 두 측면(1): 기회비용과 할인율/ 사회 · 문화
32 비용-편익 분석의 두 측면(2): 현재가치와 미래가치/ 사회 · 문화

1

세상 모든 주의(이즘), --론 50

01 플라톤주의
02 아리스토텔레스주의
03 신플라톤주의
04 합리주의
05 경험주의
06 관념론
07 유물론
08 실재론
09 유명론
10 인식론
11 존재론
12 일원론과 이원론
13 회의주의
14 결정론
15 목적론과 기계론
16 상대주의
17 자유주의
18 공리주의
19 개인주의
20 전체주의
21 민주주의
22 사회주의
23 보수주의
24 진보주의
25 공화주의
26 민족주의
27 다문화주의
28 오리엔탈리즘
29 자연주의
30 실증주의
31 프래그머티즘
32 휴머니즘
33 현상학
34 실존주의
35 구조주의
36 포스트구조주의
37 신마르크스주의
38 분석철학
39 과학철학
40 정신철학
41 정신분석이론
42 포스트모더니즘
43 아방가르드
44 모방론
45 메타 윤리학
46 게임이론
47 환원주의
48 패러다임이론
49 상대성이론
50 양자역학

01 플라톤주의

플라톤주의는 플라톤 사상의 전반을 아우르는 광의의 용어로, 좁은 의미로는 플라톤의 '실재론'을 의미한다. 플라톤주의의 핵심 사상은 **'이데아론'**으로, 다른 말로는 '형상이론'이라고도 한다. 이데아는 모든 존재와 인식의 근거가 되는 항구적이며 초월적인 **'실재'**를 뜻한다. 이데아는 우리가 눈으로 확인할 수 있는 형태가 아니라, 이른바 마음의 눈으로 통찰하는 사물의 진정한 모습 혹은 사물의 원형을 가리킨다. 감각으로 파악할 수 있는 존재는 시간의 흐름과 함께 모습을 바꾸지만, 천상의 본질인 이데아는 영원불변하다. 플라톤에 따르면 모든 사물은 이데아의 그림자에 지나지 않기에, 인간은 이데아의 진정한 모습을 찾으려고 노력해야 한다.

플라톤은『국가』에서, 이데아로 구성된 영원불멸의 세계와 감각으로 파악할 수 있는 현실 세계를 구별했다. 전자를 이데아계(영원, 불멸, 절대, 불변, 보편, 완전)라고 하고 후자를 현상계(유한, 소멸, 상대, 가변, 변화, 불완전)라고 하며, 현상계에 존재하는 사물을 '현상'이라고 불렀다(이데아와 현상은 대립하는 개념이다). 끊임없이 변화하는 현상계는 영원히 변하지 않는 이데아계(界)를 모방하여 존재한다. 현실의 세계는 항상 이상 세계인 이데아를 모범으로 삼아 존재한다. 인간의 감각으로는 이상 세계를 직접 인식할 수 없고 오직 **'이성'**을 통해서만 가능하다. 플라톤주의자들은 이 '선(善)'의 이데아를 **'이성'**에 의해 알 수 있다고 보았는데, 이러한 사고를 현실과 이상의 **'이원론적 세계관'**이라고 한다. 플라톤은 예술작품은 이데아의 모방인 자연(현실 세계)을 다시 모방한 것이기에 그만큼 저속한 것으로 보았다.

플라톤주의는 서양의 사상과 신앙 체계 전반에 심대한 영향을 미쳤다. 화이트헤드는 "유럽 철학의 가장 안전하고 일반적인 정의는 그것이 플라톤에 대한 일련의 각주(脚註)들로 이루어져 있다."라고 말했는데, 이는 플라톤의 방대한 사상이 후대 철학의 일반개념을 형성하는 데 절대적인 영향을 끼쳤음을 뜻한다. 특히 플라톤주의의 핵심 개념인 이데아는 '신의 생각(하느님의 생각)'과 동일시되어 중세 기독교적 신비주의에 크게 영향을 끼쳤다. 기원후 3세기경 플로티노스는 플라톤 사상에 신비주의 요소를 추가하여 **'신플라톤주의'**를 확립했다. 신플라톤주의자들은 만물의 근원을 이루는 존재를 '모나드', 즉 '하나인 존재(一者)' 또는 '선한 존재(神)'라고 보고, 인간은 영혼이 덕(德)과 명상을 통해 자신을 상승시켜 '하나인 존재'와 합일할 수 있는 능력을 지녔다고 믿었다.

보편성의 문제

플라톤의 이데아론이 만들어낸 중요한 이슈의 하나는 **'보편성'**의 문제로, 이후 철학사의 핵심 주제가 되었다. 중세 철학 논쟁의 계보에는, 보편은 현실에 존재하며 개별적인 것보다 더 우위에 선다는 **'실재론**(혹은 플라톤 학파의 사람들)'과, 보편은 인간이 만들어낸 말일 뿐이므로 현실에 존재하지 않는다는 **'유명론'**이 있었다. 이 논쟁의 기본적인 개념들은 **플라톤주의**로부터 출발하며, 둘 사이의 본질적인 차이점은 현대철학의 여러 분야에서도 전반적으로 나타나고 있다. 실재론적 입장은 물질적 특성이나 윤리적 사실, 혹은 수학적 원리 등과 같이 우리의 인식이나 경험과는 독립적으로 세상 '그곳에' 실체가 있다는 시각을 견지하고 있다. 그 반대편의 입장에 선 철학자들은 **반실재론자**로, 어떤 것에 대해 알려진 것과 우리가 알고 있는 것 사이에 불가피하게 직간접적으로 연관되어 있다는 주장을 펴고 있다.

02 아리스토텔레스주의

아리스토텔레스 철학 사상을 총칭하는 말이다. 아리스토텔레스는 위대한 그리스 철학자 가운데 마지막 이자 가장 영향력 있는 철학자였다. 기원전 335년, 아리스토텔레스는 아테네에 '리케이온'이라는 학교를 세워 소요학파를 이끌었다. 오늘날 아리스토텔레스의 철학은 아퀴나스를 중심으로 한 스콜라주의의 철학적 전통과 관련되어 자주 쓰인다. 13세기 아퀴나스는 아리스토텔레스 철학을 수용하여 이를 기독교 신학과 융합함으로써 새로운 교리를 확립했다. 아퀴나스는 신플라톤주의자들의 초월적인 관념에 대항해 기독교 이론 가운데 아리스토텔레스주의자의 **'이성주의'**를 수용한 단일 철학을 수립했다. 서양의 철학사에서 아리스토텔레스는 스승인 플라톤보다 더 크고 더 넓게 영향을 미쳤다. 물리학, 생물학, 심리학, 정치학, 윤리학, 형이상학, 수사학, 미학, 논리학 등의 분야에서 중요한 기반을 닦았다.

■ 플라톤의 이상주의와 아리스토텔레스의 현실주의

아리스토텔레스는 스승인 플라톤의 이데아 사상을 따르면서도, 그의 이상주의적 사고를 비판했다. 플라톤이 다른 세계에 대한 추상적인 전제에서 진정한 지식을 얻을 수 있는 초월적인 영역을 주장했다면, 아리스토텔레스는 사물의 본질이 이상 세계에 있는 것이 아니라 오히려 **'현실'** 속에 있다고 주장하면서 사물 그 자체 안에서 본질을 찾았다. 두 철학자의 사상적 차이는 라파엘로의 유명한 벽화 '아테네 학당'에서도 잘 묘사되어 있다. 이 작품에서 플라톤은 손가락으로 하늘을 가리키고 있고, 아리스토텔레스는 손바닥을 땅으로 향하고 있다. 그런 점에서 아테네 학당은 플라톤은 이상과 현실이 분리되어 있다는 '이원론적 사고'를, 아리스토텔레스는 이상은 현실의 실체라는 **'일원론적 사고'**를 주장하는 표상이라고 할 수 있다.

플라톤과 아리스토텔레스의 사상적 영향

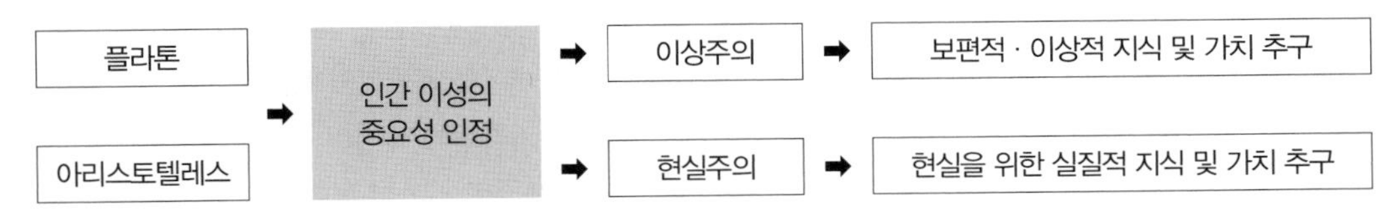

덕의 윤리

아리스토텔레스의 사상은 특히 '도덕 윤리' 분야에서 후세에 크게 영향을 미쳤다. 아리스토텔레스의 영혼을 바라보는 관점은 플라톤보다 더 일원적이다. 하지만 그는 육체를 벗어나서도 죽지 않는 능동적 이성이라는 한 가지 능력은 크게 강조했다. 그는 인간의 궁극적인 선은 '행복'이라고 보았다. 아리스토텔레스에 따르면 인간에게 최고의 선이자 인간 활동의 궁극적인 목적은 행복(에우다이모니아)이다. 그리고 행복은 인간 존재의 **덕(아레테)**, 즉 잠재력의 실현에 있다. 인간에게 고유한 덕은 이성이기 때문에, 인간의 가장 큰 행복은 이성적인 삶을 이루는 것이다. 아리스토텔레스의 관점에서, 인간의 본질은 이성의 능력으로 삶을 영위할 최상의 방법을 결정하는 것이다. 그리고 행복은 정신 능력을 적극적으로 활용하고 덕성, 혹은 도덕적 우월성에 대해 확신하는 것이다. 천성적으로 타고났든 후천적으로 습득된 것이든, 옳은 인성과 좋은 기질을 갖추고 있으면 올바른 행동을 한다고 보았는데, 이것이 아리스토텔레스가 말하는 **'덕윤리'**의 요체이다.

03 신플라톤주의

철학과 종교적 이상을 광범위하게 결합한 사상이라는 의미에서 훗날 붙여진 용어이다. 플로티노스를 기점으로 '유일한 존재자'란 관념이 핵심인 복잡한 체계가 만들어졌는데, **유일자**(有一者)는 절대 선(善)의 근원이 되는 가장 고귀한 힘을 의미한다. 신플라톤주의 사상의 핵심은, 이름 붙일 수도 없고 인식할 수도 없는 '원초적 하나(유일자, 완전한 것)'로부터 단계적으로 여러 존재(정신, 영혼, 물질 등등)가 발생하고, 또 이 단계의 순서에 따라 여러 가지 불완전한 존재자들이 출현한다는 것이다. 따라서 '원초적 하나'의 마지막 단계는 물질로 다시 바뀐다. 이렇게 원초적 하나에서 흘러나오는 것은, 마치 빛이 자신의 본질은 조금도 손상하지 않고, 어둠 속으로 사라져 가는 것과 같다. 인간의 영혼은 육신에 의해 더럽혀진 것을 정화하는 데서 감각적이고 물질적인 것을 벗어나 **'정신'**으로 향하게 되고, 이 정신을 통해 원초적 하나와 일치하도록 정해져 있다.

신플라톤주의는 아리스토텔레스와 스토아철학, 피타고라스 사상 가운데 일부, 신비주의 사상과 신화적인 요소, 육체는 악한 데 비해 정신은 선한 것으로 본 플라톤 사상을 전부 모아 펼친 사상이라 할 수 있다. 그러나 이데아계와 현상계가 독립적으로 나누어져 있다는 이원론적 세계관은 많이 희석된 상태로 존재하며, 유일자에 의한 **'일원론적 세계관'**, 곧 기독교 세계관을 강조한다는 점에서 이전의 플라톤주의와 구별된다. 중세 그리스도교인들은 신플라톤주의 사상에 따라 세계는 신의 정신이 창조했고, 인간은 완전하게 선(善)한 존재자인 '신'을 좇아 유일자를 열망한다는 이론을 정립하고 그것에 맞추어 인간과 세계를 해석했다.

여러 사상과 많은 사상가 가운데 플라톤은 초기 그리스도교 사상의 발전에 가장 많은 영향을 끼쳤다. 플라톤의 가르침을 직접 이어받은 뛰어난 철학자는 기원후 3세기에 등장한 플로티노스이다. 그는 매우 독특한 성향을 지닌 플라톤주의자로, 그의 사상은 플라톤의 철학에서 신비주의적인 흐름을 발전시킨 것으로 알려져 있다. 플로티노스는 플라톤의 사회 · 정치사상을 무시하고 철학 자체를 종교로 삼았다. 그 사상의 핵심은 바로 플라톤의 이데아론에 바탕을 둔 **'성령 삼위일체설'**로, 이것이 세계의 구조를 결정한다고 주장했다. 플로티노스를 비롯한 신플라톤주의자들이 세계의 구조를 이루는 이념적 토대로 기독교를 수용한 이후로, 기독교는 근대 르네상스 시대에 이르기까지 철학과 사상에 지대한 영향을 미쳤다. 자유로운 사고라는 것 역시 오로지 기독교와 연관된 범위 안에서만 가능했다.

플로티노스

플로티노스는 **'일자(一者) 형이상학'**을 정립한 인물이다. 그는 유일자(일자)의 가장 두드러진 본질을 '절대적 초월'이라고 파악했다. 플로티노스는 존재에는 세 가지 단계가 있다고 믿었다. '유일자', '정신(누스, nous)', '영혼'의 세 가지가 그것이다. 인간은 가장 낮은 단계인 **영혼**의 단계이다. 그다음은 이상적 형상이 밝혀지는 정신, 곧 **이성**의 단계이다. 마지막은 유일자, 곧 '선'의 단계이다. **유일자**는 추상적인 '신'으로, 성찰적인 인간은 선과 함께 유일자를 향한 상승의 길을 걷는다. 플로티노스는 지성의 최고 완성 단계는 물질과 자연을 딛고서 영혼으로, 이성으로, 유일자로, 자기 자신을 넘어서서 나아가는 것이라고 보았다.

04 합리주의

'합리론 · 이성주의 · 이성론'이라고도 한다. 진정한 인식은 경험에 의한 것이 아니며, 인간의 타고난 이성(본유관념, 생득관념)에 따른 것이라는 철학 사고이다. 모든 지식은 감각 경험에서 비롯된다고 주장하는 경험론과 달리, 합리주의는 사유와 지식의 원천이 **'이성'**에 있다고 보고, 수학적 논리와 추론을 따라서 얻은 지식을 중시했다. 도덕적 행위의 근거 역시 인간의 이성에서 찾았다. 즉, 이성주의 사고로 인간이 본래 지닌 이성 능력을 최대한 발휘하여 정념이나 욕구를 다스릴 때, 인간은 도덕적으로 올바른 행위를 할 수 있다고 보았다. 사물을 인식할 수 있는 능력 역시 이성을 통해 차근차근 사고하면 무엇이든 이해할 수 있다고 보았다.

합리론과 연관되는 것은 '이원론'과 '관념론' 적 사고이다. **이원론**은 현실을 두 가지의 서로 다른 존재 영역의 통일이라고 해석하려는 입장이고, **관념론**은 변화하는 다양한 물질인 '질료'에 비해 한결같고 통일적인 형상인 '관념'을 본질 구조 측면에서 우위를 두려는 입장이다. 합리론은 이 두 입장을 따르면서 그와 동시에 인간에 대한 윤리적 요구를 강조한다. 그것은 인간의 의지를 의식적으로 윤리적 · 이성적 질서를 보존하고 실현하는데 기울이고, 더불어 인간 생활의 정돈되지 않은 본능적인 힘을 이 윤리적인 의지에 굴복시키라는 요구이다. 인간은 '로고스를 가진 동물(아리스토텔레스)', '인식을 할 수 있는 동물(아퀴나스)'이라는 인간 본질에 관한 규정이 이를 두고 하는 것이다.

합리론은 프랑스의 데카르트, 네덜란드의 스피노자, 독일의 라이프니츠 등 주로 유럽 대륙의 철학자들에 의해 전개되었기 때문에 '대륙 합리론'으로 불리기도 한다. 데카르트와 스피노자는 모든 인식은 생득적이고 이성의 힘이 모든 지식의 근원이라고 주장했다. 특히 데카르트는 진리 탐구의 방법으로 **'방법적 회의'**를 주장했는데, "나는 생각한다. 그러므로 나는 존재한다."라는 말은 사유하는 자아의 자기 확실성을 나타낸 대표적 명제이다. 칸트는 대륙 합리론과 영국 경험론을 종합하여 18세기 독일 관념론으로 발전시켜 나갔다.

합리주의 유형

합리주의에는 여러 가지 유형이 있다. 형이상학적 의미로는 존재 일반의 원리를 이성에 두고서 존재 이유를 갖지 않는 것의 '존재'를 인정하지 않는 사상으로, **'회의주의'**와 대립한다. 고대 그리스 **이성주의** 철학이 대표적이다. 인식의 기원을 문제 삼는 인식론적 입장에서는 인간의 이성에 진리를 인식할 수 있는 능력을 부여하는 입장이며, **'경험주의(경험론)'**와 대립하여 이성을 확실한 인식 수단이자 감각적 경험으로부터 독립한 인식 수단으로 본다. 데카르트, 스피노자, 헤겔의 철학이 대표적이며, 헤겔은 실재의 합리적인 성격으로서의 역사의 의미를 긍정했다. 주지주의(主知主義)적 입장으로서는 이성을 우주를 설명할 수 있는 원리로 보는 입장으로, '신비주의'와 같은 모든 형태의 **비합리주의**와 대립한다. 스피노자의 사상이 이에 해당한다. 가치론적 의미로는 이성과 감성의 상호 의존을 인정하면서도 이성에 인식과 도덕을 정초할 수 있는 능력을 부여하는 입장으로, 실천의 지침을 오직 이성의 원리에서 구하는 **칸트의 철학**이 여기에 속한다.

05 경험주의

경험주의는 인간이 선천적으로 습득한 지식과 관념은 존재하지 않으며, "인간은 경험으로 세상을 인식한다."라는 사상이다. '경험론'이라고도 한다. 경험주의는 지식의 근원을 이성에서 찾는 대륙의 '합리주의(이성주의)'와 대립한다. 경험주의는 인식론적 측면에서 사유와 지식의 원천을 감각적 경험으로 보며, 경험적 관찰이나 실험에서 얻은 지식을 중시했다. 또 인간이 도덕적으로 선하게 행동할 수 있는 근거를 **욕구**나 **감정**에서 찾았다.

역사적으로는 고대 소피스트, 스토아학파, 에피쿠로스학파 등과 중세 유명론 등을 경험론적 범주에 넣을 수 있으나, 근대 합리론에 대립할 수 있는 확고한 지반은 18세기에 이르러 확립됐다. 17세기 이성주의 철학이 종교적 · 절대적 이성의 입장인 데 비해 18세기의 철학은 인간적 · 상대적 이성의 입장이었다. 이러한 경향을 '고전적 경험론'이라고 하는데, 베이컨이 이를 선도했다. 그는 "아는 것이 힘이다."라면서 경험을 쌓아야 인간의 관념은 형성된다고 보았다.

베이컨을 이어 로크는 데카르트의 생득관념을 부정하면서, 지식의 대상은 감각으로 얻은 것을 고찰한 결과 얻는 관념이라고 주장했다. 그의 사상은 버클리와 흄에 의해 발전하면서 이른바 영국의 경험론을 형성하였다. 로크 이후 "존재하는 것은 지각되는 것이다."라고 주장한 버클리 및 모든 존재물을 '지각의 묶음'에 불과하다고까지 표현한 흄 등이 경험론을 계승했다. 영국 경험론의 영향을 받아 프랑스에서 콩디야크의 **감각론**(외적 감각의 경험만을 인식이라고 인정하는 입장)과 달랑베르의 **실증론(실증주의)**이 전개됐다. 현대 미국의 제임스를 대표로 하는 **프래그머티즘(실용주의)**도 경험론에서 파생한 유파라고 할 수 있다.

현대 경험론은 버클리와 흄의 견해를 받아들이면서, 우리가 감각으로 포착하는 외부 대상의 객관적 실존을 거부하였고, 이후 '**현상론**'으로 나아갔다. 이 입장에 따르면, 인식의 최초의 자료는 감각적 인상이며, 이 인상은 지각되거나 표상하는 것이다. 이 지각으로부터 출발하여 그것이 표상하는 대상의 실존을 확실하게 추론하는 것은 불가능하다.

19세기 말 이후 경험론은 마흐, 비트겐슈타인, 카르납 등의 영향으로 새로운 양상을 띠었다. 이 철학자들은 칸트의 아프리오리한(선험적인) 종합판단을 거부했다. 그들은 "유일하게 아프리오리한 진리는 순수하게 형식적이고 논리적인 진리일 뿐"이라고 주장했다. 또 인식의 기원에 대한 문제를 유보한 채, 오직 경험만이 인식을 경험할 수 있다는 것을 보여주려 했다. 더불어 인식론적 논의를 언어에 대한 논리적 분석에서 시작함으로써, '관념'과 '감각'의 관계보다는 관찰할 수 있다는 사실과 명제의 관계를 문제 삼았다. 예를 들어 빨강의 관념이 '빨강'이라는 감각과 일치하는지가 문제되는 것이 아니라, "이 사과는 빨갛다."라는 언표가 검증 가능한 하나의 사실을 표현하는지가 관건이라고 보았다.

칸트의 종합 철학

칸트는 합리론과 경험론의 대립을 넘어 둘을 체계적으로 종합했다. 칸트는 인식이 경험과 개념의 종합에서 나온다고 생각했다. 감각이 없다면 어떤 대상도 알지 못하며, 이성이 없다면 대상에 대한 표상을 결코 만들지 못한다고 주장했다. 칸트는 "당구공이 어느 방향으로 굴러가게 될 것인지 확실하게 알 수 있다."라고 말하면서 선험적이면서도 종합적인 판단이 가능하다고 강조했다.

06 관념론

관념론은 인식론에서는 **관념론**, 형이상학적 입장에서는 **유심론**, 인생관 · 세계관에 관해서는 **이상주의**로 해석한다. 관념론은 사물의 존재가 우리의 주관, 즉 인식에 근거를 둔다는 데카르트의 사상에서 출발했다. 물질보다는 정신에 가치를 둔 철학 사상으로, **실재론** 및 **유물론**과 반대 성격을 갖는다.

관념론은 정신에 의해 세계가 만들어진다고 주장하며, 의식과 독립한 사물이 아닌 인간의 의식이 만들어낸 관념적인 것만이 세계에 관한 지식이 될 수 있다고 본다. 관념론은 사물의 세계를 인정하지 않고 정신적 의식 세계만을 인정하며, 물질적 세계의 실재에 대한 인식론적 입장을 따르기도 한다. 관념론은 다음과 같은 다양한 사상적 분파를 이룬다.

관념론	⬅ (인식론적 관점) ➡	실재론
세상은 인간이 머릿속에서 만들어낸 것이다.		세상은 우리 인식과는 관계없이 존재한다.
관념론	⬅ (존재론적 관점) ➡	**유물론**
정신 가치가 물적 가치에 우선한다.		물적 가치가 정신 가치에 우선한다.

형이상학적 관념론

아낙사고라스의 누스, 플라톤의 이데아, 플로티노스의 일자(一者)처럼, 사물의 본질이나 참된 존재는 물질이 아닌 '**정신**'이라고 보는 사상이다. 이러한 입장은 우주에는 오로지 한 가지의 실체만이 있다고 주장하기 때문에 '일원론적'이며, 그 하나의 실체는 의식적이라고 주장하기 때문에 '관념론적'이다. 이러한 경향을 오늘날에 와서는 '형이상학적 관념론'이라고 한다. 중세 말기의 '유명론'을 선구로 하는 근대 철학에서는 이데아가 점차 주관적인 사유의 대상이나 단순한 표상, 즉 관념을 의미하게 되었다. 그렇게 해서 관념 표상 배후의 현실, 즉 외적 세계의 실재성을 부정하는 사상, 즉 '관념론'이라는 의미를 지니게 되었다.

주관적 관념론

사물의 존재는 개인의 주관이 가지고 있는 표상 또는 감각 내용에 불과하고, 인식 작용을 떠나서는 어떠한 존재도 있을 수 없다는 '**유심론**'적 사상이다. 버클리, 흄, 피히테 등이 대표적인 철학자다. 버클리는 '존재한다는 것은 지각된다는 것'이라고 하여, 인간은 대상에 대한 감각이나 개념만을 직접 알 수 있다고 주장했다. 그는 능동적인 힘 · 작용으로서의 정신 및 실체와 그것에 지각되어 비로소 존재하는 관념만을 인정한 데 비해, 지각되지 않는 추상적 관념의 존재를 부정했다. 이 주관적 관념론이 극단에 이르면 자신만이 존재하고, 타인이나 그 밖의 다른 존재물은 자신의 의식 속에 있다고 생각하는 '**독아론(유아론)**'에 빠지게 된다.

객관적 관념론

개인의 주관을 인식의 중심으로 보는 '주관적 관념론'과는 달리, 객관적 관념론은 현실 세계를 초월적인 이데아 및 본원적인 세계정신으로 나타내고자 한다. 플라톤, 헤겔의 철학이 이에 해당한다. 철저한 주관적 관념론자인 버클리조차 유아론에 빠져드는 것을 피하고자 '감각적인 세계를 은폐하고 있는 무한 또는 보편인 정신', 곧 신(神)을 인정하지 않을 수 없었다. 이를 통해 주관적 관념론과 객관적 관념론은 서로 밀접한 관계를 지니고 있으며, 특히 객관적 관념론은 종교 및 신학의 철학적 표현으로서의 '**초월적 관념론**'이라는 것을 알 수 있다. 헤겔은 자신의 철학을 버클리의 '주관적 관념론'과 칸트 · 피히테의 초월적 관념론과 구별하여 '**절대적 관념론**'이라고 불렀다.

선험적 관념론

경험론은 감각적인 경험을 원리로 하고, 합리론은 이성에 의한 명석한 추론을 원리로 한다. 칸트는 감각적인 경험은 공간적 · 시간적인 관념과 함께 이성에 의한 추론을 이용해야만 인식할 수 있다고 보았다. 그래서 경험과 이론 모두를 꼭 필요한 것으로 인식하여 두 가지 철학의 통일을 생각했다. 이러한 그의 철학은 '비판'이라는 말로 집약되며, 칸트는 자신의 철학을 '선험적인' 것으로 규정했다. 선험적 관념론은 인식(이론이성)과 행위(실천이성)의 가능성의 조건을 탐구하는 철학이다.

선험적 관념론에 따르면 공간과 시간은 외부 세계에 속하는 것이 아니라 현실을 감각적으로 직관하는 데 필요한 주관적 조건들이다. 즉, 그것은 '감성의 아프리오리한 형식'들이다. 감각적 경험이 세계를 과학적으로 인식하는 데 반드시 필요하다 해도, 세계는 우리에게 그 자체로서 나타나는 것이 아니라 표상의 수단을 통해서 나타난다. 감각적 질료에 적용된 오성의 아프리오리한 개념에 의해 형성되는 인식은 우리에게 현상의 필연적인 질서를 가르쳐 줄 뿐이지, '물자체'에 직접 접근할 수 있게 해주는 것은 아니다.

■ 독일 관념론

칸트 철학에 따르면, 세계는 현상(실재하는 세계)과 물자체(관념)로 나뉜다. 이론이성은 현상에 대한 인식을 담당하고, 실천이성은 '**물자체**'에 관계하는 행동을 담당한다. 즉 인식과 행동에는 서로 다른 이성이 작용하는 것이다. 이성은 그런 식으로 구분될 수 있는 것인가? 피히테, 셸링, 헤겔은 그렇지 않다고 주장했다.

피히테는 이론이성(인식)도 실천이성(행동)도 '자아'의 구조로서 설명했다. 그에 따르면 물자체는 없으며, 세계란 '절대적인 자아', 즉 일종의 거대한 주체라고 말했다. 셸링은 자아(인간)도 자연도 절대자인 신의 일부라고 하여 현상과 물자체를 **동일시**했다.

헤겔은 피히테가 말한 '자아'가 스스로 발전하여 셸링이 말한 절대자에 이르게 되는 것이라고 주장했다. 그는 존재하는 것을 알 수 없다고 본 칸트의 주장을 비판하면서 "이성적인 것이 현실적이고, 현실적인 것이 이성적이다."라고 말하면서 존재하는 모든 것은 인식 가능하다고 보았다. 칸트에서 시작하여 헤겔이 완성한 인간 정신의 철학을 독일 관념론이라고 부른다. 독일 관념론은 칸트의 이원론적 입장을 넘어서서 일원론적인 통일 체계를 수립하기 위해 각기 다른 입장에서 계승됐으며, 헤겔에 이르러 완성됐다. (반의어는 '유물론')

07 유물론

철학에서 실체의 성질을 물질적이라고 보는 형이상학적 입장으로, 이를 정신적이라고 보는 **'유심론'**과 대립한다. 마르크스 · 엥겔스의 '변증법적 유물론'의 입장에서는 유물론을 관념론과 대립시키면서, 모든 철학을 '유물론'과 '관념론'이라는 두 진영으로 나눈다. 그러나 관념론이라는 용어를 인식 대상이 주관에 의존하는 관념적 존재라고 보는 인식론적 입장에서 이해한다면, 관념론은 인식 대상이 주관에서 독립하여 실재하는 존재라고 보는 '실재론'과 대립한다.

그리하여 실체의 성질에 관한 형이상학적 입장에서 **유물론**과 **유심론**이 대립하고, 인식 대상에 관한 인식론적 입장에서 **실재론**과 **관념론**이 대립한다. 이때 유물론은 인식 문제에 있어서 원칙적으로 실재론의 입장에 서지만, 실재론이라고 해서 반드시 유물론으로 한정되는 것은 아니다. 물심(物心) 관계 혹은 존재하는 대상과 의식하는 주관의 관계에 대하여 유물론은 원칙적으로 물질이나 존재가 정신이나 관념보다 근원적이며, 관념은 의식에서의 물질의 반영에 불과하고 또 의식에서 독립한 실재성을 (플라톤의 이데아에 있어서와 같이) 비물질적인 것으로 볼 때도 있기 때문이다. 그 좋은 예가 중세에 있었던 '보편논쟁'에 있어서의 실재론으로, 플라톤의 이데아나 아리스토텔레스의 형상과 같은 '보편자'를 놓고서 이를 한쪽에서는 실재라고 보고 다른 한쪽에서는 이름(명목)에 불과하다고 보는 것이다. 그런 까닭에 존재론적 형이상학에서의 실재론을 근대의 인식론적 실재론과 구별하기 위해 **'개념론적 실재론'**이라고 부르며, 이는 세계를 이루는 물질적 실체는 우리 인식과는 관계없이 존재한다고 보는 것이기에 **결정론**의 입장으로서의 유물론적 사상을 따른 것이다.

일반적으로 유물론은 모든 사물을 물질의 운동 과정에서 이해하려고 한다. 영혼이나 정신도 물질의 운동에서 발생한 것이라고 보며, 신이라는 관념은 공상의 산물에 불과하다고 본다. 이 점에서 유물론은 **무신론**이 된다. 이같이 유물론은 세계의 제1차적 근원적 존재를 물질이라고 주장하고 있으나, 물질과 물질 간의 운동 방식을 어떻게 이해하느냐에 따라 여러 가지 형태의 유물론이 나타난다. 또 도덕적 · 종교적 관념 형태의 차이에 의해서도 유물론의 형태가 달라지기도 한다. 그러나 유물론은 일반적으로 **'기계론적 유물론'**과 **'변증법적 유물론'**의 두 가지 형태로 구분되고 있다. 기계론적 유물론은 분자 · 원소와 같은 불변적인 물질적 실체를 인정하고 그 역학적 운동에 따른 자연현상을 설명한다. 변증법적 유물론은

사상가별 관념론적 사고와 유물론적 사고 비교

관념론	유물론
• 플라톤 – "세계는 이데아의 표출에 불과하다." • 버클리 – "세계는 지각할 수 있는 것이 아니다." • 흄 – "인간은 지각에 구속받는다. 실체는 없다." • 라이프니츠 – "세계는 모나드로 이루어져 있다." • 셸링 – "우주는 정신을 지닌 하나의 생명체다." • 헤겔 – "절대정신이 역사를 움직이는 동력이다."	• 탈레스 – "만물의 근원은 물이다." • 데모크리토스 – "세계는 원자로 이루어져 있다." • 에피쿠로스 – "나도 만물은 원자로 이루어져 있다고 생각한다." • 홉스 – "국가는 인위적으로 만들어진 것이다." • 마르크스 – "생산관계가 역사를 움직인다." • 현대 과학철학자 – "세계는 물질로 이루어져 있다는 생각이 지배적이다."
➡ 세계를 구성하는 근원은 물질이 아니라 정신이다.	➡ 세계를 구성하는 근원은 정신적인 것이 아니라 물질적인 것이다.

마르크스와 엥겔스에 의해 확립된 이론으로, 기계론적 유물론과 같이 불변의 고정적인 실체를 인정하지 않고 양에서 질로, 질에서 양으로 부단히 이행하는 영원한 운동 과정 안에서 물질을 이해한다. 변증법적 유물론의 견해는 자연현상에 대해서 뿐만 아니라, 사회와 역사의 영역에까지 확충하는 '사적 유물론' 또는 '유물사관'으로 전개되었다.

마르크스의 사적 유물론

헤겔은 인간 의식이 역사를 추진하는 동력이라고 생각했다. 그에 비해 마르크스는 사회와 역사를 움직이는 것은 의식과 같은 정신적인 것이 아니라 물질적인 것으로 주장했다. 이러한 역사관을 '유물사관' 또는 '**사적史的 유물론**'이라고 한다. 인간은 의식주를 계속해서 생산해야 한다. 그러한 물적 생산 활동을 위해 인간은 그 시대의 기술 수준에 맞는 생산관계를 결정한다. 그렇게 해서 생산관계가 토대(하부구조)가 되는 정치제도나 문화(상부구조)가 만들어진다. 기술 발전으로 생산력이 향상되고 생산성이 높아지면 생산관계에 모순이 일어나고, 그 모순을 타파하기 위한 계급투쟁이 일어난다. 그 결과 역사는 '원시공산제 → 노예제 → 봉건제 → 자본주의 → 사회주의 → 공산주의' 순서로 발전한다고 마르크스는 생각했다.

신유물론

신유물론(새로운 유물론)은 페미니즘, 존재론, 과학철학 등의 분야에서 '물질'에 대한 새로운 개념을 정립하면서 20세기 말에 등장했다. '**물질적 전회**'라고 부르는 신유물론은 인간 정신 바깥의 물질세계에 집중하는 유물론적 사유조차 인간 존재를 특권적인 주체로 상정한 것이라고 비판하면서, '물질 스스로가 변형적인 힘'을 갖추고서 '차이'를 가로지르거나 교차하는 방식으로 사유의 '질적 전환'을 시도한다. 이전까지 단지 '재현'을 통해서만 말해지는 대상이거나 더불어 말하는 대상으로만 여겨졌던 물질의 수동성을 기각하고, 물질의 능동성과 영향력을 새롭게 사유하는 것이다.

들뢰즈로부터 영향을 받은 신유물론은 마누엘 데란다가 이 용어를 본격적으로 꺼내 들었고, 이후 로지 브라이도티가 페미니즘 이론에 적용하면서 체계화됐다. 신유물론의 흐름 속에는 다양한 이론체계가 포섭되어 있는데, 특히 현대 실재론적 사유의 하나인 그레이엄 하먼의 '객체 지향 존재론'은 현대 테크노 사이언스 사회에서 인공지능 같은 기계가 수행하는 비인간적 행위가 어떻게 영향력을 얻고 또 어떤 식으로 발현하는지에 대한 새로운 해석의 가능성을 열었다는 평을 받고 있다.

물리주의

마음은 물리적으로 규명될 수 있다는 입장이다. 일원론적 관점은 크게 관념론과 유물론으로 나뉜다. 정신철학에서는 유물론을 '**물리주의**'라고 부른다. 극단적 관념론에 따르면, 세계는 의식 속에 있으며, 실체라는 것도 마음(의식)에 지나지 않는다(버클리). 하지만 물리주의는 유물론의 입장에서 세계는 물질로 이루어져 있고, 마음(의식)도 뇌의 움직임에 관계하는 한갓 물질에 불과하다고 본다. 세계의 궁극적 요소가 물리적이며, 이 세계에 대한 인식 역시 물리적으로 이해될 수 있다는 입장이다. 행동주의, 기능주의, 동일설을 지지하는 물리주의 학자의 다수는 마음(의식)은 뇌의 기능에 관계하므로 마음의 구조는 뇌 과학의 입장에서 물리적으로 규명될 수 있을 것으로 생각한다. 물리주의는 현대 심리철학에서 주목받고 있다. 물리주의가 심리학에 적용된 것이 바로 '**행동주의**'다. 행동주의 학자들은 관찰에 의해서 공통적이고 주관적인 방법으로 확인된 대상이나 특성만이 의미 있는 것이라고 전제한다.

08 실재론

일반적으로는 인식론에서 관념론과 대립하는 입장이다. 실재론은 사물이나 현상과 같은 인식 대상은 인식 작용인 우리의 의식이나 주관에서 독립하여 존재하며, 대상을 객관적으로 파악할 수 있어야만 참다운 인식은 성립한다고 본다. 그러나 인식 대상이 우리의 주관과는 아무런 관계없이 **'객관적 실재(객관적 진리)'**로서 독자적으로 존재한다는 견해, 그리고 이와는 달리 관념적이라고 보거나 정신적이라고 보는 견해도 성립할 수 있다(중세의 실재론).

실재론은 인식 대상을 외적 사물로 보는 점에서는 유물론과 통한다. 실재론은 형이상학적으로는, 개념적인 보편자는 인간의 사고와는 독립해 있으며, 사물 **'이전'**(플라톤의 실재론)이나, 사물 **'안'**(아리스토텔레스의 실재론)에 스스로 실재하고 있다는 견해이다. 인식론에서는, 인간의 사고와 독립해 있으나, 사고 속에서 인식되는 **현실(실재)**이 존재한다는 견해이다.

■ 과학적 실재론과 반실재론

전자와 같은 소립자는 실제 관찰할 수 없고, 과학에서나 이론으로 다루는 대상이다. 이를 이론적 대상이라고 한다. 이론적 대상은 당연히 실재한다고 생각하는 입장을 **과학적 실재론**이라고 하는데, '과학은 객관적 사실이다.'라는 생각이 이에 해당한다. 이와 달리 이론적 대상은 실제 현상을 설명하기 위해 만들어 낸 편의 장치에 불과하다고 생각하는 입장을 **반실재론**이라고 한다. 콰인의 총체주의에 따르면, 이론에 부합하지 않는 실제 경험 결과가 도출되더라도 그 이론의 어느 부분이 잘못되었는가를 확정하기 어렵다.

소박한 실재론(자연적 실재론)

일상적인 감각의 대상은 있는 그대로 실재한다고 믿는 견해이다. 사물은 우리가 지각하는 그대로 존재하며, 우리가 지각하든지 않든지 간에 **'독립적'**으로 존재한다고 믿는다.

비판적 실재론(반성적 실재론)

비판적 실재론은 사회과학을 이해하기 위한 철학적 접근 방식으로, 상식적인 지각의 세계가 곧 실재의 세계라는 견해를 과학적으로 비판하면서 실재와 감각을 분리하여 생각한다. 비판적 실재론은 과학철학(초월적 실재론)과 사회철학(비판적 자연주의)이 결합한 사상으로, 있는 그대로의 객관적 실재는 알 수 없다고 보면서 **경험주의**와 **실증주의**를 반대한다.

관념론적 실재론(객관적 관념론)

대상의 본질은 인간의 의식을 초월한 정신적 · 객관적인 것이라는 입장이다. **'정신'**이야말로 세계의 참된 실재로서 우주의 원형이며, 만물은 그 표현에 지나지 않는다고 본다. 플라톤의 이데아, 헤겔의 절대정신, 변증법적 유물론이 있다.

현대철학에서의 새로운 실재론(신실재론)

'사물 자체'와 '이성' 개념을 사변적으로 다시 회복하고자 시도함으로써, 근대 인간 중심주의 철학과 현대 포스트모던의 상대주의 입장이 지닌 문제점을 극복하기 위한 새로운 실재론 사상이다. 현재 메이야수의 '사변적 실재론', 하먼의 '객체 지향 존재론', 드레이퍼스의 '다원적 실재론', 가브리엘의 '신실재론'이라는 네 가지 사유를 중심으로 전개되고 있다. 현대철학에서의 새로운 실재론은 '인간 이후'의 세계를 폭넓게 고찰함으로써 인간의 사유가 미치지 못하는 장소이기도 한 (실재로서의) 세계를 사유하는 방향으로 나아간다.

09 유명론

개념 또는 보편자는 단지 이름에 불과하며, 진실로 실재하는 것은 보편자를 구성하는 각각의 개체뿐이라는 사상으로, **'명목론'**이라고도 한다. 이에 따르면, 책상이라는 일반명사는 실제로 존재하는 것이 아니라 단지 이름(명목)에 불과하며, 실제로 존재하는 것은 책상이라고 일컬어지는 각각의 개체뿐이다. 또 빨강이라고 하는 보편개념은 빨간 것들을 갖는 빨강이라는 공통 성질에 대하여 주어진 말 또는 기호이며, 빨간 것을 떠나서 빨강이 실재하는 것은 아니다.

유명론은 보편자 문제에 대한 응답으로 제기되었다. 보편자 문제란 우리가 사용하는 일반 개념들('인간', '아름다움' 등)에 상응하는 보편적 실재가 존재하는가를 다룬다. 보편이 '사물 이전에' 존재한다고 주장하는 실재론의 입장을 따르는 철학자들은 예를 들어 아름다움이 일반적인 의미를 지닌 것처럼, '아름다움 그 자체', '아름다움의 본질'은 분명하게 실재한다고 주장한다. 똑같은 문제에 대해 유명론은 반대되는 대답을 제시한다. 보편이 '사물 이후에' 존재한다는 유명론의 입장을 따르는 철학자들은 이름이란 우리가 구체적 사물의 집합을 알 수 있도록 하는 하나의 '표식'일 뿐이라고 생각하면서, 일반 관념은 일반적인 대상을 가지지 않는다고 주장한다. 일반 관념은 언어에 의해 획득되는 '추상화'에 불과하다는 것이다.

유명론은 실재론과 함께 유럽 중세의 보편논쟁으로 일파를 이루었다. 11세기 후반기에 로스켈리누스가 이 입장을 대표했으며, 14세기에는 오컴이 체계적 이론을 전개했다. 오컴은 영국인 특유의 경험주의를 바탕으로 과학적 연구를 신학 · 철학에 응용하여 새로운 경험과학의 길을 열었다. 유명론은 중세에 있어서 **'유물론'**의 최초 표현이었으며, 근세 초기의 영국 경험론으로 계승되면서 특히 경험론자와 실증주의자의 옹호를 받았다. 그러나 유명론은 형이상학적 존재에 대한 급진적 비판을 제공했다. 즉, 유명론의 입장은 보편이 가지고 있는 객관적 실재성을 인정하지 않으면서 사물 간의 유사성이라는 것마저 부정하는 극단적 유명론으로 치달을 경우, 궁극적으로는 **'주관적 관념론'**으로 빠질 수 있다.

유아론

독아론(獨我論)이라고도 한다. 유아론(唯我論)은 객관적 실재로서의 세계와 주관적 상상으로서의 세계를 구분하지 않는다. 유아론에 따르면 주관과 객관은 같은 의미로, 이 세상에 실재하는 것은 자기 자신(自我)뿐이다. 즉, 세계 속에는 자신만이 존재하고 타인이나 그 밖의 다른 것들은 자신의 의식 속에 있다고 본다. 그러므로 확실하게 입증할 수 있는 것은 "일체의 것들은 자신의 마음속에서 나온다."라는 사실뿐이다. 자기 마음속 내용은 타인의 마음의 내용과는 완전히 다르며, 타아(他我)라고 하는 것은 실재하는 것이 아니다. 유아론은 주관적 관념론의 하나로 대표적 인물로 버클리를 들 수 있다. 버클리는 물질의 존재를 부정하고 정신의 존재만을 긍정했다.

유심론

만물의 궁극적 존재를 비물질적 · 정신적 · 생명적인 것으로 생각하고, 그것에 의해 물질적 · 관념적 · 비생명적인 것을 일원론적으로 해명할 수 있다는 철학적 입장을 의미한다.

10 인식론

인식론은 지식을 뜻하는 그리스어 '에피스테메(episteme)'에서 유래한다. 인식론은 참다운 지식(앎)은 어떤 것이고, 지식을 가능하게 하거나 제한하는 조건은 무엇인지, 그리고 보편타당한 지식은 어떻게 만들어지는지를 연구하는 철학의 분야이다. 지식의 연구는 고대 자연철학 시기부터 계속되었지만, 철학의 중심 과제가 된 것은 근대 들어 데카르트의 **합리론(이성주의)**과 로크의 **경험론(경험주의)**이 대립하면서부터이다. 그들은 인간에게 타고난 지식이 있느냐에 관해 논쟁했다. 합리론은 인간은 본유관념을 갖고 태어난다고 주장한 데 비해, 경험론은 이를 부정했다. 관념은 경험을 통해 마음속에 그려지는 것이라고 경험론자들은 생각했다. 이후 독일의 칸트는 지식은 경험적 실재인 동시에 선험적 관념의 영역이라고 보고, 합리론과 경험론을 종합하여 자신만의 독특한 철학 체계를 수립했다.

칸트는 '현상'과 '**물자체(物自體)**'를 구별했다. 칸트에 따르면, 우리는 감각 정보에 의지해 사물을 인식할 수 있을 뿐이기에, 사물의 진정한 모습(물자체, 현상의 요인)을 알 수 없다. 인간은 물자체를 인식할 수 없지만, 선천적으로 타고난 '감성', '오성', '이성'이라는 인식 구조를 사용하여 현상을 객관적으로 인식할 수 있다. 물자체는 우리 지식의 한계라고도 할 수 있다. 지식의 문제에서는 근본적인 것이 감각적 경험에 따른 것인지, 이성적 정신에 의한 것인지에 따라서 인식론의 입장은 달라질 수 있다. 어느 쪽이든 지식의 체계적 구성으로 대상의 올바른 판단이 가능할 때 비로소 그것은 참다운 지식(앎)이 될 수도 있고, 반대로 거짓된 지식이 될 수도 있다.

〈데카르트와 칸트의 현상과 본질 인식 차이〉

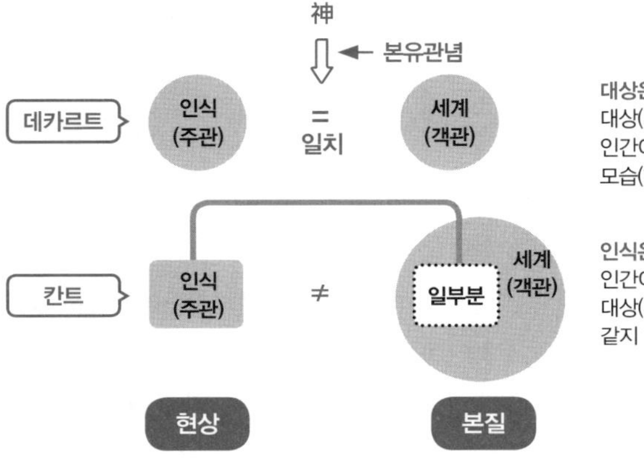

인식론의 발전은 19세기 이후 과학 발달과 연관된다. 콩트, 베르나르, 쿠르노 등이 인식론의 전통을 이어받았다. 19세기 말에서 20세기 초에 수립된 진화론, 상대성 이론, 양자역학 등에 의한 거대한 과학적 위기는 과학적 합리성에 의해 일반적으로 받아들여지던 규범들을 재검토할 것을 요구했다. 이에 프랑스의 구조주의 철학자 바슐라르는 과학에서의 '인식론적 장애물'과 '인식론적 단절 또는 도약'을 통해 탐구하려고 시도했다.

바슐라르의 주장처럼 인식론적 장애물이 하나의 과학이 주어진 시기에 바르게 문제들을 제기하지 못하도록 방해하는 과학적 및 비과학적 표상들의 집합을 뜻한다면, 인식론적 단절 내지 도약은 하나의 과학이 설명적 원리들을 새롭게 함으로써 인식론적 장애물을 넘어설 수 있도록 하는 지적 행위를 가리킨다. 만약 그렇다면 과학은 통일성을 상실하는 것이기에, 과학적 정신은 끝없이 다시 구성되어야 한다. 그것이 아니면 반대로 실증주의 과학자들이나 칼 포퍼 등이 주장했듯이, 하나의 '과학적 발견의 논리', 즉 과학의 방법론적 통일성을 정의하는 것이 가능한가를 고찰해야 한다. 이는 현대 인식론의 핵심 논쟁거리라고 할 수 있다. 오늘날의 인식론은 영미의 '**과학철학**'에 해당하며, 주로 과학과 정신에 대한 분석을 연구 주제로 한다. 따라서 인식론은 '지식이론'이나 '인지과학'과 거의 동의어로 사용되는 의미이다.

11 존재론

존재론은 '있는 그대로의 실체, 곧 존재자'에 관한 학문으로, 형이상학의 근간이 되는 분야이다. **본체론 · 실체론**이라고도 한다. 존재론이란 명칭은 17세기에 들어서야 사용됐다. 볼프 이후로 존재론은 형이상학의 제1학문으로 자리 잡았다. 아리스토텔레스에 따르면, 존재론은 존재의 본질을 탐구하는 학문, 즉 사물의 질서를 이루는 분야를 탐구하는 학문이다. 이런 이유로 존재론은 형이상학과 동의어로 쓰이며, 철학에서 최상위의 학문이자 보편 학문으로 간주된다.

근대 이후 존재론은 **'현상학'** 내부에서 활발한 논의가 이루어졌다. 현상학의 창시자 후설은 존재론을 형식적인 것과 실질적인 것으로 나누었다. 형식적 존재론은 각 존재자, 즉 대상의 실질적 내용을 제거하고 형식화하여 모든 존재자에 공통되는 일반 형식을 찾는 것인데 비해, 실질적 존재론은 각 영역의 존재자에 대한 일반 본질을 연구한다.

하이데거는 전통 형이상학이 궁극적이고 무조건인 존재(예를 들어 지고한 존재로서의 '신') 속에서 존재의 본질을 찾음으로써, 존재론적인 물음에 적극적인 대답을 제시했다는 점을 비판했다. 궁극적이고 무조건인 존재는, 설령 그것이 다른 모든 존재의 조건이라고 해도, 하나의 존재자일 뿐 그 자체가 존재는 아니기 때문이다. 그래서 하이데거는 존재자를 다루는 존재의 물음과 존재론을 구분했다.

오늘날 현대철학은 존재론을 특정한 '과학'으로 보는 것이 아니라 존재의 의미에 대한 이해로 보고 있다. 존재의 의미에 관한 이 물음은 처음에는 언어에 대한 물음에서 출발했지만, 오늘날에는 어떤 담론 속에서 전제로 하는 존재들의 지위에 대한 물음으로 발전했다. 예를 들어 콰인은, "공룡은 존재하는가?"라는 물음은 자연과학이 해결해야 할 문제이지만, 여기서 '존재하는가'라는 말의 의미를 탐구하는 것은 존재론의 문제라고 보았다.

■ 형이상학

형이상학은 존재론의 한 분야이자, 아리스토텔레스의 『형이상학』에서 유래한 서양철학의 기초 학문이다. 형이상학의 어원은 **'메타피지카(meta-physica)'**이다. 이는 '자연과학 이후'라는 뜻으로, 곧 자연과학에 우선하는 학문이라는 의미이다. 아리스토텔레스는 플라톤처럼 소피스트가 내세우는 '상대주의'적 사고를 반대했다. 더 나아가 플라톤의 관념론에 맞설 반대 이론도 구상했는데, 그것이 형이상학이다.

형이상학은 세계의 궁극의 근거를 연구하는 학문이라 할 수 있다. 바위를 예로 들어 설명하면, '바위는 어떤 원리에 따라 구르는가?', '바위는 무엇으로 이루어져 있는가?'를 탐구하는 것이 자연과학이라면, 형이상학은 '바위란 무엇인가?', '바위는 왜 세상에 존재하는가?' 등을 고찰하는 학문이다. 아리스토텔레스에게 있어서 '바위란 무엇인가'를 고찰한다는 것은 곧, 바위의 실체를 탐구하는 것이다. 플라톤에게 있어서는 바위의 보편적 특성으로서의 이데아가 실체이지만, 아리스토텔레스는 구체적 개별 사물로서의 바위 그 자체가 실체이다. 즉, 아리스토텔레스에게 있어서는 눈앞에 놓여 있는 바위가 곧 실체이다. 그러한 구체적 개별 사물은 '형상'과 '질료'가 결합하여 성립된 것이라고 아리스토텔레스는 생각했다. 초자연적 원리를 토대로 사물의 초월적 본질을 고찰하는 **형이상학**은 우주의 탄생에 관해서도 자연의 원리로 분석하지 않고 신의 의지나 인간의 정신으로 논하는 철학이다.

12 일원론과 이원론

■ 일원론

일체의 존재를 포함한 세계 전체를 한 가지 원리로 설명하려는 철학적 세계관에 관한 입장이다. 일원론은 세계의 다종다양한 존재를 부정하는 것은 아니다. 세계 내에서 다양한 것으로 존재하는 기초가 무엇인가에 대한 사고방식이다. 그 기본이 되는 것을 **'물질'**로 보는 유물론적 견해와 '정신' 또는 **'관념'**으로 보는 관념론적 견해가 있다. 관념론적 일원론을 대표하는 것에는 범신론, 유심론, 헤겔의 절대이념을 꼽을 수 있다. 헤겔 철학은 **'절대이념'**을 세계의 기본에 두었으며, **범신론**은 신(절대자)과 세계(자연)를 하나로 보았고, **유심론**은 모든 것들이 직접 그리고 오로지 하나의 순수한 정신에서 나온다고 보았다.

유물론적 일원론에는 변증법적 유물론과 정신철학의 여러 갈래인 물리주의, 행동주의, 기능주의, 소거주의 등이 있다. 마르크스주의의 **변증법적 유물론**은 자연 및 사회를 물질의 기본적 원리로 하여 파악하는 유물론적 일원론이다. **물리주의**는 세상에 존재하는 모든 것들은 물리적 언어로 설명할 수 있다는 사상이다. **행동주의**는 심적인 것은 신체의 행동이라고 보며, **기능주의**는 심적 상태를 어떤 기능으로 정의할 수 있다고 본다. **소거주의**는 마음의 상태를 나타내는 '신념', '감정'과 같은 철학적 설명을 과학 언어로 완전히 대체하려는 입장이다.

■ 이원론

세계 전체가 서로 독립된 이질적인 두 개의 근본 원리로 되어 있다고 보는 사고방식이다. 이원론을 대표하는 것으로는 변화하는 현상의 세계와 변하지 않는 이념(**이데아**)의 세계를 대립시킨 플라톤의 철학이 있다. 플라톤은 이 변화하고 생성하는 세계의 배후에 변화와 생성을 가능케 하는 불변의 세계가 존재한다고 생각했다. 변화하는 세계 역시 이데아의 세계를 모방함으로써 가능하다고 여겼다.

이원론적 사고는 이데아를 '정신적인 것', 변화하는 세계를 '신체적인 것'으로 생각하여 데카르트의 '**심신 이원론**'을 끌어낸 원동력이 되었다. 데카르트는 정신과 육체는 분리된 것이지만 정신이 육체를 지배한다는 입장을 따르면서, 사고하는 정신이야말로 가장 확실한 것이며, 신체는 물체에 지나지 않는다고 보았다. 데카르트는 뇌의 송과선을 신체와 정신이 상호작용하는 장소로 생각했다. **자연주의적 이원론**은 정신철학자 차머스의 사상으로, 마음은 물질로 환원할 수 없으며, 마음의 문제는 과학적으로 접근해야 한다는 입장이다.

■ 범신론

범신론은 세상 모든 곳에 '신'이 깃들어 있다는 입장이다. '자연이 곧 신이고 신이 곧 자연'이라고 생각하면서, 자연과 우주 만물을 신으로 여기는 사고이자 세계관이다. 근대 계몽주의 시대 범신론자로 유명한 철학자는 스피노자다. 그에게 있어 신은 자연을 창조한 인격적 신이 아니라, 스스로가 자신의 존재 원인인 자연 그 자체를 의미한다. 그는 신, 즉 **자연**을 이성적 질서에 따라 움직이는 하나의 커다란 기계로 보고, 자연에서 일어나는 모든 일은 원인과 결과의 필연 관계로 연결되어 있다고 보았다. 스피노자에 따르면, 신과 자연은 **'동일한'** 존재의 서로 다른 측면으로, 인간은 자연과 하나가 되어야 진정한 자유와 마음의 평화를 누릴 수 있다.

■ 다원론

일원론과 대비되는 사상으로, 존재하는 것 전체는 유일한 하나의 원리로 귀착시킬 수 없으며, 세계는 다수의 서로 독립된 실체로 이루어져 있다고 보는 견해이다. 고대의 **원자론**이나 근대 라이프니츠의 **단자론** 등과 같은 주장이 이에 속한다. 현대의 **프래그머티즘**, **신실증주의**, **실존주의** 등도 다원론의 견해에 속한다. 다원론적인 사회관은 사회에 존재하는 기본 원리를 인정하지 않고 무수한 요인에 의해 사회를 설명한다.

서양 근대 사상의 핵심 이론 체계

어떤 문제에 대해 생각할 때, 두 개의 상반되는 별개의 것을 대립의 근본으로 인식하는 사고 체계를 '**이원론**'이라 부른다. 인류의 사상사를 통해 이원론은 학문적 이론 체계를 갖추는 데 중요한 방법으로 사용됐다. 종교에서의 신과 세계, 윤리학에서의 선과 악은 물론, 철학에서의 물질과 관념, 신체와 정신, 주관과 객관, 보편과 특수, 절대와 상대, 본질과 현상, 일반성과 특수성, 존재와 인식 등 여러 가지가 이원론적 관점을 취한다. 그뿐 아니라 일상생활에서 사용되는 이론과 실제, 내용과 형식, 진짜와 가짜, 긍정과 부정처럼 쌍을 이루는 범주들도 이원론적 구조를 지니고 있다.

인식론적 체계로서의 일원론과 이원론의 흐름

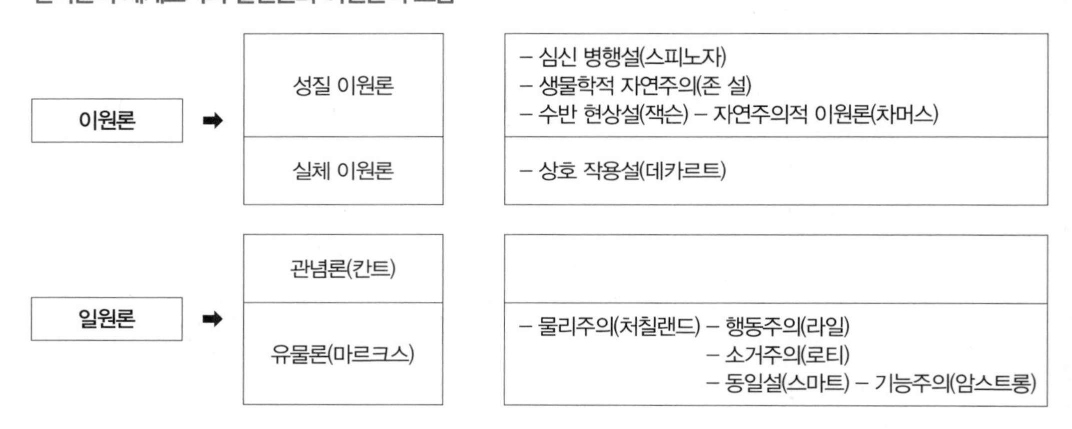

데카르트의 상호 작용설(실체 이원론)과 스피노자의 심신 병행설(성질 이원론)

데카르트의 심신 이원론을 정신철학에서는 '**실체 이원론**'으로 부른다. 마음(의식)과 몸(신체)은 별개의 실체로 뇌를 통해 연결되면서 상호작용한다. 데카르트는 우리가 육체적 통증을 느끼는 것은 우리의 마음이 몸을 움직이기 때문이라고 보았다. 마음과 육체는 뇌를 통해 상호작용한다는 것이다. 그는, 생각하는 '나'(사유=마음=의식=정신)와 공간을 점유하는 것(연장=몸=물질=육체)을 뚜렷하게 구별함으로써, 신을 버팀목으로 삼지 않는 독립적인 자기 자신을 성립할 수 있었다. 이로써 데카르트에 의해 근대적 자아가 확립됐다. 스피노자의 '**성질 이원론**'은 마음과 몸은 동일한 것으로 마치 동전의 양면처럼 2개의 성질을 갖고 있다고 보았다. 스피노자는 마음과 몸은 별개라는 이원론의 관점을 따르지만, 마음이 몸을 움직이는 것은 아니라고 보았다.

13 회의주의

회의주의는 우리의 인식능력으로서는 보편타당한 지식을 얻을 수 없다고 보는 사상이다. 철학적으로 '**독단론**'과 대립하며, 어떤 지식을 얻기 위한 의문, 체계적인 질문을 통해 지식을 얻는 방법, 윤리적 가치 및 지식의 한계 등과 관련한 문제를 포함한다. 회의론자들은 진리에 접근하는 것은 불가능하다고 믿기보다는, 우리가 진리에 도달했음을 확신할 수 없다고 믿는다.

서양의 철학적 회의주의는 고대 그리스 철학에서 유래했다. 소피스트들은 부분적으로 회의론자였다. 피론을 중심으로 한 그리스 회의론자들은 철학을 한다는 것은 판단을 유보하고 회의를 실천하는 데 있다고 보았다. 그들에게 판단의 유보는 지혜의 보금자리라고 할 수 있는 '영혼의 평온', 즉 아타락시아를 가져다주는 것으로, 회의하는 사고에 도덕적 의미를 부여했다.

철학적인 관점에서 볼 때, '방법론적 회의'와 '회의주의적 회의'는 구분해서 살필 필요가 있다. **회의주의적 회의(절대적 회의론)**는 보편타당한 진리 자체의 존재를 부정하거나, 또는 그러한 진리 인식의 가능성을 인정하지 않는 태도 내지는 경향을 보인다. 판단의 유보를 뜻하기보다는 우리의 믿음을 함부로 확실한 것으로 취하지 않는 것, 나아가 열정과 독단의 포로가 되기를 거부하는 것을 의미한다. 회의주의적 회의론에 가까운 학설로서는 '불가지론'과 '상대주의적 회의주의'가 있다. **불가지론**은 모든 진리에 대해서가 아니라 특정한 대상에 대한 인식의 가능성을 부정하며, **상대주의적 회의주의**는 보편타당한 인식을 인정하지 않으나 일정한 범위의 상대적인 인식의 가능성만은 인정하려는 입장이다(윤리적 회의주의와 종교적 상대주의).

방법론적 회의는 회의를 인식 비판의 출발점으로 삼아 모든 전통 관념을 근본적으로 의심함으로써, 더는 의심할 수 없는 확실한 근거로서의 학문 체계를 세우려는 경향이다. 데카르트의 철학이 대표적이다. 칸트에게 있어서는 이성을 '독단적인 꿈에서 깨어나 비판하도록 일깨우는' 수단이고, 헤겔에게 있어서는 이성의 부정적인 측면을 참된 철학으로 이끄는 힘이다.

18세기에 흄은 '**온건한 회의론**'을 주장했다. 흄은 현실 생활에서 모든 것을 회의하는 것은 불가능하지만, '독단론'에서 벗어나기 위해서는 우리 인식의 허약함을 비판적으로 검토하는 것이 중요하다고 보았다. 그의 결론은 과학에 대한 새로운 접근이었고, 경험적이고 실용적인 지식의 습득이었다. 흄과 같은 경험론자들은 철학적 회의주의와 보편 과학의 실용적 절충이라고 주장한다. 흄의 회의주의적 사고는 현대에 이르러 러셀 등이 계승하였다.

철학적 회의주의와 과학적 회의주의

'**철학적 회의주의**'는 인간이 궁극적으로 증명할 수 있는 것은 없다는 주장이다. 퍼트넘의 '통 속의 뇌'나 보스트롬의 '아바타' 논증을 반증하는 것이 불가능한 것처럼 말이다. 하지만 일상에서 내가 '통 속의 뇌'이거나 컴퓨터가 만들어낸 가상현실 속의 '아바타'일 가능성을 진심으로 믿으면서 생활할 수는 없다. **과학적 회의주의**는 그런 생각에서 한발 물러나 인간의 한계를 인정하고, 그 한계 내에서 가장 신뢰할 수 있는 지식을 찾으려고 노력한다. 과학을 하는 가장 기본적인 자세는 '과학적 회의주의'를 기본으로 두고, 필요한 경우 철학적 회의주의를 꺼내 오는 것이다. 이를테면 열역학 법칙처럼 수백 년 동안 검증된 과학 법칙을 신뢰하는 것은 합리적이다. 하지만 만약 반대 증거가 발견되고 그것들이 충분한 검증을 거친다면, 우리는 과학 법칙조차 언제든지 버릴 수 있어야 한다.

14 결정론

결정론은 인간을 포함한 세상 모든 일에는 원인이 있으며, 그 원인에 따라 결과가 정해져 있다는 사상이다. 따라서 원인의 원인을 계속해서 추적해 나가면 세상에 대한 모든 것을 알아낼 수 있다고 본다. 만약 결정론이 옳다면 세상의 모든 일은 예측하는 것이 가능하다. 모든 일에는 원인이 존재하므로 원인을 알고 있으면 결과를 예측할 수 있기 때문이다.

결과가 예측 가능하다는 점에서 결정론은 '**운명론(숙명론)**'과 비슷한 주장이라고 여겨질 수 있다. 그러나 운명론은 미래의 결과는 결정되어 있으므로 달라질 수 없다는 사상이다. 다시 말해 결정론에서는 현재 상태가 달라지면 미래도 달라지지만, 운명론에서는 현재 상태가 변하더라도 정해진 미래는 달라지지 않는다. 운명론은 미래를 결정하는 데 현재 상태가 어떤 영향도 미치지 못한다는 점에서 결정론과 전혀 다른 사상이다.

이처럼 결정론은 운명론과 달리 어떤 섭리를 전제로 하지 않는다는 점에서 차이를 보인다. 운명론은 인간 중심적인 개념이자 형이상학적 맥락의 개념이지만, 결정론은 과학적 맥락의 개념이기 때문이다. 과학적 결정론은 '맹목적'이며, 반드시 자유의 존재와 대립하는 것은 아니다. 인간의 의지는 언제나 외적인 원인이나 내적인 원인에 의해 그 목표하는 방향으로 움직이도록 필연적으로 미리 정해져 있으며, 따라서 '**자유의지**'는 있을 수 없다고 보았다. 이를 두고 알랭은 결정론과 자유의지의 관계를 '물과 물에서 수영하는 사람의 관계'에 비유했다.

결정론은 세계의 운동 특히 인간의 의지 및 행위는 어떤 외적인 힘(원인)에 따라서 결정된다고 보는 점에서, 세상의 일에는 원인이 없다고 주장하는 '**비결정론**'과 대립한다. 이때 외적인 힘의 성질에 따라 결정론은 다음 두 종류로 구분된다. 하나는, 외적인 힘을 '**정신적**'인 것으로 보는 경우로, 이는 다시 '종교적 숙명론'과 '목적론적 결정론'으로 나뉜다. 먼저, **종교적 숙명론**에는 '예정설', 서양 중세 신학의 '기독교적 교리', 동양 불교의 '인과응보론'이 있다. 세계는 신의 의지에 따라 미리 계획된 질서에 따라 운행하며, 도중에 어떤 변경도 허용되지 않는다고 보는 입장이다. 그러나 이 경우에도 인간이 죄를 범할 가능성을 인정하는 점에서 비결정론적 요소가 섞여 있다. 다음으로, **목적론적 강한 결정론**은 예정설을 뒤집어 놓은 것으로, 비결정론적 관점을 따라 인간 의지의 자발성을 부분적으로 인정하는 시각이다. 근대 관념 철학의 특징 가운데 하나로, 라이프니츠의 '예정조화설', '칸트주의', 신칸트주의의 '이상주의', 프래그머티즘의 '박애주의' 등이 이에 해당한다. 끝으로, **목적론적 약한 결정론**은 인간의 자유의지로 이미 결정된 세계를 바꿀 수 있다면서, 모든 상황이 결정되어 있더라도 인간은 자유의지를 따라 자유롭게 자기 삶을 선택을 할 수 있다고 본다. 니체의 '니힐리즘(허무주의)', 사르트르의 '실존주의' 등이 이에 해당한다.

다른 하나는, 외적인 힘을 '**물리적 · 물질적**'인 것으로 보는 경우로, 여기에는 '형이상학적 유물론'과 '변증법적 유물론'이 있다. **형이상학적 유물론**은 외적인 힘을 기계적인 인과의 법칙이라고 인식하는 입장으로, 그리스 철학자 데모크리토스의 사상과 에피쿠로스학파의 사상, 근대 스피노자와 뉴턴의 사상이 이에 해당한다. 이 사상은 인간의 의지 활동뿐만 아니라 물체의 형태적 변화조차 설명할 수 없으므로 비결정론을 허용하며, 따라서 관념론으로 기울어질 가능성을 포함한다. 변증법적 유물론은 외적인 힘은 물질에 내재하는 모순 관계에서 비롯된다고 주장하며, 인간의 의지는 외적인 힘에 의한다는 사상이다.

15 목적론과 기계론

■ **목적론**

인간의 의식적인 행동뿐만 아니라 자연과 역사의 모든 현상 역시 '목적'에 의해 규정되어 있다는 가정에 바탕을 둔 사고방식으로, '**기계론**'과 대립한다. 고대 그리스의 모든 학문이나 철학의 발생은 종교적 목적론의 입장을 배척하고, 세계의 근원에 대한 고찰을 인간 중심적인 사상에 두었다. 아리스토텔레스는 실재하는 개별 사물을 '질료'와 '형상'의 결합이라고 하여, 개별 사물이 항상 서로 어울려 그 형상을 '합목적적'으로 실현하는 것이 우주의 참모습으로 보면서, 형상은 본래 개별 사물 안에 내재한다고 생각했다.

근대 철학의 발전은 근대의 **기계론적 자연관**이 기독교적 · 목적론적 자연관을 극복하는 과정으로, 데카르트 · 베이컨 · 스피노자 등 근대철학자들은 목적론을 반대하면서 학문의 과제를 사물의 작용 원인의 탐구로 한정할 것을 주장했다. 칸트는 자연을 연구하기 위해서는 기계론적 사고가 필요함을 전제했지만, 유기체적인 자연을 이해하는 데는 이 기계론만으로는 불충분하다는 것을 깨닫고는, 그 대안으로 '발견하는 원리'로서의 목적론의 원리를 주장했다. 그러면서 자연과 생명뿐만 아니라 예술과 역사에서도 목적론의 개념을 다시 살렸다. 이후 생물의 '**진화론**'은 유기체의 구조 및 생명 활동의 합목적성을 자연도태의 결과라고 한 이후로, 목적론은 인간의 행동에 관한 것을 대상으로 하게 되었다. 그러나 현대의 유물론은 이것 역시 궁극적으로는 인간의 생존 조건, 즉 사회의 물질적 생활 조건에 의하여 규정되는 것이라고 주장했다.

■ **기계론**

자연현상은 전체적으로 또는 부분적으로 기계적인 원인으로 인해 발생한다는 견해로, '**목적론**'과 '**생기론**'(생명 현상의 발현은 비물질적인 생명력이라든지, 자연법칙으로는 파악할 수 없는 원리에 지배되고 있다는 이론)에 대립한다. 즉, 존재론적 인과관계인 '원인-결과'의 관계에 따라 스스로는 변화하지 않는 부분 안에서 단순한 장소의 이동을 통해서 자연현상이 일어난다고 본다. '**절대적 기계론**'이라고 하는 이 입장에 따르면 생명체를 과학적으로 설명하기 위해서는 그 생명체를 기계로 생각할 필요가 있다. 즉, 유기체 안의 모든 것은 그 부분들의 얼개에 의해 설명할 수 있다. 따라서 살아 있는 자연의 숨겨진 의도 같은 것은 없으며, 생명체에서 관찰할 수 있는 행동을 설명해 줄 '생명력' 또는 '영혼'은 존재하지 않는다.

기계론이라는 용어를 반드시 생물학적 의미로만 사용하는 것은 아니다. 기계론이란 어떤 현상을 시간, 공간, 물질 또는 물체, 힘, 속도 등 몇 가지 역학적 개념을 사용하여 설명하려는 방법론도 있는데, '**데카르트의 기하학적 기계론**'이 그것이다. 이는 모든 자연현상을 '운동하는 물질'만으로 설명하려는 방법론으로, 데카르트는 '동물-기계'에 관한 이론을 제시했다. 이런 기계론이 인간의 정신생활마저도 기계론적으로 설명하려고 할 때는 유물론으로 되고 만다.

생기론

생명 현상은 물리적 요인과 자연법칙만으로는 설명할 수 없고, 그와는 원리적으로 다른 초경험적인 생명력의 운동에 따라 창조 · 유지 · 진화한다는 이론이다. 17세기 이후부터 일부 생리학자나 철학자들이 제창하였으며, '**활력론**'이라고도 한다.

16 상대주의

절대주의와 대립하는 개념으로, 가치의 절대적 타당성을 부인하고 모든 것은 상대적이라고 보는 사상이다. **상대주의**는 인식 · 지식 · 가치의 상대성을 주장한다. 이에 따르면 우리는 현실과 대상을 있는 그대로 인식할 수 없고, 인식하는 의식에 의해서만 이를 인식할 수 있을 뿐이다. 모든 이론적 · 실천적 가치는 주관적 · 심리적인 개인과의 관계에 관해서는 상대적일 뿐이며, 따라서 모든 진리 · 규범 · 가치는 각자의 입장을 따라 서로 다르게 해석할 수 있다고 주장한다.

상대주의 사상은 철학적으로 "인간은 만물의 척도이다."라고 주장한 프로타고라스로부터 시작한다. 특히 **소피스트**에 의해서 널리 사용됐으며, 이들은 절대적 진리와 절대적 도덕 가치의 존재를 부정했다. 이러한 의미에서 상대주의는 형이상학에서의 이성 만능주의적 독단과 신을 유일한 진리의 원천으로 본 신학적 세계관에 대한 유력한 비판이었다. 그러나 상대주의를 따라 객관적 진리를 지나치게 부정하면 '**회의론**'에 빠지기 쉽다.

상대주의 사고를 견지한 학자로는 근대 계몽사상가인 몽테뉴, 로크, 흄 등이 있으며, 19세기 후반의 철학자로는 니체, 마흐, 베르그송, 딜타이 등을 들 수 있다. **변증법적 유물론**도 진리의 상대성을 주장한다는 점에서 상대주의에 가깝지만, 그렇더라도 인간의 인식은 객관적 · 절대적 진리로 끊임없이 접근해 나아간다고 주장하는 점에서 상대주의와 구별된다.

상대주의 사상은 하나로 정해져 있는 것은 아니며, 극단적 상대주의, 보편적 · 합리적 상대주의 등 여러 갈래로 나뉜다. 그리고 윤리적인 행위에서의 절대주의 관점과 상대주의 관점처럼 서로 반대편에 놓인듯하면서도 사실은 서로 보완관계인 경우도 있다. 그러므로 상대주의는 '상대'의 맥락이 무엇인가를 분명히 해야 개념적 혼란에서 벗어날 수 있다.

■ 절대주의

상대주의와 대립하는 개념으로, 어떤 의미에서든지 절대자의 존재를 인정하고 그것을 향한 지적 추구를 철학의 근본 문제로 삼는 사상을 말한다. 여기서 절대자를 관념적인 것, 예를 들어 '신', '절대정신', '이데아'로 보는 것이 절대적 관념론이다. 절대자를 존재로서는 '불가지'하다(절대자, 곧 '신'이 있는가 없는가는 표명할 수 없다)고 거부하고 다만 인식과 실천의 가능성에 대한 선천적인 조건으로서 인정하는 철학 역시 **절대주의**의 한 변형이라고 할 수 있다.

절대적 진리와 상대적 진리

인간의 인식은 끊임없이 발전하는 것이며, 어떤 역사적 단계에서의 인식은 역사적 조건들에 의하여 제약받기 때문에 각 단계에 도달한 진리는 종국적이 아니라 상대적인 것에 불과하다. 상대주의는 이러한 사실로부터 **객관적인 진리**의 존재를 부정하는 결론을 도출했다. 이것에 대하여 '변증법적 유물론'은 객관적인 실재를 인정하고 그것이 인식될 수 있는 것임을 주장하는 것이기 때문에 진리의 상대성을 인정하지만, 그렇더라도 객관적 진리에 가까워지려는 정도가 역사적으로 조건 지어진다고 하는 의미에서 이것을 인정하였다. 따라서 상대적 진리는 객관적 진리에 대한 인식에 근접한 어느 한 단계이고, 상대적 진리의 총체가 절대적 진리를 구성하는 것이며, 과학의 각 발전 단계는 이러한 총체에 새로운 면을 가미하는 것이다. **변증법적 유물론**에서는 상대적 진리와 절대적 진리 사이의 넘을 수 없는 경계선은 존재하지 않는다고 본다.

17 자유주의

자유주의(liberalism)는 개인의 자유를 존중하는 정치철학 사상으로, 근대 자본주의 사회의 성립 · 발전과 동반하여 나타났다. 경제적으로는 자유방임주의를 통해 사적 소유와 이윤 추구를 보장하고, 정치적으로는 입헌제 의회정치를 채택하여 전제주의를 배격하는 한편, 사상적으로는 사상 · 언론 · 종교의 자유를 추구함으로써 개인의 자유 확대를 지향한다. 자유주의는 헌법에 자유권적 기본권을 명시함으로써 근대 민주주의 발전에 크게 기여했다.

① 정치 · 경제적 자유 측면에서 구분

자유주의는 극단적인 개인주의를 주장하는 '자유지상주의'부터 복지국가를 내세우는 '평등주의적 자유주의'에 이르기까지 그 정치적 지평이 다양하다. 경제적 자유 측면에서 볼 때, 자유시장 경제체제를 추구하는 '**고전적 자유주의**'와 시장실패를 막기 위한 국가의 역할을 강조하는 '**새로운 자유주의**(New-liberalism)', 탈규제와 민영화를 통한 정부 간섭의 최소화를 주장하는 '**신자유주의**(Neo-liberalism)' 등으로 구분된다.

■ 고전적 자유주의

자유주의는 인간이 태어날 때부터 지닌 생명, 자유, 재산 등 천부적 자연권을 국가권력의 자의적 행사로부터 보호해야 한다는 사상에서 시작됐다. 이를 '**고전적 자유주의**'라고 하는데, 17세기 로크가 주장한 이래 18세기 애덤 스미스를 중심으로 정치 무대의 전면에 등장했으며, 19세기 밀의 『자유론』으로 계승됐다.

경제활동에서의 일체의 국가 개입을 반대하는 고전적 자유주의는 자본주의와 자유무역을 결합하는 이론적 기반으로 크게 작동했다. 고전적 자유주의는 19세기 들어 정점에 달했다. 당시 공리주의 철학자 벤담과 밀은 스미스의 자유시장 경제학(특히 합리적 자유 선택과 계몽된 자기 이익의 역할)에서 배운 교훈을 더욱 광범위하게 정치적인 영역으로 확장해 나갔다. 그들은 근대 자유주의 사상에서도 핵심을 차지하는 개인 권리에 대한 정교한 시스템을 발전시켜 나갔다. 19세기 말 자유주의는 제한된 입헌 정부가 패권을 잡고 산업화와 자유무역이 거대한 부를 창출하게 되면서, 유럽의 정치적 · 경제적 분위기를 완전히 바꿔 놓았다.

■ 새로운 자유주의

자유주의의 전환은 주로 경제적 자유의 측면에서 이루어졌다. 고전적 자유주의자들이 비판받는 이유는, 그들이 국가의 공적 권력을 제약하는데 주력한 나머지 그 국가가 사적 권력의 영향력이 증대되는 것에는 둔감하게 만들었고, 그로 인해 19세기 말 대중의 경제적 삶이 거대한 정치 · 경제 권력을 누리던 경영주와 자본가에 의해 짓밟혔기 때문이다. 그리하여 기존의 개인주의적 자유주의는 사회적 관계 속에서 재파악될 필요성이 대두됐다. 그 결과, 금권정치에 반대하는 '**새로운('사회' 또는 '복지') 자유주의**' 세대가 등장했다. 그들은 경제적 불평등을 해소하기 위해 기업을 규제하고, 경제 · 재정 개혁을 도입하기 위해 정부 권력의 확대를 시도했다. 새로운 자유주의는 토머스 힐 그린에 의해 이론화됐는데, 국가는 사회적 불평등 해소를 위해 어느 정도 개인의 자유를 간섭할 수 있다고 보았다.

이후 새로운 (사회, 복지) 자유주의는 수정자본주의, 복지 국가관 등이 자본주의를 경제 원리로 채택한 나라들의 지도 원리로 자리 잡았다. 수정자본주의를 채택하는 등으로 자본가의 자유뿐 아니라 노동자의 자유와 권리도 국가가 나서서 관리하고, 빈부격차가 커지는 것을 막기 위해 복지정책을 도입하고, 경기가 침체되면 공공투자를 늘려 유효수요를 증대시키는 등 자유의 공공성을 지향했다.

■ 신자유주의

새로운 자유주의는 제2차 세계대전 이후 뜻하지 않은 성장과 번영의 시기를 맞았다. 하지만 1970년대부터 경기 침체와 높은 인플레이션, 국가부채 상승이 확연해지면서 지속적인 발전에 대한 확신이 흔들리고 무너지기 시작했다. 이런 경제 침체기에 뒤이어, 미국과 영국에서는 '뉴라이트'(**신자유주의자**라고 한다)가 득세했는데, 그들은 국가 기능 축소와 자유무역이라는 고전적 자유주의의 핵심 신조를 채택했다.

신자유주의의 정치 이념은 현대의 변화된 사회경제 환경을 고려하되, 애덤 스미스에서 시작된 고전적 자유주의를 확대 발전시킨 이념이다. 20세기 후반에 대두된 이 이념의 핵심은 개인의 자유와 시장경제의 중요성에 대한 인식으로, 가능한 기업 활동의 자유와 계약의 자유, 자본 이동의 자유를 보호하고, 국가의 경제 간섭은 최소한으로 국한해야 한다는 입장이다. 신자유주의는 모든 부문에서 자유경쟁의 확립을 정부의 가장 중요한 과제로 여겼다. 규제를 최대한 풀며 정부의 역할을 가능한 축소하고 시장 기능을 극대화해야 한다고 주장했다. 하지만 신자유주의를 부정적으로 보는 시선 또한 만만찮다. 신자유주의가 주도한 **세계화**로 인해 글로벌 경쟁이 생겨났고, 이런 경쟁 압박 때문에 복지국가가 해체되고 있으며, 불평등과 빈곤이 심화하고 있다는 주장이 그것이다.

② '자유-평등'의 관계 차원에서 구분

자유주의 사상은 자유와 평등의 관계를 놓고서 다양한 이념적 스펙트럼을 구성하고 있다. 극단적인 개인주의를 주장하는 **'자유지상주의'**, 사회 전체의 행복을 위해서는 누군가의 희생이 불가피하다는 **'공리주의'**, 공동선을 지향하는 **'공동체주의'**, 복지국가를 내세우는 **'평등주의적 자유주의'**가 그것이다. 현대 사회에서 자유주의는 단순히 가치중립을 표방하는 데에서 나아가, 개인의 경제적 자유를 적극적으로 촉진하고자 한다. 경제 불평등에서 비롯된 빈부격차 극복이 현실에서 중요한 과제로 떠오르면서 롤스의 '공정으로서의 정의'와 같은 평등주의적 자유주의 사상이 시대적 담론으로 부각하고 있는데, 이는 개인의 자유와 공동체적 가치와의 균형을 추구한다는 점에서 절충적이다.

■ 자유지상주의

자유지상주의(libertarianism)는 개인을 통제하는 어떤 권위도 부정하고 자유경쟁 시장을 본질 제도로 삼는 이념이다. 대표적 자유지상주의자인 노직은 스미스의 사상을 이어받아 '최소국가론'을 펼치면서 국가와 정부는 필요악에 불과하다고 주장했다. 부의 재분배나 법적 규제에 의한 국가 개입을 인정하는 자유주의와는 달리, 국가는 폐지하지는 않더라도 그 역할만큼은 국가 방위와 치안 유지 등으로 최대한 억제해야 한다는 것이다. 그는 『아나키, 국가 그리고 유토피아』를 통해 부유세를 강제 노동과 다를 바 없다고 간주하면서, 사회적 약자뿐만 아니라 강자의 권리도 동등하게 보장되어야 한다고 주장했다. 복지를 담당하는 역할은 민간 서비스를 통해서도 충분하다고 그는 생각했다. 1980년대 미국을 중심으로 한 세계화 전략의 이념적 기반인 **'신자유주의(네오리버럴리즘)'**는 자유지상주의와 사상적 맥락을 같이 한다.

■ 사회자유주의

사회자유주의(social liberalism)는 자유주의의 진보적 분파 또는 좌파적 분파로, 자유주의가 사회정의를 보장해야 한다는 정치사상이다. 사회자유주의는 시장경제와 시민적 · 정치적 자유의 확대를 지지하며, 정부의 합법적인 역할은 빈곤, 보건 및 교육과 같은 경제적 · 사회적 문제를 다루는 것이라고 믿는다. 즉, 사회자유주의도 자유지상주의와 같이 사유재산권과 시장경제를 존중하고 지지하지만, 빈곤이나 실업, 지나친 경제적 불평등 같은 '사회악'에 대처하기 위해 정부가 경제에 적극적으로 개입하는 것을 지지한다. 새로운 자유주의에서 **'복지'**를 좀 더 강조하면서 **평등**의 이념을 확장한 사상적 분파라고 보면 된다.

사회자유주의라는 용어는 대공황을 전후하여 그전까지 오랫동안 정치적 · 경제적 사상을 지배했던 '고전적 자유주의'와 차별화하기 위해 사용되었다. 영국의 자유주의 사상가 그린과 뉴딜정책을 입안한 경제학자 케인스를 비롯한 새로운 자유주의자들은 빈곤과 굶주림, 무지 등 자유를 제한하는 여러 조건은 강력하고 복지 지향적이며 간섭적인 국가에 의해 조정된 단체 행동을 통해서만 개선될 수 있다고 굳게 믿었다. 사회자유주의 정치 이념은 자본주의 경제체제를 수용한 세계의 많은 나라 가운데 특히 북유럽 국가를 중심으로, 제2차 세계대전 이후에 널리 채택되었으며, 이후 복지국가의 토대를 마련했다. (사회자유주의 ↔ 고전적 자유주의)

■ 공동체주의

공동체주의는 각각의 공동체와 맺는 관계성 안에서 개인을 존중하는 현대사상이다. 현실 정치 참여를 강조한 아리스토텔레스의 영향을 강하게 받았다. 매킨타이어, 왈쩌, 샌델 등이 대표적인 사상가다. 공동체주의는 1980년대 미국에서, 이전까지 융성했던 리버럴리즘(자유주의)을 비판하면서 발전했다. 고전적 자유주의와 공동체주의의 대립은 1980년대에 일어난 **'자유주의–공동체주의 논쟁'**으로 촉발됐다.

공동체주의자들은 자유주의자들이 내세우는 '자아' 개념은 역사와 전통, 공동체의 맥락에서 벗어난 고립된 개인을 의미할 뿐이라고 비판했다. 또 자유주의는 절차의 공정성을 우선시하면서 도덕이나 선에 관해 논의하기를 포기했다고 비판했다. 샌델에 의하면, 인간은 자신이 속한 공동체와 깊은 관련을 맺는 존재다. 인간은 자신이 교육받은 환경과 주변 사람들에 의해 영향을 받으면서 개성 있는 자아로 자라난다. 그만큼 공동체에 애착을 느끼며, 공동체 안에서 다져진 미덕을 중시한다. 이때 알고 있어야 할 것은 **공동체의 미덕**에 가치를 둔다고 해서 그것이 결코 개인의 자유를 배제하는 것이 아니라는 점이다. 공동체주의는 어디까지나 개인의 자유를 중시하는 자유주의 사상을 근간으로 하되, 전체주의와는 확연히 다르게 공동체의 미덕을 중시하는 사상이라고 이해하면 된다.

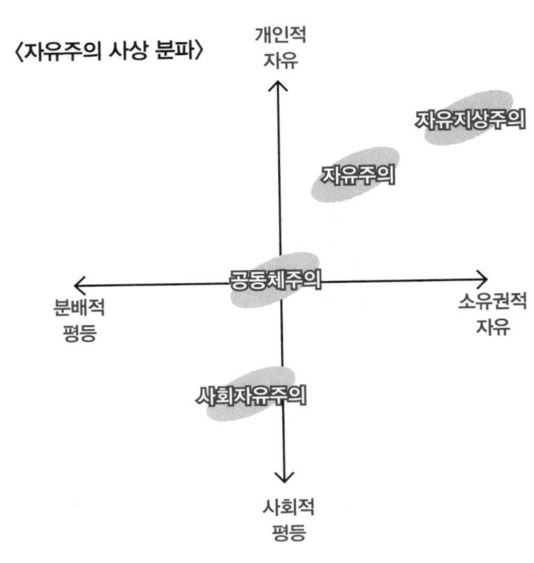

18 공리주의

공리주의는 사회 전체의 쾌락 증대와 고통 감소를 기준으로 도덕과 입법 판단이 가능하다는 정치 · 윤리 사상이다. 어떤 행위의 옳고 그름은 그 행위가 인간의 이익과 행복을 늘리는데 얼마만큼 기여하는가로 결정된다고 본다. 넓은 의미에서 공리주의는 효용 · 행복 등의 쾌락에 가장 큰 가치를 두는 철학적 · 사상적 경향을 통칭한다. 고유한 의미에서의 공리주의는 19세기 영국에서 벤담, 밀 등을 중심으로 전개된 사회사상을 가리킨다.

공리주의는 쾌락을 객관적으로 계량할 수 있다는 벤담의 **'양적 공리주의'**와 쾌락의 수준 차이를 인정한 밀의 **'질적 공리주의'**로 나뉜다. 공리주의는 쾌락과 행복을 추구하는 개인의 이기심을 전제하므로 경제적 자유주의 사상을 뒷받침한다. 공리주의 관점에서는 사회 전체의 공리 증대에 도움이 된다면 정부의 간섭과 분배를 위한 **사회적 강제**도 정당화된다. 공리주의는 '다수결 원리'에 기초한 민주주의 정치제도와 사유재산 보호의 틀 안에서의 점진적인 분배 평등을 강조하는 복지 사상 발달에 큰 영향을 끼쳤다.

공리주의는 효율성과 공적 이익(公利) 둘 다 중시한다는 점에서 **'자유주의'**와 **'평등주의'**의 절충을 도모한다. 그렇지만 전통적 공리주의는 다음과 같은 비판에 직면한다. 무엇보다, 개별 행위에 관한 결과를 예측하기 어렵고, 또한 행복의 양을 측정하여 서로 비교하기 어렵다. 공리주의 원칙에 따라 어떤 행위의 결정을 내리는 것은 인간 이성의 한계를 벗어나는 능력을 요구하기 때문에 원칙적으로 불가능하다. 또 개인이 가진 능력의 한계 내에서 각각의 상황마다 행복의 극대화를 목표로 행위를 선택할 경우 자신과 타인의 행동에 대한 타당한 예측은 불가능하며, 이는 결국 혼란과 불행으로 이어진다.

질적 공리주의

밀은 쾌락을 계량화할 수 있다는 벤담의 생각에 의문을 제기했다. 밀은 벤담과 달리 쾌락에는 질적 차이가 있다고 보고, 쾌락의 양뿐만 아니라 질적 차이도 고려해야 한다고 주장했다. 이를 **'질적 공리주의'**라고 한다. 밀은 육체적 쾌락보다 정신적 쾌락을 높게 평가하면서, 정신적 쾌락은 타인의 행복에 의해 추가로 얻을 수 있다고 믿었다. 낮은 수준의 쾌락은 더 강렬한 만족을 주지만 이를 지나치게 추구하면 고통을 일으키는 반면, 높은 수준의 쾌락은 장기적이고 지속적이며 점진적인 경향이 있다는 것이다. 그는 "만족한 돼지보다는 불만족한 인간이 낫다."라고 말하면서, 공리주의를 보다 이상적인 방향으로 이끌었다.

■ 행위 공리주의와 규칙 공리주의

전통적 공리주의의 사상적 계승자들은 공리주의가 어떻게 행동에 적용되어야 하는지를 놓고 이를 **'행위 공리주의'**와 **'규칙 공리주의'**로 구분하여 설명한다. 행위 공리주의자들에 따르면, 각 행동은 직접 공리에 기여하는 방식으로 평가된다. 반면 규칙 공리주의자들에 따르면, 행동의 적절한 과정이 일반적으로 준수되고 있는 공리 증진의 여러 규칙에 부합하는지를 따짐으로써 결정된다. 예컨대, 특정 상황에서 무고한 사람을 죽이는 것이 여러 사람의 목숨을 구하고, 그렇게 해서 일반적인 공리를 증가시킨다면 행위 공리주의자의 입장에서 이를 올바른 행동으로 간주한다. 그러나 규칙 공리주의자의 입장에서는 무고한 사람을 죽이는 것이 공리를 감소시키므로 그와 같은 행동이 설령 특별한 상황에서 유익한 결과를 가져오더라도 잘못된 것이라고 생각한다. 밀의 경우, 자신과 타인의 행복을 높이려는 경향이 좋은 품성을 키우고,

그런 경향에 따라 행동하는 것이 선하다고 주장하는 점에서 규칙 공리주의를 옹호한다고 볼 수 있다.

양적 공리주의와 질적 공리주의는 '최대다수의 최대행복'에서 그 '행복'이란 과연 무엇인가를 묻는 '적용 기준'에서 차이 난다. 공리적으로 '좋은' 결과를 가져오는 개별적이면서 구체적인 행위의 판단 기준을 적용 목적별로 다르게 정의하여 그것에 맞게 행동한다. 이에 비해 행위 공리주의와 규칙 공리주의는 동일한 판단 기준을 여러 상황에 각각 어떻게 적용할 것인가 하는 '적용 방법'에서 차이 난다. 최대다수의 최대행복에 도움이 되는 여러 규칙을 정한 다음 그 규칙이 전체적으로 적용될 수 있는지를 판단한 후, 그것에 맞게 합리적으로 행동하는 것이다.

규칙 공리주의는 공리주의 안에 '**정의**'의 개념을 포섭할 수 있다는 점에서 유용하다. 이를테면 진실을 증언하는 사회와 그렇지 않은 사회를 먼저 가정하고 과연 어느 사회가 결과적으로 더 많은 행복을 산출하는 사회인가를 검토하는 것이다. 그렇게 되면 장기적인 관점에서 전자의 사회가 더 많은 행복을 산출하기 때문에 좋은 사회라는 결론이 도출된다. 그 결과, 행복을 더 많이 산출하는 진실을 증언함으로써 정의를 바로 세우는 규칙을 만들고 그에 따라 행동하도록 개인의 행동을 제약하면 된다.

규칙 공리주의가 실제 사회에 적용될 때에는 최선의 결과를 가져오는 행위를 올바른 '**도덕 행위**'로 간주하는 공리주의적 사고로서의 '목적론적 윤리설'뿐만 아니라 행위의 결과보다는 행위를 하게 된 의지와 동기에 주목하는 '의무론적 윤리설'의 특징을 활용할 수도 있다. 즉 공리주의의 목적을 실현하기 위해 꼭 필요한 규칙들을 일부 설정하고 다른 많은 규칙은 그 최상위의 규칙들에 근거해서 옳고 그름을 따지는 것이다. 헌법에 기초해서 다른 모든 법률의 '옳고 그름'을 따지듯이 말이다. 이렇듯 규칙 공리주의는 **결과주의(목적론적 윤리설)**와 **동기주의(의무론적 윤리설)** 윤리관의 장점을 모두 가지고 있는 측면이 있다.

그렇더라도 규칙 공리주의는 다음과 같은 문제가 따른다. 이는 모든 공리주의 이론의 심각한 약점이기도 하다. '최대다수 최대행복 추구'라는 공리주의 규칙이 원래의 목적을 위배하는 경우이다. 규칙 공리주의는 공리주의의 목적을 위해 규칙을 만들지만, 그 규칙 때문에 목적을 포기할 때도 생기게 마련이다. 그런데 규칙은 공리주의에서 '**수단**'이므로, 결국 수단 때문에 '목적'을 포기하는 것이기에 불합리하다. 그 불합리의 대표적인 것이 공리주의를 명분으로 자행되는 인권 유린 가능성이다. 공리와 유용성을 명분으로 한 정부 정책은 소수자나 사회적 약자의 인권 유린을 방임함으로써, 자칫 공정으로서의 정의의 원칙을 위반하는 나쁜 결과를 초래할 수 있다. 결론적으로 공리주의는 복지국가를 안정되게 지지할 수 있는 사회철학이 되기에는 커다란 결함을 갖고 있음을 알 수 있다.

공리주의 구분

구분		장점	단점
쾌락의 속성에 따라	양적 공리주의	결과 측정이 객관적이다.	삶을 지나치게 단순하게 평가한다.
	질적 공리주의	삶의 여러 측면을 포괄한다.	결과 측정이 객관적이지 못하다.
공리의 실현 방법에 따라	행위 공리주의	이론적으로 일관된다.	실제 실현하기 어렵다.
	규칙 공리주의	현실적으로 실현하기 편리하다.	이론적으로 모순된다.

19 개인주의

인간을 일차적이고 본질적이며 모든 가치를 정초하는 존재로 여기는 개념 체계를 일컬으며, 사회주의 및 집단주의와 대립한다. 개인주의는 인간의 개체성과 독자성을 바탕으로 인간 개체의 특유성과 고유한 권리를 주장하고 발전시켜 나가는 사상이라 할 수 있다. 개인주의는 인간의 자유를 바탕으로 개인을 넘어선 공동체 형성의 전제가 되는 독자성과 책임성 및 역사성을 옹호한다. 개인과 사회에 대한 '개인주의적'인 개념화는 근대 들어 국가의 성립과 함께 이루어졌다. 국가는 계약을 통해 개인에게 봉사한다는 이념을 바탕으로, 개인에게 지고한 가치를 부여하는 개인주의적 관점이 전체를 부분보다 중요하게 여기는 전체주의적 관점을 대체한 것이다.

개인주의는 여러 분야에서 폭넓은 의미로 이해되고 해석된다. 철학에서는 사회는 개인에 의해 그리고 개인을 위해 형성되었다고 보는 시각이다. 사회학에서 '방법론적인 개인주의'는 집단적이고 사회적인 현상은 언제나 그리고 궁극적으로 개인에 의해 설명되어야 한다고 보는 이론이다. 정치 · 경제적인 의미로는 경제적 · 사회적 활동에서 국가의 역할을 가능한 한 제한하고 개인의 이익 추구를 중시해야 한다고 본다. 민주주의와 사회주의에서의 개인주의는 '양적' 개인주의를 의미하며, 무정부주의 역시 개인주의의 극단적 표현이라 할 수 있다. 윤리학에서는 다음 세 가지 입장이 있다. 전체의 의지, 관습, 전통에 대한 반항으로서 개인을 윤리 상의 개체로 삼는 이론으로, 프로타고라스의 '만물 척도설'이 이에 해당한다. 도덕적 책임은 개인의 양심에 따르며 개인은 의무의 보조 원리라고 하는 관점으로, 소크라테스, 칸트, 루터의 사상이 이에 해당한다. 개인의 발전은 도덕의 유일한 또는 하나의 목적이라고 하는 시각으로, 포이에르바하, 니체, 키르케고르의 사상이 이에 해당한다.

개인주의는 부정적인 의미로도 사용된다. 공동체에 대한 개인의 본질적인 결합을 부인하고, 개인의 개체성이 절대적으로 우선한다고 보는 시각이 그것이다. 이런 개인주의는 종교적으로는 '**주관주의**', 철학적으로는 '**유명론**', 윤리적으로는 '**행복주의(공리주의)**'를 불러온다. 또 사회적으로는 인간을 원자로 보는 견해를 바탕으로 하여, 사회 전체의 해체를 주장하는 무정부주의로 빠지거나, 개별 이해관계를 극대화하기 위한 목적의 **집단이기주의**와 **전체주의**를 불러오며, 경제적으로는 **탐욕적 자본주의**로 전락시킨다. 이에 토크빌을 비롯한 여러 사상가는 개인주의적 사회의 위험성을 지적하였는데, 아노미, 사회 갈등과 사회 분열, 개인의 고립, 이기주의 등이 그것이다.

이기주의

'에고이즘', '자기중심주의'라고도 한다. 개인주의와 결부되어, 자기만의 이익을 중심에 두고서 다른 사람이나 사회의 이익은 고려하지 않는 시각이다. 일반적으로 '**윤리적 이기주의**'를 말하며, 타인의 행복에 공헌하는 '**이타주의**'와 대립하고, 부분적으로는 '**공리주의**'와 대립한다. 소피스트, 에피쿠로스학파, 홉스 등에서 그 두드러진 경향을 찾아볼 수 있다. '윤리적 이기주의'는 자기 자신이 모든 인간 행위의 목적이며, 자신을 떠난 것은 무가치하다고 본다. 선악은 상대적이며, 또한 강한 자의 행위만이 정의롭다고 인정받는다. 이기주의는 나아가 목적 내용의 차이에 따라 **행복주의**나 **쾌락주의**의 한 형태를 취하기도 한다. 이기주의를 지원하는 유력한 근거는 인간 본성이 원래 자기의 이익만을 추구하게 되어 있다는 **심리적 이기주의(프로이트주의)**이다.

20 전체주의

'전체'가 있으므로 개인이 존재한다는 논리에 따라 국가 이익을 우선으로 하는 권력 사상이나 국가 체제, 또는 그러한 체제를 실현하려는 사상운동의 총칭이다. 철학적인 의미에서 전체주의는 보편이 특수보다 선행하는 것이라고 보는 **'보편주의'**와 결부되어 있다.

역사적으로는 특히 1920년대부터 1940년대에 걸쳐서 이탈리아 · 독일 · 일본 등에 등장한 **'파시즘'** 사상을 가리킨다. 전체주의는 세계 경제 공황으로 나타난 것으로, 후발 자본주의 국가나 공산주의 국가에서 공황 타개책으로 이용했다. 구(舊)소비에트를 중심으로 했던 공산국가의 정치 원리도 자유주의와 대립하는 의미에서 전체주의라고 할 수 있다. 그런 점에서 전체주의는 정치적으로는 자유주의와 민주주의에 대립하는 개념으로서의 **절대주의 · 독재주의 · 국가주의**와 동일한 의미로 사용된다.

따라서 전체주의는 극단적으로는 반자유주의적, 반민주주의적, 권위주의적, 반사회주의적 사상이다. 기본적 인권에 대한 야만적인 공격과 인종주의에 대한 편견을 그 특징으로 하고 있다. 이 이념에 따르면 개인적 평등에 기초를 둔 의회제는 부정되고, 공공연하게 독재가 이루어지면서 지도자에 대한 절대 복종을 강요한다.

정치철학에서 전체주의는 공공 생활뿐만 아니라 개인의 사적인 생활까지도 통제하려는 모든 국가적 기능 작용을 말한다. 전체주의에 대한 정치적 분석은 한편으로는 파시즘을 추종하는 유형의 국가가 이론적 · 실천적으로 어떤 기능을 수행하는가를 이해하려고 하며, 다른 한편으로는 모든 전체주의 체제에서 나타나는 공통 요소를 드러내려고 한다. 예를 들어 유일한 정당의 존재, 이데올로기의 전횡, 사적 영역의 통제, 정치 생활의 군대화, 국가와 시민사회 사이의 영역 파괴, 개인에 대한 전체적인 지배를 공고히 하기 위한 정치적 테러 등이 그것이다. 이 같은 요소가 증가하면, 어떤 한 정치체제의 전체주의적 요소도 증가한다고 인식한다.

전체주의의 기원

독일의 정치 철학자이자 사상가인 한나 아렌트는 『전체주의의 기원』에서 이르기를, "전체주의 지배의 이상적인 대상은 확신에 찬 나치당원이나 공산주의자가 아니라 사실과 허구의 차이(경험과 실제성) 및 진짜와 가짜의 차이(사고의 기준)가 더는 존재하지 않는 사람들이다."라고 했다. 아렌트는 나치 전범 아돌프 아이히만을 통해 **'악의 평범성'**을 발견했다. 악인으로 인식되지 않는 평범한 인물이 **생각 없이 기계적으로** 국가의 명령에 순종하여 태연하게 끔찍한 악을 저지를 수 있다는 것이다. 현대 사회에서 악(惡)은 이미 우리의 일상 속에 존재하고 있기에, 아무 생각 없는 삶을 살아간다면 우리 역시 언제든 아이히만과 같은 존재가 될 수 있다.

아렌트는 정치가 제대로 기능하지 못할 때 전체주의가 탄생한다고 경고했다. 민주주의와 법의 가치가 무시되고, 무능한 정치인들이 득세하며, 정치 혐오증이 극대화될 때마다, '악의 시대'가 시작되었음을 역사는 경고했다. 따라서 '전체주의'에서 벗어나 세상을 더 정의롭게 만들고 싶다면, 개인은 어떤 이념이나 지도자를 맹목적으로 따르기보다는 스스로 생각하고 행동해야 한다. 이를 위해 아렌트는 민주 사회의 구성원은 진실한 사실과 의견을 기반으로 대화와 타협을 이루어 낼 수 있어야 한다고 역설했다.

21 민주주의

국민 다수가 주권을 행사하여 의사를 결정하는 정치형태, 또는 그것을 보장하는 정치제도나 사상을 말한다. **전제주의**와 대립하는 개념이다. 민주주의의 어원은 그리스어 'democracy'이다. 이는 인민 혹은 국민을 의미하는 'demos'와 권력을 뜻하는 'kratia'가 결합한 것으로서, '국민의 권력' 또는 '민중에 의한 지배'라는 의미다. 즉, 민주주의는 다수의 민중이 지배하고 지배받는 정치형태를 말한다. 민주주의의 형태에는 자유주의국가군의 '자유민주주의'와 '사회민주주의', 그리고 공산주의국가군의 '인민민주주의' 등 여러 형태가 있다.

민주주의의 종류에는 직접민주주의(다수결의 원칙), 대의 민주주의(국민의 대표), 자유주의적 · 입헌주의적 민주주의(기본적 인권의 향유), 사회적 · 경제적 민주주의(사유재산의 공정한 분배) 등이 있다. 대의제는 직접민주주의가 실현 불가능한 상황에서 하나의 정치제도로 탄생한 것이다. 민주주의는 국민주권의 원리, 권력 분립의 원칙, 법치주의 등을 기본적인 원리로 하며, 국민의 보통 선거권과 복수 정당제, 언론 · 출판 · 결사의 자유를 보장하고, 국민의 복지 증진을 목표로 하며, 평화적 정권 교체가 이루어질 수 있어야 한다. 아울러 민주주의 사회는 사회의 구성원이 주인이 되는 사회이다. 즉 사회의 모든 일은 구성원들의 의사에 따라 결정되고, 구성원의 적극적인 참여가 중요한 의미를 지닌다.

민주주의는 권력을 단독자가 소유하는 군주정치 및 소수자가 소유하는 귀족정치와 구별되는 정치형태이다. 이를 두고 민주주의의 고전적 정의를 내린 영국의 정치학자 브라이스는『근대 민주정치론』에서 "민주주의는 헤로도토스 시대 이래 국가의 지배 권력이 어떤 특수한 계급에 있지 않고 사회 전체의 구성원에게 합법적으로 부여된 정치형태를 말한다."라고 했다.

민주주의의 원형은 고대 그리스의 도시국가에서 찾아볼 수 있지만, 이것이 역사적인 맥락에서 사상과 제도로써 결정적으로 자리 잡은 것은 17~18세기 시민혁명 이후이다. 절대왕권을 무너뜨린 시민계급이 중심이 되어 건설한 근대국가의 발전 과정에서 인간의 기본권과 국민주권주의, 법의 지배 등이 확고하게 제도화되면서 민주주의는 꽃을 피우게 되었다.

오늘날 민주주의는 단순한 정치형태의 의미를 뛰어넘어 생활형태 또는 사회 구성 원리로 받아들여지고 있다. 먼저, 인간의 자유와 평등의 권리 등을 요건으로 하는 이념으로서의 민주주의를 말하는 것으로서, 개인의 존엄 및 인권의 가치를 기조로 하는 인간관 · 세계관을 의미한다. 다음으로, 국가와 같은 정치적 집단의 조직 원리와 그 의사 결정의 방법으로서의 민주주의를 말하며, 이는 그리스 이래 오늘날에 이르기까지 많은 사상가에 의해 정의되어 온 일반적인 의미에서의 민주주의다. 끝으로 일상 사회생활에서의 생활 태도와 마음가짐으로서의 민주주의적 사고로, 다수의 의견을 중시하고 기회균등의 평등 의식을 공유하는 개인의 가치관을 말한다.

심의 민주주의

심의 민주주의는 시민이나 이익집단이 정책 결정 과정에 직접 참여하여 민의를 충실히 수렴하고, 토론과 숙의를 통해 집단적 의사를 결정하는 '질'의 정치이다. 다수결로 선출된 대리인이 전체 시민의 이익을 제대로 반영하지 않고 자기 이익을 추구하는 경향을 보이는 대의 민주 정치의 현실적 한계를 극복하기 위해 도입됐다. **심의 민주주의**는 현재 여러 국가에서 각국의 상황에 따라 다양한 형태로 시행되고 있다.

22 사회주의

생산 수단의 사회적 소유 및 관리를 주장하는 사상이나 제도로 개인주의 및 자본주의에 대비되는 개념이다. 사회주의는 사적 소유를 특권화하는 자유주의적 개인주의에 반대하여 성립된 사상으로서의 의미와 함께, 자본주의에 대비되는 사회적 소유와 관리를 핵심 원리로 하는 사회 제도의 의미를 함께 포함하는 용어이다. 사회주의에서 갈라져 나온 대표적인 정치사상으로는 **공산주의**와 **사회민주주의**를 들 수 있다.

근대적인 의미에서의 사회주의 사상은 산업혁명 이후 비롯된 생산의 불균등과 경제적 불평등 및 빈곤의 고착화에 대한 저항으로 오웬, 생시몽, 푸리에 등에 의해 19세기 전반에 제창됐다. 이후 이들의 사상을 **공상적 사회주의**라고 비판한 마르크스와 엥겔스가 주창한 **과학적 사회주의**는 노동운동과 결합하여 광범위한 사회 · 정치 운동이 되었다. 그 점에서 사회주의는 근대 민주주의의 확립과 더불어 비로소 개념화된 하나의 역사적 산물이다. 근대 민주주의가 초래한 자본주의의 모순을 극복하고 계급 지배와 경제적 착취를 지양하려는 것이 그 출발점이다.

■ 현대 경제체제의 분류

현대 경제체제는 분배 방식에 따라 **자유시장 경제체제**와 **계획 경제체제**로 분류할 수 있으며, 소유 형태에 따라 **자본주의 경제체제**와 **사회주의 경제체제**로 구분할 수 있다. 자유시장 경제체제는 모든 민간 주체들이 자유로운 의사 결정과 경쟁을 통해 자원 분배를 결정하는 방식이며, 계획 경제체제는 중앙통제기구의 계획에 따라 생산 자원의 배분을 결정하는 방식이다. 자본주의 경제체제는 경제 주체들의 사적 이윤 추구 활동과 사유재산제를 보장하며, 사회주의 경제체제는 생산 수단을 개인이 아니라 사회가 소유한다. 오늘날 대다수 국가는 시장과 계획을 적절히 혼합한 **혼합 경제체제**를 운영하고 있다.

구분		생산과 분배의 운영 방식에 따라	
		시장 경제	계획 경제
소유 형태에 따라	자본주의	자본주의적 시장 경제체제 (미국 등 대다수 선진국, 한국)	자본주의적 계획 경제체제 (개발독재 국가, 60~70년대 한국)
	사회주의	사회주의적 시장 경제체제 (중국, 베트남)	사회주의적 계획 경제체제 (북한, 쿠바)

민주사회주의

20세기 후반, 마르크스주의적 사상 체계에서 탈피하여 일어난 **대중민주주의적** 사상 체계 전반을 지칭하여 이를 '민주사회주의' 또는 '사회민주주의'라고 부른다. 민주사회주의는 사회주의 이상을 의회주의를 통해 추구하고자 하는 사상을 말한다. 이 사상 체계는 마르크스주의의 비판 극복과 민주주의의 절충적 해석이 바로 사회민주주의를 실현하는 것으로 주장했다. 마르크스주의적 계급투쟁을 부정하고 오로지 의회 민주주의적 방법으로 사회주의를 실현할 것을 목적으로 한다. 다시 말하면, 민주주의를 철저히 실현하는 것이 곧 사회민주주의를 실현하는 것이라고 보았다. 따라서 사회민주주의의 현대적 과제는 마르크스 사회주의, 즉 공산주의와의 이질적 대립을 극복하고 민주주의의 현대적 의의를 발전시키는 데 있다. 사회민주주의는 특히 오늘날 **복지국가**를 지향하는 북유럽 국가의 정치사회 노선으로 널리 알려져 있다. (민주주의 ⟷ 민주사회주의 · 사회민주주의 ⟷ 마르크스주의 · 사회주의)

23 보수주의

일반적인 의미에서의 보수주의는 개인 또는 집단의 생활 태도와 행동 양식을 전통 그대로 지키려고 하고 현상 유지를 고수하려 드는 사상이나 신조를 말한다. 보수주의의 특징은 변화를 바라지 않으며, 미지의 사실에 대해 불신하고, 이론보다는 경험을 존중한다는 것이다. 베버나 만하임은 보수주의 대신 **'전통주의'**라는 말을 사용했다.

정치사상으로서의 보수주의는 기존 사회 체제의 안정적인 발전을 추구한다. 경제적 평등과 사회 변화를 추구하는 진보주의에 반대되는 개념으로, 경제성장과 점진적 개혁을 추구한다. 세금을 줄이고 규제를 완화하는 등 정부 개입을 최소화하여 시장에 더 많은 자유를 보장할 것을 주장한다.

정치사상으로서의 보수주의는 프랑스혁명을 비판한 영국의 정치사상가 에드먼드 버크로부터 시작됐으며, 정치 용어로 본격 사용된 것은 1818년 당시 왕당파에 속했던 프랑스 작가 샤토브리앙이 당 기관지에 '보수주의'라는 명칭을 붙이고 나서부터이다. 그 후 정치사상의 본류로서 보수주의를 수립한 것은 버크의 영향을 받은 19세기 후반의 독일 낭만주의다. 사비니, 노발리스, 뮐러, 랑케 등의 사상가들은 자연법사상과 사회계약설에 반대하면서 국가는 민족정신의 소산이며 개인의 생활은 국가 생활의 기초 위에 서야 한다고 주장했다. 당시의 보수주의는 일반적으로 반합리주의적인 성향을 보이고, 보편적 법칙에서의 개성을 중요시하며, 사회계약설을 인정하기보다는 **사회유기체설**을 주장했다.

현대 사회에서 보수주의는 진보주의와 달리 단일한 이념 체계로 파악하기 상당히 어려우며, 각국의 문화·민족·역사·지리적 조건에 따라 다양한 양태로서 나타난다. 그러나 그 주장은 주로 사회에서 유지되는 도덕관에 대한 고수, 분배보다 경쟁과 성장을 중시하는 경제관념 등의 공통점을 지닌다. 보수주의는 과거로의 회귀를 추구하는 '반동주의'나 어떠한 변화도 거부하는 **'수구주의'**와 구분된다.

자유보수주의

자유보수주의는 '전통 보수적 가치'와 '고전적 자유주의 경향'이 결합한 보수주의의 분파이다. 역사적으로 전통 중시의 '고전적 보수주의'는 시장의 자유를 지향하는 **'경제적 자유주의'**와 결합하려는 경향을 보였다. 오랫동안 많은 국가에서 나타난 보수주의 이념은 경제적 자유주의적 논의를 포용했고, 이후 '자유보수주의'는 일반적인 의미의 '보수주의'로써 받아들여졌다. 그 결과 오늘날 자유보수주의는 경제적 자유주의를 지향하면서 정치 및 경제 차원에서 개인의 자유를 지지하는 경향을 띤다. 그 대표적인 국가가 미국으로, 자유 경제적 사고를 전통적 가치로 받아들이면서 '자유보수주의'적인 경향은 곧 보수주의라는 인식으로 굳어졌다.

한편, 유럽에서 나타난 자유보수주의는 '사회적 자유주의' 사상을 따르되 전통의 중요성을 낮춘 의미에서의 현대적 의미의 보수주의라 할 수 있다. 이는 사회주의와는 이념적 지향을 달리한다. 자유시장 경제체제를 고수하면서도 보수주의 관점에서 개인의 책임을 강조하는 한편, 시민권, 생태주의, 제한된 복지국가를 선호하는 사회적 자유주의 관점을 동시에 포함하는 정치사상이다. 그리하여 유럽에서는 때론 '자유보수주의'가 **'사회주의적 보수주의'**로 통용되기도 한다.

24 진보주의

일반적인 의미에서의 진보주의는 인간 정신이 세대를 지나면서 그 힘을 증대하고, 인간이 형성해나가는 역사가 시대를 흐르면서 더욱 완전한 상태로 변화해 나간다는 일종의 낙천적 신념을 일컫는다. 18세기 근대 계몽사상은 기술 발달과 도덕적 · 사회적 진보가 나란히 한 방향으로 나아가는 것으로 생각하면서 진보의 관념을 확고하게 구축해 나갔다. 콩도르세는『인간 정신의 진보에 관한 역사적 개요』에서 역사의 진보를 10단계로 나누고 그 종착점을 미래의 이상사회라고 보았다. 칸트, 셸링, 헤겔 등 독일 관념론자들도 진보의 개념을 받아들였으며, 19세기 이후 진보주의 사상을 적극적으로 지지한 것은 오웬, 마르크스 등 사회주의자들이었다.

정치적인 의미로는 **'보수주의'**와 대립하는 개념으로, 기존의 정치 · 사회 체제와 문화 및 제도의 모순을 급진적이고 혁신적 개혁을 통해 새롭게 바꾸려는 사상을 말한다. 지금까지 보편적 가치로 받아들여져 오던 전통적 가치나 체제, 정책, 논리 등에 반박하여 그 틀 자체를 허물고 새로운 가치나 내용의 창조를 주장하는 사상 또는 태도로, **'혁신주의'**라고도 한다. 진보주의는 절대적인 개념이 아니라 시대적, 역사적 배경에 따라 상대성을 띠는 개념이다. 예를 들어, 지난날 자유민주주의가 상당한 진보주의에 속한 것이었다면, 오늘날의 자유민주주의는 보수주의에 속한 개념으로 인식된다.

진보로 분류할 수 있는 여러 사상이나 정치 집단이 있으며, 그 스펙트럼도 다양하다. 오늘날 진보적인 것으로 일컫는 사상에는 공산주의, 민주사회주의를 포함하는 넓은 의미에서의 사회주의와 아나키즘, 다양한 형태의 집산주의, 여성주의, 생태주의, 좌익 내셔널리즘, 해방 신학, 민중신학 등이 있다. 사회자유주의, 환경주의 또한 진보주의로 규정하기도 한다.

진보주의는 개혁주의와 급진주의로 나뉜다. **개혁주의**는 기존 사회 질서 자체를 부정하지는 않지만, 사회의 문제점을 인식하고 이를 바로잡아 사회 발전을 이루는데 주된 목적이 있다. 따라서 정치체제나 사상 등의 급격한 변동에 대해서는 소극적이며, 기존 체제를 유지하면서도 새로운 제도를 부가하는 형태로 나타난다. 개혁의 주체는 지배층이고, 개혁의 방향은 위에서 아래로 단행된다. 반면 **급진주의**는 기존의 사회 질서를 부정하고 근본적인 사회 체제의 변혁을 주장한다. 기존 질서를 고수하려 드는 사상이나 가치관을 부정하고, 이것에 대립하는 가치와 체제를 주장한다. 급진주의는 기존 사회 질서의 모순을 그 사회 체제 내에서 극복하지 못하기 때문에 발생하는 것이라고 본다. 사회 체제 변화를 주장하는 사람들의 요구를 제도권 안에서 수용하지 못하기 때문이라고 생각하면서, 근본적인 체제 변혁을 주장한다.

아나키즘

'무정부주의'라고도 한다. 아나키즘은 개인을 지배하는 일체의 권력과 강압적 권위를 배제하고, 정치적 · 경제적 · 사회적으로 개인의 완전한 자유를 추구하는 사상이나 운동을 말한다. 무정부주의 하에서 인간은 본래 선한 능력을 지니고 있는데, 관습 · 제도 · 권력 등 자의적인 지배가 인간을 타락하게 만든다고 보았다. 무정부주의자들은 사회의 여러 제도 중에서 특히 사유재산과 국가가 가장 인위적인 것으로, 사람들을 서로 타락시키고 착취하게끔 만든다고 보고 이를 배격할 것을 주장한다. 덧붙여 무정부주의자는 **'아나키스트'**, 무정부 상태는 '아나키'라고 한다.

25 공화주의

공화주의는 '군주제'에 반하는 개념으로, 인민 주권에 의한 공동의 정치형태로 이해되거나, 정치 · 사회 측면에서 사적 이익 및 개인의 소극적 자유에 관한 권리보다는 공적 이익과 공동체의 안녕을 더 중요시하는 정치철학으로 이해된다. 공화주의는 시민이 덕을 가지고 정치 활동에 적극적으로 참여하고, 개인의 자유와 공동선 실현의 조화를 도모하는 것이 중요하다고 본다. 이를 위해 공화주의는 적극적 시민으로서 정치에 대한 참여와 선출된 공직자의 시민에 대한 사회적 · 도덕적 책임성의 윤리를 함축한다.

일반적으로 정치철학 차원에서 공화주의는 고대 로마 공화정의 스토아학파에 의해 발전한 개념이다. 플라톤의 '이상국가론'에서 알 수 있듯, 공화국에서 인민은 정치에서의 자발적 주체가 되어야 하며, 공화제는 이러한 **'시민적 덕'**이 있어야만 가능하다는 정치 이념으로 인식됐다. 높은 시민의식에 바탕을 둔 공화제(고전적 공화주의) 개념은 입헌이라는 보호 장치를 통해 정부가 '법의 지배'를 빙자한 독단적인 행동을 하지 못하도록 막는 방어벽 역할을 한다.

이것을 대한민국 헌법을 통해 확인할 수 있다. 헌법 제1조 1항은 "대한민국은 민주공화국이다."라고 명시되어 있다. 여기서 '민주공화국'은 대한민국이 '민주주의'와 '공화주의'라는 두 원리로 구성되어 있다는 의미로, 이는 공화주의 개념이 빠진 상태에서의 민주주의에 대한 맹신은 많은 사회적 부작용을 초래할 수 있음을 경계코자 함이다. 공화주의를 추구하는 사회에서는 구성원이 **'공동선'**에 관해 숙의를 거쳐 합의하고, 이를 위해 구성원들은 각자 자신의 주장을 조금씩 양보하거나 때로는 철회하기까지 하는 수준 높은 정치문화를 형성한다. '주권재민'을 명기한 헌법 제1조 2항에 앞서, 대한민국이라는 자유주의 국가 체제를 수호하기 위해 국민은 국가의 주인이되 공동선을 향한 책임의식도 지녀야 한다는 사실을 확실히 한 것이다.

오늘날 공화주의라는 용어는 너무 광의적으로 해석되면서, 단순히 군주가 없는 전 세계의 거의 모든 국가가 이를 일상적으로 사용하고 있다. 오늘날 세계 대부분의 나라가 공화주의에 입각한 공화국임을 선포하고 형식적이거나 실질적인 공화주의를 내세우는 점은 그 역사성에 부합하는 것이다. 따라서 공화주의는 시대의 맥락과 시대가 정한 정의의 보편적 법칙에 따라 그 의미가 달라질 수 있어 간단히 정의될 수 없다.

공화주의와 자유주의

공화주의는 각 개인에게 배타적으로 적용되는 자유권의 확립에 치중하기보다는, 개인에게 자유를 누릴 권리를 부여함과 동시에 그에 합당한 의무를 부여하는 것이 국가의 역할이자 전체 인민의 자유와 평등에 부합하는 것이라고 본다. 반면 **자유주의**는 이와 반대로 개인에 초점을 두면서, 국가의 존립 기반은 배타적인 의미에서 개개인의 권리를 신장하고 자유권을 확립하는 과정이라고 본다. 개인의 자유를 중시하는 자유주의의 입장에서 공화주의가 추구하는 공동체적 가치는 진정한 자유라고 할 수 없다는 것이다. 공화주의와 자유주의는 정부 정책의 결정 과정에서 많은 차이를 보인다. 특히 경제 영역에서, 일반적으로 공화주의는 전체 시민의 경제적 권리를 보장하기 위해 기업에 대한 공적 소유나 경제 운영에서의 시민의 직간접적인 개입을 허용하는 등의 예비 장치를 두려고 한다. 반면 자유주의는 자유시장의 원리와 자본의 민간 소유를 허용하는 등으로 사적 소유의 자유를 적극 지지한다.

26 민족주의

민족이란, 의미 있는 유대와 서로의 이익을 공유하면서 깊고 지속적인 방식으로 결집한다고 생각하는 사람들의 공동체라 할 수 있다. 민족을 정의하는 방식은 크게 다음 두 가지로 나누어 볼 수 있다. 하나는 소속감, 일체감, 정체성에 의한 결속 의식을 기준으로 삼으면서 '주체의식'을 강조하는 경우이고, 다른 하나는 혈통 · 체질의 동질성, 생활공간의 공통성, 언어, 종교, 풍속 관습 등 객관적인 구성요소를 기준으로 삼아 '객관적 특성과 조건'을 강조하는 경우이다.

오늘날까지 가장 널리 퍼져 있는 민족의 정의 방식은 '**문화공동체**'에 가깝다고 말할 수 있다. 인종이 주로 생물학적 집단 개념으로 간주하는 반면에 민족은 문화적 개념으로 이해된다. 민족이 문화를 형성하고 문화가 민족을 형성한다는 것이다. 우리나라의 경우 '민족'의 개념은 1904년 러일전쟁, 한일신협약, 1907년 국채보상운동, 의병투쟁 등 역사적 배경과 관련해서 등장하기 시작했다. 이러한 의미에서 민족은 신념과 가치를 공유하는 것 이상의 운명적인 공동체로, 민족주의로 나아가는 이념적 · 사상적 기반을 제공한다.

민족주의란 그 어떤 단위보다 민족을 으뜸으로 생각하는 사상이다. 모든 민족이 각각 다른 민족에게 피해를 주지 않으면서 자기 민족의 이익을 추구한다면 민족주의의 한계는 발생하지 않을 것이다. 그러나 민족주의는 일반적으로 모든 민족에 대해 동일한 대우를 해줄 수 없다는 점에서 한계를 지니고 있다. 민족주의 안에서 우리 민족과 다른 민족은 그 가치가 다르다고 생각하는 것이다.

한 민족이 다른 민족에 대해 배타적인 태도를 드러낼 때, 이를 '**자민족 중심주의**'라고 한다. 자민족 중심주의는 자기 민족을 중심으로 모든 것을 바라보는 관점으로, 자기 민족이 타민족보다 우월하다고 믿고 타민족을 배척하는 태도이다. 자민족 중심주의는 자기 민족의 문화에는 긍정적인 가치를 부여하지만, 다른 민족의 문화는 좋지 않게 평가하려는 경향을 보인다. 이로 인해 폐쇄적이거나 배타적인 민족주의나 인종차별주의 등의 모습으로 나타날 수 있으며, 이러한 민족주의적 특성은 불가피하게 다른 민족과의 갈등을 일으키는 원인으로 작용한다. 그 대표적인 사례가 나치즘과 파시즘과 같은 왜곡된 전체주의 사상이다.

지나친 자민족 중심주의는 지구상에서 서로 다른 문화적 전통이나 인종적 특색을 가진 여러 민족 또는 인종이 각자의 권리를 갖고서 동등한 존재로 더불어 살아가는 것을 인정하지 않는다. 따라서 자민족 중심주의가 심해지면, 소수민족이나 외국인 등을 억압하는 논리로 작용할 수 있으며, 국제적인 분쟁이나 대외 침략의 원인으로 작용할 수 있다.

닫힌 민족주의와 열린 민족주의

민족주의는 크게 자유로운 사회를 지향하는 '열린 민족주의'와 배타적인 성향을 지닌 '닫힌 민족주의'로 나눌 수 있다. 자민족 중심주의가 폐쇄적인 성격을 띠어 자기 민족을 절대시 할 때, '**닫힌 민족주의**'가 되어 거친 열정을 불러일으키며 혹독한 대가를 치르게 된다. 또 세계주의가 극단적 성격을 띠어 민족의 정체성을 무시할 때 세계는 다양성을 잃어버리고 획일화하게 된다. 따라서 우리는 민족 간 갈등과 분쟁을 낳는 '닫힌 민족주의'를 넘어서 '**열린 민족주의**'를 추구해야 한다.

27 다문화주의

다문화주의란 한 사회 혹은 국가 내의 문화가 주류 집단의 단일 문화에 의해 통합, 획일화되는 것보다는 여러 소수집단의 다양한 문화들이 공존하는 상태가 더 바람직하다는 관념, 그리고 그 이상(理想)을 실현하려는 운동 및 정책을 가리킨다.

다문화주의에 참여하는 소수집단들은 소수인종이나 민족, 여성, 동성애자, 언어 집단, 종교집단 등 계급보다는 인종이나 성(性)과 같은 범주로 분류되는 비주류 집단이다. 이들에게 집단 정체성의 확립은 곧 문화적 행위로 나타난다. 언어, 습관, 생활방식 등 현재의 일상적 삶을 구성하는 영역 속에서 서구중심주의, 백인중심주의, 남성중심주의의 흔적을 지우고 자신의 고유한 문화를 확립하려 들며, 이를 통해 다수의 다른 문화들 속에서 자기 문화가 대등하게 자리 잡기를 기대한다. 이런 이유로 다문화주의란 단순한 문화적 다원성의 의미를 넘어, 다수의 문화 사이의 수평적 관계를 지향한다.

다문화주의는 이러한 소수집단의 정체성 또는 그들의 고유문화를 사회적으로 승인하는 것이지만, 그 과정에서 종종 주류 집단의 거부 움직임을 수반한다. 주류 집단이 소수집단을 대하는 방식에서 동화주의의 대안으로 불가피하게 다문화주의를 채택하는 경우에 특히 그러한데, 이는 그만큼 다문화주의를 정책적 차원에서 접근한 것에 따른 결과이다. 특히 이민자 집단 대상의 사회통합 정책과 관련하여 다문화주의가 동화주의의 대안으로 거론될 수 있는데, 이 경우 다문화주의 정책은 동일성과 통합을 놓고 소수집단과 주류 집단이 갈등하는 문화 투쟁의 양상을 띠어서는 안 된다. 어디까지나 차이와 공존을 지향하는 다원적 사회통합으로서의 정책적 대안이 되어야 한다. 그 점에서 다문화주의는 '**자유**'라는 뿌리에서부터 성장해 왔다.

따라서 바람직한 다문화주의 정책을 실현하기 위해서는 먼저 주류 문화에의 일방적 동화를 강요한 과거사에 대한 성찰적 반성과 주류 집단의 소수자를 위한 배려가 선행되어야 한다. 소수집단 역시 자신들의 문화적 고유성을 지나치게 주장함으로써 사회통합을 위한 이념과 가치를 무조건 배척해서는 안 되며, 국가가 구현하는 보편 이념을 따라 합의하고 준수해야 한다.

멜팅팟과 샐러드볼

다문화주의 정책으로는 '멜팅팟' 이론과 '샐러드볼' 이론이 거론된다. **멜팅팟(용광로)** 이론은 여러 민족의 고유한 문화가 그 사회의 지배적인 문화 안에서 변화를 일으키고, 서로에게 영향을 주면서 새로운 문화를 만들어 나가는 것을 뜻한다. 당근, 양파 등과 같은 여러 식재료를 한 솥에 집어넣되, 그 고유의 맛이 다른 재료들과 섞이면서 새롭게 변화하는 것과 같은 이치다.

반면 **샐러드볼** 이론은 국가라는 큰 그릇 안에서 샐러드처럼 여러 민족의 문화가 섞여 하나의 새로운 문화를 만들어가는 것을 의미한다. 즉 각각의 민족이 가지고 있는 고유한 문화들은 국가라는 샐러드볼 안에서 각자의 고유한 맛을 가지고 샐러드의 맛을 만들어나가는 것과 같은 이치다. 세계 각국의 이민자들이 모여서 세운 나라인 미국은 그들이 간직해온 여러 문화가 섞이면서 미국 특유의 문화를 만들어내고 있다.

현재 우리나라는 국가 정책적으로는 멜팅팟 이론 쪽으로 기울어져 있지만, 다문화 사회 관련 시민단체 등에서는 우리나라의 다문화 정책으로 샐러드볼 이론을 따라야 한다고 주장하고 있으며, 많은 사람이 이에 공감하고 있다.

28 오리엔탈리즘

서양우월주의 시각에서 본 동양 이미지를 말한다. 오리엔탈리즘은 서양이 동양을 지배하기 위한 수단으로 날조한 동양에 대한 사고 양식 혹은 지배방식을 뜻한다. 팔레스타인 출신 문화비평가 에드워드 사이드에 따르면, '**오리엔탈리즘**'은 동양과 서양 사이의 존재론적 · 인식론적 구분을 근거로 한 사고방식으로, 동양을 지배하고 개조하며 위압을 가하려는 목적으로 특정 서구 양식에 맞게 조작한 개념이다.

오리엔탈리즘은 동양과 서양이라는 각각의 구별이 어떤 본질적인 차이를 지닌다는 전제에서 출발한다. 가령 서양은 문명이고 동양은 야만이라는 단순한 이분법적 비교가 그러하다. 문제는 그런 구분이 서양의 **이원론적 사고**에서 시작됐다는 점이다. 그 결과, 이는 서양 제국주의가 동양을 지배하려는 식민주의를 정당화 · 합리화하는 논리를 제공했음은 물론, 식민지 피지배자를 관리하고 통제하는 전략으로 기능했다.

오리엔탈리즘은 삶의 거의 모든 측면과 관련하여 광범위한 기획과 의도를 갖고 행해졌는데, 문제는 이것이 제국주의 침략 이래 오늘날까지 지속되고 있다는 점이다. 오늘날 오리엔탈리즘은 학술 서적은 물론 대중매체, 심지어는 영화 속 악당의 얄팍한 캐릭터에서부터 정치적 · 경제적 사고에 이르기까지 다양한 출구를 통해 표현된다. 특히 911 테러 이후 아랍인과 무슬림을 단순한 테러리스트를 뛰어넘어 인간성이라고는 도무지 찾아볼 수 없는 악마적 존재로 몰아붙이는 경향은 현대 오리엔탈리즘이 갖는 특징의 단면을 보여 준다.

■ 옥시덴탈리즘

오리엔탈리즘과 대응하는 개념으로 '옥시덴탈리즘'이 있다. 옥시덴탈리즘은 동양의 관점에서 서양을 왜곡하고 고착화하는 그 무엇으로서의 편견을 갖고 이를 정형화 · 범주화하려는 이분법적인 태도를 말한다. 즉 서양을 극단적으로 긍정하거나 부정하는 사고방식을 일컫는데, 흔히 후자의 개념으로 규정된다.

옥시덴탈리즘은 서양에 대한 적대적인 태도와 함께, 동양적 전통에 대한 지나친 강조와 예찬으로 나타난다. 즉 서양은 비인간적이고 천박하며 물질적이지만, 동양은 인간적이며 고상하고 정신적이라는 식의 이분법적인 구별을 통해, 서양에 대한 왜곡된 이미지와 편견을 새롭게 만들어낸다. 예컨대 오늘날의 환경 위기, 생태 위기와 같은 다양한 사회문제들에 대한 책임을 서양적 사고에서 비롯된 것으로 떠넘기고, 그 대안으로 전통적인 동양의 문화와 사상을 강조하는 태도를 폭넓게 드러냄으로써, 동양적 사고가 서구적 사고보다 우수하단 점을 강조한다.

하지만 옥시덴탈리즘 역시 오리엔탈리즘을 사상적으로 차용한 것의 일면에 지나지 않으며, 동양과 서양을 구별하고 대립하게 만드는 이분법적 사고를 주류로 채택한 점에서 동일한 특징을 지닌다. 따라서 이렇듯 이분법적으로 구분해가며 서로를 적대시하는 배타적 근본주의와 본질주의적인 구분론에서 벗어날 필요가 있다. 이를 위해서는 이 두 사고에 관해서 좀 더 폭넓게 이해해야 함은 물론, 우리 안의 오리엔탈리즘과 옥시덴탈리즘을 극복해야 하는 이중의 과제가 요구된다.

29 자연주의

자연주의는 예술과 철학에서 과학의 영향을 받아 나타난 경향으로, 세계의 모든 현상과 그 변화의 근본 원리가 자연(물질)에 있다고 보는 사상이다. 철학에서는 자연과학의 세계관을 따라 물질을 유일한 존재로 보는 **'실재론'**을 바탕으로 하면서 실증주의와 유물론 및 결정론을 따르며, 반자연주의적인 '관념론적 이상주의'와 대립한다.

고대 철학에서는 쾌락주의나 세속주의를 의미했던 자연주의는 근대 자연과학의 발전과 동반하여 형성됐으며, 17~18세기에는 세계의 대상 모두를 기계적으로 설명하는 경향과 관계 맺었다. 19세기에 들어서면서부터는 생물학적 진화론의 견지에서 사회를 설명하는 사상이 득세했다. 맬서스주의, 스펜서의 사회유기체설, 사회 다윈주의 등이 19세기 이래 자연주의의 대표적인 사상으로 자리 잡았는데, 이는 부르주아지 사상에 대한 반동으로 나타난 것이다. 미국의 실용주의 철학자 듀이의 사상도 이 자연주의의 입장에 속한다고 할 수 있다. 현대에 들어서서 자연주의는 과학적 탐구가 모든 학문의 참되고 유일한 방법이 될 수 있다는 철학적 입장을 따르면서 물리주의나 기능주의와 같은 과학철학으로 나아갔다. 콰인은 철학의 특권을 부정하고 (경험)과학을 철학(인식론)에 도입해야 한다고 생각했다.

한편, 자연주의는 문학과 예술에서 그 개념이 결정적으로 일반화되면서, 프랑스를 주축으로 하여 19세기 사실주의를 이어받아 세기말에 활발했던 문예사조를 형성했다. 연극과 영화, 그리고 문학 분야에서 자연주의는, 믿을 만하고 현실에서 일어날 수 있는 매일의 실제 일상을 작품에 담으려고 하는 경향을 보였다. 이 사조는 낭만주의 또는 초현실주의와는 정반대 방향의 운동으로 나타났다. 문학에서의 자연주의 창시자는 프랑스의 소설가 에밀 졸라로, 생물학 · 생리학이 인간의 모든 조건을 결정짓는다는 실험소설을 써서 자연주의 사조를 열었다.

형이상학적 자연주의와 방법론적 자연주의

형이상학적인 자연주의는 일반적으로 '철학적인 자연주의' 또는 **'존재론적인 자연주의'**로 불리며, 자연주의에 대한 존재론적인 접근을 취한다. 존재론은 존재에 관해 연구하는 형이상학의 분과로, 자연 세계를 넘는 초자연적인 것은 존재하지 않는다는 관점이다. 신이 초자연적이라고 가정하는 한 무신론으로 나아가며, 일반적으로 유물론과 같거나 밀접한 관계를 갖는 형이상학적 입장으로 받아들여진다. 도덕이나 아름다움과 같은 형이상학적 물음 또한 엄밀히 말해 없거나, 최소한 자연적인 것으로 환원된다고 본다.

이에 비해 **방법론적인 자연주의**는 과학계에서 말하는 자연주의 사상으로, 과학적 방법으로 자연 현상을 설명한다는 의미에서의 자연주의에 대한 인식론적 접근이다. 자연 세계를 설명하는데 초자연적인 것들을 끌어올 필요가 없다는 시각으로, 예를 들어 지적 설계는 그 '설계자'가 초자연적인 것으로 가정하는 한 방법론적 자연주의에서 어긋난다고 본다. 자연과학이 자연 세계를 온전히 설명한다고 가정하는 한, 자연과학에서 말하는 것 외에는 아무것도 없다는 것이다. 극단적인 방법론적 자연주의는 **'과학(만능)주의'**와 통하며, 인간의 모든 내면적 문제나 사회적 문제가 자연과학과 동일한 방법을 따라서 정밀하게 인식되고 해결될 수 있다고 본다.

30 실증주의

실증주의는 과학적으로 증명할 수 있는 지식만을 옳다고 주장하는 사상으로, '실증론'이라고도 한다. 경험적 사실의 배후에 있는 그 어떤 초월적인 실체를 인정하지 않고, 모든 지식의 대상은 경험적으로 주어진 사실에 한정한다고 본다. 근대 자연과학의 방법과 성과에 의존하면서 물리적 · 정신적 현상 세계의 통일적인 설명을 하려고 드는 점에서 '**경험론**'의 특성을 띤다.

19세기 후반 유럽에서 등장하여 형이상학적 사변을 배격하고 사실 그 자체에 관한 과학적 탐구를 강조했다. '**실증주의**'라는 명칭을 처음 사용한 사람은 생시몽이지만, 실증주의를 철학의 한 흐름으로 끌어올린 사람은 콩트이다. 콩트는 실증주의의 내용을 '현실적일 것, 유용할 것, 확실할 것, 정확할 것, 조직적일 것, 상대적일 것'의 여섯 가지로 제시했다. 콩트의 사상은 독일 실증주의학파는 물론 **분석철학**의 발달에까지 영향을 주었다. 이후 실증주의는 과학의 성립과 근거에 관한 연구를 진전시키며 인식론의 영역까지 연구를 확산시켰지만, 베버를 비롯한 독일 사회학자들은 실증주의 사상의 엄격한 요소를 거부하며 반실증주의 사회학을 제시했다.

실증주의는 1920년대 후반 빈학파의 통일과학 운동을 따라 '**논리실증주의**'로 발전했지만, 다음과 같은 비판을 받았다. 실증주의 관점은 '**과학주의**'와 연관이 있는데, 과학주의란 자연과학의 방법이 철학과 사회과학과 같은 모든 탐구 영역에 적용될 수 있다는 관점이다. 대다수 사회과학자와 역사가는 논리실증주의의 과학적 모호성에 흥미를 잃었고, 오늘날 사회과학과 물리 과학의 연구자들은 관찰자의 편견과 구조적 제한의 왜곡 효과를 인식했다. 쿤과 같은 철학자에 의해 연역적 방법이 약화하면서 이러한 비판이 일어났고, 비판적 사실주의나 신실용주의와 같은 새로운 철학 사조가 나타났다. 그 일례로 하버마스는 과학적 사고는 이념 자체와 유사하다는 점을 들어 순수 도구적 이성을 비판했다.

콩트의 실증주의

실증주의 철학자 콩트는 자연과학이 물리적 법칙을 발견하듯이 사회적 세계의 법칙을 발견하는 사회과학을 창조하려고 했다. 콩트는 각각의 분과 과학들은 고유의 주제를 가지고 있다고 인식했다. 하지만 유사한 논리와 과학적 방법이 모두에 적용될 수 있다고도 생각했다. 인간 사회를 지배하는 법칙을 발견한다면 인간의 문명을 결정하는 인류 복지를 증진하는 데 도움을 줄 것으로 그는 생각했다. 그는 사회학에서도 엄격한 과학적 방법을 적용하기를 원했다. 과학은 오직 경험을 통해 직접 알 수 있는 관찰 가능한 실체만을 연구해야 한다며 실증주의를 주장했다. 사회학에 대한 실증주의적 접근은 관찰과 비교, 실험에서 나오는 경험적 근거들에 바탕을 둔 사회 지식 생산을 추구한다고 그는 생각했다.

콩트는 세계를 이해하려는 노력은 세 단계, 즉 '**신학적 단계, 형이상학적 단계, 실증주의적 단계**'를 거친다고 주장했다. 신학적 단계에서는 사회가 신의 의지 표현이라는 신념과 종교적 관념들이 인간의 사고방식을 지배한다. 형이상학적 단계에서는 사회를 초자연적 측면이 아닌 자연적 측면으로 보게 한다. 실증주의적 단계에서는 사회에 과학적 방법을 적용하는 것을 장려한다. 이러한 관점의 연장선에서 콩트는 사회학이야말로 마지막으로 발전하는, 그리고 모든 과학 중 가장 중요하고 복잡한 과학이라고 생각했다.

31 프래그머티즘

사물이 진리를 담고 있는가를 경험 결과로 판단하는 철학적 태도로, **'실용주의'**라고도 한다. 행위 · 실천 등을 뜻하는 그리스어 '프래그마(pragma)'라는 어원에서 알 수 있듯이 프래그머티즘의 핵심 사상은 '유용한 것이 곧 진리'라는 말에 압축 표현되어 있다. 말하자면 진리는 **'유용성'**에 의해 결정된다는 것이다. 여기서 유용성이란 실제적 · 실질적 효과가 있다는 뜻으로, 이는 어떤 이론이 진리를 갖는가는 이론 자체에 의한 것이 아니라 그 이론이 만들어낸 행위의 결과에 따라서 결정된다고 보는 시각이다.

미국에서 탄생한 철학 사상인 프래그머티즘은 모든 대상에 적용 가능한 진리는 없다는 **'상대주의'** 입장에서, 기존의 모든 지식을 비판하고 유용성이 검증된 진리만을 '참'이라는 생각을 확립했다. 실용주의에서 한 관념의 '참 또는 거짓' 여부는 그 관념에 입각한 행위의 성공에 달려 있다. 퍼스는 개념의 의미는 '효과'에 따라 결정된다고 보았다. 제임스는 이론적 사변에 치중하는 '주지주의'에 반대하면서, 진리는 유용성을 기준으로 판단된다고 주장했다. 참된 개념이란 실재의 단순한 복사물이 아니라 '우리의 사고에 유용한 것'이라고 보았다.

프래그머티즘은 퍼스로부터 시작됐으며, 제임스를 거쳐 듀이에 의해 완성됐다. 듀이는 우리 일상을 풍요롭게 만드는 것을 철학의 목적으로 삼았다. 그는 사상이나 지식은 그 자체에 목적이나 가치가 있는 것이 아니라, 인간이 환경에 대응하기 위한 수단으로서 기능한다고 보았다. 이렇듯 인간 행동에 도움을 주는 도구로서 지식을 파악하는 사상을 **'도구주의'**라고 부른다. 프래그머티즘은 오늘날 생활 속 실용주의를 주장하는 **'네오프래그머티즘'**으로 발전했다.

네오프래그머티즘

전자와 같은 소립자는 실제 관찰할 수 없고, 과학에서나 이론으로 다루는 대상이다. 이를 '이론적 대상'이라고 한다. 이론적 대상은 당연히 실재한다고 생각하는 입장을 **'과학적 실재론'**이라고 한다. 이와 달리 이론적 대상은 실제 현상을 설명하기 위해 만들어낸 편의 장치에 불과하다고 생각하는 입장을 **'반실재론'**이라고 한다. 콰인의 **총체주의(홀리즘)**에 따르면, 이론에 부합하지 않는 실제 경험 결과가 도출되더라도 그 이론의 어느 부분이 잘못되었는가를 확정하기 어렵다. 경험주의가 지닌 도그마 측면에서 볼 때 과학은 진리를 밝혀내지 못한다. 과학에서의 이론과 명제의 선택 여부는 그 이론이 전체 시스템에 얼마만큼 유용한지에 따라 결정해야 한다고 콰인은 주장했다. 여기서 프래그머티즘의 도구주의가 부활한다. 논리실증주의 이후 새롭게 형성된 콰인과 로티 등의 프래그머티즘 사상을 **'네오프래그머티즘(신실용주의)'**이라고 부른다.

실용주의적 실재론

지식은 행동을 거쳐서 일어난다는 사고로, 무언가를 안다는 것은 현실의 난관을 해결하기 위해 설정한 가설에 따라 행동한 결과라고 보는 입장이다. **실용주의적 실재론**에 의하면 정신은 자연의 영역 밖에 있는 것이 아니며, 경험을 통해서 세계와 하나가 되는 것이다. 그러므로 객관적 세계와 주관적 세계를 갈라놓은 이원론적 인식론은 '허위'라고 보았다. 즉 관념과 지식은 행동의 도구로서, 단순히 외적 세계를 바라보기만 하는 방관자적인 관념과 지식이 아니다.

32 휴머니즘

휴머니즘이란 말은 라틴어 '후마니타스'에서 유래한 것으로, '인간다움'을 존중하는 대단히 넓은 범위의 사상적 · 정신적 태도 및 세계관을 말한다. 일반적으로는 인간성의 존중 또는 **인본주의 · 인간주의 · 인도주의**라는 뜻으로 사용된다. 도덕철학에서 휴머니즘은 인간은 긍정되어야 하며, 모든 행동의 준거나 종교적 모델로서 구성되어야 한다고 생각하는 이론이다.

휴머니즘은 넓은 의미로는 인간성을 존중하는 사상을 가리킨다. 좁은 의미로는 중세의 교회 중심 사상에 대항하여 14세기 말 이탈리아에서 일어난 후 15~16세기 유럽 전역으로 확산한 철학 및 문화 운동을 일컫는다. 이 운동은 고대의 문예를 부흥함으로써 교회 권위에 억눌려 있던 인간성을 회복하려고 했던 것으로, 그리스 · 로마 사상에 그 이상을 두고 있다. 에라스무스, 라블레, 몽테뉴 같은 인본주의자들은 인간의 가치와 존엄성, 그리고 우주 안에서 인간이 차지하는 특권적인 위치를 강조했다. 그들은 인간의 능력을 개발하고 인간 지성을 완성하기 위해서는 교육을 통해 예술 및 문화를 발전시켜 나가야 한다고 주장했다.

17~18세기 계몽주의 시대의 사상은 이전 시대의 휴머니즘과 갈릴레이, 코페르니쿠스, 뉴턴 등에 의해 발전한 근대 과학을 결합한 것이었다. 과학적 지식으로 무장한 계몽주의 철학은 인간에 대한 신뢰를 통해서 그리고 인간의 행복을 염원하고 인간의 권리를 옹호함으로써 정치적 · 종교적 반계몽주의와 싸웠다. 19세기 말에서 현대에 이르러 휴머니즘은 여러 흐름으로 나타났는데, 이때 나타난 휴머니즘의 중심 문제는 과학과 기술의 시대인 현대 사회에서 인간이 겪고 있는 소외의 문제로, 지금까지 이어지고 있다.

일반적으로 말해, 휴머니즘은 인간이 궁극의 가치이기에, 인간 존엄성은 존중되어야 하고 또 인간은 모든 정치적 · 종교적 · 이념적 · 경제적 예속으로부터 보호되어야 한다는 것을 강조했다. 이 점에서 휴머니즘은 **기독교적 인격주의**, 사르트르의 **무신론적 실존주의**, 그리고 사회주의자들이 주장한 **프롤레타리아적 휴머니즘** 등과 같은 다양한 사상에 의해 요청되었다. 또한 바로 그 점에서 휴머니즘은 강력한 비판의 대상이 되기도 했다. 마르크스는 물론이고 알튀세르 등의 마르크스주의자들은 휴머니즘이 옹호하려 드는 추상적인 인간 개념을 비판했다. 그들은 휴머니즘적 인간 개념은 인간 해방의 역사적 조건들을 구체적으로 분석하지 못하면서 일종의 형식주의로 흘렀다고 비판하면서, 기계적 메커니즘의 한 기능으로 전락한 인간은 자신의 개성과 인간성을 상실했을 뿐만 아니라 삶의 기쁨까지도 잃고 말았다고 주장했다.

포스트휴머니즘과 트랜스휴머니즘

포스트휴머니즘(탈인본주의)은 인간을 중심으로 여기는 휴머니즘을 부정하거나 초월하고자 하는 사상으로, **반휴머니즘, 트랜스휴머니즘** 등이 이에 해당한다. 유전자 조작, 생명 연장 등의 첨단 기술을 이용하여 인간의 신체를 변형하고, 인간의 정신까지 도덕적으로 향상시키려는 현대 과학기술의 시대를 인문학적으로 옹호하거나 비판하는 개념을 총칭한다. **트랜스휴머니즘**은 과학기술을 이용하여 인간의 신체적 · 정신적 능력을 개선하려는 신념이나 운동을 뜻한다. 트랜스휴머니즘 사상가들은 생명과학과 신생 기술의 발전에 따라 인간이 인간의 장애, 고통, 질병, 노화, 죽음과 같은 문제들을 해결할 수 있을 것으로 믿는다. 영국의 철학자 맥스 모어는 트랜스휴머니즘을 '인간을 포스트휴먼 상태로 이끄는 방법을 모색하는 철학의 일종'으로 정의했다.

33 현상학

후설에 의해 시작된 철학의 접근 방법으로, 경험의 독립적인 본성과 같은 대답하기 어려운 문제를 제기하지 않고 '경험의 대상'을 탐구하는 것을 말한다. 현상학은 독립적 존재로서의 본질에 대해 어떤 가정도 만들지 않고 우리 의식에 나타나는 범위까지만 (현상으로 알려진) 경험의 대상을 조사하는 철학적 접근 방식으로, 어떤 '주의'가 아니라 일종의 **'방법'**을 가리킨다.

'사물 자체로 돌아가는 것', 이것이 후설이 가시적인 현상을 평가절하해 온 전통적인 형이상학을 비판하면서 의식에 드러나는 현상의 본질을 파악하기 위해 내세운 방법이다. 현상학은 비연역적인 방법으로 본질을 서술하려고 하지만, 본질은 다른 곳이 아닌 바로 **'현상'** 속에 들어 있다. 세계는 우리에게 드러나는 만큼 존재하는 것이다.

후설은 인간의 의식에 나타나는 사태로부터 그 공통항(본질)을 봄으로써 모든 사람에게 공통되는 인식의 가능성을 이끌 수 있다고 보았다. 그는 과학적 근거를 필요로 하는 실증적 사태를 비롯해 정의나 아름다움 등의 가치관까지 모든 대상은 자신에게만 들어맞는 확신을 뛰어넘지 못한다고 생각했다. 그래서 의식에 주어진 지각 경험을 탐구함으로써 보편적인 인식의 조건을 밝히려고 했다. 후설 이후 현상학은 하르트만, 하이데거, 메를로퐁티 등으로 이어졌다.

현상학에서의 '의미'

후설은 세계는 **'의미'**의 집합체라고 말하면서, 존재(삶과 세계, 지식과 진리)와 얽혀있는 의미를 질문하는 철학적 사유를 현상학이라고 말했다. 즉, 현상에 대한 로고스(앎)가 우리 의식 안에서 어떻게 가능한지를 의식 구조 분석을 통해 밝히는 것이다.

이런 의미에서 현상학은 다음과 같이 파악될 수 있다. 소극적 의미에서, 현상학은 단순히 현상을 기술하기만 할 뿐으로, 존재자가 그 본질(의미 · 존재)이 무엇인가를 고찰하지는 않는다. 이 경우의 현상학은 존재자가 인간에게 드러나는 그대로를 기술하는 것이기에, 존재하는 것의 의미란 무엇인가를 고찰하는 사상인 존재론과는 반대된다. 적극적 의미에서, 존재자가 무엇이고 또 무엇이어야 하는가를 기술하는 모든 구성과 생각과는 반대로, 현상학은 존재자가 그 본질(의미 · 존재)로서 우리에게 인식될 수 있다는 확신을 따라서 존재자 자체의 본질(의미 · 존재)을 (엄격히 **'현상'**으로 인식되는 것에만 국한하면서) 설명한다. 존재자가 본질(의미 · 존재) 안에서 자신을 스스로 드러내는 것을 **'경험'**이라고 하는데, 현상학에는 존재자에 대한 감각적인 경험만 있는 것이 아니며, 정신적인 것으로서의 본질 경험, 의미 경험, 존재 경험 등이 있다.

하이데거의 '현존'

하이데거는 인식론은 실제 상황에 맞지 않는다고 생각했다. 그에 따르면 우리는 세상 바깥에서 세상을 보는 것이 아니다. 우리 자신이 곧 세계의 일부다. 그리고 우리의 존재는 어떤 다른 세계에 있는 것으로 생각할 수조차 없다. 좀 더 깊이 생각해 보면, 중요한 문제는 지식이 아니라 존재, 즉 **'현존'**이다. 즉각적이고 의심할 수 없는 의식을 가진 존재는 우리뿐이다. 그러므로 하이데거는 우리 스스로 현존의 문제로 제기하는 방식은, 우리가 우리의 현존을 의식할 때 우리가 의식하는 것은 무엇인가에 대한 현상학적 분석을 수행하는 것이라고 생각했다. 그렇게 해서 그는 최종적으로 존재는 **'시간'**이라는 결론을 이끌어냈다.

34 실존주의

인간 존재의 본질 규정으로서의 '**실존**'이란 인간이 언제나 스스로 자기의 존재를 규정하는 식으로, 다시 말해 사물처럼 태어날 때부터 이미 주어진 어떤 본질 규정을 갖추지 않은 채로 존재한다는 것을 의미한다. 키르케고르는 이것을 가리켜 '주체성은 곧 진리'라는 말로 표현했다. 이러한 철학적 · 문학적 사상을 '실존주의'라고 부른다. 실존주의는 실존을 일반적인 '실재'라고 이해하지 않고 '인간의 현존재의 실현 양식'으로 이해한다.

실존철학은 개별 인간은 절대정신을 전개하는 '계기'에 불과하다고 보는 헤겔의 독일 관념론에 대한 반대 운동으로 나타났다. 실존주의는 하나의 이념이라기보다는 하이데거, 야스퍼스, 사르트르 등 여러 철학자가 공통으로 제기하는 주제들을 가리킨다. 이들은 모두 철학적 추상화에 반대함으로써 주체성의 우위와 일상 체험의 구체적인 분석을 중요시했고, 실존의 의미에 관한 물음에 주목하여 '**불안**'을 인간의 근원적 조건을 드러내는 느낌으로 파악했다.

실존주의는 개인의 자유, 책임, 주관성을 중요하게 여긴다. 인간은 자신의 삶에 부여할 의미를 스스로 찾아야 한다. 그러나 전체적으로 실존주의는 유신론적 실존주의와 무신론적 실존주의로 구분된다. 기독교 실존주의에서 불안의 느낌은 특히 인간에 대한 신의 절대적 초월성을 표현하지만, 그런데도 인간은 윤리적일 뿐만 아니라 종교적이기도 한 선택을 하려 든다. 반면, 하이데거에게서 불안이란 거짓된 삶으로 도피하는 것 외에는 피할 길이 없다. 불안에 직면하여 인간은 죽음의 지평 위에서 자신의 실존을 사유해야 한다.

사르트르에 따르면, 인간은 기존의 어떠한 본질에 지배되는 존재가 아니며 자기 스스로 인생을 개척해나가는 존재다. 그는 이것을 '실존은 본질에 앞선다.'라고 표현했다. 여기서 실존이란 우리가 보고 느끼고 만질 수 있도록 존재하는 것을 말하고, 본질이란 사물이 지향하는 것이라고 할 수 있다. 즉 실존이란 '존재한다'는 뜻이고, 본질이란 '이미 정해진 운명'을 말한다. 인간은 구조와 용도가 먼저 정해진, 다시 말해 본질이 실존에 앞서는 사물과는 달리, 실존이 먼저 등장하고 난 뒤에 스스로 본질을 만드는 실존적 존재다. 인간은 무한한 가능성 안에서 매 순간 자유롭게 인생의 길을 선택할 수 있는 실존적 존재다.

키르케고르에 의하여 주창된 실존주의 사상은 이후 야스퍼스와 마르셀로 대표되는 유신론적 실존주의와 하이데거, 사르트르, 메를로퐁티, 보부아르 등의 무신론적 실존주의의 두 가지 형태로 나타나게 되었다. 문학에서는 도스토옙스키, 카프카, 카뮈 등이 실존주의 작가이다.

니체의 '초인'

'신은 죽었다'고 말하는 니체의 세계관에 따르면, 인간은 목표를 향해 나아가는 힘을 잃고 그저 하루하루 힘겹게 살아가는 나약한 존재일 뿐이다. 순환 운동을 하는 시간 속에서 인생은 의미가 없으며 늘 똑같은 삶이 반복될 뿐이다. 니체는 인간은 괴롭더라도 이를 받아들일 수밖에 없다고 말했다. 이런 영원회귀의 순환적인 삶 속에서 인간은 삶을 긍정하면서 강인하게 살아야 한다면서 기존 가치를 뛰어넘는 새로운 가치를 지닌 인간상을 제시했는데, 이를 '**초인(超人)**'이라고 불렀다. 초인은 인간의 불완전성이나 제한을 극복한 이상적인 인간을 일컫는 말이다. 초인은 인간이 자기를 초극해 나아가야 할 목표로, 노예도덕에서 벗어나 올곧고 강인하게 자기 삶을 영위하는 자이다. 니체는 특히 자라투스트라라는 인물을 내세워 초인을 예찬했다.

35 구조주의

인간 행동은 인간이 속한 사회와 문화의 '구조'에 의해 규정된다는 사상이다. 프랑스에서 태어난 20세기 대표 사상의 하나로, 사물이나 현상에 오랫동안 영향을 미치는 체계를 분석해 현상 기저에 있는 **'구조(본질)'**를 밝히려는 사상이다. 구조주의는 언어, 친족, 신화와 같은 어느 한 집합 또는 집단의 기능 작용을 설명하기 위해 그것에 내재한 각 항목 사이의 관계에 초점을 맞추고서 인식 대상의 구조를 살핀다. 예컨대 언어와 사회를 규제하는 규정 등과 관련한 '기호체계'와 '의미 체계'를 동시에 관찰한다.

구조주의는 사회 · 문화의 밑바탕에서 사회를 구성하는 사람들도 자각하지 못하는 '구조'를 끄집어내는 분석방법이다. 구조주의는 실존주의를 비롯한 서양철학이 중시해 온 '주체'와 '인간'을 부정했다. 반면, 인간 사회 전체의 근본에 존재하는 '구조'에 주목함으로써 서양뿐만 아니라 세계 전체를 조망하는 시선을 획득하려고 시도했다. 사회의 구조를 토대로 개인의 가치관이 존재한다고 생각하면서, '인간'에 대한 새로운 인식을 얻으려고 했다.

스위스 언어학자 소쉬르는 구조주의 창시자라 할 수 있다. 소쉬르는 언어의 '의미'에 대한 탐구를 포기하는 대신, 언어의 '사용 기능'에 대한 설명을 택했다. 그에 따르면, 언어의 의미는 '외부' 사물 간의 관련성에서 파생하는 것이 아니며, 기호체계 안에 놓인 기호들의 관계에서 유래한다. 즉 어느 한 요소의 의미는 체계 전체에서 차지하는 자신의 위치에 의해 결정된다. 이를 두고 소쉬르는 '언어에는 변치 않는 용어는 없고 차이만 있을 뿐'이라고 했다.

소쉬르의 구조주의 접근 방법은 문화인류학자 레비스트로스가 광범위하게 전개했다. 레비스트로스는 근대의 서양문명을 인류 문화 전체 속에서 다시 보려고 시도했다. 그는 인간의 사고나 행동은 그 근저를 이루는 **'사회 구조'**에 의해 지배받는다고 생각했다. 따라서 어떤 사회 현상에서 이유를 찾아내는 작업을 그만두고, 전체를 구조로써 파악해야 한다고 생각했다. 예를 들어 친족 관계는 상징적 교환이 가능한 형태(구조)의 하나로, 일반적으로 모든 소통 형식은 그것들의 무의식적 하부구조로부터 출발해 해석될 수 있다는 것을 보여주었다. 달리 말해 우리의 삶은 무의식적 구조에 의해 지배되는 것이다.

레비스트로스는 인간 주체성은 구조에 의해 규정된다고 말하면서, 사르트르가 주체성을 강조한 것을 두고 서양 특유의 '인간 중심' 사상을 반영한 것이라고 비판했다. 그의 주장을 따르면, 그때까지 서양철학에서 중시되던 자각 의식이나 주체성 개념에도 그 이면에 무의식의 질서(구조)가 먼저 자리잡고 있다고 생각할 수 있다. 구조주의를 대표하는 사상가로는 레비스트로스 이외에 라캉, 알튀세르, 푸코, 데리다 등이 있다.

레비스트로스의 '슬픈 열대'

레비스트로스는 아마존 원주민에 대한 조사를 담은 『슬픈 열대』에서, 우리가 미개하다고 여기는 사회에도 혼인 제도를 비롯한 사회 질서가 **'무의식적인 구조'**로써 존재한다는 사실을 제시했다. 그는 결혼을 통해 여성을 교환하는 풍습의 이면에는 '근친혼의 금지'라는 인류 공통의 구조(즉, 결혼 문화)가 발견된다고 주장했다. 그들이 여성 교환 풍습의 의미를 애초부터 몰랐는데도 불구하고 말이다. 그 결과, 여성은 같은 부계 그룹 내에서 결혼이 금지되어 다른 그룹의 남성과 결혼하고, 이로써 다른 그룹 간의 소통이 이루어져 사회는 유지된다고 보았다.

36 포스트구조주의

서양철학은 고대 그리스로부터 현대 구조주의 사상에 이르기까지 사물을 일컫기를, "~는 ~로 이루어져 있다."라는 식으로 대상을 하나의 규정된 양식으로 파악해 온 것이 특징이었다. 전통 철학은 현상과 실재, 편견과 지식, 정신과 물질, 참과 거짓처럼 대립하는 개념으로 세계를 인식할 때 인간은 체계의 정합성을 확보하고 대상을 객관적으로 인식할 수 있다고 보았다.

한편 구조주의는 인간을 포함한 사물의 존재가치를 상대적 관점에서 파악하면서 모든 것을 **'관계'**의 틀 안에서 인식하려 들었다. 그렇더라도 이 역시 사물을 고정된 그 무엇으로 보고 있는 점에서 전통 철학과 크게 다를 바 없다. 사물을 고정된 그 무엇으로 보는 사고방식을 반성하면서 **'주체 전복'**의 새로운 철학을 모색한 푸코, 데리다, 들뢰즈 등 후기 구조주의 철학자들의 사상을 **'포스트구조주의'**라고 부른다. 구조주의가 인간이라는 존재의 가치를 상대화하며 모든 것을 관계성의 틀 안에서 보려는 데 비해, 포스트구조주의는 이 같은 인간 경시를 배척하고 역사와 종교의 역할과 다원적 결정의 역할을 중시했다.

해체주의 및 현상학과 긴밀히 관계하는 포스트구조주의는 인간 경시 사상을 배척하면서 오늘날의 세계 질서를 바꾸는데 엄청난 영향력을 행사했다. 정치 · 경제 · 사회 · 문화 전 영역에서 이성 만능 · 주체 중심 사고의 '근대성'을 **'해체'**하고 포스트모던한 세계를 열었다. 포스트구조주의 사상은 포스트모더니즘의 사상적 기반으로 작용하면서 사회 전반의 **'탈중심화'** 현상을 이끌어냈다는 평가를 받고 있다.

포스트구조주의를 대표하는 사상가로는 알튀세르, 라캉, 리오타르, 푸코, 데리다 등이 있다. 알튀세르를 비롯한 마르크스주의자들은 구조주의적 방법을 역사에 적용했지만, 기본적으로는 '유물론'의 골격을 유지하면서 경제구조를 여전히 역사 운동의 동인으로 여겼다. 라캉은 **'무의식'**은 언어처럼 구조화되어 있다고 보면서, 주체는 더는 인간 행위를 설명하지 못한다고 주장했다. 푸코는 **'담론'**으로서의 사회적 실천의 무의식적 구조 또는 가능성의 조건들을 드러내고자 했다. 데리다는 형이상학의 해체라는 하이데거의 사상을 계승하는데 구조주의적 범주를 적용했다. 그는 스스로에 대해 투명하고, 의미로 가득 차 있으며, 안정된 것으로 여겨져 온 주체성의 개념에 동일성의 **'탈구축'**과 의미 작용, 진리의 복수성을 대립시켰다.

매우 다양한 형태로 전개되던 구조주의 및 포스트구조주의 운동은 포스트모더니즘과 밀접히 연관된 사상계의 움직임으로 이제 약화하고 있다. 그러나 과학자, 인류학자, 역사가, 비평가, 문학인들에게 구조주의적 영감은 아직도 많은 영향을 주고 있다.

푸코의 '에피스테메'

에피스테메는 그리스어로 '학문적 인식' 곧 '지식'을 뜻한다. 푸코는 이성을 이끄는 보편 지식을 일컫는 에피스테메는 개별 지식이 아니라 '한 시대의 모든 학문에 공통되는 지식의 토대'라는 뜻으로 생각했다. 이를 **'담론(談論)'**이라고 한다. 그는 권력이 복잡한 사회 구조를 통해 효력을 발생시키는 과정에 주목했다. 푸코에 따르면, 진리란 그 자체로 존재하는 것이 아니라 담론을 따라 규정되는 하나의 지식일 뿐이다. 즉 지식은 시대에 따라 변하는 것으로, 각각의 지식마다 나름대로 추구하는 진리가 다르다고 푸코는 생각했다.

37 신마르크스주의

신마르크스주의(네오마르크시즘)는 레닌과 스탈린에 의해 변질한 마르크스주의에서 탈피하려는 사상적 경향으로, 이제까지의 마르크스주의와는 다른 방향에서 마르크스를 재평가하면서, 그의 사상을 현실에 적용하려고 했다. 이탈리아의 그람시, 헝가리의 루카치, 독일의 프랑크푸르트학파가 대표적이며, 유럽의 신좌익 운동에 사상적 영향을 끼쳤다.

초기 마르크스주의 사상은 20세기 초반까지 사회주의 사상을 설명하는 뛰어난 논리성으로 그 명성을 얻었지만, 자본주의 사회에서 나타나는 문제에 대해 사회의 하부구조인 경제 부분만을 언급하는 것으로 발전되었기 때문에 확실한 사회 · 정치 이론이 없다는 한계에 봉착했다. 이에 상부구조인 사회 · 정치 이론을 정립하기 위한 사상적 요구가 일어났고, 그람시는 현대 자본주의 사회에서 나타나는 비인간적인 문화와 인간 소외를 중점적인 문제로 다루면서 신마르크스주의 사상의 토대를 마련했다.

전통 마르크스주의는 국가를 자본가 계급의 지배 도구로 간주했던 반면, 신마르크스주의는 그러한 입장을 견지하면서도 국가가 정책 과정에서 어느 정도 **자율성**을 지닐 수 있음을 인정했다. 그람시와 풀란차스 등 신마르크스주의자들은 국가가 지속해서 자본을 축적하여 복지정책을 추구하기 위해서는 자본가 계급이 어느 정도 자율성을 유지할 필요가 있다고 보았다.

신마르크스주의에 대한 정의와 주장은 학자별로 조금씩 다르나, 공산주의의 사상적 근간은 **휴머니즘**이라는 기본 명제를 따라 인간 소외의 극복과 인간 본질의 회복을 강조했다. 이를 위해 주관과 객관, 이론과 실천을 통합하여 마르크스주의의 유물론에 대한 과학적 체계화를 꾀하는 동시에, 자본주의와 관료주의를 강하게 비판했다. 현대 산업사회에서 프롤레타리아 계급은 자본주의 사회에 이미 동화되었으므로, 이를 극복하기 위한 지식인과 학생의 역할을 중시했다. 인간 문제, 사회주의 실현의 역사적 조건과 현실적 조건, 국제주의와 민족 문제, 후진국 혁명 등의 문제를 광범위하게 다루었다.

헤게모니

헤게모니란 한 집단이나 국가, 문화가 다른 집단이나 국가, 문화를 지배하는 것을 말한다. 그러나 이때의 지배는 폭력이나 강제력이 아닌 사고방식이나 제도, 사상처럼 극히 자연스러운 것처럼 보이는 방식의 지배를 일컫는다. 안토니오 그람시는 헤게모니를 피지배계급이 그들의 지배계급에 대한 종속을 거부감 없이 받아들이고 동의하도록 하는 과정이라고 설명했다. 그는 발전된 서구 민주 사회에서 자본주의의 억압과 착취에도 불구하고 '왜 사회주의 혁명이 일어나지 않는지'를 해명하기 위해 이 개념을 이용했다. 지배계급은 갈수록 교묘하게 피지배계급의 삶 전반을 억압하고 착취하기 때문에 겉으로는 잘 드러나지 않는다. 이때 피지배계급과 그들의 문화가 지배계급의 이익에 동의하도록 부추기는 조정 과정인 헤게모니가 작용한다.

이데올로기가 끊임없이 변하면서 결국은 지배계급의 이익에 봉사하도록 만든다는 데서 그람시의 헤게모니 이론은 알튀세르의 이데올로기론과 맥을 같이한다. 그러나 알튀세르의 이데올로기론은 **이데올로기적 국가기구**를 통해 이데올로기가 유포된다는 정적인 개념인 데 비해, 그람시의 헤게모니 이론은 이데올로기와 **사회적 경험** 사이에 발생하는 끊임없는 투쟁과 대립을 전제로 한다는 점에서 동적인 개념이다. 따라서 헤게모니 이론으로 보면 문화는 권력을 가진 자와 그렇지 못한 자들 사이의 끊임없는 투쟁의 장이 된다. 특히 대중문화는 사회의 지배력과 피지배력 사이에 교류가 이루어지는 중요한 장소이다.

38 분석철학

철학은 전통적으로 '진리', '정의', '신' 등 자연과 인간에 관한 탐구를 주로 다룬다. 정통 철학처럼 '신'이란 무엇인가를 고찰하는 것이 아니라, '신'이란 언어는 어떤 의미로 사용되고 있는가를 분석하면 신과 관련한 문제를 해결할 수 있다는 생각을 한 철학자들이 있었다. 철학의 역할은 '~은 ~인가'를 고찰하는 것이 아니라 언어의 의미를 분석하는 데 있다는 철학 사조를 **'분석철학'**이라고 한다. 무어, 프레게, 러셀 등 20세기 영국과 미국을 중심으로 사상을 펼친 분석철학자들은 언어 분석을 통해 진리를 탐구할 수 있다고 생각했다.

대표적인 분석철학자 비트겐슈타인은 철학은 언어를 분석하는 것이라고 주장했다. 그 이전의 철학은 인식한 내용을 언어로 표현하는 형태를 취했다. 그러나 언어에 따라 내용이 달라지기 때문에 혼란이 생겨났다. 이에 분석철학자들은 독단적이고 주관적인 철학을 객관적인 언어 문제로 전환하려 들었는데, 이를 **'언어학적 전환'**이라고 부른다.

분석철학은 기호윤리학의 연구로부터 시작하여 이후 미국을 중심으로 한 **'과학철학'**과 영국을 중심으로 한 **'일상언어학파'**를 중심으로 발전했다. 분석철학에 따르면 일상 언어는 은유적인 표현이 많아 과학적으로 분석하기 어렵다. 분석철학을 추종하는 과학철학자들은 모순되지 않는 기호와 같은 확실한 언어(인위적인 언어)를 만들어 사용해야 한다는 입장을 취하면서 철학을 과학적으로 파악하려고 들었다. 카르납, 전기 비트겐슈타인 등 빈학파를 중심으로 한 논리실증주의 역시 과학철학으로 분류된다.

그에 비해 라일, 오스틴, 후기 비트겐슈타인으로 대표되는 일상언어학파는 철학과 과학철학을 같은 것으로 간주했다. 그들은 인위적인 언어를 만들어 분석해봐야 의미가 없다면서 일상 언어로부터 철학의 문제를 고찰해야 한다고 주장했다. 오늘날 현대 영미철학은 분석철학이 주류를 이루며, 분석철학은 미국과 유럽 등 전 세계에서 가장 영향력이 큰 철학 분야이다.

논리실증주의

20세기 초엽, 상대성이론과 양자역학의 도입 등으로 자연과학은 뚜렷한 발전을 이루었다. 그런 가운데 마르크스의 유물사관, 프로이트의 무의식 등 근거가 불확실한 이론도 마치 과학인양 취급됐다. 카르납 등 여러 물리학자와 수학자가 결성한 오스트리아 빈학파는 이에 위기감을 느꼈다. 그들은 관찰과 경험 등을 통해 검증 가능한 이론을 과학적이며 올바른 지식으로 간주하고 그 이외의 것들은 비과학적이며 쓸모없는 지식이라는 통일된 규칙을 제정하기에 이르렀다. 그들에 의해 전통 철학의 주된 관심사인 '진리란 무엇인가'라는 관념은 실증할 수 없는 비과학적 이론이자 쓸모없는 지식으로 치부됐다. 비트겐슈타인의 지적처럼, 잘못된 언어 사용법에 지나지 않다는 것이다.

빈학파는 실증 가능한 과학적 사실만이 정확한 지식이라는 **논리실증주의**를 제창하면서, 철학의 역할은 세계를 언어로 설명하는 것이 아니라 언어 그 자체를 분석하는 데 있다고 주장했다. 그렇더라도 언어를 과학적으로 실증하기에는 분명 무리가 따른다. 실증에 의한 과학적 사실은 새로운 사실의 추가적인 발견 가능성을 전제하기 때문이다. 실제, 대부분의 과학적 사실은 새롭게 바뀐다. 논리실증주의는 짧은 활동 기간에도 불구하고 분석철학을 비롯한 20세기의 **경험주의** 발전에 크게 기여했다.

39 과학철학

과학철학은 철학의 한 분파로, 과학의 방법이나 과학적 인식의 기초에 관한 철학적 탐구이다. 자연과학의 성과를 분석하고 반성하여 과학적 개념을 규정하고, 과학적 방법을 탐구하는 분야이다. 과학철학의 중심 논제는 과학의 자격, 이론의 신뢰성, 과학의 궁극적 목적 등이다.

과학철학에서는 현대 문명의 과학화(기계화 · 획일화) 때문에 철학 문제도 과학 논리로 해결하려는 입장이 나타난다. 따라서 과학철학에서는 개인의 사변적(思辨的) 방법에 따른 철학을 배척한다. 이와 달리 근대 이전에 자연 그 자체를 철학으로 고찰하려는 입장을 '자연철학'이라고 한다. 그리고 과학의 입장에서 철학을 비판할 경우 이를 '과학적 비판론'이라고 한다.

현대 과학철학은 19세기 초 **논리실증주의**로부터 시작됐다. 과거의 형이상학적 세계관을 배제하고, 과학에 바탕을 둔 새로운 세계관을 확립하는 데 기본을 두고 있다. 과학은 본질상 엄밀한 방법론적 고찰이 요구된다. 근대 과학 발달은 방법론의 발전과 궤가 같다. 이로부터 과학과 비과학의 구분, 과학의 가설과 정당화 과정 및 범위, 이론 변화에 대한 논의가 발생했으며, 이는 오늘날 과학철학이라고 명명되는 분야로 발전했다.

과학철학의 근간인 논리실증주의는 빈학파에 의해 창안됐으며, 슐리크, 카르납, 라이헨바흐, 포퍼 등이 있다. 포퍼는 과학철학의 기본 토대를 완성했다. 그는 결정론적 형이상학을 인정하는 자연과학과 사회과학을 거부했으며, 과학은 실증론에 기반을 둔 귀납적 방법을 따라야 한다는 생각을 비판했다. 만약 귀납적인 것이 과학의 근본이 된다면 사례를 무한히 수집해야 하며, 단 하나의 예외라도 발생하면 그 가설은 성립될 수 없다는 이유에서다. 대신 그는 **'반증 가능성'**을 기준으로 제시했다. 가설을 확증하는 방식에서는 무한한 사례를 수집해야 하나, 반증 방식에서는 모순된 증거가 없다는 사실이 곧 가설이 옳다는 것을 증명하는 것과 같으므로, 연구자는 자신이 가정한 규칙의 예외를 탐색하면 된다는 것이다. 그는 지식 획득의 방법론에 중점을 두어 과학의 변화에 초점을 두었으며, 이론과 방법론을 세세히 구별하지 않았다. 이를 **'비판적 과학철학'**이라고 한다.

반증 가능성

검증 가능한 이론만이 과학이라는 논리실증주의가 제창한 사고는 큰 결함이 있다. 아무리 완벽한 과학 이론이라 할지라도 과학적 사실 가운데 어느 한 가지는 예외가 따를 가능성을 배제할 수 없기 때문이다. 우리가 검증을 통해 과학 이론을 증명하는 것은 사실상 불가능하다. 예를 들어 '모든 백조는 하얗다'라는 과학적 진리는 검은 백조 한 마리만 발견되더라도 반증될 수 있다. 그렇게 되면 그때까지 인정해 왔던 이론을 폐기하고 새로운 이론을 만들어야 한다. 포퍼는 과학적인 것과 비과학적인 것의 차이는 검증만으로는 해결될 수 없으며, **'반증 가능성'**을 열어두고 판단을 내려야 한다고 생각했다. 반증 가능성이 과학적 사고 방법의 조건으로 작용할 때, 반증되는 것에 의해 과학은 진보한다고 그는 생각했다. 포퍼에 의하면, 과학 이론은 '지금 단계에서는 반증할 수 없는 이론'으로 바꿔 말할 수 있다. 이에 반해 유사과학은 직감이나 감성으로 이론을 만들어낸 것이기에 반증이 불가능하다. 반증 가능성 이론은 **귀납주의**와 **논리실증주의**에 대한 비판에서 출발했다.

40 정신철학

정신철학 또는 **심리철학**은 마음 또는 정신 현상, 정신의 기능 내지는 성질 · 의식과 물리적인 실체인 몸과의 관계를 다루는 철학의 한 분과이다. 데카르트 이후 몸과 마음의 관계는 철학의 중요한 관심 분야였다. 어떻게 눈에 보이지도 않고, 경험할 수도 없는 정신이 육체와 서로 관계(몸은 마음을 따른다는 인과론적 사고)를 맺을 수 있는가? 우리는 늘 일상에서 이런 인과관계를 경험하고 있다. 물을 마시고 싶다는 의지(정신 상태) 때문에 시원한 물을 마시려고 냉장고를 열거나, 과거의 어떤 아픈 기억들을 떠올릴 때 (정신) 눈물을 흘리는(육체적 상태) 경우를 쉽게 접할 수 있다. 심리철학(정신철학)은 이것에 대한 문제를 해결하려는 시도이다.

오늘날은 분석철학, 특히 언어철학에서 그 흐름을 잇고 있다. 이는 현대 인식론도 결국에는 '정신'의 문제를 해결하지 않고서는 그 한계를 절감할 수밖에 없다는 사실을 보여준다. 현대 인식론 역시 결국에는 정신의 문제를 해결하지 않고서는 그 한계를 극복하지 못한다. 정신철학(심리철학)과 심리학은 엄연히 다른 분야로, 과학철학 및 언어철학과 함께 최근 현대 영미 철학의 가장 큰 흐름은 정신철학이라고 할 수 있다. 정신철학에는 다음과 같은 입장이 있다.

■ 물리주의

일원론적 관점은 크게 관념론과 유물론으로 나뉜다. 정신철학에서는 유물론을 '**물리주의**'라고 부른다. 물리주의는 유물론의 입장에서 세계는 물질로 이루어져 있고 마음(의식)도 뇌의 움직임에 관계하는 한갓 물질에 불과하다고 본다. 세계의 궁극적 요소가 물리적이며, 이 세계에 대한 인식 역시 물리적으로 이해될 수 있다는 입장이다. 행동주의, 기능주의, 동일설을 지지하는 물리주의 학자의 다수는 마음(의식)은 뇌의 기능에 관계하므로 마음의 구조는 뇌 과학의 입장에서 물리적으로 규명될 수 있을 것이라고 생각한다. 물리주의는 현대 심리철학에서 주목받고 있는데, 물리주의가 심리학에 적용된 것이 바로 **행동주의**다.

■ 행동주의

행동주의는 정신의 구조나 작용 과정이 주된 연구 대상이었던 기능주의와 구조주의 연구 방법에 대한 반작용으로 등장했다. 라일의 카테고리 착오 개념에 따라 사물을 들여다보면, 마음은 운다거나 웃는다거나 하는 식의 단순한 신체 행동에 불과하다. 라일은 희로애락의 마음 상태는 신체 내부에서 일어나는 것이 아니라 웃고 우는 것과 같은 신체 행동으로의 '지향성'에 따른 것이라고 주장했다. 이러한 사고를 '행동주의'라고 한다.

행동주의 입장에 따르면 행동(언행)으로 표면화된 마음 상태는 객관적으로 관찰 가능하다. 20세기 초에 행동으로부터 심리를 파악하는 실험과 관찰이 크게 일었는데, 이를 **행동주의심리학**이라고 부른다. 라일에 이어 인지과학자 데네트는 하나의 감정이 하나의 언행으로 결합한다는 생각은 한계가 있다고 하면서, 행동 분석에는 종합적인 해석이 필요하다고 생각했다.

■ 동일설

마음(정신)과 몸(두뇌=육체)은 같은 물질로 이루어져 있으며, 마음(정신) 상태는 뇌(육체)의 상태에 달렸다고 보는 생각을 '동일설'이라고 한다. 구름이 물 분자와 같은 것처럼, 이를테면 통증을 느끼는 마음 상태는 몸 안의 어느 부분의 신경세포가 발화하면서 감지된 뇌의 상태와 동일하다는 생각이 그것이다. 동일설과 '심신 병행설'은 차이 난다. **병행설**은 뇌 상태와 마음 상태는 마치 동전의 앞뒷면처럼 하나의 실체를 놓고서 두 측면의 성질을 파악한 것이라 할 수 있다(뇌≒마음). 그에 비해 **동일설**은 뇌 상태와 마음 상태는 호칭은 다르지만, 실은 둘은 전적으로 같다고 본다(뇌=마음). 즉 동일설은 라일이 데카르트의 심신 이원론을 비꼬듯이 표현한 것처럼, 마음은 '기계(뇌) 속의 유령(정신)'이 조작한다는 입장에 반대한다.

■ 기능주의

인간 행동을 일으키는 기능(움직임)을 마음이라고 보는 심리철학을 '기능주의'라고 한다. 기능주의는 동일설과 행동주의에서 드러나는 인간 행동의 모순과 부자연스러운 현상을 규명하는 것에서 출발했다. 제임스와 듀이의 **실용주의**에 입각해서 의식의 유기적 기능을 강조하면서, 의식 내용을 원자적인 요소들로 분석하여 종합하는 구조주의적 환원주의 입장에 반대한다. 기능주의는 뇌(육체)와 마음(정신)의 관계를 컴퓨터의 하드웨어와 소프트웨어의 관계로 파악한다. 두뇌가 컴퓨터의 하드웨어라면, 마음(의식)은 곧 컴퓨터에 프로그램된 소프트웨어라는 것이다.

기능주의의 등장으로 동일설은 컴퓨터로 치면 하드웨어와 소프트웨어가 동일하다는 모순된 주장을 하는 꼴이 되어 버렸다. 또 기능주의는 마음이 일으킨 행동(결과)을 확인하는 것만으로 직접 마음을 확인할 수 있다는 행동주의의 모순을 설명할 수 있다. 기능주의는 의식 또는 정신은 유기체가 환경에 적응하는 데 공헌하는 '**유용성**'이라는 시각에서 파악할 것을 강조한다. '의식이란 무엇인가'의 문제에 몰두하기보다는 '의식이 무슨 이유로, 어떻게 활동하는가'의 문제를 실험과 관찰로 연구해야 한다는 것이다.

물질과 정신 상태에 관한 이론: 동일론, 이원론, 기능론

물질과 정신 상태의 관계를 놓고, **동일론**은 정신 상태가 물질로 이루어진 뇌의 상태와 동일하다고 주장하는 이론이고, **이원론**은 그 둘은 별개라고 보는 이론이다. 이에 비해 **기능론**은 정신 상태가 어떤 물질로 이루어졌느냐는 중요하지 않고 어떤 기능을 하느냐가 중요하다고 주장하는 이론이다. 시계는 태엽이나 전자회로나 심지어 모래와 같은 다양한 재료로 만들 수 있지만, 시계를 시계이게끔 하는 것은 그 재료가 아니라 지금 몇 시인지 측정하는 기능인 것처럼, 정신에 대해서도 어떤 기능을 하느냐가 중요하다고 보는 것이다. 기능론은 이처럼 어떤 입력이 들어올 때 어떤 출력을 내보낸다는 기능적, 인과적 역할로 정신을 정의한다. 인공지능을 연구하는 사람들의 목표는 인간과 물질 구조가 똑같은 로봇을 만드는 것이 아니라 인간과 똑같이 행동하는 로봇을 만드는 것인데, 이는 기능론적 사고방식이라 할 수 있다.

정신주의

정신이 물질에 우선한다는 사상으로, **물질주의**와 대립한다. 정신철학과 정신주의는 다르다. 형이상학적 의미의 '**정신주의**'는 고대 아낙사고라스까지 거슬러 올라가며, 합리주의 철학이 취해 온 전통을 포함한다. 아낙사고라스는 정신은 '누스', 곧 영혼이라고 말하면서 물질에 대한 정신의 우위를 인정했고, 데카르트는 이원론적 입장에서 정신은 물질을 지배하는 원리라고 보았다. 베르그송에 따르면 정신은 신체의 어떤 효과가 아니며, 생명 일반은 물질로 환원되지 않는다.

41 정신분석이론

정신분석이론은 프로이트에 의해 최초로 개발되고 체계를 이룬 성격발달 이론이다. 정신분석이론은 인간 정신 세계의 대부분을 차지하고 있는 **'무의식'**에 초점을 두면서, 무의식에서 비롯된 성적 · 공격적인 충동을 따라 발생하는 갈등을 파악하고 분석한다.

프로이트는 인간의 모든 행동, 사고, 감정은 신체적 긴장 상태에 의해 유발되는 무의식적 동기에 의해 영향을 받는 존재라고 보고서는, 인간의 마음을 의식 세계, 전의식 세계, 무의식 세계로 나누어 설명한다. 의식은 어떤 순간에 주의를 기울이면 우리가 알거나 느낄 수 있는 모든 경험과 감각 즉, 자신의 인식을 곧 알아차리는 정신 작용이다. 전의식은 의식과 무의식을 연결해 주는 통로로서 지금 당장 의식하지 못하지만 주의를 집중하고 노력을 기울이면 의식에 떠오르는 기억, 지각, 생각 등을 말한다. 프로이트는 무의식은 자신이 전혀 의식하지 못하는 생각, 감정, 경험, 충동 등을 말하는 것으로, 정신 구조의 대부분은 인간 행동을 지배하고 결정하는 무의식이라고 보았다.

프로이트의 제자들은 그의 이론을 여러 가지 점에서 변형시켰다. 융은 **'리비도'**에서 일종의 생명 에너지를 보았는데, 그에 따르면 성(性)이란 리비도의 일부분일 뿐이다. 아들러는 인간 심리의 핵심을 **'열등의식'**에서 찾았다. 성적 욕구란 이 힘에 대한 욕구의 한 부분일 뿐이다. 프랑스에서는 라캉과 돌토가 프로이트의 전통을 잇고 있다.

자아

프로이트는 마음(의식, 정신, 성격)의 기저를 이드, 자아, 초자아의 세 영역으로 나누어 그들의 역동적인 상호작용으로 심리 현상을 설명했다. **'자아'**는 자기 자신에 대한 의식이나 관념으로, 프로이트가 생각한 자아는 인간의 본능적 충동 욕구(리비도, libido)인 **'이드(id)'**와 이를 억압하는 도덕적 **'초자아(슈퍼에고, superego)'** 사이의 균형을 갖추기 위해 후천적으로 만들어진 심리적 방어기제다. 그는 데카르트가 생각했던 것처럼 자아는 확고한 것이 아니며 무의식의 영역을 포함하는 불안정한 것으로 보았다. 프로이트는 자아(에고)를 본능(이드)과 규범의식(초자아) 사이에서 양쪽의 갈등을 조정하는 마음의 기능이라고 보았다. 따라서 자아의 일차적 기능은 강력한 본능적 갈망(이드)과 괴로운 현실 경험(자아), 그리고 죄책감 및 그와 관련한 환상(초자아)에서 비롯된 불안으로부터 자신을 방어하는 데 있다고 할 수 있다.

■ 융의 분석심리학

분석심리학은 카를 융이 창시한 심층심리학으로, '융 심리학'이라고도 불린다. 의식과 무의식의 관계를 이해하는 데 초점을 맞추고, 인간이 무의식적인 내용을 의식화하는 과정을 중시했다. **감정 복합(콤플렉스)** 현상을 연구한 융은 정신분석을 제창하던 프로이트와 아들러의 개인심리학으로부터 영향을 받았으며, 인간의 무의식에 관한 둘의 주장을 비판적으로 수용했다.

분석심리학은 인간의 정신 구조를 의식과 무의식으로 구분하며, 나아가 무의식을 개인 무의식과 **집단 무의식**으로 세분화한다. 먼저, 의식은 자아(ego)에 의해 지배되는 부분으로, 인간이 자신을 밖으로 표현하고 외부 현실을 인식하는 기능을 한다. 인간이 자신의 의식을 능동적으로 외적 세계에 초점을 맞추는 경향을 '외향성'이라고 하며, 내적 주관적 세계로 향하는 성향을 '내향성'이라고 한다. 융은 인간은 이 두 가지 상반되는 태도를 지니고 있으며, 하나의 지배적인 경향에 따라 우리의 성격 및 태도가 달라진다고 보았다.

무의식은 개인 무의식과 집단 무의식이라는 두 측면으로 나뉜다. 개인 무의식은 좀 더 표면적이며 억압된 경험으로 구성되는데, 여기에는 아주 희미한 의식 경험이거나 의식으로 수용하기에는 너무나 고통스러운 경험이 포함된다. 개인 무의식은 콤플렉스를 포함하며, 오이디푸스 콤플렉스가 대표적이다.

융의 분석심리학과 프로이트 정신분석이론의 비교

프로이트의 정신분석이론과 융의 분석심리학 이론은 모두 인간의 행동과 발달은 '정신'에 의한 것이라고 보았다. 프로이트는 인간 정신 가운데 특히 성적 쾌락과 욕망을 통해 인간의 발달 단계를 설명했으며, 융은 그보다는 좀 더 포괄적인 범주인 자아 성찰을 통해 이를 설명했다. 인간의 발달은 행동이나 환경에 의한 것이 아니라 정신적인 부분(특히 **무의식**)에서 비롯된다고 보는 점에서 두 이론은 공통점을 보인다.

그러나 융의 분석심리학과 프로이트의 정신분석이론은 다음 면에서 차이 난다. 프로이트는 리비도를 인간의 생물학적 성(性)에 국한하여 생각한 데 비해, 융은 이를 확장하여 삶의 에너지를 포함한 **정신 에너지**로 생각했다. 프로이트는 과거의 사건이나 과정이 인간의 성격을 결정짓는다고 여긴 데 비해, 융은 인간의 성격은 과거의 사건뿐만 아니라 미래에 무엇을 하고자 하느냐에 의해 결정된다고 보았다. 프로이트는 개인의 자각 수준에 초점을 맞춰 개인 무의식의 중요성을 강조했으나, 융은 전체로서의 인류에서 나타나는 **집단 무의식**의 개념을 강조했다.

구분		융	프로이트
공통점	인간 성숙을 위해서는 무의식을 의식화하는 과정이 중요하다.		
차이점	리비도(충동)	일반 생활 에너지	성적 에너지
	특징	• 무의식은 개인의 삶의 방향을 제시하는 지혜로운 것이다. • 인간은 미래의 목적, 곧 '~을 위하여' 행동하는 존재이다. • 인간의 행동은 생활 속에서 후천적으로 변할 수 있고, 미래의 목표와 영향에 의해 형성될 수도 있다.	• 무의식의 실체는 성욕처럼 미숙하고 비합리적인 것이다. • 인간은 과거의 원인, 곧 '~ 때문에' 행동하는 존재이다. • 인간의 행동은 외부의 환경 조건이 아니라 내부에 있는 심리적 원인에 의해 결정된다.
	정신 구조	의식, 무의식, 집단 무의식	의식, 전의식, 무의식

■ 아들러의 개인심리학

독일의 심리학자인 아들러는 프로이트의 이론을 보완하여 그만의 독자적인 성격 이론을 전개했다. 아들러는 개인은 가족 사회 요인에 의하여 형성된다고 보았다. 그는 기본적으로는 프로이트의 본능 에너지에 반영된 생물학적 결정론을 받아들였으나, 이것을 더욱 발전시켜 **'사회 결정론'**으로 나아갔다. 아들러에 따르면 인간은 성적 충동에 따라 동기화되는 것이 아니라, 사회적 충동에 따라 일차적으로 동기화되며, 따라서 행동은 의도적이며 목표 지향적이다. 그는 무의식이 아닌 의식이 심리 상담이나 치료의 중심에 있으며, 선택과 삶의 의미, 책임, 성공, 완전함의 추구를 강조했다. 또한 **'열등감'**을 강조하면서 이를 부정적으로 인식하기보다는 모든 사람이 경험하는 인간 노력의 근간이자 창조성의 원천으로 인식했다. 그는 '우리가 무엇을 가지고 태어났는가'보다는 '가지고 있는 능력으로 무엇을 하는가'가 더 중요하다고 말하면서, '각자 자신의 삶을 어떻게 보고 생각하는가'의 주관적인 삶에 비중을 두었다.

42 포스트모더니즘

1960년대 이후, 서구의 예술 및 문화에서는 모더니즘 예술이나 아방가르드 예술과는 다른 새로운 예술 현상이 나타났다. **포스트모더니즘**이 그것으로, 이는 근대로부터 20세기 초반까지 서구의 문화와 예술, 삶과 사고를 지배해온 이성주의적 · 합리주의적 사상의 총체인 모더니즘에 대한 반동으로 나타난 문화 · 예술 비판 사상을 총칭하여 일컫는 용어이다. **탈근대주의**를 표방하는 포스트모더니즘은 모더니즘 이후의 사상이자 모더니즘을 거부하는 비판적 의미를 함축한다. 그 비판적 흐름은 니체, 하이데거 등의 실존주의 사상과 프로이트적인 정신분석학 및 마르크스주의의 영향을 받았으며, 라캉, 푸코, 데리다, 리오타르로 계승되면서 포스트모더니즘이라는 현대사상으로 자리잡았다.

포스트모더니즘은 하나의 철학 이론을 집약한 것이 아니다. 그 사상적 지반은 다종다양하며, 하나의 통일된 체계나 일관된 흐름으로 나타나는 것은 아니다. 그렇더라도 근 · 현대를 지배해온 이성적 · 합리적 사고방식 및 주류 중심의 고급문화를 해체하려 드는 점에서 합치한다. 이성, 지식, 진보, 자율성, 과학, 철학(특히 인식론)과 관련하여 그동안 특권적 위치를 차지해왔던 근대 개념들에 대한 다양한 비판을 망라하는 하나의 전반적인 방향이자 흐름이다.

포스트모더니즘에 따르면 인간 소외, 환경 파괴, 관료화, 인종 갈등 등 현대 사회가 겪고 있는 각종 병리 현상은 서구의 전통적 사고방식에서 비롯된 것이다. 이성적 사고와 과학적 합리성을 진리 기준으로 규정하면서, 이성과 감성, 선과 악, 미와 추, 고상함과 통속성 등으로 사물을 이분법적으로 규정하려는 사고가 그것이다. 푸코는 이성이란 기득권 세력이 피지배계급을 억압하는 수단에 불과하다고 주장하였고, 데리다는 이성이 이분법적 논리를 통해 어떻게 우리의 삶을 억압하고 왜곡해 왔는지를 폭로했다. 라캉은 인간의 본질을 이성이 아닌 무의식으로 규정한 프로이트의 이론을 바탕으로, 리오타르는 '숭고'의 개념을 통해 거대 담론의 위선과 허구를 드러내면서 이성주의 · 합리주의적 인간관의 해체를 시도했다. 이렇듯 포스트모더니즘을 추구하는 사상가와 예술가들은 각자의 장르에서 전통적인 모형을 깨뜨리고자 시도했다.

포스트모더니즘을 추구하는 사람들은 이성이 아니라 감성이, 논리가 아니라 직관과 영감이, 과학이 아니라 예술이 현실의 문제를 해결하고 부조리한 삶을 치유할 수 있다고 보았다. 그들은 진리의 상대성과 가치의 다양성을 중시하며, 과학과 이성에 의해 소외됐던 개인적 감성과 자유를 존중했다. 그들은 절대 진리란 존재하지 않으며, 따라서 모든 진리는 상대적이며, 문화는 나름의 고유한 의미와 타당성을 지닌다고 생각했다. 그 때문에 특정한 진리나 가치를 기준으로 사물을 판단하는 것은 옳지 않다고 주장했다. 이러한 생각에 근거하여 미국과 프랑스를 중심으로 다양한 사회 운동이 전개됐고, 예술에서는 전통미학을 해체하는 전위예술(아방가르드)이 대거 등장했다.

포스트모더니즘은 모더니즘과 단절하는 측면을 지닌 동시에 모더니즘 예술에 대한 반작용으로 출현한 **아방가르드** 예술과도 밀접한 관계를 맺고 있다. 먼저 포스트모더니즘은 예술과 삶, 예술과 사회의 융합을 꾀하며, 대담한 예술적 실험을 통해 제도권 예술에 도전한다는 점에서 아방가르드와 상통한다. 하지만 자본주의 체제에 대한 저항과 사회변혁 의지를 바탕으로 하면서 제도 예술을 거부한 아방가르드와 달리, 포스트모더니즘은 예술의 상품화를 실천하면서 대중 속으로 파고 들어간 점에서 차이를 보인다.

포스트모던 예술의 특징

포스트모더니즘의 반이성주의적이고 상대주의적인 사상과 가치, 다원론적인 사고는 문화 및 예술 분야에서 **탈주체화, 주관과 감성의 극대화, 고급문화와 저급문화 구분의 해체**로 나타난다. 이러한 특징을 지닌 예술을 포스트모던 예술이라고 한다. 포스트모더니즘과 포스트모던 예술은 대중문화의 의미와 사회적 기능을 긍정적으로 평가하였고, 대중문화가 주류 문화로 부상하는 데 있어서의 사상적 토대가 되었다는 점에서 그 의의가 있다. 포스트모던 예술은 전통 예술과 비교하면 기법과 관념에서, 탈중심 사상과 이분법적 경계 해체, 예술의 실생활화, 대중주의, 재현 불가능성, 유기적 통일성의 거부, 부조화의 미학, 이미지의 극대화, 탈장르화와 이종혼합, 패러디와 퍼포먼스 등의 특징을 보인다.

포스트모더니즘의 경향

- 추상이나 환원적 양식에서 과거의 묘사적 양식으로 돌아간 경향
- 퍼포먼스나 설치, 비디오 아트와 같은 실험적 경향
- 과거의 양식을 차용하고 역설적 모방을 하는 경향
- 영역이 모호한 복합적인 미술의 경향
- 개념 미술적이면서도 정치적인 비판의 의도를 강하게 띤 미술
- 철학의 포스트모더니즘(계몽주의와 이성, 진보에 대한 신념의 포기)
- 사회학적 포스트모더니즘(산업사회 '이후'나 테크놀로지 혁명으로 인한 변모)
- 건축의 포스트모더니즘(과거 양식으로의 회기나 절충적 양식의 활용)
- 문학의 포스트모더니즘(내러티브의 포기 또는 해체주의)

■ 현대 모더니즘 예술

모더니즘, 아방가르드, 포스트모더니즘으로 이어지는 현대 모더니즘 예술은 미적 모더니티와 관련된 예술, 즉 반부르주아적 태도를 기반으로 하여 사회로부터 독립된 **'예술의 자율성'**을 추구한다는 점에서 그 궤가 같다. 모더니즘은 '미적 모더니티'를 추구하고 실현한 예술로, 과거 예술의 전통인 모방(재현)으로부터 탈피하여 예술의 자율성을 추구한다. 모더니즘은 오직 예술을 통해서만 표현 가능한 영역을 추구함으로써 예술의 자율성을 확보하고자 하는 표현주의 계열, 그리고 자기 매체나 형식의 고유성을 통해 독자 세계를 구축하고자 하는 추상적 형식주의 계열로 나뉜다. 두 계열은 후기 인상주의를 기점으로 갈라지는데, 양쪽 모두 **'추상'**으로 나아간다는 점에서 공통적이다.

따라서 현대 모더니즘 예술에서 전통적 미학 개념, 즉 '모방(재현)' 개념으로는 예술의 본질을 정의하기 어려우며, '표현' 개념과 '형식' 개념이 새로운 상황에 대응하여 새롭게 대두되었다. 그리하여 현대 예술은 **'모방론 → 표현론 → 형식론'**으로 이어지는 세 가지 예술론을 따라 예술을 보는 관점에서 차이를 보이고, 그에 따라 예술은 정의를 달리하며, 예술작품의 이해에도 변화가 생겼다. 그렇더라도 그 어느 개념이나 이론도 모더니즘 예술 현상 모두를 포괄적으로 규정할 수 없을 정도로 현대 예술은 복잡하고 다양한 양상으로 전개되고 있다.

43 아방가르드

현대 예술 가운데는 다다이즘(아방가르드 중에서도 가장 급진적 성향의 반전통적 · 반합리적 예술 운동)이나 초현실주의, 이탈리아의 미래주의나 러시아의 구축주의 예술처럼 모더니즘 예술과는 성격이 다른 분야가 있다. 이러한 예술 사조를 가리켜 '아방가르드'라고 한다. 아방가르드란 용어는 정치적 · 사회적 급진주의를 의미하였다가 20세기에 들어오면서 **예술적 급진주의**를 가리키는 의미로 사용되었다. 현대 예술에서 아방가르드는 과거를 부정하고 새로운 것을 추구하는 **전위예술** 운동으로 자리를 잡았다.

아방가르드 예술 개념은 모더니즘 예술 개념과는 구분되는 이념적 특징이 있다. 그것은 현대 문화의 지배 가치를 비판하는 새로운 예술적 표현과 형식을 창조하고, 이를 통해 사회변혁을 꾀하려 든다는 것이다. 뷔르거는 『아방가르드의 이론』에서 '제도 예술'이라는 개념을 제시하면서 전통적 미학 개념에 반기를 들었다. 그는 전통적 미학 개념들, 즉 예술의 자율성이나 천재성, 그리고 독창성과 같은 개념은 근대 부르주아의 산물이라고 보았다. 아방가르드 예술은 이러한 부르주아 예술에 대한 '자기비판'으로, 부르주아 사회에서 예술이 차지하는 위치, 즉 제도 예술에 대한 공격이라고 주장했다. 뷔르거는 부르주아적 가치 체계에 대한 전면적인 거부와 새로운 도전을 시도하는 아방가르드 예술을 통해 예술과 실제 삶 사이의 경계를 허물고, 기성 전통과 인습을 단절할 것을 주장했다. 뷔르거는 이러한 아방가르드 예술의 전형적인 예로서 다다이즘과 초기의 초현실주의를 꼽았으며, 우연성이나 몽타주 기법 등을 아방가르드 미학의 원리로 제시했다. 아방가르드는 **우연성**의 원리에 기반을 둔 새로운 예술 형식으로, 몽타주 기법과 같은 급진적인 예술 양식으로 수용자에게 일상적 삶의 실천을 통한 사회 변화를 시도했다.

■ 미래주의

20세기 초에 일어난 이탈리아의 아방가르드 운동(전위예술 운동)으로 '**미래파**'라고도 한다. 미래파 예술가들은 입체파의 영향을 받았다. 미래파는 기계 문명이 가져온 현대 도시의 운동성과 속도감을 새로운 미로써 표현하고자 했다. 특히 산업, 에너지, 속도, 빛의 감각 등을 전달하는 것에 많은 관심을 가졌다. 미래파가 상상하는 미래는 과거의 문화 및 사회와 완전히 결별할 수 있는 **역동성**의 추구에 기초하고 있다. 마리네티를 이어 카를로 카라, 지아코모 발라, 지노 세베리니 등이 「미래주의 회화 기술 선언」을 발표함으로써 미래주의의 미술 운동이 조직되었고, 움베르토 보초니에 의한 「미래주의 조각 기술 선언」이 있었다.

이들은 여러 시점에서 파악한 이미지를 같은 화면에 중복시키고 '역선(力線)'이라고 불리는 힘찬 선으로 형체의 추이를 뚜렷하게 새겨 넣는 방법을 사용했다. 그들은 이것을 '면의 상호침투', '물리적 초월주의'라고 했다. 여기에서 현대 도시의 환경이 의식화되고 일상생활과 예술의 상호 침투가 주장되었다. 특히 보초니는 공업 소재의 적극적인 활용에 의한 공간 구성으로 환경의 새로운 창조를 시도하여 1950년대 후반부터 전개되는 움직이는 예술과 빛의 예술의 선구자가 되었다. 또 건축가 안토니오 산텔리아는 미래 도시에 대한 계획으로 새로운 공업 소재에 의한 거대한 기계와 같은 도시를 상정하였는데, 이는 미래주의가 현대 도시의 양상을 미리 내다보고 있었음을 보여 준다.

44 모방론

서구 철학의 근간인 그리스 자연철학은 실재(진짜, 참존재, 형상, 본질, 현실, 리얼리티 등)를 탐구하는 존재론에서 비롯됐다. 그에 따라 서구의 전통적 담론들은 존재론을 그 뿌리로 해서 형성됐으며, 미학 역시 실재의 개념을 중심으로 형성됐다는 점에서 예외가 될 수 없었다.

고대 그리스 사람들은 기예(技藝, 기술과 예술)를 **모방(미메시스)**이라는 관점에서 이해했다. 즉 기예는 모방하는 행위를 의미하는데, 여기서 모방이라는 개념은 모방되는 존재와 모방의 결과, 즉 모방물이라는 개념을 포함한다. 그런데 모방되는 존재는 본래 존재하는 것이고, 그 모방물은 그 본래 존재했던 것을 흉내 낸 것에 지나지 않는다. 따라서 모방물이란 논리적으로 늘 이차적인 존재, 즉 본래의 존재를 흉내 내기는 했지만, 그 존재와는 똑같지 않은 존재를 일컫는다. 이런 이유로 모방이란 행위는 철학적으로 낮게 평가될 수밖에 없었다.

플라톤의 **이원론**은 이것의 전형을 보여준다. 그에 따르면, 현상 세계의 배후에는 감각이 아니라 정신에 의해 파악되는 현상의 본질적인 원형이자 영원한 존재가 있는데, 이것을 형상 또는 '이데아'라고 했다. 그리고 눈에 보이는 현상으로서의 현 실세계는 모두 형상, 즉 **이데아의 불완전한 모방**에 불과하다. 그런데 기예는 현실을 모방함으로써 참된 존재인 형상으로부터 두 단계나 멀리 떨어진 존재가 된다. 즉 플라톤은 기예(예술)가 이데아의 모방인 현상을 또다시 모방한 것이기에, 그만큼 저속한 것으로 인식했다.

하지만 아리스토텔레스는 플라톤의 이 같은 생각과는 견해를 달리했다. 아리스토텔레스 역시 인식론적 입장에서 변치 않는 영원성을 가진 이데아의 존재를 부정하지는 않지만, 그렇더라도 이데아는 우리가 지각하는 현실 세계와 분리된 것이 아니라, 그 안에 내재한 그 무엇으로 인식했다. 형상(이데아, 본질)은 사물(질료, 현상, 현실 세계) 안에 내재하고 있기에 분리될 수 없으며, 사물에 형상을 합함으로써 더욱 의미 있는 존재라고 보았다. 즉 형상의 실체(즉 본질)는 구체적이고 현실적인 대상들 속에서만 발견되며, 따라서 본질은 사물에 의해 표현됨으로써 드러나게 된다고 말할 수 있다. 이처럼 아리스토텔레스에게 이 세상은 형상을 모방한 것이 아니라 **세상이 형상을 구현**하고 있는 것이며, 그렇기에 개별 실체(현실 세계)는 이데아의 불완전한 모방이 아니라 그 자체가 형상을 포함한 **의미 있는 실체**가 된다. 따라서 아리스토텔레스에게 예술 활동을 통한 현실 세계의 모방이란 질료(사물) 속에 구현되어 있는 형상(본질)을 파악하고 그것을 재현하는 것이기에, 그만큼 가치를 부여받는다.

플라톤과 아리스토텔레스의 미적 모방론 비교

구분	철학 사상	핵심 미학 이론(모방론)
플라톤	이데아론	•예술의 본질=모방=**재현**(순수미를 강조) •예술은 진실에서 2단계 떨어져 있다. (이데아 → 현실 세계 → 예술 작품: 모방의 모방) •예술은 감정을 선동하지만, 다른 한편으로 문학예술 창작의 원동력(=**영감**)을 제공한다.
아리스토텔레스	형질론(4원인설)	•예술의 본질=모방=**창조**(예술미를 강조) •미는 **형식**에서 비롯된다. (질서, 균형, 명료성, 크기, 배열, 규모, 비례, 완전성) •예술적 작용인(因)으로서의 비극의 목적은 사람들의 '연민'과 '두려움'이라는 두 가지 정서를 이끌어낸 후 이를 '**정화(카타르시스)**' 하는 것이다.

45 메타 윤리학

현대 윤리학은 크게 다음 세 방향으로 나아간다. 선과 악 등 언어의 의미를 분석적(논리적)으로 고찰하는 **'메타 윤리'**, 어떤 행위가 도덕적으로 옳은가에 대한 기준을 탐구하는 **'규범 윤리'**, 실천적인 면에 주목하여 메타 윤리와 규범 윤리를 사형 · 낙태 · 안락사 등과 같은 개별 문제에 응용하는 **'응용 윤리'**가 그것이다. 일상언어학파의 무어가 창시했다.

메타 윤리학은 규범 윤리학과 대립하는 가치론의 연구 경향이다. 일상생활의 구체적 행위에 대한 도덕 판단의 문제를 다루는 것이 규범 윤리학이라면, 옳고 그름의 의미와 도덕적 진리의 존재 여부처럼 규범 윤리학에서 사용하는 개념과 원칙을 다루는 것은 메타 윤리학이다. 주로 분석철학이 다루는 분야이기에 **'분석 윤리학'**이라고도 하며, 이는 '선과 악 그리고 옳고 그름'에 관한 가치판단을 연구하는 것이 아니라 "옳은 것과 그른 것의 의미를 규명하고, 가치란 인식이 가능한 대상인가, 만약 그렇다면 어떠한 방법으로 그것이 가능한 것인가"의 문제에 관심을 둔다. 따라서 메타 윤리학은 인간 행동의 당위에 관한 규범이나 기준을 찾는 것이 아니라, 윤리에 대한 논리적인 분석과 관찰을 통해 도덕 현상을 명확히 하는 데 목적을 둔다.

메타 윤리학과 관련한 이론에는 크게 '자연주의'와 '직관주의', 그리고 '정서주의'와 '규정주의'를 포함하는 '비인지주의'가 있다. **자연주의**는 생물학적 진화와 생존본능을 따르는 것을 '선'으로 보는 과학적 사고이고, **직관주의**는 도덕(선)은 과학으로는 불가능하며, 직관으로밖에는 파악할 수 없다는 입장이다. **정서주의**(정동주의라고도 한다)는 도덕은 사실에 입각한 것이 아니라 그 도덕을 주장한 사람의 정서(감정, 정동)에 따른 것이라는 입장이고, **규정주의**는 도덕을 주장하는 말은 모두가 어떤 경우든 그 행동을 선택하도록 지령을 내린다는 입장이다. 그리고 정서주의와 규정주의의 공통된 생각은 도덕은 '사실'이 아니므로 도덕의 지식이란 것은 존재하지 않는다는 것이다.

직관주의

도덕은 자연 속에 없으며, 직관으로만 파악할 수 있다는 입장이다. 벤담과 밀은 공리주의 입장에서 '선(善)'은 곧 '쾌락'이라는 말로 정의했다. 공리주의에 따르면 '선'은 사회 전체의 쾌락 증대와 고통 감소를 기준으로 판단 가능하며 질적으로도 계량화할 수 있다. 그러나 일상언어학파 학자인 무어는 '선'과 '쾌락'이 같음을 증명한다는 것은 결코 해결할 수 없는 문제로, 둘이 반드시 같다고는 정의할 수 없다고 주장했다.

무어는 선악에 따라 도덕을 자연과학적 사실과 동일하게 분석하는 것은 잘못됐다고 말하면서 그러한 잘못을 **'자연주의적 오류'**라고 불렀다. 그는 '선'은 가장 순수한 개념으로 이를 과학적으로 분석 · 해석하는 것은 불가능하다고 보았다. '좋음', '쾌락' 등 다른 언어로 바꿔 말할 수도 없다고 생각했다. '선'은 물질이 아니며, 우리의 직관으로밖에는 파악할 수 없는 것이라고 그는 생각했다. '인간이 직관으로만 파악할 수 있는 것', 이것이 무어가 말하는 도덕의 본질이다. 이를 **'직관주의'**라고 한다. '공리주의'의 윤리와 대립하는 직관주의 윤리는 자연주의 윤리 역시 과학적 사실과 도덕적 사실을 혼동한다고 비판한다. 과학의 언어는 전환할 수 있지만, 도덕의 언어는 전환할 수 없는 것이라서 본질을 달리한다는 것이다.

46 게임이론

게임이론은 한 사람의 행위가 다른 사람의 행위에 미치는 상호 의존적이거나 전략적 판단을 요구하는 상황에서 의사 결정이 어떻게 이루어지는가를 연구하는 이론이다. 게임이론의 중요한 특징 가운데 하나는 의사결정자들이 **'합리적'**으로 선택한다는 점이다. 즉 의사결정자들의 선호는 명확하게 정의되어 있다. 또 다른 특징은 사람들이 상대방의 반응을 충분히 고려하여 의사 결정을 내린다는 점이다. 이것이 바로 전략적 상황을 고려한 의사 결정이다.

게임이론은 미국의 수학자 노이만과 경제학자 모르겐슈테른이 공동으로 저술한『게임이론과 경제 행위』의 발행으로 널리 알려지게 되었다. 이 책에서 핵심을 이루는 기본 원리는 '제로섬 게임'으로서, 이는 이해(利害)가 상반되는 두 사람 사이에 행해지는 게임에 있어서는 한쪽의 이익은 상대방의 손해를 가져오게 되어 두 경쟁자의 득실을 합하면 언제나 '영(0)'이 된다는 원리이다.

이러한 원리는 이익을 추구하는 행위자가 존재하는 사회 현상의 연구에 두루 적용할 수 있는 것으로 인정되면서, 오늘날 게임이론은 수학과 경제학에서는 물론 정치학 · 행정학 · 경영학 · 군사학 · 심리학 등 광범위한 분야에 걸쳐 널리 이용되고 있다. 행정학의 경우에서는 정책 결정의 이론적 모형인 합리적 의사 결정 모형이 바로 이 게임이론을 응용한 것이다. 게임이론은 "인간은 반드시 합리적으로 행동하는 것은 아니다."라는 입장을 따르는 행동경제학 및 인지심리학과 깊은 관련을 맺고 있으며, **'전망이론'**, **'죄수의 딜레마 게임'**, **'최종 제안 게임'** 등 다양한 이론이 전개되고 있다.

최종 제안 게임

인간이 이기적인 태도를 취할 수 있는 상황에서 정말로 그런 행동을 하는가를 설명하는 실험이 **최종 제안 게임**(최후통첩 게임이라고도 한다)이다. 실험 대상이 되는 두 사람에게 일정한 금액의 돈을 건네주고 일정한 절차에 따라 이를 나눠 가지라는 실험에서, 이기적 · 경제적 인간처럼 행동하는 사람은 거의 찾아볼 수 없었고, 대다수 사람은 상대방에게 30~50%의 금액을 제안하는 것으로 나타났다. 이 실험에서 명백하게 드러난 사실은, 사람들은 자기 자신의 이익에만 연연하는 것이 아니라, 공정성이라는 중요한 가치를 위해 자신의 이익을 선뜻 포기하는 행동도 마다하지 않는다는 것이다. 이를 통해 알 수 있듯이, 인간은 기본적으로 이기적인 성향을 지닌다고 보는 경제이론만으로는 인간의 행동을 정확하게 예측할 수 없다.

전망이론

'**전망이론**(Prospect Theory)'은 사람들이 이익보다는 **손해를 더욱 크게** 느낀다는 이론이다. 그림을 보면, 손해의 기울기가 훨씬 아래로 처져 있다. 우리가 합리적인 사고를 한다고 치면, 좌우편이 대각선으로 대칭을 이루어야 하는데, 실제로는 그렇지 않다. 사람들은 손해 보는 것을 너무나 싫어하기 때문에, 의사 결정 시에 이성적 판단보다는 감성적 판단이 앞설 수 있다는 얘기다. 결국 이익을 볼 수 있는 경우에는 상대적으로 손해가 없는 좀 더 안전한 선택을, 손해가 예상되는 경우에는 혹시 최소한의 이익이라도 낼 수 있는 위험한 선택을 선호하게 된다.

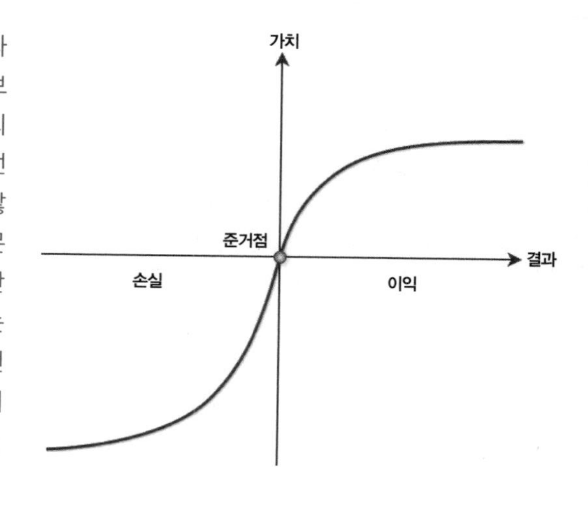

47 환원주의

환원주의란 사물의 속성을 그 구성 요소의 속성으로부터 이해하려는 접근 방법으로, 부분은 전체의 일부로서 기능을 한다는 '**총체주의**'에 대립하는 개념이다. 물체는 원자들의 집합이고 사상은 감각 인상들의 결합이라는 관념처럼, 복잡한 자연현상 및 사회현상을 설명하고자 할 때 단순한 몇 개의 요소로 분해하여 전체를 설명하려는 시도는 환원주의 사고의 단면이다.

환원주의는 수학, 과학, 철학 등의 다양한 영역에서 존재하며, 주로 과학과 관련된 것에서 나타나고 있다. 예컨대 화학, 생물학과 같은 개별적인 과학은 궁극적으로 물리학으로 환원된다는 과학의 통일성 주장, 과학철학에서 관찰 불가능한 이론적 개념이나 법칙을 직접 관찰이 가능한 경험 명제의 집합으로 바꾸어 놓으려는 실증주의적 경향, 심리철학에서 공포, 고통, 불안 등의 정신적 현상을 자연적 혹은 물리적 현상으로 설명하려는 경향, 관찰 명제에 대한 언어적 환원을 지향하는 논리실증주의의 주장 등이 환원주의의 전형적인 예이다. 원자를 규명하면 물체를 이해할 수 있고, 유전자를 규명하면 생명체를 이해할 수 있다는 태도도 일종의 환원주의이다. 이처럼 환원주의는 한 영역의 대상, 속성, 개념, 법칙, 사실, 이론, 언어 등을 다른 영역의 그러한 것들로 대치하려는 사고의 형태라 할 수 있다. 반대되는 개념으로는 '**통섭**'이 있다.

환원주의적 과학관과 시스템적 사고의 등장

20세기에는 과학과 산업의 발달이 가져온 폐해에 대한 사회적 각성으로 과학의 절대성에 대한 회의와 비판의 시각이 대두되었을 뿐만 아니라, 과학 내에서도 기존의 환원주의적 연구 방법의 한계가 드러나면서 새로운 과학관이 등장하기 시작했다. 과학혁명기에 확립된 **환원주의 과학관**은 생물을 포함한 우주의 복잡한 현상을 그것을 이루는 가장 작은 부분까지 쪼개어 분석함으로써 전체에 대한 이해에 도달하려는 방법이다. 이 세상을 고립된 구성 재료들로 조립되어 정확하게 운행되는 기계로 보는 세계관에서는, 일어나는 모든 사건에는 명확한 원인이 있고 어느 한 시점의 상태를 상세히 알면 미래의 결과도 정확하게 예측할 수 있다고 본다. 자연을 객관적으로 정확하게 측정하고 미래를 예측할 수 있기에 과학 연구는 정당화됐다.

총체주의

낱낱의 명제를 떼 내어 검증할 수는 없다는 사상이다. 논리실증주의와 같은 분석철학자들에 따르면 명제는 검증을 통해 진리성을 확고히 한다. 그들은 개별 직접 경험을 통해 환원할 수 있는 것만이 의미 있는 명제라고 주장했다. 콰인은 그런 환원주의적 사고방식은 잘못된 것이라며 비판했다. 외적 세계에 대한 우리들의 언명은 각각 독립된 것이 아니라 하나의 덩어리로서만 감각적으로 경험할 수 있다고 주장했다. 그는 인간을 둘러싼 지식과 신념의 총체는 우리 주변에서 일어나는 경험과 접하면서 형성된 인위적 구축물에 지나지 않는다고 주장했다.

개별 명제는 체계 전체의 일부분으로서 경험 불가능하다는 사고를 '**총체주의(전체론, 홀리즘)**'라고 한다. 총체주의는 전체는 단순한 부분의 총화로 환원되지 않으며, 부분의 고찰은 전체와의 관계에서 고찰해야 한다는 사고방식이다. 총체주의는 전체가 단순한 부분의 총화에 지나지 않는다고 생각하는 **원자주의** 및 부분을 포착함으로써 그 전체를 설명하고자 하는 **환원주의**와 대립한다.

48 패러다임이론

패러다임은 토마스 쿤이 제시한 과학적 인식론의 핵심 개념 가운데 하나다. 과학사는 모두 사실에 부합하지만 서로 '양립할 수 없는', 본성상 서로 대립하는 일련의 개념화로 구성된다. 패러다임이란 넓은 의미로는 어떤 한 시대 사람들의 견해나 사고를 근본적으로 규정하고 있는 테두리로서의 인식 체계, 또는 사물에 대한 이론적인 틀이나 사고 체계를 뜻한다. 좁은 의미로는 과학자 집단이 공유하고 있는 윤리적 표준을 일컫는다.

지금까지의 과학적 사고방식에 따르면, 과학적 지식은 관찰과 실험의 누적을 통해 진리에 가깝게 도달하는 것으로 생각했다. 이에 대해 쿤은 과학적 지식은 연속적으로 발전하는 것이 아니라 **단계적(혁명적)**으로 변화하는 것으로 보았다. 일례로 19세기 당시까지는 정설로 받아들였던 뉴턴역학으로는 설명할 수 없는 사실이 연이어 발견되기 시작하면서, 20세기 초 들어 새로운 학설로서 상대성이론이 과학자들 사이에서 지지를 얻게 됐고, 마침내 새로운 학설이 지식의 표준으로 전환됐다.

쿤은 어느 한 시대의 사고 틀을 '**패러다임**'이라고 불렀고, 그런 식의 전환을 '**패러다임 시프트**'라고 명명했다. 쿤에 따르면 과학 발전은 관찰과 경험에 따라 한 걸음씩 앞으로 나아가는 것이 아니라, '패러다임 전환'이라는 단계를 밟으면서 혁명적으로 발전한다. 다시 말해, 과학적 '진리'는 계승되는 한편 서로를 대체하는 것으로, 과학적 '진보'가 일반적으로 믿는 것처럼 전적으로 축적되고 수용되는 것은 아니다. 쿤은 새로운 패러다임이 과학혁명을 통해서 새로운 정상과학으로 인정받고 수용되는 과정인 패러다임 시프트를 통해서 과학은 발전한다고 보았다.

패러다임의 개념은 거대한 이론적 변혁은 과학사의 위기 순간에 어떤 모델의 변화를 함축한다는 점을 잘 보여준다. 실재에 대한 새로운 표상은 이전의 표상에 무엇인가를 덧붙이는 것이 아니라 그것을 대체한다. 따라서 과학사는 불연속적인 것으로 된다. 오늘날 패러다임 전환이라는 용어는 과학뿐 아니라 사회학 및 경제·경영 분야에서 폭넓게 사용하는 의미이다.

■ 패러다임 전환 과정

많은 패러다임 중 가장 지배적인 패러다임, 즉 '정상과학'이 존재한다. 점점 그 패러다임으로 설명할 수 없는 것이 많아지고, 그래서 기본 가정들이 도전을 받게 되면 기존의 정상과학에 위기가 찾아온다. 이런 과정에서 다른 여러 패러다임이 경쟁하게 되고, 그러다가 어느 패러다임이 득세하고 수용되면서 과학혁명이 발생한다.

쿤이 『과학혁명의 구조』를 통해 설명하고자 한 과학이 발달하는 역사는 '**전(前) 과학, 정상과학, 위기, 과학혁명**'의 네 시기를 순환적으로 거친다. 쿤에 의하면 과학의 발전은 과학혁명을 거치면서 과거의 패러다임에서 새로운 패러다임으로 건너뛰는 형태로 진행된다. 과학사에서 나타난 패러다임의 전환 사례는 '아리스토텔레스의 운동론 → 뉴턴의 고전역학 → 패러데이의 장(場, field) 이론 → 아인슈타인의 상대성이론'을 들 수 있다.

〈과학혁명에 의한 과학의 발달 과정〉

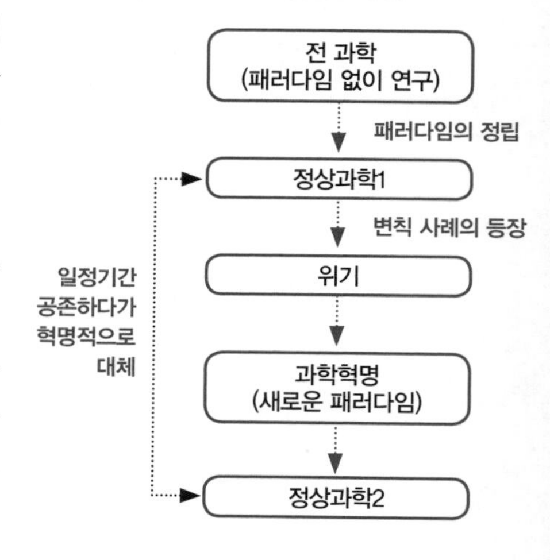

49 상대성이론

아인슈타인은 광속이 일정한 것은 우주의 기본 원리라고 판단하면서, 이 원리로부터 다음과 같은 결론을 이끌고 이를 '**특수상대성이론**'이라고 명명했다.

(1) 사건의 동시성은 관찰자의 운동 상태에 의존한다.
(2) 일정한 속력으로 운동하는 물체에서 시간 진행은 정지 상태의 물체보다 느리다. (시간 지연)
(3) 일정한 속력으로 운동하는 물체의 길이는 정지 상태의 물체보다 짧아진다. (길이 수축)

특수상대성이론에 따르면, 우리가 살고 있는 우주에서 운동하는 물체의 시간과 물체의 길이는 그 물체의 운동 속력에 따라 달라지며, 진공 속에서 광속은 그것을 관찰하는 사람의 속력에 관계없이 일정하다. 즉 빛의 속력은 절대적이다. 어떤 속력으로 운동을 하며 관측하든 광속은 일정한 값을 가진다는 것이다. 또 물체의 질량은 운동하는 속력에 따라 변하며, 그 크기는 물체의 운동 속력이 클수록 커진다.

운동 상태에 따라 물체의 질량이 변한다는 사실은 에너지의 변화가 수반됨을 뜻하므로, 곧 질량과 에너지가 서로 전환될 수 있음을 의미하며, 이를 '질량-에너지 등가 원리'라 한다. 즉 물체의 질량이 감소하면 그에 해당하는 에너지가 발생하며, 반대로 물체가 가진 에너지가 감소하면 그에 해당하는 물체의 질량이 생성된다는 것이다. 이로써 이전의 물리학에서 다루던 질량 보존의 법칙과 에너지 보존의 법칙은 '질량-에너지 보존 법칙'으로 확장되었다.

■ 일반상대성이론

아인슈타인은 자신의 이론을 중력에 적용하여 1915년에 다시 발표했는데, 이를 '**일반상대성이론**'이라고 한다. 그는 일반상대성이론에서 우리가 살고 있는 시공간은 4차원 세계, 즉 시간과 공간이 상호작용을 하는 연속체라고 주장했다. 또한 공간에 위치한 질량을 가진 물체에 의해 우주 공간이 휘어진다고 주장했다. 중력가속도의 크기로 가속 운동을 하는 물체와 중력을 받고 있는 물체는 서로 구별할 수 없으며, 가속계도 관성계로 설명할 수 있다고 주장했다.

아인슈타인은 시공간이 휜다는 주장을 뒷받침하는 근거로 중력 렌즈 효과와 블랙홀의 존재를 제시했다. 공간의 휨은 중력의 작용으로 빛이 휘어지는 현상을 관측함으로써 알 수 있다는 것이다. **중력 렌즈 현상**은 아주 먼 천체에서 나온 빛이 중간에 있는 거대한 천체에 의해 휘어져 보이는 현상이다. 1919년 영국의 천문 물리학자 에딩턴이 아프리카에서 일식을 관찰하는 동안 태양 뒤에 가려져 있어 보이지 않아야 하는 별빛이 태양 가까이 지나가면서 태양의 중력에 의한 영향으로 휘어져 관측됨으로써 확인되었다.

블랙홀은 부피에 비해 질량이 엄청나게 큰 초고밀도의 천체로, 그 중력이 너무 커서 빛마저 빠져나올 수 없기 때문에 일반적인 방법으로는 그 천체를 볼 수 없다. 블랙홀은 오로지 주변 물질들과의 상호작용을 통해 직간접적으로만 그 존재를 확인할 수 있다. 아인슈타인은 블랙홀이 중력파를 만들어낸다고 주장했고, 이후 연구를 통해 검증됐다. 상대성이론은 단순히 새로운 이론이 아니라 시간과 공간에 관한 생각을 근본적으로 바꾸었다. 절대적인 시간과 공간은 존재하지 않으며 관측자에 따라 다르게 측정되는 **상대적인 양**이라는 것이다.

50 양자역학

1913년 덴마크의 보어는 원자핵을 중심으로 전자들이 돌고 있다는 러더퍼드의 원자모형을 개선하여 새로운 원자모형을 발표했다. 당시의 전자기학 이론에 따르면 러더퍼드 모형은 원자핵 주위를 돌고 있는 전자가 빛을 방출하며 점차 에너지를 잃고 원자핵으로 끌려 들어가므로, 원자의 안정성과 고유의 스펙트럼을 제대로 설명하지 못하는 한계를 지니고 있었다. 보어는 아인슈타인의 **광양자설**을 연결하여 이 문제를 해결했다. 전자가 원자핵 주위의 궤도를 돌지만, 그중 양자 조건을 따르는 것만 불연속적으로 안정 상태를 유지하며 다른 궤도로 옮겨갈 때는 빛을 흡수 또는 방출하게 된다는 모형이었다. 이러한 보어의 원자모형은 원자의 안정성뿐만 아니라 원자의 스펙트럼을 잘 설명할 수 있었다. 보어의 모형은 이후 원자의 세계에서 소립자들의 운동을 설명하는 양자역학의 발전에 크게 기여했다.

20세기 들어 원자 구조가 상세히 밝혀지고, 전자, 양성자, 중성자 등 소립자와 관련한 실험들의 결과는 뉴턴의 역학만으로 설명할 경우 여러 가지 모순이 발생하여 이를 해결할 수 있는 새로운 역학 체계가 요구되었다.

역사적으로 빛의 파동성과 입자성에 대한 논쟁이 있었지만, 독일의 플랑크가 빛의 특성을 연구하여 빛은 파동이지만 입자로 설명할 수 있다는 '양자 가설'을 내놓았고, 프랑스의 드 브로이에 의해 물질파가 제안되어 물질은 입자성과 파동성을 동시에 지닌다는 사실이 확인됐다.

독일의 하이젠베르크와 오스트리아 슈뢰딩거, 영국의 디랙 등이 소립자의 성질을 구체적으로 규명하여 '**양자역학**'이라는 새로운 물리학이 탄생했다. 양자역학은 특정 상수(플랑크 상수)를 0으로 하여 극한을 취하면 고전역학으로 수렴하였기에 기존의 뉴턴역학과 전자기학 이론이나 현상도 모두 수용할 수 있었다. 게다가 당시로는 설명이 곤란했던 물리 현상들도 정확히 설명 가능했다.

양자역학은 1927년 독일의 하이젠베르크에 의해 '불확정성 원리'가 도입되고, 보른에 의해 파동함수가 해석되며 틀을 갖추게 되었다. 하지만 눈에 보이지 않는 미시 세계를 수학적 확률과 파동함수로 설명하는 양자역학은 일반인들이 이해하기는 너무 복잡하고 어려웠다. 예를 들어, 원자 내의 전자의 위치를 확률로 표현해야 하는 것에 대하여 과학자들은 양자역학을 마치 주사위 놀이 같다고 비유하기도 했다.

양자역학은 반도체 개발의 이론적 배경을 제공하였고, 물질에 대한 인간의 인식에 변화를 주었다. 현대 물리학의 기초인 양자역학은 컴퓨터의 주요 부품인 **반도체의 원리**를 설명하는 등 과학기술, 철학, 문학, 예술 등 다방면에 중요한 영향을 미쳐 20세기 과학사에서 빼놓을 수 없는 중요한 이론으로 평가된다. 특히 불확정성 원리는 자연을 관찰하고 이해하는 인간의 인식 방법의 한계를 인정하도록 함으로써 **논리실증주의**를 비롯한 현대철학에도 큰 영향을 주었다.

불확정성 원리

양자역학에서 두 개의 관측 가능량을 동시에 측정할 때, 둘 사이의 정확도에는 물리적 한계가 있다는 원리다. 이 원리는 '**위치-운동량**'에 대한 불확정성 원리이며, 입자의 위치와 운동량을 동시에 정확히 측정할 수 없다는 것을 뜻한다.

2

개념 vs 개념, 지식 vs 지식 비교 50

01 인간 본성에 대한 이해(1): 역사 속의 두 인간관–이성적 · 사회적 본성과 충동적 · 이기적 본성

인간 본성에 대한 물음은 철학의 핵심 주제이다. 먼저 타고난 본성의 관점에서, 인간은 '이성적 존재인가, 아니면 욕망하는 존재인가'라는 물음으로 나누어 살필 수 있다. 대다수 철학자는 인간을 **'이성적 존재'**로 보았다. 인간은 타고난 이성을 잘 사용할 때 참된 존재로 거듭난다고 보는 시각으로, 서양 전통 철학의 입장이다. 플라톤, 아리스토텔레스, 칸트는 이성 능력을 갖춘 인간을 최고의 존재자로 규정하면서, 이성의 자율적 사용을 중시했다. 플라톤에 따르면 인간은 천성인 이성을 따라 욕망을 다스리면서 살아갈 수 있는 자율적 존재이다. 아리스토텔레스에 의하면 행복은 인간의 자연적 본성인 이성의 기능을 잘 발휘하는 것이고, 그 기능을 발휘하여 습관화한 결과가 곧 '덕'이다. 칸트는 인간은 경험에 범주를 적용하여 보편타당한 인식을 얻을 수 있으며, 정언명령을 따르는 도덕 행위를 할 수 있는 이성적 존재라고 생각했다.

한편, 인간을 **'욕망하는 존재'**로 본 철학자로는 홉스와 흄, 그리고 프로이트를 들 수 있다. 홉스에 의하면 인간은 '자기보존' 충동을 따라 움직이며, 이를 위해 사회계약을 맺을 수 있는 계산능력을 가진 존재이다. 흄은 인간은 '정념의 노예'로, 이성은 정념을 정당화하는 데 사용될 뿐이라고 보았다. 정신분석학자 프로이트에 따르면 인간은 성적 본능에 의해 많은 부분이 결정되는 존재이다. 그러나 이들 철학자 역시 인간에게 이성이 아예 없다고 생각한 것은 아니며, 다만 인간의 이성을 '욕망을 실현하기 위한 수단'으로 보는 점에서 차이를 보일 뿐이다.

다음으로, 인간 본성은 타고나기도 하지만, 자신의 의지와 노력으로 얼마든지 '바꿀' 수 있다는 시각(**자유의지론**)과 사회화의 과정에서 '후천적'으로 길러지는 것이라는 입장(**진화론**)도 있다. 자유의지론을 대표하는 '실존주의자' 사르트르에 따르면, 자유 앞에 내던져진(피투한, 被投한) 인간은 스스로 자신의 인생을 자유롭게 창조할(기투할, 企投할) 필요가 있다. 진화론을 창시한 다윈에 따르면, 인간 이성은 진화 과정에서 자연선택된 산물로, 본성적으로는 다른 동물과 다를 바 없이 이기적이고 충동적이며 공격적인 존재다.

끝으로, 인간의 타고난 '품성'을 '성선설', '성악설', '성무선악설'로 구분하여 생각할 수 있다. **성선설**은 사람은 선한 성품을 가지고 태어나지만, 육체를 지닌 존재이기에 정욕이나 환경에 의해서 악행을 저지를 수 있다고 본다. 이와 반대로 **성악설**은 인간은 그 본성이나 감성적 욕구가 악할 수 있기에 악한 충동이나 공격성을 지닌다고 본다. **성무선악설(性無善惡說)**에서는 선악은 인간의 고유한 속성이 아니라, 인간 자신의 선택과 판단, 환경에 달려 있다고 본다.

인간 본성에 대한 다양한 관점

- 인간 본성의 근원은?
  - 합리적 · 사회적 본성: 이성주의(≒관념론적 관점), 공리주의(≒경험주의적 관점), 성선설
  - 이기적 · 충동적 본성: 다윈의 진화론, 프로이트의 '무의식', 성악설
- 인간 본성은 결정되어 있는가, 노력으로 바꿀 수 있는가?
  - 비결정론(자유의지론): 사르트르의 '실존주의' 관점
  - 결정론: 사회생물학적 관점(유전적 요인: 유전자 결정론) ≠ 문화적 요인(환경 결정론)
- 진화생물학적 관점에서 본 인간 본성
  - 이기적 유전자(도킨스), 이타적 유전자(리들리)
  - 호혜적 이타주의(상호 이타성), 애덤 스미스의 '건강한 이기심'

02 인간 본성에 대한 이해(2): 진화생물학적 관점–이기주의, 이타주의, 호혜적 이타주의

■ 이기적 유전자

진화생물학자인 리처드 도킨스에 따르면, 자연선택은 유전자가 개체라는 모양을 빌려 행하는 살아남는 게임이다. 게임을 잘하는 유전자는 자기를 많이 복제할 것이므로 자가 증식할 수 있는 반면에 그렇지 못한 유전자는 도태하고 만다. 이렇게 놓고 볼 때, 유전자는 살아남기 게임을 하는 프로그램과도 같다. 이때 돌연변이는 유전자의 변화, 즉 프로그램의 변경으로, 이 변경의 결과로서 한층 좋은 프로그램이 출현하면 그것이 진화를 가져다준다는 것이다.

유전자의 입장에 서서 본다면, 모든 동식물은 유전자의 자기보존 욕구를 수행하는 생존 기계에 불과하다. 인간 또한 유전자가 자신을 보존하기 위해 진화해 나가는 일종의 생존 기계에 불과하다. 그렇기에 성공적인 유전자의 가장 중요한 특징은 **'이기주의'**다. 이기적이라는 것은 자기의 생존 혹은 보존 가능성이다. 자신의 생존 가능성을 높이는 행동은 이기적이며, 그 반대, 즉 자신의 생존 가능성을 낮추는 것은 이타적인 행동이라고 도킨스는 정의했다. 간혹 나타나는 이타적인 행위들도 알고 보면 정교한 이기주의에 불과하며, 또한 이기주의의 한 전략에 불과하다. 인간은 정해놓은 각본대로 유전자의 이기적 명령을 수행하는 존재이기 때문이다.

■ 이타적 유전자

『게놈』의 저자로 잘 알려진 매트 리들리는 해밀턴의 '혈연선택설'과 트리버즈의 '상호호혜이론', 폰 노이만의 '게임이론'을 갖고서 근본적으로 이기적인 개체들이 모여 **'이타적'**인 사회를 이루는 과정을 쉽고도 권위 있게 풀어냈다. 그는 이타적 성향은 유전자의 이해관계에 의해서 형성되며, 도덕적 행위는 유전자의 이익을 증대하는 또 하나의 전략일 뿐이라고 보았다.

리들리에 따르면, 인간의 정신은 이기적 유전자에 의해 만들어졌음에도 불구하고 사회성과 협동성, 신뢰성을 지향한다고 보았다. 인간은 사회성 본성을 가지고 있기에 태어날 때부터 협동의 방식을 계발하고, 믿을 만한 사람과 그렇지 못한 사람을 구별하며, 스스로 믿을 만한 사람임을 과시해 좋은 평판을 쌓고, 재화와 정보를 교류하면서 노동 분화를 이루며, 이 모든 것은 인간만이 지닌 능력이라고 보았다. '인간의 도덕과 사회성은 유전자의 명령'이라는 것이다.

■ 호혜적 이타주의

하버드 대학의 트리버즈 교수에 따르면, 인간은 '지금, 이 순간'을 위해 서로 도움을 주고받는 것이 아니라 장래의 보답을 기대하며 남을 돕는 행동을 한다. 이것이 인간을 비롯한 많은 동물의 사회성이 진화한 이유로, **'호혜적 이타주의'**라고 한다. 일종의 '계약 이타주의'인 셈이다.

트리버즈 교수에 따르면, 이타적 호혜성의 진화를 위해 서로 교류하는 개체들은 친척일 필요도 없고 심지어는 같은 종에 속할 필요도 없다. 만약 어느 두 개체가 평생 단 한 번밖에 만나지 않는다면, 도움을 받고 난 다음 보답할 기회가 없으므로 둘 사이의 호혜적 관계는 성립하지 않는다. 이처럼 호혜적 이타주의란 서로의 존재를 인식하고 도움을 받았다는 사실을 기억할 수 있어야 하며, 서로의 만남이 비교적 빈번해야 가능한 진화 메커니즘이다.

03 인간 행동의 동기(1): 자유의지와 결정론

인간의 행위가 어떤 원인에 따라 필연적으로 정해져 있다고 보는 견해를 '결정론'이라고 하며, 인간의 자유로운 선택에 따른 것이라고 보는 견해를 '자유의지론'이라고 한다.

자유의지론에 따르면, 인간의 행위는 자신의 자유의지로 선택한 것이다. 자연의 법칙에 지배되는 행동과는 달리 인간의 행위는 인간 스스로가 그 원인이 되며, 따라서 인간은 자신의 행위에 대해 도덕적 책임을 진다. 물론 자유의지론이 결정론을 완전히 거부하는 것은 아니지만, 그렇더라도 우리의 삶과 세계는 자유의지를 따라 얼마든지 변화될 수 있다. 이처럼 자유의지는 외부의 제약이나 구속받지 않고 어떠한 목적을 스스로 세우고 실행할 수 있는 의지를 말한다. 인간은 옳지 못한 행동을 분별할 수 있는 능력인 자유의지를 가지고 있으며, 자유의지가 전제되어야만 윤리가 성립한다. 인간이 자유의지를 가지고 있다는 것은, 주어진 본성에 따라 기계적으로 행동하지 않음을 뜻한다. 인간은 전적으로 선하지도 않고 악하지도 않지만, 적어도 인간을 더 선하게 하거나 덜 악하게는 할 수 있으므로, 우리는 자유의지에 따라 선한 행동을 하기 위해 항상 노력해야 한다는 것이다.

이에 비해 **결정론**은 이 세상의 모든 일은 일정한 인과관계를 따라 결정된다는 생각이다. 결정론에서는 인간이 의지나 행위의 자유를 가지고 있다는 것을 부정하며, 인간의 행위 역시 그 행위를 일어나게 하는 조건에 따라 이미 인과적으로 결정되어 있다고 본다. 예를 들어 예외가 없는 자연법칙, 사회화, 유전자의 특성이 그러한 조건들이다. 결정론을 강하게 주장하는 입장에 의하면, 인과관계는 인간의 어떠한 의지나 노력으로도 바꿀 수 없으며, 우리가 자유의지를 가지고 어떤 일을 선택하는 것은 사실상 불가능하다. 결국 우리가 하는 모든 행동은 우리 자신의 의지에 따른 것이 아니므로, 모든 행위에 대한 책임 또한 없다. 결정론의 입장에는 '**유전자 결정론**'과 '**환경 결정론**'이 있다.

■ 인간은 자유로운가: 필연인가, 선택인가?

자유의지론의 관점에서 본다면, 인간의 행위는 도덕 판단의 대상이 되며, 의지의 자유는 도덕적 신념에 순응하여 행하는 자유이다. 그런데도 우리는 어떤 행위를 판단하는데 있어서 결정론에서 말하는 인과적 사고를 전적으로 거부하려 들지는 않는다. 어떤 행위를 선택할 때 우리는 그 결과를 앞서 예측하려 드는 성향이 강한데, 이때 인과적 사고가 거부된다면 어떠한 예측도 불가능해져서 그만큼 선택에 어려움을 겪기 때문이다.

반면 결정론적 관점에서 본다면, 인간의 행위는 이미 결정되어 있다는 것이고, 따라서 그것에 대한 도덕적 비난은 의미가 없어진다. 내가 남을 도왔다거나 거짓말을 했다는 것은 모두 나의 성격 탓인데, 나의 성격은 결국 내가 물려받은 유전인자와 내가 자라온 환경에 의해서 형성된 것이기 때문이다. 나의 유전자와 환경은 인과적으로 나의 의지와는 아무런 상관없이 결정되었으므로, 나의 성격과 도덕성도 결정되어 있다고 보는 것이다.

여기서 결정론과 자유의지론의 **양립**이 필요함을 확인할 수 있다. 자유의지와 결정론이 양립할 수 있다고 보는 관점에 따르면, 자유의지는 원인과 결과로 이어지는 필연성을 부정하는 것이 아니라, 원인을 찾아내고 문제가 되는 원인을 취사선택하여 행위를 하도록 하는 것이다. 그에 따라 우리는 각자가 선택한 것에 대해 도덕적 책임을 지게 된다는 것이다.

04 인간 행동의 동기(2): 이성적 합리성과 제한된 합리성

■ 스미스의 건강한 이기심

애덤 스미스는 타인으로부터 **'동감(공감)'**을 원하는 인간 내면의 자연적 본성을 발견했다. 그 본성이 있기에 인간은 질서를 수용하고 규범을 지킨다고 생각했다. 스미스에 따르면 인간은 주변에서 벌어지는 일을 보고 무덤덤하게 지나치지 않는다. 다른 사람의 입장이 되어 보고 다른 사람이 느낄 감정에 스스로 이입시켜 본다. 다른 사람이 한 행동, 겪은 일과 품고 있는 감정을 마치 자신이 직접 겪은 일처럼 생각한다. 그런 다음 그 사람의 행동이나 감정의 '정당성'을 평가하고, 옳고 그름을 생각하면서 타인의 처지에 동감할지 동감하지 않을지를 따져본다.

여기서 중요한 것은, 인간은 본능적으로 타인에게 좋은 평가(**평판**)를 받고 싶어 한다는 사실이다. 이것이 그가 생각한 인간 본성이다. 인간은 타인으로부터 칭찬을 받거나 인정받을 수 있도록 행동하면서, 타인으로부터의 동감을 얻고자 한다. 인간은 늘 그렇게 타인을 의식한 채 동감을 생각하며 행동하려고 애쓰는 존재다. 스미스에게 있어서 공감 능력은 도덕관, 나아가 경제사상을 이해하는 기본 전제이자 원칙이다. 스미스는 타인의 감정과 행위에 관심을 가지고 그에 동감(공감)하려고 하며, 이런 '공감 의식'이 인간 사회의 질서를 유지하고 정의로운 사회를 만드는 핵심 기제라고 생각했다. 그런 질서 속에서 자유로운 교환을 통해 사회적 협동이 이뤄지고, 협동의 확대로 시장이 커지면서 성장을 이뤄 사회가 번영한다고 보았다.

그렇기에 스미스는 이기심을 부정하지 않았다. 사회와 공동체의 발전을 위해서는 이기심이 필요하다고 생각했다. 이것을 **'건강한 이기심'**이라고 하는데, 그는 자신을 사랑하는 마음인 자애심, 타인으로부터 인정을 받고자 하는 인간 욕망으로서의 **'명예욕'**을 부정하지 않고 오히려 긍정했다. 그렇더라도 이기심과 자애심은 정의와 윤리에 의해 통제되어야 한다고 강조했다. 어디까지나 기본적 도덕과 규범을 지킨다는 것을 전제로 개인의 자유경쟁을 주장했다.

■ 제한된 합리성

행동경제학 연구로 노벨 경제학상을 수상한 허버트 사이먼 교수는 주류 경제학이 가정하는 합리성에 대한 인지 능력의 한계를 체계적으로 비판했다. 그는 완전히 합리적일 수 없는 인간 본성을 설명하기 위해 **'제한된 합리성'**이라는 개념을 동원했다.

사이먼은 제한된 시간과 정보만으로 최선의 의사 결정을 해야 하는 현실 속의 사람들은 주어진 상황에서 일정 수준의 만족스러운 대안을 선택하게 된다고 보았다. 인간은 제한된 합리성을 따라서 행동한다는 그의 주장은 오로지 사익만을 추구하는 이기적 인간 본성과 때로는 타인을 배려하는 이타적 인간 본성이 내면에 공존할 수 있음을 의미한다. 따라서 그는 의사 결정에서 '감정' 역할의 중요성을 무시할 수 없다고 강조했다. 현실의 행위에서 인간은 경제성과 효율성이라는 최적화된 기준을 따라 합리적으로 선택하는 것이 아니라, '자기만족'의 원리를 따라 자신이 정한 잣대로 선택하려 든다고 하여, 의사 결정 행위의 비합리성을 지적했다.

한편 그의 동료인 대니얼 카너먼은, 인간은 논리적 · 체계적인 판단보다는 **'휴리스틱'**이라는 주먹구구식의 사고를 통해 합리적이지 못한 의사 결정을 내린다고 말했다. 그 결과로 발생하는 판단이나 결정은 그만큼 '편향적' 사고를 띠게 된다고 하여, 인간 행동이 항상 합리적이지는 않음을 밝혔다.

05 인간 행동의 동기(3): 도덕적 인간과 비도덕적 사회

미국의 신학자이자 문명 비평가인 라인홀드 니부어는 『도덕적 인간과 비도덕적 사회』에서 도덕적인 인간으로 구성된 사회일지라도 **'비도덕적'**일 수 있다고 주장하였다. 개인은 양심적이고 도덕적이라 할지라도 그러한 개인들로 구성된 사회집단은 집단이기주의로 인해 이기적이고 부도덕할 수도 있다는 것이다.

집단의 도덕성이 왜 개인의 도덕성보다 더 떨어질까? 집단이기주의는 개인의 이기적 충동들의 복합으로서, 그 같은 개인의 이기주의적 충동들이 공통된 충동으로 연합될 때는 그것들이 개별적으로 나타날 때보다 더욱 뚜렷하게, 그리고 **누가(累加)**된 결과로 나타난다는 것이다. 이에 니부어는 사회집단의 이기심을 억제하기 위해 강제력이 뒷받침된 정책이나 제도가 필요하다고 보았다.

니부어가 주장한 바와 같이, 사회의 구성원들이 도덕적이어도 그 사회는 비도덕적일 수 있기에, 개인의 도덕성에 주로 관심을 두는 개인윤리만으로는 사회의 도덕적인 문제를 올바로 해결할 수 없다. 여기서 사회 제도나 구조의 도덕성과 관련되는 사회윤리의 필요성이 요구된다.

■ 사회윤리와 사회정의

사회윤리는 우리가 사는 사회의 구조나 질서 · 제도와 관련되는 윤리 문제를 다루는 것을 말한다. 즉 **사회윤리**는 개인의 윤리성 차원을 넘어서는 사회 제도와 구조 등의 문제에 대해 다루며, 개인의 도덕성만으로는 해결되지 않는 구조적 · 제도적인 문제를 해결하는데 목적을 둔다.

사회윤리에는 생명 · 의료 윤리(안락사, 낙태), 사이버 윤리, 사회 · 정치적인 쟁점(인종적 · 사회적 편견, 분배 정의 문제, 공권력 남용), 생태학적 윤리(동물권 보호 · 환경 문제) 등 여러 영역이 있다. 특히 분배 정의 문제는 사회윤리의 여러 영역 중에서 가장 핵심적인 사안이자, 사회정의 실현을 위해 매우 중요한 역할을 한다.

개인주의와 이기주의

개인주의는 시민혁명과 시민사회의 전개 과정을 통해 발전했다. 특히 정치 · 경제적 측면의 개인주의는 국가의 통제와 간섭을 적게 하고 개인의 자율 의지를 행사하는 주체로서 시민사회를 형성한다는 사회계약론을 바탕으로 발전했다. 그런데 개인주의는 개인의 정치 · 경제적 자유와 권리를 보장하고 물질적 풍요와 편리를 가져다주었지만, 그 과정에서 지나친 자유경쟁과 개인의 이윤 추구 현상으로 인해 이기주의의 확산, 빈부격차의 증대, 인간 소외의 심화 등과 같은 부정적인 측면을 낳았다. 시민사회의 전개 과정에서 자신만의 자유와 권리를 주장하는 **개인주의**나 자신이 속한 집단만의 이익을 추구하는 **집단이기주의**를 초래했다. 이를 해결하기 위해서는 다음의 몇 가지 사항을 유념할 필요가 있다.

첫째, 시민사회는 자연상태와는 달리 모든 사람이 기본적 자유와 권리 측면에서 동등한 지위를 가지며, 나의 자유와 권리가 중요하듯이 타인의 자유와 권리도 중시하는 공간이라는 점을 알아야 한다. 둘째, 우리가 질적으로 향상되고 풍요로우며 다양한 삶을 누리기 위해서는 타인과의 협동과 교류가 필요하다. 셋째, 자유는 자신의 가치를 스스로 선택하고, 이를 자주적으로 실행할 수 있는 능력과 자기 결정권을 의미하기에 당연히 책임을 동반한다. 따라서 그 결과에 대하여 책임을 지는 자세를 지녀야 한다.

06 신 존재 증명: 존재론적 증명, 목적론적 증명, 우주론적 증명, 도덕학적 증명, 인간학적 증명

'신은 존재하는가'라는 질문은 과학적 탐구방법으로 해답을 얻지 못하지만, 인간이 제기하는 근본 물음의 근저를 이루는 어려운 질문이자 매우 뛰어난 실존적 질문이다. 그 증명 방법은 이미 그리스 철학에서 근원을 찾을 수 있으며, 중세 이후 많은 철학자에 의해 되풀이되었다.

존재론적 증명

중세 스콜라 철학의 시조 안셀무스는, '신은 그보다 더 위대한 존재를 상상할 수 없는 가장 완전한 존재'라고 생각했다. 만약 "우리가 신이 없다고 한다면, 우리는 실제로 존재하는 신을 상상할 수 있을 것이다. 하지만 우리는 보다 위대한 신을 생각해낼 수 없기에 신은 반드시 존재할 수밖에 없다. 그렇지 않다면 신보다 더 큰 무언가가 존재한다는 말이 되기 때문이다. 그러므로 신은 존재한다."라고 주장했다. 인간은 불완전하므로 좀 더(가장) **완전무결**한 것, 즉 '신'은 반드시 존재할 수밖에 없다는 것이다.

목적론적 증명

아리스토텔레스의 목적론적 신 존재 증명에 따르면, 자연은 어디까지나 **'목적'**에 적응한 질서를 지니고 있으며, 이 우주와 자연 만물이 질서를 유지하고 혼돈에 이르지 않는 것은 절대적이고 이성적인 존재자가 필연적으로 존재하기 때문이다. 그리고 이로부터 자연을 설계하고 질서를 창조한 고도의 이성 능력을 지닌 원인으로서의 '신'이 존재해야 한다고 추론했다. 이는 목적을 중시한다는 점에서 우주론적 증명의 인과성과 통하지만, 그 합목적성은 반드시 창조자의 존재를 전제한다는 점에서 한계를 보인다.

우주론적 증명

중세의 가장 탁월한 사상가로 인정받는 아퀴나스는 아리스토텔레스의 사상을 받아들여, 현실 세계에서 존재하는 대상은 그것이 무엇이든지 원인을 갖고 있는데, 우리는 이성을 통해 인과관계를 밝힘으로써 그 **최초의 원인**, 즉 그것이 '신'이라는 것을 논증할 수 있다고 보았다. 자연계의 인과관계를 거쳐 계속 원인을 규명해 나간다면 최초의 '제1원인'으로서의 '신'을 시인하지 않을 수 없으며, 결국 모든 존재의 최초 원인으로서 신의 존재를 인정할 수밖에 없다는 것이다.

도덕학적 증명

칸트는 오직 실천이성의 요청에 따를 때만이 신은 존재할 수 있다고 주장했다. 그는 도덕법칙, 즉 도덕 질서의 원천으로서의 신의 존재를 인정하려 들었다. 그는 "우리는 도덕법에 맞게 우리에게 최종 목적을 제시하기 위해 도덕적 세계 원인(세계 창조자)을 상정해야 한다. 최종 목적이 필연인 한 도덕적 세계 원인이 상정될 수 있고, 그 도덕적 세계의 원인은 바로 신(神)이다."라고 말하면서, 이성의 실천을 강력히 요구하는 **도덕법칙**의 원천이 곧 '신'이라고 주장했다.

인간학적 증명

데카르트는 외부 대상에 대한 모든 지식은 인간의 정신 안에 있음을 보이기 위해 신의 존재를 증명해야 할 필요가 있었다. 신은 우리가 지닌 분명하고 명료한 이념이 참되다는 사실, 그리고 우리가 사악한 악마의 속임수에 넘어간 것이 아니라는 사실을 보증해 줄 유일한 존재라고 생각했기 때문이다. 데카르트는 오직 신만이 완전함에 대한 우리 생각의 원인이 된다고 주장했다. 그 원인은 우리 내부에 있는 본유관념(本有觀念)보다도 더욱 우월한 실재성을 갖는 것, 즉 **실재**하는 '신'이라는 것이다.

07 인식론적 의미론의 세 방법: 객관적 인식, 주관적 인식, 현상학적 인식

인간의 사고는 **언어 체계**를 전제한다. 우리는 같은 주제로 사물을 보더라도 주체와 대상을 매개하는 언어적 패러다임(담론 체계)에 따라 인식을 달리한다. 그 결과, 기존의 인식론적 시각은 보편성을 상실하면서 '상대주의'로 흐른다. 그렇게 해서 현대 인식론은 언어와 사물의 관계를 바라보는 시각에 따라 실증주의, 현상학, 해석학, 구조주의 등으로 구분된다.

현대철학은 인식 방법에 따라 크게 객관적 인식, 주관적 인식, 현상학적 인식으로 나뉜다. 예컨대, 객관적 인식론의 입장을 따를 때는 **실증주의(논리실증주의) 지시이론**으로 연결되고, 주관적 인식론적 입장을 따를 때는 **구성주의 의미론**으로 연결된다. 그리고 **현상학적 의미론**은 대상이 우리 의식에 주어지는 방식에 주목하면서 현상학적으로 접근한다.

먼저 **객관적 인식**이란 곧 실증주의적 · 실재론적 인식을 가리킨다. 실증주의적 의미론(논리실증주의)에 따르면, 우리가 무언가를 안다는 것은 의식 바깥에 있는 대상이 일방적으로 우리에게 의미를 부여하는 것으로, 이를 **객관적 인식**이라고 한다. 칸트 이전의 객관적 인식론에서는 외부의 사물 그 자체가 그대로 우리 인식에 들어오는 것이라고 보았다.

실증주의적 의미론인 지시이론에서는 기호(언어)가 사물(대상)을 지시함으로써 의미가 성립한다. 즉 실증주의에서는 의미라는 것을 기호와 사물 간의 지시 관계로 파악한다. 예를 들어, 책이라는 기호는 실재하는 '책'을 지시하므로, 우리는 책이라는 글자(언어)를 보고 그 의미를 읽어낸다. 지시 관계를 전제하는 실증주의에서는 언어를 기본 명제로 보며, 진리란 명제와 사태의 일치라 할 수 있다. 눈이 희다고 말할 때 실지로 '눈은 희다'라는 사태와 그 명제가 일치하면, 그 언어는 진리(옳은 명제)가 된다.

주관적 인식이란 이성적 주체를 강조하는 칸트의 주관적 인식론을 가리킨다. 칸트는 우리는 사물 그 자체(물자체)는 알 수 없고, 우리 망막에 지각되는 상(像)만을 알 수 있다고 보았다. 칸트에게 인식이란 인식 주체가 대상을 구성한 것이고, 주체가 지닌 범주에 의해 현상이 구성되어야 비로소 의미가 생긴다. 칸트는 본격적인 의미가 성립하려면 단순한 지각만으로는 안 되고 지각이 우리의 주체성에 의해 구성되어야 비로소 명료한 의미 인식이 가능하다고 보았다. 칸트는 존재와 사유의 일치를 끊어버림으로써, 주관과 객관의 인식 문제에 대한 의미론적 구성주의로 나아갔다.

이런 칸트의 생각을 이어받아, 현상학에서는 의미를 구성하는 주체를 분석하여 세계의 의미를 읽어내고자 했다. **현상학적 인식론**에 따르면, 주체의 의식이 대상을 체험 · 파악하는 것이 먼저이고, 그다음에 의식이 이를 기호화하는 것이다. 칸트가 의식의 일방적인 구성에 초점을 두었다면, 현상학에서는 인식하는 대상과 선험적 의식의 맞물림을 통해 의미가 구성된다고 보았다. 현상학에 따르면, 우리의 의식은 그냥 주어진 것으로서의 의식이 아니라, 항상 '무언가'에 대한 의식이다. 인식하는 주관과 인식 대상이 **'지향성'**을 갖고서 연결되어 있다는 것이다.

예컨대 하나의 장미꽃이 어떤 사람에게 주는 의미에는 수많은 주관적인 의미가 있을 수 있다. 그런 주관적인 의미, 다시 말해 경험적인 것들을 다 떨치고 그 대상의 오로지 순수한 의미만을 직관하는 것이 '선험적 의식 작용(노에시스)'이고, 그 결과로 드러난 대상의 순수한 모습이 '의미의 본질(노에마)'로, 둘은 서로 맞물리면서 대상의 의미를 구성한다.

08 심신 이원론의 세 관점: 상호 작용론, 평행론, 부수 현상론

심신 이원론은 정신과 육체는 분리된 것으로 보는 이원론적 사고지만, 둘은 긴밀히 관계한다. 심신 이원론에 따르면, 정신적 사건과 육체적 사건은 서로 다른 성질의 것으로, 그 두 종류의 사건(및 사태, 현상)이 관계되어 있음을 설명하기 위해 다음과 같은 다양한 방법을 시도한다.

먼저 정신적 사건과 육체적 사건이 서로에게 인과적으로 영향을 주고받는다는 **'상호 작용론'**으로, 이는 데카르트의 중심사상이기도 하다. 이를테면 '위장'이 텅 비었다는 육체적 사건이 원인이 되어 배고픔이라는 고통을 느끼는 정신적 사건의 결과가 일어나고, 두려움이라는 정신적 사건이 원인이 되어 가슴이 더 빨리 뛰는 육체적 사건이 결과로 일어난다고 설명한다. 그러나 서양 근세 철학의 관점에서 보면 공간을 차지하고 있지 않은 정신이 어떻게 공간을 차지하고 있는 육체에 영향을 미칠 수 있느냐 하는 문제가 발생한다.

이에 비해 **'평행론'**은 정신적 사건과 육체적 사건 사이에는 어떤 인과관계도 성립하지 않으며, 정신적 사건은 정신적 사건대로, 육체적 사건은 육체적 사건대로 인과관계가 성립한다고 주장하는 이원론적 사고이다. 이 이론에 따르면, 정신적 사건과 육체적 사건이 상호 작용하는 것처럼 보이는 것은 어떤 정신적 사건이 일어날 때 거기에 해당하는 육체적 사건도 평행하게 항상 일어나기 때문이다. 물질로 이루어진 세계의 모든 사건은 다른 물질적 사건이 원인이 되어 일어난다는 생각, 즉 물질적 사건의 원인을 설명하기 위해서 물질세계 밖으로 나갈 필요가 없다는 생각은 근대 과학의 기본 전제이다. 평행론은 이 전제와 충돌하지 않는다는 장점이 있지만, 서로 다른 종류의 사건들이 동시에 일어난다는 사실은 이해하기 힘들다.

'부수 현상론'은 모든 정신적 사건은 육체적 사건에 의해서 일어나지만, 그 반대는 성립하지 않는다고 주장하여 둘 사이의 조화를 설명하려는 이원론이다. 이에 따르면, 육체적 사건은 정신적 사건을 일으키고 또 다른 육체적 사건의 원인도 된다. 하지만 정신적 사건은 육체적 사건에 동반되는 부수 현상일 뿐, 정신적 사건이든 육체적 사건이든 어떠한 사건에도 아무런 영향을 미치지 못한다. 그러나 정신적 사건이 아무 일도 못하면서 따라 나올 뿐이라는 주장은, 아무 일도 하지 못한다면 도대체 정신적 사건이 왜 존재해야 하는가의 의문을 불러일으킨다.

정신적 사건과 육체적 사건을 구분하면서 그 둘이 관련 있음을 설명하려는 이론들은 모두 각자의 문제점에 봉착한다. 그래서 정신적 사건과 육체적 사건은 별개의 사건이 아니라 두 사건이 문자 그대로 동일한 사건이라는 **'동일론'**, 곧 심신 일원론이 제기된다. 과학의 발달로 그동안 정신적 사건이라고 알려졌던 것들이 사실은 육체적 사건에 불과하다는 것이 밝혀짐에 따라, 인과관계는 오로지 물질적 사건들 사이에서만 존재한다고 보게 된 것이다.

데카르트의 생기론

데카르트의 인간학에는 육체적인 실체와 정신적인 실체의 '이원론'이 작용한다. 인간은 이 두 세계에 참여한다. 데카르트는 **'생기론(生氣論)'**을 통해 인간 안에서 이 두 세계를 조화시키려고 했다. 데카르트에 의하면 이 '생기'가 신체에서 정신으로의 이행을 보증하며, 그 반대도 마찬가지다. 이를 두고 그는 "이 생기는 두뇌에 있는 송과선에서 신경계의 물리적인 충격을 정신에 전달한다."라고 말했다. 데카르트는 인간에게 통합해 있는 이 두 실체의 상호 작용을 가정했다. 신체의 특정 상태에 영혼의 상태가 상응한다는 주장으로, 바로 이 지점에서 그의 주장은 상호 작용론과 평행론 사이를 오락가락했다.

09 진리 판단에 대한 세 이론: 대응설, 정합설, 실용설

우리는 일상생활이나 학문 활동에서 '진리' 또는 '참'이라는 말을 자주 사용한다. 예를 들어 '그 이론은 진리다.'라고 말하거나 '그 주장은 참이다.'라고 말한다. 그렇다면 우리는 무엇을 '진리'라고 하는가? 이 문제에 대한 대표적인 이론에는 대응설, 정합설, 실용설이 있다.

대응설은 어떤 판단이 사실과 일치할 때 그 판단을 진리라고 본다. '내 말을 믿지 못하겠거든 가서 보라.'라는 말에는 이러한 대응설의 관점이 잘 나타나 있다. 감각을 사용하여 확인했을 때 그 말이 사실과 일치하면 참이고, 그렇지 않으면 거짓이라는 것이다. 대응설은 일상생활에서 참과 거짓을 구분할 때 흔히 취하고 있는 관점으로, 우리가 판단과 사실의 일치 여부를 알 수 있다고 여긴다. 우리는 특별한 장애가 없는 한 대상을 있는 그대로 정확하게 지각한다고 생각한다. 예를 들어 책상이 네모 모양이라고 할 때 감각을 통해 지각된 '네모 모양'이라는 표상은 책상이 지니고 있는 객관적 성질을 그대로 반영한 것이라고 생각한다. 그래서 '그 책상은 네모이다.'라는 판단이 지각 내용과 일치하면 그 판단은 참이 되고, 그렇지 않으면 거짓이 된다는 것이다. 이러한 대응설은 새로운 주장의 진위를 판별할 때 관찰이나 경험을 통한 사실의 확인을 중시한다.

정합설은 어떤 판단이 기존의 지식 체계에 부합할 때 그 판단을 진리라고 본다. 진리로 간주하는 지식 체계가 이미 존재하며, 그것에 판단이나 주장이 들어맞으면 참이고 그렇지 않으면 거짓이라는 것이다. 예를 들어 어떤 사람이 '물체의 운동에 관한 그 주장은 뉴턴 역학의 법칙에 어긋나니까 거짓이다.'라고 말했다면, 그 사람은 뉴턴의 역학의 법칙을 진리로 받아들여 그것을 기준으로 삼아 진위를 판별한 것이다. 이러한 정합설은 새로운 주장의 진위를 판별할 때 기존의 이론체계와의 정합성을 중시한다.

실용설은 어떤 판단이 유용한 결과를 낳을 때 그 판단을 진리라고 본다. 어떤 판단을 실제 행동으로 옮겨보고 그 결과가 만족스럽거나 유용하다면 그 판단은 참이고 그렇지 않다면 거짓이라는 것이다. 예를 들어 어떤 사람이 '자기 주도적 학습방법은 창의력을 기른다.'라고 판단하여 그러한 학습방법을 실제로 적용해보았다고 하자. 만약 그러한 학습방법이 실제로 창의력을 기르는 등 만족스러운 결과를 낳았다면 그 판단은 참이 되고, 그렇지 않다면 거짓이 된다. 이러한 실용설은 새로운 주장의 진위를 판별할 때 결과의 유용성을 중시한다.

논리적인 개념에서의 '진리'

전통적 · 고전적 형식논리학의 의미로서의 명제는, 두 개의 개념이 올바르게 결합하여 하나의 사태를 나타내는 '**판단의 성질**'로, 판단에서는 명제들의 올바른 결합이 긍정 판단이나 부정 판단으로 정립한다. 이렇게 명제들이 정립할 때 사태(사건, 현상)는 정신에 현존하는 의식으로 존재하게 된다. 이를 두고 고전적인 의미에서 명제는 "진리는 정신과 사물의 일치다."라고 했다.

칸트에 따르면, 모든 사람이 이와 같은 '정의'에 동의하지만, 다만 논란이 되는 것은 정신(사고, 인식)이 그것과 일치해야 할 '사물(존재자, 대상)'을 정확하게는 무엇이라고 이해해야 하는가의 문제일 뿐이다. 이런 정신과 사물의 일치가 순수하게 논리적인 법칙(특히 모순율)을 바탕으로 이뤄진다면, 그 (내재적이거나 형식적인) 일치는 '**옳고 그름**'의 문제가 된다. 만약 그 일치가 직관적이고 따라서 내용을 현재 의식하거나, 또는 존재자가 정신에 현존한다고 인식한다면, 명제는 철학적 의미에서의 **(초월적 또는 실질적인) 진리**에 관해서 말하는 것이 된다.

10 상대주의의 다양한 관점: 인식론적 상대주의, 윤리 상대주의, 과학 상대주의, 문화 상대주의

상대주의는 상대적인 것을 절대적인 것과의 연관으로부터 분리해 내어 고찰하는 철학의 한 입장이다. 이에 대해 절대주의는 인식상으로는 절대적 진리, 윤리상으로는 절대적 가치와 절대 선의 설정과 같이 절대성을 인정하는 입장이다. 상대주의 관점은 철학은 물론이고 과학 · 문화 · 윤리 등 다양한 영역에서 사고와 인식의 틀을 형성하고 있다.

'인식론적 상대주의'는 오직 여러 대상, 현상, 과정 등의 상호 관계와 연관만이 인식될 수 있을 뿐이고, 대상과 현상, 과정 등은 그 자체로는 인식될 수 없다고 주장한다. 여기서 상대주의는 인식하는 주관으로부터 독립한 (객관적) 진리는 존재하지 않는다는 결론을 내린다. 즉 인식은 사람에 따라, 그리고 경우에 따라 달라지는 상대적이고 주관적인 것에 불과하다. 다시 말해 모든 인식은 상대적이지만, 그렇더라도 어느 경우에나 인식하는 주관에 대해 의존적이기 때문에 또한 궁극적으로 주관적이다.

'윤리학에서의 상대주의'는 보편타당한 도덕규범 또는 윤리적 가치를 거부한다. 즉 옳고 그름에 관한 기준이 문화마다 시대마다 상황에 따라 다를 수 있으며, 만약 윤리적 상대주의에 따라 특정 사회 특정 시대의 구성원 다수가 옳다고 믿는다면 어떠한 행위도 용납될 수 있다. 윤리학에서의 상대주의(도덕적 상대주의)는 윤리적 절대주의가 지닌 문제점을 극복하는 데 도움을 준다. 윤리적 절대주의는 도덕규범의 영구불변하는 절대성을 옹호하면서 그 어떤 예외적인 상황도 인정하지 않는다. 어떤 상황에서든 무조건 그 규범을 지켜야 한다고 주장하거나, 인간이 지닌 실천적 한계를 고려하지 않고 항상 그 규범을 지켜야 한다고 주장한다. 윤리적 상대주의는 이러한 절대성을 부정함으로써 윤리적 삶의 다양성과 실천적 한계를 허용한다.

'과학에서의 상대주의'에 따르면, 어떤 과학자 집단이 자신들의 이론을 보편적인 것으로 믿는다고 해도 모든 상황, 모든 사건에 절대적으로 적용될 수 있는 보편성이 있는 것은 아니다. 또 무엇을 가치 있는 것으로 보느냐에 따라 보편성도 달라진다. 상대주의 과학관을 지지하는 학자들에 따르면, 과학이라고 명명할 수 있는 보편적 진리라는 것은 존재하지 않는다. 과학적 합리성이라는 것은 허구일 뿐, 이것이 사회적인 이데올로기가 되어 인간의 사고방식을 지배한다고 본다. 이를테면 현재의 대다수 사람이 믿지 않는 천동설도 그 나름의 가치가 있는 것이며, 이를 비과학적이라고 주장할 근거는 어디에도 없는 것이다. 과학과 비과학이란 그 시대의 이데올로기가 선정한 것에 불과하다.

'문화 상대주의'에 따르면, 특정 사회를 사는 우리가 공유하는 개별 문화는 각각 독자적인 세계 인식이나 가치관 등을 가지고 있기에 다양한 문화에 우열 관계를 부여할 수 없다. 즉 세계 문화의 다양성을 인정하고 각 문화의 독특한 환경과 역사적 · 사회적 상황을 고려해 이해해야 한다. 문화 상대주의는 자칫 어떤 집단의 문화든 무조건 포용하고 인정하는 태도로 흐르면서 보편적인 사회 규범을 무시하는 관습까지 정당하다고 인정할 우려가 있다. 그러나 인권, 생명 존중, 정의 같은 보편적 가치는 어느 시대, 어느 문화를 막론하고 부정되어서는 안 된다. 인류의 보편적 가치를 바탕으로, 다양한 문화를 그 사회의 맥락에서 바라보고 인정하는 태도를 길러야 한다.

11 정신의 본질: 실체설, 작용설, 전체설

근대 이후, 영혼(≒정신)은 하나의 독특한 존재 영역으로 파악되기 시작했고, 더 나아가 인간에게만 국한하는 것으로 의미가 축소됐다. 인간 정신의 본질로서 정신과 영혼의 관계를 바라보는 견해는 크게 실체설, 작용설, 전체설로 나뉜다.

'실체설'은 영혼을 다양한 심리 현상을 지배하는 영구불변의 '실체', 곧 **'실재'**라고 보는 입장으로, 고대에서 근대에 이르기까지 지배적인 견해였다. 플라톤은 영혼을 이데아와 현실 세계 사이의 중간자로 보고, 영혼은 이데아의 세계에 참여하는 동시에 생성 변화하는 현상계(현실 세계)의 생명 및 운동 원리라고 주장했다. 아리스토텔레스는 형상과 질료의 관계를 마음과 정신의 관계에 적용하여 영혼을 '형상'으로, 신체를 '질료'로 이해했다. 근대에 들어 데카르트는 정신과 물질을 독립된 실체로 보면서 이러한 관계에 적용하여 '심신 상호 작용설'을 전개했다. 데카르트에게서 영혼과 정신은 구분되지 않으며, 마음(영혼)을 정신적인 실체로 인정한 라이프니츠와 버클리에게서도 둘 간의 구분은 나타나지 않는다. (영혼=정신=본질=실체=실재)

'작용설'은 경험심리학의 견해를 따라 영혼의 실체성을 부정하면서, 영혼이란 결국 심적 현상의 총합에 불과하다고 보는 입장이다. 근대 철학자 중 스피노자는 '신(자연)'만이 유일한 실체이며, 정신이나 물질은 그 속성에 불과하다고 보았으며, 경험론자인 흄 역시 영혼은 관념의 다발에 불과하다고 주장했다. 현대에 들어와 생철학자인 베르그송과 실용주의 철학자인 제임스 역시 영혼을 실체로 보지 않았는데, 그들은 영혼에 대한 경험심리학적 설명에 만족하지 않고 정신의 내면적 고유성을 옹호했다. (영혼≒정신=관념≠본질≠실체≠실재)

오늘날에는 영혼에 관한 발전된 이론으로서 이른바 **'전체설'**이 제기되고 있는데, 이는 '정신철학'의 주된 물음이라 할 수 있다. 전체설은 몸과 마음의 관계를 단순히 상관관계에 따라 구분하면서 살피기보다는, 인간에게 있어서 몸과 마음은 하나가 된 전체로서 **유기적으로** 관계한다는 사실에 주목한다. 그리하여 이 통합된 전체로서의 인간을 지배하는 독자적인 요인의 존재를 인정하고, 심신 관계를 그 존재자와의 전체적인 상관관계 속에서 설명한다. 전체설이 내세우는 인간 정신의 핵심은 영혼으로, 육체와 영혼의 상호작용을 통한 정신의 발전을 주장한다. 영혼은 자가발전의 가능성을 지니고 있지만, 그렇더라도 자기 스스로 그 힘을 드러낼 수 없으므로 육체를 통해 그 모습을 드러낸다. 마치 인간은 노동을 통해서 신체적으로나 정신적으로 발전하듯이, 영혼 역시 육체를 구성하는 노동을 통해서 발전하는 것이다. 그리고 그와 동시에 이 육체는 거꾸로 영혼에 많은 제한성을 가하고, 그에 따라 정신이란 유기체가 혼란한 상태일 때 육체는 영혼을 부자연스럽게 만들기도 한다. (영혼=정신+육체≒본질≒실체≒실재)

전체적으로 보면, 결국 영혼은 유기적 생명체 및 무기적 물질을 토대로 하여 성립하지만, 그것들을 자신의 구성 요소로서 받아들이지는 않는다. 한마디로, 생명이라는 존재자 위에 새로운 존재자를 형성하는 것이다. 따라서 영혼은 새로운 상위의 존재자로서 고유한 범주적 특성을 갖는데, 그 대표적인 것으로서 '무의식', '의식 작용', '감정 작용'을 들 수 있다.

12 진리에 관한 비합리주의 관점: 생철학과 해석학

이성주의가 근대 철학의 주류로 확고하게 자리잡은 이래, 진리의 기본 조건이 보편성과 객관성, 합리성과 논리성이라고 해도 모든 것이 다 합리적으로 해명되는 것은 아니다. 칸트의 '물자체'처럼 합리적인 해명 자체가 어렵거나, 합리성을 넘어선 영역도 존재한다. 그에 따라 진리에 관한 근대성이 갖는 한계를 비판하면서 진리에 관한 비합리주의적 관점을 제기하는 사상가들이 19세기 후반 들어 나타나기 시작했다. '**생철학**'의 선구로 불리는 니체, 쇼펜하우어, 베르그송 등은 그러한 입장을 대표하는 철학자들이다. 그들은 오히려 이성 중심의 보편주의, 객관주의 철학자들로부터 주관적이고 비합리적이라고 천시되거나 배제되었던 '**충동, 의지, 본능, 생(生)**' 등에 주목하면서 그것이 오히려 참된 인식의 근원이자 기반임을 강조했다. 쇼펜하우어의 '생에의 의지'나 니체의 '힘을 향한 의지'는 이러한 맥락에서 주장된 것들이다.

생철학에서는 어떤 대상을 인식하는 것은 그 대상에만 고유한 생의 파동을 포착하는 것이다. 베르그송에 따르면, 이른바 대상 세계란 고정된 집합체가 아니라 하나로 엉켜 있는 살아있는 유기체로, 생명을 인식하는 방법은 분석이 아닌 직관에 따른 것이다. 직관은 분석 방법과 대립하는 것으로, 분석이 대상을 그 바깥에서 분할하고 고정하여 파악하는 데 비해, 직관의 방법은 대상 속으로 들어가서 그 대상만이 가지고 있는 독특한 내부의 것들과 합일하는 정신적 공감이다. 이때 생철학이 강조하는 '**직관**'이란 플라톤이나 데카르트의 이성적 직관과 다르며, 감각적 지각을 의미하는 칸트의 직관과도 다르다. 그것은 대상을 향하고 있는 인식주관과 주관을 향하고 있는 대상이 전적이면서도 일시적으로 합일하는 것으로서, 마치 예술가의 직관과도 같은 것이다. 직관을 강조하는 베르그송의 철학은 생에 대한 학문적 인식이라기보다는 오히려 세계의 근원을 생성과 운동의 관점에서 바라보는 형이상학에 가깝다.

이에, 생동하는 생을 참된 모습으로 상정하면서도 이것을 좀 더 이론적으로 파악한 것이 '**해석학**'이다. 딜타이에 의하면, 살아 움직이는 것, 즉 생에 대한 인식은 오로지 '**체험**'에 의해서만 이루어질 수 있다. 체험이란 생을 직접 파악하는 방법으로, 생은 항상 자신을 외적으로 '표현'한다. 따라서 체험이 생의 내적 계기라면 표현은 생의 외적 계기라 할 수 있다. 딜타이는 이 외적 표현에 관한 파악을 '**이해**'라고 했는데, 주로 몸짓이나 표정 등에 대한 이해는 아직 학문적 인식 수준의 것이라고 말하기가 어렵다.

그렇다면 살아있는 생을 표현하되 우리 앞에 학문적 인식이 가능한 고정적이고 지속해서 주어진 그 무엇이 있을 듯한데, 그것은 곧 '역사', '예술', '관습', '제도' 등이다. 즉 예술이나 역사는 살아있는 생의 내용을 담고 있되, 고정적이고 지속적인 파악이 가능한 통로이다. 예컨대 음악 악보의 경우, 이는 살아 생동하는 고유의 감동과 아름다운 선율을 담고 있되 언제라도 그것을 반복해서 접할 수 있게 한다. 따라서 딜타이는 살아있는 생의 내용을 파악하되, 좀 더 학문적으로 탐구해 들어가기 위해 그러한 지속적인 표현에 대한 이해에 주목했다. 딜타이는 이러한 '지속적인 표현에 대한 학문적 파악'을 '**해석**'이라고 불렀는데, 딜타이의 해석학이란 생에 대한 학문적 접근 방식이라 할 수 있다. 결국 생의 체험은 그것의 표현에서 한층 깊어지고, 이해 내지는 해석을 통해 더 깊은 생의 체험이 된다. 인간은 생의 해석 과정에서 인간다운 삶의 깊이를 더해 나가는 존재이며, 해석학은 생동하는 인간 삶의 총체적인 내적 연관의 해명을 시도하는 학문적 시도라 할 수 있다.

13 본질과 실체에 대한 동서양의 인식: 형상과 질료, 이(理)와 기(氣)

플라톤 철학은 '영혼과 육체', '이성과 감각'처럼 대상을 이분법적으로 나눈다. 특히 플라톤은 **'이데아'**라는 순수 형상의 이상 세계와 질료를 바탕으로 하는 현실 세계로 구분했다. 플라톤의 이데아는 아리스토텔레스로 와서 '에이도스(형상)', 그 이후에는 '본질', '실재' 등으로 바뀌었지만, 모두 본질을 의미한다는 점에서는 같다.

플라톤은 이데아가 질료에 구현되어서 생명체와 같은 개별자가 만들어진다고 보았다. 아리스토텔레스는 개별 사물(개체)을 질료와 형상으로 구분하면서, 형상을 보편화의 원리로 그리고 질료를 개별화의 원리로 보았다. 고대의 **에이도스**(이데아, 형상)는 중세 기독교로 가면 '신(神)'의 관념 안으로 들어간다. 신의 머릿속에 이데아가 있고, 신이 이를 물질에 구현한 것이다.

아리스토텔레스의 '질료형상설'에 따르면, 모든 자연 사물은 형상과 질료가 결합한 것이다. 이러한 사유는 동양 성리학의 '리(理)'와 '기(氣)'와도 통한다. 고대 서양철학의 형상은 성리학의 **리(理)**에 해당하고, 질료는 **기(氣)**에 해당한다. 본래 리(理)는 '옥을 간다'라는 뜻으로, 질서가 잡혀 있지 않은 바탕 질료에 질서를 부여하고 조직한다는 의미이다. 기(氣)가 리(理)에 의해 조직되면 유기체를 이룬다.

서양 전통 철학의 기본 입장은 형상이 어떤 질료에 구현되어 모든 자연 사물에서 나온다고 보았다. 즉 사물의 정체성을 규정하는 핵심 요소는 **'형상(본질)'**이고, 그것이 개별 사물에 내재하면서 외형을 이루는 것이 '질료'이다. 이 질료가 근대 과학으로 오면서 '질량'이란 개념으로 바뀐다. 근대 과학의 질량 보존의 법칙, 에너지 보존의 법칙 등은 물질이 변화할 때 질량은 변하지 않는 데 반해 형상은 변한다는 것을 보여 준다.

형상과 질료

아리스토텔레스는 사물의 본질인 이데아는 눈에 보이지 않는 관념적인 모습으로 존재하는 것이 아니라, 개별 사물 그 자체에 내재하고 있다고 생각했다. 이때 사물의 본질은 무엇인가의 구체적 형태를 띠고 있는데, 이를 **'형상(形相)'**이라고 한다. 의자의 본질은 의자의 형상이고, 컵의 본질은 컵의 형상이라 할 수 있다. 그리고 개별 사물의 소재를 **'질료(質料)'**라고 한다. 이를테면 나무의자의 질료는 목재이고, 유리컵의 질료는 유리이다. 같은 질료를 가지고 여러 가지 다른 사물을 만드는 것은 형상이다. 질료와 형상은 물체에 대한 일종의 형이상학적 의미라 할 수 있다.

이기이원론

우주 만물의 구조를 이(理)와 기(氣)라는 두 가지 개념으로 설명하려는 동양철학 이론이다. 이기론에 따르면 우주 만물은 **이와 기가 결합**하여 나타나는데, 여기서 이는 만물을 낳는 근본 원리를 말하며, 기는 만물이 생성하는 재료를 말한다. 주자는 모든 사물이 이와 기의 결합으로 되어있기에 이와 기가 서로 떨어질 수 없으며, 동시에 원리로서의 이와 재료로서의 기의 역할이 분명히 다르기에 서로 뒤섞일 수 없다고 봤다. 주자는 모든 사물은 이를 갖추고 있기에 이의 측면에서는 똑같다지만, 현실에 존재하는 만물이 서로 다른 것은 기의 맑고 흐림, 또는 바르고 치우침의 차이가 있기 때문이라고 봤다.

14 판단 능력: 사실판단, 가치판단, 도덕판단

개념과 함께 사고의 근본 형식을 이루는 '판단'은 개개의 사실에 관한 것뿐만 아니라, 사실의 법칙 관계를 확인하는 철학적 물음이다. 따라서 인식론적 · 윤리적 · 과학적 · 사회문화적 제 현상을 올바르게 파악하기 위해서는 판단에 대한 개념적 인식을 명확히 할 필요가 있다. 도덕 판단에서의 사실판단과 가치판단의 구분은 특히 중요하다.

도덕적 갈등을 해결하기 위해서는 올바른 판단 과정을 거쳐야 한다. 이때 판단 과정에서 사실판단과 가치판단을 구분할 필요가 있다. **사실판단**은 관찰이나 과학적 혹은 역사적 탐구 등과 같이 객관적인 사실을 근거로 한 판단이다. 한편 **가치판단**은 좋고 나쁨, 옳고 그름, 아름다움과 추함, 고귀함과 저속함 등 주관적 가치를 근거로 한 판단이다. 즉 가치판단이란 어느 것이 어떤 목적에 유용할지를 판단하는 것으로, 일 그 자체에 관한 것과는 구별된다.

올바른 **도덕판단**을 위해서는 우선 사실판단이 필요하다. "물은 100도에서 끓는다."와 같은 사실판단은 객관적 사실을 근거로 하여 판단에 대한 진위를 명확하게 밝힐 수 있다. 또 사실판단은 갈등 해결의 실마리를 제공하기도 한다. 예를 들어 사형제도 존폐를 논의할 때는 사형의 실제적인 범죄 예방 효과에 대한 사실판단이 필요하다.

가치판단은 주관적인 가치를 근거로 내리는 판단이다. 그 때문에 동일한 개나리를 보고서도 어떤 이는 아름답다는 판단을, 다른 이는 그렇지 않다는 판단을 내릴 수 있다. 하지만 사람마다 보편적으로 느끼거나 사고하는 가치판단이 있다. 특히 도덕판단이 그러하다. 도덕판단은 사람의 인품이나 행위에 대해 내리는 가치판단의 한 종류이다. 가령, "그는 좋은 사람이다.", "거짓말은 나쁘다." 등이 도덕판단이다.

[사례] 존엄사 허용 논쟁을 통해 본 사실판단 · 가치판단 · 도덕판단

※ 다음은 존엄사 허용 여부에 대한 대화의 일부다. 밑줄 친 ㉠, ㉡, ㉢에 해당되는 판단의 종류를 알아보자. (고등학교 도덕, 천재교육)

슬기: 준혁아, 너는 존엄사를 허용해야 한다고 생각하니?

준혁: 응, 그래야 한다고 생각해. 왜냐하면 ㉠ 회복 불가능한 환자에 대한 무익한 연명치료는 오히려 환자의 존엄과 가치를 해치니까 옳지 않다고 생각해. 너는 어떻게 생각하니?

슬기: 존엄사를 허용하는 것에 대해서는 매우 신중해야 할 것 같아. 가령, 연명치료를 받고 있는 환자가 나의 아버지라고 생각해 봐. 어떻게 해서라도 생명을 유지시켜야 한다고 생각해. ㉡ 연명치료를 통해서라도 유지되는 생명은 아름다운 것이라고 봐.

준혁: 생명이 소중하다는 점에는 나도 공감해. 하지만 그 환자는 회복 불가능한 사망의 단계에 있잖아. ㉢ 그런 환자는 연명치료 장치가 개발되기 이전에는 자연스럽게 죽음을 맞이했어. 그런데 무익한 연명치료 장치가 오히려 자연스러운 죽음을 막고 있는 것은 아닐까?

㉠: 도덕판단, ㉡: 가치판단, ㉢: 사실판단

15 도덕 이론: 목적론적 윤리설(결과주의)과 의무론적 윤리설(동기주의)

어떤 상황에서 도덕판단을 내릴 때는 그것을 정당화하기 위해 도덕 규칙 또는 도덕적 의무를 근거로 제시하게 된다. 도덕이론은 그러한 도덕 규칙 또는 의무를 정당화해 준다. 도덕적 의무 또는 옳은 행위가 결과에 의존하느냐 그러지 않느냐에 따라, 도덕이론은 목적론적 윤리설과 의무론적 윤리설로 나뉜다.

의무론적 윤리설에 따르면, 의무 또는 옳은 행위란 그것이 가져올 좋은 결과 때문이 아니라, 그 자체가 옳은 성질을 지니고 있기 때문에 옳은 행위가 된다. 예를 들면 속임수를 써서는 안 되는 의무, 즉 정직의 의무는 그것이 가져올 어떤 좋은 결과 때문에 의무가 되는 것이 아니고, 정직 그 자체가 옳은 성질을 지니고 있기 때문에 옳은 행위가 되고 의무가 된다. 의무론적 윤리설을 대표하는 칸트에 의하면, 도덕법칙 또는 도덕적 의무는 "정직해야 한다."와 같이 정언명법으로 표현된다. "만약 … 하려면(또는 … 하기 위해), … 해야 한다."와 같이 어떤 목적이나 결과를 전제하는 명법은 도덕법칙으로서 자격이 없다고 칸트는 말했다. 예를 들면 "성공하려면 정직해야 한다."와 같은 가언명법은 도덕법칙이 될 수 없다는 것이다.

목적론적 윤리설에는 이기주의 윤리설과 공리주의 윤리설이 있다. **이기주의 윤리설**은 자신에게 궁극적으로 이익이 되는 행위가 옳은 행위라고 본다. 부정행위를 하면 일시적으로는 점수를 올려 자기에게 도움이 될지 모르지만, 장기적으로 보면 자기에게 이익이 된다고 보기는 어려울 것이다. "정직은 최상의 방책이다."라는 말이 있는데, 이기주의 윤리설의 입장에서 주장하는 삶의 법칙이다. 정직하게 살면 결국 이익이 되기 때문에 정직하게 사는 것이 옳다는 뜻이다. **공리주의 윤리설**은 사회 전체의 이익을 최대한으로 가져오는 것이 옳다고 본다. 다시 말해 이 세상에 본래 선(善) 혹은 행복을 최대한으로 증진하는 행위나 규칙 또는 법이 옳다고 본다. 보통 '최대 다수의 최대 행복'의 원리로 대표되는 공리주의를 처음으로 체계화한 사람은 영국의 법학자이자 윤리학자인 벤담이다. 벤담은 공리의 원리를 법이나 제도의 정당성을 평가하는 원리로 보았을 뿐만 아니라, 인간 행위의 도덕성을 평가하는 원리로 간주하였다.

목적론적 윤리설과 의무론적 윤리설

목적론적 윤리설	의무론적 윤리설
•결과주의 – 최선의 결과를 가져오는 행위를 도덕적 행위로 간주한다. •행복이나 쾌락을 인간이 추구해야 할 목적으로 본다.	•동기주의 – 행위의 결과보다는 행위를 하게 된 의지와 동기에 주목한다. •도덕법칙의 명령에 따르는 것을 인간의 의무로 본다.
•이기주의 •공리주의 – 벤담, 밀	•칸트의 정언명법에 따른 실천이성 강조

의무론적 윤리와 목적론적 윤리 적용의 난점

의무론적 윤리 적용의 난점

- 어느 시대, 어느 지역에서나 타당한 절대적인 도덕법칙 또는 의무가 있는가?
- 만약 있다 하더라도 그 법칙 또는 의무를 어떻게 발견할 수 있는가?
- 만약 발견할 수 있다 하더라도 왜 우리가 그 법칙에 의무적으로 따라야만 하는가?

목적론적 윤리 적용의 난점

- 과연 모든 사람들이 합의할 수 있는 인생의 객관적인 목적이 있는가?
- 비록 객관적인 목적이 있다 할지라도 그것이 무엇인지 어떻게 알 수 있는가?
- 목적을 달성함에 어떤 수단이 가장 정당한 것인가?

16 논리적 사고의 기본 원리: 동일률, 모순율, 배중률

올바른 사고를 위해서는 사고 단위인 개념과 개념을 분리해서 분석해야 한다. 이는 '동일률, 모순율, 배중률'의 법칙을 동시에 충족하되, 정합성을 유지하여 논리의 오류를 피해야 한다.

■ 동일률

항상 '참'이어서 '거짓'일 수가 없는 이 명제들 중 첫 번째인 **'동일률'**은 하나의 사실에는 하나의 판단만이 존재함을 상정한다(A는 A다). 동일률은 '어떤 것도 자기 자신과는 같다.'라고 표현될 수 있다. 철수는 철수이며 나무는 나무이다. 그러니까 철수를 영수라고 생각하거나 나무를 돌이라고 생각한다면, 그 생각은 정합적이지 않다. 즉 앞뒤가 서로 맞지 않는 것이다. 무엇과 무엇의 동일성에는 '철수는 철수이다.'처럼 완전한 경우도 있고, '철수는 사람이다.'처럼 부분적인 경우도 있다. 완전한 동일성은 동어 반복으로서 그 생각은 자명하지만, 부분적인 동일성의 경우는 그 양자 사이의 포함 관계를 헤아려보아야 하며, 그 결과에 따라 그 생각은 맞을 수도 있고 틀릴 수도 있다. 이처럼 어떤 생각의 맞고 맞지 않음의 척도 혹은 규범으로 기능하는 이치가 바로 '동일률'이다. 동일률을 실제 적용하는 데 있어서, 무엇과 무엇의 동일성을 살필 때 **관점을 바꿔서는 안 된다.** 즉 하나의 단어가 각기 다른 의미로 사용되면 혼동되므로 그 단어가 문맥에서 의미하는 바가 같다는 것을 전제한 후 동일성을 판단해야 한다는 것이다.

■ 모순율

두 번째인 **'모순율'**은 동일 판단에 모순이 존재하지 않아야 하며 이로 인해 어떤 사실이 '참'이면 '참'일 뿐 동시에 '거짓'일 수가 없다는 것을 의미한다(A는 A이면서 동시에 B가 될 수 없다). '어떤 것에도 그것에 어긋나는 것이 속할 수 없으며, 또한 서로 어긋나는 성질이 함께 어떤 것에 속할 수 없다.'라는 사고 법칙을 말한다. 원을 삼각이라고 생각하거나 천장에 뚫린 구멍이 둥근 사각이라는 생각은 알맞지 않은 것이다. 어떤 것도 자신과 어울릴 수 없는 것을 자신의 성질로 가질 수 없으며, 서로 어울릴 수 없는 성질들을 동시에 함께 가질 수 없다. 이 모순의 법칙을 일상적인 사고나 언표에 적용하여 그것의 맞고 맞지 않음을 판별할 때에는, 동일률의 적용에서와 마찬가지로 모순을 파악하는 **관점을 바꾸지 않도록** 주의해야 한다.

■ 배중률

마지막의 **'배중률'**은 논리적 판단은 어떤 명제가 '참'이냐 아니면 '거짓'이냐의 둘 중 하나이며, 그 중간의 형태는 존재하지 않는다는 원리이다(A는 A이거나 A 아니거나 둘 중 하나일 뿐, 그 중간은 없다). 배중률, 즉 중간(혹은 제3자)을 배제한다는 법칙은 '모순 관계에 있는 두 생각이 모두 틀릴 수는 없다.'로 표현된다. 어떤 생각 '가'와 어떤 생각 '나'가 모순 관계에 있다면, 분명 '가'와 '나'는 모두 맞을 수는 없는 일이다. 가령 '맞다'와 '틀리다'는 모순 관계에 있는 말이고, 그래서 어떤 생각에 이 말이 동일한 관점에서만 적용된다면 그것은 맞거나 틀린 것 중 하나이다. 다시 말하면 맞으면서 동시에 틀릴 수도 없고, 맞는 것도 아니고 틀린 것도 아닐 수 없다. 그렇다고 양자 모두 틀린 것도 아니다. 이 배중률을 어떤 두 생각에 적용할 때 주의할 점은 그 두 생각이 과연 **모순 관계에 있는가를** 판별해 내는 일이다.

17 논리적 해석의 두 변인: 상관관계와 인과관계

'상관관계(correlation)'란 어떤 한 변수가 증가(또는 감소)함에 따라 다른 변수가 그와 같은 방향 또는 반대 방향으로 증가(또는 감소)할 때의 두 변수 간의 관계를 말한다. 두 변수가 같은 방향으로 증가하거나 감소하면 양(+)의 상관관계, 반대 방향으로 움직이면 음(−)의 상관관계에 있다고 한다. 이에 비해 **'인과관계(causality)'**란 어떤 두 개의 사실이 원인과 결과의 관계에 있을 때를 말한다. 예컨대 A가 B의 원인이 되려면 A는 B보다 시간상으로 앞서야 하며, B가 일어나는 데 필요하고 충분한 조건이 되어야 한다. 그러나 두 조건이 함께 변한다고 해서 그들 사이에 반드시 인과관계가 있다고 볼 수는 없다.

즉 어떤 두 변인이 높은 상관계수를 갖더라도, 그것이 둘 사이의 인과관계를 주장하는 충분조건이 되지 못한다. 예를 들어 행복과 소득의 관계에서, 소득이 높을수록 행복 수준도 높게 나타나는 경향을 보인다고 해서 그것이 '소득이 높을수록 사람은 행복하다.'라는 의미를 갖는 것은 아니다. 다시 말해, 상관관계가 원인과 결과를 명확히 밝혀주지는 못한다. 하지만 어떤 두 사건이 비슷한 시기에 발생할 경우, 많은 사람은 먼저 일어난 사건이 나중에 일어난 사건의 원인일 것이라고 쉽게 단정하려 든다. 상관관계를 인과관계로 판단하는 오류를 범하는 것이다. 상관관계는 두 변인 사이에 단지 어떤 관계가 있을 가능성을 나타내는 것이기에, 그 관계를 설명하는 타당한 근거가 없으면 실제로는 쓸모없는 사실로서의 일종의 추측에 불과할 뿐이다. 즉 상관관계의 성립 여부가 인과관계의 성립 여부를 보장하지 못한다.

그런데도 상관관계는 현상의 원인을 알아낼 수 있도록 도움으로써, 인과관계에 대한 의미 있는 자료를 제공하고 올바른 의사 결정을 위한 근거로 작용한다. 이때 예를 들어 심근경색을 겪은 사람들 가운데 흡연자가 비흡연자보다 더 오래 산다는 '흡연자의 역설(smoker's paradox)'에서 알 수 있듯이, 인과관계가 성립되게 만드는 통계자료들이 타당한 신뢰성을 갖추지 못하면, 그것이 자칫 사람들에게 엉뚱한 판단을 내리도록 유도하기도 한다. 따라서 둘의 관계를 분명하게 구분하고 동일한 관계로 받아들이는 어리석음을 범하지 말아야 한다. 그러나 현실에서는 논리적 사고에 익숙하지 않은 많은 사람이 상관관계와 인과관계를 구분하지 못하고, 우연히 관찰된 별개의 상황이 마치 상관관계가 있는 것으로 **착각**을 하는 경우가 많다.

일상에서 상관관계가 인과관계와 무관한 경우는 생각보다 많다. 예를 들어 연간 맥주 소비량과 영아 사망률 추이를 보면, 둘 사이에는 단지 상관관계만 있을 뿐이며, 인과관계는 약하다. 그런데도 사람들은 "맥주를 많이 마시면 영아 사망률이 증가한다."라는 식으로 둘 사이에 어떤 인과관계가 있는 듯이 확대 해석하는 경향이 있는데, 이는 옳지 않다. 인과관계는 물론 상관관계를 입증하려면 위 두 현상을 동시에 설명할 수 있는 제3의 원인, 이를테면 '1인당 국민소득의 증감 추이'와 같은 변인을 탐구하여 그 관계성을 밝혀야 한다.

어떤 문제를 해결하기 위해서는 원인을 잘 알아야 하는 경우가 많기에, 인과관계의 추론은 무척 중요하다. 하지만 복잡한 현대 사회에서 인과관계의 원인이 분명한 경우는 흔치 않다. 각종 데이터를 통해 상관관계부터 확인하는 것이 인과관계를 밝히는 데 도움이 되지만, 그 과정에서 오히려 엉뚱한 인과관계를 유추할 위험 또한 없지 않다. 그렇기에 중요한 것은 데이터가 뒷받침된 것이기에 믿을 만한 인과관계를 갖는다고 확신하는 주장에 쉽게 휘둘리지 않는 태도이다. 각종 통계 자료가 넘쳐나는 시대에 올바른 판단 능력이 요구되는 이유가 여기 있다.

18 올바른 논증의 두 측면: 연역 추론과 귀납 추론

'추론(推論)'은 기존의 명제들로부터 유의미한 결과를 유도해나가는 논리적 사고 과정을 뜻한다. 어떤 명제를 증명할 충분한 논거를 확보했더라도, 그것의 정당성 여부를 밝혀 타당한 결론을 이끌어야 한다. 명제의 정당성을 밝히기 위해서는 감정이나 권위에 얽매이지 않고 자기 생각을 명확하고 일관성 있게 정리하여 올바른 결론에 이끌 수 있도록 사고하는 과정이 필요한데, 이러한 논리적 사고 과정이 추론이다. 논증의 명제(전제와 결론)를 어떻게 연결하면서 둘을 논리적 · 체계적 · 합리적 · 순차적으로 배열할 것인가에 따라 추론은 크게 '연역적 추론(연역 논증)'과 '귀납적 추론(귀납 논증)'으로 나뉜다.

연역 논증은 논리적 규칙에 의하여 전제로부터 필연적으로 새로운 결론을 이끌어 내는 사고 과정을 말한다. 대개 일반적인 지식이나 보편적인 원리를 전제로 하여 특수한 지식이나 원리를 도출해내는 방법으로, **'삼단논법'**이 가장 대표적인 사례이다. 연역 논증에서는 전제가 결론에 대해 결정적인 근거를 제공한다. 즉 결론의 내용은 이미 전제에 함축되어 있다고 본다. 그렇기 때문에 연역 논증에서 전제들이 모두 참이라면, 결론은 반드시 옳다. 즉 연역 논증은 전제와 결론 간의 논리적인 비약이 없다고 주장되는 논증이므로, 연역 논증은 주장의 확실성을 보장하기 위해 주로 활용된다.

귀납 논증은 경험에 기초한 둘 이상의 특수 명제에서 새로운 일반 명제를 도출해내는 방식으로, **유비 논증(유추), 열거에 의한 귀납, 인과 논증** 등이 있다. 그럴듯한 증거를 제시함으로써 결론이 옳다는 것을 증명하는 방법이 그것이다. 즉 귀납 논증은 결론이 옳다는 것을 증명하기 위해 그럴듯한 증거를 전제로 제시함으로써, 주장을 뛰어넘어 그것이 갖고 있는 지식을 확장한다. 귀납 논증에서 꼭 기억해야 할 것은, 전제가 결론에 대해 근거를 제시하기는 하지만 결정적인 근거가 아니라 개연적인 근거를 제공할 수 있을 뿐이라는 것이다. 즉 귀납 논증은 그 논증이 아무리 성공적이더라도, 전제와 결론 사이에는 논리적인 비약이 있을 수밖에 없다. 따라서 귀납 논증에서는 전제들이 모두 참이라고 해도 결론이 반드시 참이라고 기대할 수 없다.

유추

서로 다른 대상이나 과정, 또는 체계가 일정한 면에서(곧 그 구조, 기능, 속성 관계 등) 유사하거나 일치할 때, 그 **유사성**이나 **동일성**에 의거하여 그것들이 다른 측면에서도 서로 유사하거나 일치할 것이라고 추론해내는 것을 **'유추(유비추리)'**라고 한다. 즉 같은 종류의 것 또는 비슷한 것에 토대를 두고 다른 사물(대상)을 미루어 추측하는 것을 유추라고 한다. 예를 들어 어떤 사물들의 형태, 색깔, 무게 등이 서로 같다는 생각에 기초하여 기타의 성질, 이를테면 맛이나 촉감 등도 같거나 비슷하리라고 판단하는 경우, 이를 유추라고 한다. 또 어떤 사람이 그동안 성실하고 모범적인 가정생활, 학교생활을 해왔다는 사실에 기초하여, 그가 앞으로도 사회에 나가 모범적이며 성실하게 살아갈 것으로 추측하는 경우 역시 유추에 해당한다.

유비(상이한 대상들이 일정한 특징 면에서 보이는 상응, 상사, 일치의 관계)에 기초한 추론, 곧 유추는 대상에 대한 우리의 인식능력을 확장하게 만드는 유용한 사고방식이다. 하지만 부정확한 지식과 정보에서 비롯된 유비추리는 자칫 그릇된 결론을 이끌 수 있다. 따라서 유추에 의한 논증에서는 무엇보다도 대상에 대한 정확한 지식과 정보, 그리고 대상들 사이의 내적 인과관계에 대한 충분하고 풍부한 지식이 전제되어야 하며, 유추 과정 역시 객관적이고 타당한 절차를 거쳐 진행되어야 한다.

19 예술적 재현의 두 원리: 유사와 상사

프랑스의 구조주의 철학자 미셸 푸코는 『이것은 파이프가 아니다』에서 '유사'와 '상사'의 개념을 통해 모방을 설명했다. 유사(類似)와 상사(相似) 둘 다 '비슷함'이란 의미인데, 그중 **유사**하다는 것은 모방한다는 의미이자 최초의 요소를 참조한다는 뜻이다. 비슷하기 위해서는 최초의 어떤 참조물이 있어야 하기 때문이다.

그런데 최초의 참조물을 복제한 복사본들은 복제가 진행될수록 점점 더 희미해진다. 그리하여 복사본들은 좀 더 높은 단계의 복사본과 좀 더 낮은 단계의 복사본으로 분류된다. 여기에는 철저한 위계질서가 있는데, 최초의 원판으로서의 원본을 푸코는 '주인'이라고 명명했다.

그러나 **상사**는 '주인', 즉 '원본(오리지널)'이 따로 없다. 그렇기에 시작도 끝도 없으며, 위계도 없다. 그저 단지 사소한 차이에서 차이로 무한히 증식될 뿐이다. 예컨대 앤디 워홀의 코카콜라 그림에서 보듯, 어떤 것이 시작이고 어떤 것이 끝이라고 할 수 없는 것이다.

이렇게 놓고 볼 때, 상사는 결국 들뢰즈가 『차이와 반복』에서 새롭게 조명한 플라톤의 시뮬라크르의 개념과 상응한다. 플라톤에 의하면, 사물은 이데아를 모방한 이미지에 불과한데, 그중에서도 좀 더 분명하게 이데아를 모방한 것이 사본이고, 흐릿한 이미지는 **시뮬라크르**라고 했다. 이때 사본은 이데아와 유사성을 가진 이미지인데 반하여 시뮬라크르는 일종의 사본의 사본이고, 무한히 느슨해진 유사성이라고 했다.

따라서 이것을 회화에 적용하면, 모델을 충실하게 복사한 그림이 원본과 '**유사의 관계**'라면, 모델과는 아무 상관없이 복제품끼리 서로 닮아가는 반복하는 이미지들은 '**상사의 관계**'다. 예컨대 모나리자는 16세기 이탈리아의 한 여인이라는 실제의 모델을 비슷하게 모사한 사본인데 비해, 앤디 워홀의 색깔만 다를 뿐 똑같은 얼굴을 한 마릴린 먼로 시리즈의 그림은 실제 모델을 모사한 것이 아니라 애초부터 복제품이었던 어떤 사진을 조금씩 다르게 반복한 시뮬라크르다.

이러한 시뮬라크르의 개념은 들뢰즈나 푸코가 생각하는 것처럼 밝고 **역동적인** 것도 있고, 반대로 보드리야르가 우려하는 것처럼 **부정적인** 가상의 현실도 있다. 푸코와 들뢰즈에 따르면, 시뮬라크르는 사본의 사본이 아니라 '차이'로서 한없이 반복되고 증식되는 이미지이기에 **무한한 역동성**을 지니며, 따라서 모든 차이와 반복들을 동시에 작동시키는 것이 예술의 가장 큰 목표이다. 즉 차이와 반복을 통한 일상성의 전복이 곧 시뮬라크르 예술로, 바야흐로 예술은 모방이 아니라 반복이며, 원본의 재현이 아니라 원본 없는 시뮬라크르 시대가 온 것이다.

반면 보드리야르는 오늘날 우리 사회에는 더 이상 '실재'가 존재하지 않으며, 그렇기에 오늘날의 실재는 실질적인 실체로서의 실재가 아니라 **조작되고 왜곡된** 결과일 뿐이라고 보았다. 지시 대상인 실체에서 '기의'가 사라진 빈껍데기로서의 '기표'만 남아 있는 이미지가 곧 시뮬라크르 혹은 **하이퍼 리얼리티**로, 시뮬라크르는 더는 실재의 모방, 복제, 패러디가 아니라 실재를 실재의 기호로 대체한 것에 불과하다. 실재가 사라지고 실재의 자리에 기호가 들어서 진짜인 체하는(이것을 '시뮬라시옹'이라고 한다.), 다시 말해 가짜가 진짜 행세를 하는 시뮬라크르 시대를 우리는 살아가고 있다는 것이다.

20 예술 작품 인식의 세 관점: 모방론, 표현론, 형식론

예술 작품, 특히 미술 작품은 '모방, 표현, 형식'이란 세 표현 속성을 지닌다. 예술 작품은 대상, 작가, 작품에 따라 결정되거나 달라지는데, 이 세 측면은 예술 창작, 감상 및 평가의 서로 다른 기준으로 작용하면서 작품의 성격과 작품 이해를 달리한다. 재현 미술은 모방적 속성에 중심을 두고 부차적으로 표현적 속성에 관심을 기울이는 데 비해, 비재현 미술로 불리는 추상미술은 형식적 속성을 보다 강조한다. 예술을 보는 관점 차이에 따라 **모방론, 표현론, 형식론**이라는 세 가지 예술론은 시대별로 정의를 달리하면서 작품 이해에 대한 변화를 가져왔다.

모방론에 따르면, 예술의 본질은 대상을 모방하는 것이고, 대상을 얼마나 정확하고 설득력 있게 재현했느냐가 좋은 작품의 평가 기준으로 작용한다. 플라톤과 아리스토텔레스로부터 시작된 모방론은 르네상스 시기를 거쳐 18세기 신고전주의 시기에 이르기까지 오랫동안 영향력을 행사해 왔다. 플라톤은 모방은 대상의 겉모습을 단순 재현한 것으로 보면서 예술의 기능을 부정적으로 평가한 데 비해, 아리스토텔레스는 모방은 대상의 본질을 드러내는 것이라면서 예술의 기능을 긍정적으로 바라보았다. 근대에 이르러 모방론은 데카르트의 이성주의 철학을 바탕으로 더욱 철학적이고 체계화된 이론으로 다듬어졌고, **고전주의** 미학으로 이어졌다. 고전주의자들은 다빈치의 〈모나리자〉처럼 예술은 이성이 이끄는 보편 규범을 따라 자연을 충실히 모방할 때 완전함에 도달하고, 대상에 내재한 보편적 특성을 드러낼 수 있다고 주장했다. 하지만 예술은 철저히 이성적으로 생각하고 창작한 작품임에도 사람들로부터 외면당하거나, 규범에서 벗어난 작품이 오히려 더 큰 감동을 불러일으키기도 했다.

19세기 초 낭만주의는 이러한 배경에서 등장했다. 낭만주의자들은 예술가가 대상을 어떻게 느끼고 표현하느냐에 따라 작품 주제나 창작 방법은 차이를 보이거나, 다양한 예술미와 예술적 가치를 구현할 수 있다고 보았다. 낭만주의의 등장에는 18~19세기 칸트와 헤겔 중심의 독일 관념론 철학이 크게 영향을 미쳤다. 인간 정신의 역할을 강조한 절대 관념론적 사고는 **낭만주의** 미학의 이론적 배경이 됐으며, 예술에서 중요한 것은 작품보다는 예술가의 내적 감정이라는 인식이 확산했다. 예술에서 중요한 것은 대상과의 관계보다 작품을 창작하는 예술가와의 관계로, 예술의 본질은 '감정'의 표현이라는 표현론이 모방론을 대체하면서 예술의 설명과 이해 변화를 불러왔다. **표현론**은 사람들에게 그동안 모방론에서 간과했던 예술적 성과에 주목하도록 하였으며, 낭만주의 작품뿐만 아니라 그 이후 나타난 주관적 경향의 예술 작품 이해와 감상에도 영향을 미쳤다. 특히 고흐에서 시작된 주관적 · 표현주의적 경향의 20세기 현대미술의 이해에서 설득력을 발휘했다. 낡고 해진 구두 가죽을 거칠게 묘사한 고흐의 〈구두 한 켤레〉가 그 대표적이다.

모방론과 표현론에 이어 등장한 것이 형식론이다. 형식론은 예술의 본질은 형식에 있다는 주장으로, 그림의 구성 요소인 선, 색, 형태, 명암, 질감 등이 자아내는 미적 형식이 예술의 본질이라고 보는 시각이다. **형식론**은 예술 작품이 무엇을 나타냈는지, 어떤 감정을 불러일으키는가와 같은 내용적인 측면보다는 작품 자체의 순수한 형식을 더 중요시한다. 형식론은 독일 관념론의 미학적 관점에 반발하여 감각적인 것들을 벗어나서는 존재할 수 없는 예술의 고유한 특성에 주목함으로써, 예술 고유의 순수성과 예술적 자율성을 회복해야 한다고 생각했다. 형식론자들은 미술 작품의 진정한 이해란 내용의 확인이 아니라 작품의 형식적 가치를 알아보는 것이라고 주장했다. 그림은 내용이 아니라 이를 나타내려고 사용한 선 · 색 · 형태 · 명암 등의 관계라는 형식의 관점에서 보아야 한다는 것이다. 몬드리안과 칸딘스키의 그림이 대표적이다.

21 현대 미술의 구분: 추상미술, 구상미술, 비구상미술

추상미술은 이해하기도 어렵지만, 이를 구별하는 것 또한 쉽지 않다. 어디까지를 추상미술이라고 하고, 또 비구상 · 반추상은 무엇인지 도무지 구분되지 않는다. 간단히 말해서 '추상미술'은 자연물을 대상으로 삼지 않는 미술이다. 사람, 꽃, 동물 등 일반인들이 알 수 있는 대상을 그리는 것이 아니기에 관람자가 이를 선뜻 이해하기 어렵다.

추상미술은 19세기 이후 서양에서 선 · 색 · 면 · 형태 등 미술의 기본 요소 자체에 관심을 가지는 경향이 일어남으로써 본격화되었다. 추상미술은 화가 앞에 존재하는 한정된 대상물을 묘사하던 기존의 미술과는 달리, 작가의 직관으로부터 나오는 다양한 사고 작용을 묘사하는 미술이다. 추상미술은 물리적인 공간 속에 특정 위치를 점유하는 존재들, 즉 자연물을 거의 그림의 대상으로 삼지 않는다. 따라서 일반인들이 알 수 있는 사람이나 꽃, 동물 등과 같은 것이 그려지지 않기 때문에 이해하기가 어렵다. 결국 추상미술은 색채, 질감, 선에 의해 새롭게 창조된 추상적인 요소로 작품을 표현하였기 때문에 그 추상성에 중점을 두어야 이해되는 미술이다. 내면의 느낌이나 감흥을 표현하거나 사물을 의도적으로 왜곡하거나 재구성한다는 점에서 **비구상 · 비대상** 미술이라고도 불린다. 칸딘스키는 이러한 추상미술의 아버지로 불린다.

추상미술과는 달리 자연을 보이는 대로 묘사하는 미술을 구상미술이라고 부른다. **구상미술**은 일단 사람들이 알아볼 수 있는 형상을 갖추고 있어 일단 무엇을 그렸는지, 잘 그렸는지 못 그렸는지를 일반인들도 쉽게 판단할 수 있다. 넓은 의미에서의 구상은 형상을 갖추고 있는 미술을 의미하지만, 미술사에서의 구상미술은 그 의미가 조금 다르다. 구상미술은 2차 세계대전 이후 추상미술이 득세하자 구상미술 계열에서 추상미술에 대항하는 의미로 사용했다. 구상미술은 재현적인 경향이 강한 과거의 재현 미술과는 구별하여 사용했다. 간단히 말해 구상미술은 형태를 갖추고 있는 미술이고 추상미술은 형태가 없는 미술이라고 생각하면 된다.

비구상미술은 예술가의 직관이나 상상으로 자유로이 표현하려고 하는 미술을 말한다. '비구상'이라는 것은 '추상'의 한 종류라고 생각할 수 있다. 추상은 기존의 미술이 갖는 재현적 요소로부터 탈피하는 데서 시작되는데, 아예 처음부터 작가가 재현을 염두에 두지 않고 그려낸 것을 **비대상미술**이라고 하고, 어떠한 대상을 작가가 의도적인 왜곡으로 형태를 알아볼 수 없게 표현한 것을 **비구상미술**이라고 하며, 이런 것들을 통틀어 '추상'이라고 생각하면 된다. 이때 '반추상'이라는 것은 곧 추상화하는 정도에서 나누어진 경계라고 생각하면 된다. 반추상이라는 것은 말 그대로 추상화의 정도가 완전하게 이루어지지 않은, 일정 정도 표현 대상의 형태를 화면에서 알아볼 수 있는 그림을 말한다. 구상과 추상 사이에는 수많은 다양한 미술이 존재하는데, 우리가 흔히 말하는 비구상 · 반추상 미술은 이 사이에 위치하는 미술이다. 어떤 대상을 작가의 의도적인 변형과 왜곡으로 그 형태를 알아볼 수 없게 표현한 것이다. 레제의 〈도시의 원반들〉과 같은 입체파의 작품이 이에 해당하는데, 정확히는 구상도 아니고 추상도 아니라는 의미에서 비구상은 반추상이라고 부를 수 있다.

미술사에서 추상미술의 발전 경로를 보면, 20세기에 들어와 야수파는 색채의 해방을 주장하고, 큐비즘은 사물을 입체적으로 재구성하여 평면에 담았고, 미래파는 속도감 있는 시각언어를 보여주었다. 한편 러시아 구성주의, 몬드리안의 신조형주의, 감정의 표현을 다룬 뜨거운 추상, 차가운 추상 등 무수한 추상미술의 갈래들이 생겨났다.

22 현대 사회의 이해: 다원주의와 공동체주의적 다원주의

다원주의 사회란 한 사회 안에서 다양한 가치가 서로 대등하고 자유롭게 공존하며 경쟁을 펼치는 사회를 의미한다. 다원주의 사회는 상호 인정을 전제하는데, 이는 자신의 정체성이 다른 사람에게 수용되고, 자신이 타자의 관심 안에서 존재함을 확인하는 근거이다.

한편, 다문화 사회는 한 국가를 이루는 구성원들이 다양한 종교, 문화, 교육, 인종, 언어를 배경으로 삶을 영위하는 사회이다. 다문화 사회에서 빈번하게 일어날 수 있는 갈등은 단순히 문화 다원주의에 대한 사전적 정의처럼 다른 문화에 대한 '인정'만으로 쉽게 해결될 수 있는 것은 아니다. 공동체주의 철학자 마이클 왈쩌는 다문화 사회가 안고 있는 여러 문제를 해결할 수 있는 하나의 방안으로 **'가치 다원주의'** 개념을 도입했다. 왈쩌는 사회구성원들의 자율성과 독립성을 인정하는 권리 개념의 근거로 '성원권(membership)'이라는 권리를 제시했다.

다원주의에 관한 논의의 시작은 20세기 초 영국의 정치적 상황과 맞물려 있다. '사회적 분화'가 충분히 진행되었던 당시의 영국은 국가 중심의 권력 구조에 대해 개인의 권리를 충분히 보장할 것을 요구하게 되었다. 이렇게 본다면 다원주의는 철저하게 개인적 이해의 차원에서 개진된 이념이라고 할 수 있다. 견고한 자본주의 체제는 실질적으로 다원주의에 대한 회의적 시각을 낳았다. 법률적으로나 형식적으로는 다원주의 원칙이 폐기된 것은 아니지만, 자본의 영향력이 경제 영역을 넘어 정치권력에까지 미치게 되자 사실상 다원주의는 시장의 원리에 의해 붕괴할 것이라는 비판론이 등장했다.

개인주의와 자유주의적 가치 보장을 위한 시대적 요구인 '다원주의'는 개인 차원이 아닌 공동체 구성원 전체의 다양한 가치에 대한 인정을 요구하는 방향으로 수정되어야 한다는 과제에 직면했다. 사회 내에서의 **공동체적 가치**를 강조하는 공동체주의자들은 인간을 '자신이 속해 있는 문화 공동체 및 언어 공동체와 본질 면에서 관계하며, 공동체를 창조하고 유지하는 존재'로 보았다. 전통적으로 자유주의에서는 개인의 자율성을 강조하는 데 비해, 공동체주의에서는 개인은 공동체에 의존하는 존재임을 강조한다. **공동체주의**는 자본주의 또는 신자유주의적 흐름이 일으키는 사회 문제에 대해 지속해서 비판하는 태도를 보이면서 대안을 모색하고자 한다. 다원주의는 원래 자유주의적 전통에서 비롯된 것이지만, 현대 공동체주의 사상가들은 전체주의로 나아가지 않으면서도 **개인주의적 다원주의**의 한계를 극복하고자 했다.

왈쩌의 복합 평등론

왈쩌의 '복합 평등론'에 따르면, 정의는 모든 재화의 평등한 분배를 요구하는 것이 아니라, 각 재화가 그 특수한 영역 속에서 획득한 사회적 의미에 일치하는 기준에 의해서 분배될 것을 요구한다. 예컨대 의료와 같은 복지는 필요에 의해, 처벌과 명예는 공과에 의해, 교육은 재능에 의해, 부는 자유 교환에 의해, 정치권력은 논쟁과 투표에 의해 분배됨으로써 각각의 영역들이 자신들의 가치를 전유하면서도 상호 발전적인 작용을 가능케 한다. 이러한 점에서 왈쩌의 복합적 평등론은 **한 영역의 고유한 가치**가 타 영역의 가치를 침해함으로써 발생할 수 있는 불평등 관계를 개선할 수 있으며, 동시에 모든 영역에서 권리를 상실하는 경우를 예방할 수도 있는 것이다. 따라서 복합적 평등론에 입각한 체제는 하나의 유일한 원리에 의해 모든 것을 포괄해 버리는 전제주의와는 정반대의 체제가 된다. 그것은 독단적이고 불공평한 지배가 영속화되거나 고착화되는 상황을 제어하는 초석이 되는 것이다.

23 대중문화에 대한 다양한 해석: 계급문화론, 이데올로기론, 민중문화론, 헤게모니론

■ 계급문화론

계급문화론은 마르크스주의에 입각한 문화 · 예술 사상이다. 계급문화론에서 대중문화는 자본가로 대표되는 지배계급의 지배와 이익을 대변하며, 자본주의 사회의 계급적 갈등과 부조리를 은폐하는 수단에 불과하다. 대중문화는 정치적으로는 지배계급의 권력 유지 야욕을 충족시키고, 경제적으로는 자본가의 시장 독점 체제를 제도적으로 견고히 한다. 대중문화의 오락적 요소는 자본가가 자신들의 기득권을 유지하고, 모순된 현실을 은폐하며, 대중을 자본주의 질서에 순응하도록 유도하는 기만 수단에 불과하다. 참된 문화란 대중을 착취하고 억압하는 사회적 모순을 폭로할 수 있어야 하지만, 대중문화는 이를 고취하는 계급의식을 말살한다는 점에서 **허위 문화**이다.

■ 이데올로기론

이데올로기론은 계급문화론과는 달리 자본주의 국가 체제를 문제시한다. 대중문화의 생산 주체는 현대 자본주의 국가로, 국가는 자본주의 사회 체제를 유지하기 위해 대중문화의 생산 및 확대를 제도적으로 뒷받침한다. 대중문화를 통해 시민은 자본주의 사회의 소비 메시지에 복종하며, 자본주의 질서에 동참하고, 자본주의 질서를 재생산한다. 알튀세르는 대중문화를 '**이데올로기적 국가기구**'로 보고, 대중문화에 대한 시민의 비판의식을 촉구했다. 대중문화가 주류를 이루는 현대 사회에서 대중은 능동적 주체가 아니라, 이데올로기적 국가기구에 의해 통제되는 수동적 존재이다. 이를 벗어나기 위해서는 대중 스스로 이데올로기적 국가기구의 억압으로부터 해방될 수 있도록 문화적 비판의식과 주체성을 회복할 수 있어야 한다.

■ 민중문화론

민중문화론은 대중을 저항 잠재력을 지닌 민중이자 능동적인 문화생산자로 인식하면서, 문화의 핵심을 전통에서 찾는다. 대중문화를 민중적 삶의 원동력으로 보며, 지배세력에 대한 저항 에너지의 원천으로 이해한다. 우리나라의 경우, 대중문화에 대한 민중문화론적 해석은 1980년대 이전 경제성장 제일주의 하에서 발생한 모순된 정치 · 사회 상황을 배경으로 하며, 탈춤, 마당놀이 등 우리의 전통적 민속 문화의 부활을 통해 암울한 현실을 극복하고자 했다. 대중에게 전통문화는 지배계층으로부터 억압받던 피지배계층의 **자생문화**이자 민중을 결집하는 힘이었다.

■ 헤게모니론

헤게모니론은 대중문화를 사회계층 간 문화적 헤게모니 쟁취 과정으로 보는 사상이다. 지배계급은 자본주의 질서에서 언제나 우월적 지위를 점유하기 위해 노력하며, 그런 지위의 행사를 '**헤게모니**'라고 한다. 피지배계급 역시 지배계급이 차지한 지위를 쟁취하기 위해 노력하는데, '문화'란 지배계급과 피지배계급 간에 이루어지는 헤게모니 쟁탈 과정이다. 헤게모니 쟁탈은 기존의 질서나 신념, 가치체계에 대한 피지배계급의 도전에 맞서 계속해서 지배력을 유지하려는 지배계급의 저항이 핵심을 이룬다. 헤게모니는 피지배계급의 동의를 바탕으로 하며, 이때 대중문화가 핵심 역할을 담당한다. 대중문화는 계급 간의 다원적이고 복합적인 갈등의 산물로, 헤게모니 쟁취 과정에서 문화 주체와 역사적 상황에 따라 문화의 의미가 다양하게 해석된다.

24 자유와 평등의 양립 가능성: 기회의 평등과 결과의 평등

자유와 평등이라는 가치는 그 성격상 불가피하게 충돌한다. 자유만을 추구하면 강자가 약자의 자유를 침해하게 되어 결국에는 소수의 강자만이 자유를 누리게 된다. 반대로 평등만을 지나치게 추구하면 개인의 자유는 없어지고 독재자가 사회를 좌지우지하게 된다.

자유주의와 평등주의는 정치 · 사상적으로 자유와 평등에 대해 근본적으로 견해를 달리한다. 먼저 **자유주의**를 지지하는 사람들은 **개인주의**의 옹호자로서, 개인의 자유를 철저하게 보장할 때 사회는 발전한다고 주장한다. 자유주의는 경제활동의 자유를 놓고서, 자유권은 천부적 권리라는 이유로 개인의 자유를 적극적으로 옹호하는 '적극적 자유주의자'와 평등한 사회를 위해서는 개인의 자유를 어느 정도 제한할 필요가 있다는 '평등적 자유주의자'로 갈린다.

적극적 자유주의자들은 개인의 자유를 최대한으로 보장하는 것이 곧 국가의 역할이라고 생각한다. 개인의 평등은 형식적 평등으로서의 기회균등에 그쳐야지, 실질적 평등까지 보장하려는 것은 다른 사람의 자유를 침해하는 것으로 생각한다. 경제적인 측면에서는 국가 개입의 축소와 시장의 자율을 중시하는데, 그 결과 양극화와 실업 같은 사회적 문제가 발생한다. 반면 **평등적 자유주의자**들은 기본적으로는 개인의 자유를 보장해야 하지만, 분배 정의와 같은 경제 문제에서는 국가가 적극적으로 나서서 실질적인 평등을 이루어야 한다는 입장이다. 하지만 지나친 평등의 강조는 근로 의욕을 떨어뜨리고 경제적 생산성을 약화하는 결과를 낳는다.

다음으로, **평등의 원리**를 중시하는 사람들은 사회적 평등을 달성하기 위한 목적으로 사회를 운영할 것을 주장한다. 따라서 이들 가운데 상당수는 **공동체주의**를 옹호하거나, **사회주의**적 성향을 띤다. 이들 사이에서도 평등을 극단적으로 옹호하느냐, 또는 개인의 자유를 어느 정도까지 허용할 것이냐에 대한 시각 차이를 보이지만, 자유주의와 평등주의 모두 각각의 폐해를 경험하고 또 서로 영향을 주고받으면서 어느 정도는 사회적으로 혼합된 성격을 갖는다.

■ 기회의 평등과 결과의 평등

여기까지 설명을 통해 알 수 있듯, 적극적 자유주의는 '기회의 평등'을 추구하고, 평등적 자유주의는 '결과의 평등'을 중시하는 경향이 있다. **기회의 평등**을 지지하는 사람들은 본질상 구성원 모두가 같은 출발점에 설 수 있어야 정의롭다고 보며, **결과의 평등**을 지지하는 사람들은 사후적 결과에 따른 재산과 능력의 재분배는 공정한 것이라고 본다.

오늘날 자유와 평등의 개념에는 '공정'이라는 시대적 담론이 개입한다. 예전에는 동일한 개념으로 여겼던 '공정과 정의'의 가치는 오늘날에 이르러 그 지향하는 방향이 사뭇 다를 뿐만 아니라, 이념적 · 사상적 스펙트럼을 초월한다. 이를테면 구성원들이 기회의 평등이 '불평등'하게 느껴지는 이유는 바로 결과가 정의롭지 않다고 느끼기 때문이다. 즉, 기회의 평등을 보장하는 '과정'으로서의 '**절차적 공정성**'과 실질적 평등을 이루는 '당위'로서의 '**조건의 평등**'이 지켜지지 않는다면, 사람들은 결과의 평등이 정의롭지(공정하지) 못하다고 생각한다. 기회에서 결과로 나아가는 절차적 과정이 투명해야 사람들은 이를 공정하다고 생각하면서 결과에 승복한다. 그런 점에서 자유주의를 지향하든 평등주의를 지향하든 아니면 공동체주의를 지향하든 관계없이, '기회의 평등과 과정의 공정과 결과의 정의'는 등가의 관계이며, 그 가운데 으뜸은 '**공정**'이라 할 수 있다.

25 정의를 바라보는 시각: 형식적 정의, 실질적 정의, 공정으로서의 정의

플라톤에 따르면, 정의는 크게 공동체의 이익을 목적으로 하는 넓은 의미에서의 정의와 개인의 복지를 목적으로 하는 좁은 의미의 '정의'로 구분된다. 좁은 의미의 정의는 다시 '분배적 정의'와 '교정적 정의'로 구분된다. 어느 경우에나 정의의 최종적인 지향점은 평등의 원칙을 기초로 한 공정성의 확립에 있다.

분배적 정의는 이익과 부담을 공정하게 분배하는 것을 말한다. 교정적 정의는 주로 국가가 법을 집행함으로써 실현되는 정의로, '배상적 정의'와 '형벌적 정의'로 나뉜다. 교정적 정의는 정해진 기준, 즉 법에 따라 공평하게 판결을 내린다면 견해 차이가 없겠지만, 분배적 정의는 그 기준을 놓고 사람들 간에 서로 견해가 다를 수 있다. **분배적 정의**에서의 분배의 대상은 부, 권력, 기회 등 개인적 · 사회적 이익과 납세 및 국방의 의무 같은 부담이다. 그것들의 합당한 몫을 사회 구성원에게 분배할 때 공정하거나 정의로운 분배라고 말할 수 있다. 그 합당한 몫은 능력에 따라 또는 필요에 따라 결정될 수 있다. 그러나 어떤 기준에 따라 분배의 몫이 결정되건, 그 모든 기준은 반드시 충족되어야 할 원리가 있다. 그것은 "같은 경우에는 같게, 다른 경우에는 다르게 대우해야 한다."라는 **'형식적 정의'**의 원리다. 분배 대상을 특정 기준에 따라 분배하는 경우, 같은 경우인데도 다르게 대우하거나 다른 경우인데도 똑같이 대우한다면, 이는 불공정하다고 할 수 있다. 그런 점에서 형식적 정의는 **'결과적 정의'**의 원칙에 부합한다.

형식적 정의의 원리는 공정한 분배가 이루어지기 위한 필요조건이지만, 충분조건은 아니다. 공정한 분배가 이루어지기 위해서는 개인의 특성이나 분배 상황을 고려하는 **'실질적 정의'**의 기준 또한 충족되어야 한다. 사회적 이익의 분배를 위한 실질적 정의의 기준으로 제시되어 온 것 중 대표적인 것으로는 **평등, 필요, 능력, 업적** 등을 들 수 있다. 인간은 능력과 신분 차이가 있음에도 불구하고 이성적이고 자율적인 존재로서 누구나 똑같이 존엄하다. 모든 사람은 인간 존엄성에서 비롯된 평등한 권리를 누려야 한다. 따라서 사회 제도는 기본적인 인권인 생명권, 자유권, 행복추구권 등을 모든 사람이 평등하게 누릴 수 있도록 보장해야 한다.

이처럼 경제적 평등과 필요의 분배 기준을 따르는 때는, 인간은 모두 존엄하고 동일한 기본 욕구를 지니고 있음을 전제한다. 그러나 능력이나 업적의 분배 기준을 따르는 때는, 인간의 개별 특성 차이를 고려해야 함을 전제한다. 실질적 정의의 기준들은 모든 상황에 적용될 수 있는 일반적인 원리가 아니다. 평등이나 필요의 기준은 인간의 기본권을 보장하는 법률 체계와 정치 제도에는 잘 적용될 수 있으나, 회사에서 보수를 책정하는 것과 같은 사적 기준에는 적용되기 어렵다. 실질적 정의에 **'절차적 정의'**의 개념을 도입해야 하는 이유가 여기 있다.

이에 평등적 자유주의자인 롤스는 **'공정으로서의 정의'**라는 절차적 정의 개념을 도입했다. 롤스는 절차가 공정하면 그 절차에 따른 분배 결과는 공정하다고 보았다. 절차적 정의는 사람들이 일정하게 규정된 조건 아래에서 공정한 절차적 규칙에 합의했다면, 그 절차를 통해 나온 결과 역시 정의롭다고 보는 관점이다. 롤스에 의하면 한 사회 내에서 모든 개인이 완전하게 평등할 수는 없다. 개인 간의 선천적 · 후천적 차이가 존재할 수밖에 없고, 사회 구조적으로도 불평등은 불가피하기 때문이다. 따라서 롤스는 이런 불평등을 억지로 평등하게 만드는 대신, 전체 구성원들에게 불평등을 일으키는 요인, 즉 이익 충돌과 사회 갈등을 제도적 원리를 통해 해결하는 절차를 확립해야 한다고 주장했다. 이것이 바로 '공정으로서의 정의'다.

26 분배 정의를 보는 세 입장: 자유주의, 공리주의, 평등주의

성장과 분배는 경제 문제의 핵심 내용을 구성한다. 성장은 애덤 스미스의『국부론』이래 경제학자들의 최대 관심 사항이었다. 노벨경제학상을 받은 쿠즈네츠에 따르면 경제성장이란 국가 생산 능력의 증대로, 끊임없는 기술 진보와 이에 호응하는 제도 및 국민 의식 구조의 개선을 통해 가능한 것으로 설명할 수 있다.

반면에 분배에 대해서는 좀 더 복잡한 설명이 필요하다. 그만큼 분배를 둘러싼 논의가 분분하고 논점 역시 복잡하기 때문이다. 분배에 대한 논의는 경제학에서보다 철학 영역에서 더 정교하게 진행된 면도 있는데, 분배에 대한 철학적 논의는 바람직한 분배, 즉 분배 정의에 대한 논의를 중심으로 전개되었다. 분배에 대한 철학적 논점들을 몇 가지만 들면 자유주의, 공리주의, 평등주의 등이 있다.

먼저, 노직으로 대표되는 **자유주의**에서는, 개인의 권리가 자유의 정의라는 이름으로 침해되어서는 안 되고, 절차의 정의를 잘 지키면 결과의 정의는 자연스럽게 실현된다고 본다. 국가는 사회구성원의 자발적인 교환에 대한 보장이나 강압, 사기, 계약의 강요 등으로부터 국민을 보호하는 것 이상으로 경제적 분배 활동에 개입해서는 안 된다는 점을 강조한다. 하지만 자유시장 경제체제에서의 개인의 지나친 이익 추구는 불공정한 경쟁을 가속하면서 계층 간 불평등을 심화하고 계층 갈등을 일으키는 요인으로 작용하며, 이는 결과적으로 성장을 낮추는 동인으로 작용하면서 구성원 모두에게 해가 되는 나쁜 결과를 초래할 수 있다.

다음으로, 벤담과 밀로 대표되는 **'공리주의'**는 '최대 다수의 최대 행복'이라는 명제에 기초해서 사회 전체의 효용을 극대화해야 한다는 견해이다. 분배 정의를 바라보는 시각에서 공리주의는 다음 세 가지 요소에 중점을 둔다. '결과주의' 관점에서 분배 정의는 '효율성'의 가치에 의존하며, 분배 결과의 평가 기준은 행동의 결과가 산출해내는 계산 가능한 '행복의 양'이라고 본다. 그리고 행복의 양을 계산할 때 개인보다는 '사회적 이익'의 총합을 중시하는데, 이는 공리주의가 '평등주의' 관점을 지향한다는 사실을 보여준다. 그렇더라도 공리주의는 다음 비난을 받는다. 지나친 공리주의적 합리성의 추구는 구성원 전체의 분배, 즉 복지 총량을 높이는 과정에서 소수자나 사회적 약자의 권리를 방임함으로써, 사회 전체 차원에서의 분배 정의의 원칙을 위반하는 결과를 초래할 수 있다.

끝으로, **평등주의자** 롤스는 사회에서 가장 소외된 계층의 복지와 편익을 향상하는 데 초점을 둔다. 자원이 분배되는 방식과 관련한 정책을 결정할 때, 언제나 가장 혜택을 받지 못한 자들을 고려함으로써 효율성만을 중시하는 자유주의(공리주의 관점)나 기회의 평등만을 고려하는 자유주의(자유지상주의 관점)에 비해서는 훨씬 더 강한 분배적 평등을 옹호한다. 롤스의 분배 정의는 천부적 재능을 부여받은 사람들이 자신의 재능이나 업적을 재분배함으로써, 구성원 모두 더불어 함께 잘 사는 사회를 이루어야 한다는 시각이다. 하지만 롤스의 정의사회는 결과적으로 거대 정부로 연결되면서, 당초 취지와 달리 사적 부문의 재산권과 경제적 자유를 침해하고 결국에는 서민층의 삶도 어렵게 한다는 비판이 따른다. 또 타고난 재주나 능력은 우연에 의한 것이기에 개인 소유가 아니라 집합적 자산이라는 그의 주장은, 그것의 개인 소유가 인정될 때 인간은 자신의 능력을 최대한 발휘할 동기를 갖는다는 점을 간과함으로써, 결과적으로 더 나은 사회를 지향하는 인간 본성을 거스를 뿐이라는 비판을 받는다.

27 의사 결정의 두 시각: 집단사고와 집단지성

'**집단사고**'란 말 그대로 유사성과 응집성이 높은 집단에서 나타나는 의사 결정 사고(思考)로, 사고 과정에서 반대 정보를 차단하거나 또는 관련하여 발생할 수 있는 문제점을 고려하지 않은 채 만장일치를 추구하는 결과가 나타날 수 있다. 즉 의사 결정 과정에서 동질성을 추구하는 경향 때문에 '민주성, 타당성, 개연성, 검증 노력'을 훼손하는 결과를 일으킨다. 비슷한 개념으로 개인 단위로 생각할 때보다 집단으로 생각할 때 결론이 한 극단으로 쏠리는 현상을 뜻하는 '**집단 극화**'가 있다. 집단 극화 현상을 따를 때, 집단 내의 구성원이 개별적으로 의사 결정을 했을 때의 평균은 집단으로 의사 결정을 했을 때의 평균보다 낮게 나타난다.

집단사고는 동일한 집단 구성원 간에 어떤 의사 결정을 내려야 할 때, 문제 상황과 관련하여 나타날 수 있는 가능한 대안이 많다거나 또는 반대되는 정보를 고려하기 어려운 상황이 사고 과정에서 발생할 때 그러한 경향은 증폭된다. 다시 말해, 비슷한 생각을 하는 사람들끼리는 어떤 문제에 대해 쉽게 합의하려 드는 경향이 있어서, 의사 결정 과정에서 발생할 수 있는 문제점을 심사숙고하기 어렵게 만든다. 최근에는 이런 문제점을 해결하기 위해 아예 다른 분야의 전문가를 의사 결정 과정에 참여시키려는 경향이 나타나고 있다. 예를 들어 공학자 집단의 기술 개발과 관련한 의사 결정에 심리학자나 인문학자들이 참여하여 여러 문제를 제기하거나 해결책을 제시한다.

■ 집단사고에서 집단지성으로

이와는 달리 다수의 사람이 서로 협력을 통해 지적 능력의 결과물을 얻는 의미로서의 '**집단지성**'이 있다. 집단지성의 힘을 잘 활용한 예 중 하나는 '위키 시스템'이다. 위키는 웹브라우저를 이용해서 사용자 누구나 내용을 쉽게 추가하고 수정할 수 있는 웹사이트를 말한다. 위키는 한 사람에 의해서 만들어지는 문서가 아니기에 많은 사용자의 지속적인 협력이 있어야만 내용 면에서 더욱 훌륭해지고 풍성한 웹사이트가 된다. 전 세계의 많은 사람이 이용하고 있는 다국적 온라인 백과사전인 '위키피디아'처럼 전문가 집단이 아니더라도 다수의 일반인이 다양한 의견을 쏟아낼 경우, 전문가들의 의사 결정 결과물보다 훨씬 값진 정보와 의견을 만들어 낼 수 있다. 『대중의 지혜』의 저자 제임스 서로위키는 집단은 지능적일 수 있고, 심지어 그 집단 안의 가장 똑똑한 사람보다도 더 똑똑할 수 있다고 보았다. 실제로 유리병 안의 구슬 수를 예측 전문가와 다수의 비전문가에게 예측하도록 했는데, 비전문가 여러 명이 예측한 결과가 실제 구슬의 수에 가까웠다고 한다.

현대의 제도화된 사회는 전문가 집단을 중요하게 여기고, 전문가 집단 간의 의사 결정을 통해 정책을 집행하는 경우가 대부분이다. 그러므로 현대 사회는 과거에 비해 집단지성보다는 집단사고를 더 선호하는 경향을 보이는데, 그에 따라 집단사고의 위험성은 갈수록 높아지고 있다. 이때 집단사고를 경계하고 집단지성을 높이는 가장 좋은 방법은, 일반 대중이 다양한 의견을 제시하고 다수의 사회구성원이 **민주적인** 의견을 제시할 수 있도록 하는 것이다. 따라서 우리 사회에서 집단사고보다 집단지성이 더 많이 일어나도록 하는 것은 결국은 정책 결정 과정을 개방하고, 아울러 일상적인 삶을 살아가는 다수의 사람이 참여하는 데 달렸다.

28 사회·문화 현상을 이해하는 세 이론: 기능론, 갈등론, 상징적 상호작용론

■ 기능론

기능론은 사회구성원 간의 유기체적 조화와 균형에 주목하며, 따라서 사회 유지를 강조한다. 이 관점에 의하면 사회 구성 요소들이 모두 사회 유지에 적합한 기능을 가지며, 개인들도 사회 질서를 위하여 사회 속의 한 부분으로서 기능을 담당한다. 이 과정에서 구성 요소들은 서로 통합적이고 안정적인 구조를 지향하면서 영향을 준다.

기능론적 관점에서는 사회 변화나 갈등은 안정적인 상태가 아니기에 부정적이거나 일시적인 현상이다. 변화와 갈등은 통합과 안정을 추구하는 방향으로 움직이는 과정이며, 결국에는 변화 자체도 사회를 안정시키는 방향으로 귀결된다. 또한 사회에서 공유하는 가치나 규범은 합의의 산물이므로 이를 지키지 않는 것은 사회 질서를 깨뜨리는 위험한 행위로 간주한다. 기본적으로 기능론에서는 사회의 변화나 갈등이 일어나면 사회에 문제가 생긴 것으로 본다. 따라서 이 관점에서는 사회에서 갈등과 변동의 중요성을 간과하는 측면이 있으며, 혁명과 같은 급격한 사회 변동을 설명하는 데 한계가 있다.

■ 갈등론

갈등론은 사회 내의 집단 갈등과 적대적 대립에 초점을 두며, 따라서 사회 변화를 강조한다. 그러므로 갈등론의 관심은 사회 갈등과 변동이 일어나는 근본 원인을 밝혀내는 것이다. 이 관점에서 보면 갈등은 모든 사회에 존재하며, 이는 사회에서 권력이나 재화와 같은 희소가치가 한정되어 있기에 일어나는 어쩔 수 없는 현상이다. 따라서 사회 통합은 구성원의 동의에 의해서라기보다는 지배 집단의 기득권을 유지하기 위해 강제적으로 이루어진 것이라고 본다.

그러므로 사회는 갈등이 늘 남아 있고 갈등 때문에 사회 변동은 언제나 일어날 수 있다. **갈등론**에서는 모든 사회 · 문화 현상을 집단 간 갈등 때문에 발생하는 현상으로 이해하기에, 사회의 존속과 통합을 경시하는 경향이 있다. 더불어 사회의 각 구성 요소가 합리적으로 잘 유지되는 상황을 설명하는 데 한계가 있다.

■ 상징적 상호작용론

상징적 상호작용론은 인간의 사회적 행위에 초점을 맞추고, 구성원 간의 상호작용에 주목한다. 즉 상징적 상호작용론은 일상적인 현상을 만들어 내는 개인 행위자의 주관적인 동기와 의미를 사회 · 문화 현상의 중요한 요소로 간주한다. 인간의 상호작용에는 상징 행위가 담겨 있다. 상징 행위는 사물이나 인간의 동작에 특정한 의미를 부여하고 공유하는 것으로 주로 몸짓이나 기호, 언어 등이 해당한다.

상징적 상호작용론에서는 사회 · 문화 현상을 개인 행위자들이 일상생활에서 상징 행위를 통해 상호작용을 한 결과로 발생한 주관적인 의미가 담긴 것으로 본다. 결국, 사회는 상징 행위를 통한 상호작용이 복잡하게 얽혀 있는 다양한 유형의 형태로 이루어진 것이다. 바로 이런 점에서 이 관점은 개인 행위자의 상호작용에 영향을 미치는 사회구조의 힘을 경시한다는 비판을 받는다.

29 사회를 이해하는 두 이론: 사회실재론과 사회명목론

사회 유기체설은 개인과 사회의 관계를 인간과 생물 유기체의 관계에 견주어 체계적으로 설명하려는 사회 이론으로, 개인과 사회의 어느 쪽을 우선하느냐에 따라 '사회실재론'과 '사회명목론'으로 나뉜다. **사회실재론**은 개인은 단지 사회를 구성하는 하나의 단위에 불과하다고 보는 견해로, 사회를 개인들이 모인 집합체 이상의 객관적인 존재로 보는 입장이다. 사회실재론에 따르면 하나의 실체를 지닌 사회는 개인과는 다른 고유한 특성을 가지며, 사회를 구성하고 있는 개개인의 삶에 영향을 미치기도 하고, 때로는 개인의 삶을 구속하기도 한다. 사회실재론의 대표적인 학자는 콩트로, 그는 사회 현상 연구에서 절대적인 것만을 추구하는 추상적 사변이나 형이상학적 학설을 배격하고, 감각적 경험으로 확증할 수 있는 여러 사실과 그 관계에만 전념한다는 과학적이고 실증적이며 상대주의적인 입장을 표명했다.

한편, **사회명목론**에서는 사회가 개인 외부에 별도로 존재하는 것이 아니며, 단지 개인들의 집합체에 붙여진 이름에 불과하고, 실재하는 것은 개인뿐이라고 주장한다. 그러므로 사회의 구조나 실체를 인정하지 않고, 실제로 존재하는 것은 사회가 아니라 사회를 이루고 있는 개인이며, 사회는 단지 명목상으로만 존재한다는 것이다. 따라서 사회명목론에서는 사회 자체보다도 사회를 구성하는 개인의 특성과 행동양식을 고찰해야 한다. 스펜서는 사회실재론의 입장에서 개인보다 사회를 우선시한 콩트와 달리, 사회적 다원주의 관점에서 자신의 사상을 전개했다. 스펜서는 개인주의적이고 공리주의적인 시각에서 사회를 개인의 목표 달성을 위한 도구로 보는 한편, 진화론적 자유주의 관점에서 최소한의 정부와 자유방임주의 시장경제를 긍정적으로 생각했다. 그 점에서 그의 사상은 사회실재론을 따르기보다는 사회명목론을 추구한다고 보아야 할 것이다. 더불어 사회명목론의 시각으로 개인과 사회를 바라보는 관점 중에는 사회계약설이 있으며, 홉스와 로크가 대표적이다.

구분	사회실재론	사회명목론
내용	사회구성원으로서의 개인은 인정하지만, 사회란 개개인의 합을 뛰어넘는 그 이상의 독립적인 실체이다.	사회는 개인들의 집합체에 불과하며, 사회 안에서 실제로 존재하는 것은 개인뿐이다.
주장	사회는 개인을 초월하여 존재하는 독립적인 실체로, 개개인의 성질과는 전혀 다른 고유한 특성을 가질 뿐만 아니라, 오히려 개인들의 삶을 규제하고 좌우하는 구속력을 지닌다.	사회에 대한 개인의 우월성을 강조하면서, 개인의 행위에 대한 구조의 영향을 무시하는 한편, 개인 이외의 전체 사회의 존재나 그 구조적 특성은 인정하지 않는다.
관점	집단주의의 토대	개인주의와 자유주의의 토대

콩트의 정신 진보의 3단계 법칙

콩트는 사회의 진보를 결정하는 핵심 요소는 **'지식의 진보'**라고 생각했다. 그리고 인간의 지적 · 정신적 성장은 '신학적 과정, 형이상학적 과정, 실증적 과정'이라는 세 가지 단계를 거쳐 진보해왔다고 보면서, 이를 **'정신 진보의 3단계 법칙'**이라 불렀다.

사회계약론

사회 · 국가는 그것을 구성하는 구성원의 상호 계약(약속)을 근거로 성립한다는 이론으로, 정치권력에 대한 정당성의 원리로 제시되었다. 홉스, 로크, 루소 등 사회계약론자들은 자유롭고 평등한 개인들의 아래로부터의 자발적 **동의나 합의, 계약**에 기초하여 정치적 공동체, 즉 시민사회를 형성할 것을 주장했다.

30 민족 정체성을 바라보는 다양한 관점: 근원주의, 상황주의, 역사문화주의

민족의 정체성은 이를 바라보는 시각에 따라 견해를 달리한다. **근원주의** 관점에 따를 경우, 민족의 정체성은 이를테면 '혈통'처럼 인간에게 선천적으로 주어진 것으로서 민족을 유전적으로 선택하는 과정(즉 마치 핏줄로 이어진 가족처럼 결집하는 행위 등과 같은)과 합목적성을 확장한 결과(즉 '우리는 하나'라는 식의 공동체 의식의 확대)에 따라 형성된다고 본다.

상황주의 관점에 따를 경우, 민족의 정체성을 인식, 태도, 감정의 문제로 본다. 따라서 민족을 구성하고 있는 개인이나 집단들의 이해관계, 정치 · 사회적 목표와 밀접한 관련을 지니며, 시대적 상황에 따라 민족의 정체성은 달라질 수 있다고 본다.

역사 · 문화주의 관점에 따를 경우, 민족의 정체성은 종교, 관습, 언어, 제도처럼 개인의 의지와 관계없이 지속하거나, 또는 개인의 의지를 제약하는 문화적 징표를 통해 공유되는 것이라고 본다(예를 들어, 단군신화를 통해 우리 민족은 단일한 '배달민족'이란 개념이 개개인의 관념 속에 공유). 이러한 문화적 공유가 객관화될 경우, 이는 한 민족을 다른 민족과 구별하는 기능을 수행하며, 특수한 역사적 동인(動因)으로 (이를테면, 배달민족은 한민족이기에 반드시 통일해야만 한다는 당위성으로) 작용한다.

민족이 문화에 의해 규정된다는 의미는, 시대적 흐름에 따라 문화적 형태가 변하더라도 그 의미가 연속된다는 의미이며, 또한 역사적 경험 및 기억(문화)을 공유함으로써 세대들이 갖게 되는 민족의 운명과 미래에 대해 공통 관념을 갖는다는 뜻이다. 이처럼 문화주의 관점은 민족의 정체성이 연속성에 대한 느낌, 공유된 기억, 집단의 운명에 대한 공통 관념 등 문화의 공통성에 의해 형성된다고 본다. 즉 종교, 관습, 언어, 제도와 같은 문화적 요인(객관적 요소)들이 역사적 경험으로 축적되어 공유되고, 이것이 민족의식이란 집단적 공통 관념(주관적 요소)으로 내면화되어 연속되고 있는 것이 곧 **민족의 정체성**이다.

여기서 문제는 구성원들을 결속시키는 신화, 상징, 기억, 가치들이 변형되는 가운데에서도, 어떻게 문화적 정체성이 여전히 한 민족의 구성원들을 다른 민족들로부터 분리하고 구별 짓는 징표로 기능할 수 있는가이다. 즉 어떻게 하면 우리 민족의 정체성 중의 부정적인 측면을 극복하고 긍정적인 측면을 살릴 것인가 하는 것이다.

민족과 국가

영어의 'nation'은 '민족'으로 번역되며, 이는 '혈연적' 의미를 강하게 띤다. 따라서 'nation-state'는 **민족국가**의 의미로서 단일한 혈연적 민족에 기초하여 형성된 국가라는 관념이 매우 강하다. 하지만 이러한 번역은 유럽을 비롯한 다른 나라에서 'nation'이 지니는 복합적 의미를 이해하기 어렵게 한다. 유럽의 많은 나라에서 'nation'은 혈연적 의미를 넘어서 **'정치적 공동체'**라는 의미가 매우 강하기 때문이다. 이런 이유로, 유럽에서 'nation-state'는 대체로 혈연적 공동체라기보다는 정치적 공동체로서의 **'국민국가'**를 의미한다. 일반적으로 정치적 공동체의 성격이 강한 국민국가에서도 주류 민족이 공유하는 혈연이나 언어 등 기초적 요인들이 국가의 형성과 유지에 중요하게 작용한다. 반면, 미국처럼 여러 민족과 국민의 관계가 사회에 따라 매우 다양한 양상을 보이기 때문에, 민족국가와 국민국가는 거의 같은 의미로 사용된다.

31 비용-편익 분석의 두 측면(1): 기회비용과 할인율

■ 기회비용

경제 행위는 선택이다. 하나의 선택이 과연 합리적인지 판단하기 위해서는 선택에 따른 득과 실을 따져 봐야 한다. 어떤 일을 함에 여러 가지 선택 사항 중 한 경우를 선택했다면 다른 경우는 포기한 것이 된다. 여기서 포기한 여러 활동 가운데 차선의 가치를 선택된 것의 **'기회비용(Opportunity Cost)'**이라 한다.

그러면 대학 진학의 기회비용은 과연 얼마나 될까? 대학에 진학하게 되면 우선 등록금을 내야 하고 책을 사야 한다. 이런 금전적 비용 이외에도 대학 진학 대신에 취업할 경우 받을 수 있는 임금, 즉 상실소득도 기회비용 속에 포함되어야 한다. 이렇게 비싼 기회비용을 치르면서 학생이 대학을 선택했다면, 그 학생은 대학교육으로 인한 미래의 효과(득)가 기회비용(실)보다 더 크다고 판단했기 때문이다. 그러나 고등학교를 졸업한 유망한 운동선수가 대학 진학을 포기한 채 곧바로 프로팀에 입단하는 경우처럼, 대학 진학으로 인한 득보다도 실, 즉 기회비용이 크다고 판단하면 대학 진학 대신 취업을 하는 것이 경제적 관점에서 보면 합리적 선택이다. 이처럼 기회비용은 어떤 경제적 선택의 합리성을 판단할 수 있는 하나의 기준이 된다. 또 위의 예에서 기회비용은 사람마다 다르게 나타남을 알 수 있다.

또한 기회비용과는 달리 명백히 지출되기는 하였으나 의사 결정을 하는 데 고려 대상에서 제외해야 하는 비용도 있는데, 이를테면 일단 지출되면 다시 회수할 수 없는 비용을 **'매몰 비용(Sunk Cost)'**이라고 한다. 매몰 비용의 경우 회수 불가능한 비용이 되므로, 비용 지출 시에 신중하게 생각하고 결정을 내려야 한다.

■ 할인율

경제학에서 미래의 가치를 현재의 가치로 환산할 때 적용되는 비율을 **'할인율(discount rate)'**이라고 한다. 할인율은 장래의 가치를 현재 시점으로 끌어다 썼을 때의 이자율을 말한다. 즉 장래에 받게 될 금액에 대한 현재가치가 얼마인지를 가리킬 때 쓰는 용어가 바로 할인율이다. 만약 아파트를 1년 후에 3억 3천만 원에 되팔기로 하고 3억 원에 구입한 것이라면, 이는 연간 10%의 비율로 할인해 현재가치를 평가한 셈이다. 즉 현재가치는 3억 원이고 할인율은 10%다. 이를 산식으로 표현하면 '3.3억 원$\div(1+10\%)^1=$3억 원'으로, 장래의 이자율을 현재 시점으로 붙들어오기 위해 이자가 붙는 과정을 거꾸로 뒤집어놓은 것과 같게 된다. 이것이 할인의 개념으로, 할인율이 높다는 것은 그만큼 **현재가치**가 낮음을 뜻한다.

그렇다면 현실에서 이것이 뜻하는 바는 무엇일까? 첫째, 할인율이 높다는 것은 그만큼 기다림을 참지 못하고 현재를 탐닉한다는 뜻이 된다. 둘째, 할인율이 높다는 것은 장래의 위험부담(즉 **리스크 프리미엄**)이 높다는 뜻이다. 이 점에서 볼 때 할인율은 **'기회비용'**과도 같다. 셋째, 할인율이 높다는 것은 먼 미래의 가치를 거의 제로(0) 수준으로 떨어뜨린다는 의미다. 오늘날 국민연금이 갈수록 바닥을 드러내고 있다는 사실이 대표적인 사례가 된다. 예를 들어 정부가 지출하는 막대한 재정비용은 할인율을 높여 우리 자식들에게 빚으로 남겨주는 것과 다를 바 없다. 환경 보존과 관련한 문제 또한 마찬가지로, 장래를 위해서는 무엇보다 할인율을 낮추는 방향으로 정책을 집행해야 한다.

32 비용-편익 분석의 두 측면(2): 현재가치와 미래가치

할인율의 개념을 응용하여 이자율(금리)에 관한 이해의 폭을 넓히고, 이를 일상생활에 응용하는 방법으로 '**현재가치**(PV, Present Value)'와 '**미래가치**(FV, Future Value)'의 개념이 있다.

누군가가 여러분에게 10만 원을 주겠다고 하는데, 그 시기가 오늘 또는 10년 후의 오늘이라면 어느 쪽을 선택하겠는가? 당연히 오늘 10만 원을 받으려들 것이다. 왜냐하면, 오늘 10만 원을 받아 이를 은행에 예금하면, 1년 후에는 원금 10만 원에 이자까지 불어나 10만 원 이상이 되기 때문이다. 같은 금액이라면 현재 금액의 가치가 미래의 그것에 비해 더 높다는 것은 굳이 말하지 않아도 알 수 있을 것이다.

이제 누군가가 여러분에게 오늘 10만 원을 주거나, 또는 10년 후에 20만 원을 주겠다고 제안한다면 여러분은 어느 쪽을 선택하겠는가? 이는 조금은 고민해 봐야 답을 얻을 수 있다. 현재의 10만 원과 미래의 20만 원의 가치를 비교한 후에 결정해야 하기 때문이다. 이를 위해 사람들은 현재가치와 미래가치의 개념을 이용한다. 즉 "현재의 이자율을 적용하여 현재 금액의 미래가치를 계산하거나, 미래에 그 금액을 얻기 위해 지금 얼마가 필요한가?"라는 미래 금액의 현재가치를 계산하여 둘을 견주어보면 된다. 이를 다음의 사례로 설명할 수 있다.

[문제 1] 오늘 은행에 10만 원을 예금하면 10년 후에 얼마가 될까? 즉 현재 10만 원의 10년 후 미래가치는 얼마일까?

답: 이자율이 5%이고, 이자는 매년 지급되며, 그 이자가 복리 방식으로 지급된다면 1년 후에는 원금과 이자가 $(1+0.05)\times$10만 원이 되고, 2년 후에는 $(1+0.05)^2\times$10만 원, 10년 후에는 $(1+0.05)^{10}\times$10만 원이 될 것이다. 즉 $(1+0.05)^{10}\times$10만 원=16만 3천 원이다.

[문제 2] 반대로 10년 후 20만 원을 받는다면, 이 금액의 현재가치는 얼마일까? 다시 말해 10년 후에 20만 원을 받기 위해 오늘 현재 얼마를 예금해야 할까?

답: 이 문제는 앞의 문제 1의 물음을 뒤집어 생각하면 된다. 앞에서 미래가치를 구하기 위해 현재 금액에 $(1+0.05)^{10}$을 곱하였다. 반대로 미래 금액의 현재가치를 구하기 위해서는 미래 금액을 $(1+0.05)^{10}$으로 나누면 된다. 즉 10년 후에 받을 20만 원의 현재가치는 20만원$\div(1+0.05)^{10}$이 된다. 따라서 20만 원$\div(1+0.05)^{10}$= 12만 3천 원이다. 다시 정리해 보면, 이자율이 r이라면 n년 후에 받을 X 금액의 현재가치는 $X\div(1+r)^n$이 된다.

오늘 받는 10만 원과 10년 후에 받을 20만 원 중 어떤 쪽을 선택해야 할지 해답을 구하는 방법을 이제 분명하게 알게 되었다. 이자율이 5%일 때 10년 후에 받을 20만 원의 현재가치는 12만 3천 원으로 10만 원보다 많다. 따라서 10년을 기다려서 20만 원을 받는 것이 당장 10만 원을 받는 것보다 유리하다.

이 경우는 이자율이 5%일 때라고 가정하고 계산한 것이고, 만일 이자율이 8%라고 하면 10년 후에 받게 될 20만 원의 현재가치는 20만 원$\div(1.08)^{10}$= 9만 3천 원이므로 당장 10만 원을 받는 것이 유리하다. 이자율이 높으면 같은 금액을 예금할 경우 원리금이 더 많아져 당장 손에 쥔 10만 원의 이득이 더 커지기 때문이다.

이러한 현재가치 개념은 기업이 투자 계획을 수립할 때도 응용할 수 있다. 예를 들어 A 기업이 공장을 새로 짓는 데 당장 1조 원이 들지만, 그 공장에서 10년 후에 2조 원의 수입을 얻을 수 있다면 이 공장을 건설해야 할까? 이 의사 결정을 위해서는 현재의 비용 1조 원을 미래의 수입 2조 원과 비교해야 할 것이다. 앞에서 살펴보았듯이, 이 기업의 의사 결정은 **이자율**에 의해 좌우될 것이다. 만일 이자율이 5%라면 10년 후의 수익 2조 원의 현재가치는 약 1조 2천만 원이므로 공장을 짓는 편이 이익이다. 반면에 이자율이 8%라면 2조 원의 현재가치는 9천3백억 원이므로 투자를 포기하는 편이 유리할 것이다.

33 정부지출 확대가 경제성장에 미치는 영향: 승수효과와 구축효과

재정정책은 중앙은행의 통화 정책과 함께 정부가 지출과 세금 규모를 조절하여 경기를 안정시키기 위해 사용하는 정책수단이다. 실업이 증가하고 소득이 감소하는 경기 침체기에 정부는 지출을 늘리거나 세금을 줄이는 확대 재정정책을 통해 경기를 부양하고자 한다.

신문 기사를 보면 정부의 추가경정예산(추경) 편성과 관련한 기사들이 자주 등장한다. 최근의 코로나 위기로 촉발된 경제 불황에서 벗어나기 위해 정부가 지출을 확대하는 것은 직접적으로는 수요가 위축되는 것을 막고, 간접적으로는 민간 소비와 투자 증가를 유도하기 위한 노력의 하나이다.

정부가 지출을 늘려 고속도로를 새로 건설한다고 가정해 보자. 이 경우 정부의 투자 지출 확대는 고속도로를 건설하는 기업뿐 아니라 인근 상권의 매출까지 늘리는 효과를 가져올 수 있다. 예를 들어 새로 고용된 건설 인부가 늘어나면 퇴근 후 삼삼오오 인근 삼겹살집을 찾는 경우도 많아지게 되고, 결국 삼겹살집 사장도 일손이 부족해져 종업원을 더 고용해야 하는 상황을 상상해 볼 수 있다. 이렇듯 정부 지출 확대가 경제성장에 미치는 긍정적 파급 효과를 경제학 용어로는 **'승수효과'**라고 한다. 즉 승수효과는 확대 재정정책을 위해 정부가 실제로 지출한 금액보다 총수요가 더 높게 증가하는 현상을 말한다.

하지만 한 나라 경제 전체로 보면 정부 지출 확대가 긍정적 효과만을 가져오는 것은 아니다. 정부 지출 확대로 수요가 증가하면 시장금리도 상승하게 된다. 이 경우 은행 대출이 많은 개인이나 기업들은 이자 부담이 높아져 지출을 줄이게 된다. 이런 정부 지출 확대에 따른 수요 위축을 **'구축효과'**라고 한다. 구축효과는 확대 재정정책으로 총수요가 오히려 줄어드는 현상을 말한다. 다만 이런 구축효과를 고려하더라도 통상적으로 정부 지출 확대는 경제성장에 긍정적인 영향을 미치는 것으로 알려져 있다.

재정정책의 효과가 얼마나 클지는 승수효과와 구축효과의 크기에 달려 있다. 승수효과가 구축효과보다 **크다면** 확대 재정정책이 총수요를 증가시키겠지만 **반대의** 경우에는 오히려 총수요를 위축시키기 때문이다. 재정정책의 효과에 대해 케인스와 고전학파는 상반된 견해를 보인다. 우선, 케인스는 투자가 이자율에 민감하게 반응하지 않는다면서 정부의 지출이 늘어나도 투자가 크게 위축되지는 않을 것이라고 보았다. 기업의 투자는 이자율보다 기업가의 동물적 본능에 더 좌우된다는 것이다. 이에 근거하여 케인스는 확대 재정정책을 통해 경기 전망을 더 밝게 만들어 기업가의 동물적 본능을 자극한다면 이자율이 상승하더라도 기업의 투자가 줄어들기보다는 오히려 더 증가할 수 있다는 점을 강조했다.

반면, 고전학파는 투자가 이자율에 민감하게 반응한다면서 정부 지출의 확대로 이자율이 상승하면 기업의 투자가 크게 줄어들 것으로 보았다. 정부 재정정책의 효과가 크지 않을뿐더러, 정부 부문이 지나치게 비대해지고 민간 부문이 크게 위축되는 부작용이 나타난다는 것이다. 특히 정부 지출과 세금을 변동시키는 정책이 입안되고 집행되기까지 오랜 시간이 걸리기 때문에 재정정책의 효과가 나타나는 시점에는 이미 경제 상황이 바뀔 수 있다. 즉 재정정책이 경기 안정이라는 목적을 달성하지 못할 뿐만 아니라, 경기변동 폭을 확대하여 오히려 상황을 악화할 수 있다는 것이다. 이에 근거하여 고전학파는 정부의 개입보다는 '보이지 않는 손'에 의한 자연적인 치유를 더 강조했다.

34 역사 인식: 사실과 해석

역사는 '사실로서의 역사'와 '기록으로서의 역사'라는 두 측면이 있다. 전자가 객관적 의미의 역사라면, 후자는 주관적 의미의 역사라 할 수 있다. **사실로서의 역사**는 객관적 역사, 즉 시간적으로 현재에 이르기까지 일어났던 모든 과거 사건을 의미한다. 이러한 의미에서의 역사는 바닷가의 모래알 같이 수많은 과거 사건들의 집합체가 된다.

기록으로서의 역사는 과거의 사실을 토대로 역사가가 이를 조사하고 연구하여 주관적으로 재구성한 것이다. 이 과정에서는 역사가의 가치관 같은 주관적인 요소가 필연적으로 개입하게 되며, 이 경우 역사라는 말은 기록된 자료 또는 역사서와 같은 의미가 된다. 우리가 역사를 배운다고 할 때, 이것은 역사가들이 선정하여 연구한 기록으로서의 역사를 배우는 것이다.

랑케와 콜링우드의 역사관은 각각 객관주의와 주관주의로 대표되는 사상과 맥을 같이하는데, 카의 경우에는 단순히 주관만을 강조하는 것이 아니라 '과거와 현재의 대화'라는 표현에서도 알 수 있듯이 **주관과 객관의 조화**를 강조한다. 결국 하나의 역사적 사실이 가진 의미는 시대에 따라 사람의 시각에 따라 변하기 마련으로, 올바른 역사 해석을 위한 방향이나 기준 설정이 중요하다.

역사 인식에서 알 수 있듯, 똑같은 사물을 보더라도 그 사물을 어떤 시각에서 보느냐에 따라 전혀 다른 해석을 하는 경우를 우리는 종종 볼 수 있다. 역사는 물론 사회 · 문화 현상을 어떠한 관점에서 보느냐에 따라 그 현상을 인식하고 이해하는 것도 달라진다. 사실과 해석에 대한 가치판단의 기준이 명확히 설정되어야 하는 이유가 이 때문이다.

랑케: '사실'을 강조

랑케는, 역사가는 과거에 기록된 사실 그 자체에 대한 **객관적**인 분석을 통해, 있는 그대로의 과거를 재현할 수 있다는 **실증적 역사관**을 주장했다. 랑케의 역사관은 실증적 **사실로서의 역사**를 중시하는 객관적 의미의 역사관으로, 역사가의 주관을 철저히 배제한 객관적인 사실만을 기록할 것을 강조했다. 즉 역사는 '있는 그대로의 역사'로서 객관적 실체로서의 의미를 지닌다고 하여, 역사적 사실을 강조했다.

콜링우드: '해석'을 강조

콜링우드는, 역사적 사실은 역사가에 의해 재구성된 것이기에 그만큼 객관적이지 않으며, 현재 시점의 역사는 그만큼 실존적이지 않고 관념적일 뿐이라고 주장했다. 콜링우드의 역사관은 과거의 사실에 더해 역사가의 해석이 강조되는 **주관적** 의미의 역사관이다. 즉 역사는 '다시 쓰게 되는 역사'로서 과거를 현재의 관점에서 능동적이고도 주체적으로 재해석하는 작업이라고 하여, 역사가의 **해석**을 강조했다.

카: '사실과 해석'을 강조

카(E.H. Carr)는, 역사는 역사가와 사실의 연속적인 **상호작용**으로, 그렇기에 현재와 과거와의 끊임없는 대화가 곧 역사라고 주장했다. 카의 역사관은 같은 역사적 사실이라도 누가 쓰느냐에 따라 서로 다른 역사가 만들어진다는 **상대주의**적 관점에서의 역사관으로, 과거의 사실을 보는 역사가의 관점과 사회 변화에 따라 역사가 달리 쓰일 수 있다고 주장한다. 즉 역사는 입장에 따라 해석이 달라지기 때문에, 사실과 해석 사이에 끊임없는 긴장과 균형을 유지하는 것이 곧 역사가의 임무라고 하여, **사실과 해석** 둘 다 강조하되, 누가 어떤 관점에서 해석하느냐가 특히 중요하다고 말한다.

35 법을 보는 관점: 명령, 규범, 권위

인간은 다양한 근거에 의해 자신의 행위를 선택하는데, 이 과정에서 행위의 근거로 활용되는 것으로는 도덕이나 관습, 종교, 법, 소속 집단의 규칙 등이 있다. 이들 중에서 법은 다소 독특한 위치를 차지하는데, 그 이유는 다른 규범들에 비해 사람들이 법을 근거로 자신의 행위를 선택하는 경우가 두드러지기 때문이다. 이와 같은 현상이 나타나는 이유는 무엇일까? 이러한 질문과 관련하여 법에 대한 관점을 다음과 같이 세 가지로 나누어 살펴볼 수 있다.

법을 일종의 '**명령**'으로 보는 관점에서는 인간의 모든 법체계를 '제재를 가함으로써 수범자들에게 어떤 행동을 하도록 하는 강제적인 제도'로 규정하면서, 법체계를 '무엇을 해야 한다'는 의지, 소망, 당위에 대한 표현과, 그러한 행위를 하지 않을 경우 '제재'가 가해질 것이라는 위협으로 이루어진 것으로 본다. 이 관점에서는 법과 제재 간의 긴밀한 관련성이야말로 사람들이 법을 따르는 이유를 설명해 준다고 주장한다. 즉 사람들이 법을 행위의 근거로 삼는 것은 법에 규정된 제재를 피하기 위해서라는 것이다.

이러한 관점에서는 사람들이 자신의 행위를 선택하는 과정에서 법이 가장 통상적인 근거로 작용하게 되는 이유를 손쉽게 설명할 수 있지만, 법에 주목하는 것은 제재를 피하고자 하기 때문일 뿐, 법 자체를 행위의 근거로 삼는 것은 아니라는 결론에 이르게 된다. 또한 이 관점은 이를테면 경찰에 의한 제재 가능성이 없는 도로에서도 교통 신호를 지키는 사람들, 즉 제재가 없어도 법을 지키는 사람들의 행동을 설명하지 못한다. 그리고 준법 행위가 제재로 인한 피해를 면하고자 하는 행위와 동일시된다면, 피해를 가하겠다는 협박에 못 이겨 법을 어기는 행위와 준법 행위 간의 차이점을 어떻게 설명할 것인가의 문제에 직면하게 된다. 즉 피해를 면하기 위한 행동과 준법 행위 간의 구별 및 가치 판단이 불가능해지는 것이다.

법을 일종의 '**규범**'으로 보는 관점에서는 법을 도덕이나 관습, 사회적 통념과 같은 기타의 규범과 유사한 것으로 파악한다. 이에 따르면 사람들이 법을 지키는 이유는 법을 '집단 전체가 따라야 하는 일반적 기준'으로 수용하기 때문이다. 따라서 이들은 법을 행위의 정당한 근거이자 가치 판단의 기준으로 간주하여 법을 자발적으로 지키는 경향을 보인다. 이들의 입장에서 법적 제재란 법을 지키는 직접적 동기가 아닌, '수범을 거부하는 자로 인해 자발적인 수범자가 입을 수 있는 피해를 방지하기 위해 필요한 것'으로 간주된다. 이러한 관점에서는 여타의 규범과 관련지어 법의 정당성 여부를 평가할 수 있지만, 행위 선택의 기준에서 법이 다른 규범에 앞서는 이유를 설명하지 못한다.

법을 '**권위**'로 보는 관점에서는, 사람들이 법을 따르는 이유는 법률 체계에서 전제되는 법의 정당한 권위를 당연한 것으로 인정하기 때문이라고 설명한다. 실제 현실과는 별개로 모든 법률 체계는 법에 정당한 권위가 있다는 점을 전제하며, 사람들은 '정당한 권위를 지닌 법에 그렇게 되어 있기 때문에' 그에 근거하여 행동한다는 것이다. 이 경우 사람들의 행위에 대한 가치 판단과 정당화의 근거는 법과 직결되며, 이는 곧 행위의 근거로 선택 가능한 다른 규범에 비해 법이 우월적 지위를 지닌다는 점을 인정하는 것으로 간주된다. 이러한 관점에서 제재란 사람들로 하여금 법을 따르게 만드는 하나의 보조적 수단이자, 법을 행위의 근거로 삼기를 거부하는 이들에게 법적 의무를 향하게 하는 이유로 볼 수 있다. 이러한 관점에서는 법이 행위 선택의 다른 근거들 중에서 우월적 지위를 지니는 이유를 제시할 수 있다. 그러나 법의 정당한 권위를 당연한 것으로 전제하고 이에 근거하여 행동하는 것은 법 자체의 정당성에 대한 판단을 간과하게 된다는 점에서 비판의 여지가 존재한다. (출처: EBS 수능특강)

36 윤리적 관점에서의 형벌의 목적: 응보주의와 예방주의

윤리학에서 처벌 문제에 접근하는 대표적인 두 입장으로 **'응보주의'**와 **'공리주의'**를 들 수 있다. 먼저, 행위 동기보다는 행위 결과를 중시하는 공리주의 처벌이론에 따르면 처벌은 언제나 공동선을 목표로 삼는다. 공리주의는 사람들이 언제나 자기 이익 증대를 위해 행동한다고 믿는 **이기주의** 입장을 따른다. 그 가장 효과적인 방법은 사람들에게 죄의식과 가책을 느끼게 하는 내적 제재 방법을 따르도록 하는 것이다. 하지만 이런 제재가 성공하지 못할 때는 국가가 나서 외적 제재를 부과함으로써, 사람들이 처벌을 두려워하면서 범행을 억제하도록 만들어야 한다는 것이 공리주의 시각이다.

일반적으로 공리주의는 행위나 규칙을 판단할 때 그것에 대한 기대 효과가 기준이 되는데, 이것은 처벌하는 행위나 규칙에도 그대로 적용된다. 따라서 어떤 사람에 대한 처벌이 정당화되려면, 그 사람을 처벌하지 않거나 다른 방식으로 처벌하는 것보다는 더 많은 선을 산출하거나 피해를 방지할 수 있는 방식으로 처벌할 수 있어야 한다. 결국 공리주의 처벌이론은 처벌의 실제 효과와 그것의 현실적 필요성에 근거해서 처벌을 정당화하는 이론이라 할 수 있다.

공리주의 관점에서 보면 처벌이 주는 효과는 크게 두 가지로 규정해볼 수 있다. 첫째는 **교화** 및 **교정**의 효과이다. 처벌의 중요한 목적 중 하나는 범행자가 다시는 범행을 저지르지 못하도록 하는 것이다. 범행자는 범행의 잘못에 대하여 대가를 치르는 절차를 통해 정화되고 순화된다는 것이다. 둘째는 잠재적 범행자에 대한 예방 효과이다(이를 법적 관점에서 **'예방주의'**라고 한다). 처벌에서 기대되는 큰 효과 중 하나는 유사한 범행을 다른 사람이 저지르는 것을 억지하는 것이다. 공리주의 처벌이론이 자주 '억지이론'이라고 불릴 만큼 이것은 중요한 효과이며, 처벌의 정당성 문제를 따질 때 중요한 관건이 된다.

공리주의와 대비되는 대표적인 처벌이론은 **'응보주의'** 이론이다. 때때로 이 입장은 공리주의의 '결과론'에 대비해서 '응분론'이라고 부른다. 응보주의에 따르면 처벌은 응당히 처벌받을 만하다고 할 경우에만 시행되어야 한다. 처벌이 정당화되는 경우는 범행자가 처벌받을 때 일뿐이다. 현대 사회에서도 균형과 대칭이라는 관념이 응보론 근저에 깔려있다. '처벌은 응분과 일치해야 한다'는 응보주의의 기본 규칙은 바로 이런 관념을 표현하는 것이다. 따라서 응보주의는 범행자에 대해 자비를 베푸는 것이 정의를 무시하는 처사라고 생각한다.

처벌은 어떤 식으로든 범법 행위에 상응해야 한다는 응보주의의 주장은 두 가지 방식으로 혼동되어 해석된다. 첫째는 처벌은 범행과 똑같은 정도로 엄격해야 하며, 심지어는 범행과 같은 종류의 것이어야 한다는 것이다. 이런 입장을 따를 경우, 처벌은 범행에 대한 반사적인 형태일 경우에 정당하게 간주할 수 있다. 둘째는 처벌이 반사적인 형태는 아니지만 저지른 범행의 종류에 알맞은 방식으로 적합하게 이루어져야 한다는 것이다. 이때 범행의 심각성과 처벌의 엄중성을 어떻게 일치시킬 것이며, 어떤 기준으로 그 일치 여부를 가릴 것인가 하는 문제가 응보주의 처벌론을 실제 현실에 적용할 때 문제점으로 대두된다. 이러한 어려움에도 불구하고 많은 사람이 응보주의 관점을 취하게 되는 것은 응보주의가 합리주의적 인간관을 전제로 하고 있기 때문이다. 이에 따르면 개인은 의지의 자유를 가진 합리적 선택의 주체이다. 따라서 내가 범행을 의지하는 것은 처벌받아도 좋다는 쪽을 선택하는 것이다. 칸트는 인간의 자유의지를 전제하면서, 응보론의 입장에서 형벌을 바라보았다.

37 국제 사회를 바라보는 세 시각: 현실주의, 자유주의, 구조주의

국제 사회는 세계 여러 나라가 서로 교류하고 의존하면서 국제적으로 공존하는 사회를 말한다. 국제 사회는 주권을 가진 국가를 기본단위로 하여 구성되며, 각국은 독립적인 주권을 가지며 평등한 지위를 인정받는다. 하지만 국제 사회는 국가 간 갈등을 조정하고 해결할 수 있는 강력한 중앙정부가 존재하지 않아, 분쟁이 발생할 때는 이를 해결하기 어렵다. 이때 국제법, 국제기구, 세계 여론 등이 국제 사회 질서 유지에 기여한다. 국제 관계에서 개별 국가들은 자국의 이익을 최우선으로 추구한다. 따라서 국제 사회에서의 우호적 관계나 적대적 관계는 국가 간 이해관계의 변화에 따라 언제든지 바뀔 수 있다. 국제 사회에서 각국은 형식적으로 평등한 주권을 가지고 있지만, 실제로는 강대국이 약소국에 비해 많은 영향력을 행사한다.

오늘날 국제 사회는 힘으로 주도하는 보이지 않는 전쟁 상태이다. 국제 사회는 완전한 무정부 상태이거나 무차별적인 만국의 만국에 대한 투쟁 상태는 아니지만, 여전히 **'무정부적'** 성격을 띠고 있다. 즉 국제 사회는 힘과 이성이 불균등하게 섞이면서 공존하는 사회라 할 수 있는데, 이러한 국제 사회를 바라보는 시각으로 현실주의, 자유주의, 구조주의가 있다.

■ 현실주의

현실주의는 힘의 관점에서 국제 사회를 설명한다. **현실주의**는 국가는 힘을 추구하며 국가 이익은 힘으로 규정된다고 주장한다. 현실주의는 국가가 힘을 추구하는 데 있어서 보편적 윤리는 중요한 관심의 대상이 아니라고 본다. 현실주의는 국제 사회를 **무정부 상태**에 가깝다고 이해하며, 국가 간의 이해가 충돌하는 경우 이를 조정할 세계 정부가 부재하기 때문에 국가들은 스스로의 힘으로 자국의 안보를 지켜야 한다고 강조한다. 이러한 현실주의 시각에서 바라보면 국가 간의 협력과 평화 관계는 쉬운 일이 아니다.

■ 자유주의

자유주의는 국가 간의 협력과 평화 건설이 가능하다고 본다. **자유주의**는 국제법, 국제기구, 국제 윤리 등을 통해 평화적이고 협력적인 국제 사회를 건설할 수 있다고 주장한다. 자유주의는 국제 사회가 무정부 상태에 가깝다는 현실주의 주장에 동의하지 않으며, 국제 사회가 동물의 세계처럼 힘이 지배하는 세계가 아니라 인간의 **이성과 윤리**가 작동하는 사회라고 믿는다. 자유주의는 현실주의가 국가 안보를 최우선으로 하는 것과 달리 경제, 환경, 인권 등의 문제도 중시한다.

■ 구조주의

구조주의는 종속 문제와 국가 간의 **빈부 격차**를 강조한다. **구조주의** 중에서 종속이론은 선진국의 발전이 후진국의 퇴행으로 귀결된다고 주장한다. 후진국들은 선진국과의 경제 교류에서 착취당하고 종속된다는 것이다. 종속이란 한 나라의 경제가 다른 나라의 경제발전에 기여하고, 자국 경제는 퇴행하는 상황을 의미한다. 국가 간 빈부 격차가 갈수록 확대된다고 보는 구조주의는 국가 간 협력과 평화가 쉽지 않다고 본다. 국가 간 균등 발전이 선행되어야 국제 사회의 평화와 협력은 가능하다는 것이다.

38 과학기술을 보는 시각: 도구주의, 기술결정론, 사회결정론

■ 도구주의

도구주의는 기술을 인간 목적을 위한 도구나 수단으로 보는 관점이다. 도구주의 관점은 '기술 그 자체는 **중립적**'이라는 전제에서 출발하는데, 기술은 어디까지나 인간의 목적에 종속되기 때문이다. 난치병을 고치기 위한 각종 의약품의 개발이나 식량난과 빈곤 퇴치를 위한 농작물과 작법의 개발이 그 예다.

도구주의 관점의 중요한 기준의 하나는 '과학기술이 원래의 목적에 따라 사용되는지' 여부이다. 기술이 원래의 목적에 따라 사용되지 않고 개인의 이익이나 특정 집단의 이해를 위해 악용된다면, 그 기술은 통제되어야 한다. 도구주의는 개별 인간이 아닌 인간 일반을 위한 목적을 기준으로 하며, 인간 일반의 복리의 관점을 강조한다는 점에서 **공리주의**적 입장에 선다. 또 기술을 '인간에 봉사하는 도구'로서 인간의 관리 및 통제 범위 안에 두어야 한다고 본다.

도구주의자들은 기술결정론자들의 주장처럼 기술의 자율성과 독자성을 인정하지 않는다. 과학기술 사용과 관련한 윤리 문제를 바라보는 시각을 인간에서 찾지, 기술 자체에서 찾지 않는다. 핵무기의 경우, 원자력과 관련한 기술은 인간을 위한 전기 공급과 에너지 자원의 보존이라는 긍정적인 기능을 갖기에, 기술 그 자체가 비판의 대상이 아니다. 단지 기술을 잘못 사용하여 인류의 존재를 파괴하는 '특정한 인간과 집단'이 윤리적 비판의 대상이 되는 것이다.

■ 기술결정론

기술결정론은 과학기술이 인간 삶의 전 영역에 영향력을 미치고 있으며, 그에 따라 기술은 인간이 더는 기술을 통제하고 관리할 수 없을 정도로 자율성을 확보했다고 보는 관점이다. 기술의 자율성이란 기술의 발전이 정치 · 사회 · 문화와 같은 외적 요인에 의해 영향을 받는 것이 아니라, 기술 자체가 갖는 내적 필연성이 기술을 발전시키고 그에 따라 개인은 물론 사회에 결정적인 영향을 미친다는 입장이다.

기술결정론의 관점에 따르면, 기술의 대상이 된 인간은 기술이 결정하는 새롭고 특수한 환경에 의해 삶의 내용과 방향을 규정 받으며, 따라서 인간의 기술 통제력은 상실된다. 이런 이유로 기술의 성립과 발전에 사회적 · 정치적 · 경제적 · 문화적 요인들이 개입될 여지가 없으며, 오히려 기술 발전을 사회 변동의 주요 원리로 파악할 뿐이다.

■ 사회결정론

사회결정론은 기술결정론에 대한 비판으로부터 출발한다. 과학기술이 그 자체의 내적 필연성과 자율성에 따라 발전한다는 생각은 기술을 결정하는 다양한 외적 요소를 고려하지 않음은 물론, 기술 발전이 사회적 선택 및 상호작용의 결과임을 간과하고 있다고 주장한다.

사회결정론은 기술의 발생과 발전이 사회적 요구와 필요에 의해 결정된다는 것을 전제한다. 즉 사회와 기술은 인간을 주체로 하여 시간과 공간이 **상호작용**하면서 발전적으로 진행된다. 그런 점에서 사회결정론은 기술이 어떻게 사회적으로 구성되는지를 문제 삼는, 기술 문제에서의 **사회적 구성주의**라고 할 수 있다. 즉 사회적 구성주의는 사회구조에 관한 기술의 막강한 영향력을 부정하지 않는 동시에 기술의 발전에 대한 사회적 개입 가능성을 열어두고 있다.

39 과학적 진리 탐구의 두 방법: 본질주의 과학관과 현대 과학철학

과학을 보는 시각은 본질주의 과학관과 상대주의 과학관으로 나뉜다. **본질주의 과학관**(실증주의 과학관)은 과학을 자연에 대한 법칙과 지식 그 자체로 보는 입장이다. 본질주의 입장을 지닌 과학자들(주로 과학철학자들)은 자연을 탐구 대상으로 삼아 그 안의 법칙들을 발견하기 위해 노력한다. 그들은 과학이란 철저히 사실을 바탕으로 하며, 의심할 여지가 없는 관찰이나 실험 결과에 근거해서 연구를 수행하고, 타당한 추리를 거쳐 결론에 도달하는 것으로 생각한다. 과학 지식은 다른 분야의 지식과는 비교할 수 없는 고귀하고 절대적인 위상을 지니고 있으며, 차곡차곡 누적되어 발전한다고 본다.

이에 비해 **상대주의 과학관**을 옹호하는 학자들(주로 사회과학자들)은 과학은 사회와 동떨어져 '만들어진' 것이 아니라 사회와의 관계 속에서 '만들어지는' 과정에 있다고 여긴다. 그들은 그리고 과학은 수많은 연구를 통해 사회적으로 구성되는 산물이라고 주장한다. 상대주의 과학관은 과학은 다른 지식보다 우월한 것이 아니며, 과학에 관한 지식은 본질적으로 어느 한 집단의 공통된 속성일 따름이라고 본다. 과학적 지식은 사회문화적 조건의 영향에서 자유로울 수 없기 때문에, 과학에 객관적 방법론이 존재한다고 믿는 것은 잘못이라는 입장이다.

상대주의적 과학관은 합리주의와 상대주의의 두 진영으로 나뉜다. 포퍼로 대변되는 **합리주의**(비판적 합리주의, 반증주의)는 과학적 사실(지식)에 대해서는 본질주의 과학관의 입장을 따라 과학이론의 장점을 평가할 수 있는 유일한 보편적 기준이 있다고 보는 반면, 쿤을 중심으로 한 **상대주의**(과학혁명론)는 그러한 기준의 존재조차 인정하지 않는다. 상대주의는 과학이론의 우월성을 판단하는 문제는 전적으로 개인이나 공동체에 달린 문제라고 생각한다. 요컨대 개인과 공동체의 가치판단에 따라 진리 탐구의 목표가 달라진다는 것이다.

전통적 과학관과 현대 과학철학, 쿤과 포퍼의 과학관 비교

구분		전통적 과학관	현대 과학철학	
			비판적 합리주의	과학적 상대주의
시기		실증주의의 소박한 귀납주의(19세기)	포퍼의 반증주의(20세기 전반))	쿤의 과학혁명론(20세기 후반)
특징		•관찰과 이론을 엄밀히 구분 •과학은 연역 구조 •과학은 통일된 체계 •과학은 통일된 방법을 따라 누가적으로 진보	•반증을 내세운 연역적 방법과 비판적 합리주의 •귀납에 반대하면서, 오직 연역적 반증을 허용하는 과학 방법론을 주장(가설 연역법) •과학은 신뢰성, 설명력을 따라 진보	•비합리주의와 상대주의 •과학적 발견은 논리적이기보다는 심리적 현상 •과학은 단계적, 혁명적으로 진보
쿤과 포퍼의 과학관 비교	공통점		•과학적 탐구의 논리 구조보다 지식 획득의 동적 과정 중시 •점진적 · 축적적 과학발전 이론을 거부하고, 혁명적 발전 강조 •현상으로부터 이론이 유도된다는 귀납주의적 과학관 반대 •고전적 실증주의에 반대하면서, 관찰보다는 이론을 우선시	
	차이점		•지식의 논리학에 관심을 두고서 과학의 객관성을 강조 •과학 활동의 주관적 요소를 부인하고 발견의 논리학 중시	•포퍼가 제안하는 추측과 반박이라는 합리적 절차를 사회심리학적 당위로 간주 •탐구의 심리학(과학사회학) 중시

40 과학적 탐구 방법: 귀납적 방법론, 가설 연역적 방법론, 반증주의적 방법론

■ 귀납적 방법론

귀납적 방법론은 다양한 관찰된 사실로부터 이론이 형성된다는 것으로 일반인들이 널리 받아들이는 상식적인 과학관이라고 할 수 있다. 일반적으로 우리가 직접 관찰한 특수한 사실들은 입증된 것이고 객관적이기에 그것을 토대로 한 과학이론은 보편적인 법칙이나 이론으로 받아들여질 수 있다는 것이다. 또 이들 보편적인 법칙이나 이론을 토대로 특수한 사례를 예측하거나 설명할 수 있는 연역적 추론이 가능하다. 이를 통해 과학의 이론은 점진적으로 세련된 과정을 통해 발달해 나간다고 보는 것이 보통의 일반적인 과학관이다.

■ 가설 연역적 방법론

가설 연역법은 어떠한 현상의 관찰로부터 가설을 설정하고, 그 가설을 검증하는 과정을 통해 이론이나 자연법칙을 이끄는 과학적 방법의 한 갈래이다. 가설 연역법은 크게 가설을 설정하는 단계와 이를 시험함으로써 가설을 정당화하는 단계로 나뉜다. 가설을 설정하는 단계와 실험 결과로부터 가설을 정당화하는 과정에는 귀납적 추론이 사용되고, 가설로부터 검증을 위해 실험을 설계하고 결과를 예측하는 단계에는 연역적 사고가 요구된다.

가설 연역법은 측정 가능한 실험 결과를 통해 **'반증'**될 수 있는 가설을 통하여, 이론이나 자연법칙을 도출하는 과학적 연구 방법의 하나다. 가설 연역법은 가설을 설정하고 법칙을 도출하는 과정에서 귀납적인 과정을, 가설로부터 시험을 설계하고 결과를 예측하는 단계에서 연역적인 과정을 살펴볼 수 있다. 여기서 가설을 통한 예측과 반대되는 검증 과정은 가설을 반증하는 역할을 하며, 새로운 가설의 설계에 도움을 준다. 시험을 통해 입증된 가설은 현상을 설명하는 하나의 방법으로 받아들여지면서 하나의 법칙 혹은 이론으로 자리잡는다.

귀납에 의한 추론에 비해 가설 연역 방법이 지닌 장점은 효율성이 높다는 점이다. 귀납에서는 편견 없는 자료 수집을 많이 해야 가설을 만들 수 있지만, 가설 연역 방법에서는 이 가설 생성 과정을 조금 더 간소화할 수 있다. 그러나 20세기 들어 포퍼 등 여러 과학철학자가 제기한 가설 연역 방법에 문제점이 제기되었고, 가설 연역법은 귀납적 추론에서 오는 검증의 문제를 비롯한 논리적인 한계를 극복하기 어렵다는 비판을 받았다. 검증의 문제는 귀납적인 방법을 통한 일반화 과정에서 발생하는 논리적인 문제이며, 귀납법을 기반으로 한 가설 연역법에서 역시 문제로 불거졌다. 이러한 문제를 해결하기 위하여 다른 과학적 방법들이 고안되었다.

■ 반증주의적 방법론

과학이론을 증명하는 것은 논리적으로 불가능하기에 오직 반증만이 가능하다고 보는 과학철학적 관점이 칼 포퍼에 의해 제기되었다. **반증주의적 방법론**에 따르면 추측에 해당하는 가설들이 어떤 주어진 문제들에 대한 해답 혹은 설명으로 제시되는데, 만일 추측된 가설을 반박하는 경험적 사례가 존재하면 그 가설은 곧바로 폐기된다. 즉 단 한 가지 사례만으로도 충분히 '증명(반증)'되는 것이다. 반증주의에서 과학적 이론이란 반증 가능해야 한다. 이래도 맞고, 저래도 맞는 것은 반증 가능한 이론이 아니다. 그리고 명확한 반증을 위한 방법적 도구가 있어야만 반증 가능한 이론이다.

41 현대 과학이론의 네 측면: 포퍼의 반증주의, 쿤의 과학혁명론, 라카토스의 합리적 절충주의, 파이어아벤트의 방법론적 다원주의

■ 포퍼의 반증주의

오스트리아 태생의 영국의 과학철학자 칼 포퍼는, 과학적 사실 그 자체는 객관적으로 존재한다는 (귀납주의적) 본질주의 과학관과 기본적으로는 같은 입장을 따랐지만, 과학적 사실에 관한 진리 탐구에서는 방법을 달리해야 한다고 보았다. 그는 과학은 편견 없이 관찰하여 객관적 사실을 도출하기 어렵다고 생각했다. 현실의 탐구에서 요구되는 것은 '적절한' 사실을 구분하는 것이며, 그 기준을 어떻게 잡을 것인가가 관건이라고 주장했다.

포퍼에 따르면, 과학이론은 새롭게 반박되고 반증되는 과정에 놓이며, 계속해서 그 반박을 견디고 살아남는 가설만이 과학적 가설로서 인정될 수 있다. "모든 진리는 절대적이지 않고 잠정적이다."라는 그의 반증주의 학설은 **과학적 합리주의**에 바탕을 둔 것으로, 철학의 **비판적 합리주의**와 연결된다. 그는 과학적 사실의 객관성을 바라보는 시각은 본질주의 입장을 따르지만, 과학적 탐구 방법에서는 상대주의 입장을 따라 합리적 '반증 가능성'을 열어두고자 했다.

■ 쿤의 과학혁명론

과학은 객관적 · 경험적으로 증명 가능하며 또 합리적인 방식으로 연구가 진행된다는 근대적 과학관은 쿤의 『과학혁명의 구조』가 발표되면서 전복됐다. 쿤에 따르면, 과학은 반드시 객관적이거나 합리적으로만 진행되는 것은 아니며, 과학자 집단의 권위와 과학자 개인의 주관적 신념이 많은 역할을 한다. 그리고 과학의 역사는 하나의 신념 체계에 입각한 지배적 이론(패러다임)이 새로운 신념에 입각한 또 다른 이론에 의해 혁명적으로 교체되는 방식으로 발전한다.

과학의 발전은 비판적 합리성이 점진적으로 승리를 확보해가는 과정이라고 주장하는 포퍼(**과학적 합리주의**)의 주장, 그리고 과학은 객관적 증거나 논리에 의해 이루어지는 것이 아니라 혁명적으로 대체되는 것이기에 그만큼 비합리적인 요소가 내포될 수 있다는 쿤(**과학적 상대주의**)의 주장은, 어떤 이론이 과학적이려면 그것이 경험으로부터 반박되거나 수정될 수 있도록 가능성을 열어두고 있어야 한다는 **'반증 가능성'의 원리(가설 연역법)**를 놓고서 적지 않은 논쟁을 벌였다. 논쟁의 핵심은, 포퍼의 합리주의는 과학이론의 상대적 장점을 평가할 수 있는 유일한 보편적 기준이 있다고 주장하는 반면, 쿤의 상대주의는 그러한 기준의 존재를 인정하지 않는다는 점이다. 상대주의는 과학이론의 우월성을 판단하는 문제는 전적으로 개인이나 공동체에 달린 문제라고 생각했다. 요컨대 개인과 공동체의 가치판단에 따라 진리 탐구의 목표가 달라진다는 것이다.

■ 라카토스의 합리적 절충주의

라카토스는 포퍼의 반증주의와 쿤의 과학혁명론을 비판적으로 계승하면서 자신만의 '연구프로그램 방법론'을 제안했다. 그는 과학철학과 과학사를 접목한 방법론적 탐구 결과를 '과학적 연구프로그램 방법론'으로 정리했는데, 이는 쿤이 제시한 패러다임의 사회적 · 심리적 개념을 객관적으로 재구성한 것이다. 그는 과학이론을 구조적 전체로 파악하려고 했다. 중요한 과학상의 진보는 구조를 갖는다고 보고, 이론

체계가 가지는 구조를 설명코자 했다. 그는 과학의 발전은 연구프로그램을 제공할 수 있는 개방 구조를 가진 이론에 의해서 이루어진다고 보았다.

포퍼의 소박한 반증주의에 비해, 라카토스는 **세련된 반증주의**를 특징으로 한다. 라카토스는 쿤의 입장을 따라 과학이론을 위배하는 경험적 증거가 나타날 때 이를 간단히 반증하기보다는 그 이론이 잠재력을 충분히 발휘할 수 있도록 기다려줄 필요가 있다고 주장했다. 그는 이론에 대한 평가는 단순히 이론 그 자체가 아니라 그 이론이 역사적으로 어떤 양상을 띠며 발전해 왔는지를 그 이론과 경쟁 관계에 있는 다른 이론의 역사적 변화 양상과 비교해야 한다고 주장했다. 따라서 쿤이 말하는 패러다임 간의 '공약 불가능성'이라는 문제는 연구프로그램 방법론에서는 제기되지 않으며, 연구프로그램에 대한 합리적 평가가 이루어질 수 있다고 보았다.

라카토스는 과학에서 이론 선택 문제와 관련하여 새로운 과학의 합리성을 주장했다. 그는 한 이론의 과학적 가치는 인간의 심리적 판단이 아니라, 그 이론이 실제 가지고 있는 객관적 지지기반에 달렸다고 보았다. 과학지식 발달과 관련하여 진보성 혹은 퇴행성에 따라 연구프로그램을 선택했다는 사실을 근거로 과학지식은 합리적으로 발전해 나간다고 보았다. 즉 과학지식은 쿤의 혁명적 발전과는 달리 **'합리적'으로 진화**한다고 주장했다.

■ 파이어아벤트의 방법론적 다원주의

파이어아벤트는 과학의 **비합리성**을 지적했다. 과학에서의 이론의 진보는 없으며, 따라서 과학 발전은 누적해서 이루어진다고 보지 않았다. 그는 과학자들이 항상 사용하는 일반적인 '과학적' 방법이란 존재하지 않으므로, 과학자들은 각자가 해결하려는 문제에 적합한 방법을 그때그때마다 임시방편적으로 찾아서 연구해야 한다고 주장했다. 그는 과학은 창의성의 산물이라고 말하면서, 과학적 탐구에서의 자유로운 사고와 자율적 과학 활동의 중요성을 강조했다. 보편적 절차라는 정해진 방법은 과학자의 창의적 연구 활동에 오히려 방해가 된다고 보았다. 과학적 탐구 방법으로 '어떤 것이든 좋다.'라는 그의 방법론적 무정부주의는 모든 이론은 동등하다는 **'인식론적 상대주의'**로 연결된다.

파이어아벤트의 **방법론적 다원주의**는 다음과 같은 특성이 있다. 먼저, 과학이론의 발전과정에서 새롭게 등장한 이론은 기존 이론과 비교하여 원천적으로 불리할 수밖에 없기에, 그 이론이 어느 정도 발전할 때까지는 이를 간단하게 반증해버리기보다는 그 잠재력이 최대한 발휘될 수 있도록 기다려 줄 필요가 있다. 다음으로, 파이어아벤트에 따르면 이론은 논리실증주의자나 포퍼가 믿듯이 경험 데이터와 부딪힘으로써 입증되는 것이 아니라, 서로 양립할 수 없는 다른 이론과 맞부딪히는 과정을 통해서 검증된다. 한 이론의 문제점은 해당 이론의 관점으로는 드러나지 않으며, 다른 대안적인 이론의 관점에서 주어지는 사실들이 허용될 때만 드러날 수 있다. 서로 다른 전제를 바탕으로 하는 상이한 이론과 비교 · 대조하는 방법 이외에는 이론의 정확성을 높일 방법은 없다는 것이다. 이런 맥락에서 파이어아벤트는 대안적 이론의 증식을 요구하면서, 이론의 경험적인 부분을 증식하는 방법으로 동양철학, 신화, 종교와 같은 **다양한 사상**을 폭넓게 받아들일 수 있어야 한다고 주장했다.

쿤과 함께 파이어아벤트는 새로운 과학철학의 지평을 열었는데, 실제 두 사람은 전통적 과학관에 비판적인 입장을 따르면서 공약 불가능성과 같은 과학적 테제를 공유하기도 했다. 하지만 쿤은 과학자의 실천적 합리성을 중요하게 생각한 반면, 파이어아벤트는 과학의 합리성을 인정하지 않는다는 점에서 둘은 차이를 보인다.

42 정보 전달 방식: 디지털과 아날로그의 차이

아날로그와 디지털은 전기 신호로 정보를 전달하는 방식을 말한다. 아날로그(Analog)란 어떤 양 또는 데이터를 연속적으로 변환하는 **물리량(전압, 전류 등)**으로 표현하는 것이고, 디지털(Digital)은 어떤 양 또는 데이터를 **2진수**로 표현하는 것을 말한다. 아날로그에서 정보는 연속되는 값으로 표현되고, 디지털에서 정보는 서로 다른 숫자로 표시된다. 즉 아날로그는 곡선의 형태로 정보를 전달하고, 디지털은 1과 0이라는 숫자를 통해 정보를 전달한다. 예를 들어, 아날로그 신호는 전류의 주파수나 진폭 등 연속적으로 변화하는 형태로 전류 정보를 전달하고, 디지털 신호는 전류가 흐르는 상태(1)와 흐르지 않는 상태(0)의 2가지를 조합하여 전류 정보를 전달한다.

디지털(수치형)과 아날로그(연속형)의 차이점은 **신호 처리 방식**에 있다. 음성 송수신의 경우, **아날로그 방식**은 목소리의 진동에 해당하는 전기 신호로 전달한다. 그러나 **디지털 방식**은 송신기로 받은 전기 아날로그 신호들이 교환대의 전기 회선 내에서 2진법 숫자들로 바뀌어 부호 형태로 전달된다. 전류 파장의 높이가 매초 수천 번씩 측정되어 1과 0이라는 숫자 부호로 나타나며, 그런 다음 전류는 1에서 흐르고 0에서 흐름이 멈추는 일련의 펄스(pulse, 순간 파동)로 전환되어 파장 측정치를 나타낸다. 이른바 펄스 변조 부호다. 이처럼 디지털은 0과 1의 수많은 조합에 의해 다양한 신호 전달 체계를 갖는 데 비해, 아날로그 방식은 자연 그대로의 진동, 파동 또는 기계적 동력에 상응하는 신호 체계를 만든다.

그런데 디지털과 아날로그의 신호 처리 방식의 차이는 단지 통신 기기가 달라서 생기는 것이 아니다. 인류가 낳은 문명과 세계관에서도 디지털과 아날로그는 서로 다르다. 아날로그 방식에서는 관찰한 그대로, 마치 사진을 찍는 것처럼 사물을 인식한다. 광선이 사물의 영상을 필름에 그대로 비추는 것과 같은 원리다. 아날로그는 현상을 측정하는 데 있어서 작은 것에서 큰 부분까지 그 타당성 여부에 대해 다양한 해석을 내려야 한다.

반면 디지털은 0과 1, 참과 거짓인지 명쾌한 해석을 내린다. 따라서 디지털은 빠르고 정확하다. 반도체는 이것을 전류의 꺼짐과 켜짐의 신호를 이용해 설계한 것이다. 디지털은 정확한 수치로 전체를 볼 수 있는 자료를 제공하지만, 그것을 관계로 꿰려면 연속적 사고가 필요하다. 바로 아날로그적 사고다. 실무자에게는 디지털식 사고가 필수지만, 리더에게는 아날로그식 사고가 필수 조건이다. 이를 1997년 외환위기를 예로 들 경우, 외국인 투자액의 급격한 감소, 거주자 예금의 급증, 선물 환율의 급등은 통계상으로도 눈에 띌 정도였는데, 이것이 우리에게는 금융 위기를 알리는 디지털 신호였던 셈이다. 이에 비해 아날로그 신호는 이미 오래전부터 진행해 왔는데, 정치 · 경제 · 사회 · 문화 등 사회 전반에 걸쳐서 나타난 거품이 그것으로, 문제는 그것이 다양한 형태로 나타나면서 우리의 시기적절한 인식을 어렵게 만들었다는 점이다.

우리가 주위에서 흔히 볼 수 있는 온도계와 저울에서도 아날로그 방식과 디지털 방식을 볼 수 있다. 붉은 액체가 들어있는 온도계는 아날로그형의 온도계이고, 수치로 읽을 수 있는 온도계는 디지털형의 온도계이다. 아날로그 온도계는 사람마다 같은 온도계를 동시에 읽는 때도 온도계 눈금을 읽는 눈 위치에 따라 누구는 36.1도, 누구는 36.2도 등으로 다르게 읽을 수 있다. 반면에 숫자로 표시되는 디지털 온도계는 누가 읽어도 똑같이 읽게 된다. 저울에서도 마찬가지다. 따라서 디지털 방식은 모든 것을 매우 정량화할 수 있는 장점이 있다.

43 과학적 실재론의 두 관점: 과학적 실재론과 반실재론

철학에서 보편자의 존재를 놓고서 유명론과 실재론의 대립이 있듯이, 과학철학 또한 비슷한 맥락에서 '과학적 실재론'과 '과학적 반실재론'의 대립이 있다. 과학철학 분야에서는 1970년대 이후 과학을 둘러싼 실재론과 반실재론 논쟁이 활발하게 이루어져 지금까지 계속되고 있다.

과학적 실재론은 과학의 목표는 자연에 대한 진리를 얻는 것이라고 보는 견해로, 이를 양자역학을 예로 들어 설명하면 다음과 같다. 실재론자들은 과학적 해석 가운데 어느 것이 옳은지는 현재로는 알 수 없지만, 그렇더라도 양자역학에서 다루는 현상에 관한 어떤 참된 이론이 있으며, 그렇지 않은 다른 이론들은 거짓이라고 주장한다. 예를 들어 만약 '드브로이-봄 해석'(양자역학의 주류인 코펜하겐 해석 이외의 해석 방법 중의 하나로, 슈뢰딩거 방정식, 파일럿 파동 이론, 인과율 해석과 같은 결정론적이고 비국소적인 특징을 지닌다)이 참이라면, 양자역학에서 표준으로 받아들이는 '코펜하겐 해석'은 거짓이다. 이 두 해석 모두 동등하게 양자역학의 예측을 보장하는데도 불구하고 그렇다. 그 이유는 양자역학에 관한 실재론자는 단순히 경험적 예측력을 넘어서, 양자 차원의 물리학에 관하여 주관과 독립적인 실체가 있다고 보기 때문이다. 그런 면에서 실재론자는 최신 과학 이론은 적어도 어느 정도는 '세계의 실제 모습'을 정확히 드러내고 있다고 생각한다.

과학적 실재론에 선 대표적 이론가로는 역사를 통한 이론적 언어의 지시 대상의 동일성과 실재성을 주장하는 (80년대까지의) **퍼트넘**, 과학이론의 진리에로의 접근이라는 개념의 방법론적 타당성을 논하는 **보이드**, 이론적 언어의 지시 대상의 실재성이라는 것을 실험과학에서 그것이 수행하는 역할에 의해 주장하려고 하는 **해킹** 등이 있다. 과학적 실재론은 일반적으로 과학자의 상식에 부합하는 견해라고 간주된다.

이에 비해, 과학의 참된 목표는 진리를 얻는 것이 아니라면서 실재론에 반대하는 주장을 **반실재론**이라고 한다. 과학적 반실재론자는 경험적 예측에서 차이가 나지 않는 한 명제 간에는 차이가 없다고 주장한다. 예를 들어 양자역학의 해석에 관련하여 반실재론자는 각각의 해석이 양자역학의 예측력을 온전히 발휘하는 한, 어느 하나가 옳고 그른 것이 없다고 본다. 양자 차원의 물리학에 관하여 우리의 경험을 뛰어넘는 사물 자체가 있다고 볼 근거는 없으며, 그럴 필요성도 없기 때문이다.

이러한 반실재론적 입장은 다양하다. 대표적으로는 진리를 얻는 것보다 탐구하는 과정에서 유용한 지식을 얻는 것이 목표라는 **'도구주의'**적 입장과 관측 불가능의 영역에 관한 서술을 관측 가능의 영역으로 풀어서 설명할 수 없으면 의미가 없다(관측할 수 있는 부분만이 의미가 있다)고 주장하는 **'실증주의'**적 입장이 있다. 그리고 진리는 의미가 있고 또 과학적 탐구로 진리를 얻을 수 있으면 좋겠지만, 관측되지 않는 내용일 경우에는 과학이 접근할 능력이 없다고 주장하는 **'구성적 경험주의'**가 있다.

정리하면, 과학적 실재론은 과학적 언어를 바라보는 것에서 '실재'의 역할을 극대화하는 반면에 이를 탐구하는 과학자의 역할을 극소화하며, 그 반대인 반실재론은 과학자의 역할을 극대화하는 반면에 과학적 실재의 역할을 극소화하는 경향을 나타낸다. 이렇듯 극단적으로 대립하는 사고의 경향은 현대 과학철학에 국한된 것은 아니며, 서양철학 전반에서 줄기차게 계속되어 온 커다란 사상의 두 줄기라 할 수 있다.

44 과학과 비과학의 구분: 검증 가능성과 반증 가능성

검증 가능성(Verifiability)이란 어떤 명제나 가설의 진위가 경험적인 사실에 의해 이론적으로, 또는 실제적으로 증명될 수 있는 가능성을 말하는데, 사실에 적합한 경험적 사례들의 수가 많으면 많을수록 검증 가능성은 그만큼 높아지고, 그에 따라 과학적 이론이 참이 될 확률이 높아진다.

내가 오늘 관찰한 까마귀는 모두 검다.
내가 어제 관찰한 까마귀는 모두 검다.
내가 그저께 관찰한 까마귀는 모두 검다.
⋮
내가 n번째 날까지 관찰한 까마귀는 모두 검다.
따라서 모든 까마귀는 검다.

위 사례는 전형적인 '귀납 추론'으로, n번째 날에서부터 오늘, 지금까지 관찰하여 까마귀가 모두 검다는 것이 확인되면, 그렇게 해서 충분한 자료가 확보되면 '모든 까마귀는 검다.'라는 결론을 도출할 수 있다고 본다.

하지만 이 추론에는 논리적인 비약이 있다. 우리가 많은 까마귀를 관찰한다고 할지라도 이 세상에 있는 모든 까마귀를 관찰할 수는 없으며, 따라서 우리는 결코 '모든' 까마귀를 관찰할 수 없다는 결론으로 귀결된다. 즉, 결론은 검증할 수 없는데, 이를 '**귀납적 비약**'이라고 하여 귀납적 추론에는 한계가 따를 수밖에 없음을 일컫는다.

이러한 문제를 해결하고자 동원된 것이 바로 '**검증 가능성**'으로, 관찰 횟수가 많으면 많아질수록 귀납 추론이 진리가 될 확률이 높다는 것이다. 따라서 검증 가능성은 귀납법이 100% 타당한 진리를 추구하는 것이 아니라, 다만 높은 확률적 가능성을 가진 진리를 추구할 뿐이라는 주장을 함축한다.

포퍼는 이에 정면으로 반박하여 **반증 가능성**(Falsifiability)을 들이대며 귀납의 문제를 근본부터 뒤집는다. 즉 검증 가능성은 아무리 경험적 관찰 사례가 많이 축적되더라도 그것이 완벽하게 이론의 정당성을 확보해주지 못하며, 다만 어떤 이론이 진리일 가능성에 대한 확률만을 높여줄 뿐이라는 것이다.

포퍼가 말하는 반증 가능성이란 어떤 이론이 옳은지 틀렸는지는 그 이론을 부정할 수 있는 사례가 가능한지 찾아내어야 한다는 것이다. 따라서 모든 '까마귀는 검다.'라는 이론의 반증 사례는 '검지 않은 까마귀'이며, 우리가 검지 않은 까마귀를 찾아낼 수만 있다면 '모든 까마귀는 검다.'라는 이론은 틀린 이론이 된다. 실제로 포퍼는 오스트레일리아에서 발견된 검은 백조(black swan)의 예를 들어 '모든 백조는 희다.'는 귀납 명제의 반증 가능성의 사례를 제시했다.

45 과학에서의 상수 개념: 물리상수, 중력상수, 허블상수

■ 물리상수

물리현상을 정량적으로 다루기 위해 사용하는 여러 가지 상수이다. 상수(Constant)란 말 그대로 항상 일정한 값을 유지하는 숫자를 의미한다. 물리상수는 수학적 상수와는 달리 측정에 의해 결정되며, 각 물질의 고유한 물리적 성질을 나타내는 물질상수와 물질의 상태나 종류에는 관계없이 전 우주의 모든 영역에서 영구불변이라고 생각되는 **보편상수**가 있다. 원자의 질량, 물질의 비열, 녹는점, 전기 전도율이나 탄성률 등은 물질상수이고, 진공 속에서의 빛의 속도, 플랑크상수 등은 보편상수의 예이다. 일반적으로 이들 상수는 물리량 사이의 인과관계나 상호 연관성을 추구하는 데 중요한 구실을 하지만, 특히 보편상수는 물리학 각 분야의 이론체계를 특징짓고 서로 다른 이론체계 간의 이행 관계를 분명히 하는 데 크게 이바지한다.

■ 중력상수

우주에서 가장 보편적이고 흔한 중력이라는 힘에도 대표적인 물리상수가 포함되어 있다. 보통 영어 알파벳 대문자 G로 표현하는 '**중력상수**'다. 우주에 존재하는, 질량을 가진 모든 물질은 그 질량에 해당하는 만큼의 인력이 있으며 주변 물질을 끌어당긴다. 뉴턴은 이러한 힘을 모든 물체가 서로를 끌어당기는 힘, 즉 만유인력 또는 중력이라고 정의했다. 뉴턴은 수학적으로 아주 멋지게 중력을 기술하는 데 성공했고, 그가 수학적으로 묘사한 중력 법칙을 이용해 그보다 앞서 관측되었던 다양한 태양계 천체의 움직임을 수학적으로 표현할 수 있었다. 뉴턴이 완성한 중력 법칙은 다음 핼리 혜성이 언제 찾아올지를 정확히 예측했고, 아직 발견되지 않은 태양계 외곽의 새로운 행성도 정확하게 예측했다.

하지만 뉴턴은 중력이 어떻게 작용하는지 기계론적인 관점에만 관심이 있었을 뿐, 중력이 대체 왜 우주에 존재하게 되었는지라는 근본적인 문제에는 관심이 없었다. 이 근본적인 질문에 아인슈타인은 그럴듯한 새로운 대안을 제시했다. 아인슈타인은 중력이 우주에 실제로 존재하는 힘이 아니라 그저 우주 시공간이 왜곡된 곡률이라는 해석을 내놓았다. 이 **상대성 이론**은 뉴턴의 방식으로는 설명할 수 없었던 미해결 과제를 설명했다.

■ 허블상수

우주 팽창에 따라 발생하는 은하의 후퇴 속도와 거리의 비례상수를 말한다. 천문학자 허블과 르메트르는 우리 은하 주변에서 관측되는 외부 은하들의 움직임과 거리를 비교했다. 그 결과 흥미롭게도 거리가 더 멀리 떨어진 은하일수록 전반적으로 더 빠른 속도로 우리에게서 멀어지는 후퇴 속도를 보였다. 이는 우주 시공간 자체가 균일하게 팽창하면서 우리 은하에서 봤을 때 주변의 다른 외부 은하들이 점점 멀어지는 듯 보이기 때문이다. 그리고 그 팽창이 전 우주에 걸쳐 균일하게 벌어지기 때문에, 거리가 더 멀리 떨어진 은하일수록 그 거리에 비례해서 더 빠르게 후퇴하는 듯 보인다고 말할 수 있다. 허블은 우주 시공간의 팽창률이 항상 일정하게 유지되어왔을 것으로 추측했고, 그 일정한 팽창률을 '**허블상수**'라고 정의했다.

46 구성주의의 세 측면: 구성주의 연구 패러다임, 사회구성주의, 구성주의 학습이론

구성주의는 인간의 정신, 특히 의식을 구성하는 요소와 그 구조를 나누고 쪼개어 분석하는 연구 방법으로, 현대 심리학의 시조로 일컬어지는 분트의 제자 티치너에 의해 창시됐다. **구성주의**는 넓게는 하나의 연구 패러다임에서부터 좁게는 개별 학습자의 의미 구성에 이르기까지 폭넓은 의미로 사용되고 있다. 구성주의는 특히 다음의 다양한 해석과 의미로 사용되고 있다.

■ 사회과학에서의 구성주의 연구 패러다임

구성주의 연구 패러다임은 **해석학적 연구 패러다임**이라고도 불리며, 후기 실증주의를 대체하는 여러 패러다임의 하나이다. 이는 개별 연구자가 지닌 이론적 틀을 통해 경험 자료를 해석함으로써 그 의미를 구성해나가며, **정성적** 연구 방법을 지향한다. 구성적 연구 패러다임에 따르면, 지식의 적극적인 창조자인 인간은 자신이 경험한 현상 또는 일상생활의 구조 밑에 딸린 의미를 파악하는 것에 관심을 둔다. 특히 사회적 행위에 담긴 인간 행위의 동기나 목적을 깊이 있게 이해하려면, 자연 현상의 연구와 같은 계량화된 방법이 아니라 직관적인 통찰을 통해 그 행위 이면의 의미에 대한 해석학적인 이해가 필요하다고 본다.

■ 과학에서의 사회구성주의

"과학은 사회적으로 구성된다."라는 입장이다. 사회구성주의자들은 자연과학은 그렇듯 확실하지도, 그리 객관적이지도, 그렇게 보편적이지도 않다고 보았다. 사회구성주의자들은 자연과학의 내용을 구성하고 결정하는 과정에서, 자연 현상에 대한 참된 진술의 여부나 실험 자료로부터의 객관적 검증과 같은 합리적인 인식의 요소들보다는, **사회적 · 정치적 · 경제적 · 이데올로기적** 요인들이 직접적이고 적극적으로 작용하고 있음을 강조했다. 즉 자연과 인간의 인식적 작용 메커니즘보다는 과학자와 과학자 간의 사회적인 메커니즘이 과학지식의 구성에서 중요한 역할을 한다는 것이다. 그들은 과학지식의 형성과 발전이 사회적 조건에 의해 인과적으로 설명될 뿐 아니라, 뉴턴 과학처럼 진리로 밝혀진 과학지식은 물론 연금술이나 점성술같이 이미 과학이 아닌 것으로 폐기된 지식도 사회적 요인에 의해 그 본질이 동등하게 설명될 수 있다고 보았다. 다시 말해, 과학지식에 더는 객관성이니 합리성이니 하는 우월적 권위를 부여할 수 없다면서, "과학의 객관성은 **사회적**이며, 그 방법론은 **상대주의적**이다."라는 시각을 견지한다.

■ 구성주의 학습이론

학습은 의미를 구성하는 과정이라는 구성주의 심리학에 바탕을 둔 이론이다. 구성주의는 지식은 개인과 독립적으로 존재하는 것이 아니라, 개인 간의 능동적인 상호작용을 통해 구성되는 것이라고 본다. 또 지식의 구성 과정에서 개인의 능동적인 참여뿐만 아니라 사회적 맥락에서의 상호작용의 중요성을 강조한다. 구성주의 학습이론에 따를 때, 학습은 학습자 개인의 주관적 경험과 흥미에 맞게 정하고 또 학습 내용을 **'스스로'** 구성해나가는 과정이며, 결과는 그 과정을 수행할 수 있는 능력을 갖추었는가의 확인으로 평가할 수 있다. 따라서 구성주의 학습이론에서는 **학습자 중심**의 학습 환경이 강조된다. 구성주의 학습이론은 피아제의 인지발달이론, 브루너의 구성주의 수업이론을 바탕으로 형성되었다.

47 인간 행위의 연구 방법론: 이해와 설명

'이해'와 '설명'은 모두 과학의 중요한 방법론으로 사용되어 왔다. 그중 '이해'는 주로 인간의 정신세계를 다루는 '정신과학'의 중요한 방법론이 되었던 반면에 '설명'은 자연적 대상을 다루는 '자연과학'의 중요한 방법론이 되어 왔다. 그렇다면 '인간의 행위'는 과연 '이해'의 대상으로 봐야 하는가, 아니면 '설명'의 대상으로 봐야 하는가?

본능적인 행동을 제외한 인간의 행위 대부분은 어떤 의도를 담고 있다는 점에서, 인간의 행위는 단순히 물리적인 자연 현상이 아니라 정신세계와 밀접하게 관련되어 있다고 볼 수 있다. 따라서 정신과학의 독자성을 주장하는 학자들은 인간의 행위를 '설명'의 대상이 아니라 **'이해'**의 대상으로 보는 것이 더 자연스럽다고 생각했다. 물론 타인의 의도를 파악하여 행위를 이해하는 것은 쉬운 일이 아니다. 그렇지만 같은 인간이라는 삶의 공통성을 기반으로 타인의 체험을 자신의 체험처럼 느끼는 과정을 통해 인간의 행위를 이해할 수 있다는 것이다. 하지만 이러한 방법론은 객관성 확보가 쉽지 않다. 이 문제를 해결하기 위해 '이해'의 방법론을 체계적으로 확립한 철학자인 딜타이는 **'객관적 정신'**을 내세웠다. 객관적 정신은 개별적인 인간 정신의 상호작용으로 산출되는 집단정신의 산물이라고 할 수 있다. 따라서 '객관적 정신'을 통해 '이해의 객관성'도 확보할 수 있다는 것이다. 하지만 서로 다른 공동체에 속해 있거나 서로 다른 시대에 살고 있다면 '객관적 정신'을 완전히 보장하기 어렵다는 점에서 이 주장은 한계를 지닐 수밖에 없다.

이에 대해 모든 과학의 통일을 주장하는 학자들은 인과적 설명으로 인간의 행위를 비롯한 모든 것에 답할 수 있다고 생각했다. 자연에서 일어나는 개별 현상을 보편 법칙에 포섭하여 대상을 인과적으로 규명하는 방법론인 **'설명'**은 인간의 행위를 규명할 때에도 유용한 방법론이 될 수 있다는 것이다. 그러므로 이들은 인간의 행위를 다룰 때도 개별적 특성 하나하나에 관심을 두기보다 그 행위를 포섭할 수 있는 보편 법칙의 수립에 더 관심을 두어야 한다고 보았다. 즉 인간의 행위를 어떤 보편 법칙 속에 포섭되는 하나의 사례로 보고 인과적으로 설명할 수 있다는 것이다. 더 나아가 개별 행위를 포섭하는 보편 법칙이 객관성을 갖는다면 그 행위에 대한 설명 역시 객관성을 확보할 수 있다고 보았다. 그리고 이들은 행위에 담긴 의도가 무엇인지를 파악하는 것보다 그런 의도가 왜 생겨났는가를 묻는 것이 더 의미 있는 질문이라고 생각했다.

그렇다고 해도 '설명'이 '이해'를 완전히 대체할 수 있는 것은 아니다. 인간의 정신세계에 속하는 의도는 자연처럼 관찰이나 실험으로 파악하기 어렵기 때문이다. 그뿐만 아니라 인간의 정신세계는 어떤 법칙을 따르기보다 개인의 판단에 따라 자율적으로 작동하는 경우가 많다. 이런 점에서 자신의 체험에 비추어 타인의 의도를 개별적으로 파악하는 '이해'는 인간의 행위를 파악하는 데 필요하다. 그렇지만 인간의 의도를 모든 상황에서 모두 이해하는 것도 결코 쉬운 일은 아니다. 또한 행위에 담긴 의도를 이해하더라도 그런 의도가 생긴 원인까지 알기는 어렵다. 더 나아가 행위는 결코 의도하지 않은 결과로 나타날 수도 있다. 이러한 문제점들을 해결하기 위해서는 '이해'보다 '설명'이 더 유용할 수 있다. 이런 점을 종합해 볼 때, 인간의 행위를 연구하는 방법론으로서의 '이해'와 '설명'은 상호 대립적인 관계가 아니라 상호 보완적인 관계여야 할 것이다. (출처: 2015학년도 육사 기출)

48 빛의 실체: 입자설과 파동설

빛은 입자일까? 파동일까? 빛이 입자일 때와 파동일 때 어떤 차이가 있을까? 빛이 입자라면 알갱이와 같은 물질이라는 뜻이고, 빛이 파동이라면 소리나 물결, 지진 등이 일어나는 움직임을 통해 쉽게 이해할 수 있다. 만약 도쿄에서 지진이 일어나 서울까지 전해온다면, 도쿄의 돌덩이가 시속 3만 킬로미터로 서울까지 날아오는 것이 아니라 땅이라는 물질을 통해 지진파로 전해져오는 것이다.

이때 파동을 전달하는 물질을 **'매질'**이라고 한다. 파동을 이해하는 데 가장 혼동하는 부분이 바로 매질의 움직임이다. 소리의 경우, 소리를 전달하는 매질은 공기다. 우리 귀로 소리가 들리는 것은 공기가 퍼져나가는 것이 아니라 공기를 통해 그 진동으로 소리가 전달되는 것이다. 마찬가지로 물결은 물이 움직여서 가장자리로 퍼져 오는 것이 아니다. 물은 제자리에서 진동하고 그 진동이 퍼져나가는 것이다. 즉, 파동은 매질이 이동하는 것이 아니고, 매질이 그 자리에서 진동함으로써 힘을 전달할 뿐이다. 이와 같이 빛이 입자가 아니라 **'파동'**이라고 하면, 빛을 퍼져나가게 하는 물질이 필요하다. 빛의 파동설과 입자설의 차이는 여기에 있다. 빛이 파동이라면 **에테르**라는 물질이 가득 찬 공간을 가정해야 하고, 빛이 입자라면 중력처럼 힘을 주고받는 텅 빈 공간을 가정해야 한다.

뉴턴을 비롯한 대다수 과학자는 빛이 **'입자'**라는 생각을 했다. 빛은 물체가 서 있으면 그 뒤편으로 가지 못한 채 그림자를 드리운다. 빛은 가로막과 같은 물체를 뛰어넘지 못하지만, 소리는 가로막 뒤편에서 주고받는 이야기를 들을 수 있다. 빛은 앞으로 똑바로 나아가는 반면, 소리는 물체를 에돌아갈 수 있다. 장애물이 있으면 에돌아가는 회절 현상은 파동의 전형적인 특성이다. 빛이 돌아가지 않고 직진한다는 사실은 빛의 입자성을 확증하는 것처럼 보였다. 이 때문에 빛에 관한 논의는 1803년 토머스 영이 빛의 이중 슬릿 실험을 내놓기 전까지 한동안 입자설이 우세했다. 영의 실험은 뉴턴의 입자설에 일격을 가하는 결정적인 실험이었다.

영은 두꺼운 종이에 일자의 좁은 틈을 내고, 어두운 방에서 그 틈으로 빛을 비추어 보았다. 빛은 좁은 틈으로 새어 나와 뒤쪽 벽면에 넓게 퍼졌다. 다음에는 또 하나의 두꺼운 종이에 두 개의 일자 틈을 만들어서 설치했다. 이것이 **'빛의 이중 슬릿 실험'**이다. 빛이 첫 번째 하나의 틈을 통과한 뒤, 두 번째 두 개의 틈을 통과해 벽면에 비쳤을 때 영은 놀라지 않을 수 없었다. 빛이 두 개가 합쳐졌으니, 더욱 밝게 빛날 것이라는 예상을 깨고 벽면에 줄무늬가 생겼기 때문이다. 밝은 부분과 어두운 부분이 번갈아 나타나며 검은 줄무늬가 아른거리고 있었다. 이렇게 두 줄기의 빛이 서로 간섭하는 현상을 보고, 영의 머릿속에는 빛이 파동이라는 생각이 스쳐 지나갔다. 빛의 파동이 서로 간섭을 일으켜, 밝은 곳은 더 밝고 어두운 곳은 더 어둡게 나타났기 때문이다. 다시 말해, 진동이 더해지거나 빠지거나 해서, 간섭이 보강되거나 상쇄되었던 것이다. 빛이 파동이라는 사실을 명백하게 입증하는 실험이었다.

영은 이러한 결과를「물리 광학에 관한 실험과 계산」이라는 논문으로 써서 왕립학회에 제출했다. 그때 프랑스의 젊은 과학자 프레넬도 독자적으로 빛의 파동 연구를 하고 있었다. 영은 뉴턴과 달리, 프레넬의 발견과 독창성을 인정하고 격려해 주었다. 프레넬은 영보다 수학적으로 완성도 높은 결과를 내놓았고, 19세기 빛에 관한 연구를 발전시켰다. (출처: 보스포루스 과학사, 정인경, 다산에듀)

49 자연계의 기본적인 4가지 힘: 중력, 전자기력, 강력, 약력

물리학이 지금까지 밝혀낸 바로는 우주에는 중력과 전자기력 외에도 강력과 약력이라는 두 가지 기본적인 힘이 작용하고 있다. 이를 4가지 기본 상호작용(기본적인 힘)이라고 한다.

이 중 **중력**은 가장 먼저 밝혀졌고, **전자기력**(전자기 상호작용)은 그다음으로 밝혀졌다. 중력과 전자기력은 일상생활에서 경험할 수 있기 때문이다. 하지만 **강력**(강한 상호작용)과 **약력**(약한 상호작용)은 미시의 원자 세계에서 작용하므로 일상생활에서는 직접 관찰하기 힘들기 때문에 원자모형과 양자역학이 발전하면서 밝혀졌다. 과학자들은 이러한 4가지 힘을 하나로 통일하여 설명할 수 있는 과학적 원리를 찾고 있다.

중력

모든 질량을 가진 물체 사이에는 서로 당기는 힘이 존재하는데, 지구와 물체 사이에 작용하는 힘을 지구의 '**중력**'이라고 한다. 중력은 물체의 다양한 운동의 원인이 되고 지구와 생명 시스템을 유지하는 데 필수적이다. 중력의 단위는 힘의 단위와 같은 **N(뉴턴)**을 사용한다.

전자기력

전기력과 자기력에 바탕을 둔 힘을 말한다. 중력과 마찬가지로 범위가 매우 넓다. 원자는 양성자, 중성자, 전자 등으로 이루어져 있는데, 양성자와 전자 사이에는 **전자기력**이 작용하고 있다.

강력

강한 핵력을 말하며, 원자핵의 양성자와 중성자를 강하게 결합하게 하는 힘이다. 양성자와 중성자는 쿼크로 되어있는데, 이 강력은 쿼크와 쿼크 사이의 힘으로, 전기를 띤 입자보다도 매우 강력하다.

약력

약한 핵력을 말한다. 원자력 발전소나 원자폭탄에서 방사성 붕괴를 일으키는 힘이다. 약력은 지구 중심에 열 에너지를 제공하는 힘이고, 지구 대륙이동 에너지의 근원이 되기도 한다.

4가지 기본 상호 작용

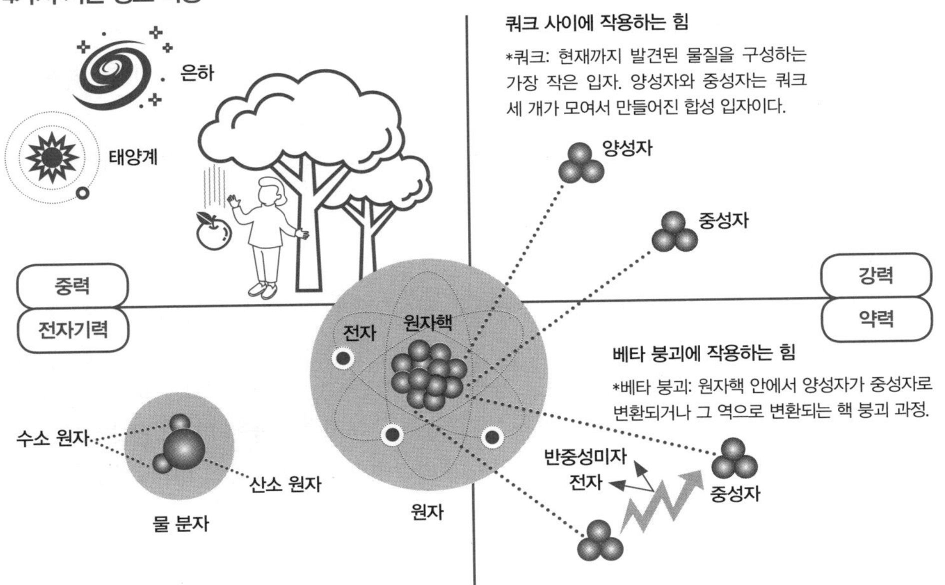

50 공간 개념: 3차원 공간과 4차원 공간

■ 3차원 공간

우리는 3차원 세상을 살고 있다. 이때, '**차원**'의 의미를 이해하려면 '축'과 원점의 개념부터 살펴야 한다. 축은 좌표의 기준이 되는 직선이라고 생각하면 된다. 원점은 모든 축이 맞물리는 점이라고 생각하면 된다. 축 위의 두 개의 점은 원점과는 동일선상인 직선 위에 공존한다. 만약 세 개의 점이 동일선상의 직선 위에 있다는 전제할 경우, 그중 하나는 반드시 원점이어야 한다. 이러한 선결 조건을 충족할 때 마침내 공간 내의 점을 지정하는데 필요한 독립 좌표의 수를 뜻하는 '차원'으로 넘어오게 된다. 참고로 과학에서 차원은 '**확장**'의 개념이다.

여기까지 이해되었다면, 차원의 크기가 곧 축의 개수임을 알 수 있다. 축이 하나면 1차원, 두 개면 2차원이 되는 셈이다. 1차원은 뒤가 없다. 다시 말해 곡선이 없다는 의미로 풀이되는데, 직선 중 여분 공간이 하나라도 존재함을 가정한다면 이것이 바로 '1차원의 세계'다.

곡선의 시작은 2차원부터다. 1차원의 축에서 직각을 이루는 또 하나의 축을 만들어냈다면 그것이 바로 2차원이다. 이때부터 트라이앵글이 생성되고 원이 그려지게 된다. 3차원의 이해는 입체성을 지닌 '3D' 기술을 응용하면 되는데, 2차원의 축이 시간 흐름에 의해 어떤 방향으로든 '동적 성질'을 보인다면 이때부터 입체가 생기고, 이것이 우리가 사는 '**3차원의 세계**'다.

■ 4차원 공간

네 개의 차원을 가지는 공간으로, '**민코프스키 공간**'이라고도 한다. 상대성이론에서는 공간(위치)의 차원 셋과 시간의 차원 하나를 합해서 네 개의 차원을 가지는 공간, 즉 **시공간**으로 다룬다. 이를 4차원 공간 또는 '**4차원 세계**'라고 한다. 시간축을 제4축으로 하여 공간 좌표 뒤에 두는 표현과 제0축으로 하여 공간 좌표 앞에 두는 표현이 있다. 특수 상대성 이론에서는 모든 물리량은 이 공간의 스칼라 · 벡터 · 텐서 등으로 표시되며, '로렌츠 변환'에 따라 물리량은 변환한다.

민코프스키는 아인슈타인의 상대성 개념을 표현하는 수학적 형식을 완성했다. 공간 좌표 성분 x, y, z 외에 시간 t(혹은 차원을 맞추기 위해 빛이 t시간에 직진한 거리 ct를 취한다.)도 독립된 좌표 성분으로 가지는 4차원의 공간(물론 가상적인 것)을 생각하고, 물리현상은 그중의 한 점(세계점)으로 표시하고 운동은 선(**세계선:** 상대성 이론을 설명하는 용어로, 4차원 민코프스키 공간에 표시된 운동 궤도를 말한다.)으로 표시했다. 특히 민코프스키의 형식은 물리법칙을 4차원 공간의 기하학으로 표시하는 것으로, 이후의 과학 발전에 크게 기여했다.

로렌츠 변환

아인슈타인의 특수 상대성 이론에서 사용되는 관성좌표계 사이의 선형 좌표변환으로, 관측자에 따른 시점 변환을 뜻한다. 물리학적으로는 운동 상태가 서로 다른 두 관성좌표계 사이의 좌표변환 관계를 기술한다. 수학적으로는 원점이 같은 두 개의 4차원 민코프스키 벡터공간 사이에서 **4차원 벡터**의 길이를 보존하는 변환이다. 로렌츠 변환식을 사용하면, 일정한 속도(관성계)로 움직이는 물체의 크기 변화를 계산할 수 있다. 이를 통해 갈릴레이 변환으로는 설명할 수 없었던, 어떠한 관성계에서도 빛의 속력은 동일하게 관측된다는 사실을 모순 없이 기술할 수 있다. 즉 갈릴레이 변환식이 아닌 로렌츠 변환식을 사용할 경우, 어떠한 운동도 P에 대하여 v의 속도로 운동하고 있는 관성계 P의 관점에서 '정확하게' 기술할 수 있다.

3

세상의 근본 물음과 대답 20

01 인간: 플라톤, 아리스토텔레스, 아퀴나스, 홉스, 흄, 칸트, 마르크스, 프로이트, 사르트르, 카시러
02 보편: 플라톤과 아리스토텔레스/ 아퀴나스/ 홉스/ 칸트/ 마르쿠제
03 본질: 플라톤/ 아리스토텔레스/ 스피노자/ 로크/ 후설/ 데리다
04 실체: 아리스토텔레스/ 데카르트/ 스피노자/ 로크/ 라이프니츠
05 관념: 플라톤/ 데카르트/ 로크/ 흄/ 칸트/ 헤겔
06 인식: 헤라클레이토스/ 플라톤/ 데카르트/ 로크/ 칸트/ 사르트르
07 지각: 엠페도클레스/ 로크/ 버클리/ 메를로퐁티
08 존재: 파르메니데스/ 아리스토텔레스/ 데카르트/ 스피노자/ 하이데거/ 라캉
09 진리: 소크라테스/ 아퀴나스/ 헤겔/ 니체/ 제임스
10 이성: 플라톤/ 아리스토텔레스/ 데카르트/ 칸트/ 헤겔/ 아도르노 · 호르크하이머
11 정신: 아낙사고라스/ 플라톤/ 데카르트/ 스피노자/ 헤겔/ 라일
12 권력: 플라톤/ 마키아벨리/ 홉스/ 아렌트/ 푸코/ 하버마스
13 정의: 아리스토텔레스/ 루소/ 밀/ 롤스/ 노직/ 왈쩌
14 자유: 스피노자/ 칸트/ 헤겔/ 밀/ 사르트르/ 이사야 벌린
15 언어: 프레게/ 소쉬르/ 하이데거/ 비트겐슈타인/ 데리다
16 아름다움: 플라톤/ 아리스토텔레스/ 칸트/ 헤겔/ 벤야민
17 시간: 아우구스티누스/ 칸트/ 헤겔/ 베르그송/ 아인슈타인/ 메를로퐁티
18 사랑: 플라톤/ 스피노자/ 쇼펜하우어/ 바타유/ 마사 누스바움/ 에리히 프롬
19 행복: 아리스토텔레스/ 에피쿠로스/ 아우구스티누스/ 스피노자/ 애덤 스미스/ 칸트/ 밀
20 죽음: 플라톤/ 에피쿠로스/ 키르케고르/ 하이데거/ 사르트르

01 인간

철학에서 말하는 '인간'은 규범적 및 가치적 의미로서 주로 규정된다. 고대 그리스 철학 이래 '인간이란 무엇인가'는 철학의 주된 관심의 하나로, 많은 철학자의 연구 대상이었다. 인간이란 무엇인가, 즉 인간은 '이성적 존재인가, 아니면 욕망하는 존재인가'라는 물음은 인식론 영역의 핵심 주제이며, 지금까지 지배적인 논쟁으로 철학자들 사이에서 활발한 논의가 거듭되고 있다. (어원: '인간'을 뜻하는 라틴어 Homo/ 관련어: 인류, 인격, 이성)

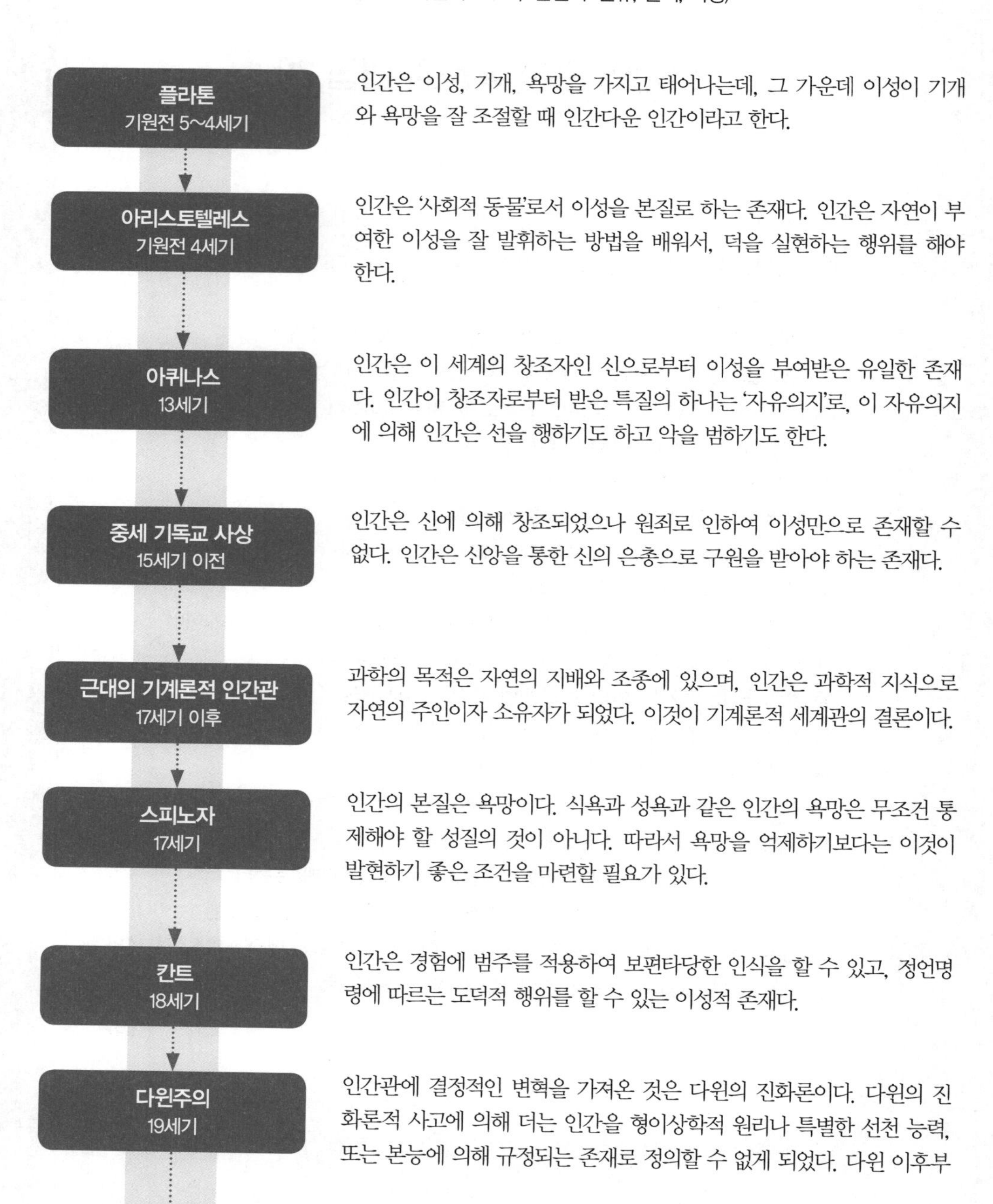

터 인간을 특징짓는 것은 인간 내부의 조건이 아니라, 오히려 인간이 행하는 실천이고 인간 활동의 조직화라고 보았다. 예컨대 마르크스주의자들은 인간을 '도구를 만드는 동물'이라고 보고, 사회관계의 총체로서 규정하려 들었다.

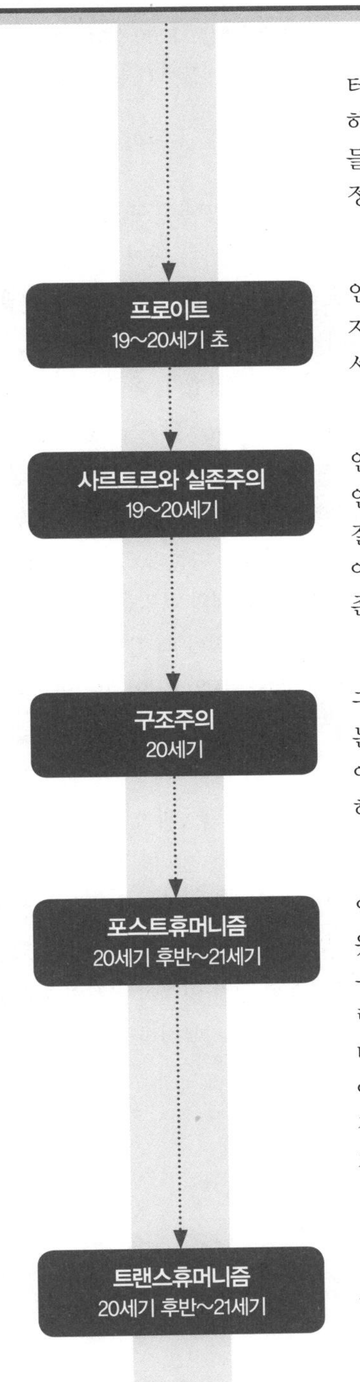

인간은 무의식에 지배받는 비합리적 존재이다. 프로이트는 인간의 삶 자체는 곧 '불안과의 동거'라고 말하면서, 정신을 옥죄는 이성의 속박에서 벗어날 것을 주장했다.

인간에게는 본질이 없으며, 본질이 없기에 자유로울 수 있다. 그렇기에 인간은 자유로움 속에서 자신의 미래 가능성을 스스로 선택하면서 본질을 만들어나갈 수 있다. 인간은 주어진 본질에 의해 결정되는 존재가 아니라, 선택을 통해 끝없이 가능성을 만들어가는 존재라는 점에서 "실존이 본질보다 앞선다."라고 말할 수 있다.

구조주의는 주체 중심, 이성 중심의 인간관을 거부한다. 레비스트로스는 인간의 주체성은 각자의 노력을 통해 얻는 것이 아니라, 사회구조 속에서 만들어지는 것이라고 보았다. 푸코는 근대화가 인간을 자유롭게 하기보다는 억압하는데 기여했다고 하였다.

인간은 상당히 오래전부터 인간이 아닌 다른 것들과 함께 삶을 영위해 왔다. 그리고 그 과정에서 끊임없이 경계를 새롭게 나누고 또 그것에 적응하며 살아왔다. 인간으로서의 생존과 안락한 삶을 위해 인간과의 협력뿐만 아니라 '인간이 아닌 존재자'들과의 협력이 절대적으로 필요했기 때문이다. 과학기술이 인간을 지배하려 드는 현실에서 인간과 인간이 아닌 것 사이의 경계를 어떻게 나눌 것인지, 그리고 인간이 아닌 것에 적용되는 문화적 규범과 사회적 제도를 어떻게 설계하는 것이 바람직한지를 진지하게 고민할 때이다.

인간은 기술 향상을 통해 '인간을 극복한 인간'으로 거듭났다. 하지만 그와 동시에 우리가 만든 기술로부터 받는 위협에 직면해 있다. 트랜스휴머니즘은 기술적 수단을 이용해 자연 앞에 나약한 인간을 점점 더 업그레이드해 '완벽한 인간'으로 나아가는 것을 목적으로 한다. 이를 위해 인간의 가치와 사회구조를 기술 변화의 관점에서 다시 생각할 필요가 있다.

플라톤 "인간 본성은 이성이 기개와 욕망을 조절할 때 가장 잘 발휘된다."

"철학자의 혼은 이성을 따르고 언제나 이성과 함께함으로써 그리고 의견의 대상이 아닌 참되고 신적인 것을 정관하고 양식으로 삼음으로써 그런 감정들에 초연해야 한다고 믿는다네. 또한 철학자의 혼은 자기가 살아있는 동안에는 그렇게 살아야 하며, 그러다가 죽으면 성질과 본성이 자기와 같은 것에게로 가서 그곳에 이르러 인간의 불행에서 벗어나게 될 것이라고 믿는다네." (플라톤, 『파이돈』)

소크라테스는 인간의 본질은 육체가 아닌 영혼으로, "인간에게 있어서의 가장 큰 관심은 영혼을 돌보는 것이다."라고 말했다. 그는 인생의 목적은 덕(德)의 실현에 있고, 영혼은 바로 덕이 실현되는 장소라고 보았다. 소크라테스의 영혼에 관한 관심은 제자 플라톤에 이르러 보다 체계적인 영혼론으로 발전하였고, 이데아론과 함께 중요한 철학적 탐구영역으로 자리매김했다.

플라톤은 『파이돈』에서 육체는 영혼의 진리 추구를 방해할 뿐이라고 주장했다. 육체는 인간이 도구처럼 사용하는 것이지 자기 스스로 움직이는 것이 아니기에, 육체가 인간을 규정할 수는 없다고 생각했다. 플라톤은 인간의 진정한 주체는 영혼으로, 그 핵심은 **'이성'**의 사용 능력에 있다고 보았다. 이성은 사물의 참된 본성을 파악할 수 있는 능력으로, 인간은 이성 능력을 발휘하여 대상을 객관화하고 상황 변화에 대처할 수 있다. 그렇기에 참된 인간은 몸이 아닌 마음, 감각이 아닌 이성을 따른다고 생각했다.

플라톤은 인간은 이성, 기개, 욕망을 가지고 태어나는데, 이 가운데 기개와 욕망을 이성이 잘 조절할 때 그 사람을 인간다운 인간이라고 생각했다. 이성이 기개와 욕망을 잘 조절할 때 갈등은 없어지고 영혼은 조화를 이룬다고 보았다. 그러나 인간은 육체로부터 완전히 자유로울 수 없고, 이것이 인간의 한계라고 생각했다. 인간은 육체의 혼란을 극복하고 이성과 질서로 나아가야 하는데, 이를 위해서는 개인이 이성적으로 사유할 수 있도록 국가가 잘 기능해야 한다는 것이다.

플라톤에 따르면 국가는 욕망, 기개, 이성의 조화로 사람들이 정의로운 행동과 선한 행위를 할 수 있도록 하는 데 그 목적을 둔다. 그가 철인 통치를 주장한 이유는 자기 영혼을 합리적으로 통제하는 통치자들이어야만 사심 없이 국가를 다스릴 수 있다고 믿었기 때문이다. 플라톤은 생산자 계급은 절제의 덕을, 지도자 계급은 용기의 덕을, 철학자 계급은 지혜의 덕을 갖출 때 국가는 번성하고 구성원 모두 자신의 본성을 잘 발휘할 수 있다고 생각했다. 욕망, 기개, 이성으로 구성된 인간 영혼이 이성의 통제로 서로 조화를 이루는 상태로 나아갈 때 개인은 자아를 실현하고 국가는 정의롭게 작동한다고 보았다.

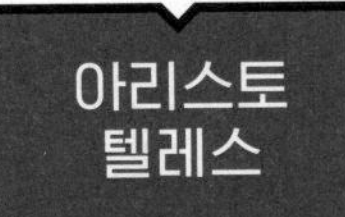

"인간은 이성을 따라 중용의 덕을 추구하는 유일한 존재이다."

"각 사물에 적합한 것이 본성상 최선의 것이며 각 사물에 가장 즐거운 것이다. 인간에게 이성에 따르는 삶이 최선이며 즐거운 것이 되는 까닭은, 이성이 오직 인간에게만 있기 때문이다. 따라서 이러한 삶은 가장 행복한 삶이기도 하다." (아리스토텔레스, 『니코마코스 윤리학』)

아리스토텔레스 역시 플라톤처럼 오직 인간만이 이성을 소유한 존재로 보면서, 인간에게는 이성을 따르는 영혼 활동이 중요하다고 생각했다. 자연의 목적, 곧 사물의 참된 본성을 찾아 최선의 노력을 기울일 때 인간은 인간다워진다고 보면서, 이를 위해서는 이성의 힘을 잘 발휘할 수 있어야 한다고 주장했다.

아리스토텔레스는 인간과 동물을 구별하는 것으로서 정치적 삶과 언어 사용을 들었다. 인간은 본성상 사회적 관계 속에서 삶을 영위하고, 언어를 사용하면서 타인과 상호작용한다. 이 둘은 서로 보완적으로 작용한다. 즉, 인간은 사회라는 공동체 안에서 언어로 의사소통을 하면서 서로를 이해하고, 공동체 안에서의 조화로운 삶을 통해 참된 인간으로 거듭난다. 이런 이유로, 아리스토텔레스에게 있어서는 개인보다 국가와 사회가 우선한다. 아리스토텔레스에게 있어서 전체는 부분보다 중요한 의미가 있기 때문이다.

아리스토텔레스는 인간이 언제나 사회적으로 행동하는 것은 아니라고 생각했다. 인간이 본성을 발휘하기 위해서는 이성을 잘 사용해야 한다고 보았다. 인간은 이성을 따르는 행동으로 스스로 만족감을 느낄 때 즐거워한다. 그러나 이때의 이성은 모든 물질적 · 육체적 쾌락을 거부하는 차갑기만 한 이성이 아니라, 오히려 쾌락을 적절히 받아들여서 실천하는 합리적이고 조화로운 이성을 말한다. 그러므로 아리스토텔레스가 말하는 이성은 '**중용**'의 정신을 따르는 것이다.

아리스토텔레스는 인간 본성을 실현하는 능력인 '덕(아레테)'은 곧 이성이며, 이성적 중용이야말로 인간을 인간답게 만들고, '행복'이라는 인간 궁극의 목적에 이르는 길이라고 주장했다. 중용이란 곧 절제를 의미한다. 중용은 '지나침'과 '부족함'을 경계하면서, 균형 잡힌 중간자적 삶을 따르는 것을 말한다. 아리스토텔레스는 인간이 사회적 · 정치적 본성을 실현하고 공동선을 이루기 위해서는 이성을 통해서 조화로운 중용의 삶을 실천하고, 이를 통해 인간의 궁극의 목적인 행복에 이르러야 한다고 생각했다.

아리스토텔레스의 현실주의 세계관 · 인간관

아리스토텔레스에게서 철학의 대상으로 삼을 수 있는 세계는 '지금, 여기'라는, 즉 우리가 살아가는 이 세상뿐이었다. 아리스토텔레스에게 현실 세계는 끊임없는 관심과 경외의 대상이었다. 아리스토텔레스는 인간을 철학적 사색으로 이끄는 가장 일차적인 힘은 지적 경이로움이라고 보았다. 그리고 인간이 깨닫고 이해하기를 바라는 것은 바로 우리가 땅을 딛고 사는 이 세계라고 믿었다.

"인간은 영혼과 육체가 함께 할 때 참된 존재로 거듭난다."

"인간의 영혼이 육체로부터 분리되면 불완전해진다. 그것은 마치 전체로부터 분리됨으로써 부분이 되는 것과 같다. 따라서 영혼이 인간 본성의 한 부분이라는 것은 극히 자연스러운 귀결이다." (아퀴나스, 『이교도에 관한 전서』)

플라톤은 인간은 비록 육체라는 감옥에 갇혀 있지만, 그렇더라도 영혼(정신)이 육체를 지배한다고 생각했다. 반면 아리스토텔레스는 육체와 정신은 하나이며, 둘은 유기적 통일성을 이룬다고 보았다. 아퀴나스는 플라톤과 아리스토텔레스의 상반된 견해에 대한 조화를 모색했다.

아퀴나스는 플라톤의 견해를 따라, 손과 발이 인간일 수 없는 것처럼 육체로부터 분리된 영혼이 인간 그 자체일 수는 없다고 보았다. 그렇더라도 영혼 역시 인간 본성의 하나로, 인간은 육체 안에 일시적으로 갇힌 존재가 아니라고 생각했다. 아리스토텔레스의 견해처럼 영혼은 정신이 육화된 형상으로, 육체와 정신은 하나의 통일체라고 보았다.

아퀴나스는 인간을 정신과 육체를 동시에 갖춘 존재로 바라봄으로써, 육체에 대한 인식을 완전히 달리했다. 아퀴나스는 영혼은 육체로부터 떨어져 나갈 때 완전해지는 것이 아니라 오히려 더 불완전해진다고 생각했다. 고대 그리스인들이 인간 영혼은 불멸한다는 생각을 가졌던 것에 비해 중세 기독교는 육체의 부활에 대한 믿음을 가졌다면, 아퀴나스는 육체의 부활과 영혼의 불멸을 동시에 받아들였다. 그는 육체나 물질의 세계를 정신과 대립하는 악마의 모습으로 보지 않았고, 정신은 선하고 육체는 욕망으로 표현되는 악한 것이라는 이원론적 구조를 거부했다. 아퀴나스는 인간을 정신적이며 동시에 감각적인 존재로 인식함으로써, 플라톤의 이성 중심 사상과 아리스토텔레스의 변화 개념을 뛰어넘어 과감하게 **인간 중심주의**로 나아갔다.

토마스주의

토마스 아퀴나스는 기독교 교리와 아리스토텔레스의 철학을 종합하여 스콜라 철학을 집대성한 중세 기독교 최고의 신학자이다. 토마스주의는 아퀴나스의 사상을 신봉하는 철학과 신학 체계를 말한다. 아퀴나스는 아리스토텔레스의 사상을 수용할 때 "신의 은총은 자연을 파괴하지 않고 오히려 자연을 완성한다."라는 태도로 신의 은총과 자연의 섭리, 신앙과 이성 사이의 조화로운 통일을 꾀했다. 그의 이러한 그리스도교적 휴머니즘은 인간의 자연 본성에 대한 고유의 차원을 인정하면서 인간 고유의 능력인 이성을 종교적 차원과 접합시킨 것이다. 아퀴나스는 인간의 이성은 자연 가운데서 가장 고상한 부분이므로, 인간이 자연 전체에 대한 이해를 통해 신의 존재를 추론하는 것이 곧 신을 찬미하는 것이라고 보았다. 아퀴나스의 정치사상은 이러한 사상을 배경으로 하면서 아리스토텔레스적인 인식을 출발점으로 했다. 그는 아리스토텔레스의 사상을 따라 정치 공동체의 궁극적인 목적은 인간의 덕을 따르는 생활을 거치면서 천국의 행복에 도달하는 것이라고 주장했다. 아퀴나스의 이성 중시 사상은 이후 근대 철학의 사상적 흐름으로 이어진다.

“인간은 오로지 자기 이익을 위해 행동할 뿐이다.”

“겸손하고 순종적인 사람이 아무도 그렇게 하지 않는 때와 장소에서 혼자 모든 약속을 이행한다면, 그는 다른 사람의 먹잇감이 되고, 자신의 파멸을 초래하고 말 것이다. 이것은 자연이 부여한 생명의 보존을 지향하는 모든 자연법 근거에 어긋나기 때문이다.” (홉스, 『리바이어던』)

플라톤과 아리스토텔레스가 볼 때 인간이 선한 삶을 살지 못하는 것은 이성이 부족하기 때문이다. 하지만 홉스는 인간은 **자기 이익**을 위해 욕망하는 존재라고 보았다. 홉스에 따르면, 인간은 태어나면서부터 자기 보존의 충동을 느끼고, 자기 이익을 위해 이기적으로 행동한다. 그래서 자연 상태의 인간은 ‘만인의 만인에 대한 투쟁 상태’에 처하게 된다고 보았다.

홉스에 따르면 모두가 모두에게 적대적인 상태에서는 어떤 인간도 자기 보존을 할 수 없는데, 이러한 문제를 해결하기 위해 인간은 이성적으로 행동하려 든다. 인간은 자기 보존의 충동이 모두에게 이롭지 않다는 사실을 이성적으로 판단하고, 자신을 보존하기 위해 해야 하는 행동과 해서는 안 되는 행동을 규정하는 규칙을 정하기에 이른다. 홉스는 이런 규칙을 모아, 인간은 자신의 자유의 일정 부분을 사회에 자발적으로 양도한다는 내용의 ‘사회계약’을 맺게 된다고 주장했다.

홉스에 따르면 세상에는 절대 선도 없고 절대 악도 없다. 오로지 자기 이익을 위한 것만 존재할 뿐이다. 동정심이란 것도 자신에게 언제 닥칠지 모르는 장래의 불행에 대해, 이를 타인의 불행을 통해 상상하는 행위일 뿐이다. 타인을 향한 관심 또한 자기를 위한 관심의 부산물에 지나지 않으며, 낯선 사람을 돕는 행위는 우정이나 평화를 얻으려는 행위일 뿐이다. 그리고 사회는 자연 상태의 고통과 위협을 회피하려는 수단으로, 사회는 개인의 안전을 보장할 수 있어야 한다. 그런 점에서 홉스의 인간관은 현대 사회가 전제하는 ‘개인’ 개념의 원형이라 할 수 있다. 홉스에게 이성은 인간의 욕구 충족을 위한 행위 능력일 뿐으로, 이러한 생각의 계열에서는 이해타산적인 사고가 도덕성의 자리를 대체하게 된다.

홉스의 기계론적 인간관

홉스는 세계에는 오직 물질만이 존재한다는 주장을 발전시켜, 인간을 포함한 모든 움직이는 대상은 우주 전체를 이루고 있는 여러 기계와 같은 것으로 생각했다. 그런 점에서 홉스는 근대 형이상학적 유물론의 창시자이자, 또한 자연에 대한 기계론적 관점을 철저하게 지켜나간 최초의 철학자라 할 수 있다. 이러한 입장에 따라 홉스는 기계론적 과학관을 전개해 나갔는데, 이는 인간의 정신을 일종의 기계로 여긴다는 점에서 전혀 새로운 것이었다. 홉스에게 물질적이고 기계적인 세계 안에 있는 모든 인과성은 만물의 변화를 일으키는 동인으로, 홉스는 이러한 생각을 바탕으로 그의 정치철학을 펼쳤고, 이는 그의 사상 중에서 가장 오랫동안 후대의 사상체계에 영향을 미치는 것이 되었다.

흄

"인간은 경험하는 대로 만들어지는 존재다."

"정의는 묵계로부터 만들어진다. 이런 묵계는 인간 정신의 어떤 성질들과 외부 대상들의 상황이 서로 엮여서 일어나는 어떤 폐단을 해소하는 해결방안으로 의도된 것이다. 인간 정신의 이런 성질이란 자기중심성과 한정된 관용이다. 또 외부 대상들의 상황이란 그 대상들의 소유자가 쉽게 변한다는 것이며, 인간의 필요와 욕구에 비해 대상들이 매우 적다는 것이다." (흄, 『인간 본성에 관한 논고』)

흄은 이성을 감정의 노예로 보았다. 흄에 따르면 인간은 감정의 동물이면서 이성의 동물이기는 하지만, 이성은 감정의 노예일 뿐이다. 그는 지각 활동과 경험이 있어야 이성적 판단도 가능하다고 보았다. 즉, 우리가 지닌 지식과 이성으로 판단하는 것이 틀릴 수도 있다는 것이다.

흄은 인간 본성은 사회의 영향을 받기 이전에 이미 결정되어 있으며, 사회가 바뀐다고 해서 인간 본성이 바뀌지는 않는다고 생각했다. 이는 사회가 바뀌면 인간도 바뀐다고 본 마르크스의 생각과 대비된다. 흄에 따르면 사회는 인간 본성에서 비롯되는 여러 문제를 관습을 통해 해결하는 방향으로 발전해 왔다. 인간은 자신의 본성을 변화시킬 수 없기에, 인간이 할 수 있는 일은 인간을 둘러싼 상황을 변화시키는 것이다. 흄은 상황 변화를 좇아 정의를 따르는 사람은 곧바로 직접적인 이익을 얻게 하고, 반대로 정의를 어기는 사람은 이익을 얻기 어렵게 만들어야 한다고 생각했다. 관습은 그렇게 해서 만들어지며, 이를 어길 때의 불이익 때문에 사람들은 대체로 비슷하게 행동하려 들고, 또한 타인들도 그렇게 행동하리라고 예측하면서 자기 행동을 결정한다고 보았다. 이렇듯 흄에 따르면, 인간 본성은 다른 사람들의 **경험**에서 나오는 것이다. 개개인은 서로 다른 경험의 연속이며, 그 무엇도 이 경험을 묶어 주지 않는다. 경험은 누구의 소유도 아니며, 오히려 서로 중첩하는 경험의 연속적 흐름이 인간을 규정한다.

흄은 이성만으로는 어떤 의지적 행동을 할 수 없으며, 이성은 의지의 방향을 결정할 때 정념에 대항할 수 없다고 주장했다. 이는 칸트와는 다른 생각으로, 그 어떤 욕구도 없는 단순한 지적 이해만으로 행위를 일으킬 수는 없다. 동기가 있어야 행위를 하는 것이고, 이성은 주어진 목적에 대해 수단을 모색할 수 있을 뿐이다. 따라서 인간은 이성만으로 의지적 행동에 대한 동기를 제공할 수 없고, 정념에 반대되는 방향으로 의지를 끌어갈 수도 없다. 결국 흄에게 도덕이라고 하는 것은 느낌이나 정념 같은 인간의 타고난 본능에 토대를 두고 있다. 어떤 행위를 일으키는 것도 정념의 충동이고, 행위를 중단하게 하는 것도 정념의 충동이라는 것이다.

흄은 도덕적으로 나쁜 행동은 그것이 우리의 정념에 나쁜 결과를 초래하기 때문에 그렇게 되는 것이라고 보았다. 어떤 한 개인의 행동이나 개별 성격이 도덕적으로 악하다고 보는 것은 개별자인 나의 특성이 그 개인에 대해 비난의 감정이나 감성을 가지고 있음을 말해주는 것일 뿐이다. 흄의 주장대로 이성이 정념의 노예라면, 이성은 정념과 본능에 따른 삶을 사는 인간성을 바꾸기 어려울 뿐만 아니라, 인간과 사회 발전을 설명하는 데 한계가 따를 것이다. 그의 이러한 생각을 연장해서, 미국의 행동주의 심리학자 B.F. 스키너는 보상과 처벌에 관한 동물실험을 통해 "인간은 주무르는 대로 만들어지는 존재"라고 주장했다.

칸트

"인간은 도덕법칙을 따라 자율적으로 행동하는 존재다."

"의지의 자율은 모든 도덕법칙과 그에 따르는 의무들의 단 하나의 원리다. (…) 도덕법칙이야말로 인간을 인간답게 만들어 주는 본질적인 요소이다. 도덕법칙은 인간이 자신에게 부과하고, 인간이 인간이기 위해 그것에 스스로 복종해야만 하는 법칙이다. 인간이 악으로 나갈 수도 있는 자연적 경향성을 제압하고 스스로를 도덕법칙 아래에 세워야 하는 것은, 그렇게 함으로써만 인격적 존재자가 될 수 있기 때문이다." (칸트, 『판단력 비판』)

칸트에 따르면, 인간은 전적으로 선하지도 않고 전적으로 악한 것도 아닌 존재다. 인간은 한편으로 자신의 행위를 스스로 결정할 수 있는 이성적 존재로서 도덕적인 행위를 하지만, 다른 한편으로는 자연적 욕구와 충동에 지배를 받는 감성적 존재로서 비도덕적인 행위를 하기도 한다. 그런데도 인간이 도덕적으로 옳은 행위를 하는 이유를 칸트는 '실천이성'에서 찾았다. 인간은 실천이성을 따라 무엇이 옳고 선한 것인가를 판단하여 행동으로 옮길 수 있는 자율적 행위 주체라고 보았다. 칸트에게 인간은 자연의 주관자이면서 도덕의 입법자로, 자연을 올바르게 인식하고 도덕적으로 선한 행동을 하는 자율적 행위 주체이다. 즉, 인간은 자연의 인과관계에 종속되는 타율적 존재가 아니라 의지의 자유에 따라 행동하는 도덕적 존재이다.

칸트는 도덕적 행위의 토대를 '**선의지**'에서 찾았다. 어떤 행위가 도덕적인가 그렇지 않은가는 그 행위가 선의지에 의해서 이루어진 행위인가 그렇지 않은가에 따라 결정된다고 생각했다. 칸트는 인간은 '반드시 ~해야 한다'라는 정언명령을 따라 도덕적 행위를 할 수 있는 존재라고 보았다. 칸트에게 인간은 정언명령이라는 인간 스스로 선택한 도덕법칙에 스스로 구속됨으로써 도덕적 행위를 하는 자율적 존재, 즉 도덕의 입법자이다. 도덕법칙은 인간 이성이 자기 자신에게 부여한 것이므로 타율이 아니라 자율이다. 자신의 도덕성을 자신의 선택과 책임하에서 구현하는 자율적 존재자로서의 인격인 것이다.

칸트는 인간은 자유롭고 자기의식을 가진 도덕적 존재자로, 하나의 '인격' 그 자체라고 생각했다. 인격으로서의 인간은 수단이 아니라 '목적' 그 자체라고 보았다. 타인을 수단으로 대우하는 것은 비도덕적인 행위로, 오직 인간만이 목적을 따라 선한 의지로 정언명령에 충실한 행동을 할 수 있는 것이다. 이런 이유로, 칸트는 도덕적 행위의 가치는 행복과 무관하다고 보았다. 즉, 행복이 보장되지 않는데도 선의지에 따라 행동하는 것이 도덕적이지, 행복을 목적으로 어떤 행위를 하는 것은 도덕적이지 않다. 칸트는 오히려 행복에 이르지 않을 것을 뻔히 알면서도 선의지에 따라 행동할 때, 그 행위는 도덕적 가치를 지닌다고 생각했다.

계몽주의

계몽주의로 알려진 인간의 지적 운동은 18세기 칸트의 철학으로 그 절정에 이르렀다. 계몽사상가들은 인간 이성과 사회적 진보의 가능성을 굳게 믿었다. 특히 칸트는 다가오는 시대의 인간성에 대해 이르기를, 인간은 자신의 책임인 미성숙에서 벗어나 의지의 자유에 따른 책임을 온전히 져야 한다고 주장했다.

“인간 본성은 생산관계와 사회조건의 산물이다.”

“이러한 생산력의 총합, 자본 그리고 상호 관계의 사회적 형식은 어떠한 개인과 세대에게라도 천부적이라고 여겨지는 것으로서, 철학자들이 ‘실체’로서 그리고 ‘인간의 본질’로서 간주해왔던 것의 진정한 토대이다. (마르크스, 『독일 이데올로기』)

마르크스는 인간 본성은 사회적 · 역사적 상황과 조건에 따라 변한다고 보았다. 인간 본성의 변화를 가져오는 결정적인 요인은 우리가 사는 사회가 어떠한 노동과 생산구조 속에 있느냐 하는 것으로, 마르크스는 우리가 사는 세계와 인간의 본질은 특정한 생산양식의 산물이라고 생각했다. 마르크스에 따르면, 인간의 본성을 동물의 그것과 구별하는 것은 이성과 언어가 아니라 인간이 역사적으로 변화된다고 사실 그 자체다.

이러한 이유로 마르크스는 자본주의 경제 활동은 자본가와 노동자의 생각을 전혀 다르게 만들고, 이들의 대립은 피할 수 없는 필연적 사실이 된다고 생각했다. 자본주의적 생산관계는 처음부터 착취와 억압을 통해 얻는 이윤을 목적으로 하는 것이기에, 결국에는 인간을 ‘비인간화’하는 결과를 가져온다고 보았다.

생산구조가 인간 삶의 내용을 결정한다고 보는 마르크스의 입장을 따를 때, 인간은 동물과 달리 노동을 통해서 삶을 영위한다. 인간은 자신을 둘러싼 노동 조건에 의해 만들어지는 것이다. 따라서 인간이 수행하는 물질적 생산 활동은 단순한 노동이 아니라 자기 생산으로 환원되며, 인간 자신을 결정하는 근본 요인으로 작용한다. 이런 이유로, 인간은 주변 환경과 분리된 순수한 관념이나 의식으로서 존재하지 않는다. 인간의 생각과 의식 또한 특정한 역사 속에서 전개되는 사회적 상황과 **물질적 조건**에 의해서 결정된다. 인간의 의식이 자신의 존재를 결정짓는 것이 아니고 어떠한 사회적 존재로서 살아가느냐가 인간을 결정하는 것이다.

마르크스의 이데올로기

마르크스는 그의 저서 『경제학 비판』 서문에 ‘이데올로기’에 대해 다음과 같이 기술했다. “인간은 그 생활의 사회적 생산에 있어서 일정한, 필연적인 그의 의지와는 독립된 관계, 즉 생산관계에 들게 된다. 이 생산관계는 그들의 물질적 생산력의 일정한 발전 단계에 대응한다. 이들 생산관계의 총체가 사회의 경제적 구조를 형성한다. 이것이 현실의 도태이다. 그리고 그 위에 법률적 및 정치적인 상부구조가 이룩되어, 그것이 일정한 사회적 의식 제 형태에 조응(照應) 한다. 물질적 생활양식이 사회적 · 정치적 · 정신적 생활 과정의 일반 조건이 된다. 인간의 의식이 그들의 존재를 규정하는 것이 아니고, 거꾸로 그들의 사회적 존재가 그들의 의식을 규정하는 것이다.”

이것을 쉽게 풀이하면, “인간은 사회적 존재이며, 사회의 근본은 경제적 조건에 있다. 그 경제적 조건에 맞춰 법률이 만들어지고 정부의 형태가 정해진다. 물질생활이 정신생활을 규제하는 것이지 정신이 근본이 될 수는 없다. 사람들의 의식은 그 환경이 만들어내는 것이다.”라는 뜻이다. 가히 시대를 뛰어넘는 마르크스의 지적 혜안과 번뜩이는 통찰이 아닐 수 없다.

프로이트

"인간은 무의식을 욕망하는 존재이다."

"환자의 꿈에 개가 나온 것은, 환자의 무의식이 여성을 욕망했기 때문이다. 단, 여성의 존재가 드러나지 않는 것은 그의 자아가 꿈에서 여성 자체를 필터링했기 때문이다. 마치 검열 받은 신문처럼 군데군데가 지워진 채 꿈은 완성되지만, 그 파편을 살펴보면 본래 무의식이 욕망했던 것을 찾을 수도 있다." (프로이트, 『정신분석학 입문』)

프로이트는 인간에 대한 이해를 이성 중심에서 욕망 중심으로 바꿔버렸다. 그는 '**무의식**'이 인간을 결정한다고 보았다. 그런데도 무의식이 의식되지 않는 이유는, 그것을 의식하면 마음이 불편하기 때문이다. 무언가를 의식하면 정신적으로 괴롭기에, 생각을 의식하지 않는 방식으로 인간의 정신이 작용한다는 것이다. 인간이 논리적으로 생각하기 어려운 것도 이런 이유 때문으로, 프로이트는 인간의 정신은 편한 방식으로 생각하지 불편한 방식으로 생각하려 들지 않는다고 생각했다. 즉, 인간은 쉽게 편해지는 방식으로 생각하고, 불편한 것은 의식으로 떠오르게 두지 않고 무의식에 담아 둔다는 것이다. 의식으로 떠오르게 두지 않는 것을 '억압'이라고 하는데, 불편한 생각은 억압되어 무의식의 층으로 내려가 버리는 것이다. 프로이트는 우리의 정신세계는 스스로 불편하게 하는 생각이나 기억을 의식의 표면으로 떠오르지 않도록 가라앉히는 심리적 방어기제가 있다고 생각했다.

프로이트에 따르면, 의식은 무의식이 결정짓고, 무의식은 성적 본능 및 공격성을 결정짓는다. 의식하는 자아(에고)가 나의 주인이 아니며, 무의식(초자아인 슈퍼에고와 이드)이 내가 아는 나를 결정한다는 프로이트의 주장은 우리가 받아들이기에 충격적이다. 나 자신을 내가 모른다는 것이기 때문이다. 초자아는 양심과 도덕성의 형태로 에고를 통제하려 드는데, 무의식적 억압이 강하면 에고는 초자아와 이드의 결합인 무의식의 힘에 좌우된다, 그렇게 되면 개인은 자신을 스스로 통제하지 못하면서 힘들어하고, 때론 공격성으로 자기를 표출하기도 한다. 무의식을 부정하는 이유가 여기 있다.

프로이트는 인간 본성인 성적 충동과 공격성을 인정하고 받아들여야만 인간을 제대로 이해할 수 있다고 보았다. 성적 충동과 공격 성향은 인간 행동을 추동하는 힘으로, 자연스러운 본성이자 개인과 사회 발전의 원동력이기 때문이다. 이런 이유로, 프로이트에게 도덕은 공격적 충동 때문에 사람들이 어쩔 수 없이 따라야만 하는 규칙이다. 도덕은 무의식인 초자아의 억압이 무서워서 지키게 되는 것일 뿐, 인간에게 도덕적 본성이 있는 것은 아니다. 도덕 규칙을 지키지 않으면 자신의 내면에 형성되어 있는 초자아가 공격할 것이 두렵기에 어쩔 수 없이 이를 지키려 드는 것일 뿐이다. 에고의 영역에 있는 이성은 우리의 감정을 통제할 수는 있지만, 그렇더라도 감정을 전적으로 지배할 수는 없다. 기본적으로는 무의식이 이성을 결정짓기 때문으로, 프로이트는 이성은 감정과 욕구의 노예에 불과하다고 생각했다.

"인간은 스스로 선택하고 행동하는 자유로운 영혼이다."

"인간은 스스로를 선택한다고 말할 때, 이 말은 우선 우리 각자가 스스로를 선택한다는 것을 뜻한다. 하지만 이 말은 또한 우리 각자가 이처럼 스스로 선택함으로써 모든 인간을 선택한다는 것을 뜻하기도 한다. (사르트르, 『실존주의는 휴머니즘이다』)

사르트르에게 있어서 인간이란 완성되어 태어나는 것이 아니고, 무엇인가를 향한 움직임 속에서 계속해서 만들어져 가는 존재다. 사르트르는 인간은 느끼고 행동하며 체험하고 욕망을 가짐으로써, 이것 또는 저것으로 정의되기 이전에 먼저 '존재'한다고 생각했다. 이러한 의미에서 인간은 완결되지 않은 존재다. 인간은 자신이 지향하는 모습을 향해 한 걸음씩 다가감으로써 끊임없이 자신의 존재를 확인하는 불완전한 자아다. 그래서 사르트르는 인간의 실존은 본질에 앞서고, 개인이 생성되는 실존의 과정은 언제나 특정한 '상황' 속에서 일어난다고 생각했다.

인간에게 주어진 유일한 조건은 '**자유**'다. 사르트르에 의하면 인간은 곧 자신을 초월하고 극복할 수 있는 자유 자체다. 인간 자신의 창조와 생성에 대한 독립 주권과 삶의 우연성에 의미를 부여할 수 있는 '실존의 발견'에 대한 자유가 그것이다. 사르트르에게 있어서 인간 존재는 다른 어떤 것에 의해서도 정당화될 필요가 없이 그 자체로서 정당하며, 그 실존적 삶을 영위할 자유에 대한 책임은 전적으로 자기 자신의 몫이다.

사르트르는 인간의 자유는 스스로 책임지는 자유라고 규정하고, 인간은 실존적 삶을 선택할 자유를 택함으로써 자신의 결핍과 삶의 부조리한 우연성에서 벗어날 수 있다고 주장했다. 자유롭도록 운명 지어진 인간은 자신이 처한 상황의 모순과 부조리한 운명 앞에서 자신의 행위를 선택할 수밖에 없다. 이때 아무런 행동을 하지 않는 것도 하나의 선택이지만, 인간은 '참여'와 '투쟁'을 통해서 자유를 확장하고, 자기 실존에 한 걸음 더 나아갈 수 있다. 따라서 참여와 투쟁은 자신의 창조뿐만 아니라 새로운 역사를 만들어가는 것이다. 즉, 인간은 자기 창조의 주체이면서 동시에 창조의 근원인 것이다.

사르트르가 주장하는 자유는 그러므로 도피의 자유가 아니라, 참여의 자유이자 투쟁의 과정이다. 이러한 참여와 투쟁이 실패하거나 잘못된 것이더라 하더라도 인간의 실존은 끊임없는 참여로 이뤄지며, 실패마저도 실존을 향한 의미 있는 투쟁의 흔적으로 남는다. 그러므로 행위 하지 않는 인간에게서 실존은 불가능한 것이며, 실존하지 않는 인간은 도구에 지나지 않는다.

사르트르는 자각하거나 의식하지 않고도 그 자체로 존재하는 상태를 '즉자'로, 타자와의 관계를 통해서만 존재하는 의식의 상태를 '대자'로 규정했다. 존재는 우연히 시작되지만, 타자와의 관계와 의식의 과정을 거쳐 종합적 형태로서의 '즉자대자'를 향해 나아간다. 사르트르가 각각의 상태를 어린아이, 젊은이, 어른에 비유한 것처럼, '즉자(본질)→대자(실존)→즉자대자(자유)'로 나아감은 한 인간의 발전 과정을 설명하는 것이기도 하다. 이것은 본질에 앞서는 존재로서 태어난 인간은 그 자체로도 의미를 지니지만, 타인과 소통하고 갈등하면서 자신의 존재를 끊임없이 의식하고 성찰하는 과정을 거쳐서 더 높은 차원의 자아를 성취함을 뜻한다.

"인간은 상징적 동물이다."

"인간은 언어 형식, 예술적 심상, 신화적 상징 혹은 종교적 의식에 너무나 둘러싸여 있으므로 이러한 인위적 매개물의 개입에 의하지 않고서는 아무것도 볼 수 없고 또 알 수 없다." (카시러, 『인간이란 무엇인가』)

독일의 인식론적 과학주의 철학자 에른스트 카시러는 인간을 '상징적 동물'로 정의했다. 카시러에게 있어서 상징은 인간의 삶과 활동의 장(場)인 **'문화'**의 세계를 의미한다. 인간은 스스로 문화를 창조하고 그 속에서 의미를 찾기 때문에, 문화를 떠나서 인간은 살 수 없고, 인간의 본성 역시 제대로 이해할 수 없다. 그러므로 인간이 무엇인가를 알려면, 인간이 만들어 낸 여러 가지 형태의 문화를 알아야 한다. 문화는 인간 활동의 총체로서 언어, 신화, 종교, 예술, 역사, 과학 등으로 이루어지며, 이것들이 인간성의 총체를 구성한다.

이렇게 볼 때 카시러에게 있어서 문화는 인간이 자신의 존재를 표현하는 상징이며, 인간 본성을 해석하는 코드로서의 의미를 지닌다. 문화는 인간의 본성과 욕망과 상상을 담은 그릇으로서, 인간에 대한 정의는 문화 영역의 상징적 의미를 밝힘으로써 탐구되며, 이를 통해 비로소 인간에 대한 전반적인 이해가 가능하다. 카시러는 인간의 문화를 이루어내는 대표적 형식으로서 언어, 예술, 신화, 종교를 예로 들었다. 이들은 각자 독립해서 있는 것이 아니라, 서로 깊은 연관성을 갖고 하나의 '유기적인 전체'를 이룬다. 따라서 인간은 이러한 유기체적 전체로서의 문화에 의해 정의될 수 있다. 인간이 필요로 하는 상징 형식으로서의 제반 문화에 의해 인간의 지식 또한 '상징적 지식'이 되며, 이를 따라서 인간의 인식과 사고는 특징지어지기 때문이다.

카시러는 인간에게 상징이 필요한 이유는, 인간이 '의미'를 추구하기 때문이라고 보았다. 인간은 사물의 관계를 파악하고 경험을 개념화한다. 이러한 의미를 통해서 인간은 세계를 이해할 수 있는 언어, 예술, 신화, 종교와 문화 형태로 표현되는 상징 형식을 만들어낸다. 이러한 인간의 지식과 이해는 인위적이고 간접적인 방법을 통해서 이루어진다. 이렇게 문화의 상징성에 주목하는 카시러는 '언어'를 인간을 규정하는 가장 뛰어난 상징체계로 이해했다. 그에 비해 신화와 종교에 대해서는 내용보다는 형식과 기능을 중시하면서 인간을 종합적으로 인식하고, 예술은 '자연의 형상에 대한 직관'을 가능하게 한다고 이해했다. 카시러는 이렇게 서로 다른 상징적 형식을 통해서 이루어진 총체적 관계 속에서만 인간에 대한 정의가 가능하고 또 인간을 이해할 수 있다고 주장했다.

계몽의 철학

카시러는 계몽사상의 핵심을 세속성과 합리성에서 찾았다. 카시러는 저서 『계몽의 철학』에서, 계몽사상이란 인간 행위가 신념이나 미신, 계시에 따라 움직이는 것이 아니라 합리성에 의해 움직여야 한다고 보았다. 카시러는 관습이나 자의적인 권위의 제약으로부터 인간을 해방하고 사회 변화를 일으키는 인간 이성의 힘을 믿었다. 그리고 자신의 이런 생각은 종교나 전통이 아니라 과학적 세계관에 의해 지지받게 될 것으로 생각했다.

02 보편

보편은 '일반적인 것', '공통적인 것', '모든 것'으로서의 완전히 정해진 성질을 띠고 있는 것으로, 개별자에 반대되는 것이자 관련한 모든 사물에 반드시 적용되는 것이며, 그 자체로 있는 것이라는 인식을 가능토록 하는 출발점이다. 세계 내, 그러니까 인간의 의식 밖에 실제로 존재하는 대상은 무수히 많고 개별적이지만, 인간의 정신에 있는 대상은 하나이고 보편적이다.

우리가 인간을 보고 인간이라고 단정할 때, 실제로 존재하는 인간은 여럿이지만 사유 속의 인간은 하나이고 보편적인 성격을 띤다. 예를 들어 '철수'라는 '인간'이 있을 때, '철수'와 '인간'은 동일한 인물을 지칭하지만, 이때 전자의 '철수'는 우리 눈앞에 있는 개별적 존재로서의 특정인을 가리키는 데 비해, 후자의 '인간'은 우리의 정신 속에 있는 보편적인 의미로서의 인간을 총칭하는 개념이다. 철수는 개별적 존재(실재)이고 인간은 보편적 개념(관념)이다. 둘을 각각 '개별자'와 '보편자'라고 한다. 개별과 보편의 관계는 존재와 사유, 실재와 개념의 관계에 있어서 큰 과제이다.

논리적 사유는 '개별 · 특수 · 보편(또는 일반)'의 관계를 기반으로 하여 전개된다. 감성적 인식의 대상으로서 경험적 실재나 논리적 사유의 대상으로 되어 있는 한, 개별은 경험적 실재에서 떨어져 단순히 낱낱의 사물을 지시하기 위해 사용된다. 특수는 가령 어떤 특수한 인간 혹은 특수한 경우 등으로 말할 때는 가끔 개별과 같은 뜻으로 사용되지만, 논리적 사유에서는 다수의 개별을 그 성분으로 가지고 있는 층위를 의미한다. 또 보편은 많은 특수를 자기보다 더 낮은 층위로서 가지고 있는 더 높은 층위를 의미한다. 따라서 개별 · 특수 · 보편의 관계는 '소크라테스, 그리스 사람, 인류'의 관계처럼 외연의 관점에서 포섭 내지는 포함관계로 고찰되고, 이를 간단히 개(個) · 종(種) · 유(類)로 표현한다.

개별 · 특수 · 보편과 관련한 것을 각각 개별적 · 특수적 · 보편적이라고 부르고, 그들 각자가 가지고 있는 성격 내지는 상태를 개별성 · 특수성 · 보편성이라고 부른다. 일반적으로 경험과학에서 특수와 보편은 그 외연의 크기 정도에 따라 상대적으로 구별하는 것에 불과하다. 예를 들면 소크라테스에 대하여 그리스 사람은 보편이며, 그리스 사람은 유럽 사람에 대해서 특수이고, 유럽 사람에 대해서 인류는 보편이다. 다시 말하면, 종속관계를 나타내는 많은 층위가 형성하는 한 계열 속의 각 단계에 있어서 높은 층위는 낮은 층위에 대하여 보편이며, 반대로 낮은 층위는 높은 층위에 대하여 특수인 것이다. (어원: '모든 것'을 뜻하는 universus/ 관련어: 절대, 단일, 아름다움, 의무, 권리, 윤리, 도덕, 필연, 특수, 이성, 상대주의, 절대주의)

– 보편주의: 플라톤 이데아론, 칸트의 초월적 관념론, 헤겔의 절대적 관념론
– 개별주의: 고대 원자론, 아리스토텔레스의 학설, 중세 말기의 유명론, 라이프니츠의 단자론

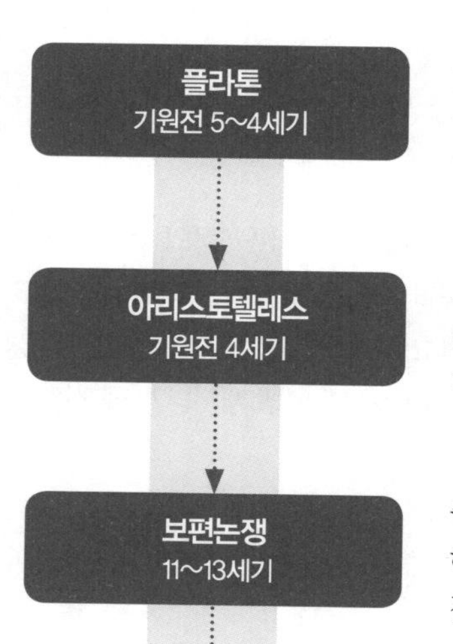

세상에는 인간의 주관과 경험을 초월한 보편적이고 객관적인 실체가 존재한다. "만일 개별성이 의미를 지닌다면, 그 개별성에는 틀림없이 보편성이 있을 것이다."

보편적이고 객관적인 실체는 각각의 사물에 내재해 있다. 예를 들어 '개(犬)와 같음'이라는 것은 그냥 공유된 개의 특성이 아니라 모든 개에 개별적으로 내재해 있는 것이다.

중세 스콜라 철학의 주된 논쟁 주제로, 보편이 실제로 존재하느냐 존재하지 않느냐에 대한 철학 논쟁이다. 보편은 현실에 존재하며 개별적인 것들보다 더 우위에 선다는 '실재론'과 보편은 인간이 만들어낸 말일 뿐

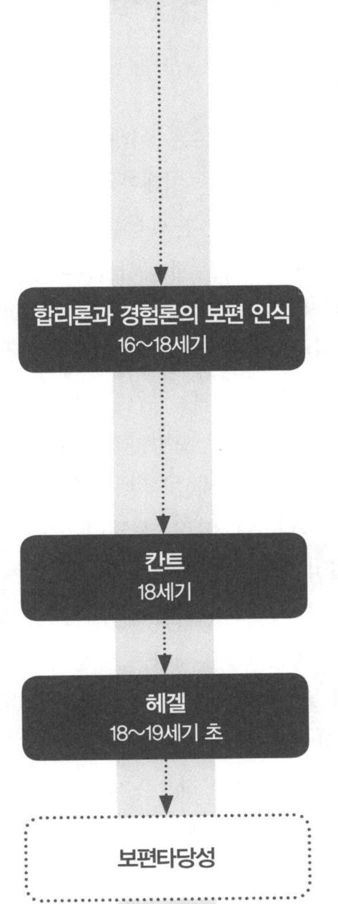

이므로 현실에 존재하지 않는다는 '유명론'으로 양립하였다. 실재론자들은 플라톤에게서, 유명론자들은 아리스토텔레스에게서 각각의 근거를 찾았으며, 이들의 논리는 신의 존재를 설명하는 데 사용되었다. (실재론: 5C 아우구스티누스, 11C 안셀무스/ 온건 실재론=아리스토텔레스적 실재론: 13C 아퀴나스/ 유명론: 13C 스코투스와 오컴)

플라톤과 아리스토텔레스의 보편적인 진리에 이르는 방법에 대한 견해 차이는 근대 들어 철학자들을 두 사상으로 갈라놓았다. 선험적인 지식, 즉 타고난 지식을 믿는 합리주의(데카르트, 칸트, 라이프니츠)와 모든 지식은 경험에서 나온다고 주장하는 경험주의(로크, 버클리, 흄)가 그것이다.

도덕법칙의 관념 자체는 보편성을 함축한다. "당신이 따르고자 하는 준칙이 동시에 보편적인 준칙이 되도록 행위 하라."

이성은 역사 속에서 완성되며, 인간 이성은 역사에 의미를 부여하는 보편자이다.

대상 전체에 예외 없이 유효한 것으로, 일반적으로 '진리'는 보편타당성을 가진 인식 또는 지식을 일컫는다. 지식의 보편타당성에 대한 근거가 성립하는 데는 다음 세 가지 입장을 들 수 있다. 첫째, 주관적 관념론에서는 인간 경험의 조직 형태를 '진리'라고 하고, 그 타당성을 많은 사람이 주관적으로 승인하는 경험적 현상에서 구한다. 이것은 근본적으로는 보편타당성을 거부하는 결과를 불러온다. 둘째, 객관적 관념론에서는 칸트의 경우처럼 시간·공간·범주라는 인식 형식의 선천성에서 구하거나, 타당한 개념을 당위로서의 가치에 결부시키면서 이것에 판단에 대한 보편타당성의 근거를 구한다. 객관적 관념론은 보편타당성을 절대시하는 결론에 이른다. 셋째, 유물론의 입장에서는 의식에서 독립하여 실재하는 물질적 세계에 그 근거를 구한다. 모든 진리를 변화 및 발전하는 것으로 보면서 현실적이고 상대적인 입장을 따른다.

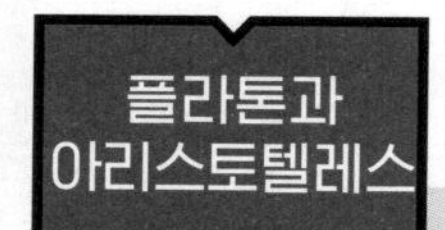

"보편은 개별을 초월한다(플라톤)." "보편은 개별 안에 있다(아리스토텔레스)."

"전체, 즉 이 개별적인 살과 뼈 속에 있는 이러저러한 에이도스(형상)가 칼리아스 혹은 소크라테스다. 그리고 그것들은 질료에 있어서 다르다. 왜냐하면 그것들의 질료들이 다르기 때문이다. 하지만 그것들은 종(種)에 있어서는 같다. 왜냐하면 그것들은 종이 나누어지지 않기 때문이다." (아리스토텔레스, 『형이상학』)

플라톤과 아리스토텔레스는 보편적 특성을 바라보는 관점이 달랐다. 플라톤은 "이데아(보편)는 개별 사물(개체) 밖에서 실존한다."라고 생각했다. 보편은 '형상'을 뜻하는 본질, 즉 이데아의 세계를 표상하는 참된 실재로서, 현실 세계에 있는 개별 사물과 분리되어 **독립적으로** 존재한다. 플라톤은 이를 '아름다움'과 '아름다운 것'의 관계로 설명했다. 아름다움은 우리가 아름답다고 여기는 개별 사물들이 공통되게 모방하고 있는 원형으로서의 보편이지만, 한 송이 아름다운 꽃, 저 아름다운 음악과 같은 개별적인 것이 곧 아름다움은 아니다. 개별자는 보편을 향한 '그림자'에 지나지 않는다. 개별자로서 아름다운 것들은 '아름다움'이라는 보편을 지향하고, 이 보편은 시간과 공간을 초월하고 불변하는 영원한 실재로서, 개별자를 통해 구체적으로 드러난다. 따라서 개별자는 형상의 기억을 통해 보편을 모방하고, 보편은 개별자를 통해 우리에게 감각적으로 경험될 뿐, 보편 자체는 우리가 경험할 수 없는 세상 '저 너머'의 것이다.

그러나 아리스토텔레스는 이러한 플라톤의 입장과는 견해를 달리했다. 아리스토텔레스는 "개별 사물(개체, 개별자) 안에 본성(보편, 보편자)이 있으며, 보편은 개체 바깥에 독립해서 실재하지 않는다."라고 보았다. 개별 사물은 질료(質料)와 형상(形相)의 결합으로, 형상은 질료와 결합할 때만 개체를 형성한다고 보았다. 우리 눈으로 볼 수 없는 보편자, 곧 형상은 독립적인 대상으로 존재하는 것이 아니라 감각적인 **개별 사물 안에** 내재하고 있다는 것이다. 개별자, 곧 개체가 특수한 것인데 비해 형상은 보편자로서, 개별자 안에 들어있는 전체를 감싸고 함축하는, 즉 '많은 다양한 것을 하나의 이름으로 부르게 하는 것'을 뜻한다. 따라서 아리스토텔레스에 따르면, 플라톤의 보편은 현실적으로 작용을 일으키는 원인이 될 수 없고, 감각적 사물의 구체적이고 개별적인 본질이 될 수도 없다. 플라톤이 본질이나 보편을 개별 사물에 앞서 있으면서 개별자가 추구하는 형상이라고 보았다면, 아리스토텔레스는 보편은 오히려 개별자로부터 출발하는 것으로 보았다. 즉 개별자로부터 떨어져 존재하는 보편은 없다고 생각했다.

아리스토텔레스에 따르면 개별자는 하나의 사물을 뜻하는 것이므로, 다른 사물의 공통적인 보편자가 될 수 없다. 그에게 있어서 실재하는 것은 보편이 아니라 개별자다. 개별 사물만이 실제로 존재하는 데 필요한 실체를 갖기 때문이다. 즉, 무엇이 있다는 것은 곧 실체가 있다는 것이며, 실체가 없는 것은 어떤 것도 존재할 수 없다는 것이다. 결국 실체를 가진 개별자만이 유일한 실재가 되는 것이다. 플라톤은 보편자가 개별자로부터 따로 분리되어 존재한다고 보았지만, 아리스토텔레스는 보편자의 실재는 개별 사물 안에서 발견되어야 한다고 본 것이다.

아퀴나스

"인간은 지성을 통해서 보편성을 깨닫는다."

"간접적으로, 일종의 반성에 의해 지성은 개별자를 인식할 수 있다. 왜냐하면 비록 지성이 추상된 상들을 가진 후일지라도 아리스토텔레스의 말처럼 지성이 상을 인식하는 감각적 표상으로 전환되지 않고는 현실적으로 인식할 수 없기 때문이다. 그러므로 이러한 의미에서 개념에 의해서 직접적으로 지성이 인식하는 것은 보편자이다. 그리고 감각적 표상으로 재현된 개별자들은 오직 간접적으로만 인식된다. 그리고 이러한 방식으로 '소크라테스는 인간이다'라는 명제는 형성된다. (아퀴나스, 『신학대전』)

토마스 아퀴나스는 아리스토텔레스의 사상을 계승하여 중세의 사상 체계 전반을 세운 철학자로, 속칭 '박사 천사'이다. 신앙과 이성의 조화를 위해 평생을 바친 그는 영원한 이데아보다는 개별자를 통한 세속적 가치를 강조한 아리스토텔레스의 철학에 주목했다.

고대 그리스와 중세의 철학자들은 보편 개념을 통해서 영원한 본질의 세계를 의미하는 형상과 이것의 분신사바라고 할 수 있는 '신'의 존재를 밝히고자 했다. 특히 중세 철학의 주된 논쟁은 "보편자는 '실재'로서 존재하는가, 아니면 인간의 지성이 꾸며낸 생각에 불과한가(사물에 대한 일반적인 이름에 지나지 않은가)" 여부였다. 아퀴나스는 생명체와 영혼에 관한 아리스토텔레스의 사유를 받아들여 보편자는 '사물 안'에 형상으로서 존재하며, 인간은 지성이라는 하나의 '형상'을 갖는다고 주장했다.

아퀴나스는 보편적인 것(형상, 지성)은 특수한 개별적인 존재(사물, 개체) 안에 있으며, 우리의 이성이 작용하면서 **개별에서 보편으로** 나아간다고 보았다. 아퀴나스는 어떤 것이 처음으로 우리에게 알려질 때는 혼돈된 그 무엇으로 나타나지만, 그 후 점차 경험과 이성 작용을 통해서 명확한 원리를 인식하고 구별함으로써 보편을 얻게 된다고 생각했다. 즉 우리는 개별자를 먼저 알고, 그 다양한 개별자 속에 나타나는 공통점들을 파악하여 보편이라는 인식을 얻게 된다는 것이다.

아퀴나스는 개별자로부터 보편적인 인식으로 나아가는 것은 인간의 이성에 의해서 가능하다고 생각했다. 그는 "보편적 존재 그 자체는 현존하는 모든 사물 밖에 있는 어떤 것이 아니라, 오직 이성 속에 있는 그 무엇이다."라고 보았다. 아퀴나스에 따르면 "이성이 없는 사물이 어떤 목적에 도달하기 위해서는 그 목적을 설정해 주는 인식 주체가 있어야 한다. 그는 목적을 위해 만들어진 세계는 그 목적을 설정하는 최고의 조종자, 곧 '신'의 존재를 전제한다고 보면서, 인간의 이성 속에 있는 보편자가 바로 '신'이다."라는 논증으로 이를 증명코자 했다.

아퀴나스는 개별 사물은 신의 지혜에 의해 만들어진 형상이 질료에 영향을 주어 창조되는 것이라고 보았다. 다만 질료는 신에 의해 창조된다고 본 점에서 아리스토텔레스와 차이를 보일 뿐이다. 그는 내재적 형상 개념으로서의 보편자가 신앙과 이성의 조화를 주관한다고 주장했다. 신앙의 계시 등과 관련한 모든 교의는 믿음의 문제로서 이성을 초월하지만, 그렇더라도 이성과 대립하지는 않는다면서, 인간 이성의 능동적 행위를 신앙과의 조화를 이루는 범위 안에서 받아들였다.

홉스

"보편은 여러 사물에 관계하는 공통된 이름에 불과하다."

"보편이라는 이 낱말은 자연에 존재하는 어떤 사물의 이름이거나 또는 마음속에 형성된 어떤 관념이나 환상의 이름이 결코 아니다. 항상 어떤 낱말 또는 이름의 이름이다. 따라서 생물, 돌, 정신, 또는 어떤 다른 사물이 보편적이라고 할 때 어떤 사람, 돌 등이 보편적이었다거나 보편적일 수 있다고 이해되어서는 안 되며, 단지 생물, 돌 등의 낱말들이 보편적 이름들, 즉 많은 사물에 공통된 이름이라고 이해되어야 한다." (홉스, 『물체론』)

홉스는 보편자를 '이름'을 갖고서 설명했다. 홉스에 따르면, 이름은 사람들이 자기 생각을 전달하고 사물을 표현하기 위해서 선택한 낱말을 일컫는다. 낱말은 하나의 기호로서 사람들은 이 기호를 통해 마음과 생각을 전달한다. 기호는 이전에 가졌던 생각과 닮은 생각을 표현하고 이를 전달하는 방법과 수단에 불과하다.

사물을 지시하는 기호인 이름은 대부분 특정 개별 사물에 국한하여 사용되는 것이지만, 소크라테스나 철수처럼 다른 많은 대상에 공통으로 관계하는 이름도 있다. 이 공통된 이름을 통칭하여 '보편적'이라고 말한다. 보편적인 이름으로는 '사람' 또는 '나무'와 같은 것이 있는데, 이때 보편적이라는 것은 이름이 가리키는 대상 그 자체가 아니라, 그 이름이 갖는 하나의 특성일 뿐이다. 우리가 장미라는 이름을 가진 꽃들을 가리킬 때, 그 꽃들은 장미의 공통된 특성을 지닌다. 그러나 그 꽃들은 실제에 있어서 덩굴장미, 붉은 장미 등 다양한 개별자로 존재한다. 이렇듯 장미, 사람 혹은 나무라고 불리는 것들은 보편자가 아니라 여러 개별자에 붙인 편의적인 이름에 불과하다.

홉스에 따르면 우리는 단지 대상과 사물에 관한 유사성의 의미로서 보편성을 인식한다. 많은 대상과 사물이 어떤 특정한 성질이나 우연한 성질에서 서로 비슷하므로 하나의 보편적 이름을 갖게 된다는 것이다. 그래서 홉스는 "경험은 아무것도 보편적으로 결정짓지 못한다."라고 말하면서, 보편적인 것을 결정하는 것은 경험적 결과를 추론해 내는 과학이라고 주장했다.

홉스는 보편적인 본질 세계의 존재를 부정했다. 홉스에게 있어서 존재하는 것은 오로지 개별자와 그 '이름'뿐이다. 실재하는 것은 개개의 사물로, 고유명사나 보통명사, 보편 개념이나 추상 개념 등의 모든 이름은 다만 명칭에 불과하며, 그것들은 모두 감각으로 인식된 것들로부터 얻는다. 따라서 실재하는 보편이란 허구이며, 그것은 한낱 이름(명목)에 불과한 것들이다. 심적 표상은 실재하는 그 어떤 것들과의 관계에서 생기는 것으로, 예를 들어 우리가 장미라는 개념으로 장미의 상을 그려내는 것은 실재하는 장미에 대한 감각적 표상을 가지기 때문이다.

이렇듯 보편적이고 절대적인 선을 부정하고 개인적이고 상대적인 선만을 인정한 홉스의 상대주의 개념은 **유명론**에 근거를 두고 있다. 그의 유명론적 사고는 개인주의 사상과 자연스럽게 결합하여, 개인이 욕구하는 것은 '선'이고 싫어하는 것은 '악'이라는 견해로 발전했다.

칸트

"보편은 정언적 도덕법칙을 표상하는 관념 그 자체다."

"너의 준칙이 보편적 원칙이 되어야 한다고 네가 동시에 의욕할 수 있는 오직 그러한 준칙에 따라 행위 하라." (칸트, 『도덕 형이상학 정초』)

칸트는 인간에게는 '도덕률'이라는 보편 법칙이 있다고 했다. 칸트는 이를 "하늘에는 별이 총총, 내 마음에는 도덕률"이라는 유명한 말로 표현했다. 칸트는 인간은 도덕적인 행위를 추구하려 든다는 것을 설명하기 위해 인간 의지의 보편성을 들었다. 칸트에게서 의지는 주체적으로 욕구하는 능력이자 대상과의 관계를 스스로 결정하는 능력이다. 이 의지는 목적이 아닌 순수한 자신의 의지에 따르는 것으로, 칸트는 이를 '실천이성' 혹은 '순수 의지'라 했다. 인간이 도덕법칙에 따라 행동하는 것이 실천이성이고 순수 의지다.

칸트에 따르면, 선한 행동은 우리의 의지가 보편적 도덕법칙을 따를 때 나타난다. 도덕법칙은 누구에게나 적용되는 언제나 타당하고 보편적인 법칙으로, 개인의 경험에 영향받지 않는다. 그래서 칸트는 이 법칙을 '정언적'이라고 했다. 칸트에게 있어서 도덕법칙은 무조건 따라야 하는 보편적 **정언명령**인 것이다. 정언명령은 도덕적 행위를 규정하는 최고 기준으로, 우리가 지켜야 할 것을 무조건으로 명령한다. 다시 말하면, 도덕 행위를 결정하는 규칙인 정언명령은 누구나 반드시 따라야만 하는 것이기에, 행위 주체인 '나' 역시 이 보편 준칙을 따라 정언적으로 행동해야 한다. 칸트는 이를 두고 "네 의지를 움직이는 규칙이 언제나 보편적 입법 원리로서도 유효할 수 있도록 행동하라."라고 했다.

하지만 실제 행동에서 인간이 보편적인 정언명령을 따르기란 무척 어렵다. 인간은 여러 감성적인 요인, 이를테면 충동과 욕구 그리고 관심에 이끌리는 유한하고 나약한 존재이기 때문이다. 그런데도 칸트는 고집스럽게도 보편적인 도덕법칙에 따라 행동해야 한다고 주장했다. 칸트는 어떤 행동이 도덕적인지를 따지려고 들기보다는, 사람들이 도덕적인 행동을 할 때 왜 그렇게 행동하는지 이유를 찾으려고 했다. 도덕적인 행동을 하는 이유를 알면 도덕법칙이 보편적이라는 것을 증명할 수 있다고 생각했기 때문이다.

따라서 칸트가 요구하는 정언명령은 도덕 행위가 '나'에게만 타당할 뿐만 아니라 모든 이성적 인간에게 있어서도 타당한가를 검토하는 것으로부터 출발한다. 그 핵심은 "내가 나를 대하듯 남을 대하는 것"이다. 이러한 정언명령을 따라 이성적으로 행동할 때 인간은 교육, 공감, 신을 향한 의지, 행복 추구 등과 같은 실질적인 책임 규정이 따르지 않더라도 도덕적 행위의 당위성에 따라 자기 의무를 다하게 된다. 그렇게 해서 의지는 적극적으로 자유로운 것이 되고, 인간은 자율적 행위 주체로서의 도덕성을 획득한다. 칸트에게 있어서의 보편성의 개념, 곧 정언명령은 경험에 의해 결정되는 것이 아니라, 경험을 초월한 선험적 성질을 지닌다. 따라서 경험과 타율의 지배에서 자유로운 순수이성은 정언명령을 따라 행동하려는 '선한 의지'로 나타나고, 인간 행위의 형식적이고 보편적인 이성 원칙은 정언명령을 실천함으로써 입증된다.

마르쿠제

"보편은 진리 추구를 위한 이성의 과제이다."

"오로지 이성의 보편성과 단일성에 의하여 이성은 현실의 무질서한 자연상태를 넘어서서 당연히 실현해야 할 것을 실현해 나갈 수 있다." (마르쿠제, 『이성과 혁명』)

마르크스 이론가인 마르쿠제에게 있어서 보편성은 역사와 인류 발전을 위한 핵심 물음이자, 철학뿐 아니라 사회 전반에 걸쳐 해결해야 하는 논의 과제이다. 마르쿠제는 헤겔 철학의 재해석 및 이를 비판적 사회 이론과 결합하는 작업을 통해서 보편성과 **이성**의 관계를 규정했다.

헤겔에 의하면 역사의 주인은 바로 인간 '**이성**'이다. 이성은 역사 속에서 완성되는 것이며, 인간의 이성이야말로 보편적 존재이다. 헤겔이 말하는 보편(곧, 이성)은 세상 밖에 있는 추상적이고 초월적인 것이 아니라, 역사 속에서 자신을 드러내면서 모순되는 것을 극복해 나가는 구체적이고 적극적이며 현실적인 실체이다. 따라서 보편은 역사와 사회 속에서 이성의 작업을 통해서 찾아 나가야 한다. 마르쿠제는 헤겔의 입장을 적극적으로 받아들이면서, 이성의 임무는 곧 보편성의 확립이라고 보았다. 마르쿠제는 우리의 이성이 자신의 힘으로 보편성, 즉 보편타당성을 내세우지 못할 경우, 우리는 삶의 영역 전체에 걸쳐서 퇴보하고 만다고 생각했다. 이성이란 보편성을 통해서만 인류가 '야만'으로 돌아가지 않도록 막을 수 있다고 보았다.

마르쿠제가 파악한 헤겔 철학의 본질은 '부정의 철학'이다. "이성적인 것이 현실이요 현실적인 것이 이성"이라는 헤겔의 유명한 명제는 이성과 현실의 변증법적 통일을 의미한다. 비이성적인 현실은 이성에 의해 합당해질 때까지 변혁되어야 한다는 것이다. 마르쿠제에 따르면 이성은 현실의 불합리를 부정한다. 이성은 부정을 낳고, 부정은 비판을 낳으며, 비판은 혁명을 낳는다고 보았다. 마르쿠제는 이성은 그 자신의 힘에 따라 사회의 비합리성을 배제하고 인류의 모든 억압에서 벗어나는 힘을 부여한다고 보았다.

이처럼 마르쿠제는 이성과 보편성은 사회적 관계 속에서 실천적 의미를 지닌다고 보았다. 자연과 사회에 대한 이성적 주권은 누구나 인정할 수 있는 보편타당한 진리를 우선해서 요구한다. 그러나 이러한 보편성은 단순히 눈앞에 놓여 있는 사실에 대한 경험으로는 얻을 수 없다. 보편성은 이성의 자유롭고 주체적인 활동에 의해서만 얻을 수 있는 것이다.

마르쿠제에 따르면, 이성은 우리가 살고 있고 또 살아가야 할 현실을 스스로 개척하고 개선하는 자유의 힘이다. 불합리한 현실 속에서 이성이 자유를 향해 살아 숨 쉬면서 스스로 실천하고 행동하려면, 그것이 보편적이고 타당한 진리를 따르는 것으로 확신할 수 있어야 한다. 스스로 옳다고 믿지 않는 일을 행위로 옮길 수는 없는 것이다. 그리고 혼자만이 주장하는 진리라면, 그것은 결단코 진리라고 말할 수 없는 것이다.

그러므로 우리가 함께 추구하고 함께 지향하는 목표인 진리는 보편성을 바탕으로 한다. 이성이라는 보편성을 따라 모든 사람이 참된 것으로 인정하고 동의하는 것이 바로 진리다. 따라서 보편성의 확립은 곧 이성의 의무이며, 또한 철학적 사유의 핵심이다. 마르쿠제는 보편성은 이성의 근거가 되는 동시에 끊임없이 추구해야 하는 목표이고, 또한 현실을 극복하고 더 나은 미래를 실현하기 위한 출발점이라고 생각했다.

03 본질

본질은 그 사물을 성립시키면서 그 사물에만 내재하는 고유한 존재를 말한다. 형이상학적으로는 부수적 성질의 반대말로, 어떤 존재의 항구적인 본성을 구성하는 것을 말한다. 그 점에서 '실체'와 가깝다. 본질은 '실존'에 대립하는 개념으로, 하나의 사물을 정의해 주는 것을 뜻한다. 그 점에서는 '개념'과 가깝다. 논리학적으로는 사유의 대상을 정의하는 여러 한정 · 규정의 총체를 가리킨다. 이 의미로서의 본질은 '유(類) · 종(種)' 등의 보편이다. 유명론적 입장은 이 보편을 다만 기호로만 인정하고 그 본질로서의 존재를 부정한다. 반대로 실재론적 입장은 보편의 실재성을 인정한다.

본질의 개념은 철학사에서 매우 중요하고 치열한 논의의 대상이었으나, 그것이 '사물의 궁극이 무엇인가'를 규정한다는 점에서는 변함이 없다. 문제는 그 '무엇'이 과연 무엇으로 이루어져 있고 또 어디 있으며, 사유에 의해서 있는 것인가 아니면 실제로 있는 것인가, 그리고 그 '무엇'은 현존하는 사물과 어떤 관계가 있는 것인가 하는 것이다. (어원: '존재하는 것'을 뜻하는 그리스어 ousia의 번역어인 라틴어 essentia/ 유사어: 개념, 관념, 실체/ 관련어: 실존, 실존주의, 관념, 판단, 유명론, 실재론, 보편자, 특수, 개별)

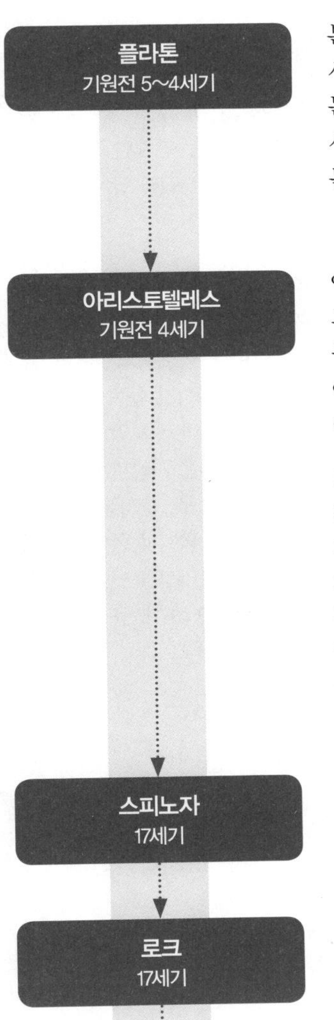

본질, 즉 플라톤이 말하는 '형상(形相)'은 현실 세계의 감각적 대상 속에서 불완전하게 구현되어 있다. 이런 이유에서 플라톤은 순수한 본질 또는 형상의 세계, 합리적으로 이해할 수 있는 세계를 감각적 세계와 대립시켰다. 플라톤에게 본질은 진리의 특성(보편성과 필연성)을 가지기 때문에, 더 참되고 더 가치 있는 존재이다.

아리스토텔레스는 플라톤처럼 사물의 본질을 초월적 형상(이데아)이라고 생각하지 않고, 그 사물에 본래부터 들어있는 궁극적인 무엇인가를 구성하는 것으로 보았다. 아리스토텔레스의 본질은 순수 형상으로서가 아니라, 본질을 구성하는 요소로서의 '질료'와 '형상'이 함께 들어있는 것이다.

▶형상과 질료

아리스토텔레스는 모든 사물은 '형상'과 '질료'로 이루어져 있다고 보았다. 형상은 개별 사물의 구체적인 형태를 이루는 것으로서, 곧 사물에 내재한 본질을 말한다. 의자의 본질은 의자의 형상이고, 컵의 본질은 컵의 형상이라 할 수 있다. 그리고 개별 사물의 소재를 '질료(물리학에서 말하는 '질량'의 개념이 아니다)'라고 한다. 이를테면 나무 의자의 질료는 목재이고, 유리컵의 질료는 유리이다. 같은 질료를 가지고 여러 가지 다른 사물을 만드는 것이 형상이다.

어떤 개별적인 것에는 본질적으로 좋고 나쁜 것은 없으며, 단지 각 개체의 성질에 따라 상대적으로 결정될 뿐이다.

로크는 자신의 철학적 입장을 상당히 배제한 상태에서 나름대로 중립적이고 어원적인 관점에서 '본질'을 정의했다. 예를 들어 '금'이 있다면,

'금'을 '금'이게끔 하는 그 무엇(그것을 노란색의 전개성과 연장성이 매우 큰 어떤 것이라고 하든, 왕수에 잘 녹는 것이라고 하든, 아니면 그 밖의 무엇이라고 하든 관계없이)이 있을 것이고, 그것을 금의 '본질'이라고 명명했다.

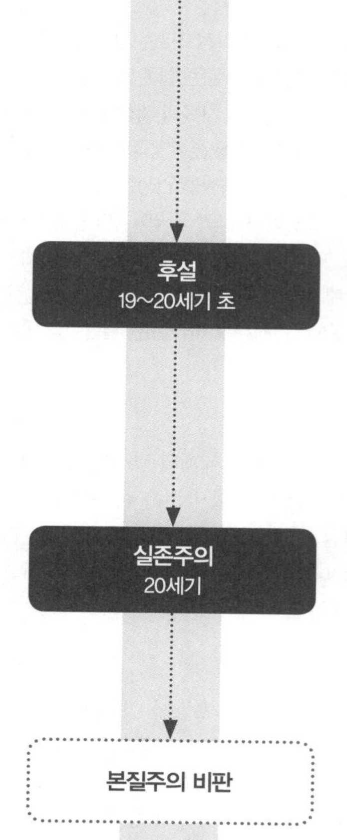

본질은 어떤 대상이 그것 없이는 성립되지 않는 그 무엇으로, 직관을 통해 파악할 수 있다. 본질에 이르는 방법은 자유 변경이다. "지금 나는 의자에 앉아 이 글을 쓰고 있다."라고 했을 때, 이 의자를 지금과 다른 모습으로 상상을 계속 확장하는 것이 자유 변경이다. 의자가 가질 수 있는 이론적으로는 무한한 방식들을 상상한다면, 우리는 의자의 본질을 직관할 수 있게 될 것이다.

사르트르의 "실존은 본질에 앞선다."에서 알 수 있듯, 실존주의는 인간이 자신의 행위와 선택을 통해 스스로 창조하는 존재라고 주장한다. 다시 말해, 인간이란 존재는 개념적으로 규정되는 것이 아니라, 인간이 스스로 부여하는 것이다.

철학이나 과학은 절대진리에 도달할 수 있다는 본질주의 관점을 비판하는 사상의 총체를 말한다. 정신분석학이나 구조주의, 페미니즘 등에 힘입어 논리를 구성한 포스트모더니즘은 지금까지 문학이나 문화사를 끌어온 주류로서의 본질이 실재가 아닌 허구라고 보았다. 리오타르나 보드리야르는 문학과 문화가 지향해야 할 담론은 지금까지의 사상을 이끌어왔던 본질주의가 허구임을 밝히는 담론으로, 플라톤의 로고스 중심주의적 강박에서 벗어나 주변부로 탈중심화 되어야 한다고 주장했다. 이 문제와 관련하여 데리다는 본질주의의 불합리성을 인식하면서, 본질과 비본질로 양분된 텍스트를 해체하는 작업을 그 대안으로 제시했다.

플라톤

"본질은 사물의 불변하는 본성 그 자체다."

"그러니까 이들 세 가지의 침상이 있게 되었네. 그 하나는 그 본질에 있어서 침상인 것으로서, 이는 내가 생각하기로는, 신이 만드는 것이라고 말한 그런 것일세." (플라톤, 『국가』)

플라톤과 아리스토텔레스의 '본질'에 대한 인식의 뿌리는 같다. 두 철학자 모두 세상에는 '본질'이라는 것이 있으며, 본질이 없으면 존재를 인식할 수 없다고 보았다. 그리고 인간은 자신의 본질과 목적에 맞게 윤리적인 삶을 살아야 한다고 주장했다. 하지만 두 철학자는 본질에 대한 인식에서 관점을 달리했다. 플라톤은 본질은 대상을 초월하는 절대적이고 보편타당한 진리라고 인식하면서 관념론적 이상주의 철학을 확립했고, 아리스토텔레스는 본질은 개별 대상에 내재하는 상대적인 개념이라고 보면서 경험론적 현실주의 철학의 길을 열었다.

플라톤에게 있어서 본질은 영원성과 완전함을 뜻하는 **'이데아'**다. 본질은 대상을 초월하는 필연적인 어떤 것으로, 변화하지도 우연에 의해 영향받지도 않는다. 본질이란 사물, 이를테면 이 책상을 이 책상으로, 저 책상을 저 책상으로 존재하게 만드는 참된 어떤 것을 뜻한다. 본질에 의해서 우리는 이것은 '이것으로', 저것은 '저것으로' 구분하고, 이것과 저것이 지닌 서로의 차이를 인식할 수 있다. 플라톤은 불변성과 필연성을 지닌 사물 그 자체로서의 어떤 것, 즉 본질이 현실 속에서 사물의 특정한 모습으로 나타난 것이 **'실체'**라고 생각했다. 그는 본질은 사물을 드러내는 객관적 실체로, 사물에 대한 우리의 경험에 앞서 있는 것으로 보았다.

따라서 실체는 본질과 불가분의 관계를 맺는다. 현실 속에서 구체적으로 나타나는 사물은 변화를 겪거나 일시적인 모습으로 나타나는데, 이러한 변화는 만들어지고 소멸하는 것들의 성질인 데 비해, 그 사물의 본질은 어떠한 변화에도 변화되지 않는 '진실로 있는 것'이다. 본질은 우리가 접하고 경험하는 감각적이고 현실적인 대상을 통해서 단지 불완전하고 미흡한 모습으로 나타난다. 예를 들어 책의 본질은 책을 통해서, 책상의 본질은 책상을 통해서 부분적으로, 그러나 눈으로 볼 수 있도록 드러난다. 이러한 본질을 플라톤은 **'형상'**이라고 했다. 형상은 우리가 실제로 접하고 또 경험하는 세계의 원형으로, 개별 사물은 결코 도달하지 못하는 초월적 이데아의 세계와 통한다. 이렇게 해서 플라톤에게 있어서 본질은 참된 것이고, 참된 것은 곧 진리이므로, 진리를 아는 것은 본질이 무엇인가를 아는 것이 된다.

인간이 직접 경험하거나 만들 수 있는 것은 '형상'을 바탕으로 한 사물인데, 그 누구도 형상이라는 본질을 만들 수는 없다. 변화하지 않는 지속성과 반드시 있어야만 하는 필연성을 가진 사물의 본질이 갖춰지지 않는다면, 우리는 그것을 사물이라고 말하지 않는다. 그러나 또한 사물은 이 본질을 언제나 불완전하게 담아내므로, 어떠한 사물도 본질을 완전하게 드러내지 못한다. 사물은 다만 본질을 완전히 드러내기 위해서 노력할 뿐이며, 사물과 본질은 언제나 거리를 두고 만날 뿐이다. 이것은 우리가 완전한 사랑을 꿈꾸지만, 현실 속의 사랑은 늘 불완전하며 사랑의 완성에 이르지는 못하는 것과 같은 이치다. 본질 또한 이와 다를 바 없다.

아리스토텔레스

"본질은 사물의 실체에서 드러난 바로 '그것'이다."

"각 사물의 본질은 (그 사물이) 그 자체로서 말해지는 바의 것이다." (아리스토텔레스, 『형이상학』)

아리스토텔레스는 본질은 사물을 존재하도록 만드는 사물의 본성 그 자체로, 개별 사물 속에 들어있다고 생각했다. 아리스토텔레스에게 있어서 본질은 개별 사물의 **구체적 '실체'**이다. 아리스토텔레스에게 있어서 본질은 사물 그 자체로서 존재하는 것으로, 그 사물을 바로 그 사물이게끔 하는 사물의 구성 요소이다. 그래서 본질은 존재를 통해서 드러난 바로 '그것'이고, 그 사물을 결정하는 바로 '그것'이다. 그러므로 "본질이 사물에 앞선다."라고 할 때 그것은 시간과 인식과 개념에 앞서는 것으로의 사물 그 자체를 말한다. 뒤집어 말하면, 어떤 한 사물은 본질을 통해 바로 그 사물이 될 수 있는 것이다. 곧 본질은 하나의 사물에 **동일성**을 부여하고, 바로 그 사물이 되게 하는 것이다. 본질과 사물은 분리되지 않는 하나다.

아리스토텔레스는 사물의 실체와 본질은 하나이며, 둘은 동일한 것이라고 보았다. 본질은 대상이 지닌 어떤 우연성이나 특성을 말하지 않는다. 예를 들어 어떤 사람이 음악적 소양을 갖출 수는 있지만, 그렇다고 해서 그 사람의 본질이 음악적인 것은 아니다. 음악적 소양처럼 대상에 단순히 부여된 특성은 그 사람의 고유한 본질일 수 없다. 그는 개별 사물의 특성 역시 그 사물의 본질이 아니라고 보았다. 그는 '실체' 이외에는 본질을 갖지 못한다고 생각했다.

아리스토텔레스에 따르면 사물의 본질은 무엇인가의 구체적 형태를 띠고 있는데, 이를 **'형상'**이라고 불렀다(플라톤의 형상 개념과 동일하다). 의자의 본질은 의자의 형상이고, 컵의 본질은 컵의 형상이라 할 수 있다. 그리고 개별 사물의 재료를 '질료'라고 불렀다. 이를테면 나무 의자의 본질은 의자의 형상이고, 질료는 목재이다. 같은 질료를 가지고 여러 가지 사물을 만드는 것은 형상이다. 아리스토텔레스는 사물의 실체는 '형상'과 '질료'로 구성되어 있다고 보았다. 집을 짓는데 사용되는 목재가 질료라면 형상은 집의 개념에 상응하는 구조상의 형태를 가리킨다. 말하자면, 형상이란 설계도 같은 것이고, 질료란 재료 같은 것이다. 이때 사물 저마다의 형상이 다른 까닭은 그것들의 사용 **'목적'**이 다른 때문이다.

아리스토텔레스는 사람의 본질을 '영혼'에서 찾았다. 영혼은 그 자신의 존재와 동일한 것이면서 동시에 사람은 영혼을 자신의 형상으로 하기 때문이다. 형상이란 그에게 있어서 '형태로 표현된 목적'이라고 말할 수 있다. 따라서 형상은 눈으로 볼 수 있는 형태를 결정하는 또 하나의 볼 수 없는 형태로, 이성을 통해서만 이해할 수 있는 것이다. 이렇게 형상과 본질은 아리스토텔레스에게 있어서는 엄격히 구별되지 않는다. 이렇게 보면 그가 말하는 순수한 본질은 질료 없이 그 자체가 스스로 있는 것으로, 다만 형상 속에서만 찾을 수 있다. 질료 없는 순수 본질만을 지닌 존재가 바로 '신'이다. 세계의 사물은 신으로부터 부여받은 본질을 자기 안에 지님으로써 모습을 드러낸다. 그러므로 플라톤과는 달리 아리스토텔레스에게 있어서 본질은 개개의 사물과 분리되지 않는 필연적인 것으로, 사물은 본질을 포함한다. 이를테면 장미꽃은 장미의 본질을 포함하고, 사과는 사과의 본질을 지니며, 신이 두 사물에 부여한 것이다.

스피노자

"본질은 신의 지성을 따르는 인간 정신이다."

"그런데 신의 지성은 우리 지성의 본질 및 존재 원인이다. 그러므로 신의 지성이 신의 본질을 구성한다고 이해하는 이상, 그것은 우리의 지성과 본질에 관해서나 존재에 관해서나 상이하다. 즉, 우리의 지성은 신의 지성과 명칭만 같을 뿐이다." (스피노자, 『에티카』)

스피노자는 '신'은 자연 속에서 '실재'하며, 신과 자연은 동일한 존재의 서로 다른 모습이라고 생각했다. 스피노자는 이 세상에 존재하는 모든 것은 신이 주관하며, 신 없이는 아무것도 존재할 수 없다고 생각했는데, 이런 실체일원론적 사상을 **범신론**이라고 한다. 범신론에 따를 때, 이 세계에 존재하는 모든 것은 우연한 것이 아니라 필연적이라는 결론에 이른다.

스피노자의 일원론적 사고는 존재와 본질의 관계에서도 드러난다. 스피노자에 따르면, 사물의 본질은 곧 사물의 있음, 곧 존재로 드러나고, 사물의 존재는 본질에 의해서 좌우된다. 이 둘은 서로 나뉠 수 없는 불가분의 관계에 있다. 나의 본질은 나란 존재로 파악되고, 나의 존재는 곧 나를 존재토록 하는 본질이다. 존재와 본질은 서로를 결정하고 또 서로를 이해할 수 있도록 하는 것으로, 이 둘은 서로에 대해서 필연적이다. 이러한 의미에서 정신과 육체는 나누어서 생각할 수 없으며, 동시에 존재하고 함께 소멸한다. 정신은 육체를 통해서 밖으로 드러나고, 육체는 정신을 지님으로써 감정으로 표현된다.

그러므로 스피노자에 따르면, 인간의 욕망 역시 본질에 속한다. 스피노자는 인간의 욕망을 억제하거나 통제하려 드는 행위는 오히려 인간 본성으로서의 자기 보존 욕구를 거스르면서 개인을 불행으로 내몰 뿐이라고 보았다. 그보다는 정신과 육체, 의지와 욕망이 서로 하나가 되기 위해 상호작용할 때, 자기 보존 욕구인 '코나투스'가 상승 작용하면서 인간은 참다운 행복을 얻는다고 보았다.

말했듯, 스피노자는 신이 존재하는 모든 것을 관장한다고 생각했다. 그렇기에 신에 대한 참된 이해 없이 세계의 본질을 이해하기란 불가능하다. 신은 자기 스스로에 대한 원인이자 모든 것에 대한 원인이다. 사물의 본성은 신에 의해 주어진 것이기에, 모든 사물의 본질 역시 필연적으로 신에게서 나온다. 따라서 사물의 본질을 파악하는 것은 곧 신을 아는 것이고, 신 없이는 우리는 사물에 대하여 아무것도 이해할 수 없다. 신은 영원하고 무한한 본질을 표현하는 존재자로서, 사물의 모든 본질은 신에 의해 만들어진 것이다. 신의 본질은 세계 안에서 사물로 드러나며, 사물은 신의 본질이 시간과 공간 속에서 모습을 드러낸 것, 즉 '**연장(延長)**'이다. 세계의 사물은 곧 신의 본질에 대한 연장으로, 우연히 생긴 것이 아니라 반드시 있어야 하고 또 상호 의존하는 존재로서의 정당한 이유를 지닌다.

스피노자에 따르면, 본질을 이해한다는 것은 곧 참된 지식을 갖는 것을 의미하고, 참된 지식은 지성에 의해서 논리적으로 증명될 수 있는 성질의 것이다. 따라서 인간의 지성이 어떤 것을 사물의 본질이라고 파악하면 그것이 곧 그 사물의 본질이 된다. 예를 들어 우리의 지성이 장미의 본질로 생각하는 것이 곧 장미의 본질이고, 책상의 본질로 생각하는 것이 바로 책상의 본질이다. 스피노자는 구체적인 사물 속에서 영원을 보고, 그 사물이 속한 세계 안에서 신을 향한 영원한 진리를 찾으려고 했다.

로크

"본질은 경험을 지식으로 추상화한 관념이다."

"본질이란 어떤 사물을 바로 그것이게끔 여기도록 하는 것이다. (…) 그리하여 실재적 · 내적으로, 그리고 일반적으로는 실체 안에 있는 사물의 알려지지 않는 구조가(거기에 그 사물들에서 발견할 수 있는 성질들이 의존한다) 그 사물의 본질이라고 불린다." (로크, 『인간 오성론』)

로크는 사실로서 실제 존재하는 것만이 지각적으로 경험할 수 있고, 경험만이 우리에게 참된 지식을 얻을 수 있게 한다고 생각했다. 그래서 경험이 다르면 지식의 내용이 달라지고, 지식에 따라 우리의 생각, 즉 관념은 달리 인식된다고 보았다. 로크에게 본질의 문제는 무엇보다도 관념의 문제라 할 수 있다.

로크에 따르면, 우리의 의식 안에서 '사실'로서 받아들여지는 것은 실제로는 실체나 대상 그 자체가 아니라, 우리가 대상에서 얻은 '감각'이다. 따라서 우리가 어떤 한 사물의 본질을 안다는 것은, 대상을 지각하면서 형성한 우리의 생각일 뿐이다. 다시 말해, 우리가 '사실'이라고 믿는 것의 본질은 어떤 대상을 지각하면서 받아들인 우리의 생각, 즉 '관념'이다. 지각없는 지식은 만들어질 수 없다는 로크의 입장을 따를 때, 본질은 '**관념**'에 불과하다.

로크에 따르면, 사물의 본질은 우리가 직접 경험할 수 있고 또 검증할 수 있어야만 '무엇이다'라고 말할 수 있다. 하지만 우리는 순수한 본질을 경험할 수 없다. 로크에 따르면 실체와 마찬가지로 본질은 직접 경험할 수 있는 것이 아니다. 경험을 초월해서 본질에 대한 지식을 얻을 수도 없다. 만일 본질에 대한 경험의 체득과 지식의 습득이 가능하다면, 사물의 본질에 대한 직접적 · 감각적 경험을 하지 않아도 이를 논리적으로 설명할 수 있어야 한다. 그러나 장미를 봤거나 접해 본 적이 없는 사람에게 장미의 실체에 대해서, 그리고 장미의 본질에 대해서 논리적으로 설명하는 것은 불가능하다. 이러한 주장을 바탕으로 로크는 사물의 본질은 우리가 직접 알 수 없는 것으로, 다만 우리의 추상 능력에 의해서 만들어진 관념이자, 개별적인 것을 하나로 묶어서 편리하게 분류하기 위한 용어에 불과하다고 보았다. 로크에 따르면 집, 장미, 책과 같은 것들의 본질이란 단순 관념(감각을 통해 얻은 관념), 즉 '말'에 불과하다.

로크는 본질에 대한 우리의 인식은 경험에서 시작된다고 보았다. 본질은 우리가 대상을 지각하여 경험함으로써 인식할 수 있는 관념에 불과하다. 우리는 장미를 보고 향기를 맡은 이후에 비로소 장미에 대한 관념을 갖게 되는 것이다. 로크는 대상에 대한 지각 경험의 결과로서 얻는 실제 관념, 그리고 실제 관념에서 더 나아감으로써 얻는 추상 관념을 진정한 '본질(=지식=복합 관념)'로 보았다.

로크는 인간 고유의 특징인 추상 능력 없이 어떤 것에 대한 관념을 갖는다는 것은 불가능하며, 경험을 추상 관념으로 발전시킬 수도 없다고 주장했다. 예를 들어 동물 또한 사람처럼 대상을 통해서 고통을 느끼기도 하고 두려워하기도 하지만, 동물은 지각을 통해서 경험 내용을 정확히 인식하고 지식으로 발전시키지 못한다. 동물은 생각하고 의심하거나 추리하고 종합하는 구성 능력으로서의 추상 능력이 없기 때문이다. 동물은 장미를 보거나 향기를 맡을 수는 있지만, 그것을 통해서 장미의 본질을 파악하는데 이르지 못한다는 것이다.

후설

"본질은 지향성을 따르는 것이다."

"모든 지향적 체험은, 그 인식 작용의 계기에 힘입어, 바로 인식 작용의 체험이다. 어떤 '의미' 그리고 경우에 따라서는 여러 겹의 의미와 같은 것을 자신 속에 내포하는 것, 이 의미 부여에 근거해 그리고 이 의미 부여와 일치해 계속 작업을 수행하는 것은 지향적 체험의 본질이다." (후설, 『이념』)

현상학의 창시자 후설은, 사물의 본질을 깨닫기 위해서는 우리의 의식 바깥에서 일어나는 '현상'을 주관적으로 해석해서는 안 되며, 그 현상 속에 담긴 대상의 본질을 파악해야 한다고 주장했다. 후설에게 있어서 현상은 단순히 드러난 모습이 아니므로 본질과 대립하지 않는다. 후설에 의하면 사물은 항상 그리고 이미 우리의 정신 활동을 통해서 '**의식**'된 것이다. 이를테면 책상이나 장미와 같은 사물은 실제로는 우리의 의식 속에서 의식 작용을 통해서 나타난 책상과 장미라는 현상인 것이다. 즉 현상은 우리가 알고 있는 책상과 장미이고, 그것들의 본질은 현상 속에 들어있다. 사물은 현상으로서만 우리에게 인식되기 때문으로, 후설은 본질에 대한 인식은 현상을 파악하는 것에서부터 출발해야 한다고 생각했다.

본질의 문제와 관련하여, 후설은 개체는 언제나 본질을 내포하고 있다는 아리스토텔레스의 입장을 따랐다. 개체는 일시적이고 우연적일 수 있다. 개체의 이러한 우연성은 그러나 본질과 필연적인 관계를 맺고 있으며, 본질에 의해서 영향을 받는다고 보았다. 예를 들어 어느 한 개의 책상이나, 눈앞에 놓인 한 송이의 장미에서 우연히 나타난 어떤 것이 있다고 하더라도, 그것은 책상과 장미의 본질을 벗어날 수 없다는 것이다. 이러한 주장은 대상의 본질은 구체적인 현상 안에 내재한다는 전제를 깔고 있다. 그렇지 않다면 우리는 책상을 책상이라고, 장미를 장미라고 할 수 없다. 본질이란 어떤 개체를 바로 그 '개체'이게 하는 것이기 때문이다.

개체를 개체로써 파악하고 또 개체의 본질을 이해하기 위해서는 우리의 의식 활동이 함께 언급되어야 한다. 본질은 우리의 의식과 분리될 수 없으며, 이러한 의식은 '무엇에 관한 의식', 곧 지향성을 의미하는 것으로, '**사유(노에시스)**'를 뜻한다. 우리의 의식은 비어 있는 의식이 아니라 언제나 무엇인가에 관한 의식 활동이다. 후설은 본질에 대한 파악은 대상과 대상에 대한 의식 관계를 통해서 이루어진다고 주장했다.

후설은 본질을 파악하는 방법으로 '**환원**'을 들었다. 환원은 우리가 일상적인 사고방식에서 벗어나서 본질을 정확히 파악하기 위한 방식을 취하는 것이다. 이는 우리의 사고가 현상 그 자체, 즉 '사태 그 자체'로 돌아감으로써 본질을 직관적으로 이해하는 것이다. 직관적 사고는 언제나 '무엇인가에 관한' 의식의 지향성에서 출발한다. 후설은 이것을 '형상(에이도스)'으로의 환원을 위한 '본질직관(형상학적 환원)'이라고 했다. 후설은 '에포케(판단중지)'라는 방법으로 본질직관을 실행한다면 사고의 근거, 곧 사물의 본질을 밝힐 수 있다고 주장했다. 판단중지라는 것은 우리의 선입견, 편견, 주관적 생각, 은폐하려는 생각을 중지하는 것으로, 다시 말하면 어떠한 해석도 미리 내리지 않는 상태에서 사물의 본질을 전체적으로 통찰하는 것을 의미한다. 후설은 이렇게 할 때만이 사물의 참된 현상을 파악할 수 있고, 경험에 영향받지 않고 또 경험을 뛰어넘어 본질을 통찰할 수 있다고 보았다.

후설은 판단중지를 통해 우리의 의식에 떠오르는 모든 것을 괄호 안에 넣고 생각하는 것을 '현상학적 환원'이라고 불렀다. 현상학적 환원이란, 세계는 실재하지 않음을 깨닫고, 현상으로서 고찰해야 한다는 생각이다. 후설에 따르면, 우리는 "의식 바깥에서 비롯되는 현상으로서의 사물을 보고 있는 것인가, 아니면 보이는 것이 존재하는 것인가"를 확신할 수 없다. 예를 들어 눈앞에 놓인 사과의 실재는 단순히 생각하는 것에서 나오는 것만으로는 제대로 설명할 수 없다. 이때 판단중지를 통해 현상학적 환원을 실행한다. 대상의 판단을 중지한 이후에는 의식에 직접 떠오르는 대상만이 존재하게 되고, 그렇게 해서 의식에 떠오르는 것이 곧 대상의 순수 본질이다. 예를 들어 집을 생각할 때, 여러 가지의 다양한 색깔이나 형태, 그리고 우리가 지금까지 보거나 경험한 부수적인 것들을 괄호 안에 넣고 '판단중지'를 한 후에, 우리의 의식 속에 즉각적으로 떠오르는 것, 바로 그것이 집의 본질, 또는 형상(에이도스)이라는 것이다.

현상학의 발전

후설은 '의식' 그 자체와 '의식의 대상'을 고찰하는 완전히 새로운 접근 방법을 내놓았다. 경험에 대한 체계적 분석으로서 모든 것을 현상으로 다루는 '현상학'적 사유 방식이 그것으로, 행위와 관련된 의식적 경험에 대한 분석이나 기술을 의미한다. 예를 들면, 수학의 철학은 수학의 논리적 토대, 즉 수(數)와 그 증명의 성질 등과 같은 문제인 반면, 수학의 현상학은 의식적 행위로서의 수학과 이 의식적 행위에 따르는 경험에 관한 것이다.

후설의 현상학의 핵심은 다음과 같다. 실질적으로 우리가 경험하는 사물의 총합은 우리가 경험에 대해 (비록 현상으로서라도) 의심할 바 없이 확신하는 것의 총합이다. 하지만 이것은 우리의 세계, 우리가 사실상 경험하는 우리의 세계, 우리가 실제로 사는 세계이다. 이러한 이유로 '생활세계'라는 용어는 '세계'와 바꿔 쓸 수 있는 표현이다. 이를 두고 후설은, "나는 존재한다. 그리고 나를 제외한 모든 것은 단지 현상적 관계로 환원되는 현상일 뿐이다."라고 하여, 우리의 생활세계에서 의식적으로 경험되는 것은 무엇인가에 관심을 둔 철학자였다. 후설의 철학은 우리의 생활세계에 관한 철저한 탐구를 강조한 것이기에, 현대철학사에서 막강한 영향력을 발휘했다.

후설의 현상학은 과학철학, 언어철학, 종교철학, 사회과학 등에 이르기까지 현대철학의 여러 분야에 두루 영향을 미쳤으며, 학문 상의 새로운 경향을 불러왔다. 그중에서 중요한 것을 추려 보면 다음과 같다. 하이데거는 후설의 순수자아를 일상적인 실존으로 보고 이 실존을 현상학적 방법으로 분석하고 해석하는 '해석학적 현상학'을 발전시켰는데, 이것이 제2차 세계대전 전후를 통해 철학사에 가장 큰 파문을 일으킨 '실존철학'이다. 한편, 셸러는 후설의 현상학적 방법을 여러 가지 구체적인 문제에 적용하여 큰 성과를 거두었는데, 그중에서도 칸트의 형식 윤리학과 대립하는 '실천 윤리학'이 대표적이다. 또 존재론으로 유명한 독일의 철학자 니콜라이 하르트만은 후설의 현상학적 방법을 특히 인식 현상에 적용하여 '현상을 인식하는 존재'와 '인식되는 존재'와의 존재론적 관계로 보고 이른바 '인식형이상학'으로 발전시켰다.

데리다

"본질은 타자의 경계를 해체하는 것에서 드러난다."

"악이란 선의 결핍이 아니라 본질의 결핍이다." (데리다, 『시간과 타자』)

데리다는 서양철학의 근저엔 본질과 현상의 이항대립이 자리 잡고 있다고 보았다. 데리다는 본질은 현상에 우선하는 우월한 것이고, 현상은 본질에서 파생된 부차적인 것에 불과하단 사고를 거부했다. 그는 플라톤 이후의 서양 이성주의 철학은 세계가 하나의 완결되고 정합적인 체계를 이룬다는 사고에서 비롯됐다고 생각했다. '선과 악', '옳음과 그름', '주관과 객관', '주체와 객체', '이성과 감성', '정신과 육체', '현전과 부재', '서양과 동양', '남성과 여성' 등 '이항대립'적 위계를 따르면서, 전자가 후자보다 우위에 있다고 간주하는 사고가 그것이다. 하지만 데리다는 그러한 생각의 이면에는 고정된 본질을 우선하는 사고가 깔려 있다고 보았다.

데리다는 이항대립을 상정하여 우열관계를 만들면 약자를 철저히 배제하거나, 차별과 억압을 합리화 · 정당화하는 논리로 작동한다고 주장했다. 그는 서양 중심의 인식론적 표현과 형이상학적 사고는 철저히 이원론적 대립에 바탕을 두면서, 특정 표현과 진술에는 억압을 가하고, 그것과 대척점에 있는 것에는 특권을 부여한다고 주장했다. '남성적인 것'과 '여성적인 것'이라는 표현이 그 대표적인 예다. 데리다는 서양 중심의 철학은 진리를 말하는 대신 자신들과는 사상을 달리하는 표현들을 억압하고, 제외하고, 깎아내리는 데 몰두하고 있다고 주장했다.

데리다는 서구적 사고에 의해 쫓겨나고, 은폐되고, 무시당한 것들을 찾아내기 위해서는 **'탈구축'**의 방법으로 이러한 폭력적 위계를 **'해체'**해야 한다고 주장하면서, 인간을 구속하는 우열관계의 해체를 시도했다. 그의 해체는 서구 이성이 숨기고 있는 **'차이'**를 털어놓게 하는 전략이다. 이성과 진리라는 이름으로 이뤄진 억압, 나와 다른 것을 배제하고 억압하는 서구적 형이상학(동일성 철학)을 해체하여 무력화함으로써, 잃어버린 본질을 되찾고자 하는 것이 데리다의 '해체'이다. 데리다에 따르면, 차이는 우리가 생각하듯이 개념적으로 분명하지 않다. 따라서 먼저 경계를 이루는 지점부터 살펴 해체를 시도한다면, 둘로 편을 가르는 기준이 사라진다. 그렇게 되면 모든 것들을 새롭게 다시 규정해야 하는 상황이 일어날 수밖에 없다고 생각했다.

데리다는 탈구축하는 방법을 원본과 복사본의 관계로 설명했다. 예를 들어, 가방을 보고 예쁘다는 '느낌'이 들었을 때, 우리는 이것을 '예쁘다'라는 말로 전달한다. 언어는 그 어떤 '느낌(감정, 생각)'을 복사한 것이다. 이때 원본인 느낌은 그 복사본인 언어에 우선하여 존재할 수 있다는 것이 일반 통념이다(생각은 말에 앞서므로). 하지만 그는 느낌은 원본이 아니라고 보았다. 인간은 이미 존재하는 언어로 생각하기 때문이다(언어=원본). 하지만 언어는 그 자신이 만든 것이 아니다(언어≠원본의 복사본). 느낌은 무엇인가를 보고 들은 것을 언어로 복사하는 것이다(느낌=원본의 복사본). 데리다는 이러한 생각으로 원본과 복사본의 관계를 뒤집었는데, 그 결과 이항대립은 존재하지 않으며, 우열관계는 쉽게 뒤바뀔 수 있다.

데리다의 '탈구축'이라는 개념의 핵심은 단순히 기성 고정관념을 해체하는 것뿐만 아니라 이를 발전적으로 다시 구축하는 데 있다. 본질과 현상의 해체를 통한 탈구축을 주장한 데리다의 사상은 그동안 서양 인문 · 사회과학을 지배해온 이성중심주의, 서구중심주의, 남성중심주의를 비판한 포스트모더니즘, 포스트콜로니얼리즘(탈식민주의), 페미니즘 등에 큰 영향을 미쳤다.

04 실체

실체는 생성 변화하는 여러 현상 속에서 항상 자기 동일성을 유지하는 존재를 가리킨다. 우리가 지각하는 모든 성질 · 상태 · 작용 등의 근저에 놓여 있으면서 그것들을 제약하고 있는 것으로서, '실재'라고 부르기도 한다. 생성 · 소멸하는 다양한 모든 현상을 실체의 변환 모습이라고 하는데, 이 실체를 어떻게 해석하느냐에 따라 여러 실체 개념이 생긴다. 예를 들어 플라톤의 이데아, 데모크리토스의 원자, 아리스토텔레스의 개별 사물 등이 그것이다. (어원: '실체'를 뜻하는 라틴어 substantia/ 유사어: 본질, 실재/ 관련어: 신, 형상, 물질, 성질)

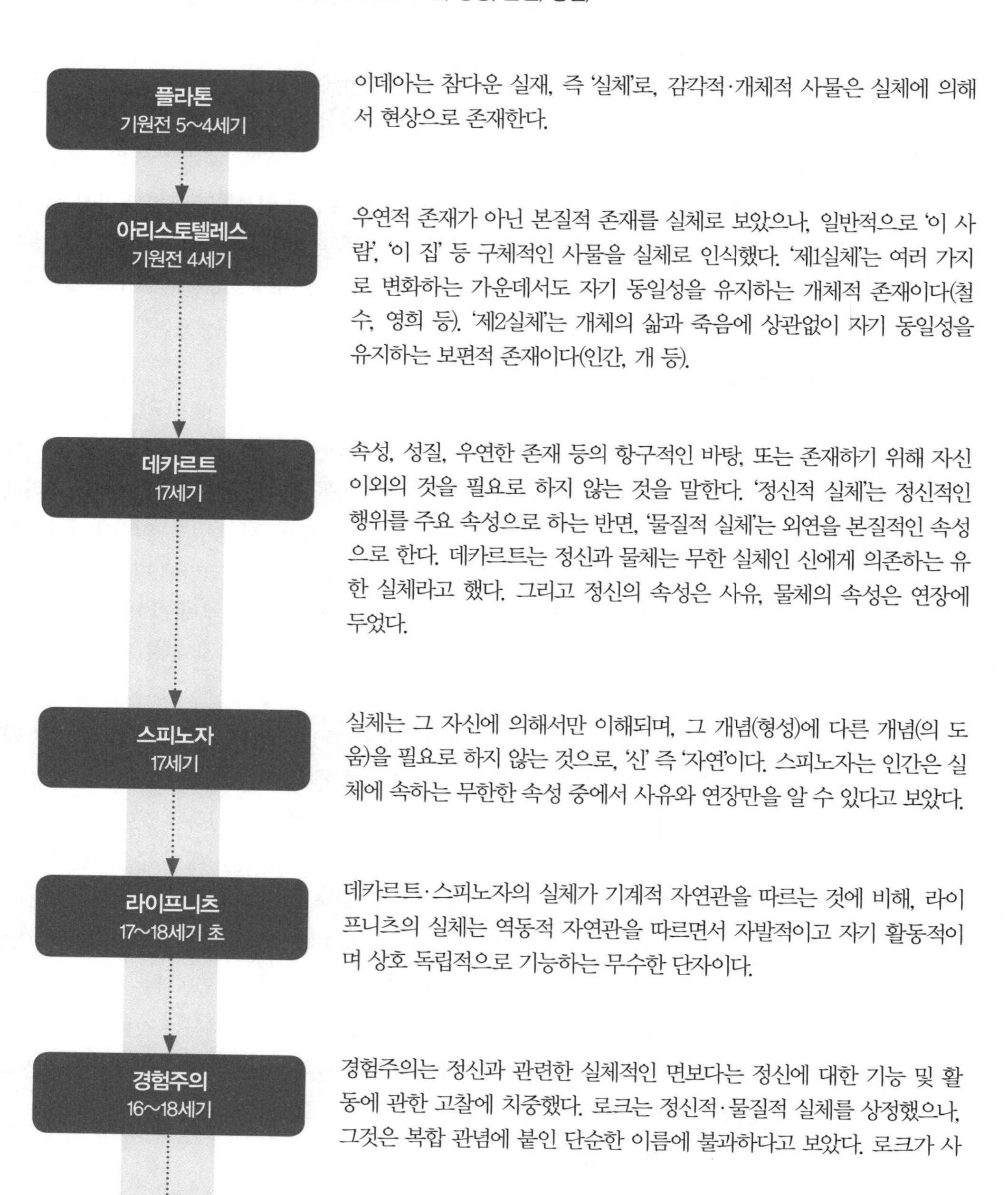

플라톤
기원전 5~4세기

이데아는 참다운 실재, 즉 '실체'로, 감각적·개체적 사물은 실체에 의해서 현상으로 존재한다.

아리스토텔레스
기원전 4세기

우연적 존재가 아닌 본질적 존재를 실체로 보았으나, 일반적으로 '이 사람', '이 집' 등 구체적인 사물을 실체로 인식했다. '제1실체'는 여러 가지로 변화하는 가운데서도 자기 동일성을 유지하는 개체적 존재이다(철수, 영희 등). '제2실체'는 개체의 삶과 죽음에 상관없이 자기 동일성을 유지하는 보편적 존재이다(인간, 개 등).

데카르트
17세기

속성, 성질, 우연한 존재 등의 항구적인 바탕, 또는 존재하기 위해 자신 이외의 것을 필요로 하지 않는 것을 말한다. '정신적 실체'는 정신적인 행위를 주요 속성으로 하는 반면, '물질적 실체'는 외연을 본질적인 속성으로 한다. 데카르트는 정신과 물체는 무한 실체인 신에게 의존하는 유한 실체라고 했다. 그리고 정신의 속성은 사유, 물체의 속성은 연장에 두었다.

스피노자
17세기

실체는 그 자신에 의해서만 이해되며, 그 개념(형성)에 다른 개념(의 도움)을 필요로 하지 않는 것으로, '신' 즉 '자연'이다. 스피노자는 인간은 실체에 속하는 무한한 속성 중에서 사유와 연장만을 알 수 있다고 보았다.

라이프니츠
17~18세기 초

데카르트·스피노자의 실체가 기계적 자연관을 따르는 것에 비해, 라이프니츠의 실체는 역동적 자연관을 따르면서 자발적이고 자기 활동적이며 상호 독립적으로 기능하는 무수한 단자이다.

경험주의
16~18세기

경험주의는 정신과 관련한 실체적인 면보다는 정신에 대한 기능 및 활동에 관한 고찰에 치중했다. 로크는 정신적·물질적 실체를 상정했으나, 그것은 복합 관념에 붙인 단순한 이름에 불과하다고 보았다. 로크가 사물 존재의 감각적 확실성을 인정한 데 비해, 버클리는 물질적 실체는 알 수 없을 뿐만 아니라 전혀 존재하지 않는다고 단정하면서, 오직 정신만이 능동적이며 불가분한 실체라고 하였다. 흄에 이르면 정신·물질의 실체가 다 존재하지 않는 것으로 부정된다.

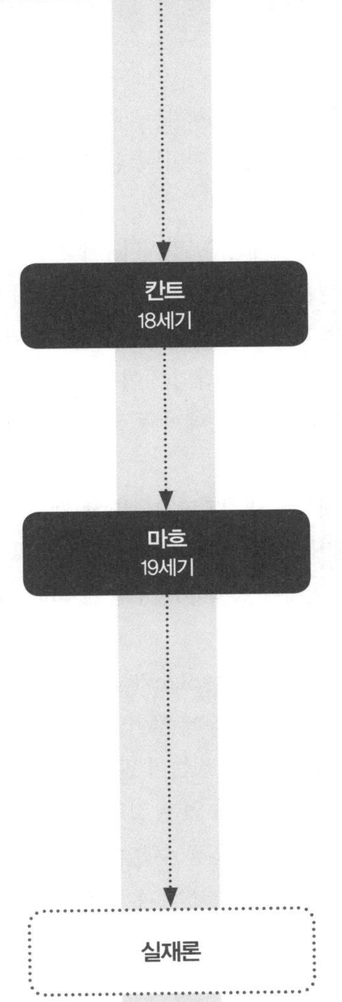

칸트에게 실체, 즉 시간 속에서 실재의 항구성이라는 관념은 아프리오리한 개념(또는 판단의 범주)이다. 즉, 실체는 주체에 독립적이면서도 인식할 수 있는 현실의 사물이 아니라 사유의 아프리오리한(선험적) 조건 또는 형식이다. 칸트는 경험 대상으로서의 현상적 실체만을 인정하고, 기존의 철학자들이 말했던 형이상학적 실체는 인식의 대상에서 제외했다.

뉴턴이 공간을 물리적 실체라고 본 것에 비해, 오스트리아의 과학철학자 에른스트 마흐는 공간이란 어느 한 물체와 다른 물체 사이의 상대적 위치 관계를 서술하는 용어이지 물리적인 실체가 아니라고 생각했다. 즉, 실체는 공상에 불과하다고 주장했다.

▶실재

현실에 존재하는 객관적이고 확인할 수 있는 존재 양식을 가진 모든 사물의 집합을 말한다. 철학에서는 겉모습과 대립하는 사물의 진정한 존재를 일컫는다. 실재는 사물의 진리 그 자체로서 감각적 성질의 밑바탕, 즉 형이상학적 실체와 동일시된다.

인식 대상이 인식 작용의 의식이나 주관에서 독립하여 존재한다고 보며, 그것에 대한 객관적 파악에 의해서만 참다운 인식이 성립한다고 보는 사상이다. 그러나 대상이 우리의 주관과는 아무런 관계없이 독자적이고 객관적인 실재로서 존재한다는 견해 및 이와는 달리 관념적이라고 보거나 정신적이라고 보는 견해도 성립할 수 있다(중세의 실재론). 이처럼 실재론은 그 실재를 보는 견해에 따라 소박한 실재론(자연적 실재론), 과학적 실재론(반성적 실재론), 관념론적 실재론(객관적 관념론), 신실재론 등으로 나뉜다.

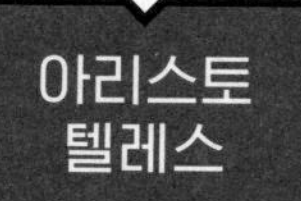

“실체는 우리 눈앞에 놓여 있는 존재 그 자체다.”

“실체는 어떤 관련 사물의 구성 요소가 아니고, 또한 이 구성 요소들(사물들의 공통 원리 또는 설명 방식이 될 수 있는 술어적인 구성 요소)은 그 어떤 실체도 아니다.” (아리스토텔레스, 『형이상학』)

아리스토텔레스에 따르면 ‘실체’는 다른 것에 의존하지 않고 개별적으로 존재하는 개체이다. 이 사람 한 명, 저 개 한 마리가 실체인 것이다. 즉, 실체는 ‘존재’ 또는 ‘존재하는 것’의 의미로, 한 명의 사람이나 한 마리의 개처럼 개체의 존재 그 자체가 곧 ‘실체(우시아)’다.

아리스토텔레스는 사물의 실체는 그 사물 안에 있다고 보았다. 실체는 “이것이다, 저것이다”라는 **‘개체성’**을 갖고 있으면서 다른 것과 분리된다. 실체의 분리 가능성은 개별성을 전제로 하지만, 이 둘은 사실상 서로 분리할 수 없는 동전의 양면처럼 **‘동질성’**을 지니고 있다. 이를테면 홍길동을 홍길동답게 하고 이순신을 이순신답게 하는 각각의 실체적 특성으로서의 개별성이 이 두 사람의 차이를 만들면서 서로를 구분한다. 그렇더라도 둘 다 범주적으로 사람이라는 ‘유(類)’에 속한다는 점에서 동질성을 갖는데, 이것이 곧 유추된다는 뜻으로의 실체다.

플라톤은 실체는 우리 눈으로는 직접 볼 수 없는 추상적인 것으로 여겼지만, 아리스토텔레스는 바로 우리 눈앞에 놓여 있는 구체적인 것으로 인식했다. 아리스토텔레스에게 있어서 존재는 곧 실체로, 바로 우리 눈앞에 있는 존재를 의미한다. 그에 따르면 실체는 현실 세계에 실재하고, 감관에 의해 지각되는 대상이며, 단지 존재 그 자체로 존재하는 존재자이다.

아리스토텔레스에 따르면, 우리 눈앞에 존재하는 실체는 그것을 구성하는 요소가 하나로 모여 일정한 기능을 수행한다. ‘형상’과 ‘질료’가 그 구성 요소로, ‘형상’은 우리의 사고 속에 들어있는 비물질적 성질이며, ‘질료’는 형상을 드러낼 수 있는 재료를 말한다. 집을 예로 들면, 집을 짓는데 필요한 나무나 돌, 흙 등은 질료이고, 집의 구조나 기능, 목적, 용도 등은 형상에 속한다. 형상이 없는 질료란 아직 구체적인 어떤 것이 아니며, ‘그 자체로는 아무런 것도 아닌 것’이다. 단지 무엇인가가 될 수 있다는 가능성을 갖고 있을 뿐이다. 가능성으로서의 질료가 형상을 만났을 때 비로소 ‘이 집 또는 저 집’과 같은 구체적인 어떤 것, 곧 실체가 된다.

이러한 의미에서 본다면 질료보다는 형상이 실체에 더 결정적이라고 볼 수 있지만, 그렇더라도 이 둘은 분리해서 생각할 수 없는 관계이다. 아리스토텔레스에 의하면 질료와 형상은 실체를 설명하는 원리일 뿐 아니라, 실체를 구성하는 요소이다. 예를 들어, 홍길동과 이순신은 사람이라는 동일 형상을 갖췄음에도 그들의 질료는 서로 다르고, 그래서 홍길동은 홍길동이고 이순신은 이순신인 것이다. 이렇게 어떤 한 사람이 ‘어떤 한 사람인 까닭’은 무엇인가 하는 것이 곧 실체에 대한 물음이다. 이에 대하여 ‘이 사람’이 홍길동이고 ‘저 사람’이 이순신인 이유는 무엇인가 하고 물을 수 있다. 홍길동이나 이순신이라고 불리는 물질을 사람이라고 하는 이유가 형상이며, 형상은 한 덩어리의 질료와 결합하고 비로소 실체라는 이름을 갖는다.

데카르트

"실체는 사유하는 정신이다."

"나의 본질이 다음과 같은 사실, 즉 나는 그 본질이나 본성이 사고하는 것인, 사고하는 자 또는 사고하는 실체일 뿐이라고 정확하게 결론 내린다." (데카르트, 『철학의 원리』)

데카르트는 『철학의 원리』에서 실체는 "존재하기 위해 다른 어떤 것도 필요로 하지 않는 것"이라고 정의했다. 존재의 독립성을 실체의 기본 원리로 인식한 그는 정신(이성)과 육체(물질)만을 실체로 인정했다. 데카르트는 정신과 육체는 별개의 실체로, 정신은 육체와 독립해서 존재한다고 보았다. 정신은 생각이라는 특성을 가지며 또 물질은 공간을 차지한다는 특성을 갖는데, 이 둘은 완전히 다른 실체라고 생각했다.

데카르트는 실체는 속성을 통해서만 인식할 수 있다고 보았다. 그는 실체의 본질적인 속성을 정신의 주요 속성인 '**사유(思惟)**'와 물질의 주요 속성인 '**연장(延長)**'으로 구분했다. 연장은 펼쳐지고 확장되는 성질로, 공간을 차지하는 것을 뜻한다. 사유하는 정신은 감정, 의지, 판단 등에 의해 나타나고, 공간을 차지하는 물체는 위치, 형태 그리고 운동을 통해 드러난다.

데카르트는 모든 물질은 연장된 실체에 불과하다고 보았다. 눈앞에 있는 '이 컵', '저 의자'는 형태와 운동 등 공간을 차지하는 연장의 의미만을 갖는 단순한 물질적 실체라고 생각했다. 하지만 인간은 사유를 통해 물질에서 정신으로, 또는 정신에서 물질로 나아갈 수 있다고 보았다. 인간은 정신을 통해 항상 연장이라는 속성을 지닌 물질을 사유함으로써 실체를 파악할 수 있다는 것이다. 정신과 물질은 상호작용함으로써, 사물의 진정한 실체, 곧 본질을 파악하는 것이 가능하다고 본 것이다. 그런 점에서 그는 사유하는 **정신**만을 참된 실체로 간주했다.

하지만 데카르트 실체론의 가장 큰 난제는 바로 정신과 육체의 상호작용을 어떻게 설명할 것인가 하는 것이다. 데카르트에 따르면 '나'를 제외한 이 세계의 모든 것들은 사유하지 않는 물질적 실체일 뿐이며, 신은 연장이 없는 사유하는 실체이다. 이에 비해 '나'라는 존재는 사유와 연장이라는 속성을 모두 갖고 있으며, 이 두 실체 사이에는 모종의 상호작용을 한다. 예를 들어, 나의 의지에 따라 나의 신체가 움직이며, 신체가 손상되면 정신이 고통을 받는다.

하지만 정신과 물질이란 두 종류의 실체는 서로 완전히 독립해서 작용하는 것이므로, 둘 사이의 상호작용을 설명하기란 쉽지 않다. 데카르트는 이를 송과선 가설을 통해 해결하려고 했다. 송과선은 뇌의 중심에 있는 작은 선으로, 이것이 영혼과 신체의 소통을 담당한다는 다소 억지스러운 주장을 펼쳤다. 이에 스피노자는 정신과 물체는 하나의 실체적 속성으로서 평행하면서 존재하는 것이라고 주장하면서 데카르트의 심신 상호작용론을 비판했다.

정신과 물질

데카르트는 '인간이 곧 정신'이라는 결론을 통해서 세계가 궁극적으로 다른 두 종류의 실체, 즉 정신과 물질로 이루어져 있다는 견해에 이르게 되었다. 그는 인간은 자신이 관찰하는 물질적 대상으로 이루어진 세계를 객관적으로 경험하는 주체로 생각했다. 자연을 두 종류의 실재, 즉 정신과 물질, 주체와 객체, 관찰자와 관찰 대상으로 나누는 이러한 이분법적 접근은 이후 세계를 바라보는 서구의 보편적 인식이 되었다.

“실체는 신, 곧 자연이다.”

“실체란 자기 자신 안에서 자신만으로 존재하며, 자기 자신에 의해서 생각되는 것으로 이해된다. 다시 말하면 자신의 개념을 형성하기 위하여 다른 아무런 개념도 필요로 하지 않는다.” (스피노자, 『에티카』)

아리스토텔레스는 실체란 속성을 띠는 것, 다시 말해 겉으로 보이는 세계의 밑바닥에 잠재하는 것, 즉 사물의 본질로 인식했다. 스피노자도 이와 비슷한 사고로 ‘실체’를 파고들었다. 스피노자에 따르면, 실체란 자명한 것, 즉 그것의 본질만 알면 이해할 수 있는 것이다. 실체란 그 개념을 형성하기 위해 다른 개념을 동원할 필요가 없는 것이다. 이에 반해 그 밖의 것들은 모두 다른 것과의 관계로만 이해할 수 있다. 이를테면 ‘자동차’라는 개념은 ‘운동’, ‘운송’과 같은 다른 개념과 관련지어야만 이해할 수 있다.

스피노자에 따르면, 실체는 오직 하나만 존재할 수 있다. 만약 실체가 둘이라면, 어느 하나를 이해하기 위해서는 다른 하나와의 관계도 이해해야 하는데, 이것은 실체의 정의(定義)에 모순된다. 실체의 본질은 완결성에 있다는 사실을 생각할 때, 개별자에서 실체는 오직 하나만 존재해야 하므로, 사실상 그 실체 외에는 아무것도 존재할 수 없다. 그 밖의 모든 것은 어떤 의미에서 그 실체의 일부라 할 수 있다. 따라서 스피노자에게 있어서 실체는 곧 신(神)인 것이다.

스피노자에 따르면, 실체는 지성이 그것에 관하여 그 본질을 구성하고 있다고 지각하는 특성들, 즉 여러 ‘속성’으로 구성되어 있다. 스피노자는 실체가 변용된 여러 상태를 ‘양상’이라고 불렀다. 스피노자는 양상을 지닌 개체는 동일한 본성을 지닌 타자에 의해 제한되는 것이기에 유한하지만(예를 들어, 우리가 어느 물체보다 더 큰 무엇인가를 생각할 수 있다면 그 물체는 ‘유한하다’고 한다), 신은 절대적으로 무한한 존재라고 보았다. 그 이유는 신은 자신 안에 스스로에 대한(자신을 제한하는) 부정(否定)을 포함하지 않으며, 긍정성을 갖는 무한히 많은 속성으로 이루어져 있기 때문이다. 스피노자는 이런 논리에서 신은 필연적으로 존재할 수밖에 없는 **유일한 실체**이며, 나뉠 수 없는 존재라고 생각했다.

스피노자는 우주에는 근본적으로 정신과 물질이라는 두 가지 실체가 있다는 ‘실체이원론’을 거부하고, ‘실체일원론’을 따라 만물이란 근본적으로 한 가지 실체(神)의 여러 양상이라고 주장했다. 스피노자는 먼저 무엇이 무한한 실체(곧, 신)인지를 규정하고, 그런 다음에 무엇이 유한한 양상(세계와 인간)인지를 규정코자 했다. 스피노자는 정신의 실체와 물체의 실체를 분리하지 않고 유일한 실체인 신의 ‘양태’로 설명했다. 신의 양태란 곧 신의 특성인 사유와 연장이 함께 표현된 것, 곧 본질의 양상을 말한다. 즉, 정신과 물체는 신의 속성을 가진 일부의 것으로 세계는 신의 일부가 되고, 만물은 신의 양태가 다양하게 모습을 바꾸어 나타난 것이다. 이러한 그의 범신론적 입장을 따르면, 신과 자연은 분명한 구별이 불가능하며, 신은 모든 것에, 그리고 모든 것들의 중심으로서 존재한다. 만물은 신의 모습의 표현이므로, 세계 속에 존재하는 모든 것은 신의 속성에서 따로 떨어진 독립체가 아니라 신과 하나가 된다. 신은 세계 어디에나 있고, 세계는 신 안에서 존재한다고 스피노자는 생각했다.

스피노자는 신은 비물질적이고 절대적인 존재라고 보는 중세의 이원론적 실체론을 거부하고, 신에게 연장이라는 속성을 부여하면서 신의 물질성을 주장했다. 스피노자는, 모든 것은 신 안에 있으며, 만약 물질(자연)이 신 안에 있다는 것을 부정한다면 이는 신의 존재적 속성을 부정하는 모순에 빠지고 만다고 주장했다. 이렇게 해서 스피노자는 “실체는 곧 신이며 신은 다시 자연이다.”라는 등식을 성립시켰다.

스피노자는 자신의 일원론적 실체론을 통해 데카르트가 남겼던 문제, 즉 "어떻게 해서 정신은 자연을 인식하는가" 하는 문제를 해결했다. 그는 신은 사유와 연장이라는 속성을 동시에 지녔기에, 정신과 자연은 서로 대립하는 것이 아니라, 신이라는 실체 그 자체를 나타내는 것이라고 보았다. 신은 사유이며 또한 연장, 즉 공간을 점유하는 물질성을 갖는다는 것이다. 스피노자는 데카르트의 생각을 받아들여 신을 독립하는 실체로 간주했지만, 신의 인격성을 인정하지 않고 신은 철저하게 자연법칙을 통해 세계에 개입한다고 보면서, 신은 세계를 초월해 있는 외적 원인이 아닌 내재적 원인으로 존재한다고 주장했다.

범신론

범신론의 사전적 의미는 '모든 것이 신이다.'라는 것인데, 이는 신을 자연이나 우주와 마찬가지로 생각하는 사유이다. 범신론에 따르면 모든 실재는 단일성을 갖추고 있으며, 이 단일성은 신성(神性)을 지닌다. 종교적 범신론자는 직관적으로 신을 경험할 것을 주장하는 등, 신비주의적 색채가 짙다. 스피노자는 신, 인간, 물리 세계가 하나의 실체를 구성하고, 신체적이고 정신적인 것 모두는 신의 연장이라고 믿은 합리주의자였다. 스피노자 이외의 다른 범신론적 철학자로 피히테, 셸링, 헤겔이 있다.

스피노자가 후세에 끼친 좋은 영향

스피노자의 철학 체계는 합리주의, 범신론, 심신 평행론(물심 평행론) 또는 동일성의 철학, 기계론적 목적론 및 결정론 등 매우 폭넓은 분야에 걸쳐 이루어졌기 때문에 후세의 많은 철학자가 그의 영향을 받았다. 헤겔, 쇼펜하우어, 니체, 러셀 등이 대표적인 사상가로, 특히 러셀은 스피노자를 가리켜 "위대한 철학자들 가운데 가장 고귀하고 가장 사랑받을 만하다. 어떤 사람들은 스피노자보다 지적이지만 윤리적으로 그는 최고의 위치에 있다."라고 하였다.

헤르더는 범신론과 심신 평행론의 측면에서, 마르크스주의자들은 기계론과 유물론의 측면에서 스피노자 사상의 영향을 받았다. 또 알랭은 베르그송의 반주지주의 철학에 대한 반동으로 스피노자의 합리주의 측면을 이어받았다. 철학자들만 스피노자에게 매료된 것은 아니었다. 아인슈타인이나 프로이트와 같은 다른 분야의 위대한 학자와 괴테, 엘리엇 등과 같은 창조적인 예술가들도 스피노자의 철학에서 크게 영감을 얻었다.

로크

"실체는 정신 작용을 일으키는 복합 관념이다."

"우리가 일반명사인 실체를 부여하는, 우리가 가지는 관념은 단지 성질들의 가정된, 그러나 모르는 떠받침 이외에 아무것도 아니다. 우리는 이 성질들을 있는 것으로 발견하고, 우리는 무엇인가 그들을 떠받쳐 줄 것 없이 그것들이 홀로 있을 수 없다고 상상한다. 우리는 그 떠받침을 실체라고 부른다. 이 말은, 그 말의 진정한 의의에 따르자면 쉬운 영어로 말해서 '아래에-서 있음' 또는 지탱함이다." (로크, 『인간오성론』)

로크에게 실체는 사물의 성질을 떠받치고 있는 근간으로, 우리는 실체 자체를 지각하지 않고 오히려 실체가 가진 성질만을 지각할 뿐이다. 실체의 성질은 로크에서 '제1성질'과 '제2성질'로 나뉜다. 제1성질은 물체의 고유한 성질을 의미한다. 제2성질은 대상 자체에 있는 것이 아니라 우리 안에서 다양한 감각을 산출하는 힘으로, 색깔, 소리, 맛 그리고 냄새 같은 것들이 이에 해당한다. 제1성질은 물체의 유사물이지만, 제2성질에 의해서 우리 안에 산출된 관념은 물체와 유사하다고 볼 수 없다. 제2성질은 우리의 지각과 관련을 맺고 있기에 어느 정도 주관적이라고 볼 수 있다. 이를 통해 우리는 제2성질로 이루어진 대상 또는 사물의 관념은 대상 또는 사물 그 자체의 관념이 아니라 인식 주관을 통해 매개된 관념이라는 사실을 알게 된다.

그렇기에 로크에 따르면, 감각 경험의 내용은 사물의 실제를 그대로 반영하는 것으로 단정할 수 없다. 즉, 실체라는 개념은 명석한 관념이 아니다. 명석한 관념은 외부 대상으로부터 충분하고 명백한 지각을 통해서 어떤 직접적인 경험을 함으로써 가능하다. 그러나 인간은 사물의 본질적 특성을 담은 실체를 감각이나 반성을 통한 경험만으로 알 수는 없다. 실체는 우리의 마음에 들어오는 명백한 관념으로써 지각될 수 없고, 그래서 실체가 무엇을 뜻하는 것인지 그 정확한 의미를 알 수 없다. 로크에게 있어서 대상에 관한 명백한 관념을 갖게 하는 것은 분명하고 정확한 생각과 인식이다. 명확한 관념이 없이는 참된 인식이 불가능하고, 이러한 관념은 대상에 대한 지각과 반성을 통해서 만들어지기 때문이다.

다만 로크는 우리의 감각은 일정한 다발로 묶여있으며, 또한 항상 일정한 방식으로 경험되는 것이기에, 외부에 어떤 실체가 있을 것으로 생각했다. 예를 들어 장미는 우리에게 항상 특정 향기(후각)와 빨간색이라는 특정 색깔(시각) 등 여러 감각의 다발로써 경험된다. 그리고 이러한 감각의 다발은 밤에 장미를 경험할 때 비록 시각으로 경험되지 않더라도, 우리는 후각으로 미루어 그것이 빨간색이라는 감각으로 묶여있음을 짐작할 수 있다. 이렇듯, 로크는 얼핏 독립적으로 보이는 감각들이 항상 다발로 묶여 경험된다는 점에서, 이러한 감각의 다발을 지탱하는 어떠한 실체가 있을 것으로 추정된다고 생각했다.

로크에 따르면, 단순 관념이란 우리가 직접 경험하여 얻는 것이며, 복합 관념은 이러한 단순 관념의 결합으로 얻는 것이다. 예를 들어, 흐르는 냇가의 시원한 물소리와 산의 푸르름처럼 오감을 통해 얻은 느낌인 단순 관념이 한데 어울려서 '계곡'이라는 복합 관념을 형성하면서 우리의 인식 안으로 들어온다. 복합 관념은 곧 단순 관념에 경험이 결합하여 얻은 지식으로, 지식은 우리가 단순 관념을 통해서 사고함으로써 얻는다. 이때 단순 관념을 갖고서 복합 관념으로 나아가도록 사고하게 만드는 근간이 곧 **'실체'**다. 그러므로 실체는 단지 상상력에 의한 허구가 아니라 논리성을 지닌 복합 관념이자, 현상 밑에 감춰진 불변의 진리인 것이다.

라이프니츠

"실체는 세계를 구성하는 개별 단위다."

"우주는 무수한 정신적 실체, 즉 정신들의 계층 조직적 체계이다. (…) 우주는 전체가 정신적인 존재이다. 우주는 신의 나라이다. 신과 여러 정신의 관계는 왕과 신하, 부모와 그 자녀들의 관계와 같다." (라이프니츠, 『형이상학 서설』)

라이프니츠는 실체를 '모나드(단자)'로 설명했다. 그는 세계를 정신적 존재로 보았으며, 그에 따라 실체는 데카르트의 '연장' 개념과는 달리 외연(형상)을 가질 수 없다. 실체의 기준은 그것의 작용과 힘인데, 그 '힘점'으로서의 사물을 구성하는 기본 요소가 바로 모나드다. 라이프니츠는 정신(곧, 神)이 분할을 거듭하여 세계를 형성하는 최소 단위의 힘점인 모나드를 이루었다고 생각했다. 각 모나드는 폐쇄된 세계를 향해 독립해서 존재하기 때문에 서로 영향을 주고받지 않는다. 모든 모나드는 무형이며 하나의 영혼을 지니고 있다. 모나드는 그 내면에서 끊임없이 변화한다. 완전해지려는 내적인 경향, 즉 욕구가 끊임없이 어느 상태에서 다른 상태로 옮겨가게 만들기 때문이다. 이 상태를 라이프니츠는 **'표상'**이라고 불렀다.

라이프니츠는 모나드를 인식의 주체로 보았다. 라이프니츠에게 인식이란, 한 모나드가 자기 안에 담아 인식한 다른 모나드들과의 관계를 표상하는 작용이다. 모나드는 단순하므로 내부는 변화하지 않는다. 모나드의 외부에 머무르는 존재나 그곳에서 일어나는 사건은 모나드의 내부에 영향을 미칠 수 없다. 인식은 외부의 무엇이 들어오는 과정이 아니라, 자신의 내부를 표상하는 과정이 되는 것이다. 또 질적으로 같은 모나드만 있다면, 우리가 표상하는 다양한 인식 대상의 차이를 말할 수 없게 된다. 따라서 모든 모나드는 각자가 질적으로 모두 다르다. 모든 모나드는 각자 자신의 세계를 표상한다. 모든 모나드는 자신이 가진 내적 성질과 활동성을 표상함으로써, 다른 모나드와 구별되는 자신만의 개별자가 되는 것이다.

라이프니츠는 모든 실체, 곧 모나드를 생명의 원리로 보았다. 그는 모든 모나드를 아우르는 최고이자 근원적인 실체를 '신'이라고 여겼으며, 또한 이성적 영혼으로 보았다. 이성적 영혼은 과거를 기억하고 미래를 설계하는 가능성을 가진 실체로, 이성과 반성의 힘을 통해 진리를 알게 되고 나아가 악에 대한 도덕적 인식을 주관한다. 그러므로 참된 실체의 본성은 '이성적 영혼'으로, 인간은 이성적 영혼을 향해 나아가는 자립적이고 개별적인 실체이다

모나드는 일원론과 대비되는 **다원론적** 시각을 반영한 개념이라 할 수 있다. 다원론자들은 데카르트의 실체이원론으로 인해 정신과 물질은 서로 분리된 '타인과의 관계'가 되었다고 비판했다. 이러한 문제를 극복하기 위해서 스피노자는 단 하나의 거대한 실체(신)를 주장하였고, 라이프니츠는 무수한 실체(모나드)들을 말했다. 라이프니츠가 말하는 실체는 서로 영향을 주거나 받지 않는 그 자체로서 독립되고 통일된 단일체로, 이 단순한 단일체들이 세계를 구성하고 있다고 생각했다. 즉, 라이프니츠가 말하는 실체는 단순 실체로, 이것은 시작도 끝도 없으며 변화하지도 않지만, 또한 부분도 없음을 의미한다. 그 하나로서 전체이며 전부이다. 이 무수한 실체, 곧 물질의 연장을 갖지 않은 정신적인 실체인 모나드는 오직 신만이 주관한다. 따라서 유한한 존재인 인간에게 미래는 우연적이고 불확정인 것으로 생각되겠지만, 완전한 실체인 신이 무수한 모나드가 서로 조화를 이루도록 애초부터 창조했음을 깨닫고, 세계를 낙관적으로 인식하면서 긍정적 · 적극적인 삶을 살아야 한다고 주장했다.

05 관념

감각적 · 감성적 표상에 대립하는 것으로, 사람의 마음속에 나타나는 지적 표상이나 개념, 또는 의식의 내용을 의미한다. 일반적으로는 견해나 생각의 뜻으로 쓰인다. 이성의 작용으로 얻은 최고의 개념인 '이데아'를 관념이라고도 한다. 일반적인 맥락에서 관념이란 사유가 현실을 대상화하기 위해 사용하는 매개물로, 이 점에서 관념은 세계를 '이해할 수 있도록' 한다. 세계를 이해할 수 있다는 것은 곧 관념의 차원이 존재한다는 것을 긍정한다. (어원: '형태', '보이는 것'을 뜻하는 그리스어 idea / 유사어: 범주, 개념, 가설, 이상/ 반대어: 물질, 현실, 감각/ 관련어: 경험론, 관념론, 유물론, 유명론, 실용주의, 실재론)

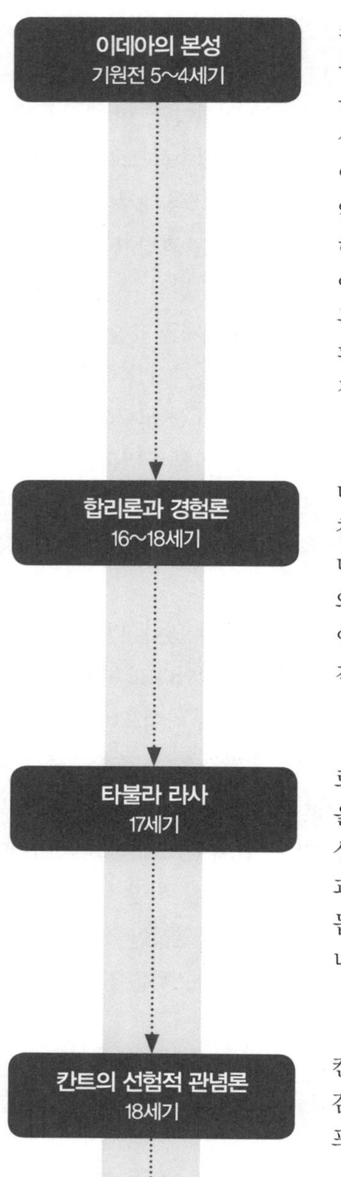

소피스트들에 따르면 절대 진리는 존재하지 않는다. 사람들은 서로 다른 등급의 설득력 있는 믿음을 가질 뿐이다. 플라톤은 존재론적 물음을 통해 소피스트의 생각에 반대했다. 예를 들어 사물은 사람에 따라 상대적인 판단에 따라 아름다운 것으로 여기는 것이 아니다. 어떤 사물이 아름답다고 생각되는 것은 그 사물이 절대적이고 영원하며 변하지 않는 형상인 '이데아'와 관련되기 때문이다. 특정 사물의 아름다움에 대해 말하는 것은 적어도 우리가 아름다움이라는 하나의 공통된 이데아에 관여하고 있음을 함축한다. 이데아는 그것에 대한 인간의 인식에서 독립해서 그 자체로서 존재한다. 이러한 조건 아래에서만 참됨과 참된 판단이라는 개념은 의미가 있으며, 그런 점에서 플라톤의 철학은 '객관적 관념론'이라고 할 수 있다.

데카르트를 비롯한 이성주의자와 실재론자는 절대자의 창조물로서의 참된 관념이 지니는 존재론적 독립성을 인정한다. 그러나 이 입장의 반대편에 있는 경험론자와 유명론자에게서 관념은 존재하지 않는다. 홉스와 같은 유명론자에게 있어서 관념이란 사물의 공통적인 성질에 대해 인간이 부여한 이름일 뿐이다. 경험론자인 흄에게 있어서 관념이란 감각적 인상의 희미한 복사물일 뿐이다.

로크는 경험론의 입장에서 대륙 합리론의 본유관념(생득관념)에 의문을 제기했다. 로크에 따르면, 인간은 그 어떤 것도 그려지지 않은 '백지 상태(타불라 라사)'와 같은 마음으로 태어나서, 주변 환경과의 상호작용과 후천적 교육을 통해 마치 빈 종이를 채워가듯이 성숙한 인간으로 거듭난다. 선악의 관념 또한 개인 저마다의 고유하고 선천적인 속성이 아니라 환경·교육과 같은 외적 요인에 의해 결정된다고 보았다.

칸트에 따르면, 시간과 공간은 외부 세계에 속하는 것이 아니라 현실을 감각적으로 직관하는 데 필요한 주관적 조건이다. 즉, 그것은 '감성의 아프리오리한 형식'이다. 감각적 경험이 세계를 과학적으로 인식하는 데

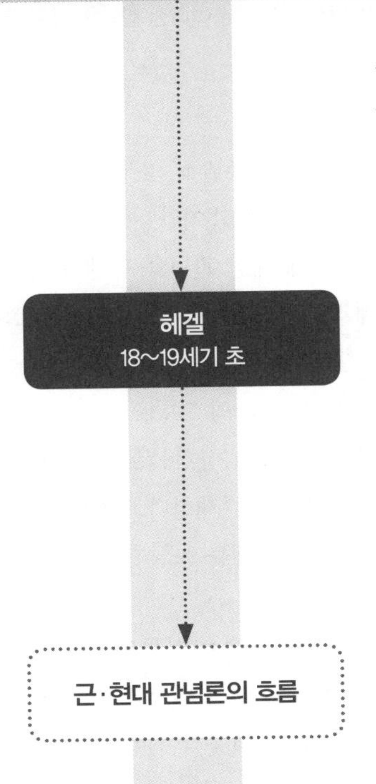

꼭 필요하더라도, 세계는 우리에게 그 자체로서 나타나는 것이 아닌 표상의 수단을 통해서 모습을 드러낸다. 감각적 질료에 적용된 오성의 아프리오리한 개념으로 형성되는 인식은 우리에게 현상의 필연적인 질서를 가르쳐 줄 뿐이지 '물자체'에 직접 접근할 수 있도록 하는 것은 아니다.

칸트에 따르면, 관념은 인간이 현상계를 넘어서는 사물 자체의 본질(예를 들어 영혼의 존재, 세계의 존재, 신 등)을 탐구하려고 할 때 발생하는 것이다. 하지만 헤겔에게 있어서 관념은 인간 정신의 '아프리오리'한 자료가 아니다. 그것은 사유와 세계가 변증법적으로 관계를 맺음으로써 일어나며, 사유와 세계는 실천을 매개로 하여 둘 사이에 공통되는 형상을 만들어낸다. 그래서 하나의 관념은 세계와 긴밀한 관계를 맺어 스스로 현실로 만들 때 비로소 관념이라 불릴 자격을 갖는다.

관념론이라는 사상은 17세기에 이르러 본격적으로 형성됐다. 이 시기의 '관념론'은 표상 배후의 현실, 즉 외적 세계의 실재성을 부정하는 사상으로서의 의미를 지닌다. 관념론이란 말은 사용하는 맥락에 따라 매우 다양한 의미를 지닌다. 칸트의 이성의 정당한 사용 조건에 대한 비판적 연구를 '선험적 관념론'이라고 한다. 피히테의 '주관적 관념론'은 나 아닌 것에 맞서는 주체적 능력을 긍정한다. 셸링의 '객관적 관념론'은 자연과 정신의 종합을 역설한다. 헤겔의 '절대적 관념론'은 관념이 실제 현실을 설명할 것을 요구한다.

18세기 들어 이러한 관념론에 대립하여 사유의 외부에 세계가 존재한다는 주장이 일었는데, 이것이 '실재론'이다. 19세기 중엽에는 근대 자연과학의 발전을 배경으로 '유물론'이 주력이 되었다. 이후 유물론에 대한 반동으로 칸트의 비판적 관념론을 재건하는 움직임이 일어났고, 자연과학의 인식론적 기초 확립을 임무로 하는 '신칸트주의'가 태동했다. 신칸트주의, 신헤겔주의, 경험 비판주의, 실용주의, 생의 철학, 기호논리학, 현상학, 실재론, 실존철학 등은 모두 변증법적 유물론이 아닌, 서로 색채를 달리한 현대 관념론 사상이라 볼 수 있다.

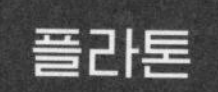

"관념은 감각 세계 너머에 실재하는 참된 인식이다."

"관념(이데아)들은 말하자면 사물들의 본성 속에 고정된 원형들이라는 것이지요. 개별 사물들은 이데아들의 상에 따라 만들어졌으며, 그렇기에 모방인 것입니다. 그리고 그것들이 이데아 안에서 갖게 되는 이러한 참여는 단지 그것들의 상(像) 안에서 만들어진 것에 불과하답니다." (플라톤, 『파르메니데스』)

관념은 플라톤 철학의 핵심 개념으로, 표상 · 상상 · 개념과 같은 인간의 주관적 의식을 일컫는다. 플라톤에게 있어서 관념은 인간의 정신세계 속에 존재하는 순수한 생각, 즉 '사고'이다. 예를 들어 우리가 어떠한 사물을 보고 '크다' 또는 '작다'라고 판단하는 것은 '큼'과 '작음'에 대한 관념을 통해서다. 플라톤은 관념은 감각적 세계를 초월해서 있는, 지각되지 않고 또 시간에 의해서 덧없이 사라지거나 변화하는 것이 아닌, 경험 세계를 넘어서 이루어지는 최상의 인식 단계라고 생각했다.

플라톤에 따르면 관념은 인간이 세상에 태어나기 이전부터 있어 온 영혼의 고향으로, 현실의 삶 속에서 인간은 관념의 세계를 '기억'하면서 이를 그리워하게 된다. 이것이 그의 '상기설'로, 플라톤은 인간의 개별 인식과는 상관없이 순수하고 참된 사고인 관념이 절대적 '실재'로서 존재한다고 보았다. 플라톤은 인간의 현실의 삶은 마치 '동굴 속의 삶'과도 같아서 영원 · 불멸 · 이상 세계를 표상하는 절대 관념인 '**이데아**'를 제대로 보지 못한다고 주장했다.

플라톤은 관념과 개별 사물의 관계를 원형과 모방의 관계로 보았다. 관념은 사물을 사물로써 존재토록 하는 '원형', 곧 절대적 순수이자 불변하는 원인으로, 사람들은 관념을 따라 대상을 인식한다. 이를테면 아름다움을 추구하는 사람은 마음속에 있는 '아름다움'에 대한 관념을 떠올리며 행동한다. 또 삼각형을 그릴 때는 '삼각형'이라는 관념을 먼저 떠올린다. 머릿속에서 떠올리는 '아름다움'이나 '삼각형'은 현실의 감각적이고 가시적인 세계에서 개별적인 모습으로 드러나며, 개별 사물이 원형에 가까울수록 관념은 완전하고 완벽해진다.

개별 사물은 그 원형을 표상하는 관념을 닮고자 한다. 다양한 사물이 다양한 모습으로 나타나더라도 그것들은 하나의 공통된 관념을 공유할 수 있다. 그렇더라도 그 어떤 것도 관념상 같을 수는 없다. 관념(이데아)과 개별자(사물)는 서로 완전히 일치할 수 없다. '아름다운 것'은 '아름다움'의 이데아 그 자체로서 드러나는 것이 아니다. '아름다움'이라는 관념은 불변하는 근원적인 것으로, 시대와 장소에 따라 변화하면서 나타나는 '아름다운 것'들의 원형으로 존재한다. 플라톤은 이러한 관념과 개별 사물과의 관계를 원형과 모방에서 나타나는 참여의 관계라고 했다.

"관념은 신에게서 부여받은 절대 진리다."

"따라서 우리의 관념들과 그것들이 명석하고 판명한 것인 한, 현실적인 것들이요, 또한 하나님으로부터 나오는 것이기 때문에 참된 것이 아닐 수 없다." (데카르트, 『방법서설』)

데카르트는 우리가 지각하는 것들은 실재가 아니라 '관념'이라고 보았다. 그는 우리 정신 안에 있는 관념의 존재를 의심하지 않았다. 관념은 '이성'의 명석한 판단을 통해 더는 부정하거나 의심할 수 없는 분명함으로 드러날 때, 그 진위 판단이 가능하다고 생각했다. 우리의 정신에 있는 관념은 이성을 통해서 비로소 진리로서 확인되고, 의식하는 실체적 대상으로 존재한다고 확신했다.

데카르트는 관념은 우리의 의식 내용을 구성하는 것으로서, 인간은 정신의 고유하고 주체적인 힘을 사용하여 여러 관념을 서로 연결하고 정리하여 판단 작용을 한다고 이해했다. 이성적 인식 주체가 관념에 우선한다는 것이다.

데카르트는 관념은 태어나면서부터 인간 정신에 내재해 있는 **'생득적인 것'**이라고 주장했다. 관념은 그 스스로 무한하고 완전한 존재자인 신이 '나'에게 부여한 것으로, 완전하고 참된 것이다. 따라서 인식 주체인 '나'가 이성적이고 명석한 판단을 통해 내린 관념 또한 참된 것일 수밖에 없다. 내가 분명하고 확실하게 생각한 관념은 완전하고 완벽한 신으로부터 부여받은 것이기에 절대 오류가 발생할 수 없다는 것이다.

데카르트는 관념 자체는 인간의 의지가 작용하여 판단을 내리지 않는 한 긍정적이거나 부정적인 가치를 스스로 갖고 있지 않다고 보았다. 인간은 자신을 알려고 하는 의지를 가질 때 비로소 자신을 알게 되는 것이며, 진리와 가치에 대해 책임지는 태도가 참된 관념을 얻는 길이라고 보았다. 데카르트에 따르면, 불확실하고 부정확한 관념으로 인간이 확실한 인식에 도달하지 못하거나 인식의 오류에 빠지는 것은 절대적으로 확실한 인식이 존재하지 않거나, 설령 그것이 존재하더라도 이를 인식할 수 있는 능력을 인간이 결여한 때문이 아니다. 바로 이성을 올바로 사용하려는 의지가 부족하기 때문이다. 데카르트는 인간은 누구나 의지를 갖고 이성을 올바로 사용하기만 하면 확실한 진리의 인식에 도달할 수 있다고 보았다.

합리주의의 탄생

철학에서 합리주의는 이성을 통해 연역된 자명한 명제가 모든 지식의 유일한 기초라고 보는 반면, 경험주의는 모든 지식은 결국 감각으로 얻는다고 주장한다. 합리주의는 세상에 대한 지식은 이성을 통해 얻는 것으로, 감각이 받아들이는 인식은 본질 면에서 신뢰할 수 없으며, 그것은 지식이 아니라 오류의 원천이라는 믿음에 근거한다. 합리주의 철학 사조를 이끈 데카르트는 올바른, 즉 믿을 수 있는 사실에서 출발해 이러한 사실에 논리를 적용하고 조금이라도 의심할 수 있는 것은 개입시키지 않는 기초 방법이 있다고 생각했다. 데카르트에 따르면, 그것은 인간에게 세계에 대한 믿을 수 있는 지식을 주는 것으로서의 수학적 원리에 기초한 합리주의적 사고이다. 그리고 진정 이것이야말로 절대적 확실성을 가지고 세계에 대해 무언가를 발견할 수 있는 유일한 방법이라고 확신했다.

로크

"관념은 경험으로부터 얻은 보편 지식이다."

"우리의 지식은 경험 내에 기초하고 있으며 궁극적으로 그로부터 결과한 것이다." (로크, 『인간오성론』)

인간은 누구나 자신의 의식 안에서 특정한 표상을 만나는데, 로크는 그런 표상을 '관념'이라고 했다. 로크는 관념은 모두 경험에서 나온다고 주장하면서, 인간은 본유관념, 즉 경험하지 않은 것들에 관한 관념들을 애초부터 타고난다는 데카르트의 견해를 부정했다. 로크는 오로지 경험만이 정신에 관념을 선사한다고 보았다.

경험을 통해 얻는 관념은 크게 다음 두 가지다. 그 하나는 '보다, 듣다' 등 감각을 통해 얻는 관념이고, 다른 하나는 '사고, 믿음' 등 여러 가지 정신 과정에서의 반성을 통해 얻는 관념이다. 로크는 이 둘을 갖고 관념을 다시 '단순 관념'과 '복합 관념'으로 구분하면서, 이를 통해 경험 지식이 만들어지는 과정을 설명했다. 먼저, 관념은 단순한 형태에서 출발한다. 감각적 관념이 먼저고, 다음은 반성을 통해 얻는 관념이다. 이때 정신은 근본적으로 수동적이다. 그러던 정신이 이후에 단순 관념을 조합하거나, 서로 보충하거나, 또는 일부를 무시하는 등의 능동적인 판단 작용을 하면서 실체 · 양상 · 관계라는 **복합 관념(=지식)**으로 나아간다.

로크는 인간은 본유관념을 가지고 태어난다는 데카르트의 주장에 의문을 제기했다. 인간은 아무것도 그려져 있지 않은 '백지상태(타불라 라사)'와 같은 마음으로 태어나서 주변 환경과의 상호작용과 후천적 교육을 통해 마치 빈 종이를 채워가듯이 성숙한 인간으로 거듭난다고 생각했다. 그는 선악의 관념 또한 개인 고유의 선천적인 속성이 아니라 경험이나 환경과 같은 외적 요인에 의해 결정된다고 주장했다. 이렇게 처음에 텅 빈 마음에 쌓은 경험을 통해서 관념이 만들어지고, 이 관념이 축적되어 지식의 원천으로 작용한다고 보았다.

로크는 나아가 우리의 마음속에 떠오른 이러한 관념들은 단어 혹은 기호에 의해 제 역할을 하게 된다고 보았다. 그래서 우리가 사용하는 기호들은 그것들이 관념을 정확하게 표현할 때에만 의미를 지닐 수 있다고 생각했다. 다시 말하면, 마음속에 정확한 관념이 떠오르지 않는다면 이에 맞는 기호를 사용할 수 없게 되고, 따라서 관념은 그것에 알맞은 역할을 할 수 없다는 것이다. 이 기호란 바로 인간의 언어 사용을 말하는 것으로, 예를 들어 '아름다움'이라든지 '정의'라든지 하는 관념은 '언어'의 힘을 빌려서 관념화되고 또 사용될 수 있다고 보았다.

로크에 의하면 우리는 경험이 가르쳐 준 실제 사물에 대한 단순 관념으로부터 시작하여 마음속에서 더욱 분명하게 관념, 곧 복합 관념을 만들어낸다. 그러나 그는 이러한 관념이 생겨난, 즉 관념에 대응하는 실재 사물이 관념에 앞서 먼저 존재한다고 주장했다. 그는 이러한 실재하는 사물을 이름(일반명사)으로 표시할 때 '추상 관념'이 되는 것이라고 했다. 그러므로 로크에 의하면 이를테면 '아름다움'은 사람들이 실제 경험을 통해 얻은 것을 언어로 관념화한 추상명사라 할 수 있다.

흄

"관념은 감각적 인상의 복사물에 불과하다."

"관념들이 그것들의 본성상 특수적이며 동시에 수적인 면에서 유한하다면, 그것들이 표상됨에 있어서 보편적이고 동시에 자체 속에 또 다른 무한한 관념들을(즉 상이하여 분리될 수 있는 그러한 모든 관념을) 포함할 수 있다는 그와 같은 사실은 단지 습관으로 인한 것일 뿐이다." (흄, 『인성론』)

흄은 경험론의 입장에서, 경험은 우리의 의식 내용이 되고, 이는 다시 감각을 통해 얻게 되는 '인상'과 그 희미한 흔적인 생각, 곧 '정신'으로 나뉜다고 보았다. 그는 이 인상에 대한 정신의 흔적이 곧 '관념'이라고 보았다. 흄에 따르면, 인상은 감각을 통해서 얻는 것이지만, 이것이 다시 정신에 직접적인 영향을 끼친다. 이 인상이 생각이나 기억으로 정신에 정리되어 떠오르게 되면 이를 '관념'이라고 보는 것이다. 따라서 우리가 지각하거나 감각을 느끼는 것은 관념이 아니며, 지각이나 감각을 **기억**으로 떠올리거나 상상하는 것이 바로 관념인 것이다.

이처럼 흄은 정신 안의 지각 내용을 인상과 관념으로 구분했다. 사물을 보고 만들어진 감각을 '인상'이라고 하는데, 인상들이 서로 결합하거나 기억되면서 관념으로 만들어진다. 인상은 정신에 직접 만들어진 것이고 관념은 한 번 거쳐서 만들어진 것일 뿐, 둘 사이의 본질적인 차이는 없다. 인상과 관념은 둘 다 직접적인 지각을 통해 얻어지지만, 이 두 종류의 인식은 직접적인 경험이 얼마나 생생한 강도로 우리의 의식에 남아 있느냐에 따라서 의미를 달리한다. 예를 들어 우리가 길에 넘어져 상처를 입었을 때, 그때 느끼는 고통은 인상이지만, 어느 정도 시간이 흐른 이후에 이 고통에 대한 경험을 바탕으로 아픔에 대한 관념을 얻는 것이다.

흄은 인상과 관념은 경험이 갖는 생생함의 정도 차이에서 비롯된다고 주장했다. 인상은 직접적이고 즉각적이기 때문에 정신이 더 생생하고 더 근원적으로 판명한 것이다. 그러나 관념은 항상 간접적으로 인상에 의존해서 나타나는, 그래서 인상의 복사물이라 할 수 있다. 이렇게 놓고 볼 때 관념은 사실상 그 자체로 존재하는 것이 아니고, 다만 사물의 공통적인 성질을 언어를 통해서 표현한 이름에 불과하다.

흄에 따르면, 정신이 따로 있는 것이 아니라, 관념과 인상의 다발만 있을 뿐이다. 나, 주체, 자아, 정신으로 불리던 것들은 인상과 관념의 묶음, 지각의 다발일 뿐이다. 그는 이를 두고 "인간은 지각의 구속을 받는다."라고 표현했다. 흄에게 있어서는 지각(감각)이 확실히 존재한다고 해서 그것이 '나'라는 실체는 아니다. 따라서 우리는 인상이 만들어내는 관념에서 벗어난 다른 그 어떤 관념도 가질 수 없다.

이런 이유로, 우리가 지각과 경험을 통해서 얻은 인상을 정리한 것으로서의 관념은 사물과 사물의 관계를 정확하게 보여주지 않는다. 더욱이 이러한 과정을 통해서 생성한 어떤 관념과 다른 관념의 결합은 더더욱 부정확하며, 관념상 그럴 것이라는 습관적 생각에 따른 것일 뿐이다. 흄에 따르면, 우리의 인식이라는 것 또한 옳고 그름, 원인과 결과처럼 우리에게 익숙한 인식의 틀에 의해서 만들어진 습관적인 것에 지나지 않으며, 관념들의 결합을 만들어내는 새로운 경험조차도 습관으로부터 나온다. 따라서 이를테면 앞을 못 보는 사람에게 있어서 색깔에 대한 관념은 생겨날 수 없고, 색깔에 대한 관념들의 결합도 불가능하다.

칸트

"관념은 주관과 객관을 종합하여 초월적으로 인식한 결과다."

"오성의 개념들로 형성되어 경험의 가능성을 초월하는 개념이 관념, 즉 이성적인 개념이다. 일단 이런 구별에 익숙해지고 나면 빨간색이라는 표상을 관념이라고 말하는 것은 듣기에 거북할 것이다. 그것은 오성 개념이라고도 일컬을 수 없는 것이다. (…) 나는 관념이라는 용어를 감각으로 주어진 어떤 대상과도 일치할 수 없는 이성 개념으로 이해한다." (칸트, 『순수이성비판』)

칸트는 『순수이성비판』에서 관념을 **'이성적 개념'**으로 정의했다. 칸트에 따르면 개념은 사물에 대한 감각적 이해이고, 관념은 개념을 바탕으로 한 종합적 판단이다. 개념은 사물과 대상과 현상이 어떠하다는 이해, 곧 판단 활동으로 관념보다 한 단계 낮은 것이다. 칸트는 개념이 우리가 경험하는 현상적이고 감각적인 세계를 초월하여 앞으로 나아가면서, 마침내 최종적이고 종합적인 단계에 이를 때 관념이 만들어진다고 주장했다.

칸트는 18세기 경험주의 철학자들의 관념과 관련한 생각을 비판했다. 칸트는 로크나 흄이 주장하는 '따뜻함'과 같은 감각에 의한 인상은 관념으로 나아갈 수 없다고 주장했다. 칸트에 따르면 관념은 선험적이면서도 종합적인 판단에 의한 절대적 인식을 통해서만 가능한 것이기에, 인간의 감각적이고 경험적인 인상이 관념으로 들어설 여지는 없다. 예를 들어 멋진 글라스에 담긴 고급 포도주 한 잔을 표현한다고 가정해보자. 이것을 보고 사람들이 저마다 다른 생각을 하는 이유는, 그것이 오감을 통해 형성한 이미지일 뿐, 실체와는 거리가 있기 때문이다. 칸트는 이런 인식의 한계를 간파하면서, 우리가 대상의 실체를 인식하는 것이 아니고, 인식이 대상에 대한 관념을 만들어낸 것이라고 주장했다.

칸트는 플라톤을 따라 관념은 그 자체로 완전한 것이라고 보았다. 사물의 원형에 대한 '선험적' 인식으로서의 관념은 구체적 대상으로 환원될 수는 없지만(누구나 원에 대한 관념을 가지고 있음에도 완전한 원을 그릴 수 없는 것처럼), 그렇다고 해서 쓸모없는 것은 아니다. 관념은 분석판단과 종합판단을 통해 개별 지식을 하나의 통일된 체계로 이끌기 때문이다.

칸트에 따르면, 관념은 도덕적 가치의 실현에 있어서 당위성을 이끄는 근거이다. 칸트에게 있어서 도덕적 행위는 단순히 이해와 생각만으로 도달할 수 있는 것이 아니라, 우리에게 실천적 이성을 요구하는 무조건한 당위이다. 자유와 정의를 예로 들어 설명하면, 우리는 그것이 의미하고 규정하는 관념 그 자체를 거부할 수 없는 무조건의 것으로 받아들이면서, '정언명령'을 따라 우리의 이성과 행위를 규제하고 인도하는 지침으로 삼아 행동해야 한다. 이러한 의미에서 칸트는 플라톤을 따라 관념은 경험하는 실재를 넘어서는 인식, 곧 초월적 실체인 '물자체(物自體)'의 원형이라고 보았다.

헤겔

"관념은 역사를 향해 나아가는 절대정신이다."

"관념은 참이고 영원이며 절대적인 능력이다. 그것은 세계 안에 드러난다. 관념이 아닌 것은 즉, 관념의 웅장함과 위엄이 아닌 것은 그 어느 것도 세계에서 드러나지 않는다." (헤겔, 『역사 속의 이성』)

이원론적 사고를 따라 관념(인간 이성)과 실재(감각 세계)를 다르게 보았던 플라톤과 달리, 헤겔은 관념은 세계와 자연 속에서 드러나는 것이라고 보았다. 헤겔에 따르면 관념은 인간의 **'역사'** 속에서 실현되는 것으로, 세계와 역사를 지배하는 주인이며, 실존하는 주체이다. 헤겔은 결국 관념만이 참된 것이자 사라지지 않는 영원한 것이며, 인간의 계획과 역사의 진행은 '관념'에 복종할 수밖에 없다고 주장했다. 이러한 의미에서 그의 철학을 '관념 철학'이라고 부른다. 그는 시저나 나폴레옹과 같은 역사적인 인물은 관념에 충실하고 관념의 법칙을 따르는 자로, 역사 속에 나타난 '인간화된 관념'이라고 주장했다.

헤겔에 따르면, 참된 관념은 세계 속에서 그 모습을 드러낼 수밖에 없는 것이며, 이를테면 '아름다움'이란 관념 역시 지각할 수 있는 모습으로 드러날 때 참된 아름다움인 것이다. 다시 말하면 관념과 실재가 전체적이고 구체적인 표상으로서 하나가 될 때 관념은 참된 진리가 된다. 헤겔은 관념은 곧 영원한 창조를 의미하고, 또한 관념은 참된 존재를 드러냄으로써 철학의 목표가 되며, 철학의 의무 역시 이 관념을 간파하는데 있다고 보았다.

헤겔은 관념이 참된 것이라면 세계와 역사 속에서 자신의 모습을 드러낼 수밖에 없다고 주장했다. 그리고 이러한 관념을 '이성의 관념'이라고 규정했다. 여기서 그가 말하는 이성은 개별적이고 주관적인 인간 능력이 아닌, 현실을 만들고 결정하는 **'절대정신'**이다. 헤겔에게 최종 실재는 '절대정신'이었다(일원론적 사고). 그는 완전한 인식능력을 지닌 정신이자 사물의 숨은 본질을 절대정신이라고 부르면서, 이성에게 절대자의 권한을 부여했다.

헤겔에 따르면, 이데아(관념)는 외화(外化) 하여 자연으로 전화(轉化) 하며, 인간에 있어서 주관적 정신으로서 출발하여 그 최후 단계에서 주관(관념)과 객관(물자체)의 일치라는 인식에 도달한다. 이러한 이데아의 자기 인식에 도달한 정신이 바로 **'절대정신'**이다. 이때 절대정신과 자연과 인간 정신으로 이루어진 실재를 한데 묶어 주는 것이 사고의 3단계 운동인 '변증법'이다(헤겔의 정신철학에서 정신은 주관적 정신 → 객관적 정신 → 절대정신으로 전개). 이렇게 볼 때 관념은 이성에 의해서 태어나고, 세계는 관념에 따라 지배된다는 등식이 성립한다. 이러한 의미에서 헤겔이 의미하는 이성은 세계를 창조하는 신적인 이성이자 모든 것의 근본이 되는 전능한 것이다.

따라서 관념은 멀리 있는 하나의 이상적인 정신으로서가 아니라 사물과 세계의 질서를 명령하고, 이성은 세계 역사의 실재를 통해서 자기 모습을 드러낸다. 이때 개인은 이성의 절대정신을 실현하기 위한 매개체에 지나지 않으며, 개별 인간의 행위나 희생과는 상관없이 이성의 관념에 의한 역사는 계속해서 진보하는 것으로 규정된다. 다시 말하면 역사란 시간 속에서 이루어지는 관념의 발전이며, 관념은 이성의 합리성에 의해서 현실로서 드러나는 것이다. 그는 이를 두고 "현실은 합리적이고, 합리적인 것만이 현실이다."라는 유명한 명제를 남겼다.

06 인식

가장 넓은 의미의 지식을 이르는 말로, 경험에서 주어진 것을 수용하고 그것을 설명하거나 이해하려는 행위를 뜻한다. 지각 · 기억 · 성찰에 의한 이해는 물론이고 이와 같은 이해를 표현하는 명제와 판단을 포함하는 것으로서, 의욕 · 정서와 함께 의식의 근저를 이룬다. 인식은 그 자체로서 하나의 이론적이고 순수한 활동, 즉 실용성과는 관계없이 지식에 대한 순수한 욕구를 만족시키려 드는 활동이다. 그런데도 사람들은 인식이 설령 순수한 것이라고 해도 이것을 일종의 효율적인 행위라고 생각한다.

근대에 와서 인식은 주관과 객관의 이중 관계로 파악되고 있다. 인식은 인식하는 주관적 자아와 인식되는 객관적 대상이라는 양자 간의 인식 관계에 따라 성립하기 때문이다. 주관과 객관의 상호 관계에 대해 로체는 '우리의 인식의 대상과 대상에의 인식'으로, 리케르트는 '인식의 대상과 대상의 인식'으로 표현했다. (어원: '이해하는 행위'를 뜻하는 라틴어 cognitio/ 관련어: 경험, 이성, 진리, 확실성, 지식, 과학, 무지)

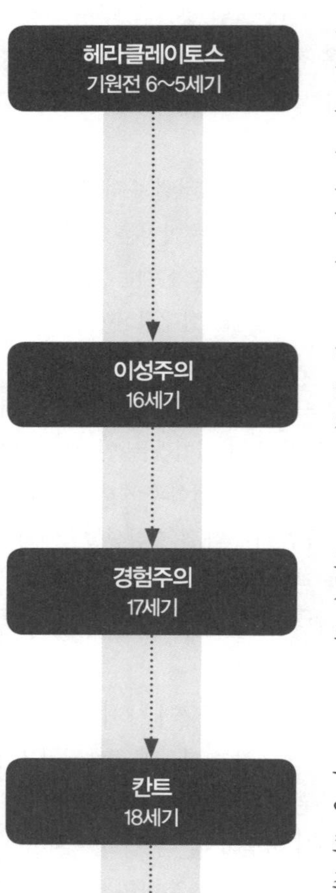

헤라클레이토스는 '로고스'라는 개념을 적극적으로 사용한 첫 인물이다. 그에게 로고스는 세계의 움직임을 지배하는 규칙, 그리고 변화 가운데 질서와 조화를 부여하는 원리다. 모든 것은 변하기 때문에 절대 고정된 것은 없지만, 헤라클레이토스 앞에 펼쳐지는 세계는 예측 가능토록 규칙적이고 아름답다. 헤라클레이토스는 세계 이성인 로고스에 합치하는 사고를 통해서만 올바른 인식과 참된 지혜에 도달할 수 있다고 보았다.

데카르트가 대표하는 이성주의에 따르면, 인식은 '진리의 씨앗'으로, 우리의 정신 속에 자연스럽게 존재한다. 따라서 우리는 대상을 정신의 직접적인 자명성을 통해 인식할 수 있다.

로크, 흄 등이 제시한 경험주의는 선천적인 관념을 거부하고 우리의 정신을 '아무것도 쓰여 있지 않은 종이'로 보았다. 이 백지론을 따라 우리의 모든 인식은 경험, 즉 감각으로 주어진 것에서 나온다.

우리의 모든 인식은 경험과 더불어 시작한다. 그러나 이것이 우리 인식이 경험에서 나온다는 것을 의미하지는 않는다. 경험은 단지 인식의 '질료'일 뿐이다. 이 질료가 인식의 대상이 되기 위해서는 조직되어야 한다. 조직화는 이성의 아프리오리한(선천적인, 초월적인) 구조를 통해서만 가능한 것이다. 그래서 인식은 감각적인 질료로부터 출발해 이성에 의해 만들어지는 일종의 '구성' 작용이다.

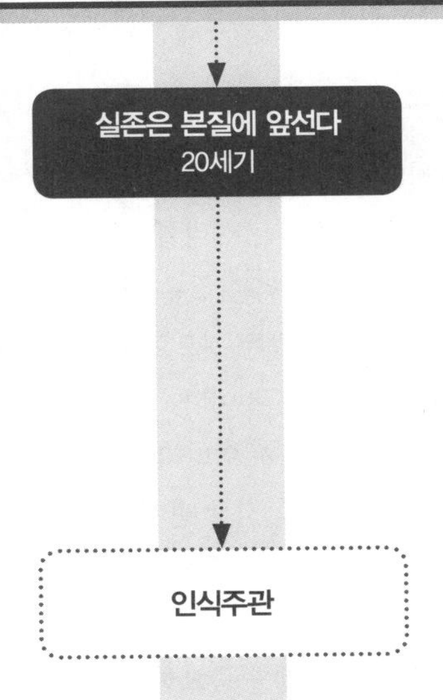

사르트르는 "실존은 본질에 앞선다."라는 명제를 제시했다. 칼이나 종이와 같은 도구적 존재는 본질이 실존에 우선한다. 도구는 그 본질에 따라 제작자에 의해서 만들어지기 때문이다. 그러나 인간의 실존은 도구와는 정반대의 존재 양식을 갖는다. 인간은 도구처럼 제작자의 의도에 따라 만들어지는 그러한 규정적 존재가 아니라, 무엇에 의해서도 미리 규정되지 않은 채 '지금 여기'에 실존하는 것이다. 또 지금, 여기에 있어서도 나는 오직 나의 자각적인 선택과 자유로운 결단으로 스스로 만들어나가는 존재다. 그리하여 내가 나의 존재에 본질을 부여하는 것이다.

대상과 객관을 인식하는 주체로서의 주관을 말한다. 합리론의 입장에서는 '이성·오성·의식'을 가리킨다. 넓게는 '감각·지각'도 주관의 작용에 속하지만, 이것들은 오성과 비교하여 수동적이고 또 이성이나 오성에 의해 비로소 질서를 갖춘다는 점에서 본질상 주관에 속하지 않는다고 보는 학자들도 있다. 리케르트는 주관에 있어서 객관화할 수 있는 물리적·심리적인 것을 배제할 수 있는 초월적이고 비인격적인 형식을 엄밀한 의미의 주관, 또는 인식론적 주관이라고 했다. 생철학은 합리론적 주관의 추상성과 실천 불가능성을 특히 반대하는 사상이다.

헤라클레이토스 "참된 인식은 로고스적 지혜에서 나온다."

"나에게 귀를 기울이지 말고 로고스에 귀 기울여 '만물은 하나다'라는 데 동의하는 것이 지혜로운 것이다." (헤라클레이토스, 『단편』)

헤라클레이토스는 우주의 근본 물질은 신성한 '로고스'에 의해 지배된다고 생각했다. 즉, 만물은 '이성'이나 '논리'를 뜻하는 로고스라는 보편적 우주 법칙에 따라 생겨난다는 것이다. 헤라클레이토스는 만물은 변화하고 생성된다고 보았다. 그는 자신의 이런 생각을 입증하기 위해 "우리는 같은 강물에 두 번 들어갈 수 없다."라는 말로 표현했다. 강 자체는 늘 하나의 고정되고 변화하지 않는 것으로 묘사되지만, 강물로 들어가 처음 발을 담그는 그 순간에는 새로운 물이 그곳을 대신한다고 본 것이다.

헤라클레이토스는 세계는 대립하는 성질 간의 끊임없는 교환으로 이루어져 있다고 생각했다. 그 어떤 것도 대립하는 것(대립자)이 없이는 생각할 수 없으며, 대립하는 것 사이의 긴장 관계로부터 모든 일이 일어난다고 보았다. 헤라클레이토스는 대립하는 것의 합일이라는 사상을 내세움으로써 철학사에서 첫 변증법 사상가로 불렸다.

헤라클레이토스는 인식, 곧 '앎'이라는 문제에 있어서 전체와 부분의 관계를 중요한 기준으로 삼았다. 그리고 전체와 부분의 관계를 이끄는 '**대립**'을 세계의 근원이자 변화와 생성의 조건이라고 보았다. 그는 부분들의 대립을 살펴 전체를 파악하는 것을 '신적 능력'으로 보고, 이것이야말로 '참된 인식'이라고 생각했다. 참된 인식은 세계의 내적인 동일성과 공평함을 깨닫는 것으로, 표면적인 현상에 그치지 않고 전체적인 것을 동시에 통찰하는 지혜라고 생각했다.

헤라클레이토스는 신적 인식은 전체에 대한 인식이고, 인간의 인식은 부분적 인식이라고 보았다. 그는 인간의 인식은 개별적이고 부분적이기 때문에, 보편적이고 전체적인 인식을 통해서 깨닫는 진리에 이르지 못한다고 생각했다. 세계 만물이 곧 하나라는 신적 인식은 논리적인 인식 방법이 아닌 사물을 지배하는 원리와 이치에 대한 깨달음으로, 쓸모없는 잡다한 지식보다는 올바른 '지혜'를 필요로 한다. 헤라클레이토스는 올바른 '**지혜**'야말로 신적 인식을 따르는 인간의 이성, 곧 사유 능력으로, 인간은 지혜를 발휘하여 이성 능력을 펼칠 때 진리에 도달할 수 있다고 생각했다. 이성과 지혜의 성숙을 통해서 인간의 이성은 신의 이성과 만날 수 있으며, 인간의 인식이 신적 인식에 도달할 수 있다고 보았다.

헤라클레이토스에 따르면, 로고스는 법칙을 부여하고, 모든 것에 공통으로 존재하며, 대립하는 것의 합일(자)이다. 그는 세계 이성인 로고스에 합치하는 사고를 통해서만 인간은 참된 지혜에 도달할 수 있다고 보았다. 세계 만물은 이성, 곧 로고스의 지배 아래 있으며, 로고스를 인식하는 것이 곧 지혜라고 하여, 훗날 '이성의 규범'이라는 자연법 이론의 초석을 마련했다.

플라톤

"인식은 이데아를 상기하는 것이다."

"그러므로 인식 가능한 것에 진리를 부여하고 인식하는 주체에 인식능력을 주는 이것을 나는 선의 이데아라고 규정한다. (…) 인식의 대상물은 단지 인식되는 것에 머물지 않고 선의 실재와 본질도 받는데, 이 선 자신은 존재하는 것은 아니지만 그 숭고함과 힘에서는 존재하는 것을 넘어선다." (플라톤, 『국가』)

플라톤에 따르면, 인간의 인식 활동은 이미 알고 있는 것을 다시 '기억'하는 것이다. 인식은 영원하고 완전하며 불변하는 순수 이데아의 세계에서, 이미 보았지만 잊어버렸던 것을 '다시금 상기'하는 것이다. 인식능력과 사유 능력은 인간의 정신에 이미 내재하고 있으므로, '앎'이란 이미 알고 있는 것들을 기억하는 것이고, 무지란 곧 망각에서 오는 것이다.

플라톤의 인식에 대한 이러한 생각은 '존재'에 관한 그의 견해와 깊은 관계를 맺고 있다. 존재하는 것에는 '감각을 통해 알 수 있는 것'과 '정신을 통하여 알려지는 것'의 두 가지가 있다. 플라톤은 이를 바탕으로 인식을 '참된 인식(에피스테메)'과 '일상적 의견(독사)'으로 구분했다. 그러면서 정보를 이성적으로 판단해 얻은 객관 지식, 곧 모두가 납득 가능한 로고스적 지식만을 인식으로 보고, 감각에 좌우되는 일상적 의견은 참된 인식이 아니라고 주장했다. 인식은 '참'으로 존재하는 것들에 관한 것이기 때문에 거짓일 수 없지만, 일상적 의견은 진실한 의견도 있을 수 있고 거짓된 의견도 있을 수 있기에 참된 인식이라 할 수 없는 것이다. 진정으로 존재하는 것은 생성하거나 사멸하는 것이 아니라 언제나 그리고 항상 존재하는 영원불변의 것이며, 바로 이러한 존재에 대한 앎이 플라톤이 말하는 의미에서의 '인식'이다.

플라톤에게 있어서 진정으로 변치 않는 존재는 이데아뿐이다. 우리의 인식이 가능하기 위해서는 인식의 주체인 영혼이 인식의 대상인 이데아와 직접 만나야 한다. 그러나 현실 세계에서는 이데아가 존재하지 않고 또 우리의 영혼은 육체라는 감옥에 갇혀 있어서 둘은 서로 직접 만날 수 없다. 플라톤은 우리가 이전에 다른 세상에 존재할 때부터 영혼은 이미 이데아를 알고 있었으며, 이데아의 세계에서 경험으로 완성된 인식을 지니고서 현실의 세계에 태어났다고 보았다. 그래서 현실 세계에서 감각적 경험을 하면서 이데아의 세계에서 경험한 것들을 떠올린다는 것이다. 즉 우리 영혼은 이미 알고 있는 이데아를 다시 상기할 따름이다.

그러나 플라톤에 의하면, 우리가 생전에 이미 이데아의 세계에 대한 앎(지식)을 가지고 있었다고 해도, 이 세상에서 다시 그것을 상기하기는 쉽지 않다. 이데아의 세계에서 이미 완성된 내용으로 경험했으나, 그 기억이 희미해졌기 때문이다. 우리가 현실 세계에서 감각을 통해 인식하는 것들은 실체(실재)의 불완전하거나 미완성된 '그림자'라는 경험에 근거하므로, 우리는 그 사물의 실제 지식을 가질 수 없다. 우리는 기껏해야 견해를 가질 수 있을 뿐으로, 진짜 지식은 오로지 이데아를 추구함으로써, 그리고 우리의 참된 인식을 통해서만 얻을 수 있다.

그런데 문제는, 우리가 현실 세계에서 이데아의 불완전한 사물들을 어떻게 하면 제대로 인식할 수 있느냐 하는 것이다. 플라톤은 비록 우리가 사물의 이데아를 인식하지 못하더라도, '이데아적 형상'에 대한 우리의 인식은 분명 '선천적인 것'이라고 주장했다. 그는 인간은 육체와 정신이라는 두 부분으로 나뉘어 있다고 믿었다. 우리의 육체는 감각을 소유하고 있고 그 감각을 통해 물질세계를 인식할 수 있지만, 우리의 영혼은 이성을 소유하고 있고 그 이성을 통해 이데아의 세계를 인식할 수 있다고 보았다.

플라톤은 이데아의 경험을 제대로 '상기'하기 위해서는 가능한 감각적인 것들을 멀리하고 **'이성'**의 힘으로 영혼을 가까이서 보살펴야 한다고 말했다. 영혼을 보살핀다는 것은 육체적이고 감각적인 것에 오염된 인간 정신을 정화하고, 이데아 세계에 속해 있는 망각한 것들을 상기해서 다시 찾아가는 것을 의미한다. 따라서 모든 인식과 학습은 '상기(아남네시스)'라고 할 수 있으며, 그 점에서 이성적 인식은 '펼쳐지는 것'이 아니라 '직관되는 것'이라고 보았다.

참모습을 보기 위한 노력, '동굴의 비유'

플라톤은 『국가』에서 '동굴의 비유'를 통해 인간이 처한 조건, 특히 전체 그리고 실재와 관련한 인간의 지식과 세계의 인식에 대한 자신의 견해를 상징적으로 표현했다. 플라톤은 이데아에 무관심한 사람들을 동굴 속 죄인들로 비유했다. 그는, 인간은 태어날 때부터 동굴 안에서 손과 발에 쇠사슬을 차고 앞면만을 주시하면서, 이데아의 그림자에 지나지 않는 허상들을 단지 감각으로 경험하고서는 이를 '실재'라고 생각한다고 보았다. 그와 똑같이, 우리가 현실에서 보고 있는 것은 이데아의 '그림자'에 불과하다고 생각했다. 즉, 세상 만물은 동굴 벽에 비친 그림자에 불과하지만, 동굴 밖에는 실체가 존재하며, 인간은 그 실체를 보아야 한다고 주장했다. 플라톤은 사람들이 품고 있는 환영(幻影)의 그릇됨을 지적하면서, 그들로 하여금 이데아계를 지향할 것을 가르치는 것이 철학자의 역할이라고 말했다. 플라톤은 우리의 직접적인 경험은 실재에 대한 것이 아니라 바로 자신의 마음 안에 있을 뿐이라는 사실을 일깨웠다.

이데아: 모든 것은 이데아(본질)를 갖는다.

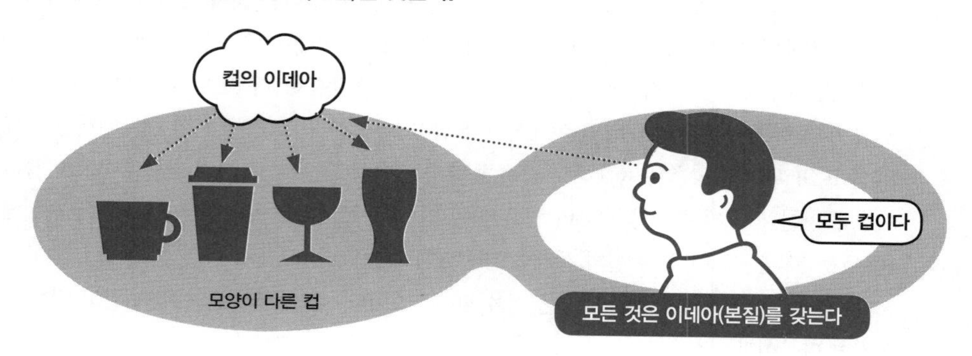

플라톤에 따르면, 우리가 다양한 모양의 컵을 똑같이 '컵'이라고 인식할 수 있는 이유는, 이것들은 모두 '컵(=액체를 넣을 수 있는 그릇)'이라는 이데아를 분유(分有) 하기 때문이다.

데카르트

"인식은 이성 능력의 올바른 사용에서 나온다."

"'나는 생각한다. 그러므로 나는 존재한다.'라는 명제를 체계적인 방법으로 철학하는 사람들에게 나타나는 최초의, 그리고 가장 확실한 것이라고 말했을 때, 나는 그럼에도 불구하고 우리가 우선 인식이란 무엇인가, 현존이란 무엇인가, 그리고 확실성이란 무엇인가를 알아야 하며, 또 사유하기 위해서 우리는 존재하지 않으면 안 된다는 것과 이와 유사한 것들을 부인하지 않았다." (데카르트, 『성찰』)

데카르트 철학의 근본적인 출발점은 '회의(懷疑)'다. 데카르트는 자신의 인식 방법론(방법적 회의)을 따라 더는 의심할 수 없는 시작점을 찾으려 했다. 그는 이 시작점에서 출발하여 필연적으로 이어지는 추론을 통해 더는 논란의 여지가 없는 진실에 도달하려 했다. 확실하고 분명한 방법을 적용하면 '명석하고 판명 가능한 인식'에 이를 수 있다고 보았다. 그리고 이를 위해 중요하고 원칙적인 것은 이성을 여하히 잘 활용하느냐에 달렸다고 생각했다.

데카르트는 인식을 위한 하나의 확고부동한 방법을 제시함으로써, 보다 확실성을 지닌 인식에 도달하는 길을 열고자 했다. 그는 인식의 방법이란 '확실하고 쉬운 규칙'이라고 정의했다. 인식의 규칙이 확실하고 쉬운 것이 되기 위해서는 먼저 인식의 대상이 지닌 성질을 단순한 것들로 환원한 다음, 단순한 것들에 대한 직관으로부터 다시 단계를 높여서 전체적 인식으로 올라서야 한다고 했다. 따라서 단순한 추측이나 다른 사람들의 생각을 그대로 받아들이는 것은 결코 참된 지식이 아니며, 자기 스스로가 분명하고 명백하게 직관하거나 연역할 수 있는 것을 위해서 노력할 때만 참된 인식은 가능하다고 보았다.

데카르트는 이러한 방법적 회의를 새로운 인식 도구와 사유 방식으로 제시함으로써, 인간이 지닌 습관적 선입견과 미신적 사고에서 벗어날 수 있는, 최초의 확실한 인식의 출발점을 내세웠다. 의심하는 자는 의심할 수 없는 분명한 명제에서부터 인식 과정을 시작할 수 있으며, 이때 '의심하는 나'가 있음은 확고부동하고 명확하기 때문이다. 의심이 끝나는 곳에서 비로소 확실성은 시작되며, 그렇게 해서 의심은 보편적 진리를 인식하는 방법으로 나아간다고 본 것이다. 이러한 의미에서 데카르트는 '나는 존재한다.'를 최초의 확고부동한 인식의 근거로 간주하고, 나의 존재로부터 물체가 아닌 비물질적 사유, 순수한 정신을 도출코자 했다.

데카르트는 우리가 **'정신'** 안에 관념을 가지고 있다는 사실에 대해 의심하지 않았다. 그 관념이 외부의 사물과 닮았든 닮지 않았든, 또는 그런 관념에 대응하는 외부의 사물이 존재하든 존재하지 않든, 우리 정신 안에 관념이 존재한다는 사실은 명석판명한 사실이라고 보았다. 따라서 그가 발견하고자 하는 절대적으로 확실한 인식이란 정신 안에 존재하는 관념에 대응하는 외적 존재를 절대적으로 확실하게 인식하는 것을 의미한다.

데카르트는 인간은 또한 확실한 인식에 도달할 수 있는 능력을 지녔으며, 이러한 능력을 '양식', '이성', 또는 '자연의 빛'이라고 했다. 데카르트가 생각하기에 인간이 확실한 인식에 도달하지 못하거나 오류에 빠지는 것은 절대적으로 확실한 인식이 존재하지 않거나, 설령 그것이 존재하더라도 이를 인식할 수 있는 능력을 인간이 결여한 때문이 아니다. 이성을 올바로 사용하지 않기 때문으로, 데카르트는 인간은 누구나 이성을 올바로 사용하도록 인도하면 확실한 진리의 인식에 도달할 수 있다고 보고, 올바른 이성의 사용 규칙을 마련하고자 했다.

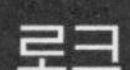

로크 "인식은 경험에서 나온다."

"자, 이제 우리의 정신이 그 어떤 관념도 갖지 않은 말 그대로 백지상태라고 가정해 보자. 그렇다면 무엇이 정신을 채우는가? 이 질문에 나는 한 마디로 경험이라고 답한다." (로크, 『인간오성론』)

로크 철학의 중심은 '인식론'으로, 인식론의 과제는 인식의 근원과 바탕을 설명하고 또 인간 지성의 인식 한계를 밝히는 것이다. 인간은 누구나 자신의 의식 안에서 특정한 표상을 만나는데, 로크는 그런 표상을 '관념'이라고 불렀다. 로크는 인식을 구성하는 관념은 모두 경험에서 온다고 주장하면서, 인간의 생득관념, 즉 경험하지 않은 것들에 관한 관념을 타고난다는 이론을 부정했다.

로크는 경험의 원천에는 외적 감각 지각(육체적 감각)과 내적 자기 지각(정신이 행한 반성, 즉 성찰)의 두 가지가 있으며, 이 두 원천에서 나오는 표상은 단순한 관념이거나 복잡한 관념의 어느 하나이다. 단순 관념에 대해 정신은 수동적으로 움직이며, 대상의 직접적인 자극으로 만들어진다. 로크는 이 두 가지 근원, '감각과 반성'이 인간의 모든 관념을 만들어내고 이를 통해서 비로소 인식이 일어난다고 보았다.

로크에 따르면 정신은 능동적인 능력이 있어서 비교, 분리, 결합, 추상화 등을 통해 '실체, 양상, 관계'라는 복합 관념을 만들어내는데, 이 복합 관념을 구성하는 것은 결국 단순 관념이다. 로크는 우리의 인식은 우리가 가지고 있는 관념에만 연결되어 있으며, 우리에게 인식이란 우리가 가진 어떤 관념들 사이의 연관, 일치, 불일치, 충돌 등을 **지각**하는 것에 불과하다고 보았다.

따라서 로크에 따르면, 우리가 가진 지식의 범위는 우리 관념의 폭, 그리고 그 관념들 사이의 일치와 불일치를 지각하는 정도를 넘어서지 못한다는 점에서 제한적이다. 그 때문에 우리의 지식은 사물의 실제를 제한적으로만, 그리고 우리의 지각이 허용하는 범위 안에서만 파악할 수 있다. 로크는 명백함의 정도에 따라, "원은 삼각형이 아니다."처럼 자기 스스로 관념들 사이의 일치와 불일치를 지각하는 '직관적 인식에 의한 지식', 다른 관념과의 중재를 통해 지각하는 '논증적 지식', 우리 외부의 유한한 개별 존재자의 실재에 대해 아는 '감각적 지식'의 순으로 지식의 등급을 정하면서, 진리는 오직 명제에만 연결되어 있다고 말했다.

로크는 인식에 관한 탐구는 인간의 인식능력이 미치는 범위 내에서 이루어져야 한다고 생각하고는, 그 한계를 정하는 것이 인식 문제에서 가장 급한 일이라고 보았다. 그렇게 함으로써 우리가 해결할 수 없는 문제를 논쟁하면서 시간을 보내는 일이 없이, 지식을 얻을 수 있는 한계 내에서 지식을 확장할 수 있다고 보았다. 이를 위해 그는 정신 능력으로서의 '**오성**'을 언급하면서, 오성이야말로 정신이 가진 가장 고양된 능력이라고 강조했다. 로크는 이러한 오성의 한계 안에서의 인식 탐구는 우리를 기쁘게 할 뿐만 아니라 실제로 필요한 지식을 충족시켜 준다고 생각했다. 그러므로 인간의 인식에 있어서 우선해서 시작되어야 할 것은 인간 인식의 본질과 범위 그리고 한계를 정하는 것이라고 보았다.

칸트

"인식은 감각적 경험과 오성 능력의 종합 작용이다."

"직관 없는 개념은 공허하고, 개념 없는 직관은 맹목이다." (칸트, 『순수이성비판』)

칸트는 우리는 대상을 인식하기 위해 감각을 사용한다는 것을 분명히 했다. 그는 인식 활동은 감각에서 출발하여 정신의 사유로 나아간다고 보았다. 우리의 마음을 자극하는 감각적 경험과 자발적으로 사유하는 오성 능력이 종합적으로 작용할 때 인식이 이루어진다고 보았다. 칸트에 따르면 경험에만 좌우되는 판단은 경험마다 다른 내용을 옳다고 판단하기 때문에, 모든 사람이 동의할 수 있는 공통된 내용을 끌어낼 수 없다. 이러한 생각을 바탕으로 그는 경험적 판단과 선험적 이성 능력이 결합하는 곳에서 비로소 올바른 인식을 구할 수 있다고 결론 내렸다.

칸트는『순수이성비판』에서 세계에 대한 우리의 경험은 두 가지 요소를 수반한다고 보았다. 그 하나는 이른바 '감성', 즉 우리가 공간 · 시간 속의 특정 사물을 직접 인식하는 능력이다. 이런 직접적인 인식을 그는 '직관'이라고 불렀다. 다른 하나는 칸트가 '오성'이라고 부르는 것으로, 개념을 간직하며 이용하는 능력을 뜻한다. 칸트에게 개념이란 이를테면 '책'처럼 사물을 어떤 사물 유형의 예로서 간접적으로 인식한 것이다. 개념이 없으면 우리는 직관의 대상이 책이라는 사실을 알지 못할 것이다. 그리고 직관이 없으면 우리는 여기 책이 존재한다는 사실을 결코 알지 못할 것이다.

이런 생각을 바탕으로 칸트는 지식을 둘로 나누었다. 하나는 감성으로 얻는 직접적인 지식인 '직관'이고, 다른 하나는 오성으로 얻는 간접적인 지식인 '개념'이다. 이런 감성의 지식과 오성의 지식은 일부는 경험적 증거에서 비롯하고, 일부는 선험적으로 알려져 있다. 책에 대한 직관과 책이라는 개념은 경험적인 데 비해, 공간 · 시간에 대한 직관과 실체라는 개념은 선험적이다. 경험에 앞서, 즉 경험과 무관하게 우리가 그것을 알고 있다는 뜻이다. 이때 직관과 개념을 하나로 통합하는 작용의 바탕은 "나는 생각한다."라는 '인식'이다. 이 "나는 생각한다."라는 인식은 선험적이며, 감성과 오성의 결합 작용을 한다. 따라서 직관이 경험의 바탕을 마련해 주지 않는 개념은 공허하다. 이를 두고 칸트는 "개념 없는 직관은 맹목이고, 직관 없는 개념은 공허하다."라고 말했다. 이렇게 보면 인식이란 경험(내용)에 개념(형식)을 적용하는 것이라 할 수 있다. 다시 말해, 인식은 감각적으로 경험한 것(직관, 내용)을 이성으로 깨달아서(오성), 이를 개념(형식)으로 수용하는 능력이다. 따라서 "개념 없는 직관은 맹목이고, 직관 없는 개념은 공허하다."는 "형식 없는 내용은 맹목이고, 내용 없는 형식은 공허하다"로 치환될 수 있다.

칸트는 인간의 인식능력에 관하여, "어떤 대상을 인식할 수는 없어도 생각할 수는 있다."라고 말했다. 즉, 그 대상이 무엇이지 우리는 알 수 없지만, 그 대상에 대해 생각할 수는 있다는 것이다. 바로 그 어떤 대상에 속한 것이 칸트의 '물자체(物自體)'라는 개념이다. 물자체는 대상이 본질을 가리키는 것으로, 바로 대상 그 자체라는 뜻이다. 예를 들어 '책상 그 자체'는 우리가 감각을 통해서 경험하는 책상에 관한 것들과는 다른, 책상의 그 어떤 본질로서의 '책상 그 자체'라 할 수 있다. 그런데 칸트에 따르면 우리는 책상 그 자체가 무엇인지 직접 인식할 수 없다. 다만 우리가 인식할 수 있는 것은 감각을 통해 얻은 재료(단단함, 사각형 등)를 가지고 우리의 오성이 결합한 내용(이를테면, "이 책상은 갈색이다.")일 뿐이지, 책상이라는 '물자체'는 우리의 인식능력에 들어오지 않기 때문에 인식할 수 없다. 우리는 다만 현상에 대하여 인식할 뿐이라는 것이다.

그러나 칸트가 '책상 그 자체'의 존재를 부인하는 것도 아니다. 우리가 어떤 존재를 부인하기 위해서는 그것이 무엇인지 먼저 알아야 하는데, 그것을 알 수 없으므로 알지 못하는 것을 있다거나 없다고 판단할 수도 없다. 경험의 대상으로 들어오는 것이 없으므로 인식 역시 성립할 수 없다는 것이다. 그래서 '물자체'는 다만 생각할 수 있을 뿐이며, 안다고 말할 수 없는 것으로 남는다. 그리하여 우리는 다만 시간과 공간의 테두리 속에서 현상으로 감지된 대상에 대해서만 알 수 있다는 결론에 도달한다.

칸트는 우리의 인식 범위는 감각의 영향권 안에 있는 현상계에 한정되므로 그 배후에 있는 '물자체'에 관한 인식은 처음부터 불가능한 것으로 생각했다. 그러나 물자체를 알 수는 없다고 하더라도, 그 물자체의 세계는 존재할 수밖에 없다고 보았다. 현상이 있으려면 그 현상이 있게 만드는 그 어떤 배후 세계가 존재할 수밖에 없다는 논리를 인정해야만 한다는 것이다. 그래서 칸트는 물자체의 세계에 대하여 "그 자체로는 실재하는 것이지만 그러나 우리에게 알려지지 않은 것으로 남겨두어야 한다."라고 주장했다.

이와 같은 칸트의 인식은 사고의 획기적인 전환이자, 사유 방법의 전도라 할 수 있다. 세계에 대한 칸트 이전의 설명은 인식의 대상을 가운데 놓고 인식의 주체인 우리는 그 주위에 있다고 생각해 왔다. 하지만 칸트는 대상을 알기 위해서는 인식 대상의 성질이 우리가 가진 생각하는 능력과 맞아떨어져야 한다고 보았다. 그에 따라 인식 대상 자체가 기준이 되는 것이 아니고, 생각하는 능력인 **오성**이 인식의 중심에 서게 된 것이다. 우리가 어떤 것을 인식하기 위해서는 이 대상이 먼저 우리의 인식능력의 틀(범주) 안에 들어와 있어야 한다. 이것은 어떤 대상 자체가 우리의 인식을 결정하는 것이 아니라, 인간의 인식 능력과 인식 기능이 대상을, 즉 "우리가 무엇을 알 수 있는가?" 하는 것을 구성함을 의미한다. 이러한 칸트의 생각은 비록 모든 인식이 경험에서 시작한다고 하더라도 인식 전체가 경험으로부터만 얻어지는 것은 아니라는 의미다. 칸트는 이러한 인식 방식의 전환을 '코페르니쿠스적 전환'이라고 하는데, 이는 철학사에서 가히 '혁명적'이라는 평가를 받았다.

칸트의 인식 과정

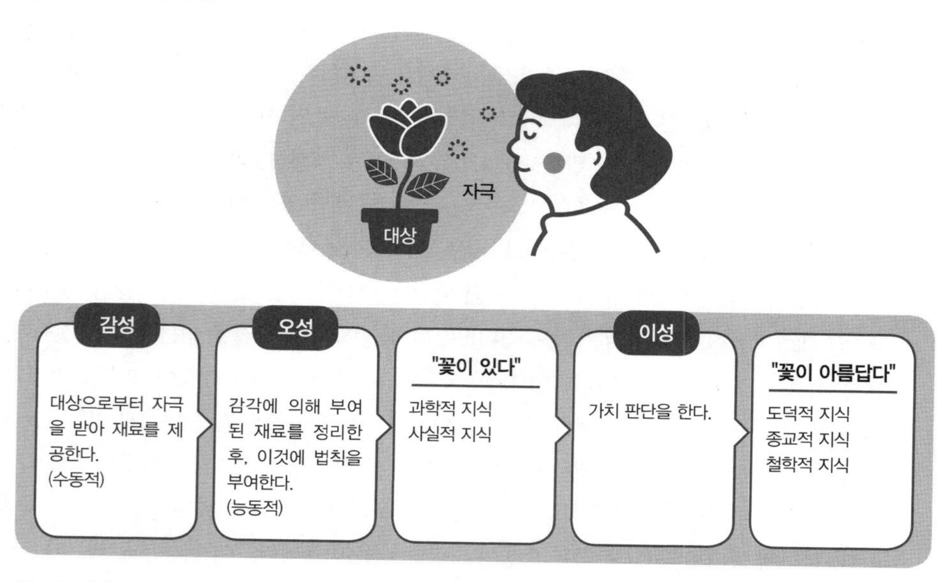

인간은 선천적으로 '감성', '오성', '이성'이라는 인식 구조를 갖는다. 이를 따라 '물자체'는 인식할 수 없지만, 이성 능력으로 현상을 객관적으로 인식하는 것은 가능하다.

“인식은 주체성의 확인이다.”

“인식한다는 것 그것은 ‘무언가를 향하여 산산이 부서지는 것’, 저기 자기 아닌 어떤 것에 질주하기 위하여 습한 내면을 뽑아내어 자기를 넘어서는 것, 그래서 저 너머 자기를 벗어난 어떤 곳을 향하는 것이다. 그럼으로써 그것이 나를 벗어나고 나를 고양시켜서 나에게 결코 감소되지 않는 그 속에 다다를 때 나는 그에게서 더 이상 상실을 경험하지 않는다.” (사르트르, 수필 《상황1》)

실존주의 철학자 사르트르에게 있어서 인식은, 알고자 하는 대상으로서의 ‘무엇’과 그것을 알고자 하는 주체로서의 ‘나’와의 관계 속에서 이루어진다. 주체인 ‘나’는 무엇인가를 알고자 함으로써 의식 활동을 하고, 나의 의식은 밖에 있는 일정한 대상을 향한 것으로, 내 안에서 머물러 있지 않다. 의식 활동의 이러한 태도를 **‘지향성’**이라고 한다. 지향성은 후설의 현상학에서 다루는 핵심 개념으로, ‘드러나서 있는 것’인 현상 속에서 본질을 보아야 한다는 시각이다. 다시 말하면 의식이란 무엇인가에 대한 ‘나’의 지향성이다. 한편 인식은 ‘무엇’인가에 대하여 아는 것으로, 외부와 관계없이 자기 내부에서만 어둡게 일어나는 활동이 아니다.

사르트르는 인식이라는 것은 우리의 의식이 외부의 어떤 대상을 향하여 ‘달려 나가는 것’이라고 규정했다. 사르트르의 이러한 인식론적 입장은 우리의 의식에 나타나는 대상의 모습이 곧 현상이며, 이 현상은 곧 사물 자체를 드러내고 있음을 강조한 것이다. 따라서 현상은 우리가 더는 인식할 수 없는 모습으로 어딘가에 따로 있지 않다. 우리의 의식에 의해서 파악된 모습, 곧 사물의 본질로서 존재한다. 이렇게 볼 때, 세계는 다름 아닌 우리에게 인식되고 드러나는 만큼의 존재인 것이다. 이를 두고 사르트르는 “나는 다른 사람을 매개로 나 자신을 인식한다.”라고 했다.

이처럼 사르트르는 인식의 의미를 ‘나’라는 주체가 ‘나’의 밖을 향해서, 사물로부터 자신을 벗어나고 사물을 초월하는 행위로 보았다. 사르트르는 인간이 참된 인식에 도달하기 위해서는 마음속 깊은 내부의 은신처에서 나와, 밖을 향하여 나아가면서 자신을 내던져야, 다시 말해 ‘기투(企投)’를 해야 한다고 보았다. 인간은 세계 속에서 인식하며, 세계에 대한 자신의 개방을 통해서만 자신을 발견할 수 있기 때문이다. 즉, 인간은 현재를 넘어 미래를 향해 자신을 내던짐으로써 비로소 실존에 이르고, 자신의 실존 안에서 자신을 스스로 규정하면서 자유로운 존재로 거듭난다.

사르트르가 말하는 의미에서의 인식은 맹목적이고 무의식적인 자기 존재를 넘어서서, 알고자 하는 대상에게 자기를 던짐으로써 얻어지는 자기의 초월이다. 그렇기에 인식은 타인과의 관계에 대한 의미 부여이며, 과거와 미래에 대한 개방이기도 하다. 따라서 우리가 무엇인가를 향하여 의식하고, 그것에 대한 인식 속에서 자기 자신을 넘어선다고 하는 것은 곧 타인의 문제에 대한 인식이다. 이는 궁극적으로 ‘나’와 타인이라는 또 다른 ‘나’와의 본질적인 관계 속에서 이루어지는 ‘상호 주관적’ 행동이다.

07 지각

감각 기관을 통해 외계의 사물 · 상태를 인식하는 것을 말한다. 즉, 지각이란 인간과 인간을 둘러싼 사물의 정보를 인식해 그것을 해석하는 일련의 과정으로, 판단 · 사고 · 감정 · 기억에 긴밀하게 관계한다. 인식론에서는 지각을 대상에 대한 주체의 관계로서 정의한다. 이와 관련한 핵심 물음은, "지각은 대상의 실존에 더 가까운가, 아니면 사물을 드러내는 신체적 상황에 더 가까운가? 그리고 우리에게 주어지기 위해 그것은 직접적이어야만 하는가?" 하는 것이다. 또 "지각적 판단은 순수하게 생리적인 질서에 속하는 '감각 소여'에 적용되는 지적 능력으로부터 유래하는가, 아니면 반대로 감각 자체에 포함된 판단 능력에서 유래하는가?" 하는 것이다. (어원: '같이 취하다', '거두어들이다'를 뜻하는 라틴어 percipere/ 관련어: 인상, 감각, 믿음, 판단, 현상학)

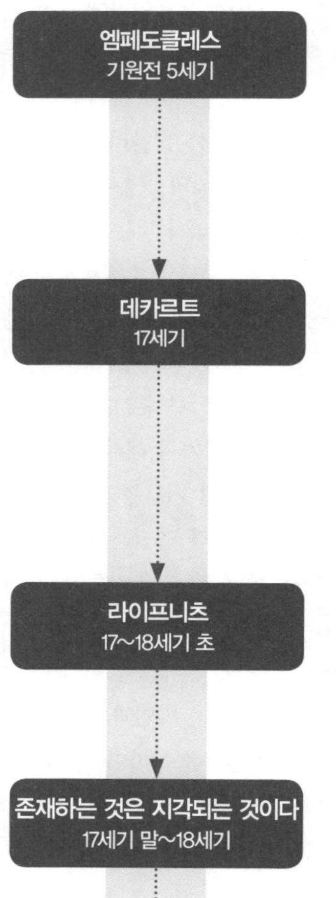

우리가 지각하고 경험하는 대상은 실제로 생성 또는 소멸하는데, 이 변화와 운동은 대상이 다양한 물질적인 입자로 구성되었기 때문이다. 대상은 변화하지만, 그것을 구성하는 입자는 변화하지 않는다. 존재를 구성하는 '물, 불, 공기, 흙'이라는 기본 입자는 변화하는 것은 아니지만, 대상을 형성하기 위해 혼합하며, 우리가 경험으로 지각하는 대상의 변화를 만들어 낸다.

데카르트는 "대상에 대해 신뢰할 만한 인식을 주는가"의 관점에서 지각의 문제를 제기했다. 내가 수면에서 구부러진 막대기를 보았다면, 그리고 가까이 갔을 때 그것이 수면이 일시적으로 만들어낸 외관에 지나지 않았음을 알았다면, 이 경우 지각을 '실재'의 인식과 동일시할 수 없다. 지각은 우리에게 불확실한 현상만을 제공해 주었을 뿐이다. 따라서 순수한 인식에 이르기 위해서는 지각에 담겨 있는 감각적 요소를 정화한 후 순수한 판단을 이끌어야 한다.

지각은 '복수성을 하나의 통일성 속에 포함하고 표상하는 잠정적인 상태'이다. 지각하는 것은 외부성을 체험하는 것이고, 신체 주위에 가능한 행위들의 장을 펼침으로써 하나의 세계를 구성하는 것이다. 그리고 의식 자체는 세계에 관한 이 감각적 관계로부터 유래한다.

우리는 일반적으로 사물이 존재하기에 그것을 지각할 수 있다고 생각하지만, 사실은 누군가가 지각하기 전에 사물의 존재를 인식할 수 없다. 대상의 존재 이전에 반드시 우리의 지각이 있다. 버클리에 따르면, 지각하는 우리가 존재하지 않으면 사물도 존재하지 않는다. 그에게 세계는 물질로서 존재하지 않고 우리의 의식 안에 있다. 즉 만약 누군가가 대상(예컨대, 꽃)을 지각한다면, 그 대상은 그 사람의 의식 안에서 존재하는 것이다. 그렇다면, 우리가 아무도 보지(지각하지) 않을 때도 꽃은 존재하고 있지 않냐는 반론이 따를 수 있는데, 이에 버클리는 우리가 보지 않아도 신이 보고 있으므로 꽃은 존재한다고 주장했다.

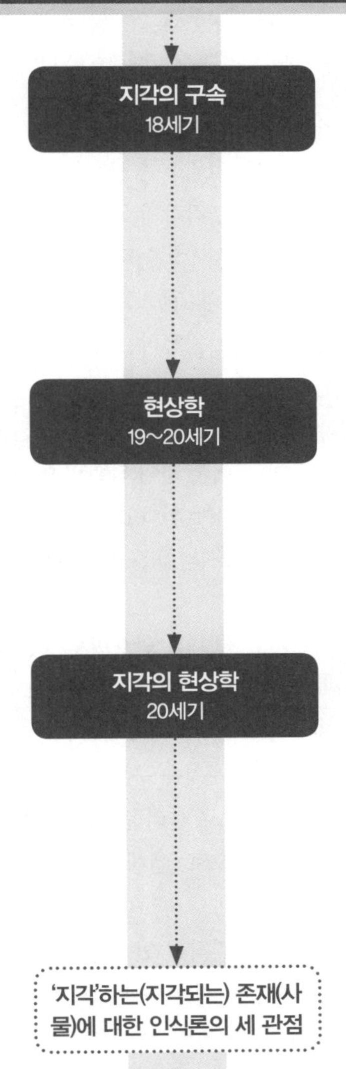

흄에 따르면, 정신이나 자아는 그 자체로 독립적이거나 동일성을 갖는 것이 아니다. 그것들은 우리가 보고 듣고 느끼는 다양한 체험(지각)을 반복하고 있는 것에 지나지 않는다. 흄은 정신이 따로 있는 것이 아니라 관념과 인상의 다발만 있을 뿐이라고 생각했다. '나, 주체, 자아, 정신'으로 불리던 것들은 인상과 관념의 묶음, 곧 지각의 다발일 뿐이다. 흄은 이를 두고 '인간은 지각의 구속을 받는다.'라고 표현했다. 흄에게 있어서는 지각(감각)이 확실히 존재한다고 해서 그것이 '나'라는 실체는 아닌 것이다. 이러한 생각은 칸트의 비판 철학에 영향을 주었다.

경험주의 철학자들에 따르면 감각은 스스로 '판단'하는 것이다. 지각은 세계와의 접촉을 통해서 사물의 현존을 판단한다. 그래서 지각은 신체가 행동함으로써 드러내는 감각적이고 자연발생적인 자명성이다. 후설과 메를로퐁티의 현상학은 이러한 맥락에서 제기되었다. 20세기에 이르러 현상학은 원초적 체험에 기초를 두고 지각을 파악하려 들었다. 이 같은 탐구는 지각을 신체와 관련해서, 그리고 세계 속에서 신체가 놓이는 상황의 탐구와 관계해서 파고든다.

메를로퐁티는『지각의 현상학』에서, 자신과 타인의 존재를 인식하는 방식은 '지각' 안에 압축되어 있다고 주장했다. 현상학에 따르면, 신체와 지각은 서로 엄격히 구별되는 두 가지 존재 영역이 아니라, 실존이라고 불리는 동일한 사태의 서로 다른 두 층위에 불과할 뿐이다. 따라서 내 몸과 자아가 상호 관계를 맺는 가운데 성찰의 시간을 공유하고 존재의 숭고함을 발견하면, 그것이 곧 나를 스스로 보살피는 아름다운 메시지다. 그런 깨달음의 주체로서 자상한 언어와 태도, 느낌, 더불어 삶, 스스로에 대한 사명감 등은 유기체 간의 얼개들을 더더욱 건강하고 튼튼하게 결합한다.

인식의 바탕이 경험에 있다고 보는 경험론에 따르면, 지각이란 오로지 '감각'에 의해 사물을 인식하는 것이다. 반면, 데카르트의 합리론에 따르면 지각은 '이성'으로 사물을 파악하는 것이다. 후설의 현상론에서는, 지각은 경험론과 합리론처럼 사물이 존재하는 방식이 아니라 사물이 우리에게 주어지는 방식, 사물이 우리 의식에 제시되는 방식에 의한 것이다. 탁자를 예로 들 경우, 내가 지각하는 사물은 탁자 그 자체가 아니라, 탁자에 대한 나의 '체험'이 개략적으로 주어질 뿐이다. 다시 말해, 현상학은 지각이라는 행위에 영향을 미치는 복잡한 원리에 주목한다. 이렇게 놓고 볼 때, 현상학은 경험론적 사유를 확장하되, 버클리의 유심론(주관적 관념론)과는 달리 '사물 그 자체로 돌아가 그것의 진실과 본질에 접근할 것'을 요구하는 사유 방식이란 것을 알 수 있다.

– 합리론: '이성'으로 사물을 파악(지각은 선험적 이성 활동)
– 경험론: '감각'에 의해 사물을 인식(지각은 경험적 인식 작용)
– 현상학: 사물이 우리 의식에 제시되는 방식(현상)에 의해 인식(지각은 현상에 대한 추체험)

엠페도클레스

"지각은 인식의 출발이다."

"이 과정은 인간의 사지(四肢)를 통해 명백히 나타난다. 육신에 달린 사지는 사랑을 통해 하나로 뭉쳐지며, 가장 훌륭한 삶을 표현한다. 그러나 증오에 굴복할 때, 그것들은 삶의 파괴자들에 의해 따로따로 방황한다. 이와 유사하게 초목들은 숲에서, 물고기는 그들의 물속의 집에서, 날아다니는 새들은 공중에서 방황한다." (엠페도클레스, 『단편』)

고대 그리스 자연 철학자 엠페도클레스는, 사물은 물, 불, 공기, 흙이라는 '4원소'를 구성하고, 이것들이 사랑과 미움이라는 힘을 따라 움직이면서 세상 만물을 이룬다고 주장했다. 각각의 원소는 우주에 편재하는 사랑과 불화라는 두 동력에 의해 서로 다른 비율로 결합하고 분리되는 과정을 되풀이한다. 사랑 안에서는 각 원소가 합쳐져 균일한 단일체를 이루지만, 미움은 그 단일체를 각 원소로 분리한다. 이것이 만물이 생성 및 소멸하는 현상으로, 사랑과 미움이라는 두 힘이 적대적으로 작용하는 과정에서 네 원소가 섞이면서 구체적인 사물을 만든다.

엠페도클레스는 지각은 감각 기관에 의한 것으로, 인식의 시작을 여는 것이라고 보았다. 그는 사물에서 흘러나온 것이 우리 감관의 틈 안으로 들어온다고 생각했다. 그렇게 들어온 것이 감관의 인식과 완전히 일치하면, 다시 말해서 '**같은 것**'들이 서로 만나면, 우리는 사물을 지각하게 된다고 생각했다. 이러한 그의 생각은 지각은 같은 것들 사이에서 일어나는 것이 아니고, 서로 '대립하는 것'들에 의해서만 가능하다고 본 아낙사고라스의 사고와 대비된다.

엠페도클레스에 따르면, 우리는 신체 기관을 통해 보고, 듣고, 만지고, 냄새를 맡으면서 사물을 지각한다. 대상에 대해 분명히 지각한 후 이를 명확한 지식으로 연결한다. 이것은 지각을 지성적으로 잘 사용하면 지성인으로 거듭날 수 있음을 의미한다. 그래서 사고는 지각과 같거나 비슷한 것이다. 그렇더라도 엠페도클레스는 지각을 통해서 얻을 수 있는 것과 지성으로 얻을 수 있는 것을 구분하여 지각과 지성의 차이를 명확히 하고자 했다. 예를 들어 신성(神性)에 대한 것은 지각 안으로 불러올 수도 없고 또 손으로 만질 수도 없다. 인간은 오직 정신에 의해서만 신을 파악할 수 있는 것으로, 엠페도클레스는 감각에 의한 인식과 지성에 의한 인식은 서로 다르다고 보았다.

엠페도클레스를 비롯한 대다수의 고대 그리스 자연 철학자들은 지각은 감각적 인식을 위해 필요하다고 보았다. 자연과 인간은 서로 분리할 수 없는 관계이기에, 자연에 대한 이해는 곧 우주의 질서를 아는 것이고, 인간에 대한 인식을 뜻하는 것으로 생각했기 때문이다. 하지만 신과 달리 인간은 제한된 능력으로 인해 언제나 부분적으로 보고, 듣고, 지각할 수밖에 없다. 따라서 '보이지 않는 것(자연)을 보기 위해서는 보이는 것(감관)을' 사용하지 않으면 안 된다. 이러한 이유로, 자연 철학자들은 인간의 감각적 지각은 그 불완전성에도 불구하고 지성적 사고와 올바른 인식을 위해서 꼭 필요하다고 보았다.

로크

"우리는 지각을 통해서 지식을 얻는다."

"모든 단순 관념의 형성은 감각 지각에서 출발하지만, 복합 관념을 만들거나 추론하는 지성의 능력은 감각 지각의 능력을 넘어서서 감각 지각에 의해 관찰할 수 없는 비물질적 대상에 대한 인식을 가능케 한다." (로크, 『인간오성론』)

로크는 경험론의 입장에서 데카르트의 본유관념(생득관념)에 의문을 제기했다. 그는 인간은 본유관념을 가지고 태어난다고 보지 않았다. 인간은 아무것도 그려져 있지 않은 '백지상태(타불라 라사)'와 같은 마음으로 태어나서 주변 환경과의 상호작용과 후천적 교육을 통해 마치 빈 종이를 채워가듯이 성숙한 인간으로 거듭난다고 생각했다.

따라서 로크는 **경험**은 지식에 절대적으로 영향을 미친다고 보았다. 처음 세상에 태어났을 때 '백지'와 같은 우리의 정신에 경험이 쌓이면서, 마치 백지 위에 글자가 쓰이듯 지식 또한 늘어난다고 생각했다. 그래서 이 백지에 무엇이 쓰이냐에 따라서 우리는 바른 지식을 갖기도 하고 잘못된 지식을 갖기도 한다고 보았다. 우리 지식은 모두 경험으로 습득한 것으로, 그 누구의 지식도 경험을 넘어설 수 없다고 생각했다. 경험에서 지식이 나온다는 로크의 생각에 의하면, 지식이란 대상에 대한 지각으로 경험이 하나씩 쌓이는 것을 의미한다. 다시 말하면 지각을 통해서 세계에 대한 경험을 '백지'에 새기고 채워가면 그것이 곧 지식이 되는 것이다.

로크에 따르면 가장 근본적이고 가장 결정적인 지식의 출발점은 '지각'이다. 인간의 여러 가지 정신 활동에는 다양한 자료가 필요하고, 이러한 자료는 감각을 통해서 우리에게 지각되는 것이기 때문이다. 즉, 정신이 활동하기 위해서는 감각적인 자료가 필요하고, 지각은 정신이 활동하면서 대상에 대해 우리가 지각한 것을 인식으로 받아들일 때만 일어난다. 예를 들어, 불이 뜨겁다거나, 어떤 꽃이 향기롭다고 여기는 지각은 단순한 감각적 지각, 곧 주관적 감각에 그치지 않고 정신이 지각(또는 감각)으로부터 받은 인상을 받아들여야만 가능하다. 참고로 로크에게 있어서 지각과 감각은 거의 같은 의미라 할 수 있다.

로크에 의하면, 지식은 지각으로부터 얻는 것이고, 지각을 통해서 얻을 수 있는 가장 확실한 지식은 바로 우리 자신에 관한 것이다. 로크는 데카르트처럼 '생각한다'라는 것에서부터 나의 존재를 추론하는 것이 아니라, '지각하는' 것에서부터 내가 존재하고 있음을 확인하려 들었다. 나의 존재는 내가 회의하거나, 생각하거나, 느끼는 것을 경험으로 지각하는 것으로, 이를 따로 증명할 필요가 없다. 나의 존재는 내가 지각하는 것 전체이기 때문이다.

그렇기에 로크에 따르면, 우리는 '존재' 자체를 지각할 수는 없다. 존재하는 어떤 것을 지각할 뿐이다. 이러한 의미에서 로크는 우리가 지각하는 것은 존재하는 우리 자신, 즉 존재하는 '나'를 지각하는 것으로, 우리는 지각에 따라 우리가 '있음'을 확인할 수 있으며, 우리가 존재한다는 것에 대한 분명한 지식을 가질 수 있다고 보았다.

버클리

"존재하는 것은 지각되는 것이다."

"지각되는 것과 어떠한 관계도 없는 사유하지 않는 사물들의 절대적 존재는 더할 나위 없이 이해하기 어렵게 보인다. 그것들의 존재는 지각되는 것이다. 그것들이 그것들을 지각하는 마음들 또는 사유하는 사물들 밖에 어떤 존재를 갖는다는 것은 불가능하다." (버클리, 『인간 지식의 원리들』)

버클리는 로크처럼 경험을 지식의 주된 원천으로 보았지만, 로크보다 훨씬 극단적인 경험주의로 치달았다. 그는 우주에는 오직 한 종류의 실체만 있다고 보았는데, 그 유일한 실체란 물질이 아니라 **'정신'**, 즉 생각이라고 믿었다. 버클리는, 세계는 정신과 그 정신의 관념으로만 구성되어 있다고 보았다. 이러한 버클리의 견해는 "존재하는 것은 지각되는 것이다."라는 문구로 요약된다. 그러나 이를 더 정확히 표현하자면, "존재하는 것은 (경험으로 만들어진 관념을 따라) 지각하는 것이거나, (정신에 의해 경험으로) 지각되는 것이다."가 될 것이다.

그 이유를 버클리가 나눈 두 종류의 관념을 통해 이해할 수 있다. 버클리는 관념을 자의적으로 바꿀 수 있는, 따라서 주체의 상상력에서 오는 관념(지각하는 것)과 주체가 마음대로 만들어낼 수 없고 외부로부터 받아들인 감관 지각인 관념(지각되는 것)으로 나누어서 살폈다. 후자의 관념이 생기는 원천은 외부 세계에 존재하는 것으로, 흔히 물질적 사물이라고 여겨지는 것들이다. 버클리는 이런 물질주의에 반대하여, 관념 뒤에 물질적 사물이 있다고 추정할 필요가 없다고 보고서는, 사물 객체의 존재는 다름 아닌 '감관에 의한 지각'이라고 주장했다.

따라서 버클리에 따르면, 관념과 정신만이 실재하며 물질은 실재하지 않는다. 이때, 정신은 지각의 주체로서(즉, 정신 안에 관념이 실재하는 것으로), 정신은 관념과 구별된다. 정신 활동의 내용은 의도하고, 상상하며, 기억하고, 관념과의 관계를 파악하는 것이다. 그는 물질이 실재한다는 주장은 추상적 관념이 실재한다는 잘못된 전제에서 나온 것으로, 구체적인 규정 없는 관념의 표상은 불가능하다고 보았다. 그러면서 언어만이 추상적 관념의 실재를 전제할 수 있으며, 무언가 보편적인 것을 가리키는 이름에는 보편적인 것의 실재가 대응한다고 주장했다.

버클리는 로크의 견해를 따라 물질세계의 인식은 감각의 관념에서 유래한다고 보았지만, 그렇더라도 사물의 존재가 앞서고 우리가 이를 경험으로 지각한다는 로크의 생각에는 반대했다. 버클리는 "지각되지 않으면서 정신 밖에 실재하는 물질세계는 있을 수 없다."라면서, 우리가 사물을 지각함으로써 그것의 존재를 의식(이성 지각)하는 것이 아니라, 사물이 우리에게 지각됨으로써 그것이 존재한다고 생각하는 관념(감관 지각)이 만들어지는 것으로 생각했다. 버클리에게 세계는 물질로서 존재하지 않고 우리의 의식 안에 있다. 즉 인간이 존재하지 않으면 세계(사물)도 존재하지 않는다. 세계는 전부 인간의 머릿속에 있는 것으로(즉 우리가 그렇다고 의식한 것으로), 이 세상에 물질세계는 존재하지 않는다(주관적 관념론).

그러므로 버클리가 생각하는 사물은 '신'을 통해 지각되는 것을 우리 정신이 감수하여 우리 안으로 불러들인 관념의 복합체에 불과하다. 결국, 버클리는 우리가 감관으로 경험하는 외부 세계의 현실성을 부정하는 것이 아니라, 외부 세계에 물질적 속성이 실재하고 있음을 부정한 것이다. 물질적 실체는 존재하지 않는다고 생각한 버클리는, 그 실체를 지각할 수 있는 관념을 만들어내는 것은 인간의 유한한 정신을 넘어선 '무한한 정신', 즉 신이어야만 한다면서, 세계의 존재 근거를 '지각'에서 구하는 철저한 주관적 관념론으로서의 경험론을 전개했다.

메를로퐁티

"지각은 신체를 통한 외부성의 체험이다."

"지각에서 우리는 대상을 사고하지 않으며, 대상을 사고하면서 우리 자신을 사고하지 않는다. 우리는 대상에 속해 있으며 사람들이 종합해야 하는 세계, 동기, 수단에 대해서 우리가 아는 것보다 더 많이 아는 신체와 뒤섞여 있다." (메를로퐁티, 『지각의 현상학』)

메를로퐁티는 세계는 개념으로서 설명할 수 있는 성질의 것이 아니라고 보았다. 우리의 의식은 내가 경험한 세계를 다만 정리하고 배치해서 '나'의 세계를 만들어내는 것일 뿐으로, 의식의 판단이나 의미 형성에 앞서 지각이 우선한다고 생각했다. 그는 과학이 추구하는 객관적 세계의 바탕에 지각의 세계가 존재하며, 지각된 세계가 모든 의식과 사유의 근원으로 작용한다고 보았다.

메를로퐁티는 이 세계를 지각하는 체험 주체는 **'신체(몸)'**라고 생각했다. 이 세계 속의 '나'는 바로 신체를 가진 나로서, 몸 전체로 살아가는 존재이기 때문이다. 메를로퐁티는 '신체 없이도 존재할 수 있는' 순수 의식 대신에 신체를 떠나서 존재할 수 없는 신체적 '실존'을 말하면서, 신체가 직접 체험하는 세계를 '지각된 세계'라고 불렀다. 지각된 세계는 나름의 질서를 지닌 원초적 세계로, 내가 할 수 있는 그 어떤 지각이나 분석에 앞서 먼저 '거기'에 존재하고, 이미 만들어진 질서나 통일성을 갖고 있다. 따라서 지각된 세계는 '세계-에로-존재'인 인간 신체의 지각에 주어진 세계라고 할 수 있다(메를로퐁티의 '세계-에로-존재'는 하이데거의 '세계-내-존재' 개념을 빌려온 것이다).

그렇다고 지각의 체험 주체인 신체가 전적으로 수동적이라는 것은 아니다. 메를로퐁티는 "신체는 '세계에로' 귀속되고 또 세계의 지각이 신체에 주어지지만, 신체는 세계를 향해 자발적으로 움직이는 주체이기도 하다."라고 주장했다. 신체는 세계 속의 사물들과 같지만, 무언가를 향해 자발적으로 움직이는 주체라는 것이다.

신체가 지각된 세계의 주체가 된다는 것은, 신체는 세계로부터 주어지는 것을 단순히 받아들이기만 하는 수동적인 육체(물질)가 아니라 신체 스스로 대상을 향한다는 것이고, 신체가 대상으로 향하도록 무언가, 곧 '의식'과 결합하여 있다는 것이다. 예를 들어 우리가 어떤 대상을 눈으로 보고 손으로 만지는 것은 신체의 일부인 눈과 손이 그 대상으로 향하는 것이고, 또한 신체가 대상으로 향하도록 의식이 작용한 때문이다.

메를로퐁티는 신체는 의식과 결합해 있다고 주장했다. 신체가 지각된 세계의 체험 주체가 되기 위해서는 의식과 결합해야 하며, 역으로 의식이 세계와 관계를 맺을 때는 반드시 신체를 매개로 해야 한다고 생각했다. 그래서 메를로퐁티는 신체는 의식의 근원적인 존재 방식이라는 점을 강조했고, 이때의 신체를 의식이 육화된 신체라고 규정했다. 의식인 정신과 의식이 녹아 있는 신체는 양자가 존재하기를 그만두지 않는 한 구분될 수 없다는 것이다. 메를로퐁티는 의식은 신체, 곧 몸 안에 있으며, 신체 없는 의식은 존재할 수 없다고 말하면서, 신체적인 것은 정신적인 것에 비해 열등한 것이고 정신적인 것을 위한 수단으로 인식한 전통철학에 반발했다

메를로퐁티는 신체(육체)는 '객체이면서 동시에 주체'라고 생각했다. 우리가 사과를 보고 사과라고 지각(의식) 한다면, 사과는 우리에 대응하여 객체이다. 이 경우, 사과를 보는 눈(눈은 신체의 일부)이나 사과를 만지는 손은 객체가 아니라고 그는 주장했다. 특히 눈은 다른 사람을 보는 것과 동시에 다른 사람에게 '보여지는' 것이다. 악수를 할 경우, 다른 사람의 손을 쥐고 있는 것과 동시에 다른 사람으로부터 손

을 잡힌 것이라 할 수 있다. 퐁티는 신체를 '주관으로서 지각하기도 하고, 객관으로서 지각하기도 하는 것'이라고 표현했다. 신체가 있어야 우리는 세계를 지각할 수 있으며, 세계는 우리에게 '지각되어' 질 수 있다고 보았다. 우리 의식은 신체를 통해 세계와 만나는 것이다. 퐁티는 신체와 세계가 접촉하는 부분을 세계의 '몸'이라고 불렀다. 따라서 사물은 나의 몸과 나의 실존에 관계하며, 건강한 몸 구조 하에서만 존재한다고 생각했다.

정리하면, 메를로퐁티는 인간이 신체를 통한 지각으로 '거기 있는' 세계와 관계 맺는 것을 '실존'이라고 했고, 이런 실존 속에서 살아가는 인간을 '세계-에로-존재'라고 보았다. 신체가 세계로 귀속되지만, 그와 동시에 세계를 향해 자발적으로 움직이고 자신을 중심으로 사물을 지각하는 주체이기도 하다. 이를 두고 메를로퐁티는 "나는 생각한다."에서 존재의 근원을 찾기보다는 "나는 지각한다."에서 이를 발견해야 한다고 주장했다. 그는 '진정한 철학적 인식은 지각'이라고 보았다. 지각이야말로 "모든 행위의 기초이자 전제"로, 지각한다는 것은 곧 신체와 세계가 서로 얽혀 상호 작용하는 것이라고 주장했다.

몸의 철학과 인지과학

메를로퐁티는 자신의 철학을 당시 활발히 연구되던 형태심리학(게슈탈트 심리학)이라는 새로운 지각이론으로부터 발전시켰다. 우리가 알 수 있는 '실체'라고 부르는 대상은 단순히 감각에 따른 경험으로서 만도 아니고 순수하게 정신적인 능력에 의한 것도 아니다. 순수한 지각이나 순수한 정신(의식)은 존재하지 않는다. 지각은 이미 세계 내에 존재하는 신체(몸)에서 일어나기 때문이다. 지각은 이미 세계와 의식의 덩어리이므로 우리의 모든 생각은 한순간도 지각을 떠날 수 없다. 그러므로 모든 것은 지각으로부터 시작되어야만 한다.

메를로퐁티는 인지과학에도 관심을 가졌다. 그는 사고로 팔 · 다리를 절단한 환자가 그 신체가 아직 그 부위에 있는 것처럼 느끼는 현상은, 육체가 단순한 기계가 아니라는 사실을 입증한다고 주장했다. 만약 몸의 각 부분이 단순한 기계 조각에 불과하다면, 육체는 더는 잃어버린 신체 부위를 의식하지 않을 것이다. 하지만 환자에게 잃어버린 신체 부위는 항상 그(주체)의 의지와 유기적으로 연관되어 있었으므로, 여전히 그 신체 부위가 존재한다고 믿는 것이라고 보았다. 다시 말해, 육체는 결코 '단순한' 육체가 아니라, 언제나 '살아있는' 육체라고 할 수 있다. 이러한 메를로퐁티의 '몸의 철학'은 인지과학자들 사이에서 새로운 관심을 얻게 되었다. 최근 인지과학 분야의 수많은 연구 성과를 보면, 일단 세계에 대한 기존의 익숙한 수용 방식을 버리고 나면 경험이 완전히 낯설게 느껴진다는 메를로퐁티의 주장이 입증되는 듯하다.

08 존재

무엇이 '있음'을 나타내는 말로, '유' 또는 '실존'이라고도 하여 비존재 또는 '무'와 대립하는 의미이다. 일반적으로 '있다', '존재한다'라고 하는 모든 것의 가장 포괄적인 개념이자 가장 근본적인 규정이다. 존재는 어떤 실재를 지시하기도 한다. 탁자나 어떤 생명체 같은 구체적 존재일 수도 있고, 하나의 관념이나 허구일 수도 있다. 존재 개념에 대한 성찰은 파르메니데스로부터 하이데거에 이르기까지 모든 형이상학적 물음의 실마리를 이루어 왔다. (어원: '존재하다', '실존하다'를 뜻하는 라틴어 esse/ 유사어: 본질, 존재자, 실존, 실체/ 반대어: 허구, 무, 비존재, 없음/ 관련어: 차이, 형이상학, 존재론)

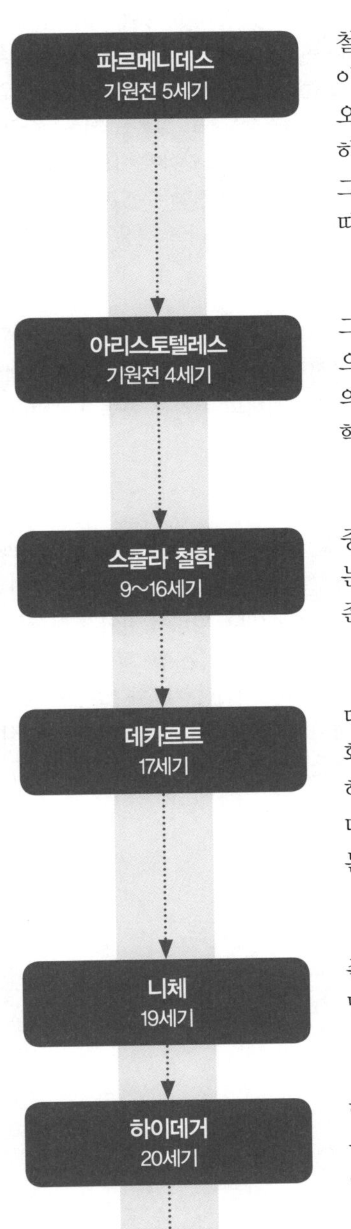

철학사, 특히 형이상학에서 주된 관심사가 된 존재는 '참존재', 즉 '실재'이다. 파르메니데스는 '비유(非有, 없음)·공허·생성'을 부정하고 존재를 오직 하나의 처음도 없고 끝도 없는 '불변·부동·불가분'의 실재라고 말하면서, 사유와 존재는 일치하며 서로 구별할 수 없는 것이라고 보았다. 그러나 그가 말하는 존재는 공간을 채우는 것, 즉 물질적인 것과 같다. 따라서 그에게 있어서의 존재는 물질적인 것이자 정신적인 것이다.

그리스 철학 전반에 걸쳐서, 존재는 생성하는 것과 대비되는 안정된 것으로 간주됐다. 아리스토텔레스는 물리적 실재로서의 존재이자 존재자의 존재, 즉 사물의 실체가 무엇인지를 탐구했지만, 그와 더불어 형이상학적 '실재'로 이해되는 '존재로서의 존재'를 정의하고자 했다.

중세 스콜라 철학의 전통은 존재를 '자기 동일적'인 것으로 머무르게 하는 것이자, 절대적 실존으로서의 존재로 이해했다. 그래서 아퀴나스는 존재를 지고하고 빼어난 실재, 곧 '신'으로 보았다.

데카르트에서 존재 개념은 '객체로부터 주체로의 전환'이라는 중요한 변화를 일으켰다. 데카르트는 철학적 탐구의 방향을 사물의 존재에 대립하는 인식 주체로 재조정하고자 했다. 데카르트는 "나는 있다. 존재한다."라는 명제는 내가 언제 어디서 어떻게 말하거나 마음속으로 떠올리든지 간에 반드시 '참'일 수밖에 없다고 주장했다.

존재는 가장 공허한 개념, 곧 '증발한 실재의 마지막 연기'일 뿐이라고 말했다.

하이데거는 서양철학은 존재와 존재자를 혼동해 왔다고 지적하면서, 그동안 존재자를 존재의 저급한 형태로 취급해 왔다고 비판했다. 하지만 이제는 존재와 존재자 사이의 '존재론적 차이', 즉 존재자를 넘어서서 존재의 의미를 되물어야 한다고 주장했다. 그 이유는 인간은 존재의 의미를 물을 수 있는 유일한 존재자이기 때문이라고 말했다.

한계상황
20세기

야스퍼스에 따르면, 인간은 실존을 깨닫는 순간 한계상황에 직면하게 된다. 한계상황은 죽음, 죄책감, 전쟁, 고뇌, 우연한 사고 등 과학으로 설명할 수 없고 기술로도 해결할 수 없는 인생의 장벽으로, 자기 힘으로 변화시킬 수 없는 상황을 말한다. 야스퍼스는 한계상황을 긍정적인 시각에서 보았다. 인간은 살아있는 한 불가피하게 한계상황과 직면하며, 이를 통해 인간은 자신의 유한성을 각성하고 실존을 회복한다고 보았다. 어쩔 수 없는 현실의 장벽에 적극적으로 맞서야 비로소 인간은 그 벽 너머에 존재하는 '초월자(신)'의 모습을 발견할 수 있다고 생각했다. 그러므로 초월자란 바꿔 말하면 한계를 극복하고 성장한 자신의 모습을 의미한다.

영미 분석철학
20세기

비트겐슈타인을 따르는 영미 분석철학자들은 존재를 단순한 '연결어', 즉 어떤 실재를 나타내는 것이 아닌 하나의 논리적·문법적 범주("A is B"에서 'is')로 보았다.

하르트만
20세기

독일 관념론 철학으로 유명한 니콜라이 하르트만에 따르면, 인식이라는 것은 대상의 산출이 아니라 모든 인식에 선행하고 또 인식으로부터 독립하여 존재하는 무언가를 파악하는 것이다. 따라서 자아가 자신을 통해서 존재하는 것은 이를 스스로 인식해야만 올바로 파악할 수 있다. 즉, 인식 안에는 이미 자기 자신에 대한 인식이 기초해 있기에, 자아가 어떤 것을 만들어내는 생산 활동을 하려면 먼저 자기 자신부터 인식해야 한다.

"존재는 존재하는 것이고, 존재하는 것은 사유하는 것이다."

"있는 것은 있는 것이고, 없는 것은 없는 것이다. 있다가 없어진다든지, 없다가 생겨난다든지 하는 경우는 절대 있을 수 없다." (파르메니데스, 『단편』)

파르메니데스는 형이상학 근본 물음의 하나인 "참다운 존재란 무엇인가?"에 대한 통일성 이론을 제시했다. '존재하는 것'과 '존재하지 않는 것'의 관계에 대한 물음에서, 헤라클레이토스는 변화를 통해 둘을 구별할 수 있다고 생각했지만, 파르메니데스는 변화의 개념을 통한 존재의 구분은 논리적으로 입증 불가능하다고 보았다.

파르메니데스는 세계는 '존재하는 것'만 있으며 '존재하지 않는 것'은 없다고 주장했다. 파르메니데스에 따르면, 존재하는 것은 말 그대로 '있는 것'이기 때문에 없어지지 않고 항상 그 자리에 그 상태로 있을 뿐이다. 존재하는 것은 완전하여 결점이 없는 것, 흔들려 움직이지 않는 것, 끝이 없는 것으로, 소멸하지 않으며, 언젠가 생겨날 것도 아니다. 그것은 현재와 함께, 전체와 하나로 끊이지 않고 계속 이어지고, 이러한 상태는 오래도록 유지된다고 보았다.

파르메니데스는 '무(無)'는 존재하지 않으며 우리가 알 수도, 말할 수도 없다고 주장했다. 존재하지 않는 것은 '**사유**'할 수 없기 때문이다. 이로부터 "생성과 소멸은 없으며, 근본적인 변화는 불가능하다."라는 중요한 결론이 나온다. 생성되었다는 것은 그것 이전에 '무'였다는 것으로, 무란 없는 것이기에 그렇다는 것이다. 이런 생각은 결국 '실체의 영원불멸성'이라는 생각으로 이어졌다.

파르메니데스는 실재하는 모든 사물은 영원하고 변하지 않는 것이며, 또한 나눌 수 없는 유일한 것이라고 보았다. 그리고 이러한 사고를 통해 "모든 것은 하나다."라는 결론을 내렸다. 즉, 세계 안에 존재하는 모든 물질은 그 형태에서 외형적인 변화를 보이는 것일 뿐, 모든 것의 실체로서 영원히 존재하는 것은 '하나'라는 것이다. 파르메니데스는 이처럼 세계를 '존재하는 것'만으로 이루어진 '**하나의 실체(일자, 一者)**'로 파악했다. 하나의 실체인 만큼 이 세계에는 일체의 변화와 다양성이 있을 수 없다는 게 그의 생각이었다.

파르메니데스는 생성, 변화, 소멸하는 세상, 즉 우리가 경험하는 현실 세계의 존재도 부인했다. 존재의 실체(실재)는 정신을 통해서만 파악할 수 있다고 보았기 때문이다. 우리는 변화를 경험하는 것처럼 보이지만, 우리의 이성은 변화하지 않는다고 생각했다. 그리하여 그가 내린 결론은 우리가 모든 것을 오로지 '**정신(누스)**'을 통해 '말(로고스)'로써 철저히 따져보고, 감각으로 전달되는 경험에 절대 속지 말아야 한다는 것이다. 이러한 관점은 불변의 실체를 추구한 플라톤에게 큰 영향을 주었다.

아리스토텔레스 "존재는 지혜와 지식의 근원이다."

"존재 곧 '있다는 것'의 의미는 어떤 속성이 어떤 대상에 귀속되어 있다는 의미로, 결국 존재란 이러한 속성을 담고 있는 주체로서 기체(基體)가 있어야 하고, 그 기체에 속성을 나타내는 본질이 내재해 있는 것이라야 한다." (아리스토텔레스, 『형이상학』)

아리스토텔레스는 형이상학을 '존재 자체로서의 존재'를 다루는 학문이라고 규정했다. 그가 저술한 『형이상학』에는 다음 세 가지 핵심 질문이 들어있다. 첫째, 존재란 무엇이고 이 세상에 존재하는 것은 어떻게 분류되는가? 둘째, 어떤 대상이 지속해서 존재할 수 있음에도 불구하고 우리가 이를 지각할 수 없는 이유는 무엇인가? 셋째, 이 세상은 어떻게 이해될 수 있는가?

아리스토텔레스는 현존하는 모든 대상에는 변화가 있고, 그 기저에는 이를 가능하게끔 하는 원인이 있다고 보았다. 설령 이전에 존재하지 않았던 어떤 대상이 있다면, 이는 그 어떤 것이 변화한 결과로써 존재하는 것으로 생각했다. 그는 변화의 대상을 '질료'라고 보았다. 이 질료가 이를테면 소크라테스에게 소크라테스일 수 있도록 '형상'을 부여했다고 본 것이다. 아리스토텔레스는 세계 내의 모든 대상에는 '질료'와 '형상'이 혼재되어 있다고 주장했다.

이어서 그는 자연스럽게 '있는 것으로서의 있는 것에 대한 지식의 존재'에 대해 질문했다. 과연 "있다는 것(존재하는 것)은 무엇이며, 있다고 하는 것을 있게 하는 것은 또 무엇인가"라는 근본 물음을 제기했다. 그는 모든 앎(지식) 중에서 가장 본질적 앎을 찾아내고자 노력했고, 결국 이것은 '원인'과 '원리'에 대한 앎이라고 주장했다. 그리고 이 앎의 추구 과정에서 '있는 것으로서의 있는 것에 대한 지식의 존재'를 선언하고, 그것의 기준과 범주를 제시했다.

아리스토텔레스는 세계 안에 존재하는 사물은 네 개의 요인(형상인, 질료인, 작용인, 목적인)에 의해 이루어진다고 보았다. 이를 '사원인설'이라고 한다. 이를테면 바위가 굴러 떨어지는 데는 네 가지 원인(요인)이 작용한다. 질료인(사물을 구성하는 재료)은 바위 그 자체를 말하고, 형상인(사물의 배열이나 형태)은 사물의 위치, 작용인(사물을 변화시키는 요인)은 밀치기, 목적인(사물의 기능이나 목적)은 가장 낮은 곳으로 가려는 바위의 욕망이라 할 수 있다.

아리스토텔레스에 따르면, 세계를 이해하기 위해서는 그것을 이루는 것들을 단순히 아는 것만으로는 안 된다. 세계를 이루는 다양한 사물의 성립 요인인 사원인설에 대해 잘 알고 있어야 한다. 세계를 아는 것은 곧 사원인설에 대해 아는 것이고, 이는 사물의 존재에 대해 아는 것이다. 아리스토텔레스는 존재의 본질은 형상 그 자체만으로는 알 수 없다고 보았다. 형상과 질료는 따로 나뉠 수 없으며, 양자가 함께 해야 비로소 존재로 드러난다고 보았다. 즉, 존재의 본질은 단지 가능한 양태(가능태)로 재료 안에 내재하여 있기에, 그것이 형상을 통해 현실(현실태)로 나타나야 비로소 본질이 드러나는 것이다. 그러므로 재료 안에 들어있는 가능태와 무관한 형상은 생각할 수 없으며, 형상은 재료의 성질을 드러내는 설명 방식이 된다.

아리스토텔레스는 존재의 본질은 질료에서 형상으로, 곧 가능태에서 현실태로 발전하는 과정에서 드러난다고 보았다. 그리고 **'목적'**이 무엇인가에 의해 결정된다고 보았다. 그래서 아리스토텔레스는 목적 없이는 어떤 것(존재자)도 존재할 수 없다고 주장했다. 아리스토텔레스의 자연 사물은 저마다의 목적을 갖고 존재한다는 사고방식을 '목적론적 자연관'이라고 한다.

데카르트

"존재는 생각하는 나를 확인시켜 주는 정신의 주관자이다."

"나는 존재한다는 명제는 내가 이것을 말할 때마다 혹은 정신에 의하여 파악할 때마다 필연적으로 참이다." (데카르트, 『성찰』)

데카르트는 '방법론적 회의'를 통해서 더는 논란의 여지가 없는 진실에 도달하려 했다. 그렇게 해서 만나는 것이 바로 '자의식'으로, 의심하려면 의심하는 '나' 자신, 곧 나의 자의식은 반드시 존재해야 한다고 생각했다. 데카르트는 모든 것을 주관하는 절대적으로 완전하고 선한 신이 존재함을 증명함으로써, (사유하는 '나'가 주관하는) 자의식의 존재를 해결하고자 했다.

데카르트의 신 존재 증명은 두 방식으로 진행됐다. 먼저 자아의 경험에 입각한 증명이다. 자기 안(자아)에 내재해 있는 완전하고 무한한 관념은 유한한 자기 안에서 나올 수 없으며, 따라서 이런 신의 관념은 자기 밖에 존재하는 신에게서 온 것이다. 다음으로 신의 관념 자체를 분석해서 신 존재를 증명하는 것이다. 신이라는 관념은 지고하고 완전하며 어떤 결핍도 없는 것이기에, 신은 당연히 스스로 존재한다. 신이 존재하지 않는다는 것은 완전한 신의 본성과 모순되기 때문에, 신은 필연적으로 존재한다. 이것이 데카르트가 내린 결론이다.

이렇게 '자아'의 존재에 이어 '신'의 존재를 입증한 데카르트는 이후 '세계'의 존재를 입증하는 방향으로 나아갔다. 데카르트에 의하면 신은 완전무결한 존재인 까닭에 모든 속성을 지니고 있으며, 그중에서도 성실성이라는 성격, 즉 속이지 않는다는 성질을 지닌다. 따라서 신은 속이지 않는 존재인 까닭에 그가 창조한 이 세계는 환상이 아니라 '실재'하는 세계인 것이다.

'나'를 둘러싼 세계가 실재한다는 사실을 입증하기 위해 데카르트는 인간의 존재에 대해 의심하고 또 질문했다. 육체라는 존재는 의심스러운 것이지만 정신은 의심할 여지가 없다고 간파했다. 왜냐하면, 다른 사물의 존재를 의심하고 있다면 그 사실만으로도 자신이 존재한다는 사실이 확실해지기 때문이다. 데카르트는 인식의 확실성을 사유한다는 사실의 확실성에서 찾았다. 의심도 사유의 일종이다. 모든 의심이 불확실해도 사유한다는 사실만은 의심할 수 없으며, 또한 존재하지 않는 것은 사유할 수 없다는 인식에 도달했다. 그리하여 존재의 질문인 "나는 생각한다. 그러므로 나는 존재한다."라는 철학적 명제를 도출했다.

데카르트는 방법적 회의를 통해 '의심하는 나'의 존재는 확고하고 부동하다는 사실을 갖고서 이것을 철학의 '제1원리'로 삼았다. 이 '의심하는 나' 없이는 의심하는 행위는 이루어질 수 없으므로, 데카르트에게 의심은 하나의 사유 방식을 넘어서서 존재의 양상이 되고, '나'는 다른 존재를 파악하는 근거와 출발점이 된다. 데카르트가 말하는 '나'란 존재는 '생각하는 나' 곧 '이성을 지닌 나의 존재'를 말한다. 이를 데카르트는 '**사유**하는 존재'라고 했다.

데카르트는 사유하는 존재와 대립하는 '물질로 있는 존재'를 언급했다. 그것은 신체적이고 외적인 특징을 지니면서 공간을 차지하는 특성을 갖는다. 따라서 모양과 수를 가지며, 시간과 공간의 지배를 받는다. 인간이란 존재는 특이하게도 생각을 지닌 존재와 물질을 가진 존재로 양분되면서, 신과 통하는 정신과 신체라는 물질을 가진 존재로 분리되고, 각각은 서로 다른 영역의 지배를 받는다고 했다. 이렇게 데카르트는 인간 존재를 정신과 물질로 나누어 정신의 본질은 생각 곧 **이성**의 영역에 속하고, 물질의 본성은 자연법칙의 영역에 속한다고 보았다.

스피노자 "모든 존재는 신의 창조물이다."

"존재하는 모든 것은 하느님 안에 있고 어떠한 것도 하느님 없이는 존재할 수도 파악될 수도 없다. (…) 하느님은 창조하는 자연이며 존재하는 모든 것은 하느님에 의해 이루어졌고 하느님에 의해 존재 안에 보존된다." (스피노자, 『에티카』)

범신론은 세상 모든 곳에 신이 깃들어 있다는 사상을 말한다. 자연이 곧 신이고 신이 곧 자연이라고 생각하면서, 자연과 우주 만물을 신으로 여기는 사고이자 세계관이다. 근대 계몽주의 시대 범신론자로 유명한 스피노자에게 있어서 신은 자연을 창조한 인격적 신이 아니라, 스스로가 존재 원인인 **'자연'** 그 자체를 의미한다.

그는 신, 즉 자연을 이성적 질서에 따라 움직이는 하나의 커다란 기계로 보고, 자연에서 일어나는 모든 것은 원인과 결과의 필연적인 관계로 연결되어 있다고 주장했다. 스피노자의 범신론적 관점에 따르면, 신과 자연은 동일한 존재의 각각 다른 측면으로, 인간은 자연과 하나가 되어야 진정한 자유와 마음의 평화를 누릴 수 있다.

스피노자는 모든 존재에 영혼이 내재한다는 기본 생각을 가지고, 존재하는 모든 것은 신 안에 있으며, 어떤 존재도 신을 떠나 존재할 수 없다고 주장했다. 그래서 존재하는 것은 존재 그 자체로 신의 신성함과 무한함을 표현하는 것이라고 보았다. 존재하는 모든 것들은 신의 손길이 닿은 것이며, 세계는 우연한 것도 무의미한 것도 아닌 필연적인 목적을 따라 움직인다는 것이다.

그렇더라도 그는 신과 존재의 관계는 종속의 관계가 아니라 대등한 관계라고 보았다. 영혼은 신적인 것이 되고 육체는 영혼이 물질로 표현된 것으로 이 둘은 평등한 관계를 이룬다고 생각했다. 스피노자는 한 존재 안에 있는 정신과 육체는 둘 다 신의 속성을 나타내고 있다는 '범신론'과, 육체와 영혼을 상하 관계가 아닌 평행선의 관계로 보는 '심신 평행론'을 펼쳤다. 이러한 그의 주장이 당시의 권위적인 신학에 어떠한 파문을 던졌을지를 상상하는 것은 그리 어렵지 않을 것이다.

스피노자에 따르면, 인간은 '덕'을 실현함으로써 참다운 행복을 얻는다. 이때 덕의 근원은 '코나투스', 즉 자신을 보존하려는 노력에서 비롯된다. 코나투스는 인간 존재의 본질 그 자체를 지향하는 '순수한 인식'이자 일종의 '격정의 역학'을 일컫는다. 정신과 육체의 합일을 지향하는 무의식적인 힘으로서의 **'욕망'**이 그것이다.

스피노자는, 참다운 행복은 덕을 실천함으로써 얻게 되는 '보상'이 아니라 덕을 실현하는 '행위' 그 자체라고 보았다. 내가 행한 행동 양식에 의해 내가 누구인지 결정되듯, 행복은 인간 행위 자체를 통해 얻어지는 것이지, 기독교적 의미로서의 신(神)과 같은 외부 절대자의 힘에 기대어 보상받는 것이 아니다. 인간의 욕망을 억제하거나 통제하려는 행위는 오히려 인간 본성으로서의 자기 보존 욕구를 거스르는 행위다. 따라서 그보다는 정신과 육체, 의지와 욕망이 서로 하나가 되기 위해 상호작용할 때 코나투스는 자기 존재를 지속하도록 상승 작용하며, 그 과정에서 인간은 자유와 구원의 최고 경지인 행복에 도달할 수 있다고 생각했다.

하이데거

"존재는 일상적인 세계 속에 빠져 사는 '자아'다."

"인간에게는 자기 자신에 대한 고유한 존재뿐만 아니라, 그 자신과 관계하는 모든 존재자들의 고유한 존재도 개시되어 있다. 이러한 의미에서의 인간을 '현존재'라고 한다." (하이데거, 『존재와 시간』)

하이데거 사상의 출발점은 철학적 차원에서 '현존재'로 파악되는 인간이다. '거기-있음'이라는 일차적 의미(사르트르의 말을 빌리면, 나의 의지와는 상관없이 세상에 던져진 피투적 존재를 뜻한다)를 지닌 "'현존재'의 존재(곧, 실존)"는 존재와 연관됨으로써 비로소 존재를 이해하고, 이를 통해 자신을 특징짓기 때문이다.

하이데거는 존재하는 것으로서의 사물과는 대비되는, '존재한다'라는 개념을 이해하는 존재의 의미로서의 인간을 '현존재'라고 불렀다. 그의 '현존재(다자인)'라는 개념은 존재한다는 사실을 명확히 의식하고 존재에 관해 묻는 인간의 독자적인 속성을 표현한 것이다. 어찌 보면 인간은 존재한다는 것에 집착하는 동물이라고도 할 수 있다. 그래서 하이데거는 인간에게 두 가지 삶의 방식이 있다고 주장했다. 하나는 '비본래성'으로서의 삶으로, 일상생활 속에 파묻혀 자기 자신을 잃어버린 채 무의한 삶을 산다는 뜻이다. 다른 하나는 '본래성'으로서의 삶으로, 인간이 자신의 존재 가능성을 의식하고 열심히 사는 것을 말한다.

하이데거는 '본래성'으로서의 삶을 이상으로 삼았는데, 그러한 삶을 실현하기 위해 '시간성'이라는 개념을 제시했다. 이것은 죽음을 의식하고 살아가는 시간을 말한다. 인간은 죽음이라는 유한성을 깨달아야 비로소 시간의 소중함을 자각하고, 자기 삶의 주인으로서 미래를 향해 적극적으로 나아갈 수 있다고 주장했다.

하이데거에 따르면, 무엇인가가 '존재한다'라는 개념은 인간에게만 해당하는 고유의 특성이다. 세계는 그러한 개념에 따라 완성되어 있다. 세계는 인간이 해석할 수 있는 성질의 것이 아니다. 그런데도 인간은 언제나 세계를 해석하려 든다. 하이데거는 그러한 인간을 지칭하는 형식적이고 실존론적 표현을 '세계-내-존재'라고 했다. 하이데거에 따르면, 인간은 세계 안에서 여러 가지 사물과 관련을 맺고, 그 사물을 배려하면서 살아간다. 자신의 존재 가능성을 의식하고 세계와 관계를 맺으면서 열심히 살아가는 현존재로서의 인간의 본질적 구조가 곧 '세계-내-존재'인 것이다.

하이데거에 따르면, 인간은 사물과 달리 고정된 본질을 가지고 있지 않다. 따라서 미래의 가능성을 추구하면서 스스로 잠재력을 자각할 필요가 있다. 그렇기에 하이데거에 따르면, 인간은 곧 죽을 수밖에 없는 존재임에도 불구하고 어쩔 수 없이 이 세상을 살아가야만 한다는 사실을 자각한다. 이때 인간이 자신의 기분을 통제할 수 없는 상태를 '피투성(被投性)'이라고 한다. 그는 인간은 개인의 의지와 상관없이 세상에 태어나지만(피투적 존재), 그와 동시에 미래를 향해 열려 있는 다양한 가능성을 만들어가는 존재(기투적 존재)라고 생각했다. 인간은 현재를 초월하면서 미래를 향해 자신의 가능성을 던지는 '기투(企投)'적 행위를 통해 자신의 가능성과 대면하면서 앞으로 나아간다. 하이데거는 인간은 죽을 수밖에 없는 존재임을 자각하고는 어떻게 살 것인가를 진지하게 생각하는 '선구자적 결의'를 통해 자신의 가능성을 자기 스스로 만들어나가야 한다고 말하면서, 이를 '기투'라고 불렀다.

이처럼 하이데거는 '존재'의 의미를 밝히고자 노력했다. 존재는 '내던져짐(피투)'을 경험한다. 존재는 자신의 실존이 다른 것들에 의해 엉망이 되었다는 사실을 깨닫고 경악한다. 그리하여 존재는 비본질적인 것 또는 불합리한 것으로 전락한다. 이제 불안과 무의미함이 서서히 밀려들기 시작하고, 불안은 존재로 하여금 진정한 존재로 가는 길을 열어 준다. 인간이 피할 수 없는 한계상황, 즉 인간의 유한성, 죽음, 고통 등을 자각할 때, 인간은 이른바 실존적 경험을 추체험한다. 그리고 이때 불안과 인생의 무의미함을 깨닫게 된다. 이렇듯 불안을 느낄 때 인간은 성숙하고, 현존재는 세계를 '염려'하면서 앞으로 나아간다. 하이데거는 그런 과정을 통해 인간은 참된 '실존'에 이를 수 있다고 보았다.

하이데거 철학

하이데거의 '현존재(여기 놓여 있는—존재)' 개념을 규정하는 것은 바로 과거, 현재, 미래라는 '시간성'이다. 시간성이 없는 다른 사물에는 단순한 장소에 불과한 이 세계가, 인간에게는 시간성 안에서 현존재의 가능성을 담고 있는 의미심장한 '세계'가 된다. 여기서 관건은 이 세계 안에서, 즉 '세계 내 존재'로서, 가능성으로 '내던져진(기투한)' 인간의 현존 양식을 이해하는 것이다. 사물이 '우리 앞에 있는 존재' 또는 '도구로서 주어진 존재'로서 세계 안에 그저 주어져 있는 것과는 달리, 인간은 '세계' 안에서 타자와 얽힌 존재, '이미 있던 것'에 종속되어 '자신의 현재의' 가능성을 상실한 존재이다. 그래서 인간은 자신이 미래를 향해 '던져질 때', 즉 시간적 미래가 아니라 의도적인 '앞으로 나아감(도래)'을 통해 자신의 가능성을 미리 획득하는 존재로 자신을 이해해야 한다. 이렇게 인간이 자신의 종속과 가능성에 주목하게 되는 계기는 '죽음'이라는 경계의 인식이다. 죽음의 인식을 통해 인간은 '불안'을 느끼고, 한편으로는 이것을 먼저 달려나가 받아들이고, 다른 한편으로는 친숙한 것들과 헤어지는 과정을 통해, 자신만의 독자적인 세계와 마주한다. 하이데거의 철학은 이처럼 난해하다.

하이데거의 '현존재'

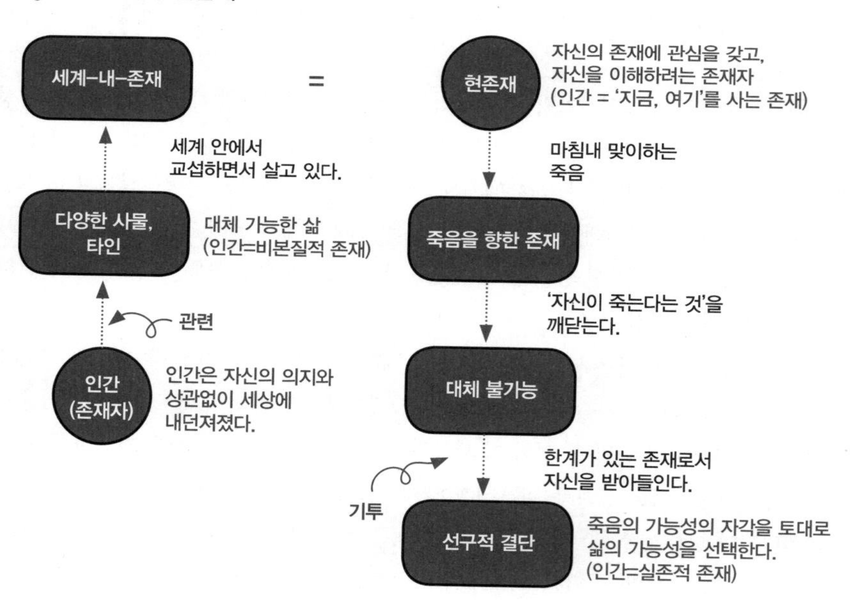

라캉

"존재는 욕망하는 자아다."

"만약 존재가 현재 있는 그대로의 것에 지나지 않는다면 그것에 대해 말할 필요조차 없을 것이다. 존재란 바로 이러한 결핍에 의해서 있게 되는 것이다. 존재가 존재에 대해서 자기의 감정을 갖게 되는 것은 욕망을 체험하면서 이러한 결핍을 통해서이다." (라캉, 『세미나 II권』)

라캉은 존재를 욕망과의 관계에서 설명했다. 욕망은 지금까지 인간의 정신과 반대편에 서 있는 '이성의 타자'로서만 취급되었기 때문에 사람들로부터 외면당해 왔다. 프로이트의 영향 속에서 라캉은 **'욕망'**을 존재의 본질로 바라보았다. 라캉에 의하면 욕망하는 것은 곧 존재가 일종의 '구조'로써 작동함을 뜻한다. 이는 존재는 다른 대상(라캉의 경우에는 '내적 결핍' 또는 '타자의 욕망')과의 관계에 따라 규정됨을 의미한다.

라캉에 따르면, 욕망은 곧 '결핍'을 의미한다. 욕망은 어떤 것을 얻기 위한 단순 욕구가 아닌, 인간 존재의 근원이다. 존재는 결핍을 지닌다. 결핍한 존재는 자신의 불완전함 속에 그대로 머물러 있지 않고, 결핍을 욕망으로 의식함으로써 존재 자신을 인식하게 된다. 즉 욕망을 통해서 존재는 자신이 불완전하단 사실을 깨닫게 되고, 우리 안에 부재하는 것, 즉 결핍된 것을 통해서 우리의 현존을 세워나간다. 그러므로 라캉이 말하는 욕망은 존재의 결여에서 비롯되는 **'소외'**의 다른 표현이다. 타자의 욕망이란 인간의 욕망이 교환의 구조인 상징계에서 타인들의 욕망을 통해 인정될 때만 의미가 있기에 필연적으로 타자의 욕망에 의존할 수밖에 없음을 뜻한다. 이를 두고 라캉은 "인간은 타자의 욕망을 욕망한다."라고 말했다.

라캉은 아이가 언어로 표현하지 못할 때 결핍과 비존재성을 느끼는 상징계를 예로 들면서, 타자의 욕망이 커질수록 주체의 욕망은 사라진다고 말했다. 욕망은 타자의 욕망에 대한 환상으로, 결국 욕망이 지향하는 것은 타자라는 존재 자체이지, 이를 대신할 수 있는 다른 대상이 아니다. 말했듯, 욕망은 내가 아니라 타자의 욕망에서 시작되기 때문이다. 라캉은 타자의 욕망을 좇으면 좇을수록 자신에 대한 불안감이 발생하게 된다고 보았다. 욕망에는 절대성이 없다. 타자의 욕망이 나의 욕망이 될 수도 없다. 그리고 타자의 욕망이 실현되는 순간 자신의 욕망은 소멸하고 만다. 타자의 인정(인정 욕구)에 집착하다 보면 결국 타자의 욕망에 휘둘리게 된다. 라캉은 '햄릿'을 타인의 욕망에 휘둘리는 현대인으로 재해석하면서, 지나친 타자의 욕망은 인간을 속박하며 불안을 일으키는 원인이 된다고 보았다.

라캉은 욕망에서 중요한 특성의 하나가 **'인정'**, 곧 인정 욕구라고 했다. 그러나 인정이 욕망의 본질은 아니다. 인정의 욕망이 커짐에 따라 존재의 소외감도 커진다. 이때 라캉이 제시한 대안은 '순수 욕망'이다. 순수 욕망은 욕망을 대상이나 만족과 상관없이 그 자체로 유지하려는 욕망이다. 라캉에 따르면 욕망이 순수 욕망일 수밖에 없는 것은 애초부터 그것이 대상과의 관계라기보다는 '존재 결여'와의 관계이기 때문이다. 여기서 존재는 실존적 주체를 말한다.

라캉은 인간 존재가 삶 속에서 억압하는 욕망에 대한 근본적인 부정성, 다시 말해 욕망을 긍정적으로 바라보는 태도가 중요하며, 그것이 오히려 인간을 내적 결핍에서 벗어나 인간다운 존재로 만든다고 보았다. 구조적 결핍을 채우려는 욕망이 긍정적인 기제로 작용하면서 인간은 실존을 느끼고 자신의 존재를 확인한다. 이를 위해 라캉은 존재의 결핍이 삶의 본질임을 인정하고 적극적인 삶을 추구함으로써 진정으로 욕망하는 주체로 거듭나야 한다고 주장했다.

09 진리

언제 어디서나 누구든지 승인할 수 있는 보편적인 법칙이나 객관적인 타당성을 지닌 사실을 일컫는다. 서양 철학사에서 진리는 크게 두 가지로 나누어 고찰한다. 하나는 그리스 이래 중세를 거쳐 근세에 이르기까지 전해 내려온 진리관이고, 다른 하나는 근대 철학이 확립한 진리관이다.

전자는 '존재론적 · 신학적 진리관'으로 외부 세계의 존재 가능성 및 현실과의 일체감에서 진리를 구하려는 태도이다. 이 경우 진리의 기준은 외부 세계의 존재와 현실에 있다. 이러한 사고는 아리스토텔레스로부터 발전하여 스콜라 철학을 대표하는 아퀴나스의 사상으로 확립됐다. 한편, 후자인 근대의 진리관은 '관념론적 · 인간 중심적 진리관'으로 인간의 의식과 인식에 진리의 기준을 둔다. 진리는 우리의 의식 속에 있는 것으로서, 인간에 의해서 발견되는 것이지 어떤 초자연적 계시를 받아 얻어지는 것이 아니다. 이 경향은 베이컨과 데카르트를 거쳐 칸트에 이르러 확립됐다. (어원: 명사 intuition/ 반대어: 오류, 거짓/ 관련어: 확실성, 인식, 논증, 오류, 자명성, 직관, 증명, 실재, 과학)

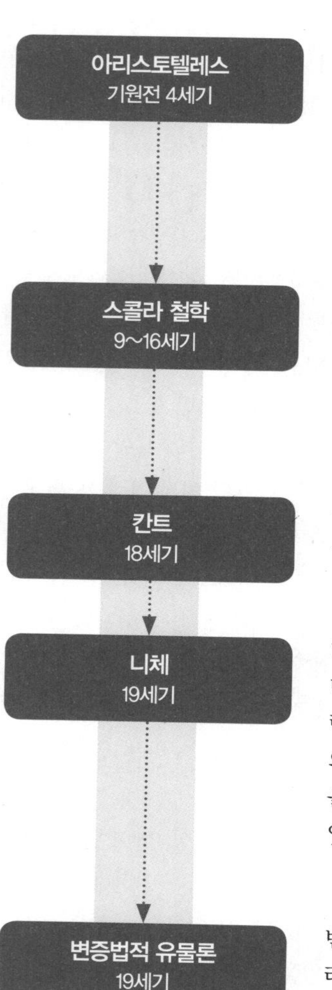

아리스토텔레스는 '있는 것을 없다'고 하거나 '없는 것을 있다'고 말하는 것은 허위이며, 반대로 '있는 것을 있다'고 하고 '없는 것을 없다'고 말하는 것은 진리라고 했다. 이때의 진리의 기준은 우리의 인식이나 지각에 있는 것이 아니라 오히려 사물에 있으며, 인식이나 지각은 사물에 의해 결정되는 것이라고 보았다.

스콜라 철학에 따르면, 진리는 기독교의 신적 관념과 결합하여, 가장 높고 가장 완전한 존재로서의 신을 절대적이고 영원 부동한 참된 존재로 인정했다. 신앙을 통한 신의 계시에 의해서만 비로소 진리를 파악할 수 있다.

객관은 주관에 의지하고 객관은 주관에 의해서만 가능하다고 함으로써, 진리의 기준을 주관, 즉 사유와 오성과의 일치에서 찾았다.

니체는 진리보다는 삶이 더 가치 있는 것으로 보았다. 진리는 하나의 선택으로 오류, 거짓, 환상 등을 환원할 수 있다. 진리보다 다른 것들(쾌락, 권력, 행위 등)을 좋아할 수도 있고, 진리에 대한 열정을 인간 존엄성의 징표로 보지 않을 수도 있기 때문이다. 데카르트 또한 우리가 자명성을 거부할 수 있다는 점을 인정했는데, 이런 의미에서 진리의 문제는 무엇보다도 우리의 자유와 연관되는 것이다.

변증법적 유물론은 의식에서 완전히 독립해 있으면서 객관적 법칙에 따라 운동하고 있는 물질의 존재를 극단적으로 인정한 나머지, 사유로서의 의식이 물질세계의 법칙을 정확하게 반영하는 것에서 진리를 찾고자 했다. 이때 인간의 의식은 일정한 발전 단계에 놓여 있는 과학의 수준과 사회생활의 역사적 조건에 의해서 제약되므로, 진리는 불가피하게 상대주의에 빠지고 만다. 그러한 상대성은 결국 절대적 진리 속에 포섭되는 것으로, 인간은 이러한 상대적 인식을 통해 무한히 절대 진리에 접근해 나간다.

회의주의는 진리 탐구를 부정하고, 진리 파악의 가능성을 '독단적으로' 긍정하는 태도를 경계하면서 이를 회의와 검토로 대체하려 했다. 회의주의는 그 자체에 진리성을 함축하고 있다는 점에서 모순적이지만, 인식이나 진리에 관해 신중하고 겸허한 태도를 지닐 수 있게 한다는 점에서 긍정적이다. 회의주의는 근거 없는 믿음이나 독단적인 주장과 관련해 일깨움을 준다.

칸트 이후 과학적 인식의 발전 성과를 흡수한 신칸트학파가 대두했다. 코헨은 사유를 존재의 근원으로 보았고, 빈델반트는 진리를 표상 상호 간의 일치 혹은 사유의 규준으로 보았다. 리케르트는 절대적 타당성을 갖는 판단 가치에 진리성을 부여했다.

미국에서 탄생한 프래그머티즘에서는 사유와 행동을 유효하게 하는 판단에 진리성을 부여함으로써, 진리의 기준을 판단이 가져오는 귀결과 성과에 두고자 했다. 따라서 프래그머티즘에서 진리는 절대적·보편적·지속적인 것이 아니라 상대적·부분적·특수적인 것이다.

논리실증주의 철학자 카르납에 의하면 진(眞)·위(僞)라고 하는 말은 절대적 의미와 상대적 의미를 지닌다. 절대적 진위란 물질의 실체와 같이 언어표현을 떠난 존재를 말하는 것이며, 상대적 진위란 언어표현이 대상을 옳게 지시하고 있는가 어떤가, 또는 표현 자체에 모순은 없는가를 말하는 것이다. 카르납에 따르면 전자는 언어를 떠난 문제이므로 토론의 여지없이 다만 각자의 직접 체험에 맡겨두는 수밖에 다른 도리가 없으나, 후자 즉 언어표현에서의 진위는 엄밀히 토의할 수 있는 문제이다.

소크라테스 "진리는 무지의 자각이다."

"무언가를 알고자 한다면 우선 자신이 아무것도 모른다는 것을 인정하는 것부터 시작해야 하네!" (플라톤, 『소크라테스의 변명』)

소크라테스는 상대적이고 실용적인 진리를 내세운 소피스트와는 달리 절대적이고 변하지 않는 진리를 추구했다. 소크라테스의 진리 탐구는 상대방에게 질문을 던지는 것에서부터 출발한다. 그는 프로타고라스가 상대주의 관점에서 "인간은 만물의 척도"라고 말한 것에 대해 의문을 제기했다. 인간이 만물의 척도라고 하더라도 정작 그 인간이 누구인지를 모른다면 아무런 의미가 없다고 보았다. 소크라테스는 반성하지 않는 삶은 살 가치가 없으며, 이를 위해 객관적인 진리를 추구해야 한다고 생각했다.

소크라테스는 자신의 '무지'를 깨닫는 것이 진리를 알고 또 자신을 아는 출발점이라고 생각했다. 자신이 무지하면서도 스스로 지혜롭다고 착각하고 있는 소피스트와는 달리, 소크라테스는 자신이 무지하다는 사실을 깨달았다. 그리하여 소크라테스는 "너 자신을 알라"고 외쳤다. 그리고 이런 외침은 인간의 지식을 검증하고, 인간이 추구해야 하는 선(善)을 규정하는 내면의 요구라고 생각했다. 그리하여 소크라테스는 사람들이 스스로 선과 덕에 대해 잘 안다고 믿지만 실제로는 껍질뿐인 지식에 사로잡혀 있음을 알게 됐다. 그런 외관상의 지식은 대화 가운데 로고스(이성)를 통한 엄밀한 검증을 견디지 못한다는 사실도 경험했다. 그 과정에서 소크라테스는 확실한 인식에 도달하기 위한 최고의 방법을 고안해 냈다. 바로 '문답법(논박법)'이다.

소크라테스는 아테네인들의 무지를 깨우쳐 주는 것이 곧 신이 자신에게 부여한 소명이라고 확신하고는, 아테네 청년들이 참된 진리를 깨닫도록 대화를 통한 논박을 이어나갔다. 귀납적 문답법, 곧 변증법적 논박은 대화를 통해 질문과 대답이 오가는 과정에서 참된 지식을 찾는 방법이다. 소크라테스는 문답법을 가장 효과적으로 사용한 철학자였다.

이 문답법을 활용하여 그는 우선 상대방의 논리 안으로 들어가 거기서 모순을 찾아냈다. 그리고 그것을 집요하게 추궁하여 상대방이 스스로 무지를 시인하도록 만들었다. 자신이 무지하다는 것을 아는 것(**무지의 지**), 즉 무지의 자각이야말로 참다운 지식에 이르는 필수 불가결한 조건이라고 보았기 때문이다. 이를 위해 그는 때와 장소를 가리지 않고 대화를 나누며 피상적인 지식에 자만하는 사람들의 무지를 폭로해 그들을 당황하게 했다. 소크라테스는 논박법이라고 하는 이와 같은 대화 방법을 통해 대화 상대방이 피상적 지식을 넘어 보편적이고 불변하는 진리에 다가갈 수 있도록 했다.

문답법을 통해 끊임없이 진리에 다가가려고 한 소크라테스의 철학은 그가 죽은 이후에 제자인 플라톤에 이어졌고, 이성 중심의 절대 진리를 강조한 이데아 사상으로 확립되면서 서양철학의 본류를 이루었다.

아퀴나스

"진리는 신이 부여한 지적 지식이다."

"두 가지 종류의 판단이 있다. 하나는 보편적인 것에 대한 판단으로 이는 양심으로부터 발생하는 것이다. 다른 하나는 개별적으로 해야 할 것에 대한 판단인데, 이는 선택에 대한 판단이며 자유의지에 속하는 판단이다. 따라서 사람들은 이 두 판단을 동일한 것이라고 증명하지 않은 것이다." (아퀴나스, 『진리론』)

토마스 아퀴나스는 철학적 의미의 진리를 신의 존재 안에서 설명했다. 아퀴나스는 '신은 곧 진리'라고 생각했다. 그는 신앙과 이성은 신에게서 나온 것이기에 서로 모순될 수 없다고 보았다. 신학과 철학은 각기 다른 진리에 도달할 수 없으며, 다만 그 둘은 방법론에서 서로 다를 뿐이라고 주장했다. 모든 진리는 신에게서 나오며 다시 신에게로 돌아갈 수밖에 없다고 보았다.

아퀴나스는 "진리는 모든 것을 그 목적으로 나아가게 하는 신적 지혜의 원형"이라고 보았다. 그는 "사물은 신의 정신을 모방한 것이다. 그리고 신은 항상 참이다. 거짓인 신은 신이 아니기 때문이다."라고 했다. 이로부터 신을 닮은 세계의 사물은 신의 모방이고, 따라서 사물의 존재는 참일 수밖에 없다는 결론을 끌어냈다. 사물은 그것의 원형(신적인 참된 것)을 모방한 것이기에, 참이 되는 사물은 인간의 지성 안에서도 참된 것으로 인식된다고 주장했다. 아퀴나스에 따르면 인간은 신으로부터 받은 이성에 의해 사물에 대한 참다운 인식을 형성한다. 인간은 지성을 통해서 모든 사물의 참된 본질에 대해 알게 되고, 이를 통해 신의 존재를 확인하게 된다. 이를 두고 아퀴나스는 "진리는 사물과 지성의 일치를 가리킨다."라고 말했다.

아퀴나스에 따르면 진리의 근거는 우리 '**지성**' 안에 있다. 그는 "지성(사고)과 사물(존재)의 합치가 진리"라고 했다. "지성이 사물이 실제로 있는 것으로 판단할 때 지성은 처음으로 진리를 인식한다. 그와 동시에 '지성은 사물이 무엇이다.'라는 본질을 인식함으로써 진리라고 할 수 있다"라고 말했다. 아퀴나스에 따르면, 인간의 사유(사고), 즉 지성은 사물의 본질이 무엇인가를 파악하고 그 진리를 인식하는 것이다. 그러므로 지성의 완성은 곧 인식된 것으로서의 진리다.

아퀴나스는 인간에게는 두 가지 인식 방법과 인식 영역이 있다고 보았다. 이성이 인식할 수 있는 것과 신의 계시에 의한 인식이 있다. 그리고 그 두 영역은 명확히 나뉘고, 그에 따라 경험을 통해서 이성적으로 인식할 수 있는 영역을 다루는 철학과 초자연적인 계시의 진리 영역을 다루는 신학은 구별된다. 그러나 아퀴나스는 이성의 법칙에 따라 인식된 진리와 계시를 통해서 얻게 된 진리는 서로 보충적일 수는 있지만, 결코 모순적이지는 않다고 주장했다. 그 이유는 인간의 철학적 진리는 인간이 신에 의해서 창조될 때 부여받은 이성에 의해서 그 정당성을 갖기 때문이다. 이성적 진리는 신이 부여한 이성에 근거한 것이기 때문에, 결코 신이 특별한 은총으로 부여하는 계시적 진리와 충돌할 수 없다는 것이다.

헤겔

"진리는 절대정신의 실현이다."

"참된 것을 실체로서가 아니라, 주체로서도 파악하여 표현할 필요가 있다." (헤겔, 『정신현상학』)

헤겔은, 인간은 변증법적 사고 과정을 통해 절대적이고 보편적인 진리를 알아낼 수 있다고 생각했다. 헤겔은 생성하고 유동하는 세계를 고찰하기 위해서는 현실의 모순된 상태를 파악하는 인식 방법인 변증법이 적절하다고 생각했다. 헤겔에게 있어서 진리는 스스로 거듭되는 끊임없는 변증법적 운동을 통해서 드러난다.

변증법은 **절대정신**, 곧 진리에 도달하기 위한 논리적 사고방식으로, 그 과정을 설명하면 다음과 같다. 일단 우리는 하나의 논증 명제인 '정립(正, 즉자, 테제)'에서 시작한다. 그것에 대응하여 다른 하나의 반대 진술, '반정립(反, 대자, 안티테제)'이 맞선다. 그 둘이 충돌하면서 이것 모두를 아우르는 '종합(合, 지양, 진테제)'을 이끌어낸다. 그러나 진실이란 언제나 완전한 체계 안에 놓여 있기에 이런 최초의 종합만으로는 아직 완전한 진리라고 할 수 없다. 이것은 하나의 새로운 정립이 되고, 그것에 상응하는 반정립과 종합이 다시 생성된다. 이 과정은 절대정신(절대 지식이자 참된 진리)에 도달할 때까지 영원히 지속된다. 헤겔은 절대정신이 변증법적인 여정을 통해 결국 자기실현이라는 참된 진리에 도달한다고 생각했다. 헤겔은 변증법적 진리 추구에서 모순이야말로 진리 탐구의 핵심이며, 뼈를 깎는 노력으로 모순을 없애고 나면 반드시 더 높은 단계의 진리로 나아간다고 주장했다.

헤겔은 절대정신만이 참된 진리라고 보았다. 헤겔에게 있어서 절대정신은 이성의 자기실현 과정을 통해 절대자의 정신에 다가서고자 하는 의식으로, 정신 그 자체만으로 존재하는 것이 아니라 세계나 자연 속에서 절대이념, 곧 진리의 형태로 구현된다.

그렇기에 헤겔의 절대정신은 전체와 부분의 관계 속에서 구체적이고 현실적인 모습으로 나타난다. 이를테면 각각의 조각은 전체 퍼즐의 한 부분일 때만 의미가 있는 것처럼, 헤겔은 모든 지식은 근본적으로 서로 관계를 맺고 있다고 보았다. 이를 두고서 절대정신이 실현되는 과정인 **'역사'**를 예로 들어 말하기를, "역사는 우리가 역사로부터 아무것도 배운 적이 없었음을 가르쳐 준다."라고 했다.

헤겔은 동떨어져서 홀로 존재하는 지식(앎)은 없으며, 최종적인 실재인 절대정신을 따라 앎의 단계에 이르러야 완전한 진리가 드러난다고 보았다. '진리는 최종적인 실재로서의 전체'라는 것이다. 이처럼 헤겔에게 있어서의 진리는 세계 속에서 모습이 드러나고, 계속되는 자기 극복 과정을 통해서 참된 실재가 밝혀지며, 역사와 현실 속에서 발전한다는 점에서, 끊임없이 자가발전하는 역동적 진리이다.

니체

"진리는 환상이자 거짓에 불과하다."

"그렇다면 진리란 무엇인가? 그것은 오래 사용되어온 결과 사람들에게 규범이 되어 구속력이 있는 것처럼 보이는 (…) 일련의 유동적인 은유다. 진리는 환상이며, 그나마 어떤 환상인지조차 우리가 기억하지 못하는 환상이다." (니체, 『도덕 외적 의미에서 진리와 거짓』)

니체는 인간의 인식은 한계가 있으며, 우리가 사실이나 실재, 그리고 절대적 진리라고 말하는 것들은 모두 환상에 불과하다고 보았다. 니체는 진리를 비판하면서 이를 언어와 개념이 지닌 한계를 갖고서 설명했다. 일반적으로 진리란 어떤 사물에 관한 판단에서 시작되며, 언어라는 수단으로 표현된다.

하지만 니체는 언어적 표현은 일종의 **'은유'**에 불과하다고 보았다. 니체에 따르면 우리가 현실에서 사용하는 개념은 사물 전체를 대표할 수 없다. 그런데도 우리는 이것을 해석할 수 있고 또 이해할 수 있다고 생각하면서, 사물의 어느 한 측면이 마치 전체인 양 착각하는 오류에 빠진다. 하지만 니체에 따르면, 언어를 통해 인식할 수 있는 세계는 단지 표현된 세계, 곧 기호로 나타난 세계이고, 이는 참된 실재의 세계가 아니라 인간이 언어라는 도구를 통해서 인위적으로 만들어낸 세계이다. 니체는 인간은 언어로써 표현된 은유가 되기 이전의 사물의 모습을 만날 수 없는데도 불구하고, 언어라는 틀 속에 갇혀서 생각하고 인식함으로써 언어가 곧 '진리'라는 환상을 만들어낸다고 주장했다.

니체는 이런 생각에 반대했다. 니체는 진리란 없으며 진리를 원하는 마음, 곧 '진리에의 의지'만이 있다고 보았다. 니체에게 진리란 이론이 아니라 **삶** 그 자체다. 진리는 내가 결정하고 내가 의지하고 내가 창조하는 그 무엇이다. 그렇기에 내가 '나 자신'이 되는 것을 가로막는 모든 진리는 우상일 뿐이다. 니체는 우상 파괴에 모든 열정을 바쳤고, "망치를 들고 철학을 하는 자"를 자처했다.

니체는 우상을 따르는 보편적 진리 추구가 인간의 삶을 병들게 했다고 지적했다. 그는 이 사실을 인정하고 스스로 해석의 주체가 되어 자기 삶을 조형해나가는 인간을 '초인(위버멘시)'이라고 했다. 초인은 항상 자기 자신을 극복하는 신체적 존재이며, 인간 자신과 세계를 긍정할 수 있는 존재이자, 지상에 의미를 부여하고 그 의미를 완성하는 주인의 역할을 하는 존재이다. 니체는 인간의 행동에는 자기 보존을 지향하는 의지가 숨어 있다고 보았다. 인간은 각자 '초인'이 되어 힘에의 의지를 갖고 참된 진리를 추구할 때 진정한 자기 삶의 주인이자 창조적 삶을 영위하고, 위대한 사랑과 영원한 구원을 얻는다고 보았다.

니힐리즘

기존의 가치, 진리, 질서, 권력의 절대 근거를 부정하는 사상이다. 흔들림 없는 가치관을 기본으로 살아가는 근대 이전 사회는 겉으로는 평온하지만, 사람들의 마음은 억압받고 있다고 보았다. 니체는 기독교 도덕을 기반으로 한 사회는 필연적으로 니힐리즘에 이를 수밖에 없다고 보면서, 기존의 가치 기준을 근본적으로 전환해야 한다고 주장했다.

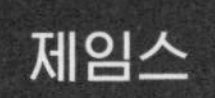

"진리는 우리의 경험과 만족스러운 관계를 맺을 때만 유용하다."

"아주 많은 사람이 자신들의 편견을 짜깁기하면서 스스로 사고하고 있다고 생각한다." (제임스, 『실용주의』)

실용주의는 사물이 진리를 담고 있는가를 경험 결과로 판단하는 철학적 태도를 말한다. 실용주의는 모든 대상에 적용 가능한 진리는 없다는 '상대주의' 입장에서, 기존의 모든 지식을 비판하고 유용성이 검증된 진리만을 '참'이라고 간주한다. 실용주의 관점에 따르면, 사고란 인간이 무언가를 할 때 쓰이는 도구에 불과하며, 진리란 실제로 유용하게 쓰이는 것을 말한다.

미국의 실용주의 철학자 제임스는 진리는 **'유용성'**에 의해 결정된다고 보았다. 제임스에 따르면 진리란 어떤 실제적이고 실질적인 문제의 해결이 구체적인 행위를 통해 만족스러운 결과로 나타나는 것이다. 예를 들어, 숲속에서 길을 잃고 헤매던 사람이 "길을 잃으면 소의 발자국을 따라가라."라는 말을 떠올리고 소의 발자국을 찾아 그 발자국을 따라갔더니 인가가 나왔다고 하자. 이때 이 사람의 "소 발자국을 따라가면 인가가 나올 것이다."라는 생각은 실제로 행동으로 옮겨져 유용한 결과에 도달함으로써 진리가 되는 것이다.

여기서 '유용성'이란 실제적 · 실질적 효과가 있다는 뜻이다. 유용성이 진리를 결정하는 유일한 기준이라는 것을 명확히 설명하기 위해 제임스는 **'현금 가치'**라는 비유적 표현을 사용했다. 제임스는 "당신이 실용주의 방법을 따른다면 당신은 당신이 추구하는 것에서 실질적인 현금 가치를 도출하고 당신의 경험 안에서 그것이 작동하도록 해야 한다."라고 했다. 이는 관념 자체는 본원적인 진리나 가치가 없으며, 관념이 진리가 되려면 우리가 하고자 하는 것을 실제로 할 수 있게 해주는 데 어떤 유용한 결과, 즉 실제적 현금 가치를 지녀야 한다는 것을 뜻한다.

같은 실용주의 철학자이면서도 과학적 탐구를 통한 의미의 객관적인 명료화를 주장했던 퍼스와는 달리, 제임스는 실용주의에 주관주의적인 성격을 부여했다. 제임스에 따르면, 모든 인식과 행위의 바탕이 되는 신념은 절대로 보편타당한 진리 기준을 따르지 않으며, 오로지 인식 주관의 실천적 관심을 보여 줄 뿐이다. 진리의 기준은 유용성을 획득함으로써 정확성으로 확증된다. 즉, 현실에서 개인이 얼마나 만족하게 되는지가 진리 판단의 기준이 된다. 따라서 예를 들어 '신'이 존재한다고 가정하는 것이 개인의 삶을 영위하는데 만족을 준다면, 제임스는 이를 진실한 것이라고 받아들였다. 아울러 그는 사람마다 관심과 생활환경이 다르므로 '복수의 진리'가 동시에 존재할 수 있으며, 또한 생활환경도 시간에 따라 달라지므로 진리 또한 변할 수 있다고 보았다.

슬퍼서 우는 것이 아니라 울기 때문에 슬픈 것이다.

제임스는 신체의 반응에 감정이 좌우된다면서, 인간의 감정 역시 결과로부터 유도되는 것이라고 주장했다. 제임스는 감정은 그 원인을 지각함으로써 일어나는 신체적 변화를 체험하는 것이라고 보았다. 슬픔과 기쁨이라는 감정은 먼저 신경 흥분이 일어나고, 그에 따라서 일어나는 신체적 변화를 체험하는 것이다. 즉, 우는 것으로 비로소 슬픔을 체험할 수 있다는 것이다.

10 이성

이성은 감각적 판단 능력과 구별되는 개념적 사유 능력이다. 판단을 조합하는 능력인 이성은 정신의 탐구를 이끌면서 사물을 옳게 판단하고, 옳고 그름, 선과 악, 아름다움과 추함 등을 식별할 수 있게 한다. 개념은 감각, 느낌, 의지로 형성한 표상을 종합한다. 판단은 사물에 대한 인식을 구성하기 위해 개념을 연결한다. 이성은 우리가 이러한 개념과 판단을 형성하고, 인식을 조직화하고, 세계에 어떤 의미를 부여할 수 있게 하는 지적 능력이다. 이 같은 기능을 수행한다는 점에서 이성은 감성과 다르다. 감성은 단지 감각의 문제에 대답하며, 지식이 아닌 주관적 믿음의 질서 속에서 작동할 뿐이다. 그리스 철학자들은 이성의 힘으로 인간과 세계를 합리적으로 탐구한 최초의 사람들이다. (어원: '계산', '이유'를 뜻하는 라틴어 ratio/ 관련어: 원인, 정신, 지성, 사유, 인식, 도덕, 추론, 합리주의, 지식, 의미)

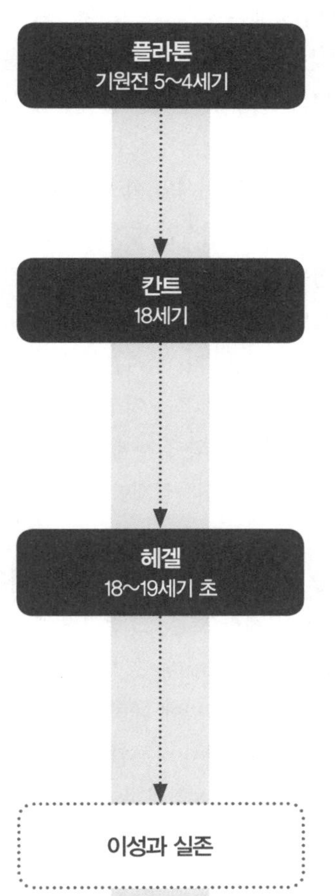

플라톤에 따르면, 이성은 실재를 개념적·논리적으로 인식하는 능력인 오성보다 높은 차원의 인식 능력이다. 플라톤은 누스(nous, 영혼, 정신)를 감성 및 로고스와 구별하여 참다운 실재인 '이데아'를 지적으로 직관하는 능력이라고 규정했다. 이 경우 이성, 곧 누스는 '지성'이라고 볼 수 있다.

칸트는 플라톤의 이성 개념을 이어받아, 오성은 범주의 능력이고 이성은 이념의 능력이라고 보았다. 칸트에게 있어서 양·질·관계 등의 범주를 사용하여 인식의 대상을 구성하는 것이 오성의 능력이며, 이념에 의해서 이러한 오성의 작용에 통일과 체계를 주는 것이 이성의 능력이다. 오성은 제한된 인식 능력인 데 비해, 이성은 제한 없는 인식 능력이다.

헤겔은 오성과 이성을 각각 추상적 개념화 능력과 구체적 개념화 능력으로 구분했다. 추상적 개념화의 능력인 오성은 '직관, 반성, 자각'이라는 변증법적 단계를 거치면서 보다 높은 자각, 즉 이성 속에 들어가 종합·통일됨으로써 참다운 구체성을 얻게 된다. 그렇게 해서 이성은 '절대이성'으로 나아간다.

야스퍼스, 키르케고르, 니체와 같은 실존철학자들에 따르면, 실존이야말로 인간 존재의 조건이며 근원이다. 실존철학은 단순한 체험이 아니고 하나의 학문으로서 어디까지나 사유를 통해 성립하는 것이므로, 이성을 배제할 수 없다. 실존과 이성은 불가분의 상관성을 갖는다. 즉 실존은 이성에 의해서 본모습이 드러나며, 이성은 실존을 통해 열매를 맺는다. 실존철학은 그 이유를 밝히려는 것이다.

"이성은 세상의 참된 모습을 직관하는 능력이다."

"영혼 가운데서 가장 핵심적인 부분, 이를테면 눈의 눈동자에 해당하는 부분이 이성이다." (플라톤, 『국가』)

플라톤은 인간의 육체와 영혼은 완전히 구분되어 있으며, 영혼이 육체를 지배한다고 보았다. 그는 영혼을 세계의 근본을 이루는 신적인 것(이성)과 지각 세계에 속하는 것(기개와 욕망)으로 나누었다. 그리고 각각을 쌍두마차에 빗대어서 설명하기를 이성은 마부, 기개는 순종하는 말, 욕망은 반항하는 말과 같다고 표현했다. 그는 이 세 부분이 제구실을 하되 욕망이 멋대로 날뛰지 않도록 제어하는 것이 바로 영혼이 '자기의 주인'이 되는 길이라고 보았다. 그와 반대로 욕망이 이성의 통제를 벗어나 쾌락으로 질주할 때 인간은 '자기의 노예'가 된다고 생각했다.

플라톤에 따르면, 영혼의 각 부분에 상응하는 덕목은 다음과 같다. 인간의 영혼 안에 있는 이성적인 것의 과제는 현명해지는 것으로, 곧 '지혜'의 덕이다. 기개의 과제는 열성적으로 이성에 순종하는 것으로, 곧 '용기'의 덕이다. 욕망 또한 이성의 인도를 따라야 하는데, '절제'의 덕이 그것이다. 플라톤은 이렇게 영혼의 세 부분에 속하는 덕목보다 높은 곳에 네 번째 덕을 올려놓았는데, 그것은 **'정의'**라는 덕이다. 정의, 지혜, 용기, 절제를 플라톤은 '사주덕'이라고 불렀는데, 영혼을 이루는 모든 부분이 그것에 상응하는 덕의 과제를 적절히 충족할 때 비로소 정의가 실현된다고 보았다. 이성의 힘으로 영혼의 무질서를 바로잡는 것이 '정의'로, 영혼의 각 부분에 고유한 의무를 부과하므로 보편적인 덕이라고 할 수 있다.

플라톤은 영혼을 최대한으로 발휘하는 능력은 바로 이성에 의한다고 보았다. 우리가 진리에 이르는 것은 이성을 통해서이며, 참된 것의 추구는 이성이 바라는 바를 그대로 따르는 것이다. 이것이 법이자 질서로, 이성이 요구하는 방식을 따라 행동하는 것이 가장 올바른 행위다. 플라톤에게 있어서 이성은 법과 질서의 세계에 속하지만, 감정은 혼란과 무질서의 영역이다. 그래서 그는 이성을 따르는 행위와 법률로써 감정을 제어하는 행위를 동일하게 생각했다. 플라톤에 의하면 법과 질서에서 가장 멀리 떨어진 것들은 이성에서 가장 멀리 떨어진 것들로서, 이성의 힘으로 욕망과 기개를 절제할 때 진정으로 행복한 삶을 이룰 수 있다고 보았다.

플라톤에 따르면, 인간 영혼의 무질서는 이데아와 실재를 혼동한 결과이다. 도덕에 반하는 악행은 무지의 결과이다. 잘못된 지식은 욕망이 이성에 영향을 미쳐서, 실제적으로는 그렇지 않은데 마치 행복을 줄 수 있는 것처럼 보일 때 발생한다. 이른바 영혼의 조화가 무너진 것이다. 그러므로 플라톤에 있어 도덕은 인간의 상실된 내적 조화를 회복하는 데 있다. 그것은 이성이 욕망에 대하여 제 기능을 회복하는 것을 의미한다. 플라톤에 따르면 악을 낳는 것은 무지와 잘못된 지식에서 비롯된 것이기 때문에, 올바른 지식만이 덕을 다시 낳을 수 있다. 플라톤은 지혜 · 용기 · 절제의 덕이 융합하면서 내면의 행복으로 이어지는 삶이 도덕적으로 선한 삶이자 정의로운 삶이며, 이는 이성과 욕망의 조화에서 나온다고 생각했다.

아리스토텔레스

"이성은 인간을 행복으로 인도하는 영혼 활동이다."

"이제 우리는 인간의 기능이 영혼의 활동, 즉 영혼 자체가 소유하고 있는 이성을 표현하거나 또는 이성을 따르기 위하여 이성을 필요로 하는 영혼의 활동임을 발견하였다." (아리스토텔레스, 『니코마코스 윤리학』)

아리스토텔레스는 영혼을 식물혼, 감각혼(동물혼), 그리고 인간 고유의 정신 활동인 '이성'의 세 부분으로 구분했다. 영혼은 육체를 아우르는 형상 원리로, 여기서 정신의 위치는 특별하다. 그는 "정신은 감각으로 받아들이는(수용적) 정신과, 활동하는(창조적) 정신으로 구분할 수 있다. 이때 전자는 질료(가능태)를, 후자는 형상(현실태)을 보여준다."라고 말했다. 그러면서 영혼의 다른 부분과 달리 창조적 정신은 육체에 구속되어 있지 않으며, 따라서 사멸하지 않는 것이다. 그러나 사고(생각)는 감각과 결합해야만 일어나는 것이므로, 플라톤의 주장과는 달리 죽은 뒤의 정신, 즉 수용적 정신은 육체에서 벗어난 개별적인 것이 아니라고 보았다.

아리스토텔레스는 모든 존재자는 본성에 따라 자신만이 가지고 있는 선(善)을 추구하며, 그것(선) 안에서 자신을 완성한다고 생각했다. 그런 활동에서 인간은 외적 상황에 구애되지 않는 행복을 발견하며, 이것이야말로 인간이 노력하여 얻으려는 최종 목표라고 보았다. 그는 인간에게 선이란 영혼이 자신의 특별한 능력, 곧 이성의 능력을 바탕으로 최고선인 '덕'을 추구하는 행위라고 보았다. **덕(아레테)**이란 인간의 고유한 기능인 이성이 탁월하게 발휘되는 상태로, 인간이 행복에 이를 수 있는 이유를 '지성적 덕'과 '윤리적 덕'으로 구분하여 설명했다.

지성적 덕은 온전히 이성 자체를 행사하는 것으로, 아리스토텔레스는 이성을 다시 '이론적 이성'과 '실천적 이성'으로 구분했다. 윤리적 덕은 사회와 국가에 현존하는 질서를 통해 전달되며, 신중함이나 관대함과 같은 전통적이고 보편적인 동의가 윤리적 덕에 타당성을 부여한다. 아리스토텔레스에 따르면 지성적 덕과 윤리적 덕은 함께하면서 의지를 선으로 향하도록 한다. 이 두 덕을 통찰함으로써 인간은 자신이 노력하여 추구해야 할 올바른 목표를 세우고, 훈련 · 학습 · 습관 등을 통해 적극적으로 덕을 실천한다. 그렇게 해서 인간은 최고선에 도달한다. 아리스토텔레스는 윤리적 덕의 내용은 그릇된 두 극단 사이의 '중용'이라고 규정하면서, 공동체를 위해 가장 뛰어난 덕인 '정의'와 인간이 개별 존재에서 공동체로 옮겨가는 과정을 완성하는 덕인 '우애(우정, 필리아)'에 특히 주목할 필요가 있다고 말했다.

아리스토텔레스에 따르면, 이성을 통한 행복 실현의 하나인 '우애'는 공동체 속에서 타인과 교류하면서, 지적이고 이성적인 욕구를 충족하는 과정에서 형성된다. 이성적 욕구란 이익, 이성적 쾌락, 덕과 같이 인간의 이성을 통해 삶의 의미를 찾는 과정에서 요구되는 정신적 요소를 말한다. 우애의 범위는 친구뿐만 아니라 아내와 남편, 부모와 자식, 군주와 신하와의 관계와 같이 공동체 속에서 형성될 수 있는 모든 관계를 포함한다. 이러한 관계 맺기로 형성되는 정신적이고 이성적인 쾌락은 일시적인 육체적 쾌락과는 달리 영구성을 갖기 때문에, 완전한 행복을 위한 필수 조건이다. 따라서 완전한 행복에 이르기 위해서는 본성적 욕구를 충족시키는 사랑뿐 아니라 이성적 쾌락을 통해 형성되는 우애가 필수적이다. 사랑을 통한 육체의 반쪽과 우애를 통한 정신의 반쪽이 함께 어울려야 인간은 완전하고 견고한 행복을 이룰 수 있다.

데카르트

"이성은 인간에게 부여된 천부적 능력이다."

"양식은 이 세상에서 가장 공평하게 분배되어 있는 것이다. 왜냐하면 사람들은 누구나 그것을 충분히 가지고 있다고 생각하고 있으며, 다른 모든 것에는 좀처럼 만족하지 않는 사람도 그것만큼은 자신이 갖고 있는 것보다 더 바라지 않기 때문이다. 이 점에서 모든 사람의 생각이 잘못되었다고 볼 수는 없다. 오히려 이는 잘 판단하고, 참된 것을 거짓된 것에서 구별하는 능력, 즉 일반적으로 양식 혹은 이성으로 불리는 능력이 모든 사람들에게 천부적으로 동등하다는 사실을 보여주는 셈이다." (데카르트, 『방법서설』)

이성은 곧 '**보편**'이라고 확신했던 데카르트는 다른 어떤 것도 전제하지 않고 오직 생각하는 힘, 곧 이성을 근거로 하여 철학의 원리를 규명하려고 했다. 데카르트에 따르면 이성의 기능은 판단을 잘하는 것으로, 참과 거짓을 잘 구별하는 데 있다. 데카르트는 이성은 모든 인간에게 보편적으로 주어진 사유 능력으로 보았다. 데카르트는 이성 능력은 누가 더 많고 더 적게 가졌느냐가 아니라, 그것을 어떻게 사용하느냐에 따라 달라진다고 보았다. 데카르트는 인간의 고유한 특징으로서의 이성 능력을 여하히 잘 사용하느냐가 중요하다고 보았다.

데카르트는 참된 이성을 이끌기 위해서는 이미 성립하는 가장 단순하고 보다 알기 쉬운 것부터 시작해야 하며, 이를 위해서는 수학적 방법으로 '**사유**'해야 한다고 생각했다. 수학은 확실한 논증에 근거해서 다루어지기 때문이다. 데카르트는 수학적 방법에 따라 사색을 하게 되면 우리의 힘이 미치는 범위 안에서 이성을 가장 잘 사용할 수 있으며, 또한 판단의 오류에서 벗어날 수 있다고 확신했다. 그는 우리가 판단의 오류를 범하는 것은, 이성이 이해하지 않은 상태에서 자신이 내린 결정의 옳고 그름을 확신하려 들기 때문이라고 생각했다. 그리고 그러한 오류에서 벗어나려면, 이성이 아직 진리라고 생각하지 않은 것에 관해서는 판단을 삼가야 한다고 생각했다. 옳다는 확신이 들 때 비로소 옳은 것이라는 판단을 내려야 하며, 그 판단의 주체는 전적으로 '나', 곧 나의 '이성'이어야 한다고 주장했다.

이를 위해 데카르트는, 조금이라도 의심스러운 것은 모두 거짓으로 보고 의심함으로써, 확실한 진리를 추구해야 한다고 생각했다. 데카르트는 감각 경험이 우리에게 확실한 지식을 주지 못한다면서, 의심할 여지없이 확실한 지식을 찾기 위해서는 '방법적 회의'를 통해 모든 것을 의심해야 한다고 생각했다. 데카르트는 '방법적 회의'를 통해 모든 것을 의심한 결과, 결코 의심할 수 없는 한 가지 사실에 이르게 되었다. 그것은 '생각(의심)하는 나'는 확실히 존재한다는 사실이다. 그리하여 그는 "나는 생각한다. 그러므로 나는 존재한다(cogito ergo sum)"라는 확고부동한 진리를 얻을 수 있었다. 데카르트는 이것을 철학의 '제1원리'로 삼고, 이성을 사용하여 이로부터 확실한 지식을 '연역'하고자 했다. 방법적 회의는 모든 것을 거짓이라고 판단하는 '회의론'과는 다른, 진리를 얻기 위한 연역적 사유라고 할 수 있다.

데카르트의 연역적 추론은 개별적이고 경험적인 사실을 배제하고 일반적인 법칙을 전제로 내세운다는 점에서 합리론으로 결론짓는다. 연역적 방법을 중시하면서 그 문제를 탐구하려는 사상적 흐름을 '이성주의'라고 하는데, 데카르트는 회의를 통해 인식하는 주체로 돌아간다는 방법론으로 근대 철학의 방향성을 제시했다.

칸트

"이성은 최고이자 최상의 인식 능력이다."

"우리의 모든 인식은 감관에서 출발하여 오성으로 나아가고 이성에서 종결된다. (…) 이성은 결코 직접 대상에 관계하지 않고 단지 오성에 관계한다. 따라서 이성은 객관의 개념들을 창조하지 않고 개념들을 정돈하여 개념들에 통일을 준다. (…) 이성의 통일은 항상 이념을 전제로 한다. 즉 인식 전체의 형식이라는 이념을 전제로 한다." (칸트, 『순수이성비판』)

칸트는 『순수이성비판』에서 이성이 무엇인지, 이성은 어떻게 작동하는지를 규명코자 했다. 근대의 탄생 이후 세계의 주인이 된 인간은 이성 능력은 무엇이고 또 그 인식의 한계는 어디까지인지를 놓고서 대립했다. 경험론은 바깥 세계의 경험에서 인식의 근거를 찾았다면, 합리론은 이성의 능력을 보증하는 신을 설정함으로써 이를 해결하고자 했다. 칸트는 이 두 방법 모두 결함을 지니고 있다고 보았다. 그는 신이나 경험 같은 외부의 권위를 빌리지 않고, 이성을 사용해 그 본질을 이해할 수 있기를 바랐다.

칸트에 따르면 어떤 것에 대한 인식이 가능하기 위해서는 먼저 감각 기관에 의해서 지각되고, 이것이 오성에 의해 정리되어야 하며, 종국에는 이성이 이 모든 것을 통일해야 한다. 우리가 어떤 것을 완전히 안다고 하는 것은 '감각적 지각 → 오성 → 이성'의 세 과정을 통해서 일어나는 종합적인 인식 과정이다. 이러한 점에서 이성은 감성 및 오성의 능력과 구별된다. 인식에 있어서 감성과 오성은 우리가 경험하는 대상과 직접 관련하는 것으로, 인식할 재료를 제공한다는 점에서 이해의 원천이다. 이에 비해 이성은 대상과 직접 관계하지 않고 감성의 지각과 오성이 내린 판단을 바탕으로 활동하는 것으로, 우리가 경험으로부터 출발하는 인식 내용을 조직화하고 통일시키는 역할을 한다.

다시 말하면, 먼저 감성은 대상과 만나는 최초의 창구로서의 역할을 담당한다. 대상이 우리의 오관의 감각을 자극하는 방식에 따라 우리는 이미지를 얻는 것이다. 그런데 이 자료는 아직 정리되지 않은 다양하고 혼합된 잡다한 내용이다. 여기에 오성 능력이 작동한다. 오성은 자신이 보유한 개념을 통해 이 잡다한 것들을 규정 및 통일시키고, 그 과정에서 잡다한 자료들은 구체적 인식을 위해 필요한 자료로 정리된다. 이런 이유로 모든 인식은 먼저 감성과 오성에 의해 일차적으로 취합되며, 이후 개념으로 정립된다.

그러나 칸트는 여기서 인식이 완성된다고 보지 않았다. 그는 오성에 의해서 이루어진 다양한 인식이 서로 관련을 맺어 하나의 완성된 인식에 이르려면 이성 작용이 필요하다고 생각했다. 칸트에 의하면 이성은 감성과 오성 위에 있는 최상의 인식능력이자, 두 능력을 조절하는 인식 원리다. 다시 말하면 이성은 경험으로부터 시작되는 이해 능력인 오성에 관여하여 그것이 만들어낸 개념을 정리하고, 그 개념을 **범주화**하면서 사고의 체계를 세운다.

칸트에 따르면, 이성에 의한 인식의 통일은 곧 오성이 만들어 낸 개념들을 서로 연관 지어가며 통합된 체계를 만드는 것이다. 여기서 이성의 사유 능력이 강조된다. 다시 말하면 이성은 개별적인 개념에 대한 인식을 뛰어넘어, '인식에 관한 전체'를 그 대상으로 삼는다. 이성은 우리 앞에 놓여 있는 '그 흰 종이'와 '이 책'이라는 질료에서 벗어나서, 즉 대상과의 관계를 떠난 순수한 상태에서, '흰 종이'와 '책'이라는 보편적 인식에 이르는 능력으로, 사고하고 행동하며 결정하는 행위까지도 영향을 미치게 된다. 그래서 이를테면 종이 위에 번지는 잉크를 어떻게 처리해야 할 것인가를 결정하고 그것을 행동에 옮긴다. 이러한 의미에서 이성은 실천하는 순수 사고로, 이성만이 인간에게 대상과 직접 관계를 맺지 않고서도 생각할 수 있는 자유 또는 신에 대한 사유를 가능하게 한다. 칸트는 이렇듯 경험을 초월하여 작용하는 이성 능력을 근거로 하여 인간의 도덕성과 윤리적 가치를 확신했다.

이처럼 칸트는 이성은 인간 내면의 법칙과 범주를 따라 세계를 인식한다고 보았다. 그 이전까지 철학자들은 객관 세계를 이성의 인식을 판단하는 기준으로 삼았으나, 칸트는 오히려 객관 세계를 이성의 인식능력에 종속시켰다. 대상은 우리 이성의 인식 법칙에 따라 구성되는 것이다. 이렇게 인식의 판단 기준을 객관 세계에서 인간의 이성 안으로 바꿔버린 것을 두고서 칸트는 '코페르니쿠스적 전환'이라고 스스로 명명했다. 칸트에 의해 인간 이성은 바깥 세계에 대해 입법자의 지위를 획득한 것이다.

범주

사물의 개념을 분류할 때 더는 일반화할 수 없다고 생각되는 최상위의 유개념을 말한다. 범주(카테고리)가 만들어지면, 그것을 근거로 사상(事象)을 인식하게 된다. 아리스토텔레스는 개념을 범주화하면서 논리학의 중요한 한 요소로서 생각했다. 아리스토텔레스에 따르면, 각 개념은 상위의 보편 개념으로 되돌아가서, 결국 모든 개념은 특정한 최상위의 개념, 즉 범주에 종속된다. 예컨대 말(馬)은 '기제류–포유동물–동물–유기체–육체–실체'로 범주화된다. 아리스토텔레스는 이러한 범주를 '실체' 이외에도, '관계', '성질', '양', '장소', '시간', '행위', '수동', '상태', '위치'의 총 10가지로 나누었다.

근대에 들어와서 칸트는 범주의 선험성을 주장했다. 칸트에 따르면, 개별적인 사유 과정(판단)의 근본적 고유성에 관해 탐구할 때, 사유의 선험적 형식인 범주를 사용한다. 인식은 감성과 지성, 직관과 사유로 이루어진다는 것이 칸트의 기본적인 사고틀이지만, 시간과 공간이 감성적 직관의 형식인 데 반해 범주는 지성에 의한 사유의 형식으로서 순수 지성 개념이라고도 한다.

먼저, 물리적 대상의 성질은 우리 인간이 지각하고 이해할 수 있는 방식으로 만들어진다. 인간에게는 이 대상의 성질을 포착하게 하는 인식의 틀이 있다. 이것이 우리의 지성(이해력)의 범주로, 범주가 없으면 우리는 대상을 인식할 수 없다. 또 우리는 시간과 공간에 존재하지 않는 것을 포착해서 인식할 수는 없다. 시간과 공간은 우리의 감각 형식으로, 우리가 무엇을 포착하든 간에 그 무엇을 그 안에서 포착하게 하는 어떤 망(網)이다. 그리고 범주는 시간과 공간의 형식 아래 포착된 대상을 우리가 인식할 수 있게 해주는 틀이다. 이제까지 우리가 본 것은 우리의 인식 기능이 역할을 하는 방식이다. 그러나 이는 경험과 연관되는 것이지, 경험되지 않는 존재 자체의 것은 아니다.

칸트의 실천이성

칸트의 실천이성은 이성의 활동을 개념적으로 규정한 것이다. 이성, 즉 실천이성은 단순히 자율적으로 도덕법칙을 세우는 데 그치지 않고, 더 나아가 스스로 정한 도덕법칙에 합치되게끔 행위를 이끄는 의지의 힘을 가졌다.

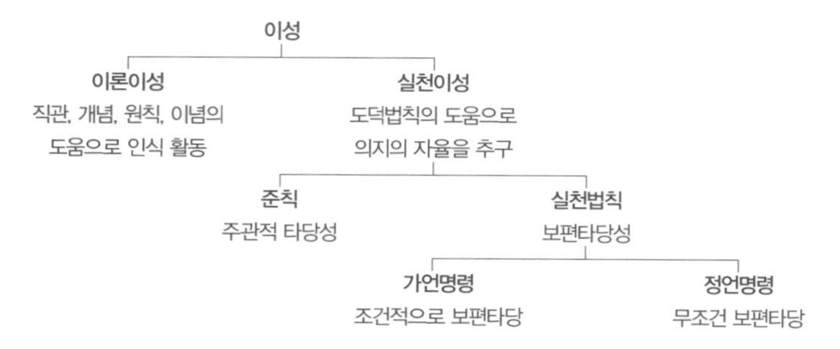

오성

일반적으로 지성, 지력, 인식 능력, 논리적 사고력을 가리키는 말로, 감성과 대립한다. 데카르트에서 오성(悟性)이란 일반적인 인식 능력이며, 그 중요한 부분이 '이성'이다. 반대로 칸트는 오성과 이성을 구분했다. 오성은 경험에 주어진 것을 체계적으로 정리하는 능력이며, 이성은 인식의 가능성 자체에 의존하는 경험과는 무관하게 이념적 원리를 사용하여 사고하는 능력이다. 헤겔은 추상적 개념화의 능력인 오성은 진리를 구성할 수 없으며, 이성만이 참된 진리를 추구하는 적극적 인식 능력이라고 보았다.

헤겔

"이성은 자유의 진보를 이끄는 절대정신이다."

"이성은 자유로이 자기 자신을 규정하는 사유이다. 이성은 실체인 동시에 무한한 힘이며, 모든 자연적 생활과 정신적 생활을 산출하는 이성 자체의 무한한 소재인 동시에 무한한 형상이다. 이 이성에 관한 내용의 진행이라고 하는 것이 철학에서는 사변적 인식에 의해 증명되기 때문이다." (헤겔, 『역사철학 강의』)

헤겔에게 있어서 이성은 인간 정신을 최상으로 실현한 것이다. 이성은 정신의 가장 고양된 모습으로, 절대적이고 보편적인 정신 활동이다. 헤겔 철학은 칸트가 멈춰 선 바로 그곳에서 출발한다. 칸트는 인간의 이성은 '물자체'를 인식하는 과정에서 발현하는 것이기에, 우리는 세계의 본 모습을 알 수 없으며, 단지 그것이 나타난 현상만을 알 수 있을 뿐이라고 생각했다. 하지만 헤겔은 사물의 모든 것을 구석구석까지 꿰뚫는 신적 이성을 제시함으로써, 칸트가 이성의 인식능력의 한계라고 선언한 물자체의 영역으로 진입했다. 이 물자체의 영역으로 들어가는 방법이 바로 '변증법'이다.

헤겔은 변증법을 살아있는 현실의 운동 원리 그 자체로 보았다. 헤겔에 따르면 인간 정신 역시 변증법을 따라 앞으로 나아간다. 헤겔은 인간 정신은 '의식 → 자기의식 → 이성', 즉 의식은 자기의식을 거쳐 이성으로 이행한다고 보았다. 따라서 이성은 대상에 대한 인식(의식)과 자기의식(정신)의 통일로, 곧 통일된 의식이 바로 '이성'이다.

헤겔은, 인간은 이성의 법칙을 따르는 변증법적 사고 과정을 통해 절대적이고 보편적인 진리를 알아낼 수 있다고 생각했다. 헤겔은 생성되어 유동하는 세계를 고찰하기 위해서는 현실의 모순된 상태를 파악하려는 변증법이 적절하다고 생각했다. 변증법은 절대 관념에 도달하기 위한 논리적인 사고방식으로, 이를테면 밀알이 썩어 줄기와 잎이 나고, 다시 그 줄기와 잎이 시들면 수많은 밀이 열리는 이치와 같다. 처음의 밀알이 정(正)이라면 줄기와 잎은 반(反)이며, 다시 생겨난 밀은 합(合)이라 할 수 있다. 헤겔은 모순과 발전이라는 변증법적 과정이 사고뿐만 아니라 역사적인 현실에도 똑같이 적용될 수 있다고 강조하면서, 뼈를 깎는 노력으로 모순을 없애고 나면 반드시 더 높은 단계로 나아간다고 주장했다. 헤겔에게 있어 변증법은 단순한 절충적 사고가 아니라, 더 좋은 해결책을 찾아 나가는 사고 방법이라 할 수 있다.

헤겔은 칸트와 달리 인식 가능한 것에 대해 그 어떤 한계도 정하지 않았다. 헤겔은 근본적으로 '모든 것은 서로 관계를 맺고 있다.'라고 생각했다. 아리스토텔레스 이래 철학자들은 대부분 '실재'는 홀로 존재하는 부분들(그것이 개별적인 사실이건, 대상이건 혹은 단자로 되었건 간에)로 나뉘어야 한다는 견해(이원론적 사고)를 내놓은 데 비해, 헤겔은 동떨어져 홀로 존재하는 것은 아무것도 없다고 생각했다. 헤겔에게 최종 실재는 '절대정신'이었다(일원론적 사고). 그는 완전한 인식능력을 지닌 정신이자 사물의 숨은 본질을 **'절대정신'**이라고 불렀다. 헤겔에 따르면, 정신은 '주관적 정신 → 객관적 정신 → 절대정신'으로 나아가며, 이데아의 인식에 도달한 정신이 바로 '절대정신'이다.

헤겔은 이성은 절대정신을 따르는 것이고, 절대정신 가운데 가장 고귀한 것은 **'자유'**라고 생각했다. 칸트는 자신의 준칙과 도덕법칙이 일치하도록 하는 실천적 이성이 곧 '자유'라고 역설했다. 하지만 헤겔에게 자유는 개인의 내면적인 문제가 아니며, 현실 사회에 구체적으로 실현하지 않으면 의미가 없다. 헤겔은 자유가 변증법에 의해 현실 사회에 실현되는 과정을 **'역사'**라고 생각했다. 즉 역사는 인간이 자유를 손에 넣기까지의 진보 과정이라는 것이다. 그는 역사의 근저를 움직이는 것은 곧 인간 이성의 자기실현 과정을 통해 자유로움에 다가가려는 의식, 곧 '절대정신'이라고 생각했다. 그 의식은 소수의 인간이 자유를 누리는 시대로부터 인간 모두가 자유를 누리는 시대로 역사를 움직이며, 최종적으로 **'인륜'**이라는 공동체로 나아간다. 요컨대 헤겔은 역사를 '세계를 가로지르는 이성의 전진'으로 보았고, 인간이 만든 각종 제도를 변증법적 과정의 산물로 여겼다. 헤겔에게 있어서 '정신 → 절대정신 → 자유 → 역사 → 인륜'으로 나아가는 과정은 모두 이성이라는 보편 지식의 힘이 있기에 가능한 것이다.

헤겔의 변증법

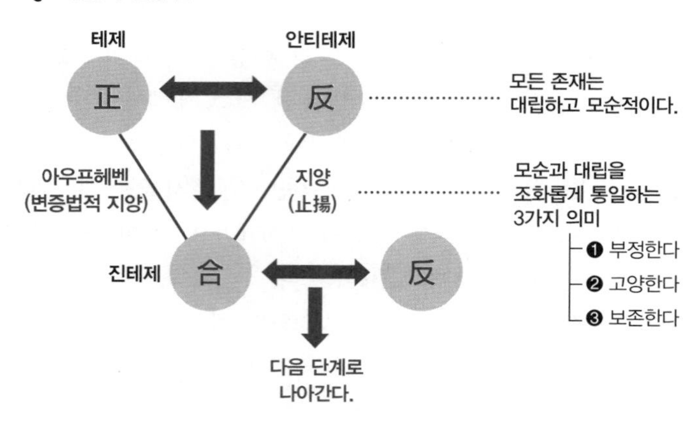

헤겔의 '이성': 객관적 정신

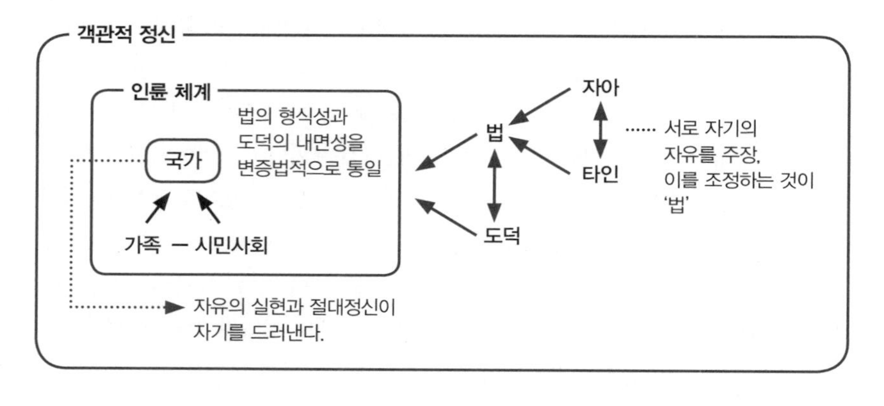

아도르노/
호르크하이머

“이성은 도구화되면서 인간성을 파괴한다.”

“이성은 다른 모든 도구를 제작하는데 소용되는 보편적 도구로 쓰인다. 철저히 목적 지향적인 이성은 정확한 계산 아래 이루어지는 물질 생산처럼 가증스러운 것이지만 이러한 상황이 인류에게 어떤 결과를 초래할지만은 계산 불가능하다. 목표를 위한 순수한 기관이 되고자 하는 이성의 오랜 야심은 마침내 이루어졌다.” (아도르노/호르크하이머, 『계몽의 변증법』)

현대 비판이론의 대표 사상가인 아도르노와 호르크하이머가 쓴 『계몽의 변증법』의 요지는 다음과 같다. “현대 자본주의 사회에서의 권위적인 이성의 지배를 일컬어 ‘계몽’이라고 한다. 이성의 도구는 개념이며, 이성은 이를 신화와 공유하고, 따라서 신화는 이미 계몽을 포함하고 있다. 신화 이전에 인간은 자연을 모방함으로써 자연과 주술적으로 연계된다. 개념적 사고와 함께 인간은 주체로서 자연을 객관화하는 데 성공한다. 이것이 자연 지배를 통한 인간의 존속을 가능하게 만드는데, 이를 위해 인간은 ‘소외’라는 대가를 치러야만 한다. 이런 대상화가 이제는 거꾸로 인간 사이의 관계나 개인이 자기 자신과 맺는 관계 안에 침투한다. 이에 상응하여 대상화는 자본주의 경제에서 상품의 교환가치가 추상화되도록 한다. 결국 주체가 저항하지 않고 전체주의적 지배에 넘겨짐으로써 계몽은 신화로 되돌아간다.”

호르크하이머는 현대 사회를 둘러싼 위기의 원인을 이성 그 자체가 아닌 **‘이성의 도구화’**에서 찾았다. 자연의 신화적 힘으로부터 인간을 해방한 합리적 이성이 문명과 과학의 발전 과정에서 도구적 이성으로 전락했다는 것이다. 그에 따르면, 자연과 인간 존재, 인간 활동, 심지어는 인간 그 자체마저 유용성의 기준에 따라 평가되면서 자연과 인간은 단순한 도구가 됐다. 이제 인간은 자연에 대한 지배를 넘어서, 인간마저 지배해버렸고, 그 결과 민중은 억압의 주체인 이성에 대한 원한과 외재적 속박이라는 이중적 억압에 희생되고 착취당했다.

호르크하이머는 도구적 이성이 규범의 상실, 이념의 상실, 가치의 상실과 사물화를 가져왔다고 주장했다. 이성이 도구화된 결과로, 인간은 이제 기계와 물질에 의존해서 자신들의 삶을 이끌어 나가고, 인간의 고유함인 사유 능력은 주체성을 상실하게 되었다는 것이다. 이성은 자신이 추구하는 목표를 위해서 고정된 역할을 담당하는 하나의 기계가 됐으며, 그 결과 스스로 비판하고 반성하고 고발하는 능력을 상실하고 말았다.

하지만 호르크하이머에 따르면, 이성이란 목적을 이해하지 못한 채 단지 합당한 수단만을 계산하는 능력이 결코 아니다. 이성은 목적과 수단을 포괄적으로 이해하고 계산하며, 또한 그 모두를 비판하는 능력이어야 한다. 이성은 목적이어야지 도구가 되어서는 안 된다. 도구적 이성은 이성을 왜곡하고 자아 중심적으로 해석하여 집단 이기주의로 나아갈 뿐이다.

따라서 이성은 자기부정과 자기비판을 통해 도구적 이성에 의해 왜곡된 ‘계몽을 계몽하는 것’만이 현대 사회를 지배하는 각종 폭력에서 벗어나는 길이라고 주장했다. 이를 위해서는 이성의 활동이 ‘도구적 이성’에 멈추지 않고 보편적 유대 감정을 공유함으로써 ‘해방적 이성’의 역할로 나아갈 수 있어야 한다고 주장했다. 아도르노와 호르크하이머는 이성에 대해 전면적으로 부정하는 것이 아니라, 이성의 끊임없는 자기부정을 통해 도구적 이성으로 왜곡된 계몽을 깨우치려고 한 것이다.

11 정신

정신의 사전적 의미는 육체나 물질과 대립하는 영혼이나 마음, 사물을 느끼고 생각하며 판단하는 능력 또는 그런 작용, 사물의 근본적인 의의나 목적 또는 이념이나 사상, 우주의 근원을 이루는 비물질적 실재 등 다양하다. '마음'과 동일한 의미로도 쓰이는데, 마음이 주관적 · 정서적이며 개인의 내면에 머무르는 것인데 비해, '정신'은 지성이나 이념을 따르는 고차원적인 마음의 움직임으로 개인을 초월하는 의미를 지닌다. 정신이 지시하는 바는 인간 자신 내지는 인간 사회의 본질에 해당하는 것이기에, 개념적으로 인간관이나 세계관 또는 가치관을 대변한다. (어원: '숨', '바람', '정신'을 뜻하는 라틴어 spiritus/ 유사어: 영혼, 의식, 지성, 사유, 이성/ 반대어: 몸, 신체, 물질)

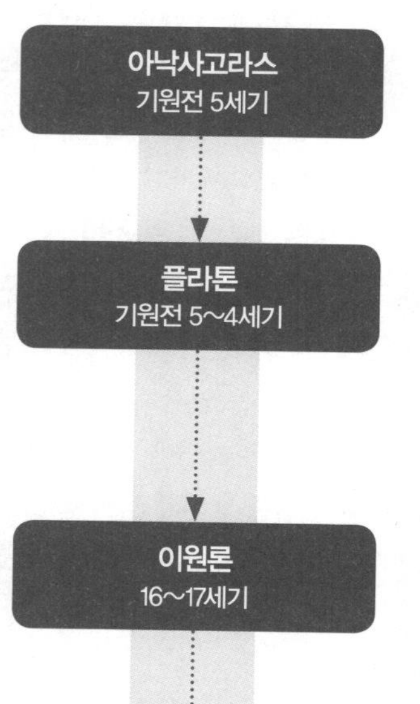

아낙사고라스 기원전 5세기

정신을 궁극의 '실재'로 보는 유심론의 관점에서, 누스(nous, 정신적인 것)를 세계를 구성하는 제1원리로 상정했다.

플라톤 기원전 5~4세기

'정신'은 이데아와 합일할 수 있는 비물질적이며 영원히 불멸하는 존재이다.

이원론 16~17세기

근세철학에 접어들면서 정신은 비로소 형이상학의 주요 개념으로 대두하기 시작했다. 데카르트는 심신, 즉 정신과 물체를 대립하는 두 개의 유한한 실체로 보았고, 이 둘은 무한한 실체인 '신'에 의존하면서 그리고 서로 대립하면서 존재한다고 보았다. 이때 물체(물질)의 속성은 연장인 데 비해 정신의 속성은 사유라고 하여, 두 실체 간의 의존관계를 부정하는 이원론을 주장했다. 이 경우에도 인간 이성은 큰 이성인 신과 연관된다고 생각했다. 데카르트 이후의 근대 초기 철학에서는 이들 다른 질서에 속하는 심신이 어떤 관계에 있느냐는 문제를 둘러싸고 상호작용설, 평행론, 기회원인론, 예정조화설 등 다양한 가설이 나오게 되었다.

실체인가, 기능인가 17~18세기

데카르트의 심신 이원론은 스피노자에 의해서 '신이 곧 자연'이라고 보는 일원론으로 통일됐고, 라이프니츠는 단자론을 내세우면서 모나드는 정신이 자기활동을 하는 것이라고 규정했다. 결국 데카르트와 라이프니츠의 전체적인 입장은 정신을 실체 또는 실체의 속성으로 보는 경향이 었다. 이후 정신이 실체라는 견해는 후퇴하고 활동 또는 기능으로서의 정신을 고찰하는 경향이 일반화되었고, 그에 따라 근대의 인간 주체성은 관념론적 색채가 농후해졌다. 로크는 정신적 실체를 하나의 복합 관념에 붙여진 이름으로서만 인정했으며, 흄은 실체로서의 정신을 완전히 제거한 마음을 모든 지각표상의 연출 무대로 삼았다.

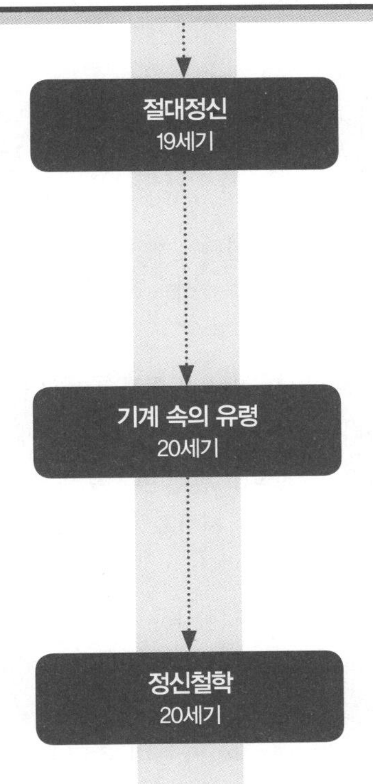

헤겔은 자연으로 외화(外化)된 이념이 정신에 의해서 그 본질로 되돌아간다고 여겼는데, 그 정신의 발전 과정에는 역사적·사회적 세계 전체를 포함한다. 여기에 이르면 마음이 실체적인 데 반해 정신은 이념적인 것으로, 또는 심정이 비합리적인 데 반해 정신은 로고스적인 성격을 띠게 된다. 헤겔은 절대정신으로서의 세계정신, 시대정신, 민족정신을 강조했다.

관념론적 전통에 반하여, 정신을 신체의 한 활동성으로 보는 유물론적 전통도 꾸준히 이어져 왔다. 라일은 정신(마음)과 몸(신체)은 별개의 실체라는 심신 이원론에 의문을 지닌 철학자였다. 기계(물질)로서의 몸(육체)이라는 유령이 조작한다는 데카르트의 생각을 라일은 '기계 속의 유령'이라고 비꼬듯이 표현했다.

정신을 실체인 몸과의 관계를 통해 고찰하는 철학의 한 분과이다. 데카르트 이후 몸과 마음의 관계는 철학의 중요한 관심 분야였다. 우리는 일상에서 정신과 육체와의 관계(몸은 마음을 따른다는 인과론적 사고)를 경험한다. 물을 마시고 싶다는 의지(정신 상태) 때문에 시원한 물을 마시려고 냉장고 문을 열거나, 과거의 어떤 아픈 기억들을 떠올릴 때(정신) 눈물을 흘리는(육체적 상태) 경우가 그것이다. 정신철학은 이런 것과 관련한 문제에 대한 해결점을 찾으려는 시도이다. 오늘날은 분석철학, 특히 언어철학에서 그 흐름을 잇고 있다. 현대 인식론도 결국에는 정신의 문제를 해결하지 않고서는 그 한계를 절감할 수밖에 없다는 사실을 보여준다.

아낙사고라스 "정신은 세계를 만드는 목수다."

"모든 것은 전부의 일부이지만, 정신(누스, nous)은 무한하여 자기 통치적이다. 아무것과 섞이지 않으면서도 스스로 홀로 존재한다." (아낙사고라스, 『단편』)

아낙사고라스는 세계 안의 모든 존재는 '**누스**(nous, 만물에 깃든 지성, 정신)'라는 추상 개념의 무한 운동으로 생성되고 또 움직인다고 이해했다. 누스는 만물을 조화롭게 하는 정신의 힘이자 운동 원리로, 혼돈을 이루는 여러 원소에 질서를 부여한다. 아낙사고라스는 '누스'에 의해 생성된 실체가 세상 만물을 이룬다고 보았다. 세상 만물의 존재는 정지하지 않고 늘 이동하는데, 정지한 듯 보이는 사물이 실제 운동을 지속하는 이유를 누스에서 찾았다.

누스는 생성과 반복의 무한한 운동을 통해 사물을 생성하는 원리이자 힘이다. 만물이 생성과 소멸을 반복하는 것은 세계를 이루는 각각의 요소들이 생명을 연장하려는 힘, 곧 누스를 갖고 있기 때문이다. 누스는 이성과 함께 정신을 구성하는 기제로, 세계는 누스에 의해 지배되고 발전한다. 아낙사고라스는 운동을 일으키게 하는 원리로서 '정신'이라는 개념을 처음으로 제시하면서, 정신을 세계를 지배하는 근본 원인으로 파악했다.

아낙사고라스에 따르면 누스, 곧 정신은 모든 운동의 근원이다. 정신은 모든 사물 가운데 가장 순수하고 가장 섬세한 것으로서, 태초부터 만물이 질서 있게 순환하도록 하는 원인을 제공한다. 만물이 태동한 이후에도 정신은 스스로 존재하며, 다른 어떤 것과 혼합하지 않으면서 유일하게 혼자서 세계를 지배하는 힘을 지니고 있다. 따라서 정신은 만물에 관한 모든 것을 알고 있으며, 나아가 생명을 지닌 일체의 만물을 지배한다. 아낙사고라스에 따르면 누스는 무한한 우주를 지배하는 생성 원리로, 우리가 누스를 파악하고 이해할 수 있는 이유이기도 하다. 동시대의 철학자 플라티누스 역시 누스를 만물을 생성 원인으로 보았으며, 스토아학파에서는 누스를 로고스(이성)와 동일시했다.

아낙사고라스의 사상은 그의 사후에 보다 빛을 발했다. 비록 관련한 발전된 견해를 내놓지 못한 채 기계적인 설명을 반복했으나, 그러함에도 아낙사고라스의 사상은 정신과 물질의 구분을 시도하고, 또한 정신을 만물의 으뜸가는 원리로 삼았다는 점에서 철학사에서 중요한 사상적 가치를 지닌다.

다원론의 시초

아낙사고라스는 사물의 성질은 원물질(원자)이 섞이는 비율에 따라 정해지며, 이 원물질은 사물에서 아무리 작은 부분에도 모두 들어있다고 보았다. 그는 이 원물질을 움직이는 것은 누스(정신)로, 정신은 계획에 따라 질서 정연하게 원물질에 작용한다고 보았다. 엠페도클레스와 더불어 아낙사고라스는 사물은 여러 가지 서로 다른 원소로 이루어진다는 '다원론'을 추구했다는 점에서 이전의 자연철학자와 달랐다.

플라톤

"정신은 영혼의 구원자다."

"그리고, 사유는 정신이 자기 자신에 돌아갔을 때, 즉 청각이나 시각이나 또 고통이나 쾌락이 정신을 괴롭히는 일이 전혀 없을 때, 가장 잘 되는 거야. 다시 말하면, 영혼이 육체적 감각이나 욕망을 전혀 갖지 않고 참으로 존재하는 것을 추구할 때 가장 잘 사유하게 되는 거야." (플라톤, 『파이돈』)

서양철학에서는 몸과 마음, 또는 물질과 정신의 관계를 놓고 두 견해가 이어져 왔다. 한쪽에서는 마음을 몸이나 물질과 서로 통하는 관계로 보았다. 다른 한쪽에서는 마음은 몸이나 물질과 대립하는 것으로서 신체를 초월하는 이성적인 정신 활동으로 보았다. 플라톤은 인간의 정신을 육체적 세계와 순수한 형태의 초월적 세계의 중간에 놓았으며, 아리스토텔레스는 정신을 이성적 · 초월적 존재로 규정했다. 플라톤은 정신은 이를테면 두 마리의 말이 끄는 마차이고 **이성**은 마부와 같다고 하여, 정신과 육체를 구분하면서 육체에 영향을 받지 않는 '정신의 독자성'을 옹호했다.

플라톤은 『파이돈』에서 이르기를, 인간의 정신은 진리를 인식하는 것으로, 진리를 인식하기 위해서는 육체에 구애받지 않아야 한다고 주장했다. 육체는 감각과 자극의 원인으로 작용하면서, 진리를 추구하는 정신과는 반대로 쾌락을 추구하기 때문이다. 그래서 그는 인간 정신은 순수하게 사유에만 의존했을 때 비로소 진리의 인식에 접근할 수 있다고 보았다. 진리는 영원한 것으로 순간적인 감각 속에 포함되어 있지 않기 때문에, 우리의 정신이 해야 할 일은 이 육체라는 사슬로부터 영혼을 해방하는 것이라고 보았다.

플라톤에 따르면 육체는 정신이 올바른 기능을 수행할 수 없도록 만드는 방해자이다. 그러므로 정신은 육체와 대립할 수밖에 없는데, 이때 정신은 생각하는 힘 그 자체에만 의지해야 한다. 진리를 탐구할 때, 정신 그 자체에 의존하지 않고 지각이나 청각처럼 늘 변화하는 다른 감각 기관에 의지하게 되면, 인간은 참된 인식에 이르지 못한다.

플라톤의 정신을 바라보는 시각은 '플라토닉 러브'에서 잘 드러난다. 플라토닉 러브의 어원은 고대 그리스 철학자 플라톤의 이름에서 유래하였다. 플라토닉한 사랑은 보통의 사람들이 일반적으로 갖는 육체적인 욕망에서 벗어나서 한 차원 높은 정신적 쾌락을 추구하는 사랑으로, 깨끗한 정신을 가진 사람들 사이의 참된 사랑이라고 할 수 있다. 플라톤은 짐승과 다름없는 차원 낮은 육체적 사랑보다는 깨끗한 정신적 사랑이 사람의 영혼을 보다 차원 높게 정화하면서 신의 섭리나 불변하는 진리로 승화시킨다고 보았다.

플라톤은 육체에 대한 사랑인 '에로스'적 사랑에 머무르면 안 된다고 역설했다. 육체를 통해 드러나는 아름다움의 본질을 정신으로 포착하고, 두 사람의 결합이 단순한 신체적 결합에 머물지 않고 상대의 성숙을 돕는 정신의 합일로 승화되도록 이끌어주어야 한다고 생각했다. 그는 육체적 매력, 성적 홀림을 뛰어넘어 정신의 고결함에 이르러야 그것이 곧 진정한 의미의 사랑이라고 보았다. 플라톤의 저서 『향연』에 따르면 플라토닉한 사랑의 궁극적인 목적은 아름다움의 추구에 있는데, 그가 찬양하는 사랑은 결국 '지혜'에 대한 사랑, 즉 철학을 말하는 것이라 할 수 있다.

데카르트

"정신은 인간 존재 그 자체다."

"엄밀히 말한다면, 나는 다만 하나의 생각하는 것, 즉 하나의 정신, 나의 오성 혹은 이성일 뿐이다. (…) 내가 눈으로 본다고 믿고 있는 것도, 오직 내 정신 속에 있는 판단의 능력만으로 이해하는 것이다." (데카르트, 『성찰』)

데카르트는 방법적 회의를 통해 모든 것을 의심한 결과 결코 의심할 수 없는 한 가지 사실에 이르게 되었는데, 그것은 '생각(의심)하는 나'가 있다는 것이다. 그리하여 "나는 생각한다. 그러므로 나는 존재한다"라는 확고부동한 진리를 얻을 수 있었다.

데카르트는 이렇게 의심하고 생각하는 '나'를 '정신'이라고 보았다. 정신은 하나의 실체로서 그 본질 내지는 본성은 '생각'하는 것이다. 이 정신은 존재하기 위해 심지어는 장소도 필요치 않는다. 또 정신은 어떤 물질적인 것에도 의존하지 않는다. 정신 스스로 비물질적인 까닭이다. 그래서 정신은 신체와는 전혀 다른 어떤 것이다. 데카르트는 여기서 한 걸음 더 나아가 정신은 스스로 자신을 보호할 수 있다고까지 생각했다.

데카르트는 이원론적 관점에서 세계는 정신과 물질이라는 별개의 두 실체로 이루어져 있다고 보았다. 인간 또한 같다고 생각했다. 그는 정신의 특징은 사유하는 능력이고, 신체의 특성은 공간을 차지하는 성질이라고 보았다. 그러면서 정신의 본질은 **'사유(사고)'**이고, 육체(물질)의 본질은 '연장'이라고 규정했다. 연장은 육체에서 공간을 차지하는 구체적인 실체를 뜻하고, 사유는 구체화할 수 없는 실체로서의 그 무엇이라 할 수 있다. 데카르트는 대상을 철저히 의심한 결과 최종적으로 남는 것은 자신의 의식, 즉 '사유' 뿐이라고 주장했다. 이 발상에 근거하면 정신과 육체(물질)는 전혀 별개의 성질을 지닌 존재로 구분해서 생각할 수 있다. 이것이 곧 '심신 이원론'이다.

데카르트는 인간 정신의 특성은 판단하는 능력이라 하였고, 이 능력에 의해 우리는 대상을 인식하게 된다고 주장했다. 우리가 어떤 대상을 알게 되는 것은 시각의 작용도, 촉각의 작용도, 상상의 작용도 아니다. 그는 우리가 보고 만지는 것도 결국에는 내 정신 속에 있는 판단 능력을 통해서 이해하는 것이기 때문에, 정신의 통찰만이 대상에 대한 모든 인식을 가능하게 한다고 보았다. "생각한다는 것이 곧 존재하는 것이다.", 이것이 데카르트가 내린 결론이다.

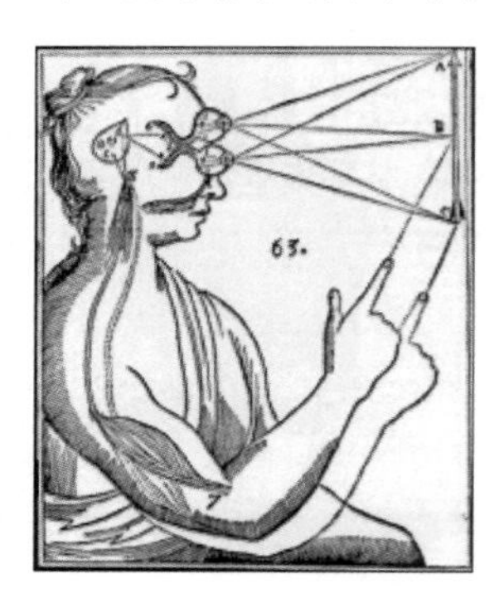

데카르트는 『인간론』에서 지식의 원인을 생물학적 관점에서 바라보았다. 이 책에서 그는 '송과선'이 시각 활동(감각)과 의식 활동(정신)을 연결한다고 말했다.

스피노자

“정신과 신체는 동일한 개별자의 두 측면이다.”

“인간의 정신을 구성하는 관념의 대상은 신체이다. 즉, 현실적으로 존재하는 어떤 일정한 연장의 형태이다. 그리고 다른 아무것도 아니다.” (스피노자, 『에티카』)

스피노자는 데카르트와 마찬가지로 우리는 정신을 통해 생각한다고 주장했다. 그렇더라도 인간 정신은 육체를 떠나서는 생각하거나 활동할 수 없다고 보았다. 정신은 생각하지만, 그렇다고 해서 생각하는 능력으로서의 정신의 실체가 육체와 분리되어 따로 존재하는 것은 아니다. 정신이 활동하는 곳이 육체로, 스피노자는 이를 두고 “정신은 육체의 집”이라고 말했다.

스피노자에 따르면, 사물과 관념은 신의 속성에 포함되어 있을 때만 현실로서 지속할 수 있다. 모든 물체는 외연이라는 속성을 가진 신의 **'양상**(모드, 실체의 여러 상태)'이며, 관념은 의식이라는 속성을 가진 신의 양상이다. 따라서 인간에게 육체와 정신은 서로 병행하는 관계라고 볼 수 있다. 스피노자에 따르면 정신과 육체는 하나의 개체를 바라보는 두 측면이다.

다시 말해, 정신과 육체는 한 사물 안에 들어있는 두 가지의 차이 나는 속성일 뿐으로, 사물이 서로 다른 실체를 나누어 갖는 것은 아니다. 이 두 속성은 인간의 서로 다른 측면에 불과하다. 만약 육체와 정신을 따로 분리해서 생각한다면 그 정신은 아무런 것도 아니다. 정신은 육체 없이 존재할 수 없다. 정신과 육체는 서로 대립하거나, 독자적으로 존재하지 않는다. 스피노자는 정신과 육체를 서로 다른 것으로 놓고 이를 다시 결합하는 데서 문제가 발생하는 것이라고 말하면서, 이 두 속성은 처음부터 분리할 수 없는 유일한 '단일체'라고 주장했다.

스피노자에 따르면 인간 정신은 육체와 섞여 단일체를 이루기 때문에, 정신은 육체와 더불어 설명될 수밖에 없다. 우선 육체는 그 외의 다른 사물에 의해 영향을 받고, 그에 따라 육체에 변화가 일어난다. 그리고 육체의 변화에 따라 정신 또한 영향을 받기 때문에, 육체의 변화는 곧 정신의 변화로 이해되고 반영된다. 그리고 이러한 변화는 동시에 함께 일어난다.

스피노자는 정신을 설명하면서 그 특성을 **'지각'** 능력에서 찾았다. 물론 이 경우 역시 육체를 배제하고는 정신을 생각할 수 없다. 지각 능력에 있어서 정신은 다른 어떤 사물보다 우월하다. 또 인간의 정신은 육체와 결부되어 있기에, 자연의 질서를 따른다는 점에서 능동적이다. 이는 정신이 지닌 매우 독특한 능력으로, 자기 결정의 성질을 의미하는데, 이를 바탕으로 인간의 정신은 자유로울 수 있다. 그렇더라도 스피노자에 의하면 정신의 자유는 질서라는 논리적 법칙의 틀에서 벗어나지 않는다.

마음과 몸은 하나다.

스피노자는 마음(정신)도 몸(신체)도 모두 신의 속성이라고 보았다. 데카르트의 심신 이원론과 달리 신의 속성인 인간의 마음과 몸은 신의 두 가지 표현(신의 변용)으로, 궁극적으로 동일한 존재라고 보았다. 예를 들어 '슬프면 눈물이 난다.' 와 '기쁘면 웃는 얼굴이 된다.'처럼 마음과 의지의 움직임은 몸과 연동해 감각과 운동으로서 나타나는데, 그 모든 것은 신의 속성으로 심신은 평행하게 존재한다고 생각했다. 스피노자는 신의 필연적인 관계를 인식하는 것에 이성의 진정한 기능과 행복이 있다고 생각했다.

헤겔

"정신은 자아의 발견이다."

"보편적인 정신 속에서 모름지기 각자는 자기 자신이라고 하는 확신, 즉 존재하는 현실 속에서 오직 자기 자신만을 발견하고자 하는 확신을 지님으로써 결국 각자마다가 여기서 자신에 대해 확신하고 있듯이 또한 타인에 대해서도 그러한 확신을 지니는 것이다." (헤겔, 『정신현상학』)

헤겔은 완전한 인식능력을 지닌 정신이자 사물의 숨은 본질을 '**절대정신**'이라 했다. 헤겔에 따르면, 변증법적 자기 전개 과정을 거쳐 완전한 인식에 도달한 정신이 바로 '절대정신'이다. 헤겔이 말하는 정신의 변증법적 자기 운동의 전개 과정은 절대정신의 완성으로 실현된다. 절대정신의 모습으로 나타난 정신의 완성은 곧 정신의 자기 자신에 대한 완전한 이해를 뜻한다.

헤겔에 따르면, 정신은 자기를 소외시키거나 외화(外化)하고, 그런 다음 다시 자신과 화해한다. 정신은 자연이라는, 자신에게는 낯선 형식 안에 자기를 외화한 뒤 역사를 통해 인간 안에서 자기에게 다시 돌아가는 '과정'이다. 정신은 자기 자신을 주체이자 실체로서 인식한다. 자신과 세계를 사고하는 주체는 세계의 실체와 하나가 된다. 헤겔은 여기서 존재와 사고의 동일성을 찾아낸다. 실체란 자기 자신을 펼쳐내는 정신, 곧 자기를 의식하는 전체이기 때문이다.

헤겔이 말하는 절대정신은 그 자체로 완벽한 것으로서, 자기 안에 있는 자기 이외의 외적인 모든 것, 즉 내부의 타자를 '지양'한 상태이자, 자기 안에서 총체성을 이루고 있는 정신이다. 이렇게 놓고 볼 때 정신의 총체성은 곧 정신의 대상으로서 존재하는 타자들을 극복하고 수용하는 과정에서 얻게 되는 것으로, 이는 정신이 자기 자신을 들여다보고 또 자신을 올바르게 인식함으로써 체화되는 내면화의 과정과 동시에, 함께 일어난다. 이 과정의 끝이 곧 절대정신인 것이다. 헤겔은 절대정신이 세계 역사를 통해 끊임없이 변화와 수정을 거듭해 오면서 정신의 완성을 현실화하는 것이라고 주장했다.

헤겔이 말하는 절대정신은 세계를 초월한 어떤 이상적인 정신이 아니라 현실 속의 진리이며, 현실이 그 확실성을 증명하는 정신이다. 절대정신은 곧 인간의 역사를 이끌고 완성하는 정신이고, 역사는 곧 현실이기 때문이다. 다시 말해, 정신에서 절대정신으로의 이행 과정을 보면, 우선 정신이 현실 속에서 자유롭게 보존되어 나타난 것이 '역사'다. 그리고 이렇게 '보존된 역사'를 정신이 개념적으로 다시 파악한 것이 '현상 일반에 대한 지식으로서의 학문'이다. 그렇게 해서 양자가 변증법적으로 지양(止揚: 모순되고 대립하는 것을 고차원적으로 통일하여 해결하면서 현재의 상태보다 더욱 진보하는 것)되어 '이해되고 파악된 역사'로서 드러나는 정신이 곧, 현실 속에서 온갖 고통을 이겨내고 획득한 최종의 완성으로서의 절대정신이다.

헤겔은 정신의 자유가 변증법을 따라 현실 사회에 실현되는 과정을 '역사'라고 생각했다. 역사는 인간이 정신의 자유를 손에 넣기까지의 진보 과정으로, 역사의 근저를 움직이는 것은 인간 이성의 자기실현 과정을 통해 자유로워지고 싶어 하는 의식, 곧 '절대정신'이다. 그 의식은 소수의 인간이 자유를 누리는 시대로부터 인간 모두가 자유를 누리는 시대를 향해 역사를 움직이며, 최종적으로 '인륜'이라는 공동체를 만들어낸다. 요컨대 헤겔은 역사를 '세계를 가로지르는 이성의 전진'으로 보았고, 인간이 만든 각종 제도를 변증법적 과정의 산물로 인식했다.

라일

"정신은 행위의 지향성을 따른다."

"내가 밝히고자 하는 바는 정서라는 단어가 적어도 서너 가지 의미를 갖는다는 사실이다. '경향성(혹은 동기)', '기분', '(심적) 동요', '감정' 등이 그것이다. 동요를 포함해 경향성과 기분은 발생 사건이 아니기 때문에 공적으로건 사적으로건 도대체 발생하지 않는다. 즉 이것들은 행위나 상태가 아니라 타고난 기질이다." (라일, 『마음의 개념』)

현대철학의 언어분석에서 비트겐슈타인에 버금가는 중요한 철학자가 있는데, 바로 길버트 라일이다. 라일에 따르면 실체이원론은 언어 사용방법 상의 차이에서 비롯된 것일 뿐이다. 예를 들어 서울의 어느 대학에 다니는 손자가 시골에서 올라온 할머니에게 학교 내의 이곳저곳을 보여줬는데도 불구하고, 정작 할머니는 "네가 다니는 대학은 언제 구경시켜 줄 거야?"라고 말하는 경우가 그것이다.

라일은 이러한 상황이 벌어진 이유는 **'카테고리 착오(범주 착오)'** 때문이라고 했다. 이를 마음(정신)과 몸(신체)의 관계에 적용하여 설명할 수 있다. 라일에 따르면 마음은 눈물을 흘리거나 웃는 표정을 하는 등 여러 신체 행동이 모여 이루어진 것이기에 그 실체를 정확히 알기 어렵다. 라일은 데카르트의 실체이원론은 카테고리 착오(범주 착오)를 마음과 행동의 관계에 적용하여 사용함으로써 정신의 착오를 일으킨 것이라고 주장했다.

라일은 정신 또는 마음과 관련된 일상어의 개념은 대부분 인간의 행동 내지는 행위 성향을 가리키는 말이라고 생각했다. 그는 두뇌를 포함하는 인간 육체 이외에 '정신'이라고 불리는 어떤 별도의 실체가 인간 속에 들어있다고 생각하는 것은 '기계 속의 유령' 신화이며, '성향-언어'를 '실체-언어'로 착각하는 범주 착오라고 주장했다. 이는 기계(물질)로서의 몸(육체)을 마음이라는 유령이 조작한다는 데카르트의 생각을 '기계 속의 유령'이라고 비꼬듯이 표현한 것이다.

라일의 카테고리 착오 개념을 따라 사물을 들여다보면, 마음은 운다거나 웃는다거나 하는 식의 단순한 신체 행동에 불과하다. 라일은 희로애락의 마음(정신) 상태는 신체 내부에서 일어나는 것이 아니라, 웃고 우는 것과 같은 신체 행동으로의 **'지향성'**에 따른 것이라고 보았다. 이러한 사고를 '행동주의'라고 하는데, 이에 따르면 행동(언행)으로 표면화된 마음 상태는 객관적으로 관찰할 수 있다. 20세기 초에 행동으로부터 심리를 파악하는 실험과 관찰이 크게 일었는데, 이를 행동주의 심리학이라고 부른다. 라일에 이어 인지과학자 대니얼 데닛은 하나의 감정이 하나의 언행으로 결합한다는 생각은 한계가 있다고 말하면서, 행동 분석에는 종합적인 해석이 필요하다고 생각했다.

기계속의 유령

라일은 마음과 몸은 별개의 실체라는 데카르트의 실체 이원론에 의문을 지닌 철학자 가운데 한 명이다. 기계(물질)로서의 몸(육체)을 마음이라는 유령이 조작한다는 데카르트의 생각을 그는 '기계 속의 유령'이라고 비꼬듯이 표현했다.

12 권력

권위, 힘, 강압, 영향력 등을 포함하는 의미로, 남을 복종시키거나 지배할 수 있는 공인된 권리이다. 다시 말해 인간의 인간에 대한 관계를 규제하는 사회적인 힘을 말한다. 권력을 한 사회의 성원 전체에 대하여 가장 조직적 · 강제적으로 독점 · 행사할 수 있는 것은 국가이기 때문에, 일반적으로 권력이란 국가 권력 또는 정치권력을 의미한다. 쟁점은 권력은 어떻게 실행되는가, 권력은 어떤 수단을 통해 사람들을 복종하게 만드는가 하는 것이다. 또 권력에 복종하는 것이 언제나 하나의 의무인가 아니면 어떤 경우에는 권력에 저항하는 것이 하나의 권리, 나아가 하나의 의무인가 하는 것이다. (어원: '~할 수 있음'을 뜻하는 라틴어 posse/ 유사어: 권위, 지배, 능력)

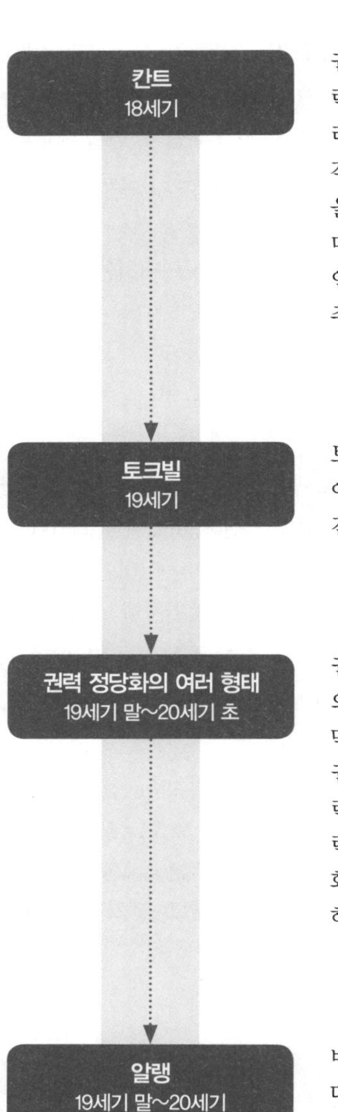

권력이란 국가의 이념인 '인민의 통합된 의지'의 존재 방식이다. 국가 권력인 '입법권, 행정권, 사법권'의 3권은 서로 병립하면서 국민의 사적 권리에 참여·개입한다. 그리고 3권이 사적 권리에 관해 내리는 결정은 각각에 대해 '비난할 수 없다', '저항할 수 없다', '변경할 수 없다'라는 존엄을 지닌다. 그중에서도 특히 입법권은 '지배권' 또는 '주권'이라고도 불리며, 인민의 통합된 의지에만 귀속된다. 도덕에서의 자율과 마찬가지로, 인민은 스스로 입법한 것에 스스로 복종하며 따르는 경우에만 진정한 주권을 누릴 수 있기 때문이다.

토크빌에 따르면 권력이 민주주의적이라고 해도 사람들의 자유를, 그들이 억압을 느끼지 못하는 경우조차도, 위협할 수 있다. 그래서 반대 의견을 자유롭게 표현할 수 없으면 어떠한 권력도 정당화될 수 없다.

권력이 정당화되어야 하며, 이를 위해서는 그 권력에 복종하는 사람들의 동의가 필요하다. 그러나 동의하는 이유가 모두 합리적이지는 않다. 막스 베버는 권력 정당화의 형태를 전통적 권력, 카리스마적 권력, 법적 권력의 셋으로 구분했다. 근대 국가를 특징짓는 것이 법적 권력으로, 권력은 사회를 조직화하는데 필요한 하나의 제도이다. 권력의 정당성은 권력의 필요에 대한 합리적 승인과 관련하며, 나아가 권력이 그것을 제도화한 사람들을 압도하지 않아야 한다. 그렇기에 권력은 그 한계를 규정하는 법적인 틀 안에서 실행된다.

비판과 갈등, 차이와 차별과 같은 항목은 동의보다 오히려 더 민주적이다. 따라서 시민의 덕목은 부당한 권력에 저항하는 것이다.

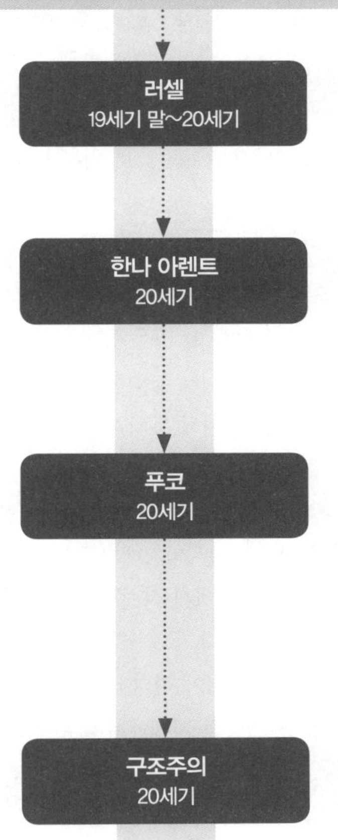

"물리학에서 에너지가 근본적인 개념인 것처럼, 사회과학에서의 근본적인 개념은 권력이다."

권력과 폭력 간의 비대칭적인 관계는 총칼로 위협하고 있는 폭력적인 관계에 불과하다. 권력이란 공동으로 활동하고 있는 사람들 간에 작용하고 있는 집합적 관계이다.

권력은 하나의 초월적인 원리나 유일한 원천으로 집약되지 않는다. 권력은 분산되어 있으며, 가족·학교·감옥·병원·국가 등 권력을 통합하려는 제도는 많다. 푸코에 따르면 권력은 전능한 것이 아니라 무한하며, 따라서 권력을 위한 투쟁 자체는 끝도 없다. 이에 푸코는 혁명보다는 다양한 저항을 권고했다.

프랑스에서 태동한 20세기 대표 사상의 하나로, 사물이나 현상에 오랫동안 영향을 미치는 체계를 분석해 현상 기저에 있는 구조(본질)를 밝히려는 사상이다. 소쉬르의 언어학 등을 바탕으로 1960년대 문화 인류학자 레비스트로스가 광범위하게 전개했다. 레비스트로스는 인간의 사고나 행동은 그 근저를 이루는 '사회구조'에 의해 지배받는다고 생각했다. 따라서 어떤 사회 현상에서 이유를 찾아내는 작업을 그만두고, 전체를 구조로써 파악해야 한다고 보았다. 구조주의를 대표하는 사상가로는 레비스트로스 이외에 라캉, 알튀세르, 푸코 등이 있다.

플라톤

"권력은 이상 국가의 수호자다."

"통치는 가장 훌륭한 사람들이 하는 것입니다. 그들은 욕심과 야망이 없는 가장 훌륭한 사람들이라서, 돈도 명예도 그들의 관심을 끌지 못합니다. 그러니 이 훌륭한 사람들이 통치에 나서도록 만드는 방법은 그들에게 압박을 가하거나 대가를 치르도록 하는 것밖에 없습니다." (플라톤, 『국가』)

플라톤에 따르면 국가의 책무는 정의와 공동선의 실현에 있다. 이를 위해 플라톤은 현명한 자(哲人)가 통치하는 이상 국가를 구상했다. 그가 생각한 가장 이상적인 국가의 모습은 그리스 도시 국가 폴리스를 모범으로 하는 공동체로, 플라톤은 공동체주의 실현을 이상 국가의 목표로 삼았다. 플라톤이 추구했던 이데아의 세상은 공동선과 전문성, 덕을 갖춘 완벽한 지도자에 의해 통치되는 '이상 국가'였던 것이다.

플라톤은 이상 국가를 운영하기 위해서는 공동체의 규범을 엄격히 정하고, 공동체의 이익을 위해 개인의 권리와 자유를 일정 부분 제한할 필요가 있다고 생각했다. 이를 위해서는 강력한 권력이 꼭 필요하며, 그러한 권력을 '**정당한 힘**'이라고 보았다. 플라톤은 이상 국가 실현을 위해 통치자는 최고의 절대 권력을 가질 수 있어야 한다고 생각했다.

플라톤은 권력과 지식의 절대 관계를 전제로 하여, 국가와 권력을 동일한 것으로 생각했다. 플라톤에 따르면, 권력은 그것을 소유하기에 가장 적합한 자에게 쥐어져야 한다. 이는 피지배자들의 동의에 따라서도 안 되고, 무작위의 추첨에 의해서도 아니다. 플라톤에게 정의란 각자에게 적절하게 주어진 임무를 올바로 수행하는 것이며, 지배자의 의무는 정의를 실천하는 것이기 때문이다.

이런 이유로, 플라톤은 철학자와 같은 지혜로운 자에게 권력이 부여되어야 한다고 주장했다. 권력자가 갖추어야 할 조건은 지적 현명함과 뛰어난 사고 능력으로, 권력은 철학적 지혜에서 나온다고 보았다. 플라톤에게 있어서 남들을 지배할 수 있는 권력은 오로지 지혜에 가까이 있는 철인(현자)에게만 속한다. 예를 들어, "무기를 맡겨두었다가 정신을 잃은 자에게 다시 무기를 돌려주어야 하는가."라는 질문에 대해 플라톤은 그렇게 하지 않는 것이 옳은 것이라고 말했는데, 이는 권력은 그것을 잘 사용할 줄 아는 자에게 쥐어져야 한다는 것을 말해준다.

그렇더라도 플라톤은 '철인 통치자'에 의한 권력 남용의 위험성을 경계하면서, 통치자를 '법률에 대한 봉사자'로 규정했다. 그는 법이 통치 권력에 휘둘리면서 권위를 잃으면, 이는 나라의 파멸을 불러올 수 있다고 생각했다. 이를 막으려면 사회 규범이 되는 강력한 법률을 제정하고 모든 사람이 그 법에 복종해야 한다고 주장했다. 통치자 또한 예외가 될 수 없다고 생각했다. 결국 플라톤은 '철인 통치자'에 의한 권력 남용의 위험성을 내포한 이상향으로서의 '최선의 나라'보다는, 법으로 통치자의 전횡을 막고 법을 따라 국민이 보호받는 현실적으로 실현 가능한 나라로서의 '차선의 나라'를 구상한 것이다.

마키아벨리

"권력은 안정된 정치 질서 창출 능력이다."

"항상 선하려고 애쓰는 자는 선하지 않은 많은 사람들 틈에서 반드시 파멸하게 되어 있다. 그러므로 권력을 지키고자 하는 군주는 선하지 않게 되는 법을 배워야 하며, 그렇게 배운 바를 필요에 따라 이용하거나 이용하지 말아야 한다." (마키아벨리, 『군주론』)

마키아벨리 역시 플라톤처럼 이상적인 공동체 사회를 꿈꿨다. 그가 꿈꾼 사회는 시민 참여 중심의 사회다. 단, 그 사회는 개인적인 필요보다 국가의 필요를 중시해야 한다고 생각했다. 그는 "도시를 위대하게 만드는 것은 개인의 복지가 아니라 공동체의 복지"라고 주장했다.

공동체적 가치 실현을 위한 방법으로, 플라톤과 달리 마키아벨리는 철저하게 현실 정치에 근거한 권력론을 주장했다. 그에게 있어서 좋은 통치자는 도덕적 이상을 실현하는 자가 아니라, 절대 권력을 바탕으로 강력한 군대를 이끌면서 안정된 국가 조직을 통솔하는 자이다. 마키아벨리는 권력이란 독점적인 지배의 힘에서 나오는 것으로, 목적이 수단을 정당화하는 것이기에 권력은 도덕적인 척도에 의해 제한받을 필요가 없다. 그러나 그는 모든 경우에 목적이 수단을 정당화해야 한다고 주장하지 않았다. 설령 목적이 수단을 정당화한다고 확신하는 경우라도 이 원칙은 오로지 군주에게만 적용된다고 보았다. 국민의 올바른 행실과 군주의 그것은 별개이기 때문이다. 현명한 군주라면 피해야 할 수단도 있는데, 마키아벨리는 그런 수단은 설령 훌륭한 결과를 가져오더라도 군주를 위험에 노출하므로 적극적으로 피해야 한다고 생각했다.

마키아벨리는 군주는 사랑보다는 두려움의 대상이 되어야 한다고 생각했다. 그렇더라도 국민이 군주를 증오해서는 안 된다고 생각했다. 그것은 반란으로 이어질 소지가 있기 때문으로 군주는 자비롭다는 평판을 얻어야지 잔인하다는 평판을 얻어서는 안 된다고 보았다. 그는 군주는 권력을 유지하고, 국가를 수호하며, 국민을 잘 살게 만들어야 하는데, 이를 위해 때로는 여우가 되고 때로는 사자가 되는 등으로 탁월한 권모술수를 그때그때 적절히 발휘할 줄 알아야 한다고 생각했다. 권력자는 '여우와 같은 교활함과 사자와 같은 힘'을 통해서 절대 권력을 유지할 수 있는 정치 기술을 배워야 한다고 생각했다. 권력을 적절히 활용하기 위해서 그리고 그 목적을 달성하기 위해 군주는 때로는 종교적이거나 도덕적인 규범을 어겨도 된다고 생각했다. 사악하거나 무법자라는 비난쯤은 감수할 수 있어야 군주가 될 자격이 있다고 보았다.

마키아벨리의 이러한 권력 이해는, 인간은 이기적이며, 때론 변덕스럽고 비이성적으로 행동한다는 생각에서 출발했다. 그는 통치자가 인간의 약점을 잘 알고서, 절대 권력을 사용하여 국민을 기술적으로 통제하고 지도하는 것이 오히려 국가 발전에 도움이 된다고 보았다.

이처럼 마키아벨리는 권력은 근본적으로 **도덕과 무관**하다고 보았다. 통치자는 도덕에 얽매여서는 안 되며, 자신의 영광과 국가의 성공을 얻는데 필요한 책무를 다해야 한다고 주장했다. 권력을 얻기 위해서는 선악을 판단하는 것이 아니라 상황을 보는 능력이 더 중요하다고 생각했다. 그는 군주가 무능하고 현명하지 못하면 국민으로부터 권력을 빼앗길 수 있고, 반대로 군주가 강력하고 현명하면 국민의 힘에 의지할 수 있다고 생각했다. 현명한 군주는 어떠한 상황에 직면하든 국민이 정부와 자신을 믿고 따르도록 조처를 해야 하며, 그 경우 국민은 그 군주에게 항상 충성할 것이라고 주장했다.

홉스

"권력은 국가의 존속 기반이다."

"천성적으로 자유를 사랑하는 인간이 권력자 또는 국가에 권리를 양도하는 것은 자연 상태의 '만인 대 만인의 투쟁'에서 벗어나 개인의 안전과 평화를 보장받기 위해서다. 권력자가 이런 사회계약의 의무를 지키지 못한다면 그에게 복종할 이유가 없다." (홉스, 『리바이어던』)

홉스는 국가의 성립은 인간의 본성에서 비롯되었다는 전통 세계관을 거부했다. 홉스는 법도 국가도 없는 자연 상태에서 인간이 집단을 만드는 유일한 이유는, 그렇게 하는 것이 자신에게 이익이 되기 때문이며, 그런 이유야말로 인간의 본성에 적합한 것이라고 주장했다.

홉스는 공적 권력 아래 놓여 있지 않은 상태(자연 상태)에서 사람들은 각자 자유를 쟁취하기 위해 '만인의 만인에 대한 투쟁'이 일어난다고 주장했다. 그러한 상태에서 사람들은 자신의 안전과 자유를 보장받지 못하며, 모든 사람이 다른 사람에게 손해를 끼쳐가면서까지 자신의 이익을 추구함으로써 마치 전쟁과도 같은 상황과 맞닥뜨린다고 말했다.

홉스는 이런 혼란스러운 상황을 바로잡기 위해서는 강력한 절대 권력이 필요하다고 생각했다. 이를 위해 사람들은 사회계약을 체결함으로써 자신의 권리 가운데 일정 부분을 기꺼이 포기하고, 이를 절대 권력을 가진 하나의 인위적인 인간, 즉 '**공적 권력**'에 위탁한다고 주장했다. 이것이 바로 '국가'의 탄생이며, 이 국가는 하나의 제도로써 정의된다. 그리고 이 제도가 표상하는 의지는 모든 사람이 맺은 계약에 따라 모든 사람의 의지로 받아들여진다.

홉스는 필요에 따라 체결한 사회계약이 잘 지켜지기 위해서는 강력한 국가와 절대 권력이 요구되며, 국가로부터 보호받고자 하는 사람은 누구나 권력자에게 복종해야 할 의무가 있다고 생각했다. 이렇게 해서 만들어진 막강한 국가 권력을 홉스는 바다 괴물 '리바이어던'으로 표현했다. 국가는 리바이어던처럼 강력한 힘을 가지고 있어야 제 기능을 발휘할 수 있다고 생각했다. 홉스는 사회와 국가를 위해서는 악한 인간 본성을 적절히 통제하고 또 어느 정도는 억압해야 한다면서, 절대 권력을 국가라는 목적 달성을 위한 정당한 수단으로 이해했다.

이렇듯 그가 생각한 국가는 강력한 전제 군주가 통치하는 권력체제라 할 수 있다. 최고의 국가 권력을 가진 자는 한 사람 또는 한 집단일 수 있다. 그 권력은 한계도 없고, 양도하거나 나눌 수도 없다. 국가 권력의 소유자에게 주어진 최상위의 의무는 인민의 복리로, 국가 전체의 통합을 위해서는 교회 역시 국가에 종속되어야 한다고 생각했다.

홉스의 절대 권력 옹호

홉스는 절대 권력은 주권자를 만족시키기 위한 것이 아니라 모든 사람의 선을 위해 주권자에게 주어지는 것이라고 보았다. 홉스는 기본적으로 그 어떤 것보다, 심지어 가장 매서운 독재 정치보다도 군중을 공포로 내몰게 하는 것은 사회 혼란이라고 생각했다. 따라서 군중은 혼란보다는 차리리 전제 정치를 선호하고 이에 복종하려 든다고 하였다.

아렌트

"권력은 공동체적 가치를 보호하기 위한 공동 자산이다."

"권력은 정당화가 필요하지 않으며, 정치 공동체의 존재 자체에 내재해 있다. 권력에게 필요한 것은 정당성이다. 권력은 사람들이 모여 협력 행위를 하는 곳이라면 어디서나 생겨난다. 그렇지만 권력의 정당성은 최초의 모임에서 나오는 것이지 그 후의 어떤 행위에서 나오는 것이 아니다." (아렌트, 『폭력의 세기』)

권력은 '다른 사람을 내 의지에 따라 움직일 수 있게 만드는 것'이라는 막스 베버와는 달리, 독일 태생의 유대계 여성 철학자인 한나 아렌트는 권력을 '사람들이 합의를 통해 형성하는 **공동의 힘**'으로 보았다. 아렌트는 권력은 소통의 수단으로, 바람직한 권력은 리더와 대중이 공감대를 형성하는 과정에서 권력자의 의지가 자연스럽게 사람들에게 전파되는 것으로 생각했다.

아렌트는 제2차 세계대전 동안의 긴 망명 생활에서 체험한 것들을 토대로 권력과 폭력 간의 유사성과 차이점을 지적하면서 권력의 본질에 다가가려 했다. 아렌트에 따르면, 권력은 '다수의 사람이 모여 있을 때 그들 사이에 자유롭게 발생하는 역동적 현상' 그 자체를 의미한다. 이에 비해 폭력은, 역동성, 다시 말해 '권력'을 파괴하고 훼손하는 현상을 뜻한다.

아렌트는 나치에 대한 경험을 통해 흔히 권력과 폭력은 서로 분리될 수 없다거나, 혹은 폭력은 권력보다 더 강한 결정력을 갖는다는 생각에 정면으로 반박했다. 아렌트는 폭력이 비록 권력을 파괴할 수는 있지만, 그렇더라도 폭력이 결코 권력을 대신할 수는 없다고 보았다. 폭력은 언제나 자신을 정당화할 수 있도록 해야 하지만, 권력은 이미 정당화된 것이며, 권력이 필요로 하는 것은 이러한 정당성의 유지라고 주장했다.

아렌트에 따르면, 권력은 타인에게 내가 원하는 것을 행하도록 명령하거나 강요하는 것이 아니라, '사람들이 모여 제휴하고 행동할 때' 형성되는 것으로서 '**공동**'의 것이다. 반면 폭력은 목적을 위해 도구와 수단에 의존하는 강제적인 힘이다. 이를테면 권력이 지지를 기반으로 하여 유지되지 못할 때, 즉 권력이 흔들리거나 취약할 때, 폭력이라는 수단이 곧잘 사용된다. 이러한 근거로 아렌트는 권력과 폭력을 대립적 구조로 파악하며, 폭력의 대립어는 따라서 비폭력이 아니고 권력이라고 말했다.

아렌트는 "권력과 폭력은 동일하지 않은 정도가 아니라 서로 대립한다."라고 하여, 폭력은 권력이 위태로워질 때 나타나며, 마지막에는 권력을 파괴한다고 보았다. 그녀의 이러한 통찰은 절대 권력을 위해 폭력을 정당화했던 마키아벨리나 홉스의 입장에 맞서는 것으로, 국가 권력이 정당성을 잃을 때 그 정당성을 보충하기 위해 폭력이 동원된다는 사실을 잘 드러낸다.

인간의 조건

아렌트는 인간의 기본 행동을 노동, 작업, 행위로 구분해 분석하면서, 인간만이 갖는 창조적이고 자유로운 행위에 주목했다. '노동'은 생명을 유지하는데 필요한 행동이고, '작업'은 창조적인 제작 등의 분야이며, '행위'는 공동체의 일원으로 사는 것이다. 아렌트는 자유로운 '행위'야말로 인간(인간다움)의 조건으로, 근대화에 따라 인간의 본질인 '작업' 행위의 가치가 상실되고 있다고 경고했다.

푸코

“권력은 담론과 지식을 통해 생성되고 확장한다.”

> “오히려 권력이 지식을 생산한다는 것, (…) 권력과 지식이 서로 연루되어 있다는 것, 지식의 영역과 관계된 성분이 전혀 없는 권력관계나, 권력과의 관계를 전제로 하지 않으면서 동시에 관련도 없는 지식이란 있을 수 없다는 것을 인정해야 한다. 그러므로 ‘권력-지식’의 이러한 관련성 체계에 대하여 자유롭거나 혹은 자유롭지 못한 어떤 인식 주체에 기반을 두고서 분석해서는 안 된다.” (푸코, 『감시와 처벌』)

푸코는 권력이 복잡한 사회구조를 통해 효력을 발생시키는 과정에 주목했다. 푸코는 **‘담론’**, 곧 ‘지식’이 권력의 문제와 밀접하게 관계한다고 보았다. 담론이 규범적 가치와 사회 질서 체계를 규정짓는 ‘권력 행사의 도구’로써 사용되면서, 이것의 통제를 받기를 거부하는 사람에게 처벌을 가하고, 개인 스스로 규율 체계에 순응하게 만든다고 주장했다.

푸코는 권력을 행사하는 힘으로 **‘지식’**이 작용한다고 보았다. 지식의 생산과 통제를 통해 권력은 그 지식을 독점하고, 그렇게 해서 권력과 지식 체계는 하나가 된다. 지식은 개인의 삶에 직접 관여하는 규범을 만드는 영역에서 크게 영향력을 발휘한다. 급변하는 현대 사회에서 지식의 전문화는 심각한 독점화 현상을 초래한다. 독점화된 지식은 권력으로 작용하며, 권력을 강화하는 핵심 기재로 작동한다. 권력은 지식을 통해 질서 체계를 만들고, 지식을 권력의 지배 아래 둔다. 그 결과 개인은 권력이 만든 규범과 가치에 의해 통제받는 피동적 개체로 전락한다.

푸코는 이를 ‘광기’를 예로 들어 설명하면서, 사회 안에서 정상과 비정상을 구분하고 규정짓는 모종의 힘이 곧 ‘권력’이라고 보았다. 광기라는 개념에 담긴 지식 그 자체는 늘 그대로였는데, 그 지식을 규정하는 담론이 시대와 상황에 맞게 달라진 것이다. 푸코는 담론을 사회와 주체의 **‘구조’**를 결정하는 기제, 곧 권력 구조로 본 것이다.

푸코는 현대 민주주의가 만들어낸 권력을 규율 권력(생활 권력)이라고 불렀다. 현대 사회에 들어오면서 권력은 차츰 눈에 보이지 않게 몸을 숨기되, 보이지 않는 생활영역에서 그리고 일상의 세세한 부분까지 우리의 신체를 감시 · 통제하고 있으며, 그에 따라 개인은 모두 그리고 언제나 감시 가능한 공간 안에 묶이게 됐다고 보았다.

지식과 정보의 비대칭성을 교묘하게 이용한 권력은 감시의 효율성을 높이고 규율을 정신에 내면화하기 위해, 은밀하면서도 철저하게 개인을 통제하는 구조를 끊임없이 고안하고, 이를 통해 권력이 원하는 질서를 만든다. 그것에 맞춰 우리는 가정 · 학교 · 회사 등 다양한 생활 공간에서 다양한 규범적 판단에 따라 다양한 방법으로 규제된다. 그리고 그 지식이 정한 범주를 벗어나는 일체의 행동은 모두 부적절하고 일탈적인 행위로 간주하여 감시와 처벌과 교정의 대상이 된다. 푸코는 우리는 지식 권력이 일상 행위의 가장 미세한 부분까지 침투하고 있는 현실 세계를 살고 있다고 지적했다.

하버마스

"권력은 의사소통 구조를 통해 정당성을 인정받는다."

"의사소통 권력 개념이 도입되면서 정치권력의 개념에 분화가 일어난다. 정치가 정치적으로 자율적인 행동을 하는 것과 서로 대화하는 사람들의 실천이 완전히 일치하는 것은 아니다. 정치적 자율성의 행사는 공동 의지의 담론적 형성을 의미하지, 거기서 생긴 법률의 시행까지 의미하는 것은 아니다." (하버마스, 『사실성과 타당성』)

하버마스는 권력의 형성 차원에서 이를 다음 두 측면으로 나누어 고찰했다. 타인과 함께 공공의사를 만들어가는 자발적이며 창조적인 '의사소통 권력'의 측면과 그것이 이행 및 유지되기 위한 것으로서 강압적이지만 실제적인 힘을 행사하는 '행정적 권력'의 측면이 그것이다.

하버마스에 따르면, 권력은 어느 한 개인이나 집단에 의해 생성되는 것이 아니다. 하버마스는 권력은 사람들이 상호 의견을 교환하는 **의사소통** 과정을 통해 국민의 '자발적 동의'를 얻음으로써 정당성을 인정받는다고 생각했다. 그렇더라도 그 권력은 여전히 강제력이 없기에 지배 권력으로서의 힘을 갖지 못한다고 보면서, 권력이 실질적인 효력을 갖기 위해서는 '집행하는' 힘으로 바뀌어야 한다고 생각했다. 이러한 근거에서 하버마스는 아렌트는 권력 개념이 어떻게 발생하는가에 관해서만 설명할 뿐, 권력이 어떻게 강제력을 획득하여 실행되는가에 대해서는 소홀히 함으로써, 권력의 도구적 성격을 고찰하는 데 등한시했다고 비판했다.

하버마스 역시 아렌트처럼 권력이 어떠한 과정과 절차를 통해 생성되는가를 놓고서, 이를 폭력과 구분하는 방법을 통해 고찰했다. 그는 권력이 공공의 의사소통 절차를 통해 창출된다는 점에 있어서 아렌트의 권력 개념을 적극적으로 수용했다. 권력을 유지 또는 재생산하기 위해서는 행정 체계와 수행 기구들이 필요하며, 이때 행정 권력은 의사소통 권력과 더불어 권력 구조의 중심이 된다고 보았다.

하버마스는 현대 사회를 '체계'와 '생활세계'로 나누었다. 전자는 경제와 관료주의와 같은 '체계(권력 체계)'를 말하고, 후자는 언어와 문화의 세계로서의 '생활세계'를 일컫는다. 하버마스는 이 경제와 관료주의로 대표되는 권력 체계가 언어와 행위 능력이 있는 주체들의 상호작용, 곧 의사소통의 '생활세계를 식민지화'한다고 보았다. 식민지화는 생활세계의 기능 상실과 문화적 빈곤 등의 사회병리 현상을 빚는다고 주장했다.

하버마스는 그 해결책으로 '바람직한 공론장을 통한 이해 지향적 의사소통 행위'를 제시했다. '공론장(公論場)'은 여론이 형성되는 사회적 영역으로, 공적 영역으로서의 '국가'와 사적 영역으로서의 '사회'를 매개한다. 하버마스는 공론장에서의 토론과 대화를 통한 합리적 의사소통을 강조했다. 서로 다른 의견과 갈등, 그리고 폭력을 극복하기 위해서는 개방적인 논의와 담론으로 서로 존중할 수 있는 '의사소통의 합리성'을 키워야 한다고 주장했다.

하버마스는 또한 합리적 의사소통 절차를 통해 생성된 권력이 강제력을 갖는 행정 권력, 즉 공권력으로 전환되기 위해서는 일련의 매개가 필요한데, 그것이 곧 '법'이라고 보았다. 법은 민주적 집행 과정에서 만들어진 의사소통 권력이 제도적 · 실질적인 권력으로 사용하도록 만드는 매개 역할을 담당한다. 하버마스의 이러한 권력 개념은 법을 하나의 중간 지대로 규정하고 있다. 그 핵심은 어떤 사회적 · 정치적 권력이 정당한 절차 없이 행정 권력을 취하거나, 부정의한 권력이 행정 권력을 남용하지 않도록, 법을 통해서 효과적으로 막아야 한다는 것이다. 이러한 그의 이론은 법치국가의 이념에 근거를 두고 있다.

하버마스는 중간 매개체로서의 법 또한 공적 담론을 통한 의사소통 권력으로부터 나와야 하며, 의사소통 권력은 정당하게 제정된 법을 통해 행정 권력으로 나타나야 한다고 주장했다. 그는 권력 개념은 왜곡되지 않은 의사소통 구조를 통해서만 정당한 권력이 창출된다고 보았다. 그러므로 무엇보다도 자유로운 토론 과정과 자발적 합의에 따라 이루어진 의사소통 권력이 법치국가에서 요구되는 정당한 권력이라고 주장했다.

아렌트와 하버마스의 권력을 보는 시각 차이

아렌트와 하버마스는 공론장과 권력의 상호 관계를 보는 시각에서 다음과 같이 차이 난다. 먼저, 아렌트는 공화주의적 전통을 따라 공동체로서의 시민사회를 강조하면서, 공론정치는 권력의 기반이므로 공론에 기초하지 않는 권력은 정당하지 못한 폭력이라고 보았다. 공론정치는 폭력적 권력에 대항하여 진정한 인민주권을 형성하며, 이를 위해 언어와 설득에 의한 의사소통적 권력을 형성하는 것이 중요하다고 주장했다. 이에 비해 하버마스는 자유주의적 전통을 따라 결사체로서의 시민사회를 강조하면서, 국가가 행사하는 폭력 그 자체보다는 올바른 의사소통적 권력에 기초하지 않는 폭력 행사의 문제점을 비판했다. 그리고 공론정치는 생활세계를 매개하는 방법일 뿐으로 결코 정치권력을 대체할 수 없다고 보았다. 그 대안으로 법적 · 제도적 절차에 따른 의사소통 권력을 제시하면서 공론정치에 의한 상향식 정치 활동으로 민주주의를 실현할 것을 주장했다.

의사소통적 이성

프랑크푸르트학파는 1923년에 설립된 독일 '프랑크푸르트 사회연구소'의 학파를 가리킨다. 호르크하이머, 아도르노, 벤야민, 마르쿠제 등이 중심인물이다. 하버마스는 이 학파의 '제2 세대'를 대표한다. 구성원의 대부분은 독일계 유태인으로서 제2차 세계대전 중 나치의 박해를 피해 미국으로 갔다가 전쟁이 끝난 1950년대 초에 귀국했다. 이 학파는 마르크스의 이론에 기반을 두고 정신분석학과 심리학을 흡수하려고 했다.

프랑크푸르트학파의 중심 문제는 근대를 어떻게 이해하느냐에 있었다. 즉, "근대적 합리성 혹은 이성의 본질은 무엇이고, 그 본질은 어떻게 변하는가?"라는 문제였다. 하버마스는 '의사소통적 이성'이라는 모델을 제시하면서, 이성에는 아도르노 · 호르크하이머가 제시한 '도구적 이성'뿐만 아니라 '의사소통적 이성'도 있다고 보았다.

하버마스는 의사소통적 이성이 권력의 수평적 관계를 불러온다고 생각하면서, 근대의 가능성을 의사소통적 이성에 근거하여 구축하려고 했다. 그는 의사소통을 '주체 중심적 이성에서 의사소통적 이성으로 바뀌는 패러다임의 전환'으로 이해했다. 하버마스에 따르면, 도구적 이성의 패러다임은 '고독하게 인식하고 행위 하는 주체'가 '상대를 서로 인정하는 상호 주관적 관계의 패러다임'에 의해 '객체'와 '의사소통'하는 과정에서 일어난다. 그리고 그 과정에서 자신의 목적을 실현하기 위해 타자를 조작하고 지배하는 도구적 행위로서의 '성과 지향적 행위'는 다른 사람들의 상호 이해를 구하고 행위 하는 '양해 지향적 행위'로 전환되면서, 사람들은 서로 이해하고 서로 양해하는 관계를 맺는다. 이것을 하버마스는 '토의'라고 불렀다.

13 정의

인간이 사회생활을 영위하는 데 있어서 마땅히 지켜야 할 보편타당한 생활 규범이자 절대 이념을 말한다. 법이 공동체의 질서라면, 정의의 과제는 공동체의 질서를 수호하는 것으로, 정의의 개념은 법률 및 권리의 개념과 연계하여 발전해 왔다. 오늘날 정의에 대한 물음은 공정(公正) 개념과 관련되어 있다. 공정은 인간 상호 간의 존중과 불평등 해소, 자유의 형평성 그리고 사회적 연대로 규정된다.

고대 로마의 법학자인 울피아누스는 '각자에게 그의 몫을 돌리려는 항구적인 의지'라고 규정했다. 정의에 관한 철학자들의 생각을 종합할 때, 정의로운 사회란 그 구성원들이 자기 역할과 의무를 다한 후, 마땅히 받아야 할 몫을 온전히 받는 사회를 말한다. (어원: 명령된 것을 의미하는 라틴어 Justum, 소송을 의미하는 그리스어 dike, 법률과 동의어인 독일어 Recht, 재판을 의미하는 프랑스어 La justice 등 다양/ 유사어: 권리, 평등, 정당성, 합법성, 덕/ 반대어: 비합법성, 불평등, 불공정, 불의, 폭력)

플라톤은 "정의는 개인적인 덕인가, 아니면 사회적 삶의 조화로운 조직화인가."라는 두 관점 사이의 타협을 시도했다. 플라톤은 『국가론』에서 개인의 보편적 덕(德)으로서의 정의와 사회적 삶과의 조화를 꾀했다. 즉 지혜, 용기, 절제의 덕이 서로 조화를 이룰 때 '선(善)의 이데아'는 완성되며, 이러한 상태가 곧 '정의'라고 보았다.

아리스토텔레스의 정의는 정치 공동체를 위해 행복을 창출하고 보존하는 행위다. 이에 따라 정의는 공동체의 이익을 대상으로 하는 일반적 정의 또는 법적 정의와 개인의 복지를 대상으로 하는 특수한 정의 또는 좁은 의미의 정의로 나눌 수 있다. 좁은 의미의 정의는 다시 개인들 사이의 타협과 관련되고 평등의 원리를 따르는 교정적 정의와 각자의 공헌에 따라 이익을 분배하는 배분적 정의로 구분된다. 어느 경우에나 정의의 궁극의 지향점은 평등의 원리에 기초한 공정성의 확립에 있다.

'최대 다수의 최대 행복'의 원칙인 공리의 원리를 정의의 보편 원칙으로 적용할 수 있다는 사상이다. 공리주의자인 밀에 따르면, 정의는 공리의 원리에 의해 설명될 수 있다. 정의로운 행위나 제도는 최대 다수에게 최대 행복을 가져다주며, 결국 옳음과 그름, 정의로움과 정의롭지 않음을 구별하는 기준은 사람들이 실제 소망하는 것, 즉 행복뿐이다. 다시 말해, 공리주의에서 행복의 기준은 개인의 최대 행복이 아니라 전체의 최대 행복의 합이다. 하지만 이러한 공리주의 관점을 따를 경우, 개인은 다른 사람이나 전체의 선(공동선)을 위해 자신의 행복을 포기할 것을 강요당할 수 있다.

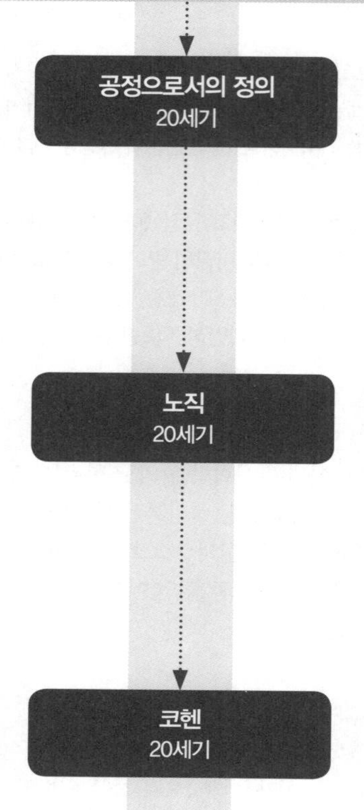

롤스는 부와 자유, 기회 및 자존심을 공정하게 배분하는 것이 정의라고 보았다. 이를 위해서는 누구든지 자유를 누릴 수 있는, 즉 개인에게 경쟁의 기회를 평등하게 부여할 수 있어야 한다. 그 토대 위에서 결과로서의 불평등은 어쩔 수 없으나 사회 속에서 가장 불우한 사람들의 생활은 개선되도록 배려해야 한다는 원리가 지켜지는 '공정'한 정의라면, 사회의 구성원들은 그러한 원칙에 합의할 수 있을 것이다.

노직은 철저히 자유주의 관점에서 정의를 말했다. 개인은 각자가 지닌 힘에 대해 전적으로 배타적인 통제권과 사용권을 가진다. 따라서 국가는 어느 한 개인이 다른 이들을 돕도록 강요할 수 없다. 노직은 개인들 사이에 적법한 계약을 맺지 않는 한, 개인이 타인의 이익을 위해 헌신할 의무는 없다고 보았다. 노직은 '강제된 도움'을 금하며, 타인을 돌보아야 할 당위성은 모두 계약에서 도출된다고 생각했다.

캐나다 출신으로 미국을 대표하는 또 한 명의 정치철학자인 제럴드 앨런 코헨은 정의와 관련한 노직의 주장에 반대했다. 마르크스주의 이론가인 코헨은 공동체 구성원들이 서로를 돌봐야 하는 이유는 어떤 계약에서 도출되는 것이 아니라, 우리가 그렇게 할 수 있고 또 마땅히 그렇게 해야만 하는 것이기 때문에 하는 것이라고 말했다. 코헨은 노직이 상정한 적법한 계약에 근거한 상호 호혜성을 현금 보상의 기초 위에서 작동하는 활동이자 타인을 바라보는 끔찍한 방식이라고 비판했다.

"정의는 정당한 불평등을 향한 평등이다."

"정의란 그에 의해 각자가 자기의 것을 취하며, 법이 정하는 바대로 하는 미덕이고, 반면에 부정의란 그에 의해 누군가가 남의 재물을 취하고 법에 따라서 하지 않는 것이다." (아리스토텔레스, 『정치학』)

'평등'을 정의의 내용으로 끌어와 논의한 최초의 철학자는 아리스토텔레스이다. 아리스토텔레스는 정의는 '다른 사람과의 관계'를 요건으로 한다는 점에서 다른 것(담론 등)과 구별된다고 말하면서, 정의를 '사회적 도덕'이라고 보았다. 아리스토텔레스는 사회적 도덕인 정의를 보편적 의미와 특수적 의미로 구분해서 설명했다. 보편적 정의는 인간 행동을 공동생활의 일반 원칙에 적합하게 하는 것, 즉 정당한 질서 자체로서의 '합법적인 것'이다. 한편 특수적 정의란 '공정한 것'을 지향하는 것으로서 '같은 것은 같게, 다른 것은 다르게' 라는 원칙이다.

아리스토텔레스는 특수적 정의에 대해 이를 다음 두 가지 차원에서 논의했다. 하나는 인간 상호 관계를 조절하는 사회 질서, 구조 내지는 제도의 차원이고, 다른 하나는 **덕(arete)**의 차원이다. 이러한 점에서 정의는 개인적인 선(善)만을 추구하는 것은 아니다. 아리스토텔레스가 집중적으로 탐구하고자 한 정의는 바로 덕의 한 부분으로서의 정의로, 이는 다시 '분배적 정의', '시정적 정의', '교환적 정의'로 나뉜다.

분배적 정의란 동등함, 즉 비례적 균등의 원리에 따른 정의다. 즉, 동등한 사람들에게 동등하게 분배하고 동등하지 않은 사람들에게 동등하지 않게 분배하는 것이 바로 분배적 정의다. 이는 '공적이나 기여에 따라 분배해야 한다는 생각'으로 표현될 수 있다.

시정적 정의란 '사람과 사람 사이의 상호 교섭 과정에서 일어나는 이해 충돌을 시정하는 역할'을 하는 정의다. 이는 상호 교섭의 성격에 따라 자발적인 것과 비자발적인 것으로 구별되며, 이익과 손해의 중간으로서의 의미를 지닌다. 교환적 정의란 거래 관계의 공정성 및 거래의 규범에 대한 정의다. 이 경우 거래는 균등한 것을 제공함으로써 정의롭게 된다. 시정적 정의와 교환적 정의는 무차별적인 등치의 원리에 따른 '평균적 정의'로 합쳐져서 이해된다.

이처럼 아리스토텔레스에게 있어서 분배적 정의는 "각자에게 그의 것을"이라는 수식어로 표현되는 '정당한 불평등'으로서의 평등이다. 따라서 그에게 있어서 '평등'은 무차별적인 평등과 차별적 평등(불평등한 평등 또는 비례적 평등)을 포괄하는 개념이다. 그가 평등 개념 속에 불평등을 포섭한 것은 인간의 능력 · 특질 · 필요 · 이해관계 · 관심 등에서 서로 동등하지 않음을 인정하는 것으로, 그리하여 '다른 것은 다르게, 불평등한 것은 불평등하게'하는 것이 실질적인 평등이라는 점을 통찰했기 때문이다.

여기서 아리스토텔레스가 가치의 예로 든 신분 · 문벌 · 덕 등을 지적한 점을 고려하면, 그가 가장 공정한 분배의 원리로 제시한 **공적(功績)**에 따른 분배는 정치적 지위의 측면에서 자신의 공적에 따라 보상해야 한다는 원칙이다. 평등을 정의의 원칙에 끌어들인 것이다.

루소

"정의는 사적 소유의 불평등을 정당화하려는 정치적 수사에 불과하다."

"인간은 평등하게 태어났으나 도처에서 불평등에 시달리고 있다. (…) 소유가 없는 곳에 바르지 못한 일이 있을 수 없기 때문이다." (루소, 『인간불평등기원론』)

아리스토텔레스의 분배적 정의는 근대 이후 사회계약론자들에 의해 자원의 분배 방식이라는 의미로 전환됐다. 근대에 이르러 공적(功績)은 자유경제 체제에서 경쟁을 통해 재화를 획득할 수 있는 능력으로 전환됐고, 공적에 따라 분배되어야 하는 것은 바로 재화(자원)로 받아들여졌다.

먼저 대표적 사회계약론자인 로크는 『통치론』 제5장 「소유권에 관하여」에서 소유권을 확정하는 것은 '노동'이라고 주장했다. 아리스토텔레스의 정의관에서 (노예의) 노동이 소유에 대한 권리를 주장할 아무런 근거가 되지 못했던 것에 비하면, 로크의 주장은 분배적 정의의 의미를 획기적으로 전환한 것이라 할 수 있다. 다만 로크가 소유권의 기초로서 주목한 노동은 토지 소유자가 자신의 소유권을 확립하려는 방법에서의 노동이라는 점에서 현대적 의미의 노동과 차이 난다. 불균등하고 불평등한 토지의 소유가 사회적으로 정당화된다는 로크의 주장은 이후 흄의 사상으로 이어지면서, 마침내 분배적 정의의 원천인 '공적'은 단지 '재산을 소유할 수 있는 능력'이라는 의미로 고정되고, 재산의 불균등한 소유가 정의의 원리로서 정당화된다.

반면 같은 사회계약론자인 루소는 로크와 달리 '평등' 개념의 허구성을 고발했다. 특히 루소는 인간은 원래 불평등한 존재임을 통찰했다. 그는 『인간불평등기원론』에서 불평등의 두 가지 원천인 자연적 · 육체적 불평등과 사회적 · 정치적 불평등을 밝혔는데, 그가 문제 삼은 것은 후자였다. 그는 "어떤 토지에 울타리를 두르고 '이것은 내 것이다.'라고 선언하는 일을 생각해내던 그때부터 불평등은 우리 능력의 발달과 인간 정신의 진보에 희망을 지니게 되었으며, 소유권과 법률의 제정을 통해 안정되고 합법적인 것이 되었다."라고 했다.

불평등이 합법적으로 되었다는 것은, 다시 말해 사유재산권을 인정했다는 것은 '평등'이라는 관념이 얼마나 허구적인가를 여실히 보여준다. 실제로 불평등한 사유가 합법화됨으로써 인간은 자신의 사적 재산을 늘려 타인과 더욱더 불평등해지기 위해 치열하게 경쟁한다. 그렇기에 루소는 경쟁과 대항 의식, 이해관계의 대립, 그리고 타인의 희생으로써 자기 이익을 얻으려는 욕망 등은 사적 소유가 만들어낸 효과라고 말하면서, 여기서 정의의 규칙이 생겼다고 보았다. 말하자면 재산의 불평등이 용인되는 사회 상태는 강자의 횡포를 가능하게 만들면서 결과적으로 약자는 억압되고, 모든 불평등이 확대 재생산되는 비참한 사회 상태가 된다는 것, 그리하여 비참한 사회 상태를 벗어나기 위해 정의의 규칙이 필요하게 되었음을 의미한다.

루소는 불평등 문제에 관해 당시로는 놀랄만한 통찰력을 보였다. 모든 불평등의 근원은 재산의 불평등으로, 재산의 불평등이 정치적으로 합법화됨과 동시에 재산 축적이 거대해지면서 빈곤과 억압의 축적 역시 광범위하게 이루어졌다고 지적했다. 이런 이유로, 루소에게 있어서 정의의 규칙이란 결코 '불평등한 평등'이 아니라 다만 사회적 · 정치적으로 조장된 불평등을 정당화하는 **정치적 수사(修辭)**에 불과하다. 루소는 역사적 시기마다 불평등은 정의의 이름 아래 용인되었고, 그래서 불평등을 용인하는 규정이나 개개인의 처지에서 불평등을 만들어내는 조건은 바뀔 수 있다는 것 등, 평등 이념 아래 숨겨진 사실을 적나라하게 드러냈다.

밀

"정의는 공적 이익(公利)과 공동선을 실현하는 것이다."

"정의는 인간의 가슴속에 있는 단순하고 본래적인 기능이 아니라, 특정한 도덕적인 요구에 대한 이름이다. 이것은 집합적으로 보면, 사회적 공리성의 규모에 있어서 더 높은 자리에 위치하고 있기 때문에 다른 것들보다 더 중요한 의무이다." (밀, 『공리주의』)

공리주의 철학을 대표하는 학자인 밀은 정의를 설명하면서 '**사회적 효용**(social utility)'의 개념을 제시했다. 밀은, 정의에 관한 각각의 주장이 지니는 도덕적 요구보다 사회적 공리가 상위의 개념이며, 따라서 사회적 공리라는 상위의 도덕적 요구는 그 어떤 요구보다 더 신성하고 더 구속력이 강하다고 주장했다.

밀은 "정의라는 것은 그렇게 하는 것이 옳고 그렇게 하지 않으면 나쁜 것이 될 뿐만 아니라, 어떤 사람이 우리를 향해 자신의 도덕적 권리를 주장할 수 있게 하는 것이기도 하다."라고 말하면서, 정의는 절대적인 강제력을 띠는 동시에 의무의 영역이라고 보았다. 그는 또한 '권리' 개념에 대한 새로운 해석으로 공리라는 원리의 우선성을 재확인하고, 그와 동시에 '각자에게 그의 것을'이라는 정의의 핵심 계율의 위상을 되살려놓았다.

밀은 '받아들이는 쪽의 권리'를 정당화함으로써, '타인에 대한 배려', 즉 자기 헌신의 도덕성을 발휘할 의무를 정의의 영역으로 끌어들였다. 밀에 의해서 '각자에게 그의 것을'이라는 계율의 내용은 확장됐다. 근대적인 의미에서 이 계율은 자신의 소유권에 관한 주장이었다. 그러나 밀에게 있어서 이 계율은 자신의 소유권에 관한 주장을 뛰어넘어, 자신의 행위와 관련되는 모든 사람의 행복의 총량을 증대할 수 있는 희생까지 포함하는 것으로 확장되었다. 간단히 말해서 타인을 위한 자기희생 역시 '각자의 몫'이 되는 것이므로, 밀의 논의에서는 '각자에게 그의 것을'이라는 정의의 계율과 공리의 원칙은 일치한다.

공리주의가 주장하는 '최대다수의 최대행복' 원리가 실현될 수 있다면, 현대 사회에서 불평등은 훨씬 완화될 것이다. 그런데 공리주의는 현실적으로 실현되기 어렵고, 그 원리에 내재한 문제점에 대한 공격 또한 만만치 않다. 인간 본성이 공리의 원리를 실천하기에는 너무 나약하고, 동시에 양심적인 사람조차 행위의 방향을 결정하는데 혼란스러운 경우가 많기 때문이다.

사실 공리주의 원리는 인간이라면 누구나 심정적으로 동의할 수 있는 이상(理想)이다. 그러나 밀 자신이 부분적으로 인정한 것처럼, 인간 현실은 행위자의 판단을 언제나 공리주의적 이상에 적합하게 이끌지 않을뿐더러, 실제 현실에서 도덕적 구속력을 발휘하지 못하는 경우가 허다하다. 그뿐 아니라, 행복의 총량을 위한 '자기 헌신'이나 '자기희생'의 의무는 자칫 심각하게 개인의 자유를 위협하거나 기본적인 인권을 박탈할 수 있다. 예컨대 아홉 사람의 행복을 위해 한 사람을 희생하는 일이 행복 총량을 증대할 수 있다면, 그것은 얼마든지 정의로운 행위가 될 수 있는 것이다. "과연 이러한 일이 정의로울 수 있는가?"라는 물음은 상식적인 도덕에서조차 용납되기 어렵다. 무엇보다 공리주의는 현존하는 자유민주주의 정치체제, 즉 개인의 자유를 최우선 가치로 가정하는 정치체제와 화해할 수 없다.

이런 문제점을 안고 있음에도 불구하고 공리주의가 생명력을 유지할 수 있었던 것은, 이것이 '**공동선**'의 가치를 지향한다는 점, 다시 말해 공리에 바탕을 둔 정의가 도덕성의 중요한 부분이고 구속력도 강하다는 점 때문일 것이다.

그런데 공리주의는 역설적인 상황을 만들어내곤 한다. 공리주의가 출발하게 된 배경을 돌이켜보면, 그것은 근대적 분배 정의가 초래하는 심각한 불평등과 빈민의 고통을 문제 삼으면서 대안으로 강구된 것이었다. 그러나 현존하는 자본주의 체제가 재화의 총량을 지속 증대함으로써 빈민에게도 편의와 쾌락을 확산할 수 있다면, 빈민의 고통을 줄인다는 공리주의의 본래 의도는 어느 정도 충족될 수 있을 것이다. 실제 현대 자본주의 사회는 공리주의 원리에 반하는 심각한 불평등을 용인하면서도, 사회복지 체계를 촘촘히 하면서 빈민의 심각한 고통을 어느 정도 줄이고 있다는 평가를 받고 있다.

이런 상황이라면 애초에 공리주의가 의도하는 바가 결과적으로 근대적 분배 정의의 주장을 정당화하는 배경이 될 뿐더러, 오히려 그것을 강화하는 결과를 낳게 된다. 말하자면 공리주의가 공동선의 극대화라는 정의의 평가 기준을 강조하는 한, 공동선은 증대하면서도 정의롭지 않은 사회는 얼마든지 존재할 수 있는 것이다. "공동선은 증대하면서도 정의롭지 않은 사회가 존재한다는 사실", 이것이 오늘날 공리주의 사상이 처한 모순된 역설이다.

해악의 원리

밀은 만인이 자유롭게 행복을 누리는 상태를 '최대 행복' 상태라고 부르면서, 개인은 타인에게 해를 끼치지 않는 한 행복해질 권리가 있다고 강조했다. 밀은 "인류가 개인적으로든 집단적으로든 어느 누구의 행위에 간섭하는 것이 정당화되는 유일한 이유는 자기 보호이다."라고 주장했다. 즉, 다른 사람에게 어떤 위해를 가하지 않는다면 인간은 누구나 자신이 원하는 모든 일을 할 수 있는 자유를 가져야 한다는 것이다.

밀은 『자유론』에서 개인의 자유는 '해악의 원리(타인 위해의 원칙)'를 따라 최대한 허용될 수 있어야 한다고 주장했다. 해악의 원리란 타인이 최대 행복 상태의 이념에 어긋나는 행동을 했을 때만, 그것이 촉발하는 자유에 간섭해도 된다는 생각이다. 이를테면 다수가 소수의 자유에 간섭하는 것은 그 자체로서 부당한 억압으로 간주된다. 그러나 어떤 인물이나 조직이 자신에게 위해를 가하는 경우에 있어서는, 개인은 그에 맞서 대항할 자유가 있다.

이러한 생각을 바탕으로 밀은 대중과 여론이라는 이름으로 행해지는 독재를 배격하고 개인의 자유와 다원주의를 옹호했다. 이를 위해 그는 일차적으로 자신과 연관된 행위와 타인과 연관된 행위를 구분했다. 그러면서 타인과 연관된 행위에 있어서, "타인의 자유와 부딪히는 곳이 그 한계이며, 오로지 그런 상황에서만 국가의 개입이 허용된다."라고 했다. 더불어 밀은 개인의 자유를 위해 어떤 경우에도 견해와 토론의 자유가 제한되어서는 안 된다고 강조했다.

"정의는 사회적 합의로써 공정한 정의를 실현하는 것이다."

"진리가 사유 체계 안에서 제일의 척도인 것처럼, 정의는 사회제도 안에서 제일 가는 덕이다." (롤스, 『정의론』)

미국을 대표하는 저명한 정치철학자 롤스는 사회계약설을 고도로 추상화하여 자신의 정의관을 정립했다. 롤스는 계약을 특정 사회나 특정 형태의 정부를 구성하는 요건으로 이해하는 고전 사회계약론자들과는 달리, 이를 사회의 기본 구조에 관한 정의의 원칙들을 구성하는 요건으로 이해했다.

롤스는 사람들이 선택하는 정의의 원칙들에 대한 공정성을 확보하기 위해 '원초적 입장'이라는 개념을 도입하였는데, 이는 고전 사회계약설의 '자연상태'에 해당한다. 그것은 하나의 순수한 가상적 상황으로, 사람들은 '무지의 장막'에 놓인 상태이기 때문에 정의와 관련한 공정성을 확보할 수 있다고 생각했다.

원초적 입장에서 모든 사람은 자신의 재산, 계급이나 지위, 심지어는 소질, 능력, 재능 등을 몰라야만 한다. 더 나아가 그들은 자신의 가치관이나 심리적 성향마저도 알지 못해야만 한다. 다시 말해서 원초적 입장에서 사람들은 '무지의 장막' 속에서 정의의 원칙들을 선택함으로써, 그것들이 자기에게 어떠한 영향을 미칠지 모르게 된다. 따라서 그들은 자신에게 유리한 원칙을 구성하려 들기보다는, 공정한 원칙을 선택하게 된다. 그들은 각자 자신에게 유리한 원칙만을 고집하려 들지 않으므로, 사람들은 특정한 정의관을 만장일치로 선택할 수 있다. 그리고 이러한 원초적 입장에서 사람들이 합의하는 정의의 원칙들을 **'공정(公正)으로서의 정의'**라고 말할 수 있다고 보았다.

그러나 원초적 입장으로 놓여 있는 사람들도 인간 사회에 대한 일반적인 사실들은 알아야 한다. 그러한 것들을 알지 못한다면, 사람들은 자신이 선택한 정의의 원칙들이 사회를 어떻게 규제하는지 알 수 없을 것이기 때문이다. 덧붙여 롤스는 원초적 입장의 사람들은 합리적이고 상호 무관심한 인간들이라고 상정했다. 이때 합리적이라는 말은 원초적 입장에서 사람들은 자신의 더 많은 몫을 원한다는 의미다. 이것은 일반적인 의미, 즉 전통 경제이론에서 나타나는 합리적인 개인과 대체로 유사하다. 차이점이 있다면, 롤스의 정의는 이러한 일반적인 의미를 따르되, 그것이 질투, 수치심, 치욕감 등과 같은 감정에 의해서 좌지우지되지 않는다는 의미를 추가한 것이다. 여기서 상호 무관심하다는 것은 사람들 각자가 이기주의자여서 자신의 재산과 권력에만 관심을 가진다는 의미가 아니라, 각자 서로가 다른 사람에게 이익을 주려고 하지도 않고 손해를 끼치려 하지도 않는다는 의미다. 즉, 사람들은 오직 자기 이익의 증진에만 관심을 가진다는 의미다.

원초적 입장에 선 사람들의 관점에서 보면, 각자 자신에게 특별히 유리하게 할 방법은 딱히 없다. 그러므로 사람들은 각자 선택할 자유를 따르되, 자신에게 특별히 유리하거나 불리할 것도 없는 '평등한 분배'를 정의의 원칙으로 선택하려 들 것이다. 사람들은 이러한 원칙을 우선해서 추구하면서도, 평등한 분배를 이룬 이후에는 사회 내에서 허용될 수 있는 범위 안에서 재능과 업적 등의 차이에서 오는 불평등을 허용해야만 한다고 생각할 것이다. 그리하여 롤스는 원초적 입장의 사람들은 다음과 같은 두 가지 정의의 원칙을 선택할 것이라고 보았다.

제1원칙은 '평등한 자유의 원칙'이다. 제2원칙은 다시 두 가지로 나뉘는데, '차등의 원칙'과 '공정한 기회균등의 원칙'이라고 부른다. 그리고 이들 원칙은 정해진 순서에 따라 적용되어야 한다. 그 진행 순서는 다음과 같다.

먼저 제1원칙은, '평등한 자유의 원칙'을 따라 개인의 자유는 전체의 자유와 평등한 정도로 보장되어야 한다(동등한 자유 극대화의 원리: 정치적 평등). 여기서 말하는 자유란 언론의 자유, 사상의 자유, 신체의 자유 등 기본권적 자유에 국한된다. 이때 제1원칙에 의해 규정되는 인간의 기본적 자유는 제2원칙에 우선한다.

다음 제2원칙으로 두 가지를 충족할 때, 사회적 · 경제적 불평등에서 오는 일정 격차는 어느 정도 용인될 수 있다. 우선, 불평등의 수용이 정의로운 저축 원칙과 양립하면서 최소 수혜자에게 최대 이득이 되도록 한다(차등의 원칙: 격차 시정의 원칙, 사회적 약자 구제). 즉 사회구성원 가운데 가장 어렵게 사는 사람들의 상황을 개선하기 위해 발생한 강자에게 불평등한 분배는 용인될 수 있다. 이는 애초 재능을 타고난 사람의 경우, 그 재능을 우연히 손해 넣은 것이므로, 불우한 사람들에게 자신의 이익을 나눠줘야 한다는 발상이다. 그런 다음, 공정한 기회균등의 조건 아래 모든 사람에게 개방된 직책과 직위가 결부되게끔 편성되어야 한다(기회균등의 원칙: 평등한 경쟁). 이러한 불평등은 정당한 불평등이라는 사회적 공감대를 형성할 수 있을 것이다.

롤스는 분배는 바로 이런 과정을 거쳤을 때 비로소 가능하다고 생각했다. 그는 원초적 입장의 사람들이라면 틀림없이 선택할 것이라는 이러한 정의의 원칙들을 '공정으로서의 정의'라고 부를 수 있다고 말하면서, 정의는 절차와 선택의 과정에서부터 공정할 때 사회 전체를 위해 바람직한 결과를 가져올 수 있다고 강조했다.

롤스 정의론의 의의와 한계

롤스의 정의론은 자유방임주의와 공리주의의 윤리관과 대척점에 서되, 로크와 루소 그리고 칸트에 의해 제시된 사회계약의 전통적 이론을 좀 더 일반화하고 추상화한 것으로 볼 수 있다. 즉, 롤스는 자유주의 철학의 오랜 전통의 연장선상에서 로크보다는 좀 더 평등적이고 마르크스보다는 자유주의적인 '자유주의적 평등' 이념을 옹호하였다. 그런 점에서 롤스의 정의의 두 원칙은 평등적 자유주의 원칙의 이념적 틀을 형성한다. 이런 이유로 롤스의 정의론은 절차와 합의의 역할을 강조하고, 자유주의와 평등주의의 장점을 결합한 제3의 사회철학 모델로서 복지국가의 이념적 토대를 제공한 이론으로 평가받고 있다.

문제는 이러한 평등적 자유주의에 입각한 정의론이 얼마나 현실적인 설득력이 있느냐 하는 점이다. 현실에서 평등적 자유주의는 수정자본주의나 복지국가의 형태로 나타나지만, 이들 국가가 과연 정의로운 사회 질서의 전형인가에 대해서는 여전히 많은 사람이 의문을 제기하고 있다. 수정자본주의 체제 또는 복지국가가 여전히 자유와 평등을 조화시키는 데 어려움을 겪고 있기 때문이다. 그렇기에 롤스의 정의론은 인간과 제도, 정치와 경제의 관계에 따른 제반 문제를 극복할 수 있는 구체적 실천 방안을 제시하지 못하고 단순히 규범적 구상에 그치고 말았다는 비판을 받고 있다. 바로 그 점에서 롤스의 정의론을 통해 사회의 변혁을 추구하려는 평등적 자유주의는 그만큼 한계를 갖는다고 봐야 할 것이다.

노직

"정의는 권원적인 의미로 정당한 교환을 뜻한다."

"정의로운 분배는 그 분배 아래에서 모든 사람이 자신의 소유물에 대한 적절한 소유권을 갖는 것이다. 사유재산권 보장과 자발적 기부 존중이라는 원칙이 제대로 지켜지지 않는다면 사회 정의를 내세운 그 어떠한 분배도 정의로울 수 없다." (노직, 『아나키, 국가, 그리고 유토피아』)

미국의 자유주의 철학자 로버트 노직은 인간 존엄성을 주창한 칸트와 천부권으로서의 재산권을 강조한 로크의 철학적 전통을 계승했다는 평가를 받고 있다. 노직은 칸트의 '인격은 단순한 수단이 아니라 목적'이라는 도덕 원리에서 자신의 주장에 대한 이론적 근거를 찾았다. 이에 따르면, 개인은 그 자체로서 목적이며, 양도할 수 없는 자연적 권리를 갖는다. 따라서 외부의 그 어떤 행위도 기본적인 인간의 권리를 침해할 수 없으며, 그 누구도 남에게 타자를 위한 희생을 강요해서는 안 된다.

노직은 정부가 사회 정의와 경제 활성화를 명분으로 무차별적으로 시장에 개입하는 것을 반대했다. 노직은 '최소국가론'을 제시하면서, 지나친 정부 개입으로 인해 제대로 존중받지 못하는 개인 권리를 수호하는 데 초점을 맞췄다. 그는 공권력 남용을 원천적으로 차단하는 최소국가를 '현실적인 유토피아'라고 보았다.

노직은 철학자로서 정의의 근원적인 원리에 집중했다. 그가 최소국가론을 주창한 이유는 그것이 자유 · 재산 · 생명 등 개인 권리를 진지하게 존중하는 체제이기 때문이었다. 따라서 노직에게 있어서 정의는, 롤스가 주장하는 공정한 분배보다는 **소유의 권원**, 즉 소유에 따른 근원적 권리를 누가 갖느냐는 것이다. 노직은 소유가 합당하게 이루어진 것이라면, 국가는 소유와 처분에 대하여 개인을 간섭할 아무런 권리가 없다고 보았다. 이에 대한 국가의 간섭은 개인의 선택적 권리를 침해하는 것이자, 정의롭지 못한 행위이기 때문이다.

노직은 국가가 세금을 급격히 늘리는 것에도 반대했다. 그것은 소비 감소 등으로 인한 경기 위축과 같은 경제적 이유에서가 아니었다. "세금은 국가가 특정 목적을 위해 개인에게 억지로 부과하는 일종의 강제노동과 같다."라고 보았다. 세금은 개인이 자신이 아니라 국가의 목적을 위해 강제로 일한 것이 된다는 논리를 펼치면서 강하게 반발했다.

따라서 노직에게 있어서의 정의란 소유의 공정한 분배가 아니라, 소유의 출발점과 교환이 공정하게 이루어지는 것을 말하며, 이렇게 할 때 소유의 분배는 정의롭게 이뤄진다고 보았다. 이런 점에서 노직의 주장은 기본적으로 교환으로 특징짓는 시장 논리에 바탕을 두고 있다. 노직은 사유재산권 보장과 자발적 기부 존중이라는 원칙이 제대로 지켜지지 않는다면, 사회 정의를 내세운 그 어떠한 분배도 정의로울 수 없다고 보았다.

노직은 자유주의 사회의 정의관을 소유와 분배 문제로 접근한 롤스식 복지국가는 오히려 개인과 국가의 활력과 발전을 저해한다고 보면서, 자기 책임주의를 존중하는 조직과 국가가 가장 이상적이라고 생각했다. 그는 "사유재산권과 자유시장 경제는 경제적 번영을 가져다준다. 자유주의야말로 역사적 진보를 가능케 하는 유일한 철학이다."라고 주장했다. 하지만 이러한 노직의 정의관은 정당하지 못한 지배에 의한 분배적 불평등이 만연한 현대 사회에서, 개인 각자는 결코 바람직한 '정의'에서 자유로울 수 없다는 비판을 받고 있다.

왈쩌

"정의는 사회 내의 서로 다른 가치가 교환되지 않도록 하는 것이다."

"모든 사회적 가치들은 고유한 분배 영역을 구성한다. 그리고 그 분배 영역에 적합한 특정한 기준과 제도가 있다."
(왈쩌, 『정의와 다원적 평등』)

공동체주의 철학자 왈쩌는 각각의 공동체가 걸어온 역사를 강조하면서, 롤스가 기획하는 보편적 원리와 이를 뒷받침하는 기본 가정을 비판했다. 그는 도덕규범에 공동체적 규범이 깊이 각인되어 있음을 강조하면서, 보편주의적인 입장에서 도덕을 논하는 관점이나 시도에 반대했다. 왈쩌의 주장에 따르면, 모든 정의와 권리에 대한 구체적인 해답은 개별 공동체 안에 존재하며, 롤스가 가정하고 있는 것처럼 인간 사회의 어느 곳에나 보편타당한 유일무이의 정답은 있을 수 없다.

왈쩌는 이러한 상대주의적인 정의관을 영역론적으로 확대 · 발전시켰다. 그는 오늘날 대부분의 자유주의 철학자들과 사회학자들이 전제하고 있는 다원주의적 사실 혹은 사회가 다원적이고 복합적으로 다변화된 하위 영역들로 구성되어 있다는 사실에 비춰 생각할 때, 단일 사회 내에서의 분배적 정의는 모든 하위 영역들을 포섭하는 보편적인 원리에 의해 수행될 수 없다고 주장했다. 또 『정의의 영역들』에서 왈쩌는 구성원의 자격, 안전과 복지, 돈과 상품, 공직, 노역, 여가, 교육, 혈연과 사랑, 은총, 명성, 정치권력 등의 영역들을 세분화하면서, 각각의 영역 안에서 어떻게 재화가 분배되고 정의가 실현되는가를 탐구했다. 그리고 현실 사회에서 분배적 정의는 '복합적 평등'이라는 개념과 결부시켜 파악해야 한다고 주장했다.

요컨대, 왈쩌는 구체적인 사안이나 상황 혹은 영역에서 정의와 평등은 차별적으로 규정되고 실행되며, 또한 그렇게 되어야 한다고 주장했다. 정의와 평등은 보편적인 원리에 의해서 포괄될 수 있는 가치가 아니며, 오늘날 필요한 것은 '복합 평등적 정의론'이라고 보았다.

왈쩌가 주장하는 복합 평등론에 따르면, 정의는 모든 재화의 평등한 분배를 요구하는 것이 아니다. 그것은 각각의 재화가 특수한 영역 속에서 획득한 것으로서의 사회적 의미에 부합해야 하며, 그 기준에 따라 분배되어야 한다는 것이다. 예컨대 의료와 같은 복지는 필요에 의해서, 처벌과 명예는 공과에 의해서, 교육은 재능에 의해서, 부는 자유 교환에 의해서, 정치권력은 논쟁과 투표에 의해서 분배를 함으로써, 각각의 영역이 각자 자신의 가치를 전유하면서도 상호 발전적으로 작용할 수 있게 해야 한다고 보았다. 이를테면 자본주의 사회에서 가장 문제가 되는 것은 돈의 불평등한 분배뿐만 아니라, 돈을 소유하고 있는 사람에게 모든 것이 집중되면서 다른 것까지도 지배하게 만든다는 사실이다. 왈쩌는 이러한 부정의를 해결하는 것은 **복합 평등**을 여하히 실현할 수 있느냐에 달렸다고 생각했다.

이러한 점에서 왈쩌의 복합 평등론은 어느 한 영역의 고유한 가치가 다른 영역의 가치를 침해함으로써 발생할 수 있는 불평등 관계를 개선할 수 있으며, 그와 동시에 모든 영역에서 권리를 상실하는 것에서 벗어날 수 있다고 보았다. 따라서 복합 평등론에 입각한 체제는 그 어떤 유일한 원리에 의해 모든 것을 포괄해 버리는 전제주의와는 정반대되는 체제라 할 수 있다. 왈쩌에 따르면 복합 평등론은 독단적이고 불공평한 지배가 영속화되거나 고착화하는 상황을 제어하는 초석으로 작용하는 것이자, 정의의 원칙에 충실한 것이라고 보았다.

14 자유

외적 강제 또는 구속에서 벗어난 자립적인 상태를 말한다. 자유는 인간은 자율적 이성을 가진 존재로, 자기 행동의 옳고 그름을 판단할 줄 안다고 전제한다. 인간은 이성적이고 합리적인 사고를 통해 자기 스스로 의사를 결정하고, 결정한 의사에 따라 자율적으로 행동하며, 어떠한 이유로든 그 행동에 방해를 받거나 구속되지 않는다. 어떤 행위에 대해 이를 스스로 선택하고 스스로 결정하며, 그에 따른 책임 또한 자신이 진다. 오늘날 자유는 '~에서 벗어난'이라는 소극적 의미 외에도, '자기 하고 싶은 대로 할 수 있는'이라는 적극적 의미와 함께, '자신이 세운 법칙에 자신을 종속시키는' 의미로서의 자율적 의미를 지닌다. (어원: '자유로운'을 뜻하는 라틴어 liber/ 유사어: 자율성/ 반대어: 소외, 의존, 노예 상태, 예속/ 관련어: 결정론, 자유의지, 의무, 실존)

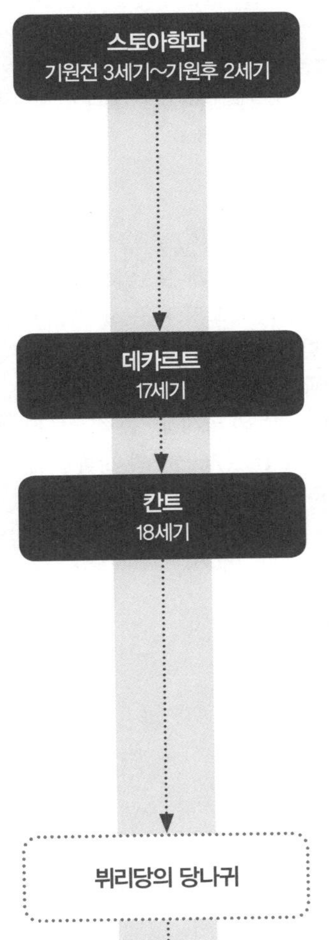

스토아학파는 어떤 외적 조건으로부터도 독립해 있는 자유에 대해 성찰하려고 했다. 스토아학파에 있어서 자유는 열정을 극복하고 자연을 이해함으로써 평온함에 이른 인간의 이상적인 상태로 이해된다. 그러므로 자유는 비범한 영혼의 힘, 곧 이성의 다른 이름에 지나지 않는다. 즉, 자유는 이성에 따라서 행위를 하는 인간의 내적 독립성 내지는 도덕적 능력을 뜻한다. 이런 관점은 이후 대부분의 고전주의 철학자(스피노자, 라이프니츠 등)의 사상적 기반이 되었다.

"참다운 자유는 사유(思惟) 뿐이다. 인간에게 신의 무한성의 그림자가 남아 있는 것은 오직 인간의 자유의지에 한해서다."

칸트는 자유의 인과성을 인정하면서, 이성이 자기 법칙을 따르는 것이 자유라고 생각했다. 자유로운 행동에 있어서 인간은 자유를 의식하게 된다. 자유의 반대는 부자유, 즉 속박으로 자기 이외의 법칙에 따라 규정되는 것을 가리킨다. 자유는 행동의 자유와 의지의 자유로 구분된다. 행동의 자유는 어떤 행동의 실현에 있어서 어떠한 외적 구속 또는 장애도 받지 않는 상태이다. 예를 들어 노예 상태는 자유가 아니며, 병든 사람의 자유는 제한되어 있다. 그리고 구속은 정신병자의 경우처럼 의식 내부에 있을 때도 있다.

뷔리당의 당나귀는 '자유의지'의 입장에서 철학에서의 역설을 묘사한 것이다. 배가 고프면서 동시에 목이 마른 당나귀가 건초 한 더미와 물 한 동이 사이에 놓여 있는 가설적인 상황에서, 자유의지가 없는 당나귀는 건초와 물 사이에서 합리적인 결정을 내리지 못하고 결국 배고픔과 갈증으로 죽게 된다. 이 역설은 14세기 프랑스의 철학자 장 뷔리당의 이름을 딴 것으로, 뷔리당의 윤리적 결정론을 풍자했다. 철학자들은 이 개념을 이전부터 논의했는데, 아리스토텔레스는 배고프면서 목마른 남자의 예를 통해 운동의 원리를 설명했다.

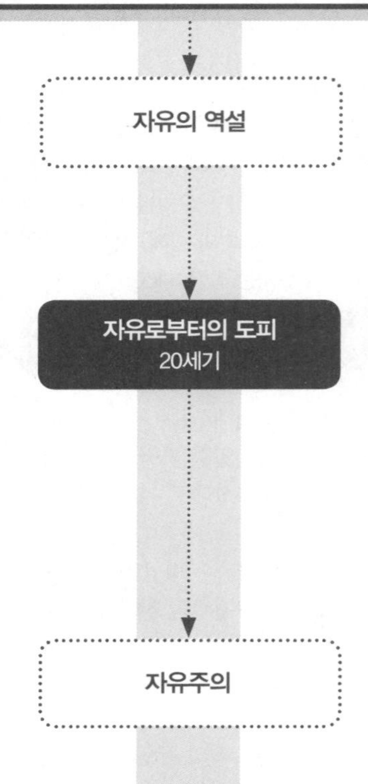

자유권은 천부적인 권리지만 그와 동시에 공동체 속 타인과의 관계에서 발생하는 권리이다. 이러한 의미에서 자유는 개인의 구속을 지양(止揚)하지만, 타인과의 관계에서 자유를 보장받기 위해 사회적 구속에 의존해야 한다는 역설적 특징을 지닌다.

사회심리학자 에리히 프롬은 '자유로부터의 도피'라는 명제를 통해 근대인의 자유를 바라보는 인식의 양면성을 갈파했다. 그는 자유를 갈망하면서도 동시에 그것으로부터 도피하려는 인간 심리를 꼬집었다. 프롬은 근대 이후 인간에게 자유가 주어졌음에도 불구하고 진정으로 자유를 누리지 못하면서, 오히려 자유로부터 도피하려 든다고 보았다. 개인은 전근대적인 사회의 구속으로부터는 해방되었지만, 적극적 의미에서의 자유, 곧 '~을 향한 자유'를 상실했다는 것이다.

개인의 자유를 보호하고 확대하려는 사상 및 운동을 말한다. 정치적 측면에서, 개인은 사회의 근간으로 사회제도는 개인을 위해 존재해야 한다고 보았다. 문화적 측면에서, 양성평등, 종교의 자유, 사상의 자유, 사생활을 침해받지 않을 자유 등과 같은 개인의 권리 측면에 초점을 맞췄다. 경제적 측면에서, 개인 재산권과 계약의 자유를 강조하며, 자유방임주의를 지지하는 반면 시장에 대한 정부의 규제에 기본적으로 반대했다. 사회적 측면에서, 공리주의의 영향을 받아, 정부가 사회적 문제 해결을 위한 권한을 사용해야 한다고 주장했다.

스피노자

“자유는 이성적 관조와 깨달음으로부터 얻는다.”

“자신의 본성의 단순한 필연성에 따라 존재하고 그 자체로서 자신의 행동을 결정하는 사물은 자유롭다고 말한다. (…) 사람은 그가 인간 본성의 법칙에 따라 실존하고 행동할 수 있는 힘을 갖는 한에서 자유롭다고 할 수 있다.” (스피노자, 『에티카』)

우리는 흔히 자유를 ‘필연성(인과 관계, 결정론)’과 대립하는 개념으로 생각한다. 그래서 세상의 필연적 법칙에서 벗어나서 자신의 의지를 따라 행동할 때 사람들은 자유롭다고 생각한다. 그러나 스피노자에 따르면 이러한 생각은 착각이다. 예컨대 우리는 각자의 ‘자유의지’로 물을 먹는다고 생각하지만, 스피노자가 보기에는 그렇지 않다. 신체가 수분 부족을 느끼면서 이를 보충하려는 욕구, 곧 결정론적 인과성을 따라 물을 마시는 것인데도 불구하고, 우리는 각자 스스로 자유롭게 선택하여 물을 마신다고 착각하는 것이다.

스피노자에게 있어서 인간이 자유롭다는 것은 세계의 필연성을 넘어설 만큼 큰 것은 아니다. 스피노자에게 자유란 곧 **인과적 필연성**의 인식이기 때문이다. 즉 우리가 행한 행위에 대해 어떠한 인과적 필연성을 인식하고 있다면, 그 어떤 것도 자유로운 행동이라고 말할 수 있다. 이를 뒤집어서 생각하면, 우리가 ‘자유의지’라고 여기는 대부분의 생각과 선택은 사실은 자신의 행동에 대한 원인을 모른다는 것을 의미한다. 자유란 스스로 창조하고 규정할 수 있는 능력이지만, 인간은 이러한 자율성을 갖고 있지 않기 때문이다.

스피노자는 인간은 신과 달리 제한된 범위 안에서만 자유로울 수 있다고 보았다. 스피노자에 따르면 인간은 인과적으로 결정된 세계 속에서 자신의 한계와 조건을 받아들일 때, 그리고 자신의 존재를 세계에 대한 ‘신’의 필연성 속에서 이해할 때 자유의 의미를 깨닫게 된다. 그렇기에 인간은 완전하게 자유롭지 못하다. 신과 달리 인간의 지성은 진리를 깨닫는데 여전히 부족하기 때문이다. 그렇게 놓고 볼 때 인간의 자유는 자신이 속해 있는 세계의 필연성에 대한 인식, 곧 신의 의도에 대한 인식의 폭만큼 증가한다. 다시 말하면 인간의 자유의 정도는 인간이 얼마만큼 세계에 대한 적확한 관념을 지니고 있느냐에 달려 있다. 스피노자는 신이 내재하는 세계에 대한 바른 인식은 곧 인간이 자유로 나아가는 길이라고 말했다.

스피노자는 자유의 원천을 **‘사색’**에서 찾았다. 스피노자에 따르면 인간은 사색함으로써 자신의 감정과 행동을 이해하고, 자유의 근원인 신의 이해로 나아간다. 신을 이해하게 되면 신을 사랑하게 되고, 그렇게 되면 우리 자신을 더 잘 이해하고 사랑하게 된다. 인간의 자유는 신을 향한 지성의 사랑을 통해서 완성된다. 신을 사랑함으로써 인간은 비로소 죽음보다는 삶에 대해 더 많이 숙고하는 진정한 자유인으로 거듭나고, 자유와 구원의 최고 경지, 곧 그가 ‘행복’이라고 부르는 상태에 이른다.

칸트

"자유는 실천이성으로 도덕법칙을 따르는 것이다."

"인간은 이성이 있기 때문에 자유의지를 통해서 스스로 법칙을 세우고 이 법칙에 복종함으로써 양심을 유지할 수 있다." (칸트, 『실천이성비판』)

칸트는 인간은 한편으로는 '자연'에 속하고 다른 한편으로는 '자유'에 속하는 이원적 존재로 보았다. 여기서 '자유'란 인간은 자신의 '자유의지' 능력을 사용하여 행동할 수 있는 존재라는 뜻이다. 칸트에게 인간은 자연의 다른 존재와는 구별되는 '존엄성'을 지닌 존재로, 이때 말하는 존엄성은 자연으로서의 인간이 아니라 자유로서의 인간에 근거한 것이다. 인간은 이 자유의 힘으로 자연의 세계를 넘어서 당위의 세계를 추구할 수 있는데, 칸트는 바로 여기서 도덕법칙이 나온다고 생각했다.

자유, 즉 의지의 자유란 '어떤 상태를 자신으로부터 시작하는 능력'이다. 그것은 나의 의지가 어떤 외적 세력에 의해 규정되지 않는 것을 의미한다. 인간은 한편으로 동물과 공유하는 측면, 즉 본능적 욕구(경향성)를 지니고 있지만, 다른 한편으로는 인간만이 지닌 측면, 즉 이성, 곧 **'자유의지'**를 지니고 있다. 그리고 이 후자만이 진정한 '나'이다. 칸트에 의해 존엄성을 지닌 것으로 표현되는 인격은 오로지 이 '진정한 자아'와 관계한다. 다시 말해 진정한 자아는 도덕법칙을 세우고 그것을 따를 잠재적 가능성을 지닌 '나'를 뜻한다.

칸트는 인간이 해야 할 행위에 관해 논하는 도덕철학의 법칙으로 **'자율'**의 개념을 사용했다. 칸트는 어떤 강제에 의해서가 아닌 자신의 자발적 의지로, 모두가 동의할 만한 행위를 하라고 요구했다. 이것이 칸트가 말하는 '자율'이다. 그리고 이 자율이야말로 인간의 자유이자 인간 존재의 본질이라고 주장했다. 반대로 타율은 일반적으로 다른 사람의 강제에 따라 행동하는 것을 말한다. 그런 의미에서 타인에 의해 강제되지 않고 스스로 판단할 수 있는 것은 곧 의지의 자유에 따른 행동이라고 말할 수 있다. 칸트에 따르면, 자신의 의지에 따라 자율적으로 행동하는 것이 진정한 의미의 자유다.

칸트는 『실천이성비판』에서 자유는 '어떤 일을 스스로, 그리고 주도적으로 시작할 수 있는 능력'이라고 정의했다. 칸트에게 있어서 무언가 아무것도 하지 않는 것은 자유가 아니다. 자유는 스스로가 적극적으로 취득하는 그 무언가이다. 칸트는 이러한 적극적 자유는 '자율'에서 나온다고 보았다. 칸트에 따르면 자율은 누군가로부터 강제되지 않고, 오로지 자신이 생각하는 규범에 따라 행동하는 것이다. 그러므로 칸트에게 있어서 도덕적 자유란 곧 도덕법칙을 따르는 것이다. 칸트에게 있어서 자유는 **도덕법칙**을 통해서 실현되고, 도덕법칙은 또한 자유를 기반으로 할 때 효력을 발휘한다. 칸트는 이러한 순환 관계 속에서 자유는 도덕법칙 실현을 위한 실천이성으로 작용하고, 도덕법칙은 자유를 따라 선의지를 수행하는 행위 준칙으로 작용한다고 생각했다.

헤겔

"자유는 정신의 필연성을 따르는 것이다."

"정신은 의식이면서 의식의 대상이다. 즉 정신은 자기 자신을 대상으로, 내용으로 삼을 수 있다. 그러므로 정신은 자적, 자존하는 것, 혹은 자유로운 것이다. 물질이 자기의 실체를 외부에 지니고 있다면, 반대로 정신은 자적 자존하는 존재이다. 물질은 의존적인 것이고 의존적인 것은 타자와 관계하기 때문에 외적인 것이 없이는 존재할 수 없다. 정신의 자유는 자유를 지양 · 폐기하려고 위협하는 것에 대한 끊임없는 부정 속에 깃들어 있다." (헤겔, 『역사 속의 이성』)

헤겔은 **정신**의 본질은 곧 '자유'라고 보았다. 그리고 정신의 자유로운 의식 활동은 대상을 향하여 자신에게서 출발하여 다시 자신의 내면으로 향하여 돌아간다고 생각했다. 정신의 중심은 정신 밖에 있지 않고 정신의 내면에 있다는 것이다. 헤겔은 이러한 절대적인 자율과 자족의 능력을 '자유'라고 보았다. 헤겔에게 자유는 자신을 결함이 있는 부정적 존재로 인식하고, 이러한 결함을 극복하고 자기모순을 해결하기 위해 노력함으로써, 단순한 자기 반복이나 기계적 성장이 아니라 계속해서 진보해나가는 이성의 자유를 말한다.

자신의 준칙과 도덕법칙이 일치하도록 하는 실천적 이성의 발현이 곧 자유라고 역설한 칸트와는 달리, 헤겔은 자유는 개인의 내면적인 문제가 아니며, 현실에 구체적으로 자유를 실현하지 않으면 의미가 없다고 생각했다. 헤겔은 불멸을 추구하는 영혼으로서의 정신을 거부하고 세계 속에서 자신의 진리를 발견하고 스스로 완성해나가는 **'절대정신'**을 주장했다. 절대정신은 자기 밖의 힘에 의존하지 않고 자기 스스로 인식하는 의미로서의 행위 주체의 의지의 자유인 동시에 인식하는 대상을 향한 정신의 자유이다. 다시 말하면 절대정신은 자신을 대상화하여 바라봄으로써 스스로 깨닫고 스스로 반성하는 능력이자, 외부의 도움이나 외적 타자에 의존하지 않고 자율적인 활동을 통해서 자신의 의미를 묻고 평가하는 이성적 행위 주체이다.

헤겔은 자유가 변증법을 따라 현실 사회에서 실현되는 과정을 **'역사'**라고 생각했다. 즉, 역사는 인간이 자유를 손에 넣기까지의 진보 과정이라고 보았다. 헤겔은 역사의 근저를 움직이는 것은 인간 이성의 자기실현 과정을 통해 자유로워지고 싶은 의식, 곧 '절대정신'이라고 생각했다. 요컨대 헤겔은 역사를 '세계를 가로지르는 이성의 전진'으로 보았고, 인간이 만든 각종 제도를 변증법적 과정의 산물로 여겼다. 헤겔은 역사 진보는 인간이 자유를 손에 넣기까지의 과정이라고 생각했다.

따라서 정신의 발전과 역사의 진보는 자유 속에서만 가능하고 자유를 조건으로 한다. 헤겔에 따르면 자연 상태의 성장은 진보라고 할 수 없다. 물질과 자연은 자신을 의식하거나 자신의 잠재적 가능성을 현실 속에서 실현하는 자율적 정신을 갖지 않기 때문이다. 오직 인간만이 자신의 가능성을 탐구하고, 이를 바탕으로 자기를 실현할 수 있는 자유로운 정신의 주인이다. 헤겔은 그러므로 절대정신은 소수의 인간이 자유를 누리는 시대로부터 인간 모두가 자유를 누리는 시대로 역사를 움직이며, 최종적으로 **'인륜'**이라는 공동체를 만들어낸다고 주장했다.

밀

"자유는 자신의 방식대로 살 수 있는 절대권리다."

"전체에서 단 한 사람만 다른 의견을 가지고 있다고 해도, 그 한 사람에게 침묵을 강요할 권리는 없다. 다른 의견을 가지고 있던 그 한 사람이 권력을 장악했을 때 다른 모든 이들을 침묵하게 할 권리가 없는 것과 마찬가지다." (밀, 『자유론』)

밀은 『자유론』에서 자유주의 사상의 핵심인 자유의 원리를 제시했다. 개인의 행위의 자유는 그것이 타인에게 해를 끼칠 때만 간섭받을 수 있으며, 그 이외의 어떤 이유로도 침해될 수 없다는 것이다. 설령 당사자에게 이로운 일이라도 결코 이를 강제하거나 이것을 받아들이도록 위협을 가할 수 없다. 개인은 자기 자신, 곧 자신의 몸이나 정신에 대한 주권자이기 때문이다.

밀은 개인이 자신과 관련한 일에 대해 어떤 결정을 내리든, 그것은 그 개인의 절대적인 자유라고 보았다. 하지만 다른 사람과 관련된 일에 대해서는 그 사람에게 피해를 주지 않는 범위 안에서 개인의 자유를 행사해야 한다고 주장했다. 이것이 타인과 관련한 일에 대해서는 자기 행위에 대한 법적 · 사회적 책임을 져야 한다는 '**해악의 원칙**'이다. 다른 사람에게 피해를 주면서까지 자신의 자유를 주장하는 것은 자유의 범위를 넘어서는 것이기 때문이다. 밀은 자유의 기본 원칙으로서의 개인의 자유를 강조하면서도, 개인의 자유가 타인에게 해를 끼친다면 개인은 이에 전적으로 책임을 져야 한다고 말함으로써, 그 한계 역시 분명히 했다.

밀은 특히 의견과 생각, 사상의 자유와 토론의 자유를 강조했다. 그는 "인간이 아는 진리란 대부분 반쪽짜리 진리일 뿐"이라면서, "의견 일치도 반대쪽 의견이 최대한 자유롭게 피력된 끝에 이뤄진 것이 아니라면 바람직하다고 할 수 없다."라고 덧붙였다. 그러나 의견의 자유에서도 자신의 행동에 대해 책임진다는 단서가 매우 중요하다고 강조했다. 다른 사람들이 옳지 못한 행동을 하도록 하는 데 직접적인 영향을 끼칠 수 있는 상황이라면, 의견의 자유라고 해도 이를 무제한으로 허용할 수는 없다고 생각했다.

따라서 밀이 주장하는 자유의 핵심은 '개인의 자유'이기도 하지만, 그와 동시에 '**사회적 자유**' 곧 시민적 자유이기도 하다. 밀은 사람은 '사회적 감정'을 타고난다고 생각했다. 여기서 사회적 감정이란 개인 간 협력과 이타적 행위 등 사람이면 누구나 다 자연적으로 품게 되는 생각이나 느낌을 말한다. 밀의 사회성 개념은 바로 이 사회적 감정을 토대로 해서 형성됐다. 밀은 "인간은 아침부터 밤늦게까지 개인의 이익만 좇는 사회제도에 물들어 이기적으로 살아가게 된다."라고 지적했다. 그러나 사회가 바뀌고 교육이 적절하게 인간의 정신을 순화하면, 인간은 이기심의 굴레에서 벗어날 수 있다고 강조했다. 즉 인간은 개별성과 사회성이라는 두 날개를 갖고 살아야 참된 행복, 즉 '자기 발전'을 누릴 수 있다고 보았다.

밀에 따르면, 누구든지 최소한의 상식과 경험만 있다면 자신의 삶을 자기 방식대로 설정하는 것이 더 바람직하다. 그 방식 자체가 최선이기 때문이 아니다. 오히려 자기 방식대로 살다 보면 손해를 보거나 실패할 때도 있다. 밀은 그래도 자기 방식대로 살아야 한다고 강조했다. 밀이 자유를 강조하는 것은 바로 이 '개별성' 때문이다. 각자 자기 생각과 취향에 따라 자유롭게 살 수 있어야 개별성이 진정으로 발휘될 수 있고, 그래야 인간은 참된 행복을 누릴 수 있다고 생각한 것이다.

사르트르

"자유는 인간의 운명이자 인간 그 자체다."

"인간은 자유로이 선택하는 존재이기는 하나, 자기가 자유임을 자유로이 선택하는 것이 아니라 자유의 운명을 짊어지고 있다. (…) 자유는 전체이고 무한이다. 이것은 자유가 도저히 한계를 가질 수 없다는 것을 의미하는 것이 아니라, 자유가 결코 한계를 만나는 일이 없다는 것을 의미한다." (사르트르, 『존재와 무』)

실존주의 철학자 사르트르는, 세상의 모든 사물은 고유한 목적을 가지고 태어났다는 플라톤의 목적론적 존재론에 반대했다. 사르트르는 인간은 아무런 목적 없이 이 세상에 아무렇게나 내던져진 존재라고 보았다. 사르트르에 따르면, 일정한 목적이라는 본질이 먼저 있고, 이 본질에 따라 내가 존재하는 것이 아니다. 나라는 존재가 먼저 있고 본질은 스스로 만들어간다는 것이다. 이를 두고 사르트르는 "실존이 본질에 앞선다."라고 말했다.

사르트르는 "사물은 본질을 갖추고 있는 '존재'이지만, 인간은 본질을 스스로 창조하기 때문에 '무(無)'다"라고 말했다. 쉽게 말하면 의자는 앉을 수 있고 칼은 무언가를 자르며, 휴대폰은 전화하는 데 사용한다는 것처럼 본질이 정해져 있다. 하지만 인간은 어제는 나쁜 사람이었지만, 오늘은 착한 사람으로 자신의 본질을 만들어나갈 수 있다. 이것이 가능한 이유는 인간은 정해진 본질이 없기 때문이다. 사르트르는 이처럼 스스로 본질을 만들어나가는 인간의 자유의지를 강조했다.

사르트르에 따르면, 인간에게는 예정된 본질이 없기에, 딱히 본질에 의하여 구속당할 것이 없다. 아무런 목적도 없이 부조리한 세계에 내던져진 인간은 스스로 선택하고 스스로 결정할 수 있는 자유로운 존재다. 자신의 존재 이유와 본질을 스스로 만들어가야 하는 창조적 존재다. 인간은 자기가 원하는 대로 자신의 삶을 만들어 갈 절대적 자유가 있다. 마음 내키는 대로 선택하고 결정할 자유가 개인에게 있는 것이다. 그러나 이 자유는 자신이 원하는 것을 선택하는 소극적인 자유가 아니라, 책임과 의무를 동반하는 **적극적인** 의미의 자유를 말한다.

이에 사르트르는 『존재와 무』에서 "인간은 자유롭도록 선고받았다."라고 표현했다. 인간에게는 선택의 자유가 있는 동시에, 반드시 그 자유를 행사할 의무가 있다. 선택하지 않을 자유는 없는 것이다. 사르트르는 사물처럼 처음부터 본질로서 고정된 존재인 '즉자존재'인 절대 자아를 의식하는 것에서 나아가, '나' 자신의 본질을 만들어나가는 인간을 가리켜 **'대자존재'**라고 불렀다. 대자존재는 과거의 자신은 물론이고 현재의 자신과도 구별된다. 우리가 의식한 시간은 이미 지금, 현재를 뛰어넘은 것이기 때문이다.

사르트르에 따르면, 즉자존재로서의 인간은 타인이 부여하는 역할을 억지로 떠맡게 될지 모른다는 불안을 애써 회피하려 든다. 또 인간은 무언가 해결책이 있을 것으로 생각하면서 현실의 선택하는 자유로부터 도피하려 든다. 하지만 대자존재는 고정된 존재에 머무르지 않고 언제나 그것을 부정하고 새로운 미래의 존재를 향해 나아가는 인간이기에, 현실의 불안과 모순과 부조리를 부정하고 항거하면서 스스로 자유로움을 향해 나아간다.

사르트르는 "인생은 B(Birth)와 D(Death) 사이에 있는 C(Choice)이다."라고 말하면서, 자신의 가능성을 스스로 선택하고 스스로 취할 수 있어야 한다고 강조했다. 인간은 실존하기 때문에 태어나서 죽을 때까지 선택에 직면하게 되며, 순간순간 선택할 자유가 있고 또 선택해야 하고, 그 선택에 대한 책임을 지며 살아가야 한다는 것이다. 우리는 스스로 바라는 삶의 모습을 계획하고 이에 모든 것을 내던짐으로써, 즉 **'기투(企投)'**를 함으로써 자신의 본질을 만들고 스스로 자기다운 삶을 살 수 있다. 즉 인간은 자기 삶의 길을 스스로 선택하고 결정해야 하는데, 그에 따른 모든 책임을 자신이 질 때 인간은 비로소 진정한 자유를 누릴 수 있다.

사르트르는 개인의 적극적인 사회참여로 자유를 실현할 때 역사, 곧 사회는 발전한다고 생각했다. 사회참여는 그 사회에 구속되지 않으면서도 자신은 물론 사회 변화를 일으키는 동력으로 작용한다는 것이다. 이러한 지식인의 적극적 사회참여를 '앙가주망'이라고 한다. 사르트르는 '각자의 의지로 스스로 선택한다.'라는 전제 하에 사람들이 주체적으로 앙가주망에 뛰어들 것을 권유했다.

레종 데트르

사르트르에 따르면, 인간에게는 태어나면서부터 '존재 이유(레종 데트르)'가 주어져 있지 않다. '가위'에는 물건을 자르는 역할이 있듯이, 모든 것에는 본래의 존재 이유가 있다. 그러나 인간은 태어나면서부터 존재 이유가 주어져 있지 않기 때문에 스스로 그 의미를 찾아야 한다. 태어나면서 '자유'를 찾는 운명에 처한 인간은 자신의 인생을 자유롭게 창조할 필요가 있지만, 자유로운 판단과 행동에는 책임이 따른다. 사르트르는 개인의 행동이 개인뿐 아니라 전 인류에 대한 책임이라고 생각하면서, "인간은 자유라는 형벌을 받고 있다."라고 표현했다.

즉자와 대자

사르트르에 앞서 즉자와 대자 개념을 설명한 철학자는 헤겔이다. 그는 즉자와 대자는 사물이 발전하는 과정이라고 주장했다. '즉자(卽自)'는 사물의 원래 상태, 다른 것과 관계없는 있는 그대로의 상태를 가리킨다. '대자(對自)'는 그 사물이 원래 상태에서 다른 형태로 바뀌는 것을 일컫는다. 그리고 '즉자대자'는 사물이 원래 상태에 대항하여 완전한 상태로 정리되는 모습을 나타낸다. 헤겔은 모든 사물은 영원불변하게 존재하지 않고 반드시 변화한다고 보았다. 그는 사물은 자기 내부에 품은 모순을 원동력으로 삼아, 변증법적 과정을 따라 스스로 변화하면서 존재와 인식의 최고 단계인 '즉자대자'의 상태에 이른다고 주장했다.

앙가주망

사르트르에 따르면, 많은 사람은 자유와 책임에 직면하는 것을 너무 두려워한다. 따라서 자신들이 이미 기존의 규범과 규칙에 묶여 어쩔 수 없다고 변명하면서 이를 회피한다. 그러나 사르트르는 이를 '자기 기만'이라고 비난하면서, '완전히 자기 자신이 되는 것'을 선택할 것을 주장했다. 스스로 실현하면서 살아간다는 것은 이러한 선택에 따른 것이다.

사르트르는 개인의 적극적 사회참여로 '자유'를 실현할 때 역사, 곧 사회는 발전한다고 보았다. 사회참여는 그 사회에 구속되지 않으면서도 자신은 물론 사회 변화를 일으키는 동력으로 작용한다고 생각했다. 이러한 지식인의 적극적 사회참여를 '앙가주망'이라고 한다. 사르트르는 '스스로의 의지로 선택한다.'는 전제 하에 사람들이 주체적으로 앙가주망에 뛰어들 것을 권유했다. 이런 사르트르의 실존주의 사고는 자기 행동을 통해 사회혁명을 실현하는 이론으로 정립됐다.

이사야 벌린

"진정한 자유는 일체의 속박을 거부하는 소극적 자유에 있다."

"자유의 두 개념"은 자유에 대한 두 가지 관점을 구별하면서 출발한다. 하나는 소극적 자유로, 이것은 "다른 사람들의 간섭 없이 주체가 자신이 할 수 있는 것을 하거나 또는 자신이 될 수 있는 존재가 되도록 보존되어야 하는 영역은 어떤 영역인가?"라는 질문을 중심적인 문제로 삼는 자유 개념이다. (이사야 벌린, 『자유론』)

영국의 철학자 이사야 벌린은 자유를 소극적 자유와 적극적 자유로 나누어 설명하면서, 이 두 개념을 오해할 경우 이것이 거꾸로 우리의 자유를 침해하는 결과를 낳을 수 있음을 경고했다. 벌린은 일체의 억압으로부터의 자유라는 소극적 자유(개인적 자유)와 개인의 자유를 극대화하기 위해 정부가 개입해야 한다는 적극적 자유(사회적 자유)를 비판적으로 고찰했다.

벌린이 말하는 '소극적 자유'는 타인의 간섭 없이 행위를 할 수 있는 것을 말한다. '~로부터의 자유'라는 표현에서 보듯이, 소극적 자유는 개인이 타인이 간섭 없이 자신의 의도나 행동을 자기 마음대로 혹은 자기 의지로 할 수 있는 자유이다. 이른바 간섭의 부재로, 인간 실존을 위해 대단히 소중하고 양보할 수 없는 자유를 말한다. 반면 **'적극적 자유'**란 간섭의 부재를 넘어 자신의 의지와 이성에 따라 어떠한 행위를 적극적으로 할 수 있음을 말한다. '~로의 자유'라는 표현에서 보듯이, 적극적 자유는 개인이 국가 운영에 참여하거나 국가에 인간다운 생활권을 요구하는 것처럼, 적극적이고 자율적으로 어떤 행위를 추구하는 것을 말한다.

벌린은 이 둘 중에서 소극적 자유 개념이 더 중요하다고 보았다. 벌린은 소극적 자유를 인간을 인간답게 만드는 본원적 속성이라고 강조하면서, 소극적 자유를 지키기 위해 불간섭의 원리를 도입하는 것은 옳지 않다고 생각했다. 소극적 자유는 정치적인 영역에서뿐 아니라 특히 경제 영역에서 중요하게 고려되어야 한다고 보았다. "이리떼의 자유가 양떼에게는 죽음을 뜻하는 경우"이듯, 소극적인 자유가 불간섭의 원리와 같은 것으로 여겨지거나 내면의 자유를 의미하게 되면, 그것은 많은 약자의 죽음으로 귀결되거나 사회적으로 무능한 개인들의 자기 위안거리로 전락할 것이라고 보았다. 따라서 소극적 자유를 확보한다는 것은 한 개인의 사적인 영역을 지켜주기 위한 다양한 사회적 장치를 마련하는 일과 관련된다. 그런 의미에서 소극적 자유란 정치적이고 사회적인 자유로 간주하며, 개인주의적인 내면의 자유를 뜻하지 않는다.

한편, 벌린은 전체주의와 독재로 이어질 가능성으로서의 적극적 자유의 부작용을 경계했다. 벌린은 자유에 대한 심각한 위협은 적극적 자유를 실현하고자 할 때 일어날 가능성이 크다고 생각했다. 벌린은 적극적 자유라는 발상이 권위의 신격화로 이어지는 현상이 역사상 실제로 일어났고, 오늘날에도 흔하게 일어나고 있는 일이라고 지적했다. 적극적 자유에 따르면, 내가 무엇을 하고자 할 때는 타자의 욕망이나 의지에 의해서가 아니라, 나 자신의 의지와 욕망을 따라야 한다. 여기서 '나 자신'은 많은 경우 현실적인 내가 아니라 '진정한' 나, 즉 진정성에 입각한 나를 의미한다. 그런데 바로 이 '진정한' 나를 찾기 위해서 사람들은 부조리한 현실의 자아를 부정하고 자기 자신보다 더 큰 어떤 것과 관련짓는다. 많은 경우 그것은 "국가, 계급, 민족, 역사의 행진" 등이다. 벌린은 '진정한' 자아를 통해 자신의 자유를 실현하고자 하는 사람들은 다른 사람의 구체적인 소원을 무시할 태세를 갖춘 것이며, "그들을 억누르고 협박하며 고문할 준비를 했다는 말과 같다."라고 주장했다.

15 언어

언어란 인간의 의지 · 감정 · 사상의 전달 수단으로, 특수한 기호 체계로 전달하는 인간 특유의 능력을 말한다. 언어철학은 인간과 인간을 둘러싼 세계에 대한 이해, 말하자면 인간의 이해에는 불가피하게 언어의 제약이 따른다는 사실에 관심을 둔다. 언어철학은 철학의 한 분과로 사고 체계와 표현 도구인 언어를 분석한다는 점에서 '분석철학'이라고도 한다. 언어란 실재하는 존재로서 인간의 필수 조건의 하나라고 인식되면서, 플라톤과 아리스토텔레스 이후의 철학자들에게 중요한 학문적 탐구 대상이 되었다. 19세기 훔볼트, 소쉬르, 프레게는 철학의 중요 문제로서의 언어의 위치를 확립시켰다.

독일의 현상학 · 해석학은 언어를 세계관의 표현으로 보았던 훔볼트 사상을 계승한 것이고, 프랑스 구조주의의 근간이 된 것은 소쉬르의 언어 체계이다. 1960년대 이후 언어철학은 인접한 여러 영역과의 교류를 통해서 과학 분야에서의 기초 학문의 위치를 차지하게 되었다. 유형 면에서 언어철학은 인공 언어를 사용하여 언어 본성을 탐구하려는 태도, 다양한 접근을 통한 자연 언어 분석, 보편성을 지닌 자연 언어의 이론 체계 정립이라는 세 가지로 분류된다. (어원: '언어', '랑그', '파롤'을 뜻하는 라틴어 lingua/ 관련어: 담론, 랑그, 파롤, 기호, 상징)

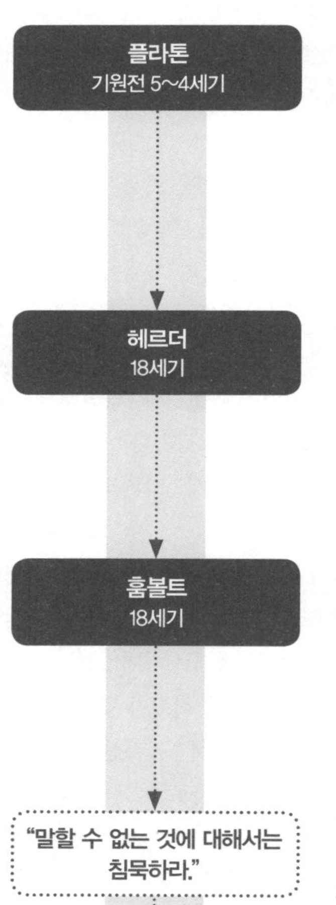

플라톤은 '말'의 힘에 주목하면서, 그것의 반작용을 우려한 최초의 철학자였다. 예를 들어 『소피스테스』에서 플라톤은 아테네 시민들에게 능숙한 연설가와 기회주의적이고 궤변적인 정치가의 말을 경계하라고 충고했다.

독일의 철학자이자 문학자 헤르더는, "우리는 대체로 언어와 함께, 그리고 언어 속에서 혹은 때때로 언어에 뒤따라서 생각한다. 이러한 사실이 인간의 인식에 어떠한 모습과 한계를 제공하는가?"라고 물었다. 헤르더에 따르면 언어는 사유의 구체적인 모습이다. 그리고 언어에서 내적인 것과 외적인 것은 주관과 객관을 포괄하면서 통일성을 이룬다.

독일의 사상가 훔볼트는 언어철학의 고전이 된 저작 『인간의 언어 구조의 차이 및 인류의 정신적 발전과 관련한 영향에 관하여』에서 민족정신은 그 민족의 언어와 불가분의 관계에 있다고 주장했다. 더 나아가 그는 언어의 유기적 성격, 말하자면 언어의 생동성을 중시하여 '언어는 에너지'라고 강조했다.

비트겐슈타인에 따르면, 이론상 확인할 수 없는 문장은 사실과 대응하지 못하므로 그 내용의 옳고 그름은 문제가 되지 않는다. 그 내용이 옳든 그르든 언어를 잘못 사용하고 있는 것이라 할 수 있다. 예를 들어 철학에서 '신은 죽었다.'라든가 '도덕은 알 수 있다.'처럼 확인할 수 없는 명제(문장)는 언어의 정확한 사용법이라 할 수 없다. 이것들의 문제는 언어로 불가능한 것을 언어로 사용한 때문이다. 언어 사용법을 위배하는 것은 그것에 답할 수 없다. 사실과 대응하지 않는 것은 언어화가 불가능하다. 언어가 의미하고자 하는 대상(사실)이 세상에 없기 때문이다. 비트겐슈타인은 철학의 참된 역할은 언어로 말할 수 있는 것들과 말할 수 없는 것들을 확정하는 것으로 생각했다. 그리고 "언어로 말할 수 없는 것에 대해서는 침묵해야 한다."라고 주장했다

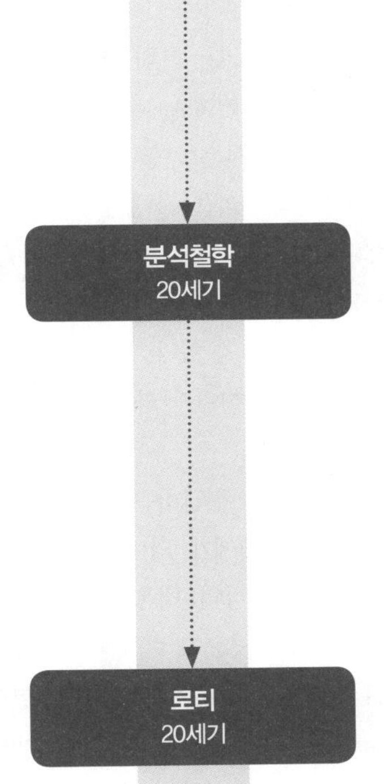

무어, 프레게, 러셀 등 20세기 영국과 미국을 중심으로 사상을 펼친 분석철학자들은 언어분석을 통해 진리를 탐구할 수 있다고 생각했다. 대표적인 분석철학자 비트겐슈타인은 철학은 언어를 분석하는 것이라고 주장했다. 그 이전의 철학은 인식한 내용을 언어로 표현하는 형태를 취했지만, 언어에 따라 내용이 달라지기 때문에 혼란이 생겨났다. 이에 분석철학자들은 독단적이고 주관적인 철학을 객관적인 언어의 문제로 전환하려 들었는데, 이를 '언어학적 전환'이라고 불렀다. 분석철학은 기호윤리학의 연구로부터 시작하여 이후 미국을 중심으로 한 '과학철학'과 영국을 중심으로 한 '일상언어학파'를 중심으로 발전했다.

현대 언어철학은 두 가지 근원이 있다. 하나는 근대 철학의 인식론과 관련이 없는 것이고, 다른 하나는 그것과 밀접하게 관련된 것이다. 로티는 이들 각각을 순수한 언어철학과 순수하지 않은 언어철학이라고 이름 붙였다. 로티는 순수하지 않은 언어철학의 작업을 비판했다. 철학은 항구적인 쟁점에 대한 학문 분야가 아니라, 문화의 한 장르이며 인류 대화 가운데 하나라고 강조했다.

프레게

"언어는 다양한 의미의 전달 방식이다."

"어떤 문장의 진리치란 그 문장이 참이거나 거짓이게 되는 상황이다. 이것 이외의 다른 진리치란 없다. 간단히 말해 나는 그 하나를 참이라고 부르고 다른 하나를 거짓이라고 부르겠다. 단어들의 지시체들이 중요한 모든 서술적 문장은 하나의 고유 이름으로 간주되어야 하며 그 서술적 문장의 지시체는 참이거나 거짓이다." (프레게, 『개념과 대상에 관하여』)

독일의 수학자 프레게는 현대 논리학과 언어철학의 발전에 크게 공헌했다. 그는 특히 언어철학과 관련하여 단어의 '의미'와 '지시' 사이의 차이를 구분하여 살핌으로써, 고유명사가 의미하는 바를 명확히 했다.

프레게는 단어는 '의의'와 '의미'로써 확인된다는 이론을 내세웠다. 프레게는 언명(言明; 언어적 표현)에서 '지시하는 대상'이 곧 그 언명의 '의미'라고 하는 기존 지시 의미론의 한계(이를테면, 지시 대상이 존재하지 않는 경우 언명이 공허해지는)를 넘어서기 위해서는, '지시'와 '의의'의 종합을 '의미(意味)'로 이해를 해야 한다고 주장했다. 예를 들어, '다산'과 『목민심서』의 저자'는 동일한 '의미'를 지니고 있다. 둘 다 '정약용'이라는 인물을 의미한다. 그러나 두 명칭에는 서로 다른 '의의(意義)'가 있다. 이와 달리, '현 조선 국왕'은 표현으로서 하나의 의의가 있지만, 그 어떤 의미도 없다(현재 조선이란 나라는 없고, 따라서 왕은 존재하지 않기 때문이다).

프레게는 문장(글, 언어)은 자기 마음속 이미지를 다른 사람의 마음속에 전달하는 역할을 한다고 생각했다. 문장은 이미지가 아니라 의미를 운반하는 매개라는 것이다. 프레게에게 '의미'란 '올바른가(정확한가) 아니면 그릇된 것인가(부정확한가)에 대한 진위를 판단할 수 있는 (문장의) 내용'이다. 이를 '**진리치(진릿값)**'라고 한다. 프레게는 라이프니츠의 '치환'의 원리를 받아들여, "진릿값에 변화를 주지 않으면서 서로 치환될 수 있는 사물은 동일한 것이다."라고 했다. 말하자면 표현을 구성하는 본질적인 부분이 동일한 의미를 지닌 다른 부분으로 대체될 수 있는 경우, 이때 변하는 것은 의의, 변하지 않는 것은 의미다.

프레게는 진리의 옳고 그름 그 자체는 판단 가능하다고 보았다. 프레게에 의하면 정확한 문법을 따르는 문장은 의미, 곧 옳음과 그름 가운데 어느 쪽으로서의 진리치를 갖는다. 프레게는 의미는 마음속에 있는 것이 아니라 문장 안에 있으며, 인간의 사고는 문장, 즉 명제의 옳고 그름을 분석하는 데서 나온다고 보았다. 따라서 프레게에 따르면, 명제의 의미는 그 명제의 진릿값(참 또는 거짓)이고, 명제의 의의는 그 명제가 표현하는 사상이다. 누군가가 한쪽의 사상을 참, 다른 쪽의 사상을 거짓이라고 볼 수 있다면, 그 사상은 서로 다른 것이다. 이를 두고 프레게는 다음과 같은 예를 들었다. '저녁별(개밥바라기)'과 '새벽별(샛별)'은 서로 다른 의의가 있지만 동일한 의미(금성이라는 행성)가 있다. 예를 들어 둘 다 금성임을 모르는 사람에게는 "새벽의 금성이 떠오른다."와 "저녁의 금성이 떠오른다."라는 두 명제는 서로 다른 생각을 나타낸다. 한쪽이 참이면 다른 쪽도 참이고, 한쪽이 거짓이면 다른 쪽도 거짓이다.

프레게는 정확한 문법을 갖춘 문장은 의미를 지닌다고 생각했다. 프레게에게 있어서 '의미를 지닌다'는 것은 곧 '진리치를 갖는다'는 뜻으로, 문장 내용의 진위 판단이 가능함을 뜻한다. 철학에서 의미(진리치)를 지닌 문장을 '명제(命題)'라고 한다. 철학에서 다루는 문장은 반드시 명제여야만 한다. 프레게에 따르면 진위 판단이 불가능한 '시'는 명제가 아니다. 그는 문장은 의미(진리치)를 갖고 있지만, 문장 발신자(발화자)의 이미지(표상)는 그렇지 않다고 주장했다. 문장이 개인의 주관적인 이미지를 갖기 위해서는 발신자에 의해 문장의 의미가 변환되어야 한다. 예를 들어 좋은 의미에서의 '잘 논다'라는 문장과 비꼬는 말투로서의 '자알~ 논다'라는 문장을 비교하여 생각하면 이를 이해할 수 있을 것이다. 언어는 마음속 이미지에 좌우되는 것은 아니지만, 언제든지 객관적으로 전환될 수 있어야 한다고 프레게는 생각했다. 그렇지 않으면 주장의 진위를 논증하는 것은 불가능하다는 것이다.

언어론적 전회

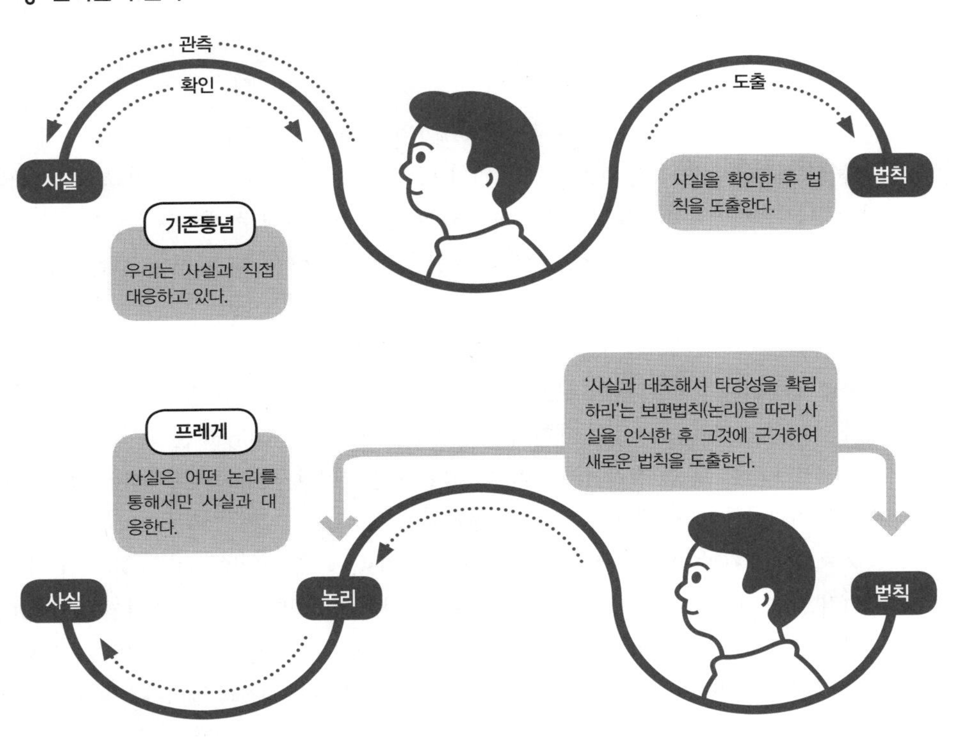

프레게에 의해 시작한 20세기 철학의 최대 변혁 가운데 하나는 '언어론적 전회'로, '논리는 인식 주관에 앞선다.'는 전제에 기반하고 있다. 프레게는 이를 두고 "우리가 논리 밖으로 나가는 것은 불가능하다."라고 말했다. 프레게에 따르면, 우리가 '사실'로부터 어떤 '법칙'을 도출할 때, 실제로는 (하나의 법칙 혹은 논리로서) 암묵적으로 인정받고 통용되는 사실과 대조함으로써 법칙의 타당성이나 확실성을 확정한다. 예를 들어, 과학은 관측 데이터(사실)로부터 법칙을 만들어내고 있는(사실이 법칙에 앞서는) 것처럼 보이지만, 이를 위해서는 '사실에 충실한 것은 올바르다.'라고 하는 또 하나의 법칙인 '논리'가 성립되어 있어야만 한다. 즉, '논리는 사실에 앞선다.'는 것으로, 이 경우 인간이 사실에 직접 다가가는 것(인간이 논리 밖으로 나가는 것)은 불가능하다. 이러한 전제에 서 있는 경우, 논리를 구성하고 있는 언어의 구조를 분석하고 그것을 정확하게 사용하는 것이 철학의 주요한 과제가 된다. 이것이 언어철학에서 말하는 '언어론적 전회'이다.

소쉬르

"언어는 기호로 표현된 의미 체계다."

"언어(랑그)는 인간 언어의 사회적 부분이고 언어를 창조하거나 변형시킬 수 없는 개인과는 독립적으로 있다. 랑그는 구성성과 언어공동체 사이의 관계에 의해서 존립한다. 개인은 규칙 놀이를 배우는데 시간을 필요로 한다. 어린아이는 언어를 점차 배울 수 있는 것이다. (…) 파롤과는 분명히 구분되어 있는 언어는 하나의 객체로, 그것은 분리되어 연구될 수 있다." (소쉬르, 『일반언어학 강의』)

소쉬르는 언어를 '랑그(langue)'와 '파롤(parole)'의 두 측면으로 분류해서 고찰했다. 랑그는 언어의 규칙 및 문법 체계를 의미하고, 파롤은 개별 발화 행위를 일컫는다. 다시 말해, 랑그는 언어사회의 구성원들이 공유하는 일반적이고 추상적인 언어 체계이며, 이것이 실제로 개개인의 언어생활을 통해 발현되는 것이 파롤이다. 이 랑그와 파롤을 어우르는 언어 활동을 '언어'라고 말한다. 소쉬르 언어학은 랑그를 분석하는 데 중점을 두고 있다.

소쉬르는 언어는 기본단위인 **'기호(記號)'**들의 체계로 구성된다고 주장했다. 소쉬르는 기호는 두 가지 요소로 구성된다고 보았다. 하나는 음성적 이미지를 의미하는 '기표(記標, 시니피앙)'이다. 이는 실제 소리가 아니라 우리가 그 소리에 대하여 떠올리는 개념적 '이미지'다. 다른 하나는 개념을 의미하는 '기의(記意, 시니피에)'로, 개념(언어의 의미, 단어의 뜻)을 뜻한다. 예를 들어 '개'라는 기호는 '개'라는 소리의 개념적 이미지와 '개'에 대한 개념으로 구성된다.

소쉬르는 시니피에와 시니피앙이 합쳐진 것을 기호, 즉 '언어(언어기호)'라고 했다. 소리는 물리적 현상이지만, 소리 이미지는 사람 머릿속에 있는 '심리적' 실체이다. 머릿속에 담긴 소리 이미지를 말한다. 우리는 입을 다물고도 '나비'라는 소리 이미지를 떠올릴 수 있다. 그 소리 이미지, 곧 시니피앙과 개념, 다시 말해 시니피에가 합쳐진 것이 기호다. 다시 말해 소리 이미지와 蝶이라는 뜻이 합쳐져서 '나비'라는 언어기호가 생겨난다. 그렇게 해서 우리는 나비라는 기호가 [nabi]라는 소리 이미지 즉 시니피앙과, '날개 두 쌍으로 날아다니는 예쁜 곤충'이라는 개념 즉 시니피에의 결합이라는 것을 알고 있다.

소쉬르에 따르면, 언어는 관념을 표현하는 '기호'로 된 하나의 체계로, 수화(手話)나 군대에서 사용하는 신호와 비슷하다. 기호가 있는 곳에 체계가 있다. 그렇더라도 기호는 자의적이다. 단어와 소리, 개념, 이미지가 서로 제멋대로 관계를 맺고 있다는 것이다. 언어를 구성하는 기표는 '들리는 소리와 쓰인 문자'를 말하고, 기의는 '기표가 나오는 실제 관념, 즉 언어의 의미'를 뜻한다. 기표와 기의는 자연스러운 관계가 아니다. '개(犬)'라는 기표는 개를 의미하는데, 이렇게 개를 '개'라고 표현하는 까닭은 이 단어가 개의 천성적 특성을 표현하고 있기 때문이 아니다. 기호 '개'는 오히려 언어의 다양한 구성요소 간의 관계를 통해서 만들어진다. 핵심은 체계가 기호에 의미를 부여한다는 것이다. 기호가 있는 곳에는 반드시 체계가 있다. 이런 이유로, 언어학은 기호학의 모델이고, 기호학은 구조주의의 모델이라고 말할 수 있다.

하이데거

"언어는 존재를 드러내는 통로다."

"언어는 존재의 집이며, 인간은 그 집 안에 머물면서 존재의 진리를 지키는 가운데 존재의 진리에 귀 기울여 따름으로써 탈자 한다(바깥에 서 있다, 실존한다)." (하이데거, 『형이상학 입문』)

하이데거는 실존적 측면에서 인간 존재를 규명코자 했다. 하이데거는 세계 안에서 타자와 관계를 맺으면서 열심히 살아가는 실존적 인간을 '현존재'라고 불렀다. 하이데거에 따르면, 인간은 개인의 의지와 상관없이 세상에 태어나지만(피투적 존재), 그와 동시에 미래를 향해 열려 있는 다양한 가능성을 만들어가는 존재(기투적 존재)라고 생각했다. 하이데거에 따르면, '현존재'로서의 실존적 인간은 현재를 초월하면서 미래를 향해 자신의 가능성을 던지는 '기투(企投)'적 행위를 통해 자신의 가능성과 대면하면서 앞으로 나아간다.

하이데거에 따르면, 존재로 가는 길, 곧 자신의 가능성을 자기 스스로 만들어나가는 '기투성'은 언어를 경유함으로써 열린다. 존재는 자기를 밝게 열면서 '언어를 향해' 나아가기 때문이다. 여기서 언어는 '어떤 것'으로서 나타나는데, 이 어떤 것은 인간이 임의로 만들어 낸 것이 아니다. 그 어떤 것 안에서 인간은 이미 존재하고, 그곳에서 인간은 이미 존재하는 어떤 것으로 나타난다. 곧, 언어는 **존재**의 진리를 드러내는 방식이라는 것이다.

이를 두고 하이데거는 '언어는 존재의 집'이라는 말로 표현했다. 언어는 단순한 의사소통 수단을 넘어 인간의 사유를 지배하고 세계와 사물을 인식하는 통로라는 뜻으로, 언어를 통하지 않고서는 존재를 제대로 파악할 수 없다는 것이다. 존재가 세계 안에서 스스로 자기를 드러내는 것처럼, 언어는 단지 존재의 '발현'일 뿐이다. 그러므로 인간은 언어가 자신에게 말하는 것에 귀 기울여 알아들어야만 비로소 언어라는 존재는 발현한다.

하이데거에 따르면, 언어는 말하는 것뿐만 아니라, 이해를 가능하게 하는 것이며, 침묵까지도 포함한다. '나'는 언어를 통해서 나의 존재를 드러내고, '너'와 '너의 상황'을 이해하며, '너'를 어떠어떠한 사람으로 해석한다. 다시 말하면 우리가 누군가를 이해하고 의미를 부여하며 관계를 맺는 것은 언어를 통한 언어적인 행위이다. 그래서 하이데거는 존재는 곧 언어적이고, 우리는 언어를 통해서 세계와 타인을 만나며, '세계 안의 존재'로서 살아간다고 했다. 이때의 세계란 누구에게나 공통되는 전체로서의 의미가 아니라, 내가 '항상 그리고 이미' 처해 있는 상황을 말한다. 다시 말해, 지금의 나의 세계는 내가 쓰는 언어와 내가 속한 역사의 결합이며, 그것이 또한 나 자신이다. '나'는 '내'가 살아가는 세계와 분리될 수 없기 때문이다.

이런 이유로, "언어는 존재의 집"이라는 의미는, 우리는 결코 언어를 창조하지 않았을 뿐만 아니라, 심지어는 언어에 말을 하는 것도 아니다. 언어 자체가 말을 한다는 것이다. 하이데거는 언어, 곧 말은 소리 없이도 행해지는 것으로, 우리는 다만 언어에 순응하면서 참여할 뿐이라고 생각했다.

하이데거는 언어를 단순히 의사소통의 수단으로 보는 것은, 언어와 존재의 관계를 단순히 주관과 객관이라는 이분법의 관계로 이해하거나, 또는 주관이 객관에 대하여 갖는 지배 욕구에서 비롯된 왜곡된 견해라고 비판했다. 언어는 단순한 수단이 아니며, 우리 자신을 타인에게 개방하고 표현하며, 그래서 서로를 이해하면서 의미를 만들어가는 '열린 장소'이기 때문이다.

비트겐슈타인

"언어는 있는 그대로의 세계를 정확히 보여주는 그림이다."

"명제들의 총체가 언어다. (…) 나의 언어의 한계는 나의 세계의 한계를 의미한다." (비트겐슈타인, 『논리-철학 논고』)

비트겐슈타인은 철학의 참된 역할은 언어로 말할 수 있는 것들과 말할 수 없는 것들을 확정하는 것으로 생각했다. 그러면서 "언어로 말할 수 없는 것에 관해서는 침묵을 지켜야 한다."라고 주장했다. 비트겐슈타인은 이러한 생각을 설명하기 위해 '그림 이론'을 제시했다. 그는 언어를 실재 세계에 대한 그림으로 보았다. 여기서 그림이라는 것은 언어와 세계의 논리적 구조는 동일하며, 언어는 세계를 그림처럼 기술한다는 뜻이다.

비트겐슈타인에 따르면 과학적 문장은 현실 세계를 모방하고 있는 것이기에, 과학적 문장을 전부 분석하는 것은 곧 세계 전체를 분석하는 것과 같다. 어떠한 긴 문장도 '~는 ~이다'라는 접속사가 없는 문장으로 만들 수 있다. '나무에 새가 세 마리 앉아 있다.'라는 문장은 '새가 세 마리 앉아 있다.'와 '나무에 새가 앉아 있다.'라는 문장으로 되어 있는데, 이를 한 문장으로 만든 것이다. 그런데 이 두 문장은 각각의 사실과 1대1로 대응하고 있다. 그러므로 나무에 새가 세 마리 앉아 있는 사실과 '나무에 새가 세 마리 앉아 있다.'라는 문장은 그 진위를 확인하는 것이 반드시 가능하다고는 말할 수 없다. 반대로 이론 측면에서 볼 때 확실하지 않은 문장은 사실과 대응하지 못한다. 그렇기에 그 내용이 정확하든 그렇지 않든 언어를 잘못 사용하고 있는 것이라고 할 수 있다. 예를 들어 철학에서 '신은 죽었다.'라든가 '도덕은 알 수 있다.'처럼 확인할 수 없는 명제(문장)는 언어의 정확한 사용법이라 할 수 없다. 이것들의 문제는 언어로 불가능한 것을 언어로 사용한 때문이다. 언어 사용법을 위배하는 것은 그것에 답할 수 없다. 사실과 대응하지 않는 것은 언어화가 불가능하다. 언어가 의미하고자 하는 대상(사실)이 세상에 없기 때문이다.

비트겐슈타인의 그림 이론 관점에서 보면, 언어의 기능이란 보여줄 수 있는 세계를 정확히 보여주는 것이다. 이를 다시 말하면, 언어를 정확히 사용하면 그것에 해당하는 세계를 정확히 설명할 수 있다는 뜻이다. 그렇다면 언어를 통해 알 수 없는 세계는 보여줄 수 없는 세계가 된다. 그 점에서 "언어의 한계는 곧 세계의 한계"로, 이때 언어의 세계와 사실의 세계가 정확히 일치한다면 그것이 바로 진리라는 것이다. 언어는 사실을 왜곡시키지 않기 때문이다. 비트겐슈타인은 사실을 왜곡시키는 것은 언어를 잘못 사용하는 사람이지, 언어가 지닌 그 의미 자체는 사실을 왜곡시킬 수 없으며, 그렇기에 언어를 통해서 진리를 찾을 수 있다고 생각했다.

비트겐슈타인은 후기에 오면서 전기의 언어관인 그림 이론을 스스로 부정했다. 그리고는 '언어게임'이라는 새로운 관점에서, 언어는 획일적인 법칙을 가지는 것이 아니라 무수하게 다양한 양상으로 사용된다고 주장했다. 과학적 언어가 앞선 경우에는 그것을 일상 언어로 사용하기 어려우며, 일상 언어를 우선하는 경우에는 과학적 언어를 체계화하기 어렵다고 생각했다. 세계를 이해하기 위해서는 순수 일상 언어를 분석하지 않으면 안 된다고 본 그는 일상 언어 역시 과학적 언어처럼 하나의 사실에 1대1로 대응하고 있다고 생각하지 않았다. '오늘은 날씨가 좋다'라는 문장은 시간과 장소에 따라 여러 의미를 갖는다. 비트겐슈타인은 그러한 담화의 특성을 '언어게임'이라고 불렀다. 그는 언어게임 규칙은 일상생활 속에서 배우는 것으로 생각했다. '오늘은 날씨가 좋다'와 같은 일상 언어는 담화하는 중에 드러나는 것을 분석하는 것만으로도 의미를 파악할 수 있다. 우리가 엄밀하다고 믿는 수학이나 과학에서 사용되는 공식 역시 일상 언어로 다시 해석되지 않으면 무의미한 기호 덩어리에 불과하다. 결국 언어게임은 규칙에 따르는 인간의 다양한 언어 활동의 총칭이라 할 수 있으며, 언어의 맥락을 똑바로 파악하고 상대방의 요지를 정확히 받아들이려는 대화라고 할 수 있다.

비트겐슈타인은 언어의 의미란 항상 그 언어를 사용하는 어떤 맥락에서 성립한다고 보았다. 그는 이런 언어의 사용을 언어게임이라고 했다. 언어의 의미는 대상(사실)과 지시(명제) 관계보다는 **맥락**에 중점을 두고서 분석된다. 이러한 언어게임의 다양성을 그는 '가족 유사성'이라는 개념으로 설명했다. 한 가족 구성원은 서로 비슷하게 닮아있다. 하지만 아버지와 어머니가 다르게 생겼기 때문에 가족 모두에게 공통적인 특징은 찾아볼 수 없다. 마찬가지로 언어 놀이에서도 모두에게 공통되는 특징이란 없고, 그저 서로서로 교차하는 '**유사성**'만 있을 뿐이다.

이를 '정의(正義)의 이데아'를 예로 들어 설명하면 다음과 같다. 플라톤의 이데아론에 의할 경우, 정의 A~D는 전부 공통된 특질을 갖고 있다. 그에 비해 비트겐슈타인의 가족 유사성에 따르면, 정의 A와 C에는 공통점이 없지만, 정의 A와 B, B와 C에는 이런저런 공통점이 있다. 이 경우 A와 C에 동일하게 정의라는 단어를 부여할 수 있다.

대다수 사람은 한 단어가 지칭하는 대상들 사이에는 모두 공통적인 특징이 있다고 생각하려 든다. 이를 '본질주의 오류'라고 한다. 단어의 의미에 대해서도 마찬가지다. 사전을 보면, 한 단어 옆에 그 말뜻이 여러 가지 나온다. 대체로 사전에 적힌 다양한 설명 모두에 공통적인 특징은 찾아볼 수 없고, 다만 서로 교차하는 유사성, 즉 가족 유사성만이 있을 뿐이다. 그런데도 우리는 한 단어가 지칭하는 대상들 사이에는 공통된 특징이 있으며, 그것이 단어의 의미를 이룬다고 믿고 싶어 한다는 것이 비트겐슈타인의 생각이다.

말할 수 없는 것에 대해서는 침묵을 지켜라.

비트겐슈타인에 따르면, 명제와 사실은 논리적 형식을 공유하고 있으며, 명제가 사실을 대리하여(재현하여) 사람들로 하여금 실제 세계에서 벌어지는 일들을 그림 그릴(즉, 이해하고 의사소통할) 수 있게 한다. 여기서 중요한 것은, 논리적 동일성의 공유는 명제와 사실 사이에서만 가능하다는 것이다. 즉, 명제가 사실을 재현할 수 있는 이유는 명제와 사실 사이에는 논리적 동일성이 있기 때문이고, 사실이 아닌 것에 대해서는 그러한 동일성을 찾을 수 없기에 재현할 수 없다는 것이다.

결국, 명제가 그림 그릴 수 있는 것은 사실에 국한된다. 그런데도 어떤 사람들은 명제를 가지고서 그것이 사실이 아닌 것에 대해서도 그림을 그릴 수 있다고 생각한다. 즉, 명제를 가지고 사실이 아닌 것을 재현할 수 있다고 생각한다. 비트겐슈타인은 그동안 철학자들이 그런 잘못된 생각을 해왔다고 주장했다. 그는 철학자에게서 명제에 허용된 합법적 권한을 넘어서는 영향력을 끊임없이 행사해 온 남용의 혐의를 발견하고, 그러한 월권행위를 중단할 것을 요청함으로써 철학의 문제에 대한 해결을 꾀했다. "말할 수 없는 것에 대해서는 침묵을 지켜라."라는 그의 명언은 그렇게 해서 탄생했다.

"모든 언어는 끝없이 지연되면서 의미를 달리한다."

"텍스트 밖에는 아무것도 없다." (데리다, 『그라마톨로지』)

데리다는 '해체'의 철학을 역설했다. 데리다의 '해체'는 소크라테스 이래 지금까지 내려오는 서유럽의 전통적 형이상학을 비판하면서, 그 철학 체계를 처음부터 다시 쌓아 올릴 것을 주장하는 방법적 실천을 담은 개념이다. 데리다는 서구의 형이상학은 전통적으로 문자 언어를 폄하한 반면 음성언어에 특권을 부여함으로써 폭력적인 이성중심주의로 흘렀다고 비판했다.

데리다의 해체는 명백한 차이와 숨겨진 모순들을 찾으면서 텍스트에 접근한다. 데리다는 그것을 난관 또는 교착 상태를 뜻하는 '아포리아'라고 불렀다. 데리다는 다양한 텍스트에 내재하는 모순을 탐색해 가는 과정에서, 우리에게 텍스트의 정의와 기능을 더욱 정확히 이해시키고, 아무리 단순해 보이는 책이라도 그 배후에 깔린 복잡성을 드러내 **'해체'**하는 것을 목표로 삼았다. 데리다는 의미는 무한한 가능성에 열려 있으므로 모든 텍스트가 해체를 허용한다고 보았다. 데리다는 텍스트 읽기를 통해 작가가 텍스트에서 의도하고 표현했던 것을 재생산하는 것이 아니라, 텍스트 자체를 새롭게 생산해야 한다고 주문했다. 그러므로 텍스트를 읽는 것은 복원의 작업이 아니라 '해체'의 작업이 되어야 한다고 주장했다.

데리다는 언어에서 의미와 변화(연기)를 지칭하는 말로 '차연'이라는 단어를 사용했다. 데리다는 문자는 음성을 정확히 복사하지 못한다고 생각했다. 음성이 문자로 전환된다는 것은 곧 동적 존재로부터 정적 존재로의 형태 변화를 뜻한다. 이때 음성이 문자로 전환되기까지의 시간 차이(지연)가 발생한다. 따라서 음성과 문자는 일치하지 않는다. 데리다는 음성에서 문자로 전환할 때 원본과 복사본이 차이를 함유하면서 변화하는 것을 **'차연(差延)'**이라고 불렀다. 문자와 음성이 일치하지 않는 이상, 문자는 음성을 대신하는 것이 아니라 둘을 동시에 품는 것이다. 데리다는 음성은 완전한 원본이 아니라고 보았다. 인간은 자신이 알고 있는 언어 가운데 타당한 것들을 선택하여 생각하게 된다. 지금껏 어딘가에서 본 문자가 차연 되어 음성으로 될 가능성 또한 충분하다. 데리다에 의하면, 사물은 '원본 → 복사본 → 원본 → 복사본 →'으로 영원히 차연 된다. 따라서 둘 간의 우열은 없지만, 차연에 의해 모든 언어의 의미는 끝없이 지연될 수밖에 없다.

데리다는 끝없이 차이를 일으키는 차연의 작용이야말로 사물의 근원이자, 모든 텍스트와 모든 통일된 체계를 해체하는 원동력이라고 주장했다. 서양에서는 타아보다 자아가 옳다는 식의 이분법적 가치관이 널리 퍼져 있다. 그러나 자아의 존재를 확인하려면 지금, 현재의 자신이 아니라 과거의 자신을 기준으로 삼아야만 가능하다. 과거의 자신과 비교해 현재 자신이 어떤 모습인지 확인할 수 있기 때문이다. 주목할 점은 과거의 자신을 지금의 입장으로 보면 **'타자'**라는 것이다. 따라서 자아는 타자의 도움을 받는다고 할 수 있다. 자아가 타자보다 우위에 있는 듯 보이지만 사실 자아는 타자를 바탕으로 하는 것이기에 자신이 올바르다고 여기는 가치로 모든 것을 통일하기는 불가능하다. 모든 이원론적 대립 관계의 해체가 불가피한 것이다.

데리다는 서양 중심의 인식론적 이원론과 형이상학적 사고에 의해 쫓겨나고, 은폐되고, 무시당한 특정 표현과 언어적 진술을 되찾기 위해서는 '탈구축'의 방법으로 텍스트를 '해체'해야 한다고 주장했다. 데리다는 이항대립 구조를 무너뜨린다는 뜻의 탈구축하는 방법을 원본과 복사본의 관계로 설명했다. 예를 들어 가방을 보고 예쁘다는 '느낌(사고)'이 들었을 때, 우리는 이것을 '예쁘다'라는 말로 전달한다. 언어는 그 어떤 '느낌'을 복사한 것이다. 이때 원본인 느낌(머릿속 생각)은 그 복사본인 언어에 우선하여 존재할 수 있다는 것이 우리의 일반적인 통념이다(생각은 말에 앞서므로). 하지만 데리다는 느낌은 원본이 아니라고 생각했다. 인간은 이미 존재하는 언어(말)로 생각하는 것이기 때문이다. 언어는 자기 스스로 만들어낼 수 없다(따라서 원본이 될 수 있다). 느낌은 무엇인가를 보고 들은 것을 언어로 복사하는 것이다(따라서 원본의 복사본이다).

데리다는 이러한 생각으로 원본과 복사본의 관계를 뒤바꿔 버렸다. '느낌'과 '언어'의 예를 이해한다면, 실제 우열관계는 언제든지 뒤바뀔 수 있음을 알 수 있다. 따라서 이항대립 또한 존재하지 않으며, 우열관계는 쉽게 뒤바뀔 가능성이 있다. 데리다는 서양 근대 철학 체계에 자리 잡은 이분법적 사고를 '탈구축'이라는 개념을 갖고서 해체하고자 했다. 그는 하이데거의 '해체'라는 용어에서 탈구축이라는 개념을 착안했는데, 그 핵심은 단순히 기성 고정관념을 해체하는 것만이 아니라 이를 발전적으로 다시 구축하는 것이다. 이러한 데리다 사상은 그동안 서양 인문 · 사회과학을 지배해온 이성중심주의, 서구중심주의, 남성중심주의를 비판한 포스트모더니즘, 포스트콜로니얼리즘(탈식민주의), 페미니즘의 언어관에 큰 영향을 미쳤다.

에크리튀르

에크리튀르는 '음성언어'와 대비하여 '문자 언어'라는 의미로 사용된다. 데리다에 따르면 서양 학문은 일관되게 음성언어에 특권을 부여했다. 문자 언어인 글(에크리튀르)은 그 뛰어난 가시성과 체계성에도 불구하고 서구의 철학적 전통에서는 오류의 근원으로 폄하되었다. 생생한 목소리는 진실의 근원이지만, 문자는 발화자로부터 단절된 흔적에 불과하다는 것이 그 이유였다. 데리다는 서구의 오만한 로고스 중심 사상이 바로 여기서 유래한다고 보았다.

서구 형이상학의 전통에서 '문자'는 죽음 또는 부재라는 부정적인 이미지를 갖는 데 비해, '말'은 '생명', '현전'이라는 긍정적인 이미지를 띤다. 그리스어에서 '말'은 '로고스'로, 음성언어의 우위는 로고스 중심주의로 이어진다. 로고스는 또한 '이성'의 어원으로, 로고스 중심주의는 이성중심주의로, 모든 비이성적인 것을 억압하는 근거로 작용한다. 이성적인 것은 '동일자', 비이성적인 것은 '타자'라는 공식이 성립되면서, '우리' 아닌 모든 타자를 배제하는 이론적 근거로 작용한다. 이것이 데리다가 말하는 폭력의 철학이다.

데리다는 이러한 음성언어와 문자 언어의 관점을 뒤집었다. 그는 서양 형이상학의 역사는 음성언어를 특권화하고, 문자 언어의 가치를 억압해왔다고 보았다. 이런 형이상학적 체계를 로고스 중심주의라고 비판하면서, 이를 해체하는 것이 서구 형이상학의 시급한 과제라고 주장했다. 그 철학적 근거로서 그는 같은 것(동일자)은 다른 것(타자)의 흔적이라는 '차연'의 논리를 제시하면서, 기존의 모든 권위를 부정했다. 그는 이러한 현존의 형이상학을 정면으로 거부하거나 반박하는 대신, 그것이 제대로 작동하기 위해서는 자기 밖의 타자를 전제할 수밖에 없다고 주장했다. 이 타자는 바로 에크리튀르, 곧 '기록'이다. 서양 형이상학은 주체들끼리 주고받는 음성적 대화를 특권화하면서 기록을 하찮은 것으로 매도해왔지만, 데리다에 따르면 기록이야말로 이 모든 것을 가능하게 해준 기술적 토대이다.

16 아름다움

아름다움(미)은 미학적 감정을 뜻한다. 아름다운 것(미적인 것)과 아름다움(미)은 같은 의미가 아니다. 일반적으로 직관의 작용이라는 차원에서는 '미적(아름다운 것)'이란 개념을, 그 대상의 차원에서는 '미(아름다움)'라는 개념을 사용한다. 아름다움은 우아미 · 숭고미 · 비장미 · 골계미 등 갖가지 미적 범주를 포함하며, 넓게는 그들의 공통적인 성격인 추상적 개념을 의미한다. (어원: '매력', '섬세함'을 뜻하는 라틴어 bell, beau, bene/ 관련어: 예술, 미술, 선, 미, 미학, 취미, 형상, 감각, 참)

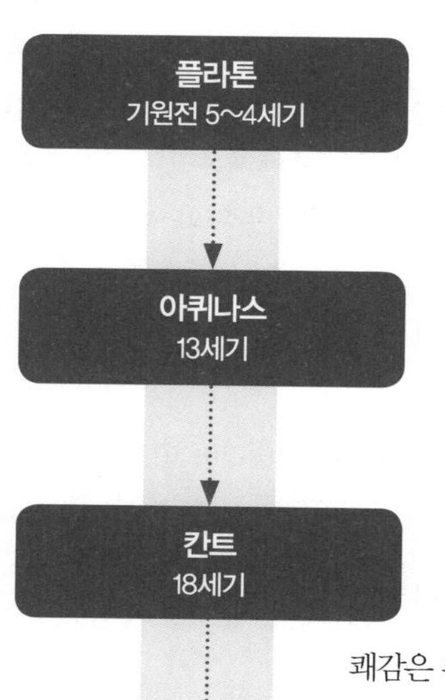

모든 미적 대상은 '미'의 이데아를 나누어 소유, 즉 분유(分有) 함으로써 비로소 아름답다. 미는 개체의 감각적 성질에 있는 것이 아니라 모든 미적 대상에 불변 부동의 '형태'로 나타나는 초감각적 존재이며, 균형·절제·조화 등이 '미', 곧 아름다움의 원리이다.

아퀴나스는 미를 완전성·조화·빛남 속에서 찾고자 했다. 그는 "미는 완전성과 조화를 갖춘 사물이 거기에 간직된 형상의 빛남(발현)을 통해서 인식될 때 비로소 기쁨을 자아낸다. 미는 신의 빛이고 그 빛을 받아서 완전한 형태로서 빛나는 것"이라고 생각했다.

칸트는 아름다움을 '개념의 매개 없이 보편적 즐거움을 일으키는 것'이라고 정의함으로써 미학적 판단이 특수하며 주관적이라는 것을 강조했다. 아름다움은 단순히 감성적 인식으로서 주어지는 것이므로, 아름다움의 쾌감은 존재에 대한 무관심에서 성립한다. 그것은 쾌락처럼 경향성에 의한 속박도 없고 존경을 요구하는 명령도 없다. 그것은 사람의 마음속에 형성되는 만족감으로서, 자유스러운 놀이의 상태에서 발견할 수 있다. 그런 뜻에서 아름다움은 선(善)이나 유용성이 요구하는 합목적성으로부터 해방되어 있다. 예술도 자연처럼 우리에게 아름다움을 일깨운다.

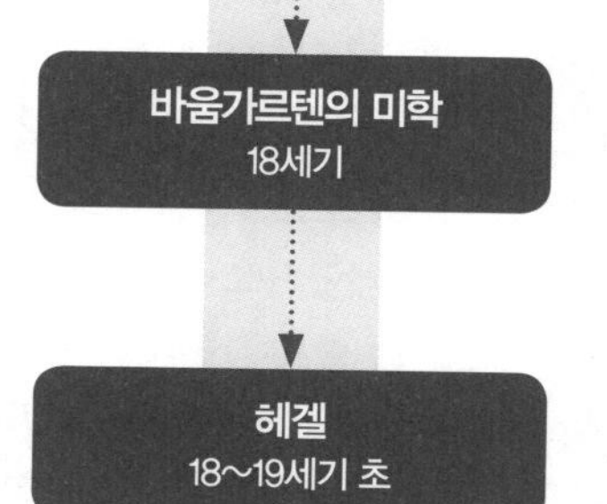

바움가르텐은 미학을 'aesthetica'라고 명명하고, 철학에서 미학을 독립시켰다. 그는 예술은 자연을 모방해야 한다면서, 다시 말해 감성적 인식에서 보이는 자연의 완전성을 모방해야 한다고 주장하면서, 미학의 대상을 감성적 인식의 완전성으로 규정했다.

아름다움이란 '진리의 감각적인 드러남'으로, 예술의 다양한 형태는 아름다움에 대한 보편적인 인식의 계기를 제공한다. 헤겔은 자연적인 아름다움과 예술적인 아름다움을 구분한 후, 오직 정신의 활동에서 나오는 예술적 아름다움만을 의식해야 한다고 보았다.

리오타르
20세기

리오타르는 칸트의 숭고미를 산업자본주의 사회에서 읽어냈다. 현대 산업자본주의 사회에서 상품은 늘 새로워야 한다. 그가 "어떤 작품도 우선 포스트모던해야만 모던할 수 있다."라고 말한 것은 곧, 모던을 넘어서야만 모던할 수 있다는 의미라 할 수 있다. 쉽게 말해, 소비자가 상품에 일찍 질리듯, 하늘, 땅, 바다, 우주에 느꼈던 숭고미도 서너 번 보다 보면 상쇄되고, 그저 상상력의 한계 때문에 어느 한순간 숭고하게 여겨졌던 것에 불과함을 깨닫게 된다.

플라톤

"아름다움은 선과 진리를 추구하는 참된 가치다."

"그 아름다움은 오직 심안으로만 볼 수 있는 것인데, 그것을 보는 심안을 가진 사람이 그 아름다움을 관조하며 그것과 함께 있을 때만 덕의 그림자가 아니라 참덕을 산출할 수 있는 거라고는 생각하지 않으세요? 그는 결코 그림자 따위를 포착하는 사람이 아니요, 진실을 포착하는 사람이기에 말이에요." (플라톤, 『향연』)

플라톤은 '아름다운 것'과 '아름다움'을 **모방(미메시스)**의 개념을 갖고서 설명했다. 이 세상에서 우리 눈으로 볼 수 있고 감각적으로 경험할 수 있는 '아름다운 것'들은, '아름다움'이라는 눈에 보이지는 않는 영원하고 절대적인 이데아(관념)를 향한 기억과 모방이라고 보았다.

플라톤에 따르면, 현실 세계에 존재하는 수없이 많은 사물에는 공통된 하나의 미(美), 즉 아름다움이 존재한다고 보았다. 절대적이고 완전한 아름다움을 나타내는 미의 이데아가 그것으로, 이것은 감각적으로 파악되지 않고 마음, 즉 **'관념'**으로만 파악된다. 이 세상에 있는 아름다운 것들은 영원한 세계에 속하는 절대적이면서 시간과 공간을 초월한 '미'의 원형인 이데아의 '그림자'일 뿐으로, 우리는 이러한 그림자를 통해서 다만 '미(아름다움)'에 대해 동경한다.

플라톤은 아름다움을 사물이나 인간 신체, 행위와 덕, 예술과 학문 등에 적용되는 포괄적인 것으로 보았다. 아름다움에는 단계가 있는데, 사물이나 신체의 감각적인 미에서 출발하여 제도나 학문의 정신적인 미에 이르고, 최종적으로 순수하고 영원불변한 미의 본질인 '미의 이데아'로 향해야 한다고 주장했다. 그 이유는 진정한 아름다움이란 감각이 아닌 정신에 영향을 주는 것이고, 정신에 의해 파악되어야 하기 때문이다. 플라톤에 따르면 오직 정신적인 아름다움만이 궁극적이고 언제나 변함없는 하나의 모습을 갖는다. 아름다움은 따라서 보거나 만지거나 할 수 없는 것으로, 정신 속에서만, 즉 이데아로서만 파악될 수 있는 아름다움이다.

플라톤은 육체와 시간적 현상을 뛰어넘어, 정신 속의 '실재'로서의 아름다움이 인간의 삶 속에서 추구해야 할 최고의 가치라고 보았다. 그리고 현실 세계의 변화하는 미와 불변하는 이데아의 절대미를 나눔으로써 아름다움의 의미를 '이원론적'으로 파악했다. 이 세상에서 일정한 형식과 물질을 통해서 나타나는 현상적인 아름다움은 우리에게 순수한 아름다움에 대한 사랑을 일깨워 주면서 더 높은 단계의 미를 향하여 나아가도록 하지만, 반대로 감각적 욕구를 일으키기도 한다. 이러한 욕구는 우리에게 물질적 욕망을 일으키고 이성을 마비시킨다. 인간은 이러한 '강력한 정욕에서 해방'되지 못할 때 '아름다움을 하나의 전체'로서 바라볼 수 없다.

플라톤은 진정한 아름다움에 대한 사랑은 곧 선(善)에 대한 사랑과 동일한 것이며, 동시에 원형적 아름다움의 이데아는 신적(절대적)인 것으로서 참된 진리일 수밖에 없다고 주장했다. 그러므로 플라톤에 의하면 미와 선과 진리는 하나이며 동일한 것으로, 참된 진리는 아름다울 수밖에 없고, 아름다움은 선함의 본성을 갖는다. 참된 진리는 아름다움을 통해서 우리에게 인식되는데, 만약 진리가 아름답지 않다면, 그리고 선함이 추함으로 여겨진다면, 아무도 진리와 선함에 대한 사랑과 가치를 느끼지 않을 것이라고 보았다.

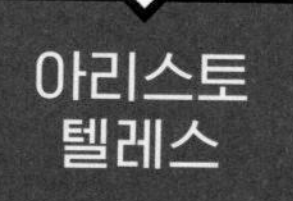

"아름다움은 조화와 균형에서 오는 즐거움의 체험이다."

"아름다운 것은 그 자체로 선택할 만하고 칭찬받을 만한 것 또는 좋음이, 그 좋음 때문에 즐거움을 주는 것이다." (아리스토텔레스, 『수사학』)

아리스토텔레스는 플라톤을 따라 현실 세계와 초월적 이념 세계를 분리해서 생각했지만, 그렇더라도 현실 속에서 나타나는 아름다움이란 무엇인가에 주목했다. 그 결과, 아리스토텔레스는 플라톤처럼 초월적인 세계에서 '미'의 이데아를 추구한 것이 아니라, 현실 세계와 구체적인 사물 속에서 아름다움과 예술의 본질을 찾았다. 아름다움은 현실 세계 너머에 있는 것이 아니라 구체적인 사물 속에 존재하며, 또한 아름다움은 크기와 형태 등 객관 사물의 속성으로, 그것도 각 구성 부분 사이의 유기적인 조화에 따라 결정된다고 보았다.

아리스토텔레스는 감각계의 개별 사물에 플라톤의 이데아와 같은 보편의 형상이 포함되어 있다고 보았고, 예술은 그 보편적인 것들을 나타낸다고 주장했다. 예술은 사물의 겉모습만 흉내 내는 단순 모방이 아니라, 보편적인 것들을 인식하고 재현하는 **'본질 모방'**이라고 주장했다. 따라서 아리스토텔레스의 관심은 이데아로서의 아름다움의 의미보다는, 무엇이 아름다운 것인가 하는 구체적인 것을 향한다.

그렇게 해서 아리스토텔레스는 인간의 모방 행위를 이데아의 그림자를 좇는 허위와 거짓으로 간주하면서 비판했던 플라톤과는 달리, 모방은 인간의 특성이며 오히려 새로운 지식과 즐거움을 얻을 수 있는 창조적 행위라고 주장했다. 아리스토텔레스 역시 플라톤을 따라 예술의 본질은 모방이라고 생각했지만, 그가 말한 모방은 사물의 모양 그대로 재현하는 것이 아니라 예술가의 능동적인 구축이 추가된 것으로, 오늘날의 **창조**와 유사하다. 여기서 모방을 긍정적으로 보는 아리스토텔레스의 입장을 확인할 수 있다.

아리스토텔레스는 미의 주요 형식은 조화, 질서, 균형, 명료성이라고 주장했다. 아리스토텔레스 역시 플라톤처럼 미를 객관적인 성질로 여겼고, 비례나 질서를 통해 이룬 조화와 균형이라고 하였다. 아름다운 것은 살아있는 생명체든 구성해서 만든 것이든 각 부분의 배열에 질서가 있어야 하며, 전체적으로 조화와 균형을 이루어야 한다고 생각했다.

부연하면, 미(아름다움)는 전체와 부분들의 조화로운 비율에서 나오는 것으로, 어떠한 것이 통일성 있는 질서를 이룰 때 우리는 이것을 아름답다고 느낀다. 다시 말하면 아름다움은 사물 또는 사건의 구성이 갖는 균형과 조화를 통해서 경험되는 것이다. 즉 플라톤과는 달리 아리스토텔레스에게 있어서 미는 우리가 감각적으로 경험하고 지각할 수 있는 것이라야 한다. 그의 이러한 주장은 아름다움이라는 것은 인간이 결코 직접 체험할 수 없고 현실에서도 존재하지 않으며, 따라서 인간의 육안으로는 볼 수 없는 저속한 것이라는 플라톤의 주장과 대비된다.

미메시스

미메시스는 예술을 통한 실재의 '재현(모방)'을 의미한다. 플라톤은 눈에 보이는 현상으로서의 현실 세계는 모두 '형상', 즉 이데아의 불완전한 모방에 불과하다고 생각했다. 그는 예술은 이데아의 모방인 현실(현실 세계, 현상)을 또다시 모방한 것이라고 하여, 그만큼 저속한 것으로 인식했다. 아리스토텔레스는 플라톤의 생각과는 견해를 달리했다. 아리스토텔레스에게 있어서 이 세상(현실 세계)은 형상(이데아의 세계)을 모방한 것이 아니라 세상이 형상을 구현하고 있는 것이다. 따라서 개별 대상(현상, 현실 세계)은 이데아의 불완전한 모방이 아니라 그 자체가 형상을 포함한 의미 있는 실체로, 예술작품은 현실을 재현한 것으로서의 가치를 인정받는다.

칸트

"아름다움은 미적 무관심에서 오는 보편적인 즐거움이다."

"취향은 어떤 대상이나 표상 방식을 일체의 관심을 떠나 만족이나 불만족에 의해 판단하는 능력이다. (이런 판단에 의한) 만족의 대상은 아름답다고 말해진다." (칸트, 『판단력비판』)

칸트는 우리가 '어떤 대상이 아름답다.'라고 판단할 때, 그것이 단지 개인적인 선호뿐만 아니라 대상이 지닌 성질을 근거로 한다는 점에 주목했다. 칸트는 미는 대상의 성질에 관한 판단이 아니며, 대상과 주관(나)의 관계에서 일어나는 것으로 보았다. 그렇더라도 미적 판단은 어떤 특별한 한 사람에 국한된 것이 아니라 많은 사람이 같은 생각을 가질 수 있다고 생각했다. 칸트는 미적 취미 판단은 주관적임에도 불구하고, 개념적 보편성과는 전혀 다른 보편성(즉, 미적 공통 감정)을 사람들이 공유할 수 있음을 보이려고 했다.

칸트는 미적 취미 판단에서의 **보편성**이란 이성적 인식능력을 다루는 개념에서 뿐만 아니라, 느낌이나 심적 상태에서도 다루어질 수 있다고 생각했다. 칸트는 미에 관한 사람들의 생각이 주관적이라고 하더라도, 무엇인가를 아름답다고 판단하고 구별하는 인식능력은 모든 사람에게 동일하다고 보았다. 예를 들어 "이 꽃은 장미다."라고 하는 개념 속에 장미의 아름다움이 이미 포함된 것이 아니라, 앞에 놓인 장미를 대하는 사람의 주관적인 생각에서 "이 장미가 아름답다 또는 아름답지 않다."라는 판단이 일어난다고 보았다. 그렇게 해서 우리는 "이 장미가 아름답다."라고 말할 때, 이미 다른 사람들도 이 장미가 아름답다는 것에 동의할 것이라고 믿거나 기대한다. 따라서 누군가가 아름답다고 생각한 한 송이의 장미가 다른 사람들에게는 추한 것으로 느껴질 수 없다고 생각했다.

칸트는 그 이유를 '**무관심**'에서 찾았다. 개인적인 이익을 위한 관심이나 특별한 전제 조건이 개입되지 않는 순수한 만족 상태에서 일어나는 미적 무관심으로 인해 사람들은 오히려 누구에게나 공통되는 보편적인 아름다움을 느낀다고 보았다. 그러므로 장미꽃을 파는 상인이 자신의 장미를 아름답다고 하는 것은 칸트가 생각하는 의미에서의 미에 대한 취미 판단이 아니다. 상인은 장미를 팔려는 '관심'과 '목적'을 갖고 있기 때문이다. 이를 통해 알 수 있듯, 특별한 욕구나 목적을 갖지 않은 순수한 '관조'의 결과로서 얻어지는 미에 관한 판단만이 다른 사람도 다 같은 생각과 느낌을 지닌 '**공통감**'을 근거로 내려진 아름다움이라 할 수 있다. 미에 대한 주관적 느낌은 똑같은 경험이 없는 사람들도 공유하고, 전달하며, 소통할 수 있는 '사적 느낌으로서가 아니라 하나의 공통된 느낌'이다. 미에 대한 개인의 주관적인 생각이 다른 사람들도 수긍할 수 있는 보편타당한 것으로 만드는 것은 바로 미에 관한 이 '공통감'의 작용 때문이다.

칸트는 취미 판단을 '아름다움'과 '숭고'로 나누어 살폈다. 아름다움은 순수한 아름다움에 이를 수 있으며, 이를 대상의 내용이 아닌 '형식'에서 찾았다. 그러나 숭고의 대상은 일반적으로 '형식이 없는 것'으로(숭고는 실체가 없으므로), 숭고의 아름다움을 도덕성과 이성에서 찾아야 한다고 보았다. 칸트는 숭고미를 설명하면서 아름다움은 형식에서 온다는 기존의 관점에서 탈피하고자 했다. 즉 '아름다움은 도덕적 관념의 상징이다.'라면서, 미의 기본적인 요소는 '내용'이라고 생각을 바꿨다. 그 결과 칸트는 아름다움은 주로 질적인 면과 관련이 있으며, 숭고는 주로 양적인 면과 관련이 있다고 보았다. 또 아름다움은 단순한 쾌감이고 숭고함은 불쾌감에서 발생하는 쾌감으로 보았다.

그 결과 칸트는, 어떤 것이 아름다운 것은 자연의 **'합목적성'** 때문이라고 생각했다. 자연의 체계는 어떤 통일된 방향을 따라 만들어진 것인데, 아름다운 것은 그 통일된 방향에 상응하기 때문이다. 즉 어떤 대상에서 아름다움을 느끼고 기분이 좋아지는 것은, 자유로운 상상력이 지성과 통하는 방향으로 맞아떨어진 결과이다. 상상력이 자유로이 활동하는 능력이라면 지성은 개념 및 법칙을 생각하는 능력으로, 칸트는 숭고의 마음은 상상력과 이성이 합치할 때 발생한다고 보았다. 칸트에 따르면 미는 진과 선을 매개 내지는 통일하는 더 높은 차원의 요소로, 미와 숭고의 마음은 감성과 이성이 만나는 하나의 통일적 현상을 직접 보여주는 것이다.

판단력 비판

칸트는 『순수이성비판』, 『실천이성비판』, 『판단력비판』이라는 세 권의 비판 철학서를 집필했다. 『판단력비판』은 미학의 감각과 미적 감정의 경험에 관한 연구로 이루어진 철학 논문 가운데 하나로, 미적 판단의 비판으로 미와 숭고를 분석한 것이다. 플라톤부터 계몽주의에 이르기까지, 전통 형이상학에서 미는 형이상학적 세계의 이상과 자연의 본질을 드러내는 형식으로 판단되었다. 칸트는 처음에는 전통 형이상학을 따라 미적 감상은 전반적으로 주관적인 것으로 생각했다. 이후 그는 감정의 경험이 개념적인 것과는 관련 없다고 말했는데, 그렇더라도 여전히 미는 경험과 지식 사이의 조화로운 일치로 구성되어 있다는 견해를 유지했다.

칸트의 미학과 헤겔의 미학의 차이 비교 및 한계 비판

플라톤과 아리스토텔레스의 예술관은 근대 들어 각각 칸트와 헤겔의 예술관으로 이어졌다. 칸트는 예술의 독자성과 자율성을 강조했다. 예술의 본질은 어디까지나 예술성과 자연의 결합에 있으며, 순수미를 예술미보다 우위에 두고 자연을 충실히 재현함으로써 예술적 과제는 완결된다고 보았다. 칸트는 예술과 사회적 연관성을 철저히 배제함으로써, 미적 대상의 사회적 연관성이나 역사적 발전을 고려하는 것이 아닌 예술 그 자체로서 독자성과 자율성이 강조되어야 한다고 주장했다.

반면, 헤겔은 예술의 목적성을 지향했다. 헤겔은 예술의 독자성이란 무의미하며, 예술이 예술 이외의 어떠한 목적, 즉 인간의 절대정신으로서의 진리를 감성적으로 표현하는 목적으로서의 통일성을 내포해야 한다고 보았다. 이러한 헤겔의 관점에서 볼 때, 예술미는 인간의 정신에서 태어난 미로서, 미의 본질은 그것이 인간에게 미치는 미적 대상으로 작용하기 때문이라고 하여 예술미가 갖는 정신의 우월함을 강조했다. 따라서 헤겔에게 있어 예술작품은 자연적인 산물이 아니고 인간 활동을 통한 창작물이며, 예술작품은 근본적으로 인간의 감성에 맞춰 생산되고, 또한 그 자체에 일련의 목적을 지니고 있어야 한다고 보았다.

여기까지를 고려할 때, 칸트의 미학적 관점을 지나치게 추구할 경우, 그 예술은 사회로부터 눈을 돌리고 지나치게 예술성만을 강조하는 순수 예술적인 관념으로 흐름으로써, 결코 역사 발전과 시대를 초월한 보편적 가치를 갖지 못하게 된다. 또한 헤겔의 미학적 관점을 지나치게 추구할 경우 역시, 예술의 자율성은 훼손되고 지나치게 정신 활동이 강조됨으로써 자칫 예술이 정치나 이데올로기의 도구로 전락할 수 있다. 그렇더라도 차이와 다양성을 추구하는 현대 사회에서, 예술은 어떤 형태로든 그 시대의 사회적 특성과 불가분의 관계를 맺을 수밖에 없다.

헤겔

"아름다움은 진리의 감각적인 드러남이다."

"우선해서 예술미가 자연미보다 우월하다고 주장할 수 있다. 그 까닭은, 예술미라는 것은 다름 아닌 정신으로부터 탄생한 미, 즉 정신에서 다시 태어난 미이기 때문이다. 정신과 정신의 산물이 자연과 현상들보다 우월하듯이 예술미가 자연미보다 우월한 것이다." (헤겔, 『미학』)

헤겔은 '미는 이념의 감성적 표현'이라고 보았다. 헤겔에 따르면 **'이념'**은 최상의 진실이고, 플라톤이 말하는 '이데아'이며, 바로 예술의 본질인 내용이다. 내용을 놓고 봤을 때 철학, 종교, 예술은 모두 절대자 또는 진실을 표현하지만, 단지 표현의 형식이 다르단 점에서 셋은 차이를 보일 뿐이다. 헤겔에 의하면 미의 본질은 이념과 현상이 감각적으로 나타난 하나의 통일된 모습이다. 다시 말하면 '내용과 형식의 통일'이며 일치이다. 아름다움이란 개념만으로는, 즉 내용만으로는 스스로를 드러내는 형식이 없으므로 우리에게 지각될 수 없다. 또 내용이 없는 공허한 형식 속에는 미가 담겨 있지 않으므로, 개념 없는 현상은 단순한 허구에 불과하다.

헤겔에 따르면, 예술은 직관의 형식으로 **'절대이념'**에 다가간다. 절대이념을 감각적으로 파악하고 물질적인 매체를 통해서 나타난다는 것이다. 헤겔이 예술의 아름다움은 절대이념의 감각적인 '현현'이라고 주장한 것도 같은 맥락이다. 헤겔은 예술이 절대자의 이념을 미로 파악해서 나타내는 영역이고, 진리 혹은 신적인 것을 감각적인 것을 통해 미로 구현한다는 점에서 '빛을 발하며 드러내다'란 뜻의 현현(顯現)이라고 했다. 그래서 헤겔은 칸트가 중요시한 미와 숭고의 구분보다 작품에 구현된 내용을 중요하게 여겼고, 예술의 형이상학적 역할과 기능에 주목했다.

헤겔은 인간 정신의 소산인 **'예술미'**의 우월함을 강조하면서, 진정한 '미'란 **'이상(理想)'**이라는 규정을 내렸다. 헤겔은 우리가 마음으로 느껴진다고 생각했던 '아름다움'은 사실 이념적이고 이성적인 '절대정신'에서 나온다고 주장했다. 결과적으로 이전에 살펴보았던 다양한 예술형식과 예술작품들도 우리의 감정이 아니라, 예술미의 이념에 따라 규정되었다는 결론에 이르게 된다. 헤겔은 미학에 대한 정의는 예술의 감성적 요소를 인정함과 동시에 이성적 요소도 갖추어야 하며, 무엇보다 양자가 적절하게 결합하여 완벽한 조화를 이루어야 한다고 강조한 것이다. 헤겔은 예술에서 가장 중요한 것은 **'이성'**이라고 강조했는데, 이성과 감성의 통일은 또한 내용과 형식의 통일이기도 하다. 내용은 이성적 요소이고 형식은 감성적 이미지다.

그러므로 그는 미는 단순한 가상적 허구가 아니라 참된 것이고 진리와 일치되는 것으로 보았다. 미란 단순한 현실에서 생겨나는 것이 아니고, 다시 말하면 우연적인 것이 아니고 정신의 표현이기 때문이다. 헤겔은 미를 이념의 감각적 가상화로 파악하여 감추어진 정신의 그 모습을 외적으로 감각적 세계에 드러낸 것으로 정의했다. 그러므로 정신, 곧 이성이 작용하지 않는 미란 헤겔에게 있어서 진정한 아름다움이 아니다.

정신이 감각적으로 드러난 모습이 '미', 곧 아름다움이라고 보는 헤겔은 미의 종류를 예술에 의해 창조된 미와 자연적인 미로 구별했다. 그리고 그에게 있어서 미의 의미는 예술미에서 실현되는 것으로, 창조된 미만이 참된 의미에서의 '미'다. 다시 말하면 헤겔에게 있어서 미는 정신에 의해서 모습을 드러낼 때 완성되는 것이다. 자연적인 아름다움은 우연에 의한 혼돈과 단순한 현실적 현상에 지나지 않는 것으로서 진리를 담고 있지 않지만, 예술미는 인간의 정신과 이성을 형상화한 것으로서 본질 면에서 자유와 진리의 현실화이기 때문이다.

헤겔이 주장하는 미의 본질은 미를 인간 정신에서 중심적인 것으로 파악하는 것이다. 즉, 미의 중심에는 인간이 서 있으며, 미는 결국 인간 실천의 결과물이라는 데 있다. 이러한 헤겔의 입장은 영원의 세계에서 빛나는 이데아로서의 미를 주장한 플라톤, 그리고 관조와 취미의 대상으로서의 미를 정의함으로써 자연미의 완전함을 강조한 칸트의 입장과는 커다란 차이를 보인다. 헤겔 이후 미의 의미는 예술의 영역으로 종속되었고, 예술미만이 학문적 체계 속에서 다루어지게 되었다.

상징적, 고전적, 낭만적 예술

헤겔은 예술이 가장 발전한 시대를 고대 그리스 시대로 꼽았다. 그는 예술이 상징적 예술형식, 고전적 예술형식, 낭만적 예술형식의 단계를 거치면서 발전해 왔다고 보았다. 상징적 예술형식의 단계에서는 인간의 의식 수준이 자연의 풍요로움을 따라가지 못한 상황이라고 보았다. 고전적 예술형식의 단계에서는 인간과 자연이 가장 잘 조화를 이루던 시기로, 이것을 잘 드러낸 게 그리스 건축이다. 마지막 낭만적 예술형식에 이르면 무한한 인간 정신이 유한한 자연을 압도하기 때문에 예술의 아름다움은 더는 발견될 수 없다고 보았다. 예술을 통해서는 정신의 자유가 드러나지 못하는 것이기 때문이다. 그래서 그는 종교와 철학을 이보다 높은 단계로 보고, 철학을 통해서만 인간 정신의 자유가 드러날 수 있다고 생각했다. 헤겔은 이 세 가지 예술적 단계에서는 인간이 비존재를 재현하거나 개념화할 수 없다고 인식하고는, 예술은 더는 필요가 없다는 생각으로까지 나아갔다. 이런 헤겔의 견해는 이후 19세기 철학자들의 심각한 공격에 놓이게 된다.

절대정신의 '자기표현'으로서의 예술 · 종교 · 철학

헤겔에 의하면, 절대정신의 자기표현의 형식은 예술, 종교, 철학이다. 이 셋은 모두 절대자를 그 내용으로 삼는다. 예술은 이 절대자를 감성적 '직관'의 형태로서 나타내고, 종교에서는 이것이 다시금 내면화되어 표상된 '의식'이고, 철학은 이것을 그의 본래 요소인 '개념'의 형태로 인식한다. 헤겔은 이처럼 일체의 사물은 개념이라고 보는 관념론과 세계를 절대자의 자기 전개라고 보는 범신론의 입장에서 자연과 초월적 피안으로 자기를 '소외'시킨 근대정신을 스스로 '내화'하여 궁극적으로 자기 자신에게 되돌아오는 길을 열고자 했다.

그러나 그의 절대정신은 다음과 같은 비판을 불러왔다. 먼저, 그는 근대의 기계적 자연관을 올바로 평가하지 못하고 유기체적인 자연만을 생각한 결과, 근대 시민사회의 경제적 문제까지 목적론적 견지에서 정신의 유기적 전체 속에 '지양'할 수 있는 것으로 생각하는 한계를 보였다. 또 그는 기독교적 유신론을 철학적 기독교라는 범신론으로 개조함으로써, 진정한 기독교 정신의 상실을 불러 왔다. 그의 방대한 철학 체계가 그 후 제자였던 마르크스와 키르케고르의 비판을 받게 된 이유가 여기 있다.

벤야민

“아름다움은 아우라를 통해 나타난다.”

“아우라란 무엇인가? 그것은 공간과 시간으로 짜인 특이한 직물로서, 아무리 가까이 있더라도 멀리 떨어져 있는 어떤 것의 일회적인 현상이다.” (벤야민, 『기술복제 시대의 예술작품』)

벤야민에 따르면, 예술작품 속에는 제례의식에서 비롯된 ‘신성’이 상징화되어 있으며, 따라서 진정한 아름다움에는 범접할 수 없는 영적 **‘아우라’**가 있다고 보았다. 아우라란, 유일무이한 예술작품의 원작을 바라볼 때 느끼는 일종의 경외감을 뜻한다. 주체가 대상과의 관계 속에서 얻는 미묘한 주관적 경험, 또는 타인과의 관계 속에서 얻는 일종의 ‘교감’이 그것이다.

아우라는 예술작품 스스로 어떤 신성한 에너지를 자아내는 것이 아니다. 관람자가 그 작품을 수용할 때에 느껴지는 감정과 감동을 두고 우리는 아우라를 느낀다고 말한다. 그러므로 이 아우라는 그림을 수용하는 태도와 관계하며, 아우라를 통해 작품이 아름답다고 생각한다. 벤야민은 예술적 아름다움의 본질을 ‘아우라’에서 찾았다. 전통 예술작품은 아우라를 가지고 있으며, 기술 재생산 시대의 예술작품은 아우라를 가지고 있지 않다고 규정했다. 이때 아우라는 예술작품이 가지고 있는 물질적이고 객관적인 특징을 의미한다. 즉 예술작품이 가지고 있는 원본성, 일회성 그리고 진품성이 바로 아우라다.

전통 예술작품은 태생적으로 원본 이외의 작품, 즉 작품의 재생산과 복제를 허용하지 않는다. 설령 복제품이 있더라도, 원본이 존재하는 한 이것은 원본의 힘을 능가할 수 없다. 아류는 아류일 뿐이다. 원본인 예술작품은 단지 ‘일회적 현존재’로서 자신을 드러내며, ‘원본의 여기와 지금’은 예술작품의 강력한 존재 근거이자 힘으로 작용한다. 이것이 바로 전통적 예술작품이 가지고 있는 아우라다. 뛰어난 예술작품을 수용하는 과정에서 아우라를 불러일으키는데, 벤야민은 바로 이 지점에서 미적 경험으로의 아우라를 만들어낸다고 보았다.

현대 기술복제 시대 사진 기술의 발달은 기존의 회화예술이 가지고 있던 아우라의 붕괴를 초래했다. 하지만 벤야민은 이러한 아우라의 붕괴가 오히려 예술을 발전시키는 동인으로 작용한다고 주장했다. 아우라를 독점했던 기득권의 미적 가치가 사진 기술의 발달을 통해 전시적 가치로 변화하면서 예술의 대중성을 이끌었고, 이것이 예술적 민주주의를 불러왔다는 것이다. 사진 기술 발달이 회화를 미술에서 해방함으로써 예술로서의 진정한 가치를 부여한 것이다.

벤야민은 객관적인 미의 본질로서의 아우라와 주관적인 미적 경험으로서의 아우라는 상반되는 개념이 아니며, 이 둘은 상호작용한다고 강조했다. 세계에 하나밖에 없고, 또 복제될수록 원본의 권위가 강해질 수밖에 없는 예술작품들은 접근하기 어렵기에 수용자가 이를 가까이하기에는 너무 먼 존재라고 생각했다. 접근하기 어려우므로 어쩌다가 예술작품을 접하게 되는 기회가 있으면, 수용자는 예술작품을 그 자체로 수용하기보다는 그 힘에 복종하게 된다. 그러한 전반적인 상황이 바로 아우라를 형성하는 것이다.

벤야민은 아우라를 띤 예술작품은, 원본성을 묻지 않고 그리하여 재생산이 전제인 예술작품이 대거 등장함으로써, 결국에는 예술적 가치의 몰락을 겪을 수밖에 없다고 보았다. 따라서 아우라의 몰락이란, 원본성을 묻지 않아도 되는 새로운 예술형식의 등장과 이것이 가져온 예술작품의 지각변동을 의미한다. 기계를 통한 예술작품의 생산, 그로 인한 원작과 복제품의 구분 불가능한 상황이 초래한 아우라의 몰락이 오히려 현대 대중예술의 발전을 가져온 것이다.

17 시간

철학적 관점에서 시간 그 자체는 운동하는 물체도 아니고, 물체의 운동도 아니며, 독립된 존재도 아니다. 시간은 옛날부터 공간과 관련된 일종의 형식 내지는 양(量)으로, 모든 운동성을 포괄하는 개념으로 여겨져 왔다. 초기의 철학적 시간 연구에는 두 가지가 고려됐는데, 그 하나는 시간을 외부에서 제약하는 것으로서 영원이다. '영원'이 무엇인지 모르더라도 시간은 영원과의 대비 속에서 파악되었기 때문이다. 플라톤은 시간을 영원의 '모상'이라고 하면서 수(數)와 그 본질을 같이하는 것으로 보았다.

다른 하나는 시간 내부적 문제로 시간론의 아르케를 운동으로 볼 것인가, 의식으로 볼 것인가 하는 것이다. 시간을 운동과 관련시키면 시간을 측정할 수는 있지만, 그것만으로 시간이란 양상을 파악할 수는 없다. 운동을 '아르케(원리)'로 해서 시간을 파악한다는 것은 곧 시간을 자연으로부터 파악하는 것인데, 자연 속 시간은 늘 '지금, 여기' 뿐이기 때문이다. '지금, 여기'에는 과거와 현재 및 미래라는 시간 양상은 없는 것이다. (어원: '시간'을 뜻하는 라틴어 tempus/ 관련어: 지속, 시간성, 공간, 영원, 실존, 죽음, 과거, 현재, 미래)

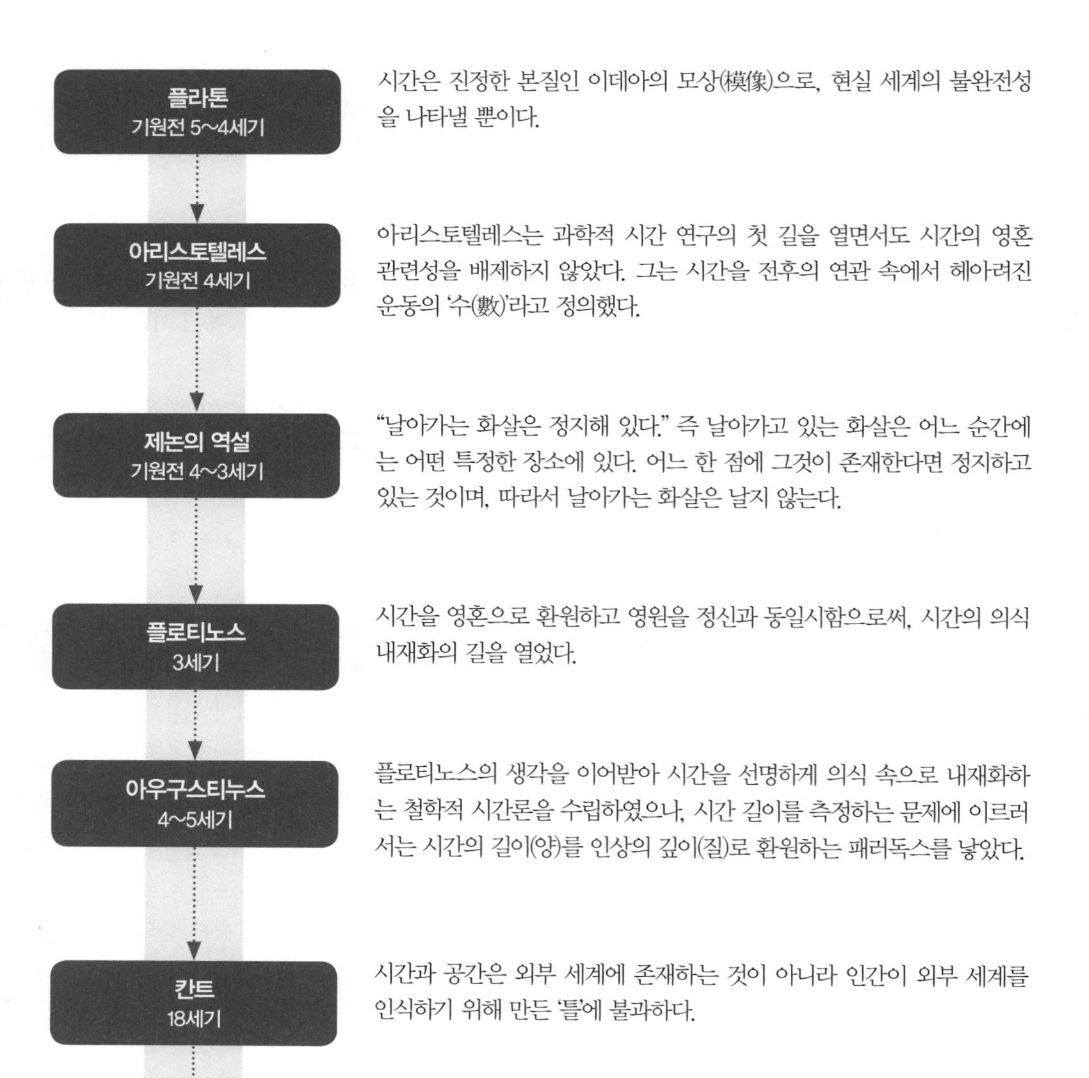

헤겔을 지나 하이데거에 이르면, 시간은 영원과의 대립 속에서 파악되지 않고 근원적 시간과 파생적 시간으로 이원화한다. 헤겔의 개념 시간과 베르그송의 순수지속, 후설의 내재적 의식의 흐름, 하이데거의 근원적 시간은 전자에 속하고, 자연 시간, 공간화된 시간, 자연적 태도에서의 시간, 통속적 시간 등은 후자에 속한다. 이들의 시간론은 시간의 근원에 관한 탐구이자 역사 진행, 본원적 자아의 삶에 대한 성찰이었다. 이들 철학자에게 시간문제는 곁가지 문제가 아니라 각자 자기 철학의 핵심 주제이자 관심사였다.

베르그송에 따르면, 시간은 인간 의식에 자리한 직관적인 그 무엇이다. 시간은 단순한 공간상의 물적 이동이나 양적 변화가 아니라, '아이스크림을 본다 → 먹고 싶다 → 달콤하다 → 감정이 솟구친다 → 행복하다'라는 식으로 우리 의식 속에서 감정과 기억이 끊임없이 이어지면서 질적 변화를 일으키는 것이다. 그는 시간의 이러한 성질을 가리켜 '순수지속'이라고 불렀다. 그에 따르면 시간은 멜로디와 같다. 새로운 음이 멜로디에 더해지면 전체 분위기가 바뀌듯, 베르그송은 마음속 시간, 곧 '직관'에 의한 시간을 진정한 의미에서 우리가 경험하는 시간으로 생각했다.

뉴턴의 절대시간과 절대공간의 개념을 부정하고, 4차원 시공간에 관한 물리학 이론을 완성했다.

현존재인 인간은 '시간성'으로 존재하는 것이기에, 인간 실존은 근원적인 측면에서 시간적이다. "시간성이란, 있어 오면서(과거), 마주하면서(현재), 다가감(미래)이다."

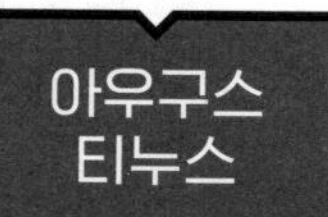

"시간은 의식 속에서 존재한다."

"시간이란 무엇입니까? 아무도 내게 묻지 않는다면 나는 알고 있습니다. 그러나 누가 물을 때 설명하려 하면, 나는 알지 못합니다." (아우구스티누스, 『고백록』)

교부철학과 신플라톤학파의 철학을 종합하여 중세 가톨릭 교의의 이론적 기초를 다진 아우구스티누스에 따르면, 시간은 신의 창조물로 세계 안에서만 성립한다. 아우구스티누스에 따르면 시간은 생성 · 변화하는 세계, 즉 인간이 사는 땅 위에 존재한다. 그래서 변화와 운동이 없는 시간은 절대 있을 수 없고, 형상이 없는 곳에서는 시간이 변화할 수 없다고 생각했다. 아우구스티누스는 "우리는 지나가는 무엇이 있음을 경험하기 때문에 과거라는 시간을 알게 되고, 흘러오는 그 무언가가 있어서 미래라는 시간을 기다리게 된다. 그리고 무언가가 존재하는 것이라는 의식에 의해서 현재라는 시간을 경험하게 된다."라고 말했다. 따라서 아우구스티누스에게 있어서 현재는 더는 '존재하지 않는 방향', 즉 과거로 흘러가고 또 알 수 없게 될 미래로부터 흘러들어 오는 것이다. 시간의 본질은 '무(無)'이며, 현재는 달아나는 시간의 파편에 불과하다고 생각했다.

아우구스티누스에 따르면, 시간은 의식의 추체험에서 비롯되는 내면적이고 주관적인 인식이다. 즉 시간은 객관적으로 존재하는 것이 아니라 '나'의 경험에 의해서만 인식되며, 그것도 과거 · 현재 · 미래라는 세 방향으로 분열하면서 인식된다. 과거와 미래의 시간은 우리의 의식 안에 있는 것으로, 흘러간 시간도, 다가올 시간도 사실은 우리의 의식 속에서 과거와 미래로 존재한다. 아우구스티누스는 미래는 아직 오지 않은 것이고, 과거는 이미 지나간 것이기 때문에, 과거와 미래가 어디에 있든, 지금 이곳에 있는 것은 오직 **'현재'**라고 보았다. 그래서 만약 우리가 시간은 현재로만 지속하고 있다고 생각한다면, 이는 시간은 **'영원'**, 곧 신의 존재를 우리 스스로 고백하는 것이라고 주장했다.

시간은 우리의 의식 안에 존재한다고 보는 아우구스티누스에 따르면, 시간의 중심은 언제나 현재이다. 과거와 미래는 우리의 의식을 통해 현재로서 서로 관계한다. 과거는 지나간 일들을 현재로 기억함으로써 되살아나고, 미래는 앞으로 기대되는 것들을 현재로 생각함으로써 펼쳐진다. 그래서 시간은 과거 · 현재 · 미래라는 서로 다른 양상을 보이는 듯하지만, 현재를 중심으로 한 과거의 현재, 현재의 현재, 그리고 미래의 현재라는 세 개의 시간은 우리 의식을 명확히 하기 위한 편의상의 구분일 뿐이다. 시간은 현재만이 직접 지각될 뿐이다.

그러므로 아우구스티누스에 따르면, 시간은 어떤 사실이나 사건, 대상이 현재라는 시간을 통과하는 사이에 우리의 의식 속에서 지각하는 것이다. 지금, 당장 지각된 느낌은 현재이고, 이 지각이 시간이 흐른 뒤 의식 속에 새겨질 때 기억으로 남아서 과거가 된다. 그리고 이미 일어났던 일에 대한 감각적 의식에 기초해서 아직 일어나지 않은 일을 기대하여 현재의 시간 속으로 끌어당긴 것이 미래이다.

칸트

"시간은 인간이 외부 세계를 인식하기 위해 만든 틀에 불과하다."

"시간은 모든 현상의 아프리오리한 형식적 제약이다. (…) 모든 표상은 그것이 외적 사물을 대상으로 갖든 안 갖든 그 자신 심정의 규정으로서 내적 상태에 속하고, 이 내적 상태는 그러나 내적 직관의 형식적 조건에 속하며, 따라서 시간에 속한다. 그리하여 시간은 모든 현상 일반의 아프리오리한 조건이고, 더욱이 내적 현상 즉 우리의 심상의 직접적 조건이며, 이로 인해 간접적으로는 외적 현상의 조건이다." (칸트, 『순수이성비판』)

칸트는 『형이상학 서설』에서 "시간과 공간은 인간이 지닌 감성의 형식적 조건에 불과하다."라고 말했다. 이는 시간과 공간은 우리 뇌가 외부 세계를 이해하기 쉽도록 해주는 '**개념틀**'에 불과하며, 물리계로 실재하지 않는다는 뜻이다. 선글라스를 쓰면 외부 세계의 색이 다르게 보이듯이 인간의 뇌에는 이미 시간과 공간이라는 형식이 있어서, 우리는 그것을 통해 외부 세계를 보고 이해한다는 것이다. 다시 말하면 우리는 외부 세계에서 들어온 정보를 시간과 공간이라는 뇌 속의 '필터'로 걸러서 해석하는 것이다.

칸트는 시간을 통한 세계 인식을 아프리오리란 용어로 설명했다. '이미 앞에 놓여 있는'이라는 뜻의 '아프리오리(a priori)'는 경험에 의하지 않고 처음부터 우리 안에 있음을 의미한다. 칸트에게 있어서의 시간은 우리의 지각 경험을 일반화한 개념이 아니라, 현상을 감각적으로 경험하게 하는 형식(개념틀)으로, 모든 다른 현상에 앞선 (형식적) 조건이 된다. 예를 들어 "여기 한 권의 책이 놓여 있다."라는 것은 그것이 이미 특정 공간 특정 시간 속에서 존재함을 뜻한다.

따라서 칸트의 인식론에 의하면, 우리는 시간을 외부의 물체에 대한 경험으로 알게 되는 것이 아니다. 시간은 공간과 마찬가지로 의식과 대상이 관계 맺는 조건과 형식이다. 칸트는 시간은 외적 경험으로 알게 된 것이 아니며, 처음부터 우리의 내부(마음속)에 선천적으로 존재하는 것으로 생각했다. 이렇게 볼 때 시간은 '어떤 주어진 것을 먼저 만나게 하는' **직관**으로, 경험하기 이전에 경험을 가능케 하는 (감성) 형식이다. 이처럼 칸트는 세계를 인식할 때 시간과 공간은 외부가 아닌 인간 내부에 있다고 주장함으로써, 천동설 대신 지동설을 주장한 코페르니쿠스처럼 혁명적인 사고의 전환을 가져왔다고 자평했다.

칸트에 따르면, 우리는 다양한 생각들을 순차적으로 결합해야 하는데, 이때 시간의 작용이 없으면 불가능하다. 인식의 종합 능력을 지닌 시간은 직선으로 표상되는 시간 계열이다. 어느 날 정오로부터 다음 날 정오 때까지를 생각하고자 한다면, 이를 하나의 직선으로 순차적으로 생각해야만 하는 것이다. 그렇게 해서 우리의 경험과 인식은 시간에 종속되고, 시간 속에서 순차적으로 배치된다. 이제 직선으로 표상되는 시간은 단순한 형식이 아니라, 의식하는 순서에 따라 결합하고 종합하는 인식으로 거듭난다. 의식이 경험한 다양한 표상들을 시간순으로 정리하는 것이다. 이렇듯 시간이 인식의 근원으로 작용한다는 것은 또한 우리의 사유가 시간의 질서를 벗어나서 진행될 수 없음을 말한다. 그러므로 칸트에게 인식의 종합은 결국 시간의 종합인 것이다.

헤겔

"시간은 정신 속에서 존재한다."

"절대적 무시간성은 지속과 구별된다. 그것은 자연적 시간이 아닌 영원이다. 그러나 시간 자체는 그 개념에 있어서는 영원하다. 왜냐하면 그것은 임의의 시간이나 지금이 아니라, 시간으로서의 시간이요 그 개념이기 때문이다. 이 개념은 모든 개념 일반과 마찬가지로 영원한 것이고, 그러므로 또한 절대적 현재이다." (헤겔, 『철학적 제 과학의 엔치클로페디』)

헤겔의 시간 개념은 정신의 역사와 밀접한 관련이 있다. 헤겔이 말하는 역사란 정신의 역사이고, 역사는 시간 속에서 진행되고 발전하며 완성된다. 헤겔은 이를 가리켜 역사의 발전은 '정신이 시간 속으로 떨어지는 것'이라고 표현했다.

시간과 공간을 명확히 구분하여 생각한 당대의 철학자들과는 달리, 헤겔은 시간과 공간을 서로 나누어 살피지 않았다. 헤겔은 시간과 공간은 하나의 체계적 사유가 변증법적으로 발전해 가는 것이라고 보았다. 공간 인식은 곧 시간 인식으로, 이를테면 공간의 정지는 시간의 운동으로 극복된다고 생각했다.

헤겔에게 있어서 시간은 생성의 연속이자, 지금이라는 순간의 지속으로, 시간의 흐름은 직관을 따라 직접 파악된다. 헤겔에 따르면, 시간은 변증법을 따라 자체적으로 생성과 소멸을 반복하면서 앞으로 나아가는 것이기에, '지금, 여기'의 시간을 끝없이 부정하면서 새롭게 생성한다. 헤겔은 이를 '지금, 여기'를 뛰어넘는('지양'하는) **절대 개념의 시간**이라고 했다. 단순한 '지금'의 연속으로 이해되는 자연발생적 시간과 구별되는 절대적이며 영원한 시간으로, 무의미하게 지나가는 현재를 '반성'하고 '극복'하면서 새로운 현재로 나아가는 시간이다.

헤겔은 정신이 시간 속으로 떨어진다고 말했다. 이는 정신이 이성적이고 참된 모습으로 역사의 시간 속에서 나타나는 것을 의미한다. 즉 정신이 자기 자신을 완성해나간다는 뜻으로, 정신이 자신을 완성 단계에 올릴 때까지 시간 속에서 자기 전개를 위한 운동을 계속한다는 것이다. 헤겔에게 있어서 정신은 곧 **'이념'**으로, 시간이 흘러도 영원한 것이고 완전한 것이다.

그러므로 정신이 역사 속으로 떨어진다는 것은 정신이 시간 속으로, 즉 정신의 영원함이 시간 속으로 떨어짐을 뜻한다. 이념으로서의 정신은 스스로 순수한 개념으로 파악되지 않는 한 시간 속에서 드러날 수밖에 없다는 것이다. 따라서 정신은 자기완성을 위해서 역사 안에서, 다시 말해 인간의 의식 속에서 구체적으로 드러난다. 시간 속에 있지 않은 것은 지나가는 것이 아니기 때문이다. 헤겔이 말하는 '개념의 시간'은 정신에 의해서 '생성으로서의 시간'이 극복된 것으로, 현재는 그리하여 시간의 최소 단위로 머무르는 것이 아니며, 이념이 자기실현을 이루는 '시간 밖의 현재', 곧 **역사**를 의미한다.

미네르바의 부엉이

미네르바는 고대 로마 신화에 나오는 지혜의 여신으로, 부엉이와 함께 등장한다. 헤겔은 역사에 대한 올바른 철학적 인식과 이해란 사후에나 가능하다는 것을 지혜를 상징하는 부엉이가 해가 진 뒤에야 활동하는 것에 비유했다. 따라서 헤겔에게 있어서 철학의 과제는 "사상에서 시대를 파악하는 것", 즉 역사적 사건을 '현재'라는 시간 속에서 이성의 힘으로 해석하는 것이다.

베르그송 "시간은 삶을 경험하는 의식의 흐름이다."

"시간은 단순한 지속이 아니다. 그것은 섞이는 순수한 것일 뿐만 아니라 동시에 창조적인 생명의 도약이 함께 하는 것이다." (베르그송, 『창조적 진화』)

베르그송은 삶의 의미와 시간의 의미는 같다고 생각했다. 삶의 본질은 시간의 지속성에 의해서 파악되고, 시간은 곧 인간의 내적 의식의 흐름이라고 생각했다. 따라서 의식의 지속으로서의 시간은 물질화될 수 없고, 단지 주관적인 느낌으로 체험된 것이다. 이런 이유로, 기다림의 시간은 길고 지루하며, 오래 기다린 끝에 만난 사람과의 시간은 더욱 짧게 느껴진다.

베르그송에 따르면, 직관은 정신에 의한 직접적인 인식으로, 시간은 순수한 **'직관'**을 통해서 인식된다. 우리는 시간 밖에서는 시간을 알 수 없으며, 시간 속으로 파고들어야 비로소 시간을 알 수 있다. 그렇게 해서 우리의 의식과 체험은 합치하고, 자신의 모습을 의식 속에서 발견하며, 의식의 시간은 과거와 미래로 열린다. 즉 현재의 의식은 흘러가는 속에서 이미 흘러간 시간과 맞닿고, 또한 아직 현재 속으로 흘러오지 않은 미래로 개방되어 있는 것이다. 시간의 흐름은 곧 의식의 흐름으로, 인간의 의식은 시간 밖으로 나와서 따로 존재할 수 없다. 베르그송은 그 의식을 **'순수 지속'**이라고 불렀다. 순수 지속은 눈을 감고 마음으로 느끼는 시간의 흐름으로, 순수 지속, 즉 심리적 시간은 거꾸로 흐르지 않는다. 그래서 우리는 미래를 기억할 수 없고, 과거를 예측할 수도 없다. 과거를 기억하고 미래를 예측할 수 있을 뿐이다.

베르그송에게 있어서 시간의 체험과 의식의 지속은 시간 속에서 창조적 삶의 도약을 이루는 기제이다. 베르그송에게 있어서 시간의 지속은 직관을 통한 '순수 지속'으로, 현재의 시간은 과거와 미래를 경계 짓지 않고 진행되는 의식 상태이다. 베르그송은 이러한 의식이 내적 변화, 즉 삶의 질적 변화를 가져오는 계기로 작용한다고 보았다. 이것이 그가 말하는 '도약하는 삶(엘랑 비탈)'으로, 인간의 창조적 본성을 이끄는 힘의 근원으로 작동한다고 보았다.

순수 지속은 앞을 향해 나아가는 시간으로, 창조적이고 절대적인 힘이다. 순수 지속만이 과거의 기억을 통해 시간을 현재 속에 재생하고 미래를 향해 나아갈 수 있다. 현재가 직관을 통해 감각적 · 역동적으로 인식될 때 과거는 '기억'이고 미래는 '기대'가 되며, 우리의 삶은 지속해서 '비약'할 수 있다. 행동의 출발점인 현재는 이렇게 볼 때 과거의 지속이자 미래의 결정이라고 할 수 있다. 그러므로 기억에 집착하는 삶은 몽상이며, 감각과 자극에 한정된 삶은 충동적인 것에 지나지 않으며, 어느 한쪽에 치우친 삶은 생의 도약을 이룰 수 없다.

베르그송은 우리 내면의 순수 지속을 외부 공간에 투영한 것이 바로 과학에서 다루는 물리적 시간이라고 보았다. 이러한 시간은 추상화된 시간이자, 공간 속에서 이루어진 시간이며, 지속하지 않는 시간이자, 변화하지 않는 부동의 순간이다. 이러한 의미에서 베르그송은 시간은 정신의 본질인 의식을 통해서 우리에게 인식되고 또 '내면적 느낌'으로 직관하게 될 때만이 우리의 삶 속에서 의미를 지니며, 삶의 도약을 이끄는 힘의 근원으로 작동한다고 주장했다.

아인슈타인

"제각기 일정 속도로 움직이고 있는 사람은 서로 다른 시간을 체험한다."

"동시라는 개념에 절대적인 의미를 부여하면 안 된다는 사실을 알 수 있다. 즉 어떤 좌표계를 기준으로 두 가지 사건이 동시에 일어났다고 해도 이 좌표계에 대해 움직이고 있는 다른 좌표계를 기준으로 하면 그 사건은 동시에 일어난 것이 아닐 수도 있기 때문이다." (아인슈타인, '동시성의 상대성')

아인슈타인 이후 시간의 역할은 가히 혁명적이라 할 만큼 큰 변화를 겪었다. 아인슈타인 이전의 시간은 눈에 보이지 않고, 일정한 속도로 흐르며, 공간 속에서 일어나는 '반복 운동'을 통해서만 측정 가능했다. 아인슈타인 이전의 시간은 우주에 단 하나만 있으며, 누구에게나 다 똑같은 시간이었다. 신이 만든 이 시간을 뉴턴은 '절대 시간'이라고 불렀다. 눈에 보이는 현상이 같기 위해서는 그 현상의 배경이 되는 시간과 공간이 항상 똑같으면 된다. 이것이 고전 뉴턴 역학에서의 절대 시간 개념으로, 서로 상대적으로 운동하는 두 좌표계에 대해 시간은 절대적으로 똑같다. 이는 명시적으로 규정하지 않더라도 누구나 당연하게 여겨 온 사실이었다.

천재 물리학자 아인슈타인은 이 모든 것을 뒤집었다. 아인슈타인에게 중요한 것은 눈에 보이는 현상이나 절대적인 시공간이 아니었다. 아인슈타인에게는 물리법칙과 광속이라는 물리상수가 더 중요했다. 아인슈타인은 자신의 상대성이론을 통해 우주에는 관측자마다 제각기 다른 여러 가지 시간이 존재하고 있음을 밝혔는데, 우리는 이것을 **'상대 시간'**이라고 부른다.

관측자마다 시간이 다른 점은 심리적 시간과 비슷하다. 즉 마음속으로 느끼는 심리적 시간은 다르다. 사람마다 시간을 다르게 느낀다는 점에서 '상대적'이다. 마찬가지로 아인슈타인 이후에는 물리적 시간도 상대적인 것으로 밝혀졌다. 시간은 관측자에 따라 다를 뿐만 아니라, 빨라지기도 하고 느려지기도 한다. 아인슈타인에 따르면 광속은 우주의 본질적인 속성을 담고 있는 물리상수다. 즉 광속은 이를테면 '우주 본연의 언어'인 셈이다. 반면 시간과 공간은 '인간의 언어'이다. 인간 자신의 편의를 위해 만든 개념이다. 그는 우주를 정확하게 기술(記述)하려면 우주 본연의 언어를 사용해야 한다고 생각했다. 그가 위대한 이유는 우주를 설명할 때 인간의 언어를 버리고 우주의 언어를 선택했기 때문이다. 그 언어가 바로 빛의 속력인 '광속'으로, 아인슈타인은 광속이란 개념을 사용해서 시간을 인간 중심에서 자연 중심으로 바꾸었다.

광속이라는 개념에는 시간과 공간이 함께 들어있다. 이는 광속이라는 우주의 언어를 시간과 공간이라는 인간의 언어로 '해석'한 결과라고 볼 수 있다. 아인슈타인은 우주를 정확하게 기술하려면 우주 본연의 언어를 이용해야 한다고 생각했다. 시간과 공간이 아니라 광속을 중심에 놓고 자연을 기술해야 한다는 것이다. 이렇게 광속 중심의 관점에서 다시 자연을 바라보면 놀라운 일들이 생긴다. 무엇보다, 광속이라는 개념에는 시간과 공간이 함께 들어있다. 광속이 불변이려면 상대적인 운동에 따라 시간과 공간이 따로따로 놀 수 없고 모종의 방식으로 서로 얽혀들어야만 한다. 고전역학에서는 시간은 시간이고 공간은 공간일 뿐으로 각각은 서로 독립적이지만, 상대성이론에서는 시간과 공간이 서로 독립적이지 않다. 이들은 하나의 '시공간'을 형성해 서로 유기적으로 관계를 맺어야만 한다. 그 결과 상대성이론에서는 1차원의 시간과 3차원의 공간이 따로 존재하지 않고 이들이 하나로 합쳐진 **'4차원 시공간'**을 형성한다. 시간이 우리 눈에 보이지 않는 이유가 이 때문으로, 달라진 것은 관측 방법이나 관측자의 '시점'일 뿐인데도 시간과 공간은 전혀 다른 개념으로 다가서는 것이다.

“시간은 의식에 의해서 구성되는 현재에서 현재로의 진행이다.”

“시간은 시간의 부분들에 앞서 우리에 의해 사고하게 되고, 시간적 관계들은 시간상의 사건을 가능하게 한다. (…) 시간은 ‘의식의 소여’라고 더는 말하지 않도록 하자. 좀 더 명확하게 말해서 의식이 시간을 전개하거나 구성한다고 말하도록 하자. 시간의 관념성에 의해서 의식은 결국 현재에 갇혀 있기를 중지한다.” (메를로퐁티, 『지각의 현상학』)

메를로퐁티는 시간은 ‘의식’을 따라서 결정된다고 보았다. 우리가 세계 안에서 일어나는 어떤 것을 인식하고 그 의미를 깨닫는 것은 **‘현재’**라는 시간 속에서 이뤄지며, 지금 흐르는 시간과 우리의 의식은 동시에, 함께 일어난다. 따라서 시간과 의식은 같은 ‘의미’이자 하나인 것이다.

메를로퐁티에 따르면, 시간과 의식이 같다는 것은 곧, 인간은 끊임없이 자신을 변화시키면서 주체적으로 세계를 의식한다는 뜻이다. 이것을 가리켜 메를로퐁티는 ‘자기를 타자에게 여는 것’이라고 말했다. 우리는 우리 자신을 시간 속에서 타자를 향해 열고 또 타자와 관계 맺으면서 삶의 의미를 인식하고 자신을 새롭게 알게 된다. 즉 시간은 존재의 관계로, 세계와 나의 관계에서 비롯된다.

그러므로 우리가 세계와 맺는 관계는 시간 이행의 결과이자 시간의 최종 기록이다. 이렇게 인간은 시간의 흐름 속에서 밖을 향해서 자기를 개방함으로써 자아를 깨닫고, ‘지금-현재’의 시간은 미래로 열리게 된다. 다시 말해, 나와 세계의 관계는 시간의 현재라는 장(場)에서 이루어지고, 시간의 흐름은 현재에서 과거로, 미래에서 현재로 이동할 뿐이다. 즉, 과거와 미래는 우리의 현재 안에서 나타날 뿐이다.

따라서 과거에 대한 의식을 기억으로 미래를 의식하는 것은 잘못된 것이다. 과거의 보존이나 과거에 대한 흔적은 우리에게 단순한 사실적인 그 무엇일 뿐, 과거의 의식을 되돌려주지는 못한다. 예를 들어, 과거의 보존이라고 할 수 있는 기억이나 추억, 이를테면 과거의 흔적인 ‘책상 위에 새겨진 이름이나 잉크 자국’이 우리가 과거에 가졌던 의식을 그대로 재생하거나, 우리를 과거로 되돌릴 수 있는 것은 아니다. 이러한 의미에서 과거는 우리에게 ‘현재’ 남아 있는 것이다. 과거에 대한 기억은 사라진 시간으로 더는 과거가 아니며, 우리는 과거라는 의미를 현재에서 과거로 되돌아가는 것으로서 인식할 수 있을 뿐이다. 그렇게 해서 우리는 지나온 현재와 마주하는 현재 사이의 관계를 이해하고 준비한다.

따라서 미래는 텅 빈 것이 된다. 미래는 아직 현재 속으로 들어오지 않은 시간이고, 아직은 의식에 의해서 채워지지 않았기 때문이다. 그래서 미래는 아직 자신을 드러낼 수 없다. 미래를 내다본다는 것은 다시 말해 매 순간을 돌이켜 보는 것에 불과하다. 메를로퐁티는 과거와 미래는 우리의 지각과 상기(想起)로 만들어진 고정된 단순 개념이 아니므로, 진정으로 미래를 잘 내다보기 위해서는 흐르는 시간 속에 우리의 의식을 곧추세워야 함을 강조했다.

18 사랑

사랑은 인간이 지닌 근원적이면서도 보편적인 감정이다. 철학에서 사랑은 타자와 하나가 되려는 경향으로, 이를테면 신을 향한 사랑이 그것이다. 고대 그리스에서 사랑은 '에로스'로 불렸는데, 이것은 육체적인 사랑에서부터 진리에 이르고자 하는 동경까지를 포함한다. 그리스도교에서의 사랑, 즉 '아가페'는 이웃에 대한 사랑과 신에 대한 사랑을 강조하고, 이것을 최고의 가치로 삼아 개인이 자기를 희생하는 과정에서 사랑에 이른다고 했다.

아리스토텔레스는 우애나 형제애처럼 주변 사람이 잘 되기를 바라는 순수한 마음을 '필리아'라고 했다. 비슷한 개념으로 가족 간의 사랑을 의미하는 '스토르게'가 있다. 오늘날 에로스는 남녀 간 육체적인 사랑을, 필리아는 친구끼리의 우정을, 아가페는 이타적인 사랑을, 스토르게는 혈육 간 애정을 가리키는 말로 사용되고 있다. (어원: '사랑', '애정', '강렬한 욕망'을 뜻하는 라틴어 amor/ 관련어: 애정, 이타주의, 우정, 증오, 이기주의, 욕구, 욕망, 에로스, 타나토스, 열정)

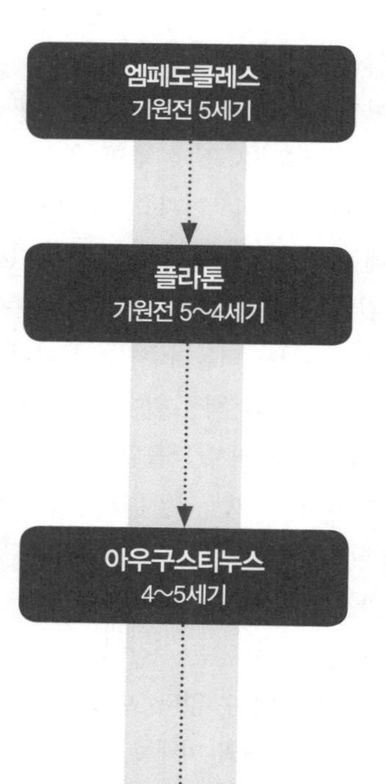

사랑과 미움을 우주 생성 원리로 삼았다. 만물의 근원인 불·흙·공기·물의 '4원인'을 결합하는 사랑과 그와 반대로 이것들을 분리하는 미움이 서로 우열을 거듭하면서 세계는 순환·반복한다.

선과 미, 즉 절대에 대한 갈망을 사랑으로 보았다. 사랑은 철학의 원동력이며, 일차적으로 '지혜에 대한 사랑'으로 정의했다.

남녀가 융합하여 하나로 조화되기를 바라는 생활이 곧 사랑으로, 신에 대한 사랑이 인간의 궁극의 행복이라고 여겼다. 이러한 생각은 중세의 철학과 종교를 특수한 위치에 놓이게 했다. 기독교에서 사랑은 모든 덕 가운데 최고의 것으로서 그 어떤 로고스(말씀·사상·이성·법칙)나 지식보다도 위에 놓였다.

스피노자에 따르면, 모든 것은 자기 보존을 위해 노력한다. 인간은 본성적으로 심신의 만족보다 완전함에 다가가려고 노력한다. 이를테면 슬픔을 피하고 기쁨을 갈망하고 사랑한다. 욕망·기쁨·슬픔이라는 세 가지 근본 감정에서 여러 가지 사랑과 미움이 나온다. 우리의 정신이 사물을 영원함, 곧 필연성으로 인식하는 것은 정신을 더욱 완전히 하는 것이기에 기쁨이 된다. 이 완전한 인식은 사물을 신(=자연=실체)의 모습으로 인식하는 것이므로, 그 기쁨은 외부의 원인으로서 신의 관념, 곧 신을 향한 사랑이다.

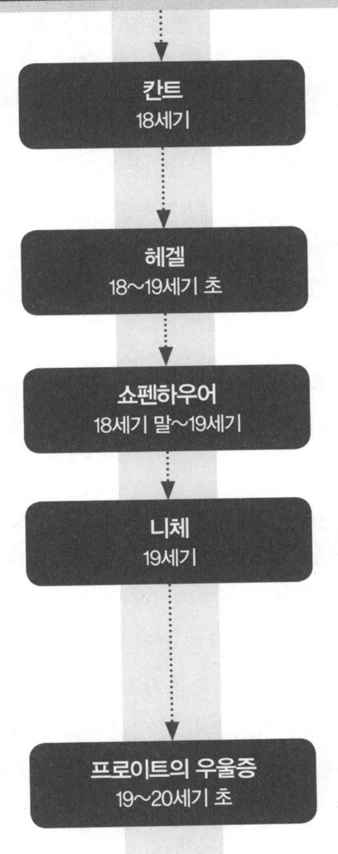

경향성에 따른 감성적인 사랑과 이성적 의지에 따른 실천적 사랑을 구별하여, 후자를 도덕적이라고 했다.

"사랑은 정신의 통일성이 그 자신을 느끼고 있는 상태다."

"괴로움과 함께하는 동정이 모든 사랑의 본질이다."

니체는 기독교적 사랑은 '자기애를 타자애인 것처럼 본말 전도한 사랑'이라고 인식하고는, 이를 유린당한 약자의 원한의 산물이라고 하여 배척했다. 니체는 그 대신에 자기에게 충실한 사랑, 초인의 이상(理想)을 추구하는 사랑, 불변하는 것에의 사랑, 창조적 사랑을 주장했다.

정신분석 이론에서 우울증은 환자의 분노가 무의식적으로 자기에게 향해진 현상이다. 프로이트에 따르면 우울증은 사랑하던 대상의 상실에 대한 반응이다. 사랑하는 대상을 상실하면 상실의 슬픔뿐만 아니라 자신을 버려두고 떠나간 대상에 대한 분노를 느끼게 된다. 이러한 분노의 감정은 도덕적 억압으로 무의식화 되고, 분노의 대상이 이미 사라진 상태에서 분노의 감정은 내면을 향하면서 자신을 비난하고 책망하며 죄책감을 느끼게 된다. 그렇게 해서 자존감이 저하되고 자아 기능이 약화하면서 우울증으로 발전한다.

플라톤

"사랑은 선(善)을 향한 영혼의 도약이다."

"사랑은 곧 정신으로 아름다운 것 속에서 출산하는 것입니다. (…) 오오, 소크라테스, 사랑이란 것이, 당신이 생각하듯이 그저 아름다운 것으로 향하는 것이 아니기 때문입니다. (…) 이상 말해 온 것에서 필연적으로 나오는 결론은, 사랑은 불사를 위해서 있는 것이라는 거예요." (플라톤, 『향연』)

플라톤은 『향연』에서 사랑은 결핍을 채우려는 욕망에서 발생한다고 하였다. 플라톤에게 사랑이란 이미 가진 것이 아닌 결여한 어떤 것에 대한 갈망으로, 그 결핍한 것의 아름다움 그 자체를 향한 욕망이다. 지혜는 가장 아름다운 것의 하나로, 에로스는 지혜와 무지의 중간에서 지혜의 결핍을 깨닫고 지혜를 사랑하는 것이다. 플라톤에게 있어서 사랑은 영혼의 완전함을 위해 바쳐지는 열정이기에, 받는 것이라기보다는 주는 것으로서의 '플라토닉 러브'가 이것이다.

플라톤에 있어서 영혼을 따르는 사랑은 가장 아름다우며, 육체적인 사랑보다는 **'선(善)'**을 추구하는 행위이다. 선은 곧 아름다움으로, 영혼을 따르는 사랑은 선에 도달하기 위해 욕망을 절제하고, 이데아를 향해 나아간다. 플라톤에게서 사랑은 선과 미를 향한 절대적 사랑이다.

플라톤에 따르면 사랑은 곧 인간의 결핍과 부족함을 아름다움으로 채우고자 하는 열망이다. 그러한 열망은 육체적인 것과 정신적인 것의 두 가지 형태로 나타나는데, 이 둘은 서로 뗄 수 없는 관계를 맺고 있다. 플라톤은 인간은 육체적 사랑으로 시작하여 영혼의 순수한 사랑으로 나아간다고 보았다. 먼저 육체적 사랑의 아름다움부터 깨닫고, 그 한계와 본질을 파악한다. 육체적 사랑은 시간의 흐름 속에서 일시적으로 생성하고 소멸하는 것임을 알게 될 때 사람들은 영원한 영혼의 아름다움이 더 가치 있음을 깨닫는다. 영혼에 대한 사랑은 도덕적 행동의 아름다움에 대한 깨달음을 거쳐 학문의 아름다움에 대한 깨달음으로 이어지고, 마침내 모든 아름다운 것들 너머에 있는 아름다움의 본질인 '미'의 이데아에 대한 관조라는 최고 단계의 사랑으로 나아간다. 이것은 더는 상대적이거나 부분적이고 순간적인 사랑이 아니며, 절대적이고 전체적이며 영원한 사랑이다. 세상의 혼란과 역경을 극복하고, 질서와 관조로써 지혜를 잉태하고 출산하는 숭고하고 성숙한 사랑이다.

사랑이 한 단계에서 다음 단계로 도약하는 과정에서 인간의 영혼은 눈을 뜬다. 육체에서 시작하여 정신을 향하여 상승하는 사랑이야말로 불멸과 영원의 진리를 지향하는 성숙한 사랑이다. 성숙한 영혼으로의 상승을 지향하는 사랑은 나보다 높은 누군가의 도움으로 이루어지는 것이 아니다. 그것은 완전함을 지향하는 내 영혼의 자발적 의지와 욕망으로 이루는 것이다. 그렇더라도 플라톤은 육체적 사랑의 의미를 부인하지 않았다. 육체적 사랑은 점차 영혼이 순수하게 되는 과정의 첫 단계이자 영혼으로 이르는 데 있어서의 중요한 보조자 역할을 한다. 육체적 사랑은 충동적 욕망을 일으키기도 하지만, 일상적인 사랑의 한계 너머로 나아가서 진정한 사랑을 이루고 아름다움을 찾아가는 첫걸음이라고 생각했다.

스피노자

"사랑은 신의 완전성에 다가가려는 이성의 힘이다."

"사랑이란 외적 원인의 관념을 동반하는 기쁨이다." (스피노자, 『에티카』)

스피노자에게 있어서 사랑은 외적 대상을 향한 감정이다. 누군가에 대한 사랑의 감정은 그것의 대상인 '너'를 이해하거나, 또는 사랑의 주체인 '나 자신'을 이해함으로써 설명될 수 있는 성질의 것이 아니다. 사랑은 외적 대상에 대한 나의 감정을 있는 그대로 받아들이는 것이다. 외적 대상에 대한 사랑의 감정이 어느 날 갑자기 나의 내부에서 분출하는 것이다. 인간의 감정은 밖을 향해 표출되는 내면의 욕구로, 사랑하는 사람과 결합하고 싶어 하는 의지와 욕망 없이도 내부에서 스스로 일어나는 만족감이자 기쁜 감정이다.

스피노자에 의하면, 사랑이 가져다주는 기쁨은 인간을 작은 완전함에서 큰 완전성으로 나아가게 한다. 반면, 증오에서 오는 슬픔은 기쁨과는 반대로 큰 완전성에서 오히려 더 작은 완전성으로 옮겨가는 정서이다. 이렇게 본다면 기쁨은 정신의 활동을 높이고 쾌감을 주지만, 슬픔은 정신의 사유 능력을 낮추고 고통과 우울함을 불러온다. 사랑은 필연적으로 그것이 무엇이든지 사랑하는 대상을 계속해서 유지하고 소유하려 들지만, 증오는 그 대상을 멀리하고 파괴하려 든다. 이렇게 서로 대립하는 정서인 사랑과 증오는 기쁨과 슬픔으로 나타나는 심정의 동요로서 서로 뗄 수 없는 깊은 관계를 갖는다. 증오는 사랑에 의해서, 슬픔이 기쁨으로 사라지듯 극복된다. 사랑에 의해 사랑 안으로 들어온 증오는 더는 슬픔이 아니며, 그 크기만큼 원래의 기쁨과 더불어 더 큰 사랑을 만들어낸다고 스피노자는 생각했다.

스피노자에 의하면, 인간은 정신 활동을 통해 기쁨을 느끼며, 정신 활동은 신에 대한 사랑에서 나온다. 신에 대한 사랑은 정신의 크기에 좌우되는 것이기에, 인간의 이성 능력은 곧 신적 능력처럼 무한함과 완전성을 추구한다. 즉, 신에 대한 사랑은 이성의 명령에 따라서 생기는 사랑으로서 최고의 선(善)이고, 모든 사람에게 공통된 것이며, 최고의 기쁨을 주는 사랑이다. 이성의 명령에 따른 사랑이란 신을 모든 것의 근본이라고 인식함으로써 신의 영원성을 인식하는 것이다.

스피노자는 이러한 사랑을 **'지적 사랑'**이라고 말했다. 지적 사랑은 다름 아닌 우리가 신을 영원한 것으로 이해할 때 일어나는 사랑이다. 신은 자기 자신을 직접 사랑할 수 없다. 신은 인간을 통해 비로소 사랑할 수 있다. 사랑은 우리가 '의식적 존재'이기에 갖는 특권이다. 우리는 의식하는 존재이기에 상상하고 기뻐하고 사랑한다. 이처럼 스피노자는 신에 대한 사랑을 맹목적이고 이성의 마비에 의해서 생기는 것으로 보지 않고, 오히려 가장 이성적이고 가장 지적인 인식에 의한 사랑으로 보았다.

신은 사랑이다.

스피노자는 신을 지적으로 인식한다는 것은 신에 대한 사랑과 행복을 깨닫는 과정이 되어야지, 심판하는 신 앞에 서 있는 느낌이 들어서는 안 된다고 주장했다. 스피노자에게 있어서 공포, 두려움, 신에 대한 경외심 등은 교리에만 사로잡혀 신을 잘못 인식한 결과일 뿐이다. 그는 신에 대한 지적인 사랑은 오히려 이런 두려움을 제거하는 열쇠라고 강조했다.

쇼펜하우어

"사랑은 자기 보존 의지의 표현이다."

"사랑이라는 것은 결국 종족을 보존하기 위한 하나의 수단에 불과하다." (쇼펜하우어, 『인생론』)

염세주의 철학자 쇼펜하우어에 따르면, 세계는 자체로서 '**의지**'이며, 이 의지는 곧 삶에 대한 의지이다. 우리가 의식하는 사고와 행동의 밑바닥에는 삶에 대한 의지가 깔려 있으며, 이는 자기 보존과 생존에 대한 맹목적인 욕구로 나타난다. 따라서 쇼펜하우어에 따르면 인간의 의지는 곧 신체의 의지이며, 몸의 움직임은 의지의 표현이다. 이러한 의미에서 그는 "나의 몸과 나의 의지는 하나다."라고 말했다. 의지는 곧 삶에 대한 의지이고, 이것은 자신의 생존과 보존에 대한 욕망이라고 생각했다.

인간의 의지를 강조하는 쇼펜하우어의 주장은 사랑을 바라보는 시각에서 더욱 명백하고 더 강하게 드러난다. 사랑은 다름 아닌 자기 종족을 보존하려는 본능적 의지에 불과하며, 반복적으로 되풀이되는 선천적인 **충동**이다. 따라서 그에게 있어서 사랑은 성적 충동과 다르지 않다. 성욕은 사랑의 핵심 요소이며, 의지의 본질을 이룬다. 그는 사랑과 성을 삶에 대한 의지와 연결하고, 삶의 원동력으로 보았다. 삶을 이끄는 것은 진리와 이성이 아니고, 사랑과 그것의 표현인 성욕이라고 주장했다.

쇼펜하우어는 사랑의 진지함은 근본적으로 종족의 보존과 번식의 필요성에서 오는 것이기 때문에, 우리는 아무리 상대방의 사랑을 확신하더라도 서로 따로 떨어져 있는 사랑에 의해서는 아무런 위로를 받지 못한다고 주장했다. 종족의 보존이라는 목적을 달성하기 위한 사랑은 결국 성적 욕망을 충족시킴으로써 다음 세대를 준비하는 데 목적이 있기 때문이다. 쇼펜하우어는 사랑은 본질상 건강한 체력과 미적 아름다움을 요구하는데, 그 이유는 자신에게 결핍된 것을 채우려 하기 때문이다. 앞으로 태어날 자손이 자신보다 더 우월하기를 바라기 때문에 우리는 상대방의 조건과 자질, 아름다움을 중요하게 여기며, 나와 타자의 조화가 필요하다고 생각하는 것이다.

따라서 쇼펜하우어에게 있어서 인간의 사랑과 성적 욕망은 단순히 맹목적이고 동물적인 욕망에서만 비롯된 쾌락 추구가 아니다. 종족 보존을 위한 목표 달성을 위해 필요한 환상이 바로 사랑이라고 보았다. 개인은 사랑이라는 환상 속에서 종족을 위한 희생을 자신의 행복으로 받아들이고, 종족 보존의 꼭두각시놀음에 열정적으로 참여한다는 것이다. 그래서 그는 사랑은 '하나의 가면을 쓴 본능'이며, 누구나 빠지기 쉬운 '함정'이라고 말했다.

이렇듯 환상에 현혹된 개인은 종족의 의지가 실현되면 냉혹한 진실을 깨닫고는 자신의 희생에 눈을 뜨면서 환멸과 권태를 느끼고, 성취되지 않은 욕망으로 인하여 고통과 불행에 빠진다. 개인은 이 괴로움 앞에서 좌절하고 비탄하며, 그렇게 해서 삶의 비극은 계속된다. 이런 이유로, 쇼펜하우어는 인생의 고통은 사랑으로 인하여 영원히 끝날 수 없다고 보았다. 개인이 죽음과 고뇌에서 벗어나는 방법은 오직 '생존 의지'를 버리는 것이라고 생각했다.

바타유

"사랑은 죽음까지도 인정하는 적극적 삶의 표현이다."

"에로티즘(…)을 알기 위해서는 금기와 위반에 대한 인간의 체험이 모순적이면서도 동일하다는 점을 요구한다. 두 가지 체험을 한꺼번에 하는 일은 흔한 일이 아니다. 에로틱한 이미지(…)는 필경 어떤 사람에게는 금기 행위를, 다른 사람에게는 반대의 행위(=위반 행위)를 유발한다. 전자의 행위들은 전통적이다. (…) 위반이란 금기를 제거하는 것이 아니라, 금기를 한 번 고양시키는 행위이다." (바타유, 『에로티즘』)

프랑스의 작가이자 철학자인 조르주 바타유는 사랑을 **'에로티즘'**의 시각에서 설명했다. 바타유는 인간은 잃어버린 연속성(합일)에 대한 근원적인 향수를 지녔다고 보았다. 인간은 태어나면서부터 각자 자유롭고 독립적으로 존재하며, 서로 뛰어넘을 수 없는 단절과 불연속에 가로놓여 있다. 이 단절과 불연속으로 인해 인간은 분리된 현실에 대한 원초적 불안을 느끼면서 끊임없이 다른 사람과 합일하고자 갈망한다.

그러나 바타유는 현실에서 합일의 열망은 이루어질 수 없다고 보았다. 우리는 모두 '개별자로서 존재'하는 불연속적인 존재이기 때문이다. 사랑을 통해 분리된 개별성을 초월하려 들지만, 이는 불가능하다. 이것을 우리는 많은 사례에서 확인할 수 있다. 서로를 열렬히 갈망하던 연인들이 일정한 시간이 흐르면서 일치와 합일보다는 분리를 소원하는 경우가 많다. 결합은 권태를 부르기 마련으로, 사랑에 빠진 사람들은 서로 분리되어 있을 때는 합일을 열망하다가 막상 그 뜻을 이루면 다시금 분리를 소망하고, 이내 다른 상대와의 결합을 열망하는 이율배반적인 행태를 반복한다.

바타유는 인간 존재의 연속성에 대한 향수로 인해, 단순한 생식 활동과는 다른 에로티즘이라는 문화적 양식이 탄생했다고 생각했다. 즉 상실한 합일에 대한 열정은 '사랑'이라는 행위를 통해 충족된다고 보았다. 그 점에서 에로티즘은 성행위를 직접 표현하는 포르노그래피와도 다르다. 즉 인간의 에로티즘은 동물적 성행위와 다르다. 그것은 인간 내적 체험의 '직접적인 상태'로, 인간의 성행위는 그것이 단순히 동물적이지 않을 때 비로소 에로티즘으로 완성된다. 에로티즘은 인간만이 누릴 수 있는 전유물인 것이다.

에로티즘은 금기와 위반을 통해서, 그리고 인간의 심리를 기반으로 해서 발생한다. 쉽게 말해서 모순적인 금기와 위반을 동시에, 한꺼번에 체험하는 것이다. 바타유의 생각을 따를 때, 에로틱한 이미지에 금기를 가하는 사람은 전통적이지만, 에로티즘으로 금기를 위반하려는 사람은 혁신적이다. 예를 들어 노동은 에로티즘을 제어하는 금기를 만들지만 모든 위반을 막을 수는 없다. 위반이 전혀 없는 금기는 더는 금기가 아니기 때문이다. 오히려 금기는 위반을 통해 고양된다. 이를 두고 바타유는 에로티즘에서의 욕망은 금기에 대한 승리라고 말했다. 에로티즘은 죽음까지 파고드는 삶이며, 단순한 성행위와는 다른 정신적 요구이자 죽음 속에서조차 긍정하는 삶이라는 것이다.

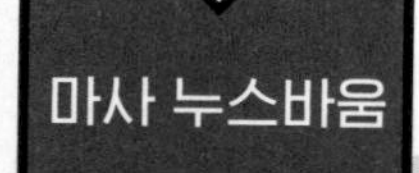

"사랑은 공동체의 성취로 나아가는 공적 감정이다."

"모든 정치적 원칙은 그것이 좋은 것이든 나쁜 것이든 오랜 세월에 걸친 안정성을 보장받기 위해 감정적 기반을 필요로 한다. 그리고 모든 품위 있는 사회는 공감과 사랑의 정서를 적절히 함양함으로써 사회적 분열과 계층의 분리로부터 사회를 보호해야 하는 것이다." (마사 누스바움, 『정치적 감정』)

마사 누스바움은 이성의 영역으로 여겨온 법과 정치에서 '감정'의 중요성을 설득해온 미국의 법철학자이자 정치철학자이다. 누스바움은 『감정의 격동』에서 감정을 인간의 본질로 이해하면서 그동안 서구 철학을 지배해왔던 '이성–감정'의 위계적 이분법을 뒤집어 놓았다. 이성은 감정을 지배하기는커녕 감정의 바다에 떠가는 초라한 뗏목에 불과하다고 본 것이다.

누스바움은 인간은 연민의 감정인 공감 능력을 학습하여 애증이 병존하는 상황을 극복하고 사랑의 감정으로 나아간다고 보았다. 자기중심적인 '자아'가 외부 세계와 자신의 경계선을 넓혀나갈 수 있도록 하는 것이 연민의 감정으로, 인간은 연민을 통해 자아의 경계선과 경계심을 낮추고 마침내 세계와 합일하는 경이로운 순간으로 비상하기에 이른다. 누스바움은 이것이 곧 '사랑'의 감정이라고 보았다.

누스바움은 사랑이란 감정의 기능에 대한 단서를 모차르트의 오페라 〈피가로의 결혼〉에서 찾았다. 누스바움은 이 작품이 여성들의 수평적인 관계에 기반한 상호성을 보여준다는 점에서 사랑의 감정을 잘 드러내고 있다고 보았다. 누스바움은 작품에서 두 여인의 듀엣곡이 음악적 협력을 통해서 상호 간의 존중과 깊은 호혜성을 표현함으로써, "좀 더 온화하고 호혜적이며 여성적인 새로운 공적 사랑의 형태를 구현했다."라고 말했다.

누스바움에 따르면, 연민과 사랑의 감정을 가진 개인들은 자신이 상상하는 것을 구현하기 위해 법과 제도를 만든다. 이것이 감정을 철학적으로 그리고 정치적으로 받아들여야 하는 이유로, 문학을 비롯한 예술이 상상력을 통해 법과 제도가 우리를 안아주어야 한다고 강조했다. 그리고 법과 제도를 통해 사람들이 사랑의 감정을 중시하고 혐오와 수치심의 감정은 배제토록 이끌어야 한다고 주장했다. 그렇게 되면 연민, 곧 사랑의 감정은 자유민주주의 사회와 부합하는 '**공적 감정**'으로 확장할 수 있다고 보았다. 누스바움은 그녀의 또 다른 저서 『정치적 감정』에서 시민적 사랑이라는 '공적 감정'의 중요성을 강조했다. 누스바움은 정치적 자유주의는 사랑 · 연민 · 공감과 같은 좋은 감정을 통해서 유지될 수 있고, 혐오 · 질투 · 수치심과 같은 나쁜 감정들을 통해서 저해될 수 있다고 보았다.

누스바움은 공적 감정의 실현을 위해 '역량 접근'이라는 개념을 제시했다. 누스바움에 따르면 이른바 '품위 있는 사회'는 구성원 모두에게 풍요롭고 보람찬 삶을 누릴 수 있는 자유와 기회를 보장해야 한다. 누스바움에게 자유는 굶주림이나 빈곤 같은 비참한 처지를 벗어날 수 있는 조건이고, 기회는 공동체를 위해 심사숙고해서 발언할 수 있는 참여의 보장이다. 그녀에 따르면, 정치의 제일 덕목은 다른 무엇도 아닌 '사랑'의 감정을 증폭시키는 것이다. 누스바움이 말하는 '사랑'은 공정한 사회, 사회적 정의를 향해 열려 있는 이질성을 하나로 모으는 역량이기 때문이다.

에리히 프롬

"사랑은 실천이다."

"사랑은 능동적 활동이며, 수동적 격정이 아니다. 사랑은 인간이 자기 안에서 스스로 발전시키는 그런 어떤 것이며, 빠져드는 것이 아니다. 사랑은 무엇보다도 주는 것이며, 받는 것이 아니다." (에리히 프롬, 『사랑의 기술』)

실존주의 철학자 에리히 프롬에 따르면, 사랑이야말로 인간의 본질이며, 인간의 실존을 가능하게 만드는 힘이다. 프롬에 의하면 인간에게는 삶에 대한 사랑(바이오필리아)과 죽음에 대한 사랑(네크로필리아)이 놓여 있다. 삶에 대한 사랑과 달리 죽음에 대한 사랑은 병적 현상으로, 급진적이고 과격하며, 폭력성으로 나타난다. 이는 현대 자본주의 사회와 깊은 관계가 있다. 인간이 겪는 소외와 고독과 불안은 타인은 물론 자기 자신을 파괴하는 결과를 가져오기 때문으로, 이러한 현상이 계속될 때 사회라는 공동체는 무너지고, 개인은 존재 이유를 상실한다.

프롬에 따르면, 사랑은 '**기술**'이다. 사랑은 본능에 의한 욕구가 아니기에, 나에게 주어진 것이 아니라 누구나 배워서 익히고 훈련을 해야 하는 기술이다. 즉, 사랑은 다른 여타의 기술을 배우듯이 늘 새롭게 배워야만 하는 것이다. 사랑은 표현되고 행위를 통해 전달됨으로써 인간 소외를 극복하는 실존의 힘이다. 따라서 '나'를 전부 내던지고 상대방과 완전한 하나가 되기를 원하는 격정적인 사랑은 그동안 자신이 얼마나 고독했는가를 보여주고 사랑의 미숙함을 드러낼 뿐이다. 성숙한 사랑은 자신의 존재와 탁월함을 인정하고 유지하면서 타인과 하나가 되고 또 타인에게로 들어가는 사랑이다. 그래서 참된 사랑은 '나'를 더욱 독립적이고 강하게 만드는 것이자 상대방을 더욱 그답게 만드는 것으로, 사랑은 서로에게 '빠지는' 것이 아니라 서로에게 '참여하는' 것이다. 사랑은 '무엇으로부터'가 아니라, '무엇을 위하여'가 중요한 것이다.

그렇기에 성숙한 사랑은 사랑의 기술을 배움으로써 가능하다. 사랑은 삶의 가장 능동적인 힘으로, 쾌락과 욕망의 충족이 아니라 자기 자신의 확인이며 완성이다. 이러한 의미에서 사랑은 받는 것이 아니라 주는 것이다. 준다는 것의 의미는 곧 나를, 즉 나의 힘과 나의 능력을 상대와 나누어 가짐을 뜻한다. 갖지 않은 것, 없는 것을 나누어줄 수는 없기 때문이다. 그래서 사랑하는 것은 곧 나의 능력인 것이다. 사람들은 사랑을 받는 것으로만 생각하면서 사랑을 갈구하지만, 주는 사랑은 지금까지 드러나지 않았던 나의 잠재력과 생명의 활기를 높이기 때문에, 우리는 주는 사랑을 실천함으로써 행복하다고 느낀다. 사랑은 그래서 '**의지의 결단**'이다.

이렇듯 사랑의 본질은 상대를 보호하고 책임을 지며, 있는 그대로의 상대를 긍정하는 데 있다. 그럴 때 인간은 더없이 충만한 행복감을 느낀다. 사랑은 단순히 상대방에 대한 나의 감정이 아니라, '그'의 행복, 성장, 자유를 바라는 적극적 노력이고 내면적인 연결이다. 즉, 사랑은 '창조의 힘'인 것이다. 따라서 성숙한 사랑은 책임과 자유를 동시에 끌어안으며, 상대방에 대한 존경과 인정 위에서 자란다. 이러한 사랑은 형제애, 모성애, 이성애 등 다양한 형태로 나타나는데 그 중심에 있는 사랑은 '**자기애**'다. 한 사람에 대한 사랑은 그 안에 갇혀 있기를 거부하고, 나와 다른 모든 사람, 나아가 세계 전체와 새로운 관계를 맺게 된다. 이때 그 주체는 바로 '나'이다. "이웃을 내 몸과 같이 사랑한다."라고 함은 자기 자신에 대한 사랑을 전제한다. 이웃과 타인에 대한 사랑은 자기애로부터 시작되는 것이다. 프롬은 자신에 대한 긍정과 배려, 책임감 있는 사람만이 타인을 존중하고 염려하며 지켜줄 수 있다고 생각했다.

19 행복

행복은 본질이 충족된 상태로, 인간 삶의 목표라 할 수 있다. 견해에 따라서는 재산을 소유하는 것, 덕과 선, 또는 쾌락을 즐기는 것을 행복이라고도 한다. 행복한 상태는 주관적일 수도 있고 객관적으로 규정될 수도 있다. 또 행복은 철학적으로 대단히 복잡하고 엄밀한데, 심신의 요구와 그 주체를 어떻게 생각하느냐에 따라 여러 관점을 보인다. (어원: '점술', '기회'를 뜻하는 라틴어 augurium, 그래서 행복은 어원으로 보면 '좋은 시간(bonheur)'을 뜻한다./ 관련어: 기쁨, 환희, 쾌락, 욕구, 도덕, 지혜, 덕)

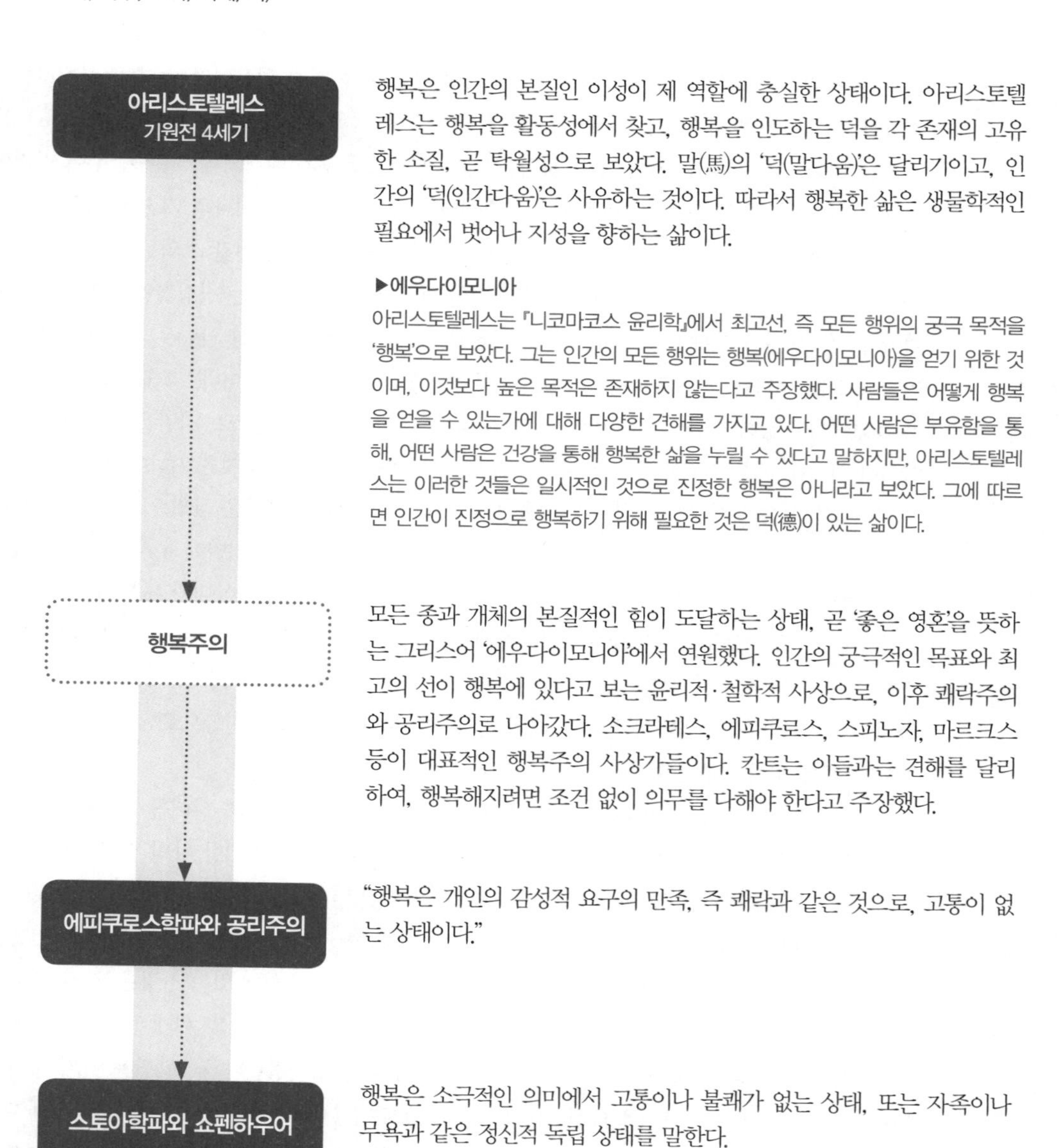

아리스토텔레스
기원전 4세기

행복은 인간의 본질인 이성이 제 역할에 충실한 상태이다. 아리스토텔레스는 행복을 활동성에서 찾고, 행복을 인도하는 덕을 각 존재의 고유한 소질, 곧 탁월성으로 보았다. 말(馬)의 '덕(말다움)'은 달리기이고, 인간의 '덕(인간다움)'은 사유하는 것이다. 따라서 행복한 삶은 생물학적인 필요에서 벗어나 지성을 향하는 삶이다.

▶에우다이모니아

아리스토텔레스는 『니코마코스 윤리학』에서 최고선, 즉 모든 행위의 궁극 목적을 '행복'으로 보았다. 그는 인간의 모든 행위는 행복(에우다이모니아)을 얻기 위한 것이며, 이것보다 높은 목적은 존재하지 않는다고 주장했다. 사람들은 어떻게 행복을 얻을 수 있는가에 대해 다양한 견해를 가지고 있다. 어떤 사람은 부유함을 통해, 어떤 사람은 건강을 통해 행복한 삶을 누릴 수 있다고 말하지만, 아리스토텔레스는 이러한 것들은 일시적인 것으로 진정한 행복은 아니라고 보았다. 그에 따르면 인간이 진정으로 행복하기 위해 필요한 것은 덕(德)이 있는 삶이다.

행복주의

모든 종과 개체의 본질적인 힘이 도달하는 상태, 곧 '좋은 영혼'을 뜻하는 그리스어 '에우다이모니아'에서 연원했다. 인간의 궁극적인 목표와 최고의 선이 행복에 있다고 보는 윤리적·철학적 사상으로, 이후 쾌락주의와 공리주의로 나아갔다. 소크라테스, 에피쿠로스, 스피노자, 마르크스 등이 대표적인 행복주의 사상가들이다. 칸트는 이들과는 견해를 달리하여, 행복해지려면 조건 없이 의무를 다해야 한다고 주장했다.

에피쿠로스학파와 공리주의

"행복은 개인의 감성적 요구의 만족, 즉 쾌락과 같은 것으로, 고통이 없는 상태이다."

스토아학파와 쇼펜하우어

행복은 소극적인 의미에서 고통이나 불쾌가 없는 상태, 또는 자족이나 무욕과 같은 정신적 독립 상태를 말한다.

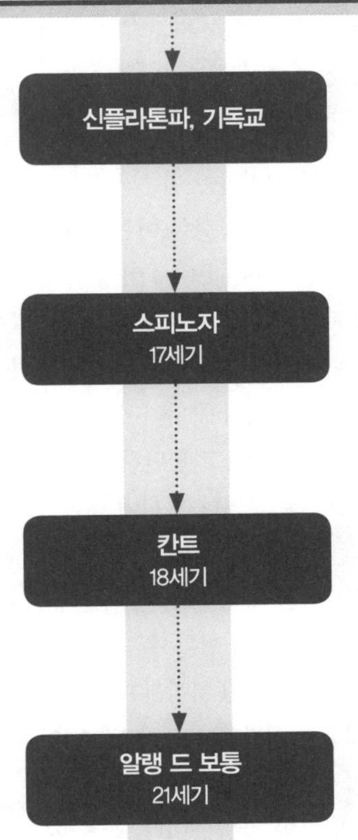

행복은 초현실적인 열락(悅樂)의 상태이다.

“행복은 자아나 인격의 전체적·영속적 만족이다.”

행복은 자아의 결정에 따라 자기 존재의 충족성과 인격의 통일성을 성취한 상태이다.

우리에게 친숙한 젊은 철학자 알랭 드 보통은 현대인들이 왜 불안을 느끼고 행복하지 않은지에 대해 설명했다. 그는 불안의 원인 가운데 하나로 ‘기대’를 꼽았는데, 아이러니하게도 이 기대는 현대 민주주의가 지향하는 ‘평등’에서 비롯된다. 우리는 우리가 동등하다고 생각하는 대상과 비교하면서 불만을 가지면서 자신이 행복하지 않다고 생각한다. 예를 들어, 대학 동창의 성공 소식을 들었을 때 나는 그렇지 못한 상태에 대해 불안을 느끼게 된다. 보통은 만인이 평등하다는 오늘날의 사회에서는 나보다 성공한 모든 사람이 나를 불행하게 만드는 대상이 될 수 있다고 보았다. 즉, 우리는 우리가 그동안 추구해온 가장 훌륭한 가치(행복추구) 때문에 역설적으로 행복하지 않다고 생각하는 것이다.

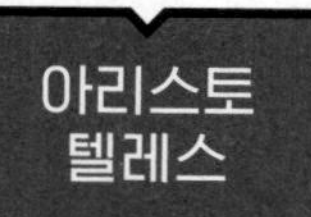

아리스토텔레스

"행복은 최고선을 향한 탁월함의 발현이다."

"행복이야말로 궁극적, 자족적인 어떤 것이며 우리가 행하는 것의 모든 사항이며 목적으로 보인다. (…) 그리하여 행복은 가장 선하고 가장 고귀하고 가장 즐거운 것이며, 이 조건들은 따로 떨어져 있는 것이 아니다." (아리스토텔레스, 『니코마코스 윤리학』)

아리스토텔레스는 행복을 삶의 최고의 목표이자, 삶의 질과 가치를 결정하는 기준으로 보았다. 행복은 모든 사람이 예외 없이 갈망하고, 추구하며, 얻기 위해서 노력하는 것으로, 다른 어떤 것을 위한 수단이 될 수 없다. 행복은 언제나 최종 목표이고, 행복은 곧 삶의 의미다. 이러한 뜻에서 아리스토텔레스는 행복한 삶이 가장 인간다운 삶이며, 인간다운 삶은 자신의 본성에 따라서 최선을 다한 삶이라고 말했다.

아리스토텔레스에 따르면 **'최고선'**이 곧 행복이다. 이는 행복은 자족적이며, 더는 추가할 것이 없는 가장 좋은 상태를 의미한다. '선'이라는 것은 무엇보다도 우리의 영혼이 이성에 따라서 활동하는 것으로, 이로 인해 느끼는 정신적 즐거움이 곧 행복이다. 우리의 이성이 옳지 않다고 판단하는 행위를 하는 경우, 예를 들면 남을 속이거나 거짓말을 하는 경우, 우리는 스스로 만족하거나 자신에 대한 고귀함을 느끼거나 즐거워할 수 없다.

아리스토텔레스에게 있어서 선은 그 자체로 바람직한 것으로, 다른 목적을 위한 수단이 될 수 없다. 선으로부터 얻는 즐거움과 고귀함은 '본성적으로 즐거운 것'이기에 행복에 이를 수 있다. 아리스토텔레스에 따르면 본성적으로 즐거운 것과 쾌락은 서로 다르다. 쾌락은 자신이 좋아하는 것을 대상으로 하여 얻는 것이기 때문에, 정신적인 그 무엇이라고 할지라도 그 자체로서 인간의 목표가 될 수 없다. 따라서 선함이 없이 쾌락만을 목적으로 하는 활동은 우리에게 행복을 가져다주지 않는다.

선과 행복의 바탕이 되는 것은 무엇보다도 지성을 통한 활동, 인간의 **'탁월성'**이다. 탁월성은 살아있는 다른 생물들과는 구별되는 인간 고유의 특성으로, 식욕이나 육체적인 욕망과 같은 본능적인 욕구가 아닌 사고하고 판단하고 실천에 옮기는 정신적 지성을 말한다. 아리스토텔레스는 행복은 인간의 탁월성인 정신을 바탕으로 추구되고 실현되는 것이라고 보았다.

아리스토텔레스에게 있어서 행복이란 '탁월성을 지향하는 정신 활동'으로, 행복한 삶은 곧 탁월성을 꾸준하게 실현하는 삶이다. 그렇기에 행복은 삶의 어떤 한 기간에 나타나거나 느끼는 것이 아니라 일생을 통해서 이루어지는 과정이다. 아리스토텔레스는 지성적인 사색인 '관조'하는 습관과 어느 한 편에 치우치지 않고 균형을 잡는 '중용'의 미덕을 실천함으로써 행복한 삶을 누릴 수 있다고 주장했다.

에피쿠로스

"행복은 쾌락, 곧 영혼의 평온함이다."

"우리가 쾌락의 부재로 인해 고통을 느낄 때는 쾌락이 필요하지만, 고통을 느끼지 않는다면 더는 쾌락이 필요하지 않다. 이런 이유로, 우리는 쾌락이 행복한 인생의 시작이자 끝이라고 말한다. 왜냐하면, 우리는 쾌락을 우리에게 타고난 첫 번째 선이라고 인식하며, 선택하고 기피하는 모든 행동을 쾌락으로부터 시작하기 때문이다." (에피쿠로스, 『메노이케우스에게 보내는 편지』)

에피쿠로스는 인간의 행복은 '**쾌락**'에 있다고 보았다. 행복은 쾌락에서 비롯하며, 쾌락이 없는 행복은 존재하지 않는다고 생각했다. 쾌락의 부재는 곧 고통이고, 고통 속에서 행복을 느낀다는 것은 불가능하기 때문이다. 그래서 그는 쾌락을 행복을 위한 수단으로만 보았던 플라톤과 아리스토텔레스의 견해와 달리, 행복은 쾌락과 같은 의미가 있다고 주장했다. 쾌락은 인간에게 있어서 최고의 목적으로, 그 자체가 선이며 최고의 행복이라는 것이다.

에피쿠로스가 말하는 쾌락은 흔히 사람들이 말하는 욕망의 충족에서 오는 쾌락과는 그 의미가 다르다. 그가 말하는 쾌락은 '고통이 없는 상태'로, 쾌락을 얻기 위해서는 몸의 고통이나 마음의 혼란으로부터 자유로워야 한다. 우리를 불행하게 하는 것은 고통이고, 우리를 즐겁게 하는 것은 쾌락이므로, 고통에서 벗어나서 쾌락을 추구해야 한다. 모든 고통스러운 것들을 없앨 때 쾌락은 커지고, 우리는 비로소 행복한 삶을 살아간다. 이러한 의미에서 쾌락은 육체적 · 감각적 만족뿐만 아니라, 기쁨, 쾌적함, 유쾌함 등을 모두 포함하는 몸과 마음의 상태다.

에피쿠로스는 행복을 쾌락과 동일시하면서, 행복으로서의 쾌락에는 두 가지 의미가 있다고 주장했다. 신체가 고통에서 벗어나야 하고, 마음이 혼란으로부터 자유스러워져야 한다는 것이다. 신체가 고통에서 벗어나서 평안해지는 상태를 '아포니아'라고 하고, 마음이 유혹과 불안으로부터 자유스러워지는 상태를 '아타락시아'라고 한다. 인간에게 주어지는 최상의 쾌락은 아포니아와 아타락시아의 상태이며, 이 상태에 도달했을 때 인간은 진정한 행복을 누리게 된다. 그가 말하는 쾌락은 다시 말하면 유혹과 욕망에 흔들림 없는 영혼의 평온함인 것이다. 에피쿠로스는 또한 쾌락의 종류를 정적인 쾌락과 동적인 쾌락으로 구분했다. 동적인 쾌락은 즐거움과 환희를 동반하는 운동을 통해서 나타나고, 정적인 쾌락은 그 결과로 모든 고통이 사라진 후 얻게 되는 쾌락이다. 그래서 에피쿠로스는 몸과 마음의 모든 고통과 혼란이 없어진 정적인 상태를 인간이 추구하는 최고의 선이요 행복인 쾌락이라고 말했다.

에피쿠로스에 따르면, 인간을 행복하지 못하게 만드는 것은 신과 죽음에 대한 두려움 때문으로, 이것이 인간의 마음을 불안하게 만든다고 보았다. 하지만 이러한 두려움은 '쓸모없는 것'에 불과하다고 생각했다. 신과 죽음은 우리가 눈으로 확인할 수도 경험할 수도 없기 때문이다. 잘 알지 못하는 것에 대한 막연한 두려움은 우리를 고통스럽게 하고, 마음의 평안을 빼앗아가므로, 삶은 불행해질 수밖에 없다는 것이다. 따라서 인간이 행복해지기 위해서는 신과 죽음에 대한 두려움에서 벗어나야만 한다고 주장했다.

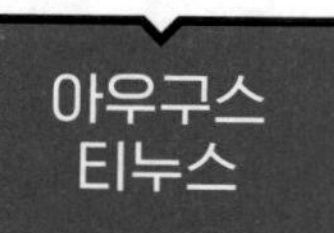

"행복은 인간 행위의 목적 그 자체다."

"행복은 인간의 모든 행위의 목적이다. 우리가 행하는 모든 것이 이 최고선에 결부되며, 최고선은 다른 것 때문이 아니라 최고선 자체 때문에 추구된다. 일단 최고선에 도달하게 되면, 우리는 행복해지기에 그 이상의 무엇을 요구할 필요가 없다." (아우구스티누스, 『신국론』)

서양 신학의 아버지라고 불리는 성 아우구스티누스에 따르면, 인간의 영혼은 모든 힘을 다하여 행복을 갈망한다. 아우구스티누스는 행복이야말로 모든 인간 행위의 근원을 이루는 심적 욕망이라고 주장했다. 그래서 인간이 행복을 추구하는 것은 자연스러운 일이며, 행복을 누리는 것은 삶에 있어서 대단히 중요한 일이라고 생각했다. 그는 『신국론』에서 행복이야말로 인간의 모든 행위의 목적이고 동기이므로, 인간이 단지 삶을 영위하는 것과 행복하게 사는 것은 다르다고 주장했다. 그 점에서 아우구스티누스는 플라톤의 사상을 이어받았다.

아우구스티누스는 육체의 욕망과 쾌락의 추구를 통해서 얻고자 하는 행복은 진정한 것이 아니라고 생각했다. 쾌락의 추구는 더 많은 욕망을 일으키고, 욕망이 지나치면서 더 큰 고통을 불러올 뿐이라고 생각했다. 진정한 행복은 곧 기쁨을 주는 것이며, 그 기쁨은 진리의 발견을 통해서 얻는 것이라고 보았다. 아우구스티누스가 말하는 진리에 대한 갈망은 학문적 의미가 아니고, 우연하고 공허한 삶의 너머에 있는 진리, 곧 신을 향해 나아가는 길이다. 그에게 있어서 행복한 삶이란 신과 영혼에 대한 물음에서 출발한다. 그는 행복이 진리에 대한 사랑의 기쁨에서 오는 것이라면, 우리는 그것이 곧 참된 행복임을 어떻게 아는가를 되물었다.

아우구스티누스는 그 이유를 우리의 '기억'에서 찾았다. 아우구스티누스에 따르면 인간은 절대자를 향한 사랑이 가져다주는 행복한 삶을 원죄를 저지르기 이전의 기억으로 간직하고 있으며, 참된 행복은 이에 대한 **'상기'**를 통해서 신을 진정으로 참된 진리로 받아들이며 기뻐하는 데서 나온다고 보았다. 반면, 절대적 진리의 반대편에서 세상의 기쁨과 쾌락에만 눈이 팔린 사람들은 진리를 통한 행복한 삶을 누릴 수 없다고 보았다. 행복의 추구는 '신을 향하여' 이루어져야만 하며, 신을 향한 행복만이 참된 선이자 영원할 수 있기 때문이다.

이런 이유로, 아우구스티누스에게 있어서 행복의 추구와 욕망의 충족은 반드시 일치하는 것은 아니다. 자신이 원하고 욕망하는 것을 소유하는 것은 때로는 행복으로부터 더욱 멀어지거나, 또는 불행을 가져오기도 한다. 그래서 그는 『고백록』에서 "어린아이가 불을 원한다고 해서 불을 손에 쥐는 것이 행복한가?"라고 물었다. 그는 우연하고 육체적인 것보다 영원한 진리, 곧 신을 소유한 사람들은 진정으로 행복하며, 외부로부터 어떤 위협도 받지 않으므로 행복을 잃을 위험 또한 없다고 보았다. 그는 항상 불안한 존재로서의 인간은 신을 향하고, 인식하고, 소유함으로써 시간을 초월하는 '영원한 행복'을 얻을 수 있다고 생각했다.

스피노자

"행복은 정신의 자유다."

"최고의 행복은 덕의 보수가 아니라 덕 그 자체이다. 우리는 쾌락을 억제하기 때문에 최고의 행복을 누리는 것이 아니라, 반대로 최고의 행복을 누리기 때문에 쾌락을 억제할 수 있다." (스피노자, 『에티카』)

스피노자는 『에티카』에서 행복은 '덕' 그 자체라고 말했다. **'덕'**이란 곧 정신의 능력으로, 최고의 행복은 곧 지성의 능력을 최상으로 발휘하는 '이성적인 삶'의 추구에 있다. 스피노자가 말하는 이성적인 삶은 자신의 능력을 통해 인간의 욕망과 그 원인을 이해하고 합리적으로 욕망할 것을 요구한다. 따라서 이성에 의한 욕망은 결코 지나침이 없다. 스피노자에 따르면 이성적인 삶은 자연의 법칙에 따르는 필연의 삶이다. 스피노자는 세계는 필연적인 법칙에 따라 움직인다고 생각했다. 인간은 이성의 법칙에 따라 세상의 모든 것에 대한 타당한 지식을 알고서 그에 따라 행동함으로써 행복에 이르는 길을 찾게 된다고 보았다.

스피노자에 따르면, 이성적인 삶을 사는 사람은 자유인으로서의 행복한 삶을 누리는 자다. 자유인이 누리는 행복한 삶은 다른 어떤 보상이나 대가를 요구하지 않는다. 행복은 이성의 요구에 따라 행동할 때 더 자연스럽게 얻게 되는 정신 상태의 만족으로, 곧 정신의 능력인 동시에 정신의 자유를 뜻한다. 정신은 행복한 상태에서 더 많은 것을 인식하고 깨닫게 하는 힘이다. 행복한 상태에서 정신은 나쁜 정서의 영향을 덜 받으며, 인간은 쾌락을 참음으로써 행복을 누리고 쾌락에 대한 욕망을 극복할 수 있다.

스피노자는 정신의 자유이자 능력인 행복은 신에 대한 사랑에 있다고 확신했다. 신은 그 자신이 선함 그 자체이고, 신이 자신을 사랑하는 것은 선한 것을 사랑하는 것이기에, 인간이 신을 사랑한다는 것은 최고의 선을 사랑하는 것이자 모든 것들의 최종 목적이라고 생각했다. 신을 사랑하는 것은 선한 것, 즉 무한하고 영원한 것을 향하는 사랑으로, 인간 정신은 신에 대한 사랑을 통해 완전하고 순수한 기쁨으로 가득 찬 행복을 누린다고 생각했다.

스피노자가 말하는 신에 대한 사랑이란 신을 올바로 인식하는 것이다. 그에게 있어서 신은 **'이성'**의 활동으로 다가갈 수 있는 존재로서, 인간의 정신 능력에 의해 정확히 인식하고 경험할 수 있다. 신은 인간과 자연 밖에서 홀로 존재하는 대상이 아닌 자연 그 자체이기 때문으로, 인간이 신을 인식한다는 것은 현실의 삶에서 최고의 만족을 얻는 것을 의미한다. 이성의 힘을 따라, 슬픔과 증오와 복수와 같은 나쁜 정서를 초월하여, 참된 자유인으로서 삶을 사는 것이기에, 이러한 삶을 사는 사람은 복을 누리는 가장 행복한 사람이다.

스피노자에게 있어서 행복은 구체적인 현실이자, 신과의 관계 속에서 참된 기쁨을 알고 진정한 자유를 실현하는 것이다. 스피노자는 자신의 존재가 신과 연결되어 있음을 인식하고, 자연 속에서 자신의 분명한 위치와 역할을 찾는 **정신**의 행복을 강조했다.

애덤 스미스

"행복은 경제적 욕구의 충족에 있다."

"행복은 마음의 평정과 향유 가운데 있다. 평정 없이는 향유할 수 없고, 완전한 평정이 있는 곳에 향유할 수 없는 것이란 있을 수 없다." (애덤 스미스, 『도덕감정론』)

경제학의 창시자 애덤 스미스는 행복을 "마음의 평온을 유지하는 것"이라고 생각했다. 그리고 이를 위한 조건으로 건강하고, 빚이 없고, 양심에 거리낌이 없는 상태를 들었다. 빚을 지지 않는다는 것은 어떤 의미일까? 스미스가 살던 시대에 사람들이 빚을 지는 이유는 주로 기본 생활을 감당할 수 있는 소득이 없었기 때문이다. 따라서 그 시대에 빚이 없다는 것은 기본적인 생계를 꾸려나갈 수 있는 경제적 능력이 있다는 의미다. 스미스는 기본 생활에 필요한 정도의 돈은 있어야 행복할 수 있다고 본 것이다.

그 점에서 스미스는 고대 스토아학파 현자들의 생각과 달랐다. 스토아 철학자들은 부와 행복은 전혀 관련이 없다고 보았다. 하지만 스미스는 인간이 마음의 평온을 얻기 위해서는 최저 수준 이상의 수입을 가지고 건강하고, 빚이 없고, 양심에 부끄러움이 없는 생활을 해야 한다고 보았다. 그 이상의 재산을 추가하는 것은 행복을 크게 증진하지 못한다고 생각했다.

이처럼 스미스는 기본적인 생활을 유지하는데 필요한 최소한의 돈이 있어야 한다고 주장하면서, 행복을 '**경제적**'인 관점에서 통찰했다. 아무리 돈이 많아도 건강을 잃으면 불행하듯이, 아무리 건강해도 하루 생계가 해결 안 되면 불행하다고 보았다. 자신이 세상으로부터 무시당하거나 멸시를 당한다고 생각되면 마음의 평온을 유지하기 어렵고, 인간에게 이만큼 쓰리고 비참한 상태는 없을 것이라고 보았다.

스미스에게 있어서 물질적 풍요로움이 행복에 불가결한 점은 분명하지만, 궁극적으로 가장 상위의 행복을 동반하는 것은 아니다. 사회 속에 공존하는 인간의 또 다른 주요 욕구와 동기는 상호성을 구현하고 관계 속의 행복을 성취하는 데에 있다. 사회적인 본능에 해당하는 '**동감**'이 인간의 다양한 욕구와 열정을 조율하며 상호 배려와 호혜 및 선행의 가치를 사회에 확산시킬 때, 사회구성원들은 자아실현뿐만 아니라 더 기품 있는 행복감을 느낀다. 그러므로 스미스는 동감(공감)에 따른 상호성의 가치가 자기애의 추구 본능, 그리고 조건부 헌신 및 자발적 참여 동기 등과 함께 작용하면서 사회적 소통, 협력과 선행을 가져올 때, 개개인은 더불어 잘 살게 되고 행복감은 더 커진다고 생각했다.

건강한 이기심

스미스는 『도덕감정론』에서 인간은 타인의 행복을 바라는 또 다른 본성이 있음을 강조했다. '건강한 이기심'이 그것으로, 부를 추구하는 이기적 본성이 결과적으로 타인을 이롭게 한다고 보았다. 스미스는 자유시장과 사회는 건강한 이기심에 기반해야 하고, 이러한 덕성을 배양하지 않으면 오히려 위협이 될 수 있다고 생각했다. 부의 무절제한 추구는 반드시 부패로 연결되고, 삶의 궁극적인 의미와 행복을 안겨 주는 핵심 요소를 앗아갈 것이라고 예견했다. 아무리 이기적인 사람이라도 자신만을 생각하지 않고 남을 생각하며 자신의 행동 동기에 대하여 다른 사람이 공감하는지를 중시한다고 보았다.

칸트

"행복은 권리가 아니라 자격이다."

"이성이 존재하는 이유는 인생의 행복이나 만족을 위한 것이 아니고 이보다는 훨씬 더 가치있는 것을 위한 것이다."
(칸트, 『윤리형이상학 정초』)

칸트는 현존하는 모든 순간 모든 것이 이성적 존재인 인간의 소망과 의지대로 되어 가는 상태를 행복이라고 보았다. 인간 행위는 자기애로부터 나온다는 것을 칸트 역시 인정했다. 그러나 단순히 자기애만 따라서는 궁극의 행복을 누릴 수 없다는 것을 경험을 통해 알 수 있다.

칸트는 행복은 우리의 모든 애착을 만족시키는 것으로, 자신의 경험에서 나오는 것이라고 규정했다. 칸트는 도덕적 행동을 했을 때 행복이 따라온다면 그런 행위를 하지 않는 사람은 없을 것이고, 그렇게 되면 그 행위의 도덕적 가치는 오히려 떨어진다고 보았다. 도덕적 가치는 덕과 행복이 일치하지 않는데도 도덕적 행위를 하는 것에 있다고 보았다. 도덕법칙과 행복 법칙은 다르므로 그 행복이 도덕 기준에 맞는지를 따져봐야 하며, 덕을 실천하기 위한 노력과 행복을 얻기 위한 노력이 균형을 이루어야 한다고 생각했다.

칸트는 행복은 누구에게나 주어지는 그 어떤 필연성을 갖는다기보다는, 선별과 검증을 통해서 부여되는 **'자격'**이라고 보았다. 이를 두고 칸트는 "우리가 지상에 온 것은 행복하기 위해서가 아니라 의무를 다하기 위해서다."라고 말했다. 칸트에 의하면, 도덕법칙은 우리에게 행복할 것을 명령하기보다는 행복할 만한 자격을 갖출 것을 요구한다. 선의지는 행복해도 좋을 품격의 필수 불가결한 조건이다. 칸트는 행복하려고 한다면 행복해도 좋을 품격을 가질 수 있도록 행동하라고 주장했다.

그러나 우리가 도덕성과 일치하는 삶을 살아서 행복해도 좋을 품격을 얻었다고 할지라도 이것이 곧 행복을 보장해 주지는 않는다. 다만 행복을 누려도 되겠다는 희망을 지닐 수 있게 될 뿐이다. 칸트에게서 덕이 행복을 가져오는 세계를 가능하게 하는 것은 '신'이다. 덕이 행복을 낳는 최고선의 완성은 신의 매개를 통해서만 성취될 수 있으므로 우리가 행복을 소망할 수 있는 권한을 갖게 되는 것은 신을 매개로 할 때뿐이다. 그는 신이 현존한다는 전제가 아니고는 최고선이 실현될 가능성은 기대하기 어렵다고 생각했다. 더불어 칸트는 행복을 추구할 수 있는 조건을 결정짓는 것은 **'국가'**라고 강조하면서 국가는 개인이 행복을 실현하기에 적합한 기본 환경을 제공해야 할 의무가 있다고 역설했다.

자유의지

칸트는 인간은 자유의지를 가지고 있다고 생각했다. 만일 자유의지를 가지고 있지 않다면, 다른 사람들이 우리를 나쁘게 또는 불법적으로 대하여도, 그에 대해 나쁘다고 할 수 없을 것이다. 그 사람들은 그 행동 외에 다른 행동을 하는 것이 불가능하기 때문이다. 예를 들어 아픈 사람들을 돌보아야 하는지 말아야 하는지와 같은 도덕 문제가 의미를 지니려면, 먼저 우리가 자유의지를 가져야만 한다고 주장했다. 즉, 우리가 무엇인가를 할 것인지 하지 않을 것인지의 선택을 할 수 있어야 한다는 것이다. 칸트에게 있어서 행복은 도덕적 신념을 따르려는 자유의지가 선행되어야 한다.

밀 "행복은 쾌락이며 고통의 부재다."

"행복은 쾌락 내지는 고통의 부재이며, 불행은 고통 또는 쾌락의 상실이다. 쾌락 그리고 고통으로부터의 해방은 목적으로서 바람직한 유일한 것이다. 또 바람직한 모든 것은 그 가운데 포함된 쾌락을 위한 것이거나 또는 쾌락을 증대하고 고통을 방지하는 수단으로써 바람직한 것이다." (밀, 『공리주의』)

밀은 공리주의 입장에서 "행복이란 쾌락 또는 고통의 부재를 의미하며, 반대로 불행이란 고통 또는 쾌락의 상실을 의미한다."라고 정의했다. 행복은 쾌락과 고통의 관계에 달려 있다는 것이다. 행복은 적극적으로는 쾌락을 더 많이 만들어내는 것이며, 소극적으로는 고통이 없는 상태이다. 그러므로 행복을 얻기 위해 인간은 쾌락을 높이고 불행을 막기 위해 고통을 낮춰야 한다면서, 행복과 쾌락이 가장 바람직하고 유일한 선이라고 주장했다. 밀은 더 나아가 쾌락과 행복은 도덕적으로 옳고 그름을 구별하는 가치의 기준이 된다고 보았다. 인간 행위를 판단하는 기준은 **'다수'**를 위해서 좋은 것인가, 그리고 나와 더불어 많은 사람을 행복하게 하는가에 있다. 만일 그렇다면 이러한 행위는 옳고 유용한 것이다.

밀이 의도하는 쾌락은 초기의 공리주의자 벤담과는 달리 단순한 양적 쾌락이 아니라 높은 가치를 지닌 질적인 쾌락이다. 밀은 쾌락을 추구할 때는 그 양뿐만 아니라 질도 고려해야 한다면서, 쾌락은 육체적인 쾌락이라기보다는 정신적인 쾌락을 중시했다. "만족한 돼지보다는 불만족한 인간이 낫고, 만족한 바보보다는 불만족한 소크라테스가 낫다."라고 한 그의 말은 그가 행복에 대하여 어떻게 생각하는가를 잘 보여준다. 이러한 높은 쾌락을 선택할 수 있는 능력은 일부 인간에게만 해당하는 것이 아니라, 모든 인류의 공통된 본성이라고 생각했다. 밀은 인간은 양심과 감정에 따라 그 누구도 의도적으로 이기적이고 비천한 사람이 되려고 하지 않는다고 보았다.

그런데 문제는 세상에는 수없이 많은 쾌락이 존재한다는 것이다. 어떤 쾌락이 더 질적으로 고급인지 어떻게 알 수 있을까? 밀은 쾌락의 양적인 차이와 질적인 차이의 문제는 쉽게 해결 가능하다고 보았다. 양쪽의 두 쾌락을 모두 경험한 사람이 도덕적 의무감을 떠나서 순수하게 어떤 것이 더 나은 것이라고 선호하는 것이 있다면, 바로 그것이 질적으로 더 나은 쾌락이라는 것이다. 더 나아가 밀은 질적으로 더 좋은 것과 도덕적으로 옳은 것은 서로 관계가 없다고 보았다. 어떤 것이 '도덕적'으로 옳다고 하더라도 쾌락을 주지 않는다면 그것은 행복과는 거리가 있다고 보았다. 예를 들어 많은 사람이 행하는 어떤 봉사활동이나 희생이 단지 도덕적 의무감에서 이루어지고 우리에게 아무런 즐거움을 주지 않는다면, 그러한 행위는 우리를 행복하게 하지 않는다고 보았다.

질적 공리주의

밀은 정신의 만족도를 높여야 행복도가 높아진다고 생각했다. 이를 위해서는 질 낮은 행복에 만족하는 인간이 아니라, 지성과 도덕성을 키우는 교육으로 지적 만족도를 높여야 한다고 주장했다. 교육과 법 제도로 질 높은 행복을 지향할 권리가 보장되는 사회를 만들기를 기대했다.

20 죽음

죽음의 현상이 어떻게 주제가 될 수 있는가는 인간이 어떠한 본질에서 그리고 어떠한 존재 양식에서 규정되는가 하는 것과 근본적으로 관련된다. 플라톤을 비롯한 고대 그리스 철학은 진리를 탐구하면서 죽음을 '영원의 범주' 아래 놓으려 했으며, 에피쿠로스가 말했듯이 '우리에게 죽음은 아무것도 아님'을 확신하려고 했다. 또한 현대의 사유, 특히 실존주의는 죽음을 비켜가기 보다는 정면으로 응시하려고 했다. 우리의 삶이 의미를 지니는 것은 죽음의 지평 위에서이며, 실체적 영혼과 초월적 의식 일반을 상정하는 한에서는 죽음 그 자체가 문제가 될 수 없었다. 현상학적 태도를 내포한 생의 철학과 실존의 철학에서 비로소 죽음의 현상이 기술적(記述的) 이해의 대상이 되었다. (관련어: 불멸성, 생명, 삶, 영혼, 실존, 의미)

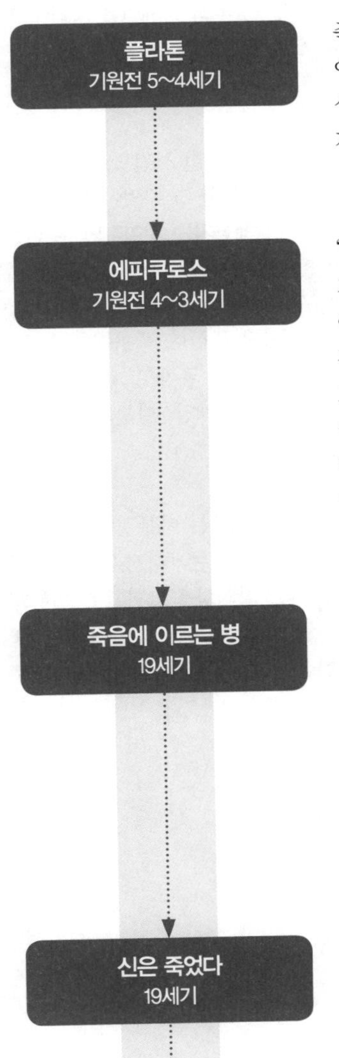

죽음은 영혼을, 사멸하는 신체에서 불멸하는 영원의 세계로 옮기는 것이다. 영혼은 이성을 통해서 인식할 수 있는 실재이자 영원한 자기 동일성을 유지하는 존재인 형상의 부모이자 친구로서, 형상의 불완전하고 거친 모방인 감각적 사물과 달리 소멸하지 않는다.

"죽음은 우리에게 있어서 무(無)다. 우리가 살아있는 한 죽음은 존재하지 않는다. 죽음이 있는 한 우리는 이미 존재하지 않는다." 에피쿠로스에게 영혼은 아주 미세한 물질에 불과하다. 그것은 감성이 들어서 있는 장소로, 영혼이 죽으면 감성도 사라진다. 죽음은 감성의 소멸을 의미하므로 우리는 결단코 죽음을 경험할 수 없다. 그리고 죽음이 모든 것의 끝임을 확신한다면, 우리는 다른 어떤 삶을 두려워하지도 희망하지도 않을 것이다. 그렇다면 오히려 우리에게 주어진 삶이야말로 행복을 가져다줄 수 있는 유일한 것이다.

키르케고르는 『죽음에 이르는 병』에서 절망을 상세히 분석했다. 절망이란 인간이 참된 자기가 되는 것을 거부하고, 또한 신 앞에 나서는 것을 거부하는 것이다. 절망에 대한 무지도 절망이지만 절망 가운데 머무르는 것도 절망이다. 우리는 절망을 자각함으로써 절망을 극복할 수 있다. 이것이 신앙이다. 절망이란 신을 거부하는 것, 즉 죄(罪)이며, 이 죄는 죽음에 이르는 불치의 병이다. 신 앞에 자기를 버리는 것이 신앙이며, 신앙 가운데 있을 때는 죽음에 이르는 병은 없어진다.

니체는 "신은 죽었다"라고 외쳤다. 그 의미는 다음 두 가지로 집약된다. 먼저, 기독교적 신적 존재가 소멸했다는 것이다. 신이 죽었다면 이제 인간은 자기를 떠받치고 이끌어 줄 아무것도 바랄 수 없다. 그렇기에 인간은 역설적으로 자기 삶의 주인으로서 풍부한 창조를 누려야 한다. 인간이 참된 창조자가 되려면 신이 존재하지 않아야 한다. 그리고 신이 없는 세계에서 인간은 불완전성이나 제한을 극복한 이상적인 인간으로 거듭난다. 그런 인간이 곧 '초인'이다.

실존주의와 죽음
20세기

카뮈, 사르트르 같은 실존주의자는 삶은 궁극적으로 무의미하고 부조리한 것으로 인식했다. 그들에 따르면, 모든 삶의 계획은 죽음의 공포와 공허함 앞에서 결국에는 존립 가치를 잃는다. 하지만 우리는 자기 삶의 주인으로 스스로 인생을 개척해나가는 실존적 존재임을 자각하고, 현실의 삶을 긍정적이면서도 적극적으로 살아야 한다.

하이데거
20세기

죽음은 앞으로 찾아올 사건, 절대적으로 확실한 사건으로서가 아닌 무(無)에 대한 사유, 곧 실존적으로 사유해야 할 그 무엇이다. 죽음은 곧 무(無)에 불과하단 의식이 불안 속에서 체험되는 것이라면, 우리는 바로 이 느낌과 더불어 세계에 우리를 던질 수 있는 것이다. 그래서 불안은 단순한 죽음에 대한 공포와는 구분되어야 한다. 불안은 우리 실존이 '죽음으로 가는 존재'임을 자각하고 있음을 뜻한다. 죽음은 근본적으로 삶이 그것으로부터 비로소 의미를 둘 수 있는 존재로, 죽어야 하는 현실을 긍정하는 것은 우리의 삶을 적극적으로 책임진다는 의미이다.

셸리 케이건
21세기

미국 예일대의 셸리 케이건 교수는 죽음 뒤에는 아무것도 없다고 보았다. 이미 죽고 나면 죽음을 인식할 나 자신이 존재하지 않는다. 인간은 육체 이상의 존재가 아니라, 감정을 찾고 창의성을 발휘할 수 있는 놀라운 기계일 뿐이다. 죽음 역시 신비롭고 불안한 현상이 아니라 컴퓨터가 고장나는 것과 같은 자연스러운 현상이기에, 굳이 슬퍼하거나 불안해할 필요가 없다.

플라톤

"죽음은 영혼의 자유이며 진리로 가는 길이다."

"죽는다는 것은 영혼이 육체를 떠나 홀로 있고, 또 육체가 영혼을 떠나 홀로 있는 것이 아닐까? 이것은 다름 아닌 죽음이 아니고 무엇이겠는가? (…) 육체로부터의 영혼의 분리 및 해방을 죽음이라고 하는 것 아닌가?" (플라톤, 『파이돈』)

플라톤은 현실보다는 이상을, 감성보다는 이성을, 육체보다는 영혼을 사랑한 철학자였다. 그는 눈에 보이는 사물이나 인간은 시간이 지나면 언젠가 소멸하게 된다면서, 변화하는 세계가 아닌 영원불멸하는 실재, 즉 '이데아'를 꿈꿨다. 플라톤에 따르면 죽음은 영혼이 육체로부터 해방되는 것이며, 진정한 덕과 지혜를 목표로 하는 진리에의 약속이라고 보았다. 지상에서의 삶이 계속되는 한 인간은 일상의 속된 욕망과 유혹에 이끌려서 참되고 영원한 세계를 보지 못한다고 생각했다. 우리는 진리의 세계를 마치 감옥의 쇠창살을 통해서 보듯이, 일시적이고 제한적인 육체를 통해서 자신의 삶을 들여다볼 수밖에 없기 때문이라는 것이다.

플라톤은 육체는 정신과 영혼의 무덤이라고 생각했다. 언젠가는 소멸하는 육체는 인간을 진리로부터 멀어지게 하는 욕망의 근원이자 인간을 타락시키는 요인이기 때문이다. 하지만 인간의 영혼은 **'불멸'**한다고 보았다. 플라톤에 따르면, 죽음은 영원을 육체로부터 해방하고, 불멸의 세계로 인도하는 길잡이다. 죽음을 통해서 인간은 육체로부터 정화되고, 감각의 세계를 벗어나서 내면의 질서에 이르며, 마침내 순수하고 불변하는 세계로 돌아가게 된다고 생각했다.

죽음이 영혼을 육체로부터 해방하는 것이자, 변화와 소멸을 반복하는 감각적이고 물질적인 세계에서 절대적이며 영원한 세계로의 이동이라면, 그것은 곧 순수한 근원으로의 귀환이 된다. 플라톤은 그러므로 죽음이란 두려워하거나 멀리해야 하는 것이 아니라 오히려 적극적으로 경험해야 할 것으로, 참된 진리를 추구하는 사람들의 목표라고 역설했다. 그는 참된 진리와 지혜는 이 세계 너머에 존재하기 때문에, "진리와 지혜가 죽음으로 보장되는 것이라면, 죽음은 기쁜 일이 아닌가?"라고 되물었다.

그러므로 진리에의 도달이란 이 세계를 벗어날 수 있는 죽음의 경험을 통해서만 비로소 가능하다. 죽음을 통해서 더는 감각의 지배를 받지 않는 신적 지혜를 얻게 된다고 보았다. 이러한 의미에서 "철학은 죽음의 연습이다."라는 표현은 플라톤 철학의 본질을 압축해서 드러낸다. 플라톤은 인간은 죽음을 통해서만, 곧 영혼이 육체의 옷을 벗을 때 '참 존재'의 의미를 깨닫게 된다고 말했다. 플라톤에게 있어서 참된 것에 관한 인식이야말로 진정한 의미에서의 진리이자 지혜의 완성이므로, 죽음은 진리에의 약속인 것이다.

플라톤은 죽은 뒤 참다운 이데아의 세계에서 영혼은 계속 존재하므로, 살아생전에도 영혼을 잘 양육하는 일이 중요하다고 생각했다. 살아서 살인과 약탈 같은 악행을 일삼았다면, 죽은 뒤에도 영혼은 살인과 약탈의 죄인으로서 영원히 사는 것이다. 이런 플라톤의 생각은 이후 기독교가 의지하는 사상적 지반이 되었다.

에피쿠로스 "죽음이란 인간에게 아무것도 아니다."

"가장 두려운 악인 죽음은 우리에게 아무것도 아니다. 우리가 존재하는 한 죽음은 우리와 함께 있지 않으며, 죽음이 오면 이미 우리는 존재하지 않기 때문이다. 그렇다면 죽음은 산 사람이나 죽은 사람 모두와 아무런 상관이 없다. 산 사람에게는 아직 죽음이 오지 않았고, 죽은 사람은 이미 존재하지 않기 때문이다." (에피쿠로스, 『메노이케우스에게 보내는 편지』)

에피쿠로스는 그 누구보다 행복에 대해 분명한 입장을 표방한 철학자다. 그는 인간의 삶을 쾌락과 고통, 행복과 불행 두 가지로 단순화시켰다. 쾌락과 행복은 선한 것이며, 고통과 불행은 악한 것으로 생각했다. 우리가 행복하기 위해서는 고통을 멀리하고 쾌락을 가까이하라고 했다.

문제는 이를 따르기란 간단치 않다는 것이다. 육체적이고 감각적인 쾌락을 추구하다 보면 오히려 정신적 고통을 가져올 수 있기 때문이다. 아무리 채워도 끝이 없고, 정서적 불안이나 공허감이 남는 것이다. 그렇다면 어떻게 해야 진정 행복할 수 있을까? 결론부터 말하면, 소유욕과 소유물, 즉 자신이 바라는 것과 현재 가지고 있는 것을 일치시키면 된다. 소유에 대한 욕망을 줄이고 현재에 만족하면 된다. 이를 통해 마음이 매우 평온한 상태에 이르는 것을 에피쿠로스는 **'아타락시아'**라고 했다. 이것이 진정한 쾌락이자 행복으로, 아타락시아에 이르려면 죽음의 공포에서 벗어나고, 최소한의 욕망에 만족하며, 우정을 중요시해야 한다고 말했다.

에피쿠로스는 인간이 최고선인 쾌락과 행복을 실현하기 위해서는 무엇보다 두려움으로부터 해방되어야 한다고 보았다. 즉, 죽음에 대한 두려움과 신에 대한 두려움에서 벗어나야 한다는 것이다. 두려움은 고통의 원인이 되고, 나아가서 삶의 가치와 쾌락에 대한 편견 속에서 불멸에 대한 잘못된 욕망을 갖게 만들기 때문이다. 하지만 에피쿠로스에 따르면 죽음은 결코 두려워만 할 대상이 아니다. 죽음과 함께 인간의 감각 능력 또한 사라지기 때문이다. 이러한 그의 생각은 그가 근본적으로 물질적이고 감각적인 토대 위에서 세계를 이해하고 있음을 보여준다(유물론적 사고). 에피쿠로스에게 있어서 진리 판단의 기준과 근거는 감각이다. 감각적 증거만이 참된 것이고, 우리는 감각을 통해서만 지식을 얻을 수 있으며, 좋고 나쁜 것을 구별하는 진정한 인식에 이르게 된다는 것이다.

에피쿠로스는 이를 다음과 같은 삼단논법으로 간단히 정리했다. "우리가 살아있는 한 죽음은 존재하지 않는다. 우리가 죽게 되면 우리는 더는 세상에 존재하지 않는다. 따라서 우리는 죽음을 두려워할 필요가 없다." 살아있는 자에게 죽음이란 존재하지 않으며, 죽은 자는 더는 살아있지 않기 때문에 전혀 걱정할 필요가 없다는 뜻이다. '원자'로 구성된 인간은 죽음과 동시에 모두 흩어지고 마는 것이기에, 그에게는 육체는 소멸해도 영혼이 존재한다는 생각이 애초부터 없었다. 죽음과 함께 모든 것은 끝나는 것이다. 죽음은 '죽음의 죽음'일 뿐이다.

이처럼 에피쿠로스에게 있어서 죽음이 삶의 끝이라는 것을 확신한다면, 오히려 **'현재'**의 삶이야말로 행복의 근원이며, 또한 목표가 되어야 한다. 그 목표와 가치는 그러나 필연적이고, 최소한의 욕망 충족을 통해서 정신과 육체의 합일을 이룰 때 성취되는 것이다. 죽음에 대한 두려움을 떨쳐 버리고 현재의 행복을 마음껏 누려야 하는 이유도 여기에 있다. 에피쿠로스는 쾌락과 행복의 의미를 이렇게 말했다. "배고프고 목마를 때 빵과 물이 최고 아니겠는가?"

키르케고르

"죽음은 실존에 대한 자각이다."

"죽음이 최대의 위험일 때는 사람은 간절히 살기를 원한다. 그러나 더 큰 위험이 있다는 것을 알게 될 때 사람은 죽음을 바라게 된다. 위험이 너무나 커서 죽음이 희망이 될 정도로 클 때, 그때 절망은 죽을 수조차도 없다는 무력함이다. 이 최후의 의미에 있어서 절망은 죽음에 이르는 병이다." (키르케고르, 『죽음에 이르는 병』)

키르케고르는 인간은 누구나 정신력을 갖고 태어나는데, 그것을 자각하지 못한 채 타락하고 있다고 생각했다. 그는 인간은 감성과 육체가 시키는 대로만 살아가고 있다고 보았다. 감성과 육체만으로 사는 사람은 끊임없이 외부로 직접적인 욕구를 찾아 헤매는데, 인간이 안고 사는 모든 고뇌의 요인은 여기서 비롯된다고 보았다. 유한한 세계 그 이상을 살 수 있음에도 불구하고 감성과 육체만으로 살면서 공포와 불안을 느끼는 것이 대다수 인간의 삶인 것이다.

키르케고르에게 있어서 인간이라는 존재는 절망의 총체다. 그는 단순한 의미에서 절망 자체는 죄가 되지 않는다고 보았다. 그는 인간과 절망을 쌍생아 같은 존재로 인식했다. 절망은 유한한 실존자에게 언제나 찾아오는 것이며, 누구나 경험하는 것에 불과하다고 생각했다. 문제는 절망에서 벗어나려 하지 않는 것, 즉 절망에 빠져 있으려는 그 **'의지'**가 죄가 되는 것이다. 그에 따르면 절망에 빠지지 않는다면 인간으로서 제대로 살지 않은 것이고, 절망에 빠진 상태를 벗어나려고 하지 않는 것 또한 불행한 일이다.

그러므로 키르케고르는 절망에 빠진 실존자가 죽음에 이르는 병에서 빠져나오기 위해서는 "스스로 자기 자신과 관계하고 또 자기 자신이 되려고 하는 의지 속에서, 자기를 설정한 힘 안에 투철하게 자기 근거를 지우는 것이다."라고 말했다. 그에게 있어서 절망에 대한 최종 극복 방안은 유한한 자아가 가진 절망에서 신이 가진 무한한 가능성에 대한 신앙으로의 도약이다. 그는 제대로 된 신앙의 힘으로만 절망이라는 병에서 벗어날 수 있다고 결론 내렸다.

키르케고르는 '죽음'은 삶의 한복판에서 일어나는 핵심 사건으로, 인간을 절망에 빠지게 하는 주된 원인이라고 보았다. 그에게 있어서 죽음은 삶을 통해서 그 모습을 드러내며, 삶은 죽음을 통해서 규정된다. 따라서 삶과 죽음은 서로 분리되지 않는 관계 속에 놓여 있다. 그가 이해하는 죽음은 무엇보다도 인간이 누구나 겪는 보편적 경험으로서의 죽음이 아니라, 구체적이고 개별적으로 실존하는 인간 존재의 개별적인 죽음이다.

키르케고르는 죽음의 절망에서 빠져나오기 위해서는 "나 자신을 실존 안에서 이해하는 것이 필요하다."라고 말했다. 그는 죽음, 행복과 같은 보편가치를 일방적으로 받아들일 것을 거부하는 '예외자'라는 존재를 상정했다. 예외자는 이를테면 고독과 불안과 절망을 억누르고 자신이 추구하는 가치를 준수하는 실존적 존재를 일컫는다. 그는 인간이 예외자로서의 삶을 살기 위해서는 대중적인 사고에 매몰되지 않고 자신의 신념(그의 경우에는 '신'을 뜻한다) 앞에 당당한 개인으로 마주하는 '신 앞에 선 단독자', 곧 **실존적 주체**가 되어야 한다고 생각했다. 키르케고르는 인간은 주체성을 갖고서 우리 자신의 참된 모습을 통찰하고, 신 앞에서 자신의 유한성을 고백할 때, 육신의 죽음은 더는 죽음이 아니라 새로운 삶의 시작이며, 영원한 구원의 약속이라고 생각했다.

하이데거

"죽음은 매 순간 현존하는 인간의 모든 행동을 결정한다."

"죽음이란 현존재가 그때마다 인수해야 하는 한 존재 가능성이다. 죽음과 더불어 현존재 자신이 그의 가장 본래적인 존재 가능 속에서 자기와 직면한다." (하이데거, 『존재와 시간』)

하이데거는 인간에게 두 가지 삶의 방식이 있다고 주장했다. 하나는 '비본래성'으로서의 삶으로, 일상생활 속에 파묻혀 자기 자신을 잃어버린 채 무의한 삶을 산다는 뜻이다. 다른 하나는 '본래성'으로서의 삶으로, 인간이 자신의 존재 가능성을 의식하고 열심히 사는 것을 말한다. 하이데거는 **'본래성'**으로서의 삶을 이상으로 삼았는데, 그러한 삶을 실현하기 위해 '시간성'이라는 개념을 제시했다. 이것은 죽음을 의식하고 살아가는 시간으로, 하이데거는 이를 두고 "인간은 죽음을 향한 존재이다."라고 말했다. 인간은 죽음이라는 **유한성**을 깨달아야만 비로소 시간의 소중함을 자각하고, 자기 삶의 주인으로서 미래를 향해 나아갈 수 있다는 것이다.

하이데거는 '존재'의 의미를 밝히고자 노력했다. 존재는 '내던져짐(피투)'을 경험한다. 존재는 자신의 실존이 다른 것들에 의해 엉망이 되었다는 사실을 깨닫고 경악한다. 그리하여 존재는 비본질적이거나 불합리한 것으로 전락한다. 이제 불안과 무의미함이 서서히 밀려들기 시작하고, 불안은 존재로 하여금 진정한 존재로 가는 길을 열어 준다. 인간이 피할 수 없는 '한계상황', 즉 인간의 유한성, 죽음, 고통을 자각할 때, 인간은 이른바 실존적 경험을 추체험한다. 그리고는 불안과 인생의 무의미함을 깨닫게 된다. 이렇듯 불안을 느낄 때 인간은 성숙하고, 실존적 존재인 '현존재'는 세계를 '염려'하면서 앞으로 나아간다. 그는 이러한 '선구적 결단'을 통해, 미래에 닥칠 죽음의 가능성을 미리 앞질러 각오하고 받아들여야 한다고 주장했다.

하이데거는 죽음은 어떠한 존재자가 아닌 철저한 '무(無)'라고 보았다. "타인의 지배에 놓여 있는 일상 세계로부터 떨어져 나온 유한하고 고독한 세계(즉, 죽음), 그곳이야말로 본래 우리의 세계이며 우리는 그곳에서 비로소 존재 의미를 찾을 수 있다."라고 말했다. 따라서 인간은 죽음을 결코 대상화할 수 없으며, 소유하거나 지배할 수 없는 것이다. 나 자신의 존재가 죽음에 내던져져 있다는 사실을 직시하는 단독자는 죽음을 인식 대상이 아니라 인간의 삶의 방식으로서 또 삶의 마지막 행위로서 받아들인다. 이것은 죽음을 완전한 '무'로서 받아들이고, 그 '무'를 통해서 매 순간의 삶을 새로운 빛 아래 드러냄으로써, 다시 말해 오로지 자신에게서 비롯하고 또 자신에게 의지하는 절대 고독 속의 창조 행위에서 존재의 의미를 찾는 것이다.

하이데거는 의미 있는 '존재'는 '죽음'을 통해서 그 가능성을 읽을 수 있다고 보았다. 그는 죽음을 자각하는 자만이 실존을 회복할 수 있다고 주장했다. 죽음을 자각함으로써 스스로 유한한 존재라는 것을 깨달아야 인간은 진정한 자기 삶을 살 수 있다고 보았다. 죽음은 자기 자신 이외에는 그 누구도 대체할 수 없는 구체적이고 유일한 극적인 상황으로, 인간사의 모든 일은 불확실하지만 단 한 가지만은 확실하다. '누군가 언젠가는 죽는다.'라는 것이다. 하지만 사람들은 애써 죽음을 회피하는데, 이 때문에 자기 삶의 주인이 되지 못하는 것이다. 하이데거는 죽음으로부터 도피하지 않고 그것에 용기 있게 직면하면서 자신의 본래의 가능성을 자각하는 것이 **'실존'**을 찾는 길이라고 역설했다. 아직 오지 않은 죽음에 대한 경험을 먼저 취함으로써 인간은 자신의 삶을 책임감 있게 이끌 수 있다는 것이다. 인간은 언젠가는 죽음에 이르기 때문에 현재의 삶을 충실하게 살아야 한다는 것이 그가 죽음에서 얻은 결론이다.

사르트르 “죽음은 외부로부터 오는 우연한 사실일 뿐이다.”

“죽음이란 이미 타인에 의해서밖에 존재하지 않도록 운명지워져 있다. (…) 죽음은 탄생과 마찬가지로 하나의 순전한 사실이다. 죽음은 바깥으로부터 우리에게 다가오는 것이며, 우리를 바깥으로 변화시킨다. 사실을 말하자면 죽음은 탄생과 조금도 구별될 것이 없다. 우리가 사실성이라고 부르는 것은 죽음과의 동일성 그것이다.” (사르트르, 『존재와 무』)

사르트르는 하이데거와는 전혀 다른 관점에서 죽음을 이해했다. 하이데거가 죽음을 현존재의 고유한 가능성이자 존재 방식으로 규정하는 것과 달리, 사르트르는 죽음을 철저히 개별적인 것으로 인식했다.

사르트르에게 있어서 죽음이란 하이데거가 말하는 것처럼 ‘나 자신의 가능성’이 아니라, 인간의 삶 속에 실재하는 하나의 커다란 ‘부조리’다. 죽음은 나 자신의 가능성이기는커녕, 원칙적으로 내게서 벗어나고, 근본적으로 내 사실성에 속하는 **우연적인** ‘사실’이다. 사르트르에 따르면 죽음은 인간이 ‘나’라는 주체가 체험할 수도 발견할 수도 없다. 인간은 절대 자기의 죽음을 소유하지 못한다. 죽음은 삶의 외부로부터 예고 없이 우연히 다가와서 ‘나’에게 종말을 선고하는 것으로, 전적으로 나의 능력과 가능성 밖에 있는 것이다.

사르트르에 따르면, 죽음은 내가 실현할 수 없는 것이므로 내가 기획하는 것에서 벗어나는 일이고, 나 또한 나의 기획 속에서 죽음을 벗어난다. 내 주관성 속에는 죽음이 위치할 자리가 없다. 그러므로 죽음은 나의 가능성이 아니라 내가 이러지도 저러지도 못하는 **‘한계상황’**이다. 이처럼 우리의 존재 밖에 위치한 사실성인 죽음이 그 외부로부터 우리 인생에 어떤 의미를 준다고는 생각할 수 없다. 사르트르에 따르면 죽음은 삶에 대한 외부의 침입으로, 인간 존재의 주관성에 대한 전적인 파괴이며 무력화이다.

이렇듯 죽음은 우리의 근본 존재 양식인 ‘자유’의 토대 위에서 나타나는 것이 아니므로, 우리 인생의 모든 의미를 박탈한다. 삶이란 자기 자신의 의미를 결정하는 것이다. 그리고 그것은 항상 유예 상태이다. 삶은 본질상 자아비판 능력을 지니고 있다. 살아있는 한 ‘나’는 또 다른 목표를 향해 나의 기획을 ‘투사’함으로써, 남이 생각하는 나의 모습을 뒤집을 수 있다. 이런 식으로 나는 끊임없이 나의 외관에서부터 도망치고, 끊임없이 타자에게 또다시 붙들리거나 하는데, 이 예측불허의 싸움에서 결정적인 승리가 어느 편에 돌아갈는지는 아무도 알 수 없다. 그러나 죽음은 이 싸움에서 갑자기 한쪽 편을 제거함으로써 최후의 승리를 타자에게 안겨다 준다.

그런 의미에서 그 어떤 죽음이건 죽음은 패배이고 무서운 형벌이다. 아까운 죽음이라느니, 한 세기에 날까 말까 하는 천재였다느니 하는 칭송을 듣더라도, 죽음은 영원한 패배다. 나를 기리면서 하는 말 한마디, 나를 천재로 떠받드는 행위마저도 내가 아닌 타자가 하는 행위일 뿐이다. 그 결과, 이제 나는 더는 타자에 의해서 밖에는 존재하지 않으며, 타자를 통해서만 나의 의미를 확인할 수 있다. 죽음의 존재, 그 자체가 우리를 통째로 소외시킨다. 그것도 전적으로 타자에게 유리한 방향에서 그렇다. 이처럼 사르트르에게 있어서 죽음은 자신의 존재가 객체로, 대상으로, 다시 말해서 물체의 상태로 전락했다는 의미이다.

그렇다면 죽음으로 모든 것은 끝나는가? 사르트르에 따르면, 죽음은 삶의 한계를 결정짓는 최종 현상이지만, 그것으로 죽음이 삶의 완결을 뜻하는 것은 아니다. 죽음이라는 우연한 사건은 개인의 삶 전체에 영향을 미치고 개인의 운명을 결정하지만, 주체로서의 ‘나’는 외부로부터 나의 삶 속으로 들어오는 이 사건에 대하여 아무런 힘을 행사하지 못한다. 그러나 이러한 삶의 부조리를 깨닫고 자신을 대상적으로 바라볼 수 있게 될 때, 다시 말해 내가 '즉자존재'인 절대 자아를 의식하는 것에서부터 '나' 자신의 본질을 만들어나가는 **'대자존재'**로서 거듭날 때, 죽음은 나의 자유를 제한하지 못한다.

이러한 깨달음을 통해 죽음이란 내 삶의 '밖'에 존재하고, 또한 내게 늘 붙어 있는 것임을 인식할 때, '나의 자유'는 한계에 부닥치지 않는 무한한 것으로 남으면서 더는 '죽음'에 구속되지 않는다. 죽음은 '나의 주체성' 너머에 있기에, 나의 안에는 죽음을 위한 그 어떤 것도, 그 어떤 장소도 마련되어 있지 않다. 그러므로 우리는 죽음을 생각할 수도 없고, 기대할 수도 없으며, 또한 대항해서 자신을 무장할 수도 없다. 다시 말하면 우리는 죽음으로부터 독립되어 있으면서, 언제나 그러하듯이, 인간은 언젠가는 '죽을 것'이기 때문에, 역설적으로 '지금, 여기'에 실존하는 자유로운 영혼인 것이다.

부조리

부조리는 인생의 무의미 · 허무함 · 충동성 등을 총칭하는 실존주의 철학 용어로, 사르트르, 하이데거, 키르케고르에 의해 발전하였으며, 카뮈 등 실존주의 사상가들의 핵심 사상으로 자리 잡았다. 사르트르의 친구 카뮈는 "부조리란 인생에서 삶의 의의를 찾을 희망이 전혀 없는 것이며, 이것은 인간과 세계와의 관계 그 자체에 내재한다."라고 말했다.

카뮈는, 1942년 발표한 부조리의 한 전형을 그린 것으로 유명한 그의 단편소설 <이방인>과 철학 평론 <시지프스의 신화>를 통해, 그 자체로는 아무 의미도 목적도 없는 무심한 우주에서 인간에게 자기 삶이 중요한 의미를 지니도록 요구하는 상황은 '부조리'하다고 주장했다. 카뮈는 일단 인간 삶의 무의미함을 충분히 이해하고 받아들인다면, 정녕 산다는 것의 본질은 무엇인가를 되묻는다. 그 대답으로, 자살처럼 스스로를 파멸시키는 것은 일종의 항복이라고 결론 내렸다. 그는 무의미한 우주에 스스로를 적응시키는 것에 대해 거절하는 삶, 그러한 의미에서 한 사람의 우주적 환경에 반역의 형태를 취하는 삶을 요구했다.

카뮈는, 인간 의식과 현실 세계와의 절망적인 관계, 즉 우리가 몸을 담고 살아가는 사회 안에서의 불합리하고 모순된 현실을 인정하면서 현실의 부조리를 극복하기 위해 노력하는 한편, 이를 통해 자신의 운명을 긍정하는 적극적인 삶을 살아갈 것을 역설했다.

4

현대 사상의 핵심 키워드 50

01 **21세기 사상의 핵심** – 존재론적 전회
02 **부정변증법** – 테오도르 아도르노
03 **게슈텔** – 마르틴 하이데거
04 **에피스테메** – 미셸 푸코
05 **멀티튜드** – 안토니오 네그리 · 마이클 하트
06 **이데올로기** – 루이 알튀세르
07 **그라마톨로지** – 자크 데리다
08 **리좀** – 질 들뢰즈 · 펠릭스 가타리
09 **시뮬라크르** – 질 들뢰즈 · 장 보드리야르
10 **신화** – 롤랑 바르트
11 **타자의 윤리** – 에마뉘엘 레비나스
12 **반지성주의** – 리처드 호프스태터
13 **효율적 이타주의** – 피터 싱어
14 **포스트 휴머니즘** – 로지 브라이도티
15 **트랜스 휴머니즘** – 닉 보스트롬
16 **인류세** – 파울 크뤼천
17 **사변적 실재론** – 캉탱 메이야수
18 **신실재론** – 마르쿠스 가브리엘
19 **비유물론** – 그레이엄 하먼
20 **신유물론** – 마누엘 데란다 · 로지 브라이도티
21 **기능주의** – 데이비드 암스트롱
22 **소거주의** – 폴 처칠랜드
23 **자연주의적 이원론** – 데이비드 차머스
24 **생물학적 자연주의** – 존 로저스 설
25 **어포던스** – 제임스 깁슨
26 **양상 의미론** – 솔 크립키
27 **게티어 문제** – 에드먼드 게티어
28 **프레임 문제** – 다니엘 데닛
29 **의미론적 외재주의** – 힐러리 퍼트넘
30 **아비투스** – 피에르 부르디외
31 **정의의 타자** – 악셀 호네트
32 **안티프래질** – 나심 탈레브
33 **개념적 혼성** – 질 포코니에 · 마크 터너
34 **사회 체계 이론** – 니콜라스 루만
35 **집단 무의식** – 칼 구스타프 융
36 **거울 단계** – 자크 라캉
37 **센코노믹스** – 아마티아 센
38 **호모 데우스** – 유발 하라리
39 **역사적 아프리오리** – 프리드리히 키틀러
40 **호모 사케르** – 조르조 아감벤
41 **공유경제** – 로런스 레식
42 **싱귤래리티** – 레이 커즈와일
43 **시간의 비현실성** – 존 맥타가트
44 **제노페미니즘** – 라보리아 큐보닉스 그룹
45 **신실용주의** – 리처드 로티
46 **필터 버블** – 엘리 프레이저
47 **안티 나탈리즘** – 데이비드 베네이타
48 **페미니스트 예술이론** – 에스텔라 로터
49 **언어 행위론** – 존 오스틴
50 **내포와 외연** – 루이 옐름슬레브

01 21세기 사상의 핵심 - 존재론적 전회
: 포스트 이론 이후 등장한 '탈인간주의'

21세기 사상은 인문학과 경험과학이 적극적으로 융합하며 발전해가고 있다. 큰 틀에서 보자면, 인간의 의식이라는 한계 안에서 사고를 한정짓는 '현상학의 시대'가 저물고, 물질세계에 관한 탐구로부터 사유의 토대를 마련하는 '**신물질론의 시대**'로 사고의 대전환이 이뤄지고 있다. 20세기 후반까지 다양한 철학 · 사유의 흐름이 나타났다고 하지만, 근본적으로는 17세기 전반 '근대 철학의 아버지'인 르네 데카르트가 고안한 물질 · 정신 이원론 및 주체의 발명에 뿌리를 둔 이분법과 인간 중심주의의 틀에 갇혀 있거나, 거기서 벗어나고자 하는 관념론적 노력에 지나지 않았다.

하지만 21세기를 맞아 인간을 세계의 중심에 두는 세계관은 결국 종말론적 '**인류세(人類世)**'로 요약되는 에너지, 환경, 종 다양성의 위기와 인공지능(AI) 등 과학이 만들어내는 급변으로 인해 "과연 인간이 후손에게 지속 가능한 세상을 이어 줄 수 있을까?"라는 막다른 회의론에 빠지게 됐다. 21세기 사유의 대전환은 바로 기존의 사유에 내재했던 한계와 인류가 직면한 위기가 그 출발점인 것이다. 오늘날 세계의 문제들은 서구적 인간 중심주의의 귀결이자 그 한계를 뚜렷이 드러내는 것으로, 이 때문에 21세기 사상가들은 지난 500년 가까이 이어져 내려온 서양의 사상과 과학적 사고 틀 자체를 뛰어넘는 방식, 즉 탈인간주의적 사유를 시도했다.

현재 인류가 직면한 여러 환경 문제와 '코로나19'로 대표되는 인수 공통 전염병, '4차 산업혁명'으로 불리는 과학기술의 변혁 등은 더는 '자연-사회', '비인간-인간'의 근대주의적 이분법에 기초해서는 제대로 이해하거나 처방을 내릴 수 없는 하이브리드적인 현상이 되었다. 그리하여 21세기 사상은 동물, 식물, 무생물, 기상 현상, 인공물 등 모든 비인간과 인간을 동등한 행위자로 봐야 한다는 방향으로 나아가고 있다.

이른바 '**존재론적 전회(轉回)**'라고 할 수 있다. 이들의 사유는 예컨대, 정치는 인간-인간 사이의 정치를 넘어서 인간-지구 사이의 정치로 확장되는 중이며, 경제 역시 인간-인간 사이의 경제에 국한되지 않고 인간-자연 사이의 경제를 인식할 때 해결의 실마리를 찾을 수 있다는 쪽으로 바뀌고 있다. 탈인간주의의 흐름은 학문 전 분야에서 나타나는 중이며, 포스트 구조주의 이후 가장 큰 흐름으로 드러나고 있다.

현대 사유의 '전회'에 크게 네 가지 흐름으로 접근한다. 첫 번째는 '**사변적 실재론**' 혹은 '객체 지향 존재론'으로 불리는 일군의 학자다. 인간 주체가 만들어낸 기호나 언어 같은 범주들을 관념론에 속한다고 보고, 인간으로부터 시공간적으로 독립된 대상들을 우선시하는 사유다. 브뤼노 라투르, 캉탱 메이야수, 그레이엄 하먼, 제인 베넷, 티머시 모턴 등이 이들 학자다.

두 번째는 서구 인류학으로는 아무것도 설명할 수 없다며 인류학에 동물과 산맥 등 자연을 포함시키는 '인류학적 전회', 즉 '**존재론의 인류학**'을 열어가는 학자들이다. 메릴린 스트래선, 필리프 데스콜라, 에두아르두 비베이루스 지 카스트루 등이 여기에 해당한다.

세 번째는 도시나 마을 같은 장소 또는 공간에 대한 기존의 이론을 전복하는 '**지리학적 전회**'로, 나이절 스리프트, 브루스 브라운 등이 있다. 네 번째는 매체와 인간 문화(사상) 사이의 관계를 뒤엎는 미디어 '**고고학적 도전**'으로, 프리드리히 키틀러, 지크프리트 칠린스키, 볼프강 에른스트, 유시 파리카 등의 학자가 있다. (출처: '포스트 이론'후 등장한 '탈인간주의', 문화일보)

02 부정변증법/ 테오도르 아도르노 : 차이와 다양성의 가치를 추구하는 사고

부정변증법은 헤겔의 변증법을 부정하는 개념이다. 독일 프랑크푸르트학파의 수장인 아도르노는 헤겔의 체계적인 완결성을 비판하고 자신만의 새로운 사고를 모색했다. 그는 헤겔의 주체성의 철학을 '동일성 철학'이라고 비판하면서, 헤겔의 변증법은 '부정의 부정은 긍정'이라는 형식에 의해 동일성의 체계로 변화함으로써 이성에 의해 현실을 폭력적으로 가둔다고 비판했다.

아도르노는 이러한 헤겔의 긍정변증법을 거부하면서, '비동일성'을 고집하는 '부정변증법'을 주장했다. 핵심은 **'동일하지 않은 것'**이라는 개념이다. 아도르노가 말하는 '동일하지 않은 것'은 **'차이'**를 말하며, 그가 말하는 비동일성 철학은 곧 차이를 추구하는 사고를 의미한다.

아도르노에 따르면, 이성을 앞세운 서구의 합리주의는 개념(주체 중시, 이성 중시의 사고)과 사안(대상이 되는 사태)을 강제로 일치시켜, 이미 존재하는 것을 정당화하는 방식으로 인간의 의식을 발전시켜 왔다. 이런 동일성 원리에 따라 인간은 **'도구적 이성'**을 휘두르며 자신이 인식할 수 있는 영역을 끝없이 확장해 나갔고, 그 속에서 자연에 대한 인간의 일방적 지배처럼 '비동일자'에 대한 지배를 심화해 왔다. 대표적 예가 아우슈비츠라는 '문명 속의 야만'이다.

여기서 아도르노가 주목한 것은 개념과 사안은 서로 일치할 수 없다는 모순이다. 그는 동일성 원리는 이런 모순에 대한 사유를 가로막는다고 생각하면서, 철학적 사고에 대한 '비판적 자기반성'을 통해 논의의 핵심을 '동일한 것'에서 '동일하지 않은 것'으로 전환해야 한다고 주장했다. 그에 따르면, 변증법이 전제로 내세우는 인식이나 사고는 우리 눈앞의 대상과 우리가 머릿속에서 그리는 '개념'과의 동일화를 의미한다. 말하자면 인식과 사고는 동일화에 의존할 수밖에 없다는 것이다. 하지만 개념을 동일화하는 순간 이질적이고 다양한 인식과 사고를 제멋대로 변형시켜 버리면서, 대상에 대한 특정 개념을 강요하는 폭력으로 변질하고 만다.

그러함에도 불구하고 인식과 사고란 눈앞에 있는 대상과 언어의 개념을 동일화, 즉 일치시켜야 성립할 수 있기에, 폭력성을 동반하지 않도록 개념적 사고의 바람직한 지향점을 모색할 필요가 있다. 폭력을 배제한 사고의 동일화를 위해서는 보편적이거나 추상적인 '동일한 것'을 목표로 삼을 것이 아니라, 오히려 '동일하지 않은 것'을 목표로 삼으면 된다. 이것이 아도르노가 주장하는 **'비동일화의 사고'**이며, 부정변증법이다.

변증법과 부정변증법의 차이

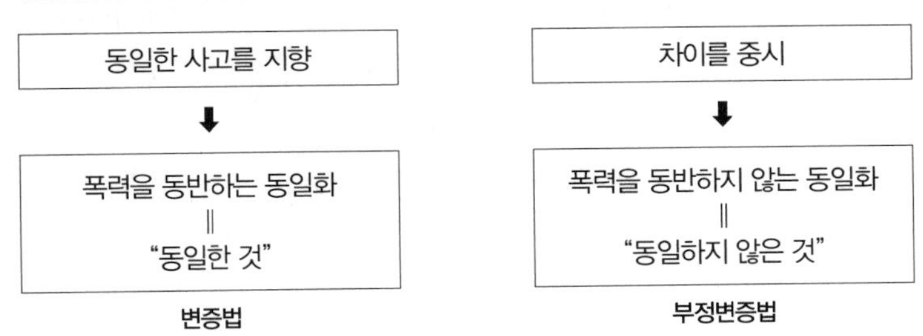

03 게슈텔/ 마르틴 하이데거
: 기술 발전이 인간을 도구화하는 사회 시스템

독일의 실존철학자 하이데거는 근대의 본질을 파악하기 위해 '기술론'을 전개했다. 그는 근대 기술의 본질을 **'도발로서의 탈은폐'**라고 정의했다. 기술을 의미하는 단어인 '테크닉'은 고대 그리스어 '테크네'에 연원한다. 하이데거에 따르면 테크네는 자연이 스스로 드러내는 '탈은폐적 행위(이를테면 꽃 피우기나 열매 맺기)'를 인간이 도와주는 정도의 잔기술을 말한다. 이에 비해 테크닉은 자연이 스스로 자신을 드러내기 전에 인간이 강제로 자연의 속살을 드러내도록 강제하는 거대 기술을 말한다. 하이데거에 따르면, 탈은폐는 자연이 인간의 소유와 이익에 필요한 것을 빠르게, 대량으로 '토해낼' 것을 심문하는 방식과 유사하다.

현대 기술은 자연이 은폐시켜 놓은 것을 인간이 강제로 탈은폐시키는 방식을 사용한다. 이런 현대 기술의 탈은폐 방식을 하이데거는 **'게슈텔(Gestell)'**이라고 불렀다. 본디 독일어로 게슈텔은 '작업대'처럼 테크네에 알맞은 소도구를 뜻하는데, 하이데거를 이 단어를 전용하여 'Ge-stell'이란 용어로 사용한 것이다. 이렇게 되면 단어의 의미는 피의자를 심문하고 때로는 주리를 틀면서 고문하는 용도의 '고문대'가 표상하는 '닦달'이라는 의미로 전환된다. 자연을 닦달하고 사람을 닦달해서 무언가를 만들어내는 것이 현대 기술이라는 것이다.

더구나 'Ge-'는 '집단적'이란 의미의 뉘앙스를 풍기는 철자이므로, 'Ge-stell'은 개인 고문대가 아니라 '집단 고문대'의 의미를 띤다. 고문대라는 것은 사실이든 거짓이든 원하는 대답을 받아내기 위한 목적으로 사용된다. 자기가 원하는 목적을 위해서 입맛에 맞는 대답을 강요하는 것이다. 하이데거는 이렇듯 인간이 자신의 편익을 위해 자연에 대하여 집단 도발하는 의미로서의 '고문대'란 단어를 끌어와, 이를 현대 기술의 본질로 빗대어 표현했다.

하이데거는 이렇게 자연과 관계를 맺는 기술의 본질을 '게슈텔'로 파악하면서, 이를 갖고서 '인간을 도구로 몰아가는 사회 시스템'이라고 보았다. 그런 까닭에 게슈텔은 '모든 것을 몰아가는 기구'라고 해석해도 좋을 것이다. 게슈텔은 인간을 포함하여 온갖 사물을 '쓸모가 있느냐, 없느냐'의 관점에서만 판단하면서 그 이외의 가능성은 배제한다. 따라서 하이데거는 모든 것을 몰아세우는 도구인 게슈텔이야말로 인간 앞에 놓인 가장 큰 위기라고 보고 이를 극복하려고 했지만, 이에 대한 구체적인 방안을 제시하지는 못했다.

하이데거는 기술 자체가 위험하기보다는 오히려 그 기술을 사용하는 인간의 사고가 더 위험하다고 언급했다. 자연은 언제나 주문될 수 있는 하나의 부품이 되듯이, 자연을 도발적으로 이용할 것을 요청하는 인간 역시 결국에는 하나의 부품으로 전락하고 만다고 보았다. 그가 중요하게 생각한 것은 자동차·인터넷·인공지능과 같은 표면적 기술이 아니다. 기술의 본질은 기술이라는 **'존재'**가 기술적인 관계로서 우리에게 드러나게 만드는 것이다(기술=존재=목적≠수단≠도구).

하이데거에 따르면, 존재가 어떤 방식으로 우리에게 드러나고 나타나는가는 결코 인간의 행위가 아니다. 기술이 존재의 운명이라면, 우리는 기술의 위험에 대항하거나 극복할 방법이 없다. 우리가 할 수 있는 일이란 존재의 목소리에 귀를 기울이는 것뿐이다. 그는 자연을 오직 부품으로만 파악하는 인간 자신이 부품의 주문자로서만 존재하게 만드는 현대 기술을 비판하면서도, 결국은 현대 기술의 운명을 수동적으로 받아들일 수밖에 없는 정반대의 결론에 도달했다.

04 에피스테메/ 미셸 푸코
: 시대에 따라 변하는 지식 구조

에피스테메는 그리스어로 '학문적 인식' 곧 지식을 뜻한다. 플라톤은 이성을 이끄는 보편 지식을 '에피스테메'로 부르면서, 단순한 주관에 불과한 '독사(doxa)' 및 독선 · 독단을 뜻하는 '도그마(dogma)'와 대비했다. 반면 푸코는 에피스테메를 개별 지식이 아니라, '한 시대의 모든 학문에 공통되는 지식의 토대'라는 의미로 보았다. 이를 **'담론(談論)'**이라고 하며, 인식의 기반이 되는 관계의 구도, 즉 지식의 체계를 일컫는다.

푸코는 권력이 복잡한 사회구조를 통해 효력을 발생시키는 과정에 주목했다. 그에 따르면, 진리란 그 자체로 존재하는 것이 아니라 담론에 의해서 규정되는 하나의 지식일 뿐이다. 그렇기에 진리가 존재한다는 사실, 진리를 인간이 알 수 있고 또 알아야 한다는 사실, 그리고 거짓말을 하면 벌을 받는다는 사실 등 우리가 당연하게 여기는 사실은 전혀 근거 없는 이야기다. 지식은 시대에 따라 변하는 것으로, 각각의 지식마다 나름대로 추구하는 진리가 다르다.

푸코의 관심은 지식의 내용에 있지 않고 지식을 둘러싼 관계, 즉 지식이 어떻게 구성되어 있는가에 있었다. 푸코는 그것이 '권력'의 문제와 밀접하게 관련된다고 보았다. 푸코는 이를 '광기'를 예로 들어 설명했다. 푸코에 따르면, 광기는 17세기라는 특정 시대에 역사 바깥으로 빠져나간다. 그 이유는 17세기에 바로 **'정상'**이라는 기준을 설정하는 담론이 형성되었기 때문으로, 이때부터 광기는 비정상으로 규정되면서 역사에서 배제되고 만다. 그것을 필연적으로 개재하는 모종의 힘이 곧 **'권력'**이다. 광기라는 개념에 담긴 지식 그 자체는 늘 그대로였는데, 그 **지식**을 규정하는 담론이 달라진 것이다. 푸코는 담론을 인식하는 주체가 사회제도를 따라 구축되는 과정에 주목하면서, 담론을 사회와 주체의 구조를 결정하는 권력 구조로 본 것이다.

푸코의 '지식과 권력'

근대 이후 형벌 제도는 잔혹한 공개처형에서 감금형으로 바뀌었는데, 이는 겉으로는 좀 더 인간적인 모습으로 개선된 듯 보였다. 하지만 이러한 개선은 어디까지나 한계에 부딪힌 권력이 통제와 감시를 좀 더 효율적으로 행사하기 위해 전략과 전술을 교묘하게 바꾼 술책에 지나지 않는다고 푸코는 생각했다. 현대 사회에 들어오면서 권력은 차츰 눈에 보이지 않게 몸을 숨기되, 보이지 않는 생활영역에서 그리고 일상의 세세한 부분까지 우리의 신체를 감시 · 통제하고 있으며, 그에 따라 개인은 모두 그리고 언제나 감시 가능한 공간 안에 묶이게 됐다. 감옥에서건, 군대에서건, 학교에서건, 공장에서건, 권력의 눈은 아무것도 놓치지 않는다.

권력은 감시의 효율성을 높이고 규율을 내면화하기 위해 개인을 은밀하면서도 철저하게 통제하는 구조를 끊임없이 고안하고, 이를 통해 권력이 원하는 질서를 만들어낸다. 권력이 통제와 감시를 원활하게 하려면 일정한 기준이 필요한데, 이때 지식의 도움을 받아 **'정상'과 '일탈'**을 구분하는 것처럼 효율적이고 효과적인 방법은 없다. 그것에 맞춰 우리는 가정 · 학교 · 회사 등 다양한 생활공간에서 다양한 규범적 판단에 의해 다양한 방법으로 규제된다. 그리고 그 지식이 정한 범주를 벗어나는 일체의 행동은 모두 부적절하고 일탈적인 행위로 간주되어 감시와 처벌과 교정의 대상이 된다. 지식 권력이 일상 행위의 가장 미세한 부분까지 침투하고 있는 현실 세계를 우리는 살고 있는 것이다.

05 멀티튜드/ 안토니오 네그리 · 마이클 하트
: 자본주의 권력에 대항하는 주체적 다중

이탈리아의 철학자 네그리와 미국의 철학자 하트는 공저『제국(empire)』에서 네트워크 형태의 새로운 권력이 출현하고 있다고 주장하면서, 이를 **'제국'**의 개념으로 설명했다. 그들이 말하는 제국은 탈중심적 · 탈영토적 네트워크 권력으로, 영토를 기반으로 하는 국가 권력이나 중앙정부와는 전혀 다른 새로운 개념이다. 제국은 주권도 영토도 소유하지 않은 채 네트워크 형태로 결합한 권력 시스템이다. 제국은 글로벌화된 세계의 교류를 조장하는 정치적 주체이자 주도적 권력체제이다. 제국은 사적 욕망, 즉 자본주의가 만든 시스템이라 할 수 있다. 이 제국을 뒷받침하는 힘으로, 네트워크 형태로 결탁한 민중을 의미하는 용어가 **'멀티튜드'**다.

서양 고전 정치철학의 많은 사상가는 거의 예외 없이 멀티튜드(대중)를 부정적인 의미로 사용해왔다. 이는 플라톤이나 홉스 같은 보수적인 철학자뿐만 아니라 루소 같은 진보적인 사상가의 경우에서도 마찬가지다. 가령 홉스는 다중 또는 대중의 정체를 밝히면서, 그들을 정치의 영역에서 배제하는 것이 결정적인 문제라고 생각했다.

멀티튜드라는 용어에 대해 거의 유일하게 예외적으로 적극적인 의미를 부여한 사상가는 다름 아닌 스피노자였다. 스피노자는 다중의 역량을 모든 정치체의 토대로 제시하고 있다. 따라서 네그리가 다중을 새로운 정치의 주체로 제시할 때, 주로 스피노자 정치철학에서 이론적 근거를 이끌어 나온 것은 우연이 아니다. 사실 네그리 정치학의 근저에는 스피노자의 정치철학에 대한 재해석이 깔려 있으며, 그러한 재해석의 근저를 이루는 것이 멀티튜드 개념이다.

네그리는 제국의 시대를 형성하는 정치 주체로서의 대중을 '멀티튜드(다중)'라는 용어로 새롭게 정의함으로써, 멀티튜드를 제국에 대항하는 세력으로 내세웠다. 그가 새롭게 정의한 **'멀티튜드(다중)'**는 통일되지 않은 채 복수의 다양한 형태로 남아 있는 새로운 정치 주체를 일컫는다. 이런 다중의 모습은 세계화의 본질인 '제국'의 권력 구조를 분석할 때 저절로 드러날 수밖에 없는데, 네그리가 주장하는 제국은 군주정치, 귀족정치, 민주정치의 모든 측면을 아우르는 혼합 정치 체제의 성격을 띠기 때문이다.

네그리는 멀티튜드, 즉 다중을 먼저 계급 개념에서 규정한 다음, 그 계급의 의미를 경제적인 개념이 아닌 오히려 함께 투쟁하는 집단성을 뜻하는 '정치적'인 개념으로 파악했다. 즉 멀티튜드는 인종 · 국적 · 계층을 초월한 다종다양한 사람들로, 부르주아지에 대항하는 프롤레타리아트의 현대적 개념이라 할 수 있다.

멀티튜드는 또한 세계를 지배하는 권력에 저항하는 **'민중'**의 힘을 가리킨다. 멀티튜드는 자본주의 모순 해결을 위한 힘의 원천인 동시에 강자 중심의 세계화의 흐름에 맞서 싸우는 힘이다. 다종다양한 구성원들로 이루어진 제국 안에서 멀티튜드는 모든 차이와 가능성을 열어두고 서로 자유롭고 대등하게 표현할 수 있도록 발전적이고 개방적인 네트워크를 지향한다.

그런 점에서, '멀티튜드'는 마르크스가 주장한 폭력 혁명을 일으키는 노동자 계급과 다르다. 주부, 학생, 이민자, 노인, 성 소수자, 자본가, 회사원, 전문가 등 다양한 인간이 저마다 자신이 잘하는 분야를 통해 네트워크 형태로 연결하고, 때때로 모여 토론하면서 자본주의의 모순을 해결하려는 힘이 곧 멀티튜드다. 그러므로 멀티튜드는 다양한 사회운동의 형태를 가질 수밖에 없으며, 이를 통해 자본주의의 모순에 대항할 수 있다고 네그리와 하트는 생각했다.

06 이데올로기/ 루이 알튀세르
: 이데올로기는 '호명'되는 것이다.

이데올로기란 일반적으로 사람들이 흔히 갖는 통상적 관념들을 지칭한다. '상식' 내지는 '이념'이 그것이다. 마르크스는 사회의 지배 이데올로기는 지배계급의 이데올로기라고 보았는데, 이는 피지배계급의 입장에선 당연히 거짓된 의식, '허위의식'을 의미한다. 그는 지배 · 피지배가 사라지면 허위의식으로서의 이데올로기도 사라질 것이라고 보았다.

알튀세르는 마르크스의 전통 이데올로기 이론을 근본적으로 뒤집었다. 알튀세르는 이데올로기는 마르크스가 말하듯 허위의식이 아닌, 사회구성원이 공유하는 **필연적인 의식**이라고 보았다. 그는 어떤 의미에서 볼 때 모든 사람이 이데올로기 속에서 살아가고 있음을 인정했다. 누구도 시대 바깥으로 뛰쳐나갈 수 없으며, 이데올로기를 벗어나는 일도 불가능하다는 것이다.

알튀세르가 말하고자 한 것은, 의식은 단독으로 바깥으로 나올 수 없다는 사실이다. 밖으로 나올 수 없는 것뿐만 아니다. 주체는 그 시대의 지평, 그 시대의 이데올로기 가운데 불려가서 그 안에서 자신을 재확인할 필요가 있다. 알튀세르는 어떤 주체 자신이 주체가 되기 위해서 이데올로기가 필요하다고 보았다. 그에 따르면 인간은 하나의 주체가 되기 위해서 이데올로기 관점에서 자신을 파악하고, 그 이데올로기를 자신의 방식으로 인식할 필요가 있다. 주체는 이 이데올로기를 자신의 것으로 체득함으로써 비로소 사고하는 주체가 된다고 보았다.

이러한 이데올로기 개념은 프로이트와 라캉의 이론과 결합하여 '**호명 이론**'으로 이어졌다. 호명은 이념적 기구가 개별 '주체'를 불러내는 과정으로, 주체는 '의식이 있는 자신'을 일컫는다. 가령 등 뒤에서 누군가 '이봐, 당신'이라고 부를 때 내가 돌아선다는 것은 이미 그의 부름에 부응한 것이고, 그 순간 '나'는 주체를 형성한다. 학생으로서, 군인으로서, 아줌마로서 부름에 응하면서 자신의 주체를 인식하고 그에 걸맞게 행동하는 것이다. 알튀세르에 따르면 모든 이데올로기는 주체로서 개인을 호명한다. 이데올로기는 호명 작용을 통해 개인들 사이에서 주체를 불러 모으는 방식으로, 또는 개인을 주체로 변환시키는 방식으로 작용하거나 기능한다.

이데올로기적 국가장치

실존주의 철학자 사르트르는 자신의 본질은 자신의 의지로 만드는 것이라고 말했다. 그리고 자신의 본질은 사회에 주체적으로 참여(앙가주망)함으로써 실현할 수 있다고 보았다. 그러나 알튀세르는 개인의 사상이나 신념, 즉 이데올로기는 학교, 미디어, 기업 등의 시스템에 의해 국가에 맞게 만들어진다고 생각했다. 국가의 이 같은 구조를 그는 '**이데올로기적 국가장치**'라고 불렀다. 국가장치는 군, 경찰과 같은 억압 장치와 학교, 종교와 같은 이데올로기 장치로 구성된다. 국가의 이데올로기 장치로 만들어진 주체는 무의식적으로 그리고 스스로 기꺼이 국가에 복종하고, 이데올로기를 만드는 쪽에 선다. 이데올로기적 국가장치는 개인에 선행한다. 신념이 있기에 이데올로기적 장치를 주체적으로 구축하는 것이 아니라, 이데올로기적 장치로 인해서 개인들은 신념을 가지게 된다. 말하자면, 알튀세르에게 **주체는 이데올로기의 결과**이다.

알튀세르는 자본가 계급에 이익을 주는 자본주의적 생산관계의 존속을 보장하는 것은 국가 권력이며, 국가 권력은 국가기구(국가장치)를 통해 행사된다고 보았다. 현실적으로 국가 권력의 재생산은 대부분 이데올로기적 국가장치들이 보증하며, 이 장치들은 피지배계급에 **지배 이데올로기를 내면화**하는 기능을 한다. 이러한 이데올로기적 지배를 통해 자본주의적 생산관계는 계급 적대에도 불구하고 유지된다고 알튀세르는 생각했다.

07 그라마톨로지/ 자크 데리다 : 서양 중심 사상의 해체

20세기 후반기에 가장 큰 영향력을 행사한 철학자로 프랑스 구조주의 철학자 데리다를 들 수 있다. 철학뿐만 아니라 문학 · 예술 · 문화 · 페미니즘 · 탈식민주의 등 광범위한 영역에서 새로운 변화의 물꼬를 터놓았기 때문이다. 그는 현상학 · 구조주의 · 정신분석 등 당대의 지적 흐름에 논쟁적으로 개입하는 한편, 플라톤에서 헤겔에 이르는 서양 철학의 고전들을 날카롭게 해부했다.

'그라마톨로지'는 원래 문자의 기원을 연구하는 과학을 지칭하며, 보통 '문자학'으로 번역된다. 그런데 데리다에게 있어서 '문(文)'은 진리보다 심오하며, 문자학은 기존의 철학보다 더 근본적인 학문이라는 의미가 있다.

데리다는 『그라마톨로지에 대하여』에서 '책의 시대'에 종언을 고하고 **'텍스트의 시대'**가 열렸음을 선언했다. 전자책과 하이퍼텍스트의 등장을 목격하고 영상 언어와 이미지의 중요성을 실감하는 시대를 사는 지금, 자연 언어의 문법을 벗어나는 인공 언어가 넘치고 있다. 데리다는 일찍부터 그러한 시대가 필연적으로 도래할 것을 예언했고, 다가오는 시대를 떠받칠 새로운 철학적 상상력을 선보였다.

데리다는 '그라마톨로지'를 통해 서구의 이성 중심주의 언어관을 문제 삼으면서 서양 철학사를 **'해체'** 하려 들었다. 그는 서양 사상사를 음성 중심주의와 책의 숭배라는 두 가지 측면에서 해부했다. 서양 철학자들은 음성 언어를 과대평가하는 반면 그 외의 언어는 진리를 간접적으로만 재현하는 불순한 언어로 비하했고, 책을 진리의 체계적 총체성을 담는 완전한 형식으로 간주했다는 것이다. 데리다는 이런 두 가지 성향이 이성 중심주의의 불가피한 속성이자 편견이라고 말하면서 이를 부정했다. 이러한 데리다의 철학을 '해체 철학'이라고 부르는데, 해체 철학은 서양 철학사 전체의 기본 전제에 관해 물음을 던져 그 전제를 극복하려는 시도였다.

데리다는 특히 **언어의 은유성(메타포)**에 대해 깊이 인식했다. 데리다는 니체의 사상을 좇아서 모든 언어는 뿌리 깊게 은유적이며, 수사와 비유적 표현으로 움직인다고 말했다. 언어가 있는 그대로를 나타낸다고 믿는 것은 '착각'이란 것이다. 예컨대 문학 작품은 자신의 수사학적 지위를 암묵적으로 인정하고 있기에, 어떤 의미에서 볼 때 다른 형태의 담론보다 덜 자기기만적이다. 은유는 태생적으로 근거가 없으며, 어떤 기호에 대한 다른 기호의 순전한 대체에 불과하다. 이 때문에 언어는 가장 설득력 있게 보이려는 바로 그 지점에서 언어 자체의 허구적이고 임의적인 본성을 드러낸다고 생각했다.

결과적으로 철학, 법, 정치 이론은 시처럼 은유에 따라 움직이며, 그런 점에서 시와 마찬가지로 허구적이다. 데리다에게 있어서 언어는 고정적이지 않으며, 항상 열려 있다. 언어의 의미는 끊임없이 변화하며, 은유란 그런 의미의 특정 변화 과정을 명명한 것이다. 이것은 질서 있는 언어를 위협하고, 의미의 다양성을 불러온다. 따라서 어떤 관념에 대한 은유적 언어의 개수는 무한하다. 은유는 일종의 수사학적 이중 결합으로, 어떤 것을 말하지만 달리 이해하도록 요구한다. 그렇게 해서 은유는 특정 관계를 생성하는데, 이는 많은 부분 독자 몫이다. 따라서 은유를 이해한다는 것은 곧 그것을 생성하는 것만큼이나 창조적인 노력이 필요하며, 규칙을 따르지 않는다. 은유는 어디에나 존재하지만, 그 고정된 의미에 접근할 수는 없는 것이다.

08 리좀/ 질 들뢰즈 · 펠릭스 가타리 : 다양성을 지향하는 네트워크형 사고

프랑스의 구조주의 철학자인 들뢰즈와 가타리는, 서구의 이원론적 사고는 미리 정해 놓은 그 어떤 절대 가치를 따라 전개하는 사유체계라고 생각했다. '트리(나무)'를 예로 들어 설명하면서, 하나의 체계로 구조화하여 사고하려 들어서는 안 된다고 주장했다.

들뢰즈와 가타리는 일목요연하게 뻗어가는 수목(트리)적 사유체계에 대항하는 것으로서의 '리좀(뿌리)'적 사유체계를 제창했다. 리좀은 위계와 뿌리를 중시하는 기존의 근대적인 '트리 구조(수목형 구조)'가 아니라, 전방위로 뻗어나가 방향을 종잡을 수 없을 만큼 서로가 공유하고 소통하는 관계 속에서 새로운 가치를 창조하고 발전해 나가는 **'네트워크형 사고'**를 뜻한다.

그들에 따르면, 트리는 지금껏 서구 사회를 지배해온 사유방식으로 마치 생물 계통 분류 방식을 따르는 것과 같다. 줄기에서 나뭇가지로 갈라지는 계통도를 기존 머릿속 사유방식에 의해 그대로 이미지화하는 것이다. 트리는 먼저 확실한 기본 원칙을 세우고 그 기준을 토대로 몇 가지 패턴이나 예외를 생각하면서 사유한다. 분류 작업을 할 때는 대부분 트리 형태의 사유방식을 활용한다. 반면 리좀은 중심은커녕 시작도 끝도 없는 네트워크형 사유방식이다. 이 사고법의 특징은 전체를 구성하는 각 부분의 접속이 자유롭고, 망의 형태가 종횡으로 움직이며, 다양한 요소가 수평적으로 섞인 상태이다. 리좀은 여러 존재가 복잡하게 얽히고설키면서 하나의 중심으로 위계를 만들려 들지 않으며, 외부의 억압적 코드에서 벗어나려고 끊임없이 **'탈주'**를 시도한다. 뇌의 신경망이나 소셜 미디어가 연결된 모습을 떠올리면 된다.

들뢰즈와 가타리는 다양한 가치를 하나의 질서에 기초하여 모순됨 없이 통일하려 드는 것도(서양적 사고 1: 체계화), 헤겔의 변증법처럼 서로 다른 생각을 고차원적 지식으로 도달하게끔 통일하려 드는 것도(서양적 사고 2: 변증법) 옳지 않다고 보았다. 그보다는 **차이**와 **차연**을 서로 인정하면서 차이들의 무수한 공존과 생성을 인정하는 열린 사고를 지향해야 한다고 주장했다.

차연

차연은 차이를 생성하는 원동력을 일컫는다. 데리다는 음성에서 문자로 전환할 때처럼 원본과 복사본이 차이를 함유하면서 변화하는 것을 **'차연(差延)'**이라고 했다. 문자와 음성이 일치하지 않는 이상, 문자는 음성을 대신하는 것이 아니라 둘을 동시에 품는 것이다. 음성은 완전한 원본이 아니다. 인간은 자신이 알고 있는 언어 가운데 타당한 것들을 선택하여 생각하게 된다. 지금껏 어딘가에서 본 문자가 차연되어 음성으로 될 가능성 또한 충분하다. 즉, 사물은 '원본 → 복사본 → 원본 → 복사본 →'으로 영원히 차연(차이를 보이면서 연장)된다. 따라서 둘 간의 우열은 없다. 그는 끝없이 차이를 일으키는 차연 작용이야말로 사물의 근원이자, 모든 텍스트와 모든 통일된 체계를 해체하는 원동력이라고 주장했다.

탈주

들뢰즈와 가타리가 주목한 것은 끊임없이 이어지는 움직임 혹은 **'탈주'**다. 탈주는 단순히 물리적인 움직임을 지칭하는 것을 넘어서 자신의 삶을 옭아매는 규범으로부터의 **일탈**을 일컫는 것이기도 하다. 기존의 권위와 현실의 안주로부터의 탈주를 통해 차이들의 무수한 공존과 생성을 인정하는 것이 바로 노마디즘의 원리다. 들뢰즈와 가타리는 한 장소에 머물기보다는 다종다양한 가치를 지닌 영역을 리좀적(종횡무진)이고 스키조적(분열하면서)으로 횡단하는 노마드적 삶으로 끊임없이 탈주할 것을 제안했다.

09 시뮬라크르/ 질 들뢰즈 · 장 보드리야르 : 원본 없는 복제물

플라톤은 '시뮬라크르' 개념을 처음으로 제시한 철학자였다. 플라톤이 제시한 최초의 의미로서의 **'시뮬라크르'**는 가짜 복사물(모방)을 일컫는 개념으로, 플라톤 철학이 추구하는 본질로서의 '이데아'와 대비되는 부정적인 의미를 내포하고 있다.

플라톤에 의하면, 인간이 삶을 영위하는 이 세계는 원형인 이데아, 복제물인 현실, 복제의 복제물인 시뮬라크르로 이루어져 있다. 여기서 현실은 인간의 삶 자체가 복제물이고, 시뮬라크르는 복제물을 다시 복제한 것이다. 플라톤은 시뮬라크르를 어느 한순간도 자기동일성을 따라 존재할 수 없는 존재, 곧 지금 여기에 실재하지 않는 것이라면서, 가치 없는 것으로 보았다.

그러나 이 개념은 이후 현대철학자들에 의해 새로운 의미를 형성하게 되었는데, 그 대표적 사상가가 바로 질 들뢰즈다. 프랑스 구조주의 철학자 들뢰즈는 시뮬라크르 속에 내면화된 발산하는 두 계열인 원본과 복제본 가운데 그 어느 것도 원본이 될 수 있으며, 또한 복사본도 될 수 있다는 이론을 전개했다.

들뢰즈는 역사적인 큰 사건이 아니라 우주에서 일어나는 모든 사건, 즉 순간적이고 지속성과 자기동일성이 없으면서도 인간의 삶에 변화와 의미를 줄 수 있는 각각의 사건을 시뮬라크르로 규정하고, 여기에 커다란 가치를 부여했다. 들뢰즈는 이를 **'사건의 존재론'**으로 설명했는데, 그가 말한 시뮬라크르는 플라톤의 시뮬라크르 개념과 다르다.

들뢰즈가 생각하는 시뮬라크르는 단순한 복제의 복제물이 아니라, 이전의 대상이나 그 대상을 복제한 복제물과는 전혀 다른 독립성을 가지고 있다. 이는 대상의 진짜 모습을 복제하려 하지만, 복제하면 할수록 대상의 모습에서 멀어지는 단순한 복제물과는 다르다는 것을 의미한다. 들뢰즈의 시뮬라크르는 대상과 같아지려는 것이 아니라, 대상을 뛰어넘어 새로운 자신의 공간을 창조해가는 역동성과 자기 정체성을 가지고 있기 때문이다. 따라서 단순한 흉내나 가짜(복제물)와는 확연히 구분된다.

하이퍼리얼리티

프랑스의 구조주의 철학자 장 보드리야르는 들뢰즈와는 다른 시뮬라크르 이론을 전개했다. 보드리야르는 세계는 원형인 이데아와 그 모사(模寫)인 현실 세계로 구성되어 있다고 주장한 플라톤의 개념을 차용하여 시뮬라크르를 설명했다. 그가 말하는 시뮬라크르(모방)는 현실을 대체한 모사된 이미지로서의 '복제의 복제'를 의미한다. 그렇기에 철학에서 말하는 시뮬라크르가 보통의 '모방'과 다른 점은 **'원본이 없다'**는 것이다.

보드리야르는 현대 소비사회는 상품이나 예술작품의 원본이 아니라 복제품을 복제해서 생산한다고 말했다. 그런 상황에서 원본과 복제품, 현실과 가상의 양자 대립은 이미 그 의미를 잃었다. 시뮬라크르인 가상의 실재가 진짜 실재를 지배하고 대체한다. 그리고 더 이상 모사할 실재가 없어진 시뮬라크르로서의 실재보다 더 실재 같은 사회를 **'하이퍼리얼리티'**라고 불렀다. 하이퍼리얼리티에서는 진짜가 존재하지 않기 때문에 각 사물의 의미는 상실되고, 그에 따라 시뮬라크르가 오히려 우리의 일상을 규제하게 된다. 이렇게 가상현실이 우리를 지배하는 시대를 우리는 마치 현실인 양 알고 살아간다. 현대인은 이미지를 소비하는 사회를 사는 것이다.

10 신화/ 롤랑 바르트
: 언어의 2차 의미 작용 속에 내재한 이데올로기

신화(Myth)는 인간의 욕망과 바람을 초월적인 대상이나 현상에 투사하여 만든 꿈의 서사(敍事)로, 그리스어 '미토스(Mythos)'를 어원으로 한다. 미토스는 '로고스(Logos)'의 반대편에 있는 말이다. 논리나 이성, 또는 그 언어적 표현인 로고스가 사실과 직접적 · 단선적으로 관계한다면 미토스는 간접적 · 복선적으로 관계하며, 대개 종교적 함축이 강하다.

프랑스 기호학자이자 구조주의 철학자인 롤랑 바르트는 소쉬르의 기호학 논리를 확대해서 현대 문화 현상과 대중매체의 허상을 밝히고자 했다. 바르트는 이를 신화 개념을 동원하여 풀어냈다. 바르트는 현대의 신화를 '**계급적 이데올로기**'의 한 형태라고 보았다. 부르주아가 지배하는 현대 사회에서 신화의 이데올로기는 당연히 부르주아지의 지배를 정당화하려는 목적을 지니며, 그에 따라 현대의 신화는 계급적 이해관계를 고착시키는 역할을 한다는 것이다.

과거의 신분 사회에서 부르주아 중심의 계층 지배는 당연하고 정당한 것으로 간주됐다. 하지만 근대 자본주의 시대에 접어들어 신분 제도가 철폐되면서 부르주아 계층은 새로운 지배 방식을 모색할 필요성을 느꼈고, 그렇게 해서 동원된 것이 바로 '**신화**'라는 이데올로기다.

바르트에 따르면, '이름을 원치 않는 계급'을 뜻하는 부르주아지는, 마치 부자가 자신의 이름을 드러내지 않으려 들듯이 중간계급과의 경계를 모호하게 만들고, 사실상 사회를 지배하면서도 불필요하게 실체를 드러내지 않음으로써, 은밀하게 사회 전체를 지배하고 통제하려 든다.

이렇게 부르주아지는 자신의 이름을 거부함으로써 자신의 계급적 기원을 숨기고, 마침내 '신화'가 된다. 신화가 사람들에게 당연시되고 무의식적으로 작용하듯이, 신화로 위장된 부르주아지의 계급적 지배는 자연스러운 것으로 정당화되고, 게다가 그것이 영원히 지속하리라는 착각을 빚어낸다.

바르트는 신화의 가면을 벗겨내기 위해 소쉬르가 말한 '기표(記標)'와 '기의(記意)'의 개념을 차용하고, 이를 프랑스 군복을 입고 국기에 경례하는 한 흑인의 사진을 예로 들어 설명했다. 군복 차림으로 경례하는 흑인의 사진이라는 '기호(記號)'는 신화 체계 안으로 들어오면서 하나의 '기표(표면적 의미)'가 되고, 제국주의라는 '기의(숨은 의미)'와 만나 새로운 기호(이데올로기적 의미)를 형성한다. 그리고 그 의미는 바로 프랑스 제국주의의 깃발 앞에 무조건 충성을 맹세하는 기호인데, 이것이 곧 제국주의를 옹호하는 '**상징**'으로서의 신화다.

신화는 말하자면 기표와 기의로 이루어진 하나의 기호 체계에서, 그 기표에 다시 기표와 기의가 자리 잡는 2차 기호 체계로서의 '함축된 의미'를 담으면서 기호를 왜곡한다. 즉, 이데올로기로 작용하는 현대 신화는 그만큼 허구적이고 작위적이며 특정 목적성을 갖는다. 고대의 신화가 자연 발생한 사회의 맥락 속에서 자연스럽게 기능한 것인데 비해, 현대의 신화는 그와 똑같이 무의식적이면서도 신화를 만든 주체와 의도가 숨겨져 있다는 점에서 차이 난다.

바르트는 신화 분석을 통해 현대 사회는 '의미'로 가득 차 있다고 생각했다. 특히 시각적인 표현을 상징적으로 많이 사용하는 대중매체에서는 그 힘이 막강하다고 보았다. 바르트의 신화 개념은 신문, 잡지, 광고, 방송 등의 대중매체에 대한 비판적 분석에 이론적 · 방법론적 분석의 틀로 광범위하게 적용되고 있고, 문화 전반의 심층적 구조를 설명하는데 확고한 철학적 담론으로 자리매김을 했다.

11 타자의 윤리/ 에마뉘엘 레비나스 : 타인이 나를 만든다.

'타자성'의 철학으로 알려진 프랑스의 유대계 철학자 에마뉘엘 레비나스는 '존재'에 대한 자신만의 사유를 통해 타인에 대한 **'책임의 윤리'**를 강조했다. 그는 후설과 하이데거의 사상을 접하면서 인간이라는 '존재'에 관심을 갖게 되었다.

레비나스에 따르면, 본디 인간은 사물의 형태를 명확히 규정하고 싶어 하는 존재이다. 인간은 타인(타자)이 자신의 얼굴을 가만히 바라볼 때 비로소 자신의 존재를 의식하고 자신에게 부과된 책임을 느끼게 된다. 인간에게는 이런 타인이라는 **'존재'**가 꼭 필요한데, 왜냐하면 타인이 없으면 성장하지 못하기 때문이다.

이런 의미에서 경쟁자는 가장 이질적인 '존재'이자, 가장 타인다운 '타인'이라 할 수 있다. 타인은 '나'라는 존재를 명확히 인식하게 해주며, 인간은 타인에게 잘 보이기 위해 필사적으로 노력한다. 그리고 그런 노력이 궁극적으로 자신을 성장시킨다. 결국, 인간이 타인을 신경 쓰는 이유는 자신이 성장하는 동기가 되기 때문임을 알 수 있는데, 타인이 없으면 인간은 결코 성장할 수 없다. 레비나스는 자신의 세계로 절대 흡수되지 않는, 자신과는 다른 **'절대적인 타자'**의 존재를 강조했다.

이때 결코 손에 넣을 수 없는 타자의 존재를 가장 또렷하게 상징하는 것이 바로 **'얼굴'**이다. 얼굴은 타자의 드러남이다. 인간은 타인의 얼굴을 응시함으로써 비로소 자신의 존재를 의식하고 자신에게 부과된 책임을 느낀다. 얼굴은 한 사람 한 사람 모두 다를 뿐만 아니라, 타인의 시선은 나에게 결코 흡수될 수 없는 다른 세계의 존재이기 때문이다. 바로 이것이 우리가 타인의 시선을 의식하는 진실한 이유일 것이다.

이러한 생각을 바탕으로 레비나스는 타인에 대한 '책임'과 '윤리'의 필요성을 역설함으로써 그동안 외면당했던 타인의 '고통'과 그것의 '해결'에 주목했다. '타자'란 나와는 근본적으로 다른 존재를 일컫는다. 자신과 전혀 다른 세계에서 온 **'차이'**를 가진 존재다. 그런데도 차이로 존재하는 타자는 내 마음속 깊은 곳으로 파고든다.

레비나스는 바로 이것이 문제라고 보았다. 항상 '차이'로서 존재하는 타자가 자신의 마음을 점거하고 있기에 타자와 나는 떼려야 뗄 수 없는 관계이자, 불가분의 관계가 된다. 타자를 무한히 책임져야 할 의무가 생기는 것이다. 그런 점에서 볼 때, 자신과 타인의 관계 그 자체가 '윤리'라고 볼 수 있다. 물론 한쪽이 일방적으로 책임을 진다는 개념이 불공평해 보일 수 있는데, 그렇기에 어떤 의미에서 볼 때 타자의 윤리는 곧 **'비대칭의 윤리'**이기도 하다.

이런 이유로, 타인을 의식하지 않는 사람이 너무 많아지면 공동체의 붕괴마저 초래할 위험이 있다. 예를 들어 공공장소에서 남에게 피해를 주는 행동이 나오는 이유는 타인을 배려하는 마음이 부족하기 때문인데, 이는 곧 자신의 욕망대로 행동한다는 의미다. 그리고 타인에 대한 배려가 부족하면 성장할 기회를 놓치게 된다는 뜻이기도 하다.

결국, 공동체 안에서 타인과 잘 지내려면 타인의 얼굴을 똑바로 바라보고, 타인의 처지에서 생각하고 행동하는 자세를 가져야 한다. 이를 위해서는 자신과 절대적인 차이를 지닌 타인을 인정하고 받아들여야 함은 물론, 타인에게 무한한 책임이 있다는 **'타자의 윤리'**, 다시 말해 '타인 그 자체가 윤리'라는 마음가짐으로 타인을 대하여야 한다고 레비나스는 생각했다.

12 반지성주의/ 리처드 호프스태터
: 지성과 권위의 결합에 대한 비판 의식

반지성주의는 미국의 역사가 호프스태터가 『미국의 반지성주의』에서 밝힌 개념이다. 그는 미국 역사와 미국 사회의 특성을 **'반지성주의'**라는 용어로 집약하면서 지적 권위 및 엘리트주의에 대해 비판적인 태도와 함께 전문가와 지식인에 대한 강한 불신과 혐오를 드러냈다.

호프스태터에 따르면 '반지성'은 "정신적 삶과 그것을 대표한다고 여겨지는 사람들에 대한 분노와 의심이며, 또한 그러한 삶의 가치를 얕보려는 경향"이다. 이에 비해 '지성'은 물질이나 세속적 가치를 몇 걸음 떨어져 바라보려는 자세로, **'반성'**을 통해 정치나 공동체가 극단으로 쏠리는 것을 막아주는 브레이크 역할을 한다. 호프스태터는 지성이 제대로 작동하지 않으면 사회의 퇴행이나 타락은 불가피할 것이라고 보았다.

호프스태터는 건국 이래 미국 사회의 밑바닥에는 지성에 대한 증오가 흐르고 있다면서, 이것이 반지성주의의 본질이라고 주장했다. 그는 반지성주의가 미국 역사 속에 하나의 국민문화처럼 이어져 왔음을 다음과 같이 설명했다. 미국 문화의 출발선은 유럽의 귀족주의에서 벗어나면서다. 전통적으로 지성이나 교양은 귀족과 같은 특권층의 독점적 **'문화 자본'**이었지만, 신생 독립국 미국에서는 신분이나 계급을 내세우지 못하므로 경제적 성공이 최고의 척도가 되었다. 그렇게 해서 미국 주류 사회에서 물질주의와 평등주의는 반지성의 역사적 토양이 되었다.

역사적으로 반지성주의는 미국 사회에 깊게 뿌리박혀 있다. 대중의 감성과 직관에 호소하는 기독교 근본주의, 기업가들이 선도하는 경제적 실용주의가 대표적이다. 1950년대에 횡행한 매카시즘 같은 반공주의는 반지성주의 확산을 부채질했다. 미국에서 트럼프 같은 막말꾼이 대통령이 되는 것이 하등 이상하지 않은 것처럼 보이는 것은, 지성인의 사색과 숙고 대신에 대중의 열광과 감성이 득세하는 분위기가 사회에 만연한 때문이다.

문제는, 지성에 대항하기 위한 지성이 역설적으로 독선적으로 흐를 수 있다는 점이다. 트럼프 전 대통령의 예를 통해 확인할 수 있듯이, 정치의 타락을 가져오는 반지성주의는 **'포퓰리즘'**을 심화하면서 대중의 비판적 지성을 가로막고, 그로 인한 피해는 온전히 국민의 몫으로 돌아간다. 반지성주의가 위험한 또 다른 이유는 지성의 '실용성'이 의심받는다는 점에서다. 갈수록 다원화되고 복잡해지는 현대 사회에서 지식을 소유하지 않은 일반 대중은 정책 결정 과정에서 소외될 수밖에 없고, 이는 지식을 독점하는 엘리트에 대한 뿌리 깊은 반감으로 이어지면서 구성원 간의 갈등과 반목을 일으키는 요인으로 작용한다. 이처럼 반지성주의는 미국의 민주주의를 지탱하는 근간인 동시에 정치의 **독선**을 불러오는 불안요소이기도 하다. 그런 점에서 반지성주의는 이 두 측면을 상징하는 개념이라 할 수 있다.

근본주의

종교적 교리의 절대적 진리성에 충실을 기하려는 입장으로, **'원리주의'**라고도 한다. 20세기 초, 급속한 자유주의적 경향성에 대한 반작용으로 일어난 보수주의적 성향의 기독교 복음주의 체계를 이르는 말이기도 하다. 이런 기독교 근본주의는 다른 종교를 가진 집단들의 근본주의, 이른바 이슬람의 원리주의, 힌두교의 민족주의, 불교의 정통주의 등과 충돌하면서 국제 갈등과 사회 불안의 요인이 되고 있다.

13 효율적 이타주의/ 피터 싱어
: 착한 일에도 질적 차이가 있다.

'효율적 이타주의(effective altruism)'는 타당한 근거와 추론에 기반하여 이타주의를 실현하고자 하는 사회운동 혹은 윤리학적 사조이다. 어떠한 행동이 가장 효율적으로 타인과 인류에게 영향을 끼치는지를 체계적이고 결과주의적인 방법론으로 분석하려 든다는 점에서 전통적 이타주의 및 자선사업과는 접근 방식 등에서 차이가 있다.

실천윤리학자로 널리 알려진 피터 싱어는, 세상에는 '기부해야 할 이유가 기부하지 않아도 좋은 이유'를 압도한다고 말했다. 그는 『효율적 이타주의자』에서 이러한 문제의식과 이에 상응하는 윤리적 행위 전략을 자세하게 소개했다. 싱어의 기본 입장은 **공리주의**에서 출발한다. 공리주의자가 추구하는 행위의 목적은 나의 행위가 '가능한 많은 사람에게 가능한 많은 행복(가능한 적은 불행)'을 가져다주는 것이다. 이를 기부 행위에 그대로 적용하는 싱어는 나의 기부금이 어떻게 사용되고 있는지를 냉정하게 그리고 꼼꼼하게 따져볼 것을 제안했다. 기부 행위에도 인간적 열정보다는 윤리적 냉정이 훨씬 더 중요하다고 보는 것이다.

이를 두고 싱어는 "타인을 도울 때 더는 감정이 아닌 이성으로 판단을 해야 한다."고 주장했다. 예컨대 오늘도 죽어가고 있는 세계 수십만 명의 아이들보다 미디어가 찾은 단 한 명의 불행한 아이에게 모든 온정의 손길이 몰리는 역설적인 사례를 우리 주위에서 쉽게 찾아볼 수 있다. 효율적 이타주의는 이런 자세를 '지양'한다. 효율적 이타주의의 핵심은 '이타주의'를 실천하되, 어떤 방식이 '가장' 좋은지를 따져보고 실천하자는 것이다.

어떤 단체 또는 개인에게 베푼 나의 선의가 고작 값싼 동정심으로 치부되고 말았다면 향후 나의 기부 행위는 더욱 신중해지지 않으면 안 된다. 공리주의자답게 '가슴'보다는 '머리'로 하는 기부야말로 진정한 의미에서 기부가 될 수 있음을 일깨워 준다. 기부의 중단보다는 이전보다 더 현명하고 똑똑한 기부자 즉 효율적 이타주의자가 되는 것이 중요하다는 것이다.

이처럼 싱어는 "선의만으로 좋은 결과를 낳을 순 없다."라고 지적하면서, 효율적 이타주의를 따져 선행과 기부를 할 것을 주장했다. 따뜻한 가슴(이타심)에 차가운 머리(데이터와 이성)를 결합해야 비로소 선한 의도가 좋은 결과를 낳을 수 있다는 사실을 강조했다.

이익평등 고려의 원칙

현대 공리주의는 고전적 공리주의의 핵심 원리를 계승하는 흐름과 고전적 공리주의의 한계를 극복하려는 흐름으로 나누어 볼 수 있다. 공리의 윤리를 계승하고 확장함으로써 새로운 윤리 사상을 전개하려는 현대 공리주의자이자 실천윤리학자로 싱어를 들 수 있다. 그는 감각을 지닌 모든 개체의 이익은 동등한 고려의 대상이 되어야 한다는 **'이익평등 고려의 원칙'**을 제시함으로써, 인간뿐만 아니라 감각을 지닌 모든 동물에게 공리의 원리를 확장할 것을 주장했다. 쾌락과 고통에 대한 감각을 가진 모든 개체가 쾌락을 늘리고 고통을 줄이는 방향으로 행동하는 것, 즉 이익을 추구하는 것은 개체의 기본적인 권리라는 것이다. 따라서 그는 인간뿐만 아니라 감각을 가진 동물까지도 도덕적 배려의 대상이 되어야 한다고 주장했다.

14 포스트 휴머니즘/ 로지 브라이도티
: 존재의 차이를 인정하는 신유물론 사상

포스트 휴머니즘은 사람이 아닌 인공지능과 같은 비인격적인 주체가 자율과 책임을 지니게 되는 상황에서 등장한 새로운 철학이다. 인간을 세계의 중심으로 여기는 인본주의(휴머니즘)를 부정하거나 초월하고자 하는 사상으로, **'탈인본주의'**라고도 한다. 포스트 휴머니즘은 인간 중심주의가 가진 오만과 초월적 범주인 '휴먼'이 주장하는 예외주의와 정면으로 맞선다. 인간이 자연을 지배하고 통제하는 명백한 운명을 가진 자율적 주체라는 전망 속에서, 결국 '인간의 신격화'를 낳은 휴머니즘의 과거를 극복하려는 것이다.

포스트 휴머니즘은 과학과 철학의 역사에 뿌리 깊은 개념이다. 다윈과 니체가 인간 중심 세계관을 뒤흔들고 쿤 · 하이데거 · 포퍼 등이 자연과학 또한 인간이 세계를 보는 하나의 패러다임일 뿐이라는 관점을 제시한 역사 속에서 등장한 개념이다. 그렇기에 포스트 휴머니즘은 오늘날 현대 과학과 인문학이 활발하게 통섭하고 있는 담론의 장이기도 하다. 포스트 휴머니즘의 의도는 무엇보다 '인간 중심적 휴머니즘'의 한계를 전면적으로 비판하고 극복하는 것이다. 따라서 포스트 휴머니즘은 인간 중심적인 근대적 자연관에서 생물권의 상호작용을 중시하는 자연관으로의 전환을 모색하는 데 담론을 집중한다. 포스트 휴머니스트들은 한정된 자원, 신음하는 지구 문제 등에 대한 과학적 해결은 또 다른 문제를 낳을 뿐이라면서, 좀 더 근본적인 차원의 사회적 · 문화적 · 제도적 해법을 모색할 것을 요구한다.

하지만 '포스트 휴먼'이란 담론 안에는 우리가 경계할 흐름도 있다. 기술결정론의 관점에서 인간과 기계의 융합을 통해 인간의 육체적 한계를 극복하려는 **'트랜스 휴머니즘'**이 그것이다. 기술에 우호적인 트랜스 휴머니즘은 '허약한' 인간의 육체를 '더 나은' 기계로 대체하려고 하며, 이러한 발상에서 트랜스 휴머니스트들은 기술적 매개를 통해 인간의 초월성을 주장한다.

이탈리아 출신의 페미니즘 사상가 로지 브라이도티는 선진 자본주의와 유전공학 기술은 왜곡된 포스트 휴먼 형태의 '트랜스 휴머니즘'을 낳는다고 비판했다. 트랜스 휴머니즘은 기술에 의한 '인간 향상'을 적극적으로 옹호하지만, 그럼에도 정의롭지 못하다. 가장 적게 가진 사람들로부터 이미 너무 많이 가진 사람에게로 재원과 관심을 더욱 빼앗아가기 때문이다. 그녀는 트랜스 휴머니스트들이 인간의 완전성을 추구하는 동안, 세계의 많은 사람이 기초적인 의료 서비스나 식량, 혹은 깨끗한 물이 없어 죽어갈 것이라고 주장했다.

브라이도티는 진정한 포스트 휴머니즘은 "프로메테우스적인 정복의 충동을 다시 불태우는 것이 아니라 겸손을 배우는 것이어야 한다."라고 주장했다. 포스트 휴먼은 본질적으로 인간이 아닌 모든 존재를 범주적으로 타자화해 온 근대 휴머니즘의 인간 중심주의와 종차별주의를 버리고, 땅과 동물과 식물과 지구와 자연이 함께 공생하는, 새로운 생태계 일원으로서의 인간을 지향하는 것이어야 한다는 것이다.

브라이도티는 근대 휴머니즘의 위기를 논하며 인간 존엄성에 대한 옹호가 결코 인간 중심적이고 종차별적인 견해를 옹호해서는 안 된다고 강조했다. 인간의 존엄성이 인간을 오만의 자리에 이르게 하지 않도록 특권적인 지위를 없애야 한다고 주장했다. 폐쇄적인 자기동일성의 논리에 갇혀 있는 근대 인간 중심적인 휴머니즘을 넘어, 우리는 비인간적인 것과의 배타적 구분을 지양하고 인간과 자연이 함께 살아가는 법을 배워야 한다고 역설했다.

15 트랜스 휴머니즘/ 닉 보스트롬
: 신체 기능의 비약적 확장을 긍정하는 입장

미래학자 호세 코르데이로는 유전자 조작 및 AI 로봇 기술 발달로 현 인류는 신체 기능을 새롭게 변화시킨 종인 '**트랜스 휴먼**'으로 진화할 것으로 예측했다. 그가 말한 트랜스 휴먼은 과학기술이 인간 신체와 융합되어 나타나는 신인류다. 신체적 · 지적으로 지금의 인간을 넘어선다는 의미에서 '포스트 휴먼'이라고도 한다.

영국 옥스퍼드대 닉 보스트롬 교수는 트랜스 휴머니즘의 관점을 비판적으로 수용하면서, 인간의 유한성의 한계를 넘어 집단 이성의 힘을 증가시키는 포스트 휴머니즘의 경로를 추적하는 연구 활동을 활발히 진행 중이다. 그는 인간이라는 종은 세계적 재앙으로 '실존적 위기'에 직면해 있으며 AI와 같은 첨단 과학기술은 그와 같은 위기에서 우리를 보호하기도 하지만, 그와 반대로 사태를 악화시킬 수도 있다고 주장했다.

하지만 사람 수준으로 진화한 인공지능(AI)의 출현은 인류에게 유토피아일까, 아니면 디스토피아일까? 지난 알파고 쇼크 이후 일각에서는 기계에 대한 두려움이 커지고 있다. 인공지능(AI) 로봇이 인간의 일자리를 빼앗을 것이라면서 '인간 대 기계의 대결'을 상상하기도 하지만, 미래에는 인간과 기계의 공존이나 융합이 이뤄질 가능성이 더 크다. 한편으로는 기계가 인간을 닮아가는 '기계의 인간화'가 이뤄질 것이고, 다른 한편으로는 인간 신체가 기계를 받아들이는 '인간의 기계화'가 진행될 것이다. 눈앞의 현실을 증강한 증강현실(AR) 뿐만 아니라 인간의 지성 · 감성 · 감각을 증강한 증강인간도 보편화할 것이다. 인공지능과 공존해야 하는 미래 인간의 정체성도 지금의 인간과는 다를 것이다.

보스트롬은 『슈퍼인텔리전스』에서 "인공지능이 인간 수준의 지능에 도달하면 초지능으로 발전하는 것은 예측하기 어렵지만 결국은 시간문제일 뿐"이라고 말하면서, "그 이후에는 심층적인 미래가 펼쳐질 것"이라고 보았다. 그는 AI를 통제하지 않으면 '디스토피아'를 피할 수 없다고 경고하면서, AI가 인류에게 미칠 영향에 대해 지금부터 논의해야 한다고 주장했다. 그는 긍정적인 면에서 보면 범죄를 줄일 수 있고 미래에 발생할 수 있는 테러를 예견해 보호할 수 있지만, 이 기술을 독재 정권이 사용하면 사회를 효과적으로 통제할 수 있는 수단이 될 수도 있다고 보았다.

보스트롬은 인간의 지능을 능가하는 '**슈퍼인텔리전스(초지능)**'의 등장을 예상하면서, 초지능이 탄생해도 인간이 안전하게 운용할 수만 있다면 혜택을 누릴 수 있다고 보았다. AI가 노동력을 책임지고, 인류는 오락 · 문화에 심취할 수 있는 유토피아가 도래할 가능성이 있다는 것이다. 하지만 이를 위해서는 인류가 AI를 원하는 방향으로 설계할 수 있어야만 한다고 강조했다. 그는 "초지능의 사고를 어떻게 인간의 가치나 의지에 부합하게 형성할 수 있는지가 중요한 열쇠가 될 것"이라면서, "지금은 'AI를 어떻게 통제할 것인가'라는 질문에 대해 심각하게 고민해야 할 때"라고 강조했다.

인공지능으로 대표되는 트랜스 휴먼 시대의 출현은 먼 미래의 이야기가 아니다. 어차피 기술 문명을 버릴 것이 아니라면 첨단 기술과 인간의 지속 가능한 공존 조건, 미래의 윤리 문제 등을 포함해 기술과 공존 · 공생하는 인간상을 정립해야 한다. 이것은 과학자와 철학자가 머리를 맞대고 함께 고민해야 할 숙제라고 보스트롬은 주장했다.

16 인류세/ 파울 크뤼천 : 인간이 만든 새로운 지질시대

지질학에서는 암석 기록에 근거하여 지질시대를 세분한다. 지질시대의 단위로는 '누대, 대, 기, 세, 절'이 있으며, 국제층서위원회는 안정된 기후 조건 속에서 인류가 번성하기 시작한 1만 2천 년 전부터 현대까지를 '홀로세'로 구분하고 있다. 노벨 화학상 수상자 파울 크뤼천은 2000년 열린 한 과학 회의에서 지질 및 생태에 끼치는 인류의 역할을 강조하기 위해 현재의 지질시대를 **'인류세(Anthropocene)'**로 부르자고 주장했다.

인류세는 인간의 활동으로 지구 시스템에 균열이 일어나고 있음을 경고한 것으로, 이후 인문사회계와 문화예술계 등의 분야로 담론을 확장해왔다. 인류세가 이 시대를 설명하는 대표적인 용어가 된 것이다.

인류세는 너무나 강력해진 나머지 자기 자신을 포함한 지구 전체의 운명을 좌지우지하는 힘을 갖게 된 한 생물종이 지배하는 시대다. 썩지 않는 플라스틱 쓰레기와 연간 수백억 마리가 도축되는 닭의 뼈로 뒤덮이는 지구, 온실가스가 일으킨 지구 온난화로 폭염, 태풍 등 기후 재난의 규모와 빈도가 기하급수적으로 증가하고 있다. 그 일례로 '코로나19'로 인류세가 역습당하고 있는 최근의 현상은 인류가 생태계를 침범한 대가라고 할 수 있다. 따지고 보면 신자유주의와 자본주의의 전 지구적인 얽힘과 확산으로 대유행한 것으로, 그래서 인류세가 아니라 **'자본세'**로 명명해야 한다는 주장도 있다.

이에 크뤼천은 코로나 팬데믹의 상황에서 방역 국가의 역할과 인간 · 생태 안보 이슈의 중요성을 역설했다. 그는 코로나 팬데믹으로 국가의 역할이 높아지는 상황에서, 위기 상황에 대한 국가의 대처는 **'인권'**이 기준이 되어야 한다는 점을 강조했다. 또 단일 국가의 영토에 국한된 국가 안보의 개념은 '인간의 생명과 생존권을 추구하는 인간 안보'와 더불어, '인간과 자연의 상호의존적 관계 속에서 공생적 발전을 의미하는 **생태 안보**'로 전환되어야 한다고 주장했다.

크뤼천은 지구 평균 기온의 상승과 관련해서도 일침을 가했다. "지구 온난화는 시속 100킬로미터로 달리던 차가 갑자기 이상해져서 시속 2천 킬로미터 이상으로 질주하는 것과 비슷한 상황"이라고 표현했다. 그만큼 지구의 생태를 심각한 위기로 인식한다는 의미다. 그래서 그는 인간과 자연 간 관계에서 '지속 가능한 발전' 이상의 절제와 배려를 지니자는 '녹색 전환'을 일관되게 강조했다.

녹색 전환은 지구적 규모로 강화되고 있는 생태 위기를 직시하고 정치 · 경제 · 사회 · 문화 · 환경 등 모든 면에서 자연과 공생하는 방향을 지향한다. 인류가 녹색 전환을 무시하는 행동을 축적해나갈 때 '코로나19'보다 더 센 저항을 만나는 것은 필연적이다. 가까운 미래의 일상생활에서 과연 깨끗한 공기를 마실 수 있느냐, 아니면 화생방용 방독면을 써야 하는 재앙을 초래하느냐는 인류의 선택에 달렸다.

오늘날 인류세는 점점 더 많은 발언과 지면을 통해 언급되고 있다. 무시무시한 신종 전염병에 속수무책으로 당할 때, 장마가 끝나지 않을 때, 전에 본 적 없던 규모의 허리케인이 닥칠 때, 산불이 가라앉지 않을 때, 사람들은 이제 '인류세'를 말한다. 인류세를 두고 **'인간 자살'**이라고 하는 이유가 여기 있다.

17 사변적 실재론/ 캉탱 메이야수
: 사물은 인간의 인식과는 무관계하면서 존재한다.

최근 들어 유럽을 중심으로 한 '사변적 전회'라고 불리는 새로운 철학적 조류가 일어났다. '사변적 실재론(Speculative Realism, **사변적 전회론**)'은 그 중심 사상으로, 구체적으로는 프랑스 철학자 캉탱 메이야수가 『유한성 이후』에서 갈파한 '**객체 지향 존재론**'을 뜻한다. 사변적 실재론은 사유로부터 독립한, 또는 인간으로부터 독립한 방식으로 실재성의 본질에 대해 고찰하면서, 세계는 이유 없는 우연성을 갖고서 존재한다고 보는 새로운 철학의 사조이다.

이를 설명하기에 앞서, 칸트는 자신의 철학을 '철학의 코페르니쿠스 혁명'이라고 불렀다. 칸트는 의식이 세계에서 비롯한 것이 아니라 세계가 의식과 관계할 때에만 경험될 수 있음을 보여 주었다. 세계는 이성의 구조를 통과할 때에만 경험 가능한 현상이 된다. 따라서 인간이 경험할 수 있는 조건을 넘어 실재 자체에 직접 도달하려는 모든 시도는 경험의 한계를 망각한 이성의 월권일 뿐이다. 칸트 이후 철학자들은 칸트의 이성을 대신해 정신, 언어, 사회, 문화 등 다양한 틀을 제시했다. 그러나 그들은 여전히 경험을 구조화하는 선행적 틀을 제시하고 있다는 점에서 칸트의 '인식론적 전회' 사상의 자장 아래에 있다. 비판적 합리성은 전통 철학이 추구하던 보편적 진리가 사회적이고 시대적이며 인간적인 편견에 불과했다는 사실을 폭로하면서, 인간과 실재 사이에 좁힐 수 없는 거리를 인정하는 겸손한 태도를 보였다.

메이야수는 이러한 칸트 이후의 철학을 '**상관주의**'라고 명명했다. 상관주의는 "사물은 인간과의 상관관계에 의해 존재의 의미가 부여된다."라는 입장이다. 세계에 실재하는 대상 그 자체에 대한 직접적인 진술은 불가능하며, 오직 의식과 세계의 상관관계에 의해서만 접근할 수 있다고 본다. 이에 따르면 인간 마음 바깥에 자리 잡은 실재하는 '물자체'는 우리가 사유로써 다룰 수 없으며, 다만 이성의 힘으로 물자체의 본질에 이르기 위해 노력할 뿐이다. 그런 점에서 헤겔도, 니체도, 하이데거도, 비트겐슈타인도 상관주의라는 바구니 안에 다 쓸어 담을 수 있다.

하지만 메이야수는, 상관주의는 모든 객체를 인간 사유의 상관물, 즉 사유 속의 객체로 존재하도록 하는 것이기에 **인간 중심의 편향된 사고**를 불러온다고 보았다. 그는 상관주의는 존재자인 인간에게 세상에는 '존재' 이유가 있다는 생각을 뿌리까지 없애버림으로써, 이 세계 사물에는 어떤 존재적 근거도 이유도 없다는 사고를 우리에게 남길 뿐이라고 생각했다. 우리가 그것에 관하여 생각하고 있다면, 우리는 이미 그것을 생각하고 있으므로 인간의 사유로부터 독립적이지 않기 때문이다. 그렇다면 존재가 부재하는 세계에서 벌어진 사건을 인간이 사유한다는 것이 정녕 가능한 일일까? 메이야수는 칸트 이후 철학의 '상관주의' 경향에 이의를 제기하고 의식 바깥의 절대적 실재를 구출하려고 했다.

메이야수는 상관주의가 도달한 세계에 관한 '**이유 없음**(○○○, '트리플 오'라고 불리며, 그레이엄 하먼이 주창한 '객체-지향-존재론 Object-Orient-Ontology' 의미를 축약하여 표현한 개념이다.)'이야말로 이성의 유한성에 대한 표식이 아니라 우리의 앎이 시작하는 곳이며, 새로운 철학의 출발점이라고 보았다. 그에 따르면 이유 없음, 근거 없음, 즉 '오직 우연성만이 필연적'이라는 '**우연성의 필연성**'이 우리가 철학을 새롭게 세워야 할 절대적 지식이고 절대자(하이퍼 카오스)이다. 이성은 여기에서 출발하여 철학에서 지워버린 물자체를 재규정해야 하는데, 이는 실험도 관찰도 아닌 '**사변적 추론**'에 의해서만 가능하다고 보았다. 이렇게 메이야수가 사변적 이성의 추론으로 도달한 '물자체'에 대한 철학, 곧 객체 지향 존재론이 바로 '**사변적 실재론**'이다.

18 신실재론/ 마르쿠스 가브리엘
: 사물은 생각을 따라서 존재한다.

신실재론은 포스트모더니즘 이후 일어난 철학의 새로운 사조이다. 2000년 이후, 포스트모더니즘으로 인해 더욱 부각된 실재와 가상의 경계가 모호해진 것에 반발하는 움직임이 프랑스 철학자 메이야수를 중심으로 일어났는데, 이를 두고 '사변적 실재론'이라 부른다. 이후, 페라리스와 가브리엘의 실재론적 복권의 시도가 있었는데, 이를 두고 **'신실재론'**이라고 이름했다.

페라리스와 가브리엘은 "주체가 구축한 결과로서 객체가 발생한다."라는 기존의 구축주의를 뛰어넘고자 하는 점에서 공통된 사고를 지향한다. '신실재론(Neo Realism)'은 탈진실과 포퓰리즘이 판치는 현 세태를 설명하고 나아갈 방향을 제시하는 새로운 철학이다.

독일 본 대학의 석좌교수 가브리엘은 현대 사회의 위기를 '가치의 위기, 민주주의의 위기, 자본주의의 위기, 테크놀로지의 위기'와 함께, 이들의 근저에 있는 '표상의 위기' 등 다섯 가지로 제시했다. 그는, 세계는 종교와 이성의 절대성이 무너지고 포스트모더니즘의 상대주의와 무한한 정보의 혼란이 더하면서 표류하고 있으며, 그 와중에 서구는 과거 전성기를 누린 19세기 국민국가로 회귀하려는 움직임을 보인다고 생각했다. 가브리엘은 절대적 가치를 잃어버리고 표류하는 현대 사회에서 보편적 가치를 어떻게 인식해야 하는지, 허무주의에 빠지지 않으려면 어떻게 해야 하는지를 숙고했다. 민주주의의 위기에서는 다양성과 포용의 패러독스를, 자본주의의 위기에서는 심각해지는 빈부격차 등 악의 잠재성을, 표상의 위기에서는 이미지가 진실을 덮어 은폐하는 현실을 돌아보았다.

가브리엘에 따르면, 지금의 세계는 실상을 감춘, 위장된 **'의태(擬態)'** 사회, 즉 속임수의 사회다. 모든 일이 감춰져 있어서 눈에 잘 보이지 않을 뿐 아니라, 아무도 진실을 알려고 하지 않는다. 여기에서 그의 신실재론이 등장한다. 신실재론은 '모든 것은 진짜'라는 명제에서 출발한다. 그러나 현실에서 일어나는 '의미의 장(場)' 속에선 '무엇이 옳은가'가 중요하다. 누가 무엇을 말하느냐가 아니라, 그 사람이 적합한 이유를 근거로 옳은 말을 하는가가 중요하다. **'의미의 장'**은 사물의 의미를 부여하는 현재의 장소로, 가브리엘은 구성주의(=현실은 해석으로 환원될 수 있다)에 대해서는 실재론(=해석 너머에 '의미의 장'이 있다)을, 자연주의(=마음은 뇌로 환원될 수 있다)에 대해서는 관념론(=뇌 너머에 마음이 있다)을 옹호하면서, 사물의 실재는 우리가 생각하기에 달렸다고 주장했다.

가브리엘은 정말로 어떤 일이 일어나고 있는지를 알려면 무엇보다 소셜 미디어로부터 자신을 해방해야 한다고 보았다. 소셜 미디어는 보여주기 식의 완전한 '의태'이기 때문이다. 인터넷 또한 비민주적이다. 그 한 예로, 대충의 정보를 올리는 위키피디아에는 잘못된 정보도 들어있는데, 이를 검증하는 사람이 없다. 잘못된 정보를 삭제할 수 있는 권한도 오로지 위키피디아 운영자뿐이다. 구글의 알고리즘, 각종 해킹으로 진실은 더 가려진다. 이처럼 가브리엘의 신실재론의 특징은 진짜와 가짜의 **'경계'**를 분명히 한 것에 있다. 그는 신실재론을 통해 진짜와 가짜를 가리기 위한 탐색의 중요성, 삶의 중심을 바로 세우기 위한 사고의 틀을 제시했다. 신실재론은 이러한 현대 소셜 미디어의 역행적 흐름에 제동을 걸려고 시도했다. 인터넷이 은폐하고 있는 비민주적인 면모를 교정하여 민주적인 '디바이스'로 새롭게 창출하려는 것이다. 이런 이유로 신실재론은 현재 상황과 긴밀하게 연동하는 현재 진행형 철학이라 할 수 있다.

19 비유물론/ 그레이엄 하먼 : 객체 지향의 사회 이론

그레이엄 하먼 미국 USC 교수는 사변적 실재론의 한 갈래인 '**객체 지향 존재론**'을 통해 사회생활 속 객체의 본성과 지위를 규명하고자 했다. 하먼의 객체 지향 철학은 모든 존재자를 단순히 동일한 층위에 자리잡게 하는 평평한 존재론을 거부하고, 모든 존재에게 그 고유의 창발성과 공생 개념, 그리고 개체의 실재성을 인정하는 존재론을 부여하는 것을 목표로 한다.

하먼에 따르면, 지금까지 구상된 객체에 관한 철학(유물론)은 어떤 객체를 그 구성요소들로 환원하거나(아래로 환원하기), 그 관계들이나 행위들로 환원하거나(위로 환원하기), 아니면 이 두 전략을 결합하여 양방향으로 환원(이중 환원하기)을 했다. 객체를 그것의 '물리적 구성요소들 아래로 환원'하는 대표적인 전략이 고전 유물론 또는 과학적 유물론이고, 객체를 그것의 '사회 · 정치적 효과들 위로 환원'하는 대표적인 전략이 사회구성주의적 포스트모던 유물론이다.

그 일례로 그는, 과학자와 철학자가 내놓은 '코로나바이러스 감염증'에 대한 진단과 처방이 공허하게 느껴지는 이유는, 다름 아닌 복잡한 객체를 어딘가로 '**환원**'하고 있기 때문이라고 생각했다. 예컨대 코로나19 바이러스(COVID19)란 무엇인지 묻는다면, 흔히 두 가지 답변 방식이 있을 수 있다는 것이다. 그것이 무엇으로 이루어져 있는지(아래로 환원하기)를 말하거나, 아니면 그것이 무엇을 행하는지(위로 환원하기)를 말하는 것이다. 하지만 이런 식의 답변은 코로나19의 의미를 충분히 알려주지 못하는데, 왜냐하면 코로나19의 모든 특성을 알 수 있더라도, 그 특성들을 전부 나열하는 것만으로 바이러스를 생성할 수 있는 것은 아니기 때문이다.

하먼에 따르면, 유물론적 방법론의 환원하기 전략은 객체를 '객체에 관한 인간의 지식'으로 대체하고, 객체 자체의 '존재' 또는 객체성을 도외시하는 등으로 객체의 실재성과 자율성을 부정한다. 하먼은 이러한 존재론적 유물론의 객체 개념을 거부하면서 자신만의 독창적이고 독특한 '비유물론'적 접근법을 전개했다. 객체의 실재성, 즉 '환원 불가능성'을 긍정하는 **객체 지향의 방법론적 사고**를 '비유물론'으로 지칭하면서, 변화는 '간헐적이고 안정성이 표준'이라고 주장했다. 하먼의 객체 지향의 비유물론 철학의 목표는 어떤 객체를 그것의 구성요소, 즉 아래로 환원하지 않고, 객체를 그것의 힘, 영향, 관계, 즉 위로 환원하지도 않으며, 이 두 가지를 섞어서 혼합한 양방향으로의 이중 환원도 거부하는 새로운 존재론을 제공하는 것이다.

하먼은 모든 단위에서 존재하는 것들을 어떤 근본적인 구성적 층위로 용해하지 않은 채 '**있는 그대로**' 인정해야 한다고 주장했다. 반려견이든, 피자헛 매장이든, 행성 지구든 간에 모든 객체는 자율적인 실재성을 갖추면서 세계를 구성하며, 각각의 객체는 다른 객체들의 '실재적 조립체'라고 보았다. 이러한 **실재적 객체**로서의 지구는 자율적 기능을 갖추고 있음에도 불구하고, '코로나바이러스'처럼 지구 안에 공존하는 객체가 주변 환경 변화에 따라 돌연히 변화할 수 있다는 '**탈인간중심주의**' 사고가 곧 비유물론적 객체 지향 존재론의 접근법이다.

하먼은 기존 철학 체계의 전통적 이분법인 행위 또는 구조로의 환원을 거부했다. 그는 전통적인 형태의 결정론적 유물론과 현대적인 형태의 사회구성주의적 유물론 양자를 비판하면서 비유물론으로 나아갔고, 이를 인류세, 예술, 건축 등에 적용하면서 사회 이론으로 발전시켜나갔다. 하먼의 객체 지향 존재론(및 사회 이론)은 인공지능, 4차 산업혁명 등과 같이 자연과 사회를 이분법적으로 구분하는 사유의 틀로는 분석할 수 없는 새로운 객체 출현의 시대에 부합하는 존재론적 사유를 제시한 점에서 의의가 있다.

20 신유물론/ 마누엘 데란다 · 로지 브라이도티 : 물질을 중심으로 세계를 고찰하는 입장

'팬데믹'으로 표상되는 오늘날, 인간 중심주의에 대한 반성으로 물질에 대한 사고의 전환이 일어났다. 마르크스의 유물론과는 전혀 다른 방향의 사상인 **'신유물론(New Materialism)'**이 그것이다. 이전 사상이 현실을 등한시한다는 비판과 함께 새로운 사상을 모색하였고, 그 결과 언어적 패러다임 대신 사회현상을 물질의 관계로 이해하는 신유물론이 등장한 것이다.

'신유물론'이라는 용어를 처음 사용한 사람은 건축가였던 마누엘 데란다와 페미니즘 철학자 로지 브라이도티로, 이들은 '인간 중심주의'에서 생물과 무생물을 모두 포함한 **'물질 중심주의'**로의 전환을 꾀했다. 패러다임에 있어 '신유물론'은 마르크스의 '유물론'을 넘어선다.

브라이도티에 따르면, 마르크스의 유물론 사상은 다분히 인간 중심적이다. 마르크스는 서구 휴머니즘의 전통 속에서 인간의 역사는 자연의 물질과 무관하게 전개되고 발전한다고 전제했다. 그에 비해 신유물론은 인간의 손이 미치지 못한 자연물과 장소뿐만 아니라, 인공물과 과학기술 등 인간 자체가 아닌 모든 사물과 그 사이에서 일어나는 현상에 관심을 둔다. 브라이도티는 물질론적 일원론은 늘 변화하는 세계를 좀 더 분명하게 이해할 수 있도록 한다고 보았다.

신유물론은 물질과 정신, 자연과 인간, 객체와 주체를 분리하는 '이원론'을 걷어내고 물질 중심의 **'일원론'**을 주장했다. 신유물론은 일원론의 핵심을 인간 역시 물질에 불과하다는 사실에 두고서, 인간은 물질과 마찬가지로 환경에 적응하면서 변화한다고 주장했다.

신유물론에 따르면 인간과 물질은 한쪽만 일방적으로 변하는 것이 아니라 함께 변화해 가는 **'공진화'** 과정을 거친다. 정통 진화론에서는 서로 다른 종의 개체가 '공진화(共進化)'를 한다고 여기지 않았지만, 최근에는 종들의 변화를 전체적으로 이해하기 위해 다른 생물종의 상호작용을 받아들였다. 공진화는 생물체 안에서만 일어나는 것이 아니라 생물과 무생물 사이에서도 일어난다. 인간이 기계와 상호작용하면서 인간과 기계의 공진화도 일어난다. '공진화'에서 비로소 인간과 물질의 일원론이 가능해진 것이다.

물질 간의 공진화에 있어서 영향을 주고받을 때 영향을 끼치는 '행위자'는 인간 행위자에서 비인간 및 무생물에까지 확장된다. 그러므로 신유물론은 인간만이 우월한 주체라는 아집에서 벗어나 생물과 무생물의 배치와 배치물의 이해에 초점을 두었다. 지금, 이 순간에도 공진화, 행위자, 배치를 통한 일원론이 과학, 철학, 지리학 및 페미니즘까지 포함하는 원리로서 한창 전개되는 중이다.

신유물론의 특징

신유물론의 특징은 크게 세 가지로 요약할 수 있다. 첫째, **'관계적 물질성'**으로, 물질적 존재는 고정된 실체가 아니라 다른 존재와의 관계를 통해서 그 실재성을 유동적으로 드러낸다. 둘째, **'일원론적 존재론'**으로, 주체와 대상, 인간과 비-인간, 문화와 자연을 나누는 존재론적 이원론을 거부하고 모든 실재하는 것들을 물질성의 연속체 안에서 이해한다. 셋째, **'비인간 행위성'**으로, 사회적 세계를 생산하고 재현하는 능력으로서의 행위성이 인간을 넘어 모든 존재에게 귀속된다. 신유물론은 크게 브뤼노 라투르의 '행위자-네트워크 이론', 질 들뢰즈와 마누엘 데란다의 '어셈블리지 이론', 다나 해러웨이와 캐런 바라드 및 로지 브라이도티가 주도하는 '페미니스트 유물론'이라는 세 가지 사유의 흐름에 집중한다.

21 기능주의/ 데이비드 암스트롱
: 마음은 기능에 의해 규명될 수 있다.

기능주의는 마음의 상태는 '**기능**'으로서 정의 가능하다고 보는 입장으로, '진리 확정 이론'을 주장한 현대 자연주의 분석철학자인 데이비드 암스트롱에 의해 제창됐다. 마음과 몸에 관한 현대 심리철학의 논의는 데카르트의 이론으로 거슬러 올라간다. 데카르트는 마음과 몸의 본질을 각각 '사유(思惟)'와 '연장(延長)'으로 규정하고, 마음은 비물질적 실체이고 몸은 물질적 실체라는 '실체 이원론'과, 마음과 몸의 인과관계를 인정하는 '심신 상호작용론'을 주장했다. 그러나 동일한 속성을 갖지 않는 비물질적 실체와 물질적 실체의 상호작용은 성립할 수 없기에 데카르트의 주장은 모순을 드러냈다. 그 뒤 심리철학자들은 심신 관계에 대한 새로운 설명 방식을 내놓았고, 암스트롱 또한 그 대열에 가담했다.

암스트롱은 정신철학의 핵심 문제 가운데 하나인 '마음(정신)'의 존재론적 위상, 즉 정신적 '상태 · 사건 · 과정'이란 것이 과연 존재론적으로 무엇을 뜻하는지를 논의했다. 감각 · 지각 · 심상 · 의식과 같은 우리의 정신 작용이 비물리적 작용인지, 그렇지 않으면 신체 작용처럼 물리적인 작용인지를 묻는 것이다.

암스트롱은 우리의 의식에는 '최소의식, 지각의식, 내성의식'이라는 세 가지 다른 형태로 이루어져 있다고 보았다. 그는 내성의식과 같은 고차원적인 의식 없이 지각의식만 작동할 수 있다는 입장을 옹호하기 위해 이른바 '장거리 트럭 운전사 퍼즐'을 제시했다. 오랜 시간을 운전하여 목적지까지 안전하게 도착했지만, 그 과정에서 보았던 것을 기억하지 못하는 운전사의 경우에, 그의 운전 중에 수행된 인지와 행동에는 정확히 어떤 유형의 의식이 개입된 것일까?

암스트롱은 트럭 운전사가 지각의식은 가졌지만, 내성의식은 가지고 있지 않았던 때문이라고 답했다. 반면에 생태심리학자 킴 스티렐니에 따르면, 암스트롱의 견해를 수용하여 해당 운전사가 지각의식과 내성의식 모두를 가졌더라도, "그가 운전해 온 과정을 기억하지 못하는 것은 의식 내용에 대한 기억 추적에 실패한 것"이라는 관점을 제시했다. 현대 심리철학에서 이 둘 중 어느 입장이 더 타당한지는 명확하게 답변하기 어려운 난해한 문제로 남아있다.

그렇더라도 암스트롱의 이론이 이전 학자들의 이론과 다른 점은 그가 '**인과성**'을 명시적으로 강조했다는 점이다. 그는 정신 상태를 '일련의 어떤 행동들을 산출하기에 적합한 상태'와 '일련의 어떤 자극들에 의해 산출되기에 적합한 상태'라는 두 가지 유형으로 구분했다. '인과이론' 또는 '기능주의의 인과적 형태'라고 부르기도 하는데, 그는 후자보다는 전자가 정신 상태를 구성하는데 있어서의 보다 본질적인 역할이라고 보았다.

암스트롱은 특히 정신적 상태가 두뇌 상태나 중추신경계의 상태와 동일시된다고 봄으로써 '중추-상태 물질론'을 주장했다. 무엇보다도 그는 자신의 **물질론**에 대해 이르기를, "단지 감각과 의식 과정뿐만 아니라 모든 정신적 상태, 사건, 그리고 과정에 적용하는 것이다."라고 주장했다. 그는 '모든 정신적 상태들이 어떤 종류의 물리적 행동을 유발하기에 적합한 사람의 상태들'이란 견해를 입증하기 위해, 감각 · 지각 · 감각질 · 믿음 · 의지 · 사고 등의 정신적 상태들이 중추신경계의 물리적 · 화학적 상태와 동일시될 수 있다고 보았다.

22 소거주의/ 폴 처칠랜드
: 마음과 의식 상태는 모두 뇌의 신호로 대체할 수 있다.

자연주의는 인간의 인식 활동을 자연 현상으로 고찰하는 견해로, 분석철학자 콰인에 의해 제창되었다. 콰인은 이성의 힘으로 진리를 규명할 수 있다는 기존 철학의 특권을 부정하고, (경험) 과학을 철학(인식론)에 도입해야 한다고 생각했다. 정신철학 연구로 유명한 캐나다의 철학자 처칠랜드는 연구 태도와 방법에서 콰인의 자연주의 철학을 계승하여 '소거주의'라는 독특한 사상 체계를 정립했다.

소거주의는 마음의 상태를 나타내는 '신념', '감정'과 같은 철학적 설명을 과학적 언어로 완전히 대체하려는 입장을 말한다. 처칠랜드는 상식적으로 존재한다고 생각하는 마음의 존재도 뇌 과학이 발전하면 에테르처럼 그 개념이 없어진다고 보았다. 즉 신경과학의 발달로 '마음'이라는 개념 자체는 소멸한다고 보았다.

소거주의(제거적 유물론)에 따르면, 일반 심리학에서의 (또는 우리의 일상에서 사용되는) 믿음, 느낌, 욕구 등의 심적 용어들은 심적 속성에 대한 엄밀한 용어들이 아니기에 제거되어야 하며, 대신 이러한 용어들은 현대 신경과학과 인지과학적 언어 또는 용어들로 대체해야 한다고 본다. 처칠랜드는 희로애락의 감정은 모두 뇌의 신호를 나타내는 과학의 언어로 대치될 수 있어서 마음은 더는 존재하지 않는다고 생각했다.

소거주의의 배경에는 **'물리주의'**가 있다. 물리주의는 유물론의 입장에서 세계는 물질로 이루어져 있고, 마음(의식)도 뇌의 움직임에 관계하는 한갓 물질에 불과하다고 보는 입장이다. 즉 세계를 이루는 사물만 존재로 인정하는 사고방식이다. 세계의 궁극적 요소는 물리적이며, 이 세계에 대한 인식 역시 물리적으로 이해될 수 있다는 것이다. 물리주의는 '가치'나 '의미'의 개념을 포함해 모든 사물의 물리적인 증명을 시도한다. 행동주의, 기능주의, 동일설을 지지하는 물리주의 학자의 다수는, 마음(의식)은 뇌의 기능에 관계하므로 마음의 구조는 뇌 과학의 입장에서 물리적으로 규명될 수 있다고 보았다. 그 결과, 정신을 표상하는 마음과 물리적인 물질의 관계를 연구하는 '심리철학(정신철학)'으로 발전했다.

다른 한편으로, 처칠랜드의 소거주의는 **'과학적 실재론'**의 입장에 선다. 그렇더라도 실재론에 대한 그의 입장이 매우 미묘하다. 과학적 실재론은 간단히 말해 "과학 이론은 관찰 가능한 영역과 관찰 불가능한 영역 모두에 대해 참이다."라는 입장이다. 반면 반실재론은 관찰 가능한 영역과 불가능한 영역에 대해 다른 태도를 보인다. 즉 "과학 이론은 관찰 가능한 영역에 대해서는 참이지만 관찰 불가능한 영역에 대해서는 참인지 우리가 알 수 없다."라는 입장이다.

그런데 폴 처칠랜드는 우리의 관찰은 우리가 믿고 있는 이론의 영향을 받기 때문에(관찰의 이론 적재성) 관찰 가능한 영역에 대해서도 과학 이론이 참이라고 확신할 수 없다고 주장했다. 즉 관찰은 현상을 그대로 보여 주는 것이 아니라 이론이라는 필터를 통해 보여 주는 것이므로, 관찰된 현상이 실제 현상 그대로라는 보장이 없다는 것이다. 이런 이유로, 처칠랜드는 "과학 이론이 관찰 가능한 영역과 불가능한 영역 모두에 대해 참인지 알 수 없다."라고 주장했다. 그럼에도 관찰 가능한 영역과 불가능한 영역 양쪽에 대해 같은 입장을 따르기 때문에, 자신은 어디까지나 과학적 실재론자라고 말했다.

23 자연주의적 이원론/ 데이비드 차머스
: 마음의 문제는 과학적으로 접근해야 한다.

호주 출신의 분석철학자 차머스는 이른바 '의식'의 어려운 문제를 체계화한 것으로 가장 잘 알려져 있다. 차머스는 의식에서 '쉬운' 문제와 '어려운' 문제를 구별했다. '인지적 · 기능적 의식'과 같은 쉬운 문제와 '현상적 의식'과 같은 어려운 문제 사이의 본질적인 차이점은, 전자는 적어도 이론적으로는 심리철학의 지배적인 전략인 **'물리주의'**를 통해 답할 수 있다는 것이다.

차머스는 이에 대한 자신의 입장을 **'자연주의적 이원론'**에 위치시켰다. 그는 이원론의 입장에서 마음(의식)은 현대 물리학으로는 설명할 수 없다고 생각했다. 그렇다고 물체와 분리된 마음을 정신적 실체로 파악하는 데카르트의 심신 이원론을 전적으로 따르지도 않았다. 그는 정신과 영혼 같은 초자연적인 언어로서의 의미가 아니라 자연적(그리고 과학적) 언어의 의미로써 생각하면서, 물질인 뇌로부터 왜 의식이 일어나는지에 대해 골몰했다. 그의 자연주의적 이원론은 마음(의식)의 문제는 결코 물리학으로 환원할 수 없다는 '이원론적' 관점을 기반으로 하되, 과학적 접근 방식을 따라야 한다는 **'자연주의'** 사상을 더한 것이라 할 수 있다.

차머스는 자신의 자연주의적 이원론의 입장을 뒷받침하는 의미에서 **'철학적 좀비'**의 논리적 가능성에 대해 역설했다. 철학적 좀비는 외면상으로는 보통 인간과 같지만, 의식(퀄리아)을 갖고 있지 않은 인간을 말한다. 차머스는 **성질 이원론(중립 이원론)**의 입장에서 물리주의(물적 일원론)의 입장을 반박하면서 이 개념을 사용했다.

철학적 좀비는 '물리적 · 화학적 · 전기적 반응에는 일반 인간과 완전히 동일하게 작용하지만, 의식(감각질)을 전혀 가지고 있지 않은 인간'이라고 정의된다. 좀비와 인간의 차이는 마음을 갖고 있는가, 그렇지 않은가 여부이다. 차머스는 이를 차용하여 '마음'이 비물질적 감각으로 세계 안에 존재할 수 있으며, 그리하여 인간의 본질은 '마음(의식, 퀄리아)'이라고 결론 내렸다. 따라서 뇌와 물리적으로 상호작용하고 있지 않은 것에 대해서는 애초부터 말할 수도 알아차릴 수도 없으므로, 감각질(퀄리아)의 존재에 관하여 이를 물질과 의식이 독립적으로 있는 이원론적 입장을 갖는 것은 모순을 안고 있고 또 논리적으로도 설명 불가능하다고 주장했다.

퀄리아

퀄리아는 어떤 것을 지각하면서 느끼게 되는 기분이나 떠오르는 심상으로, 말로 표현하기 어려운 특질을 가리킨다. **'감각질**(주관적으로 의식된 감각)'이라고도 부른다. 일인칭 시점이기에 주관적인 특징이 있으며, 객관적 관찰이 어렵다. 차머스에 의하면 의식에 관한 문제는 어려운 문제와 쉬운 문제로 나눌 수 있다. 심리학과 신경과학이 대답할 수 있는 문제, 예를 들면 '뇌는 정보를 어떻게 통합하는가?'나 '인간은 어떻게 외부의 자극을 분별하여 이에 적절히 반응할 수 있는가?'와 같은 인지체계의 객관적 메커니즘과 관련된 문제가 쉬운 문제다(여기서 '쉽다'라는 의미는 사소하거나 중요하지 않다는 의미가 아니다). 반면 심리학과 신경과학이 대답할 수 없는 문제, 예를 들면 '뇌의 물리적 작용이 어떻게 주관적인 감각 경험을 일으키는가?', '왜 뇌의 물리적 작용에 감각이 동반되는가?'처럼 생각과 인식의 내적 측면에 관한 문제가 어려운 문제다. 퀄리아(감각질)는 의식에 관한 문제 가운데 설명하기 어려운 문제, 다시 말해 '설명의 간극'이 큰 문제를 일컫는 것이기 때문에 논쟁의 대상이 된다.

24 생물학적 자연주의/ 존 로저스 설 : 감정은 뇌 과학으로 설명할 수 없다.

마음에 관한 철학적 논의가 본격적으로 등장한 이래로 심리철학의 주된 화두는 이른바 '심신 문제'에 관한 것이었다. UC 버클리의 심리철학 교수인 존 설은 심리철학 분야의 다양한 입장은 모두 일련의 잘못된 가정을 전제로 하고 있다고 보면서, 이를 타파할 방안을 제시했다. 그는 마음의 가장 본질적이면서 주된 특징을 **'의식'**으로 보고, 이것은 자연 세계의 일부이며 지극히 일반적인 생물학적 현상이라는 점을 강조했다.

존 설은 뇌가 의식을 물리적으로 만들어내는 것은 신경과학의 관점에서도 분명하다고 주장했다. 그는 인간의 모든 의식은 뇌의 활동을 통해 물리적으로 만들어지며, 이러한 사실은 신경생물학적으로 분명하다고 보았다. 그는 배고픔과 졸림 등 생명 활동의 일환으로서 일어나는 의식은 우리 뇌에서 물리적으로 작용하면서 그와 같은 행동을 일으키는 원인이 되며, 이를 생물학적으로 해명할 수 있다고 생각했다.

존 설에 따르면, 의식은 뇌와 중추신경에서 물리적으로 발생하는 것으로, 소화 활동과 똑같이 생명을 유지하는 활동의 일환이다. 반면, 감정과 같은 주관적 의식을 물리적으로 말하는 것은 불가능하다. 다시 말해, 위가 위액을 분비하고 식물이 광합성을 하는 것처럼 뇌의 생물학적인 조건에서 의식이 태어난다. 존 설은 이러한 입장을 **'생물학적 자연주의'**라고 불렀다.

존 설은 의식과 감정은 '착각'일 뿐이라는 '물리주의' 입장을 부정했다. 존 설에 따르면, 의식은 물리주의자나 소거주의자가 생각하는 것처럼 뇌가 물질을 '퀄리아'(마음속에 일어나는 주관적 감각)나 감정으로 착각하는 것이 아니다. 의식은 장(腸)이 소화를 시키는 것과 마찬가지로 생명을 유지하기 위한 현상이며, 생물학적으로 분명히 존재하는 것이다. 다만, 퀄리아나 감정은 주관적인 문제이기 때문에 이를 물리적으로 논하는 것은 불가능하다고 주장했다.

존 설은 물리학(신경과학)에서 다루어야 할 '의식'이라는 용어와 퀄리아 등 철학적 존재론과 인식론에서 다루어야 할 '의식'이라는 개념을 혼동해서는 안 된다고 말했다. 생물학적 의미의 의식은 이른바 **'기능적 의식'**인 반면, 주관으로서의 의식처럼 철학에서 말하는 의식은 **'현상적 의식'**이기 때문이다. 즉 생명 현상의 하나로서의 의식(기능적 의식)은 생물학적으로 설명할 수 있는 반면에, 감정을 비롯한 주관적인 의식(현상적 의식)은 확실히 존재하지만, 그렇더라도 그것의 작동 원리를 물리적으로 설명하는 것은 불가능하다고 보았다.

다른 한편으로, 존 설은 **'중국어 방'**이라고 불리는 사고 실험을 통해 인공지능 컴퓨터가 의식을 갖는다는 생각에 비판적인 시각을 드러냈다. 그는 컴퓨터가 지능(마음)을 갖는다고 암시한 '튜링 테스트'에 대해 '중국어 방'이라는 논리로 반론을 제기했다. 실험에 따르면, 인공지능은 중국어 방에 있는 영국인과도 같아서 자신의 행위를 이해한다고는 말하기 어렵다. 중국어를 모르는 영국인도 영어로 쓰인 매뉴얼을 따라 하면 중국어 질문에 답할 수 있지만, 그렇더라도 그것이 중국어를 이해하는 것은 아니다. 그는 로봇에게 마음(지능)이 있는지를 부정하는 사고 실험을 통해, 인공지능은 자신의 행동을 사고를 통해 이해하려 하지 않는다고 결론지었다.

25 어포던스/ 제임스 깁슨
: 지각은 행동을 위한 정보를 제공한다.

'어포던스(affordance)'란 '어떠한 행동을 유도한다.'는 뜻으로, 사물에 대한 인식과 사물의 실제 속성, 즉 사물이 어떻게 사용될 수 있는지를 결정하는 기본적인 속성을 의미한다. **'행동 유도성'**이라고도 한다. 오늘날 어포던스는 인간과 컴퓨터 상호작용, 인지 심리학, 산업 디자인, 환경 심리학, 그리고 인공지능학 분야에서 '서로 다른 개념을 연결하는 것'이란 의미로 쓰인다.

미국의 심리학자 깁슨에 따르면, 어포던스는 "어떠한 상황과 사물의 인상이 자연스럽게 특정 행동으로 이어질 수 있는"이란 개념이다. 그는 이러한 탐구 행위로서의 **'지각 시스템'**을 어포던스라고 정의했다. 그에 따르면, 어포던스는 행위자와 환경의 관계, 혹은 이 둘 사이의 관계 속에서 존재하는 행위의 가능성을 뜻한다. 마주하고 있는 행위자에 의해 동일한 환경은 다른 (행위의) 어포던스를 제공한다. 예를 들어, 우리가 합판으로 된 벽 옆을 지나가다 머리 높이 정도에 구멍이 있다면, 우리는 당연히 눈을 대고 들여다보려고 하고, 이는 대상에 대응하는 행위로 자연스럽게 나타날 것이다. 일반적으로 인간의 인지 활동은, '감각–지각–기억–행동'이라는 순서를 따른다. 먼저 외부 사물을 눈이나 귀와 같은 감각기관을 통해 받아들이고, 그런 다음 머릿속에 있는 정보로 해석한다. 이렇듯 우리는 대상을 지각한 후 그것에 맞춰 행동이 일어난다고 생각하지만, 앞의 사례는 이러한 과정, 즉 정보처리 과정이 필요 없음을 보여준다. 지각과 행위는 순환적 · 상보적 관계를 형성하면서 서로를 연결하고, 이를 통해 사물에 대한 지각은 즉시, 직접적인 행위로 이어질 수 있음을 보여준다. 깁슨은 생물체의 능동적인 신체 행위 전체를 지각으로 보면서, 지각은 각양각색의 생물체가 자신에게 고유한 환경으로 적응해가는 행위로 보았다. 이런 의미에서 그의 이론은 **'생태학적 시각론'**으로 불린다.

한편, 미국 노스웨스턴 대학교 컴퓨터공학과 교수인 도널드 노먼은 어포던스의 개념을 인간과 컴퓨터 상호작용 분야의 관점에서 사용하기 시작했다. 그러나 노먼이 말하는 어포던스의 개념은 엄밀히 말하면 **'지각 어포던스'**, 즉 행동 유도성이라고 하는 것이 정확하다. 노먼에 따르면, 어포던스에 의해 사용자는 사물을 어떻게 다루면 될 것인가에 관한 단서를 제공받는다. 따라서 어떤 행위 이후에 어느 한 현상이 나타나면, 그 현상은 그 어떤 행위가 인과적인 원인이 되어 일어난 것으로 느끼게 된다. 지각 어포던스는 이를테면 '형태가 인간의 심리를 충동질한다.'라는 개념으로, 노먼은 인간–기계 혹은 인간–컴퓨터 상호작용에, 다시 말해 기계나 일상용품의 디자인에 유용하게 사용될 수 있음을 여러 사례를 들어가며 보여주었다.

그렇더라도 어포던스와 지각된 어포던스는 다소 차이를 보인다. 예를 들어 어떤 다른 아무것도 없는 방에 흔들의자와 놀이공이 놓여 있고 이 방에 누군가의 행위자가 들어간다면, 그가 흔들의자에 앉아 공 튀기기 놀이를 할 가능성이 크다고 예상할 수 있다. 이때 그럴 가능성이 큰 이유는 행위자의 이전 경험에서 비롯되는 것이자, 행위자가 그 공을 가지고 할 수 있는 행위를 자연스럽게 지각할 것이라는 추론에 바탕을 둔다. 이런 경우의 어포던스는 노먼의 주장처럼 **'지각된 어포던스'**로, 흔들의자는 앉고 공은 튀는 놀이를 하도록 행동을 유도(어포드)하고 있는 것이다. 이에 비해 깁슨에게 있어서의 어포던스 개념은 그와 같은 사회적이거나 경험적인 행위는 물론이고, 행위자가 지각하거나 경험하지 않은 객관적인 모든 가능성을 포함한다. 놀이공 위에 서서 흔들의자를 발로 차는 경우도 하나의 고려 대상이 되는 것이다.

26 양상 의미론/ 솔 크립키
: 고유명사는 확정 기술을 넘어 직접 지시의 힘을 갖는다.

"지칭어(지시어)의 의미는 하나의 개념으로, 그 외연을 결정한다."라는 언어철학의 입장을 **'지칭 기술론'**이라고 한다. 프레게의 '지시 대상과 의미(세계는 언어의 의미만을 파악해야 한다)', 러셀의 '유형 이론(유형 구분을 통해 언어적 모순을 피해야 한다)'과 '기술 이론(지식의 참과 거짓의 판정을 틀리지 않게 해야 한다)', 비트겐슈타인의 '그림 이론(말할 수 있는 것과 말할 수 없는 것을 구별해야 한다)'이 이에 해당한다.

그러나 미국의 논리철학자 콰인은 '지칭 기술론'을 거부했다. 콰인은 **'총체론'**의 입장에서 "언어는 각각의 명제를 분리해서는 검증될 수 없다."라고 주장했다. 그는 어떤 명제를 다른 명제와 분리해서 독립된 것으로 검증하는 것은 가능하지만, 그렇더라도 검증되는 것은 언제나 이론 전체(명제들의 총체)로, 개개의 명제와 경험의 개별 대응은 존재하지 않는다고 보았다. 거꾸로, '아프리오리한(생득적인)' 분석명제 역시 경험에 의해서는 개정되지 않는 것이기에 결코 명제로서의 특권을 누릴 수 없다면서, 칸트 이후의 분석명제와 종합명제의 구별은 더는 유용하지 않다고 주장했다. 이처럼 콰인에게 있어서 명제(이론)는 인공적인 구축물이며, 하나의 신념 체계에 불과하다. 따라서 최종적으로 명제에 관해 중요한 것은 '참/거짓'이란 구분이 아니라 '유용한가/그렇지 않은가'라는 실용주의적 구분이 된다.

미국의 철학자 솔 크립키 역시 지칭 기술론의 주장을 비판했다. 지칭 기술론에 의하면, '김태희'라는 이름을 올바르게 사용하기 위한 기준은 화자가 '(이 책의 저자인) 김태희'가 지닌 의미의 집합에서 김태희를 선별하는 중요한 의미 요소들을 아는 것이다. 그러나 길거리를 지나치는 행인이 "김태희가 누군가요?"라는 물음에, "김태희는 연예인이지요."라고 대답했다면, 그 행인은 기술론에서 말하는 이름 사용 기준을 만족하고 있지는 않지만, 그 이름을 잘못 사용하고 있다고는 말하기 어렵다. 그리고 이름의 의미 기술 집합에 속한 요소들이 어떤 고유한 대상을 선별해 낼 수 없다면, 그 이름은 공허한 이름이고 지칭적이지 않다. 그러나 크립키는 달리 생각했다. 어떤 사람은 아인슈타인에 대해 거의 아무것도 모르면서도, "아인슈타인의 가장 중요한 업적은 원자폭탄의 발명이다."라고 믿을 수 있다. 그런데 우리는 그가 틀린 믿음을 가졌음에도 불구하고, '아인슈타인'이라는 이름을 제대로 사용하고 있다고 간주한다는 것이다.

크립키는 '양상 의미론'을 통해 이름과 같은 기호의 의미를 명확히 하고자 했다. 양상 의미론에서 불가피하게 요청되는 것은 가능한 여러 의미 체계에 대해 말할 수 있는 장치다. 그는 이러한 장치로 **'고정 지시어'**라는 개념을 제시했다. 고정 지시어는 전형적으로 이름이라는 고유명사의 구조를 갖는다. 기술론자는 이름과 정관사 어구 같은 단칭명사 간의 차이에 주목하지 않는다. 기술론자에게 이름은 정관사 어구처럼 기술 어구 집합의 약호로, 양자 사이의 차이를 인정하지 않는다. 그러나 크립키는 이름과 기술(記述) 어구의 차이에 주목하여, 이름은 기술 어구를 뜻하지도 않고, 약호도 아니며, 단지 하나의 대상만을 나타낼 뿐이라는 의미에서 이를 '고정 지시어'라고 했다. 이에 따를 때 앞의 사례의 경우, 기술론자들은 행인이 이름을 잘못 사용하고 있다고 보는 데 비해, 크립키는 행인은 이름을 올바로 사용하고 있고 주변의 사람들과 소통하는 데 문제가 없다고 보는 점에서 차이 난다. 크립키는 고유명사가 어떠한 '가능 세계'를 상정하더라도, 그것은 동일한 대상을 지시하는 언어(고정 지시어)이며, 고유명사를 일반명사로 구성하는 확정 기술의 집합으로 환원하는 것은 언어적 오류이자 한계라고 주장했다.

27 게티어 문제/ 에드먼드 게티어
: 지식은 정당화된 참된 믿음만으로 정의될 수 없다.

인식론은 주관적 믿음과 객관적 사실 간의 괴리를 어떻게 일치시킬 것인가를 근간으로 한다. 인식론, 곧 앎에 관한 물음은 인식 주체와 대상 간의 관계에 관한 문제라 할 수 있다. 이때 외부 세계에 대한 믿음의 정당성을 철학적으로 어떻게 확보해 낼 것인가가 관건이다. 즉 앎의 성립은 곧 믿음의 정당화 조건을 만족시키는 데 있다.

인식론에서의 정당화(justification) 문제가 핵심 논의로 자리잡게 된 이유는 무엇보다도 그것이 세계와 인간을 연결하는 통로 구실을 한다고 여겼기 때문이다. 그러한 세계와 인식 주체와의 가교로서의 인식의 정당화를 대상 세계에 대한 인간의 합리적 대응이라는 차원에서 생각해 본다면, 인식론적 담론을 투명한 세계상을 확보하기 위한 장치로 이해할 수 있을 것이다

미국의 정치철학자 에드먼드 게티어는 전통 인식론에 도전했는데, 그 핵심 사상은 이후 **'게티어 문제'**로 명명되었다. 게티어 문제는 지식에 대한 전통적 정의인 '정당화된 참인 믿음'은 지식이 되기 위한 필요조건일 뿐 충분조건은 아니라는 것을 보여준다. 지식이라 할 수 있는 것은 전부 '정당화된 참인 믿음'이지만 그 반대 의미는 성립하지 않는다. 다시 말해, 사람의 믿음이 정당화되고 참이 되는 상황은 존재하지만, 그런데도 그것을 지식으로 인정하지 않는 경우가 있다. 그것이 바로 게티어 문제의 핵심 논변이다.

현대 인식론에서 가장 중요한 과제로 등장한 **'인식의 정당화'** 개념을 해명하는 문제는 원래 게티어의 문제를 해결하려는 데서 출발했다. 플라톤은 "안다는 것은 정당화된 참된 믿음을 의미한다."라면서, 지식이란 '정당화된 옳은 신념'이라고 주장했다. 플라톤에 따르면, 어떤 사람이 어떤 명제를 옳다고 믿고, 그 명제가 실제로 옳으며, 그가 그렇게 믿는 것이 정당화된다면, 그리고 오직 그런 경우에만 그는 그 명제를 안다고 할 수 있다.

하지만 게티어는 정당화된 참된 믿음만으로는 '앎'이 성립하지 않는다고 보았다. 게티어는 세 쪽 분량의 소논문에서 '지식이란 인식 측면에서 정당한 참된 믿음'이라고 재정의하고, "애초에 믿음이 잘못되었다면 아무리 체계적인 논리라도 결코 정당화될 수 없다."라고 주장했다.

마틴 코헨의 『철학의 101가지 딜레마』에 등장하는 다음 내용은 게티어 문제에 대한 좋은 예를 제공한다. 한 농부의 젖소가 밖으로 도망갔는데, 나중에 이웃이 지나가다 좀 떨어진 데서 그 젖소를 보았다고 농부에게 알려줬다. 농부가 혼자 찾아가 봤더니 근처 들판에서 검고 하얀 작은 형체가 움직이는 게 보였다. 이에 농부는 이웃의 인식을 통해 제공된 믿을 만한 정보를 얻었다고 생각했다. 하지만 실제 이웃은 들판에 늘어선 나무들 때문에 시야가 가려진 상태에서 그 젖소를 본 것으로, 결국 이웃은 자신이 본 것이 나무들 사이에 붙어 강한 바람에 날리고 있는 흑백 판자임을 알게 된다. 그런데도 실제 그곳에 젖소가 있음으로써, 이웃의 신뢰할만한 설명과 자신의 눈으로 본 증거로 농부의 믿음 또한 정당화됐다. 그렇더라도 우리는 농부가 들판에 젖소가 있다는 것을 '알았다'고 말할 수는 없다. 우리의 앎(인식)에서 이를 확증하는 '무언가'가 빠져 있기 때문이다. 이를 통해 알 수 있듯, 게티어 문제는 지식이 '정당화된 참된 믿음'만으로 정의될 수 없음을 보여준다.

28 프레임 문제/ 다니엘 데닛
: 관계하지 않는 것들을 어떻게 해결할 것인가.

프레임 문제는 인공지능에서 중요한 문제의 하나로, 유한한 정보 처리 능력을 지닌 로봇이 현실에서 일어날 수 있는 모든 문제에 대해 대처하지 못하는 현상을 말한다. 인공지능에 있어서 프레임 문제는 해결하기 어려운 문제 가운데 하나로 알려져 있다.

현실 세계에서 인공지능에게 "패스트푸드점에서 햄버거 한 개 사 오라."와 같은 문제를 해결하라고 요구했다고 생각해 보자. 현실 세계에서는 그 과정에서 무수하게 다양한 사건이 일어날 가능성이 있지만, 대부분은 당면한 문제와 관계가 없다. 인공지능은 일어날 수 있는 사건 가운데 패스트푸드점의 햄버거를 사는 일에 관계된 것만을 추출하고, 그 외의 일은 염두에 두지 않아야 한다. 모든 사건을 고려하려면 무한한 시간이 걸리기 때문이다. 즉 어떤 테두리를 만들고, 그 테두리 안에서만 사고할 필요가 있다. 이것이 '**프레임 문제(사고 범위 문제)**'로, 미리 프레임을 여러 개 정해 두고서 상황에 따라 적절한 프레임을 선택해 사용하면 해결할 수 있는 것으로 생각되기도 하지만, 어느 프레임을 현재 상황에 적용할 것인가 판단하는 시점에서도 같은 문제가 발생한다는 것이다.

미국 터프츠대학의 석좌교수이자 인지과학자인 다니엘 데닛은 로봇이 동굴에 들어가 배터리를 꺼내오는 임무를 예로 들어 프레임 문제를 설명했다. 동굴 안에 로봇을 움직이게 하는 배터리가 있고, 그 위에 시한폭탄이 장착돼 있다. 로봇은 배터리를 가져오지 않으면 배터리가 다 떨어져 움직일 수 없게 되므로, 동굴에서 배터리를 가져오라는 지시를 반드시 실행에 옮겨야 한다. 연구자들은 이것을 수행시키기 위해 로봇을 설계했다.

로봇 1호는 배터리를 동굴에서 가져올 수 있었다. 그러나 로봇은 배터리 위에 놓여 있는 시한폭탄도 같이 가져와 버렸다. 시한폭탄이 실려 있다는 것은 알고 있었지만, 배터리를 가져오면 폭탄도 함께 가져오게 된다는 사실을 몰랐던 것이다. 그래서 로봇이 동굴에서 나온 후에 폭탄이 터지면서 배터리도 함께 폭발하고 말았다. 연구자들은 다음으로 로봇 1호를 개량해서 로봇 2호를 만들었다. 배터리를 반출할 때 폭탄도 같이 반출할 것인가, 아닌가를 판단시키기 위해서, 로봇 2호는 '자신이 무언가를 하면 그 행동에 따라서 부차적으로 일어나는 것'도 고려할 수 있도록 개량됐다. 그러자 로봇 2호는 배터리를 앞에 두고 생각하기 시작했다. '자신이 왜건을 끌어당기면 벽의 색이 바뀔 것인가?', '천장이 무너지지는 않을까?' 등등이 그것이었다. 하지만 모든 경우의 수를 놓고서 실행에 따라 어떤 현상이 일어날 것인가 아닌가를 생각한 탓에 타임 오버로 시한폭탄이 폭발하고 로봇 2호도 부서져 버렸다. 그래서 로봇 2호는 더욱 개량됐다. 이번에는 '목적 수행과 관계없는 사항은 고려하지 않도록' 개량됐다. 그러자 로봇 3호는 관계있는 것과 없는 것을 분류하는 작업에 몰두하면서 무한한 생각을 거듭한 탓에, 동굴에 들어가기 전에 동작이 멈춰 버렸다. 목적과 관계없는 사항도 워낙 많기에 그 모든 것을 고려하는 것만도 긴 시간이 걸렸기 때문이다.

이렇듯 프레임 문제는 어떤 태스크를 실행할 때 "관계있는 지식만을 꺼내서 그것을 사용한다."라는, 인간이라면 지극히 자연스럽고 당연히 할 수 있는 작업이 인공지능에서는 얼마나 어려운지를 보여 주는 개념이라 할 수 있다.

29 의미론적 외재주의/ 힐러리 퍼트넘
: 언어는 정신의 산물이 아니라 현실 경험의 산물이다.

한 단어의 의미는 그것이 지시하는 대상에 대한 개념의 내면화에서 유래하는 것일까?, 아니면 외재적인 그 무엇에서 유래하는 것일까? 철학에서 '내재주의'는 정신이나 영혼처럼 개인의 '내적'인 것들이 사고의 내용과 의미에 영향을 미친다는 입장으로, 플라톤, 데카르트, 논리실증주의자 등 대다수 철학자의 인식론적 사고이다. 그에 비해 '외재주의'는 사고의 내용과 의미에 영향을 미치는 것은 개인이 속한 물리적인 환경이라는 견해를 보이는 입장으로, 외재주의 사고는 '게티어 문제'처럼 인식의 정당화에 있어서 전통적인 지식 개념에 대하여 비판적 견해를 제시하며 부상하게 되었다.

과학적 실재론을 주장한 미국을 대표하는 분석철학자 퍼트넘에게 단어의 '의미'란 머릿속 생각이라기보다는 어떻게 그런 생각이 '일어났는가'에 대한 것이다. 단어의 지시체에 대한 외부 환경과 인과적 사실이 그 단어에 본질적인 의미를 부여하는데, 이런 견해를 **'의미론적 외재주의'**라고 부른다. 여기서 '의미론적'이라는 것은 단어와 문장의 의미와 관련되는 것으로서, 단어와 문장의 배열 규칙, 즉 통사론과 반대되는 개념이다. 또 '외재주의'는 의미란 우리의 마음속에 있는 단순한 생각과 달리 외부 요소에 의해 형성된다는 견해다.

퍼트넘은 『의미의 의미』에서 그의 유명한 '쌍둥이 지구 사고 실험'을 제시하면서 언어 표현에서의 의미 문제를 다루었다. 퍼트넘은 우리가 사는 지구와 겉으로 보기에 거의 모든 면에서 동일한 행성이 있다고 가정하고 편의상 이를 쌍둥이 지구라고 불렀다. 우리가 사는 지구의 '물(H_2O)'과 같은 액체가 쌍둥이 지구에도 있는데, 만약 이 액체의 분자식이 'XYZ'이라고 밝혀졌다고 한다면, 이때 쌍둥이 지구의 액체와 우리가 사는 지구의 물은 서로 다른 것이지만, 이 둘에 대한 머릿속 개념은 거의 동일할 것이다.

하지만 퍼트넘에 따르면, 그 둘은 '동일한 것'을 의미하지 않는다. '물'은 그 단어가 지시하고 있는 물질에 관한 사실의 결과로서, 지구에서 의미하는 '물'인 것이다. 쌍둥이 지구에서 누군가가 '물'이라고 말할 때, 그는 'XYZ'을 가리키는 것이다. 한편, 지구에서 우리가 '물'이라고 말할 때 이는 'H_2O'를 가리키는 것이다. 그러므로 단어의 의미는 단지 우리 머릿속에 있는 개념에 관한 것이 아니다. 가령 물은 우리가 살기 위해 마시는 액체라는 개념이며, 그 단어의 인과적 역사가 결국 그 의미를 결정하는 것이다. 퍼트넘에게 단어는 사물에 대한 근본적인 사실을 지시하는 것이므로 그 의미는 순수하게 정신적 구상도 아니고 경험에서 비롯되는 이상한 방식도 아니다. 그것은 우리가 공유하고 있는 **'현실'**의 산물이다.

한편 UCLA의 저명한 철학 교수인 타일러 버지는 퍼트넘과는 다른 방식으로 외재주의를 주장했다. 버지는 "어떤 사람이 실제로 관절염을 앓고 있고 또 이에 대한 지식을 지녔다."라는 사례를 가정하면서 자신의 논리를 전개했다. 예를 들어 환자는 허벅지에 통증을 느끼면서 그것이 관절염의 전형적인 증상이라고 믿는다고 하자. 그러나 사실 허벅지 통증은 관절염 개념과 관계가 없는 것이기에, 이 사람은 잘못된 믿음을 갖고 있으며 또 관절염에 대한 개념을 잘못 사용하고 있다. 이러한 사례를 바탕으로 버지는 언어의 의미는 부분적으로 사회와 문화, 언어적 상호작용에 따라 외부적으로 구성되며, 전문가 공동체가 특정 개념에 대한 전문성을 갖고 의미를 정하는 것에 의존한다는 **'반개체주의적 외재론'**을 펼쳤다.

30 아비투스/ 피에르 부르디외
: 계층 취향은 구조적이다.

프랑스 철학자 부르디외는, 경제적 계급의 속성에서 비롯되는 삶의 경향성을 **'아비투스(habitus)'**라는 말로 표현했다. 아비투스는 개인의 경제적 배경을 바탕으로 살면서 누리게 되는 일상의 경험이 문화적 · 소비적 습성으로 축적된 결과, 그것이 개인의 의식 속에 무의식적으로 내면화되고 습관화된 계층적 취향을 의미한다.

부르디외는 특정 계급을 다른 계급과 구별하는 개인적 · 집단적 관행 내지는 취향인 아비투스를 통해, 그러한 차별화의 욕망은 **'구조적'**인 요인에서 비롯된다고 설명했다. 그는 경제 계급을 통해 발생하는 문화적 차이가 한 시대가 아닌 세대를 거쳐 재생산되는 구조를 갖는다고 보았다. 이것이 가능한 이유는 그들이 소유하고 있는 경제적 재화와 문화적 능력을 다양한 방식으로 상속하게 만드는 기제들이 사회 내에 자연스럽게 존재하고 있기 때문이다.

그 대표적인 것이 바로 **'교육'**이다. 아비투스는 교육을 통해 상속되며, 그것도 복잡한 교육체계를 통해 이루어지는 무의식적인 사회화의 산물이다. 현대 사회에서 지배계급은 더는 예전처럼 경제적인 상속만으로는 자신의 계급을 자식에게 온전히 세습하기 어려움을 깨닫고, 교육을 통해 자신의 사회적 지위를 물려주려고 한다. 그것을 가리켜 **'문화 자본'**이라고 하는데, 현대 사회에서는 경제적 자본의 지배보다 문화적 자본의 지배가 강화되며, 때론 두 자본이 서로 결합해가며 타자를 지배하기도 한다. 문화적 자본과 경제적 자본은 상호 교환될 수 있는 성질의 것으로, 경제적 자본이 많은 가정의 자제일수록 문화를 보다 다양하고 풍부하게 경험할 수 있도록 기회가 열려 있다. 이처럼 경제 자본과 문화 자본의 상호 교환 가능성은 현대 사회에서 정당한 방식으로 계급을 세습할 수 있게 만든다.

부르디외는 현대 사회에서 상류사회의 문화는 지배하는 이들의 권력을 단단하게 하는 수단으로 작용한다고 보았다. 상류계층은 자식에게 교육과 문화적 체험을 통해 사회적 권위를 획득 가능토록 만드는데, 그 과정은 의식적으로 행해지는 것이 아니라 자식에 대한 사랑으로 포장되어 무의식적이며 구조적으로 행해지게 된다. 이를 통해 자식은 투자된 경제 자본에 비례하여 문화 자본을 획득하게 되고, 결국 이것이 경제적인 우위를 유지할 수 있도록 할 가능성을 한층 높인다. 그 결과, 상류계층의 자녀들은 다시 상류계층으로, 하류계층의 자녀들은 다시 하류계층으로 잔존하면서, 각자는 그에 걸맞은 문화적 취향을 누리면서 살아가게 된다.

취향은 하루아침에 길러지지 않는다. 높은 수준의 문화를 즐기는 역량은 오랜 훈련을 통해 길러지고, 돈도 많이 든다. 사람들의 그런 노력을 **'티내기'** 또는 **'구별 짓기'**라고 말하는데, 이는 행위자들이 자신을 타인과 사회적으로 확실하게 구분 짓기 위한 인지 양식을 확보하기 위해 사용하는 전략적 선택을 가리킨다. 중 · 하류층이 상류층의 고상한 문화를 배우고 익히기 위해 열심히 노력할수록 상류층 사람들은 자신을 중 · 하류층 사람들과 확실하게 구별 짓고 싶어 하고, 이는 보다 상향적인 의미를 담은 '티내기'로 나타난다. 그 결과, '우월한 문화'와 '열등한 문화'는 마치 단단한 구조처럼 확실하게 갈리고, 결국 이를 전복하기란 사실상 불가능해진다. 현대 사회에서 상류사회의 문화는 지배계급의 권력을 더욱 단단하게 만드는 수단이 된다. 즉 언어, 사회구조, 법, 제도, 사상처럼 아비투스 역시 인간의 의식을 제한하고 지배하는 구조적인 틀을 형성함으로써, 그것이 계층을 구분하고 지배하는 권력의 기제로 작동하는 것이다.

31 정의의 타자/ 악셀 호네트
: 정의 원칙 바깥에 존재하는 타자

독일 사회철학자 악셀 호네트는 『정의의 타자』에서 '인정 투쟁 이론'을 '정의'의 문제와 관련지어 설명했다. 호네트는 사회적 정의가 원리상 개인들의 삶의 특수한 국면들을 다 포괄하지는 못한다고 보았다. 호네트의 정의 원칙은 **'불편 부당성'**을 핵심으로 하며, 모든 사람을 동질성을 공유한 보편적 존재로 간주한다. 다시 말해 개인 각자의 고유한 차이나 특수한 처지를 고려하지 않는 것이 그가 생각하는 정의의 원칙이다. 여기서 개인적 특수성은 정의 원칙의 바깥에 존재하는 타자, 곧 **'정의의 타자'**로 등장한다. 호네트는 이 정의의 타자를 어떻게 하면 윤리적 차원에서 포용하고 보호할 수 있는가 하는가에 관심을 두었다.

호네트는 정의의 원칙을 보완하는 대안으로 **'배려의 원칙'**을 제시했다. 개인의 특수한 처지를 배려하는 것은 불편 부당성이라는 정의의 원칙에 비추어보면 위반 행위다. 그러나 정의의 원칙이 무차별적으로 관철될 경우 '여성 · 이주자 · 장애인 · 동성애자'처럼 특수한 처지에 있는 존재자는 배제와 억압의 상태에 놓일 수도 있다. 이것은 분명 윤리적으로 옳지 못한 상황으로, 이로 인한 정의의 한계를 보완하는 대안이 곧 배려의 원칙이다. 호네트는 여기에서 한 걸음 더 나아가 정의와 배려를 뛰어넘는 제3의 원칙으로 상호성을 중시하는 **'인정의 원칙'**을 제시했다.

이때 호네트가 핵심 개념으로 삼는 것이 '좋은 삶' 또는 '행복한 삶'이다. 호네트는 개개인의 좋은 삶, 행복한 삶을 보장하는 사회적 조건에 주목하면서 '인정'을 그 조건으로 제시했다. 그는 인정의 경험이야말로 인간의 자기 긍정을 위한 필수 조건이라고 생각했다. 인정이 '좋은 삶'을 위한 필수 조건이라면, 인정을 개인 간의 의무로 규정하는 '윤리의 원칙'은 성립하며, 따라서 개인의 성공적인 삶을 떠받치는 사회적 인정 질서도 상정해볼 수 있다. 인정의 원칙은 인간의 보편 권리에 상응하는 정의의 원칙을 배제하지 않으며, 개인의 특수한 처지를 고려하는 배려의 원칙 또한 배제하는 것이 아니기 때문이다.

호네트는 인정 원칙은 사회적 관계 또는 개인적 관계에서 특히 모욕이나 무시와 같은 정서적 경험과 관련이 있다고 보았다. 모욕이나 무시를 당하는 것은 인정에 대한 욕구가 근본적으로 훼손되는 경험으로, 개인적인 경우를 넘어서서 사회적 · 정치적 차원에서도 발견될 수 있다. 그는 2차대전 직전 독일에서 전개됐던 '신나치 운동'의 사례를 분석하면서, 그 안에 인정 욕구가 자리잡고 있음을 지적했다. 신나치 운동은 사람들이 사회적 인정이란 연결망으로부터 소외되었다고 느끼면서 사회적 저항과 반항을 일으킨 결과로, 호네트는 이를 막기 위해서도 인정을 사회 원칙으로 내세울 필요가 있다고 주장했다. 그는 "무시당하고 배제된 사람들이 자신의 경험을 폭력적 저항문화 속에서 발산하도록 내버려 두기보다는, 그 경험을 민주적 공론장 안에서 올바로 표현할 수 있게 하는 도덕 문화를 어떻게 만들 수 있는가."에 관심을 두었다.

인정 투쟁

호네트에 따르면 인간은 지속적인 상호인정을 통해 긍정적 자아를 형성한다. 반대로 사회적 무시와 모욕은 부정적 자아를 낳으며, 이에 대한 심리적 반작용으로 사람들은 분노하고 그것이 마침내 사회적 투쟁으로 나타나게 된다. 도덕적 분노를 사회적 저항의 동기로 파악한 호네트는 새로운 **상호인정** 관계의 확립이 정의로운 사회와 좋은 삶을 위한 대안이라 제시했다.

32 안티프래질/ 나심 탈레브
: 불확실성과 충격을 성장으로 이끄는 힘

'까만 백조는 없다.'라는 세간의 인식처럼, 블랙스완은 '실제로는 존재하지 않는 어떤 것'을 나타내는 은유적 표현이다. 그러나 17세기 들어 한 생태학자가 실제로 호주에 사는 블랙스완을 발견함으로써 그 의미는 달라졌다. '존재하지 않는 것'에서 '불가능하다고 인식된 상황이 실제 발생하는 것'이란 의미로 변화했다.

블랙스완이 세상에 널리 알려진 것은 레바논 출신의 금융 전문가 나심 탈레브가『블랙스완』이라는 책을 출간하면서다. 블랙스완의 대표적인 사례는 미국의 9 · 11사태로, 그 이전엔 대다수 사람이 미국은 테러로부터 안전하다고 여겼다. 우리나라 외환위기도 일종의 블랙스완이라 할 수 있는데, 대기업은 절대 망하지 않는다는 대마불사의 신화를 깨뜨렸기 때문이다.

블랙스완이 자주 등장하는 환경에서 예측은 무의미해진다. 스스로 전문가라고 자부하는 사람이 내놓는 예측이나 전망은 들어맞는 경우가 별로 없다. 백조를 아무리 여러 번 봤다고 해서 모든 백조가 하얗다고 섣불리 결론 내릴 수 없다. 그럼에도 사람들은 자신의 눈으로 확인한 몇 가지 사실 또는 전문가의 단편적인 의견만을 가지고 섣불리 단정하려 들며, 일단 사실이라고 받아들인 사안에 대해서는 이후 잘못된 것으로 드러나더라도 여간해서는 자신이 처음 가졌던 생각을 바꾸려 들지 않는다. 그럴 경우, 세상은 우리가 생각하는 것보다 훨씬 위험하고 예측 불가능한 상황으로 전개된다. 언제나 세상을 흔들고 지배하는 것은 전혀 본 적도 없고 또 예상하지도 못했던 **'블랙스완'**이기 때문이다. 문제는 블랙스완으로 인한 충격과 공포가 상상 이상이란 사실이다.

그렇다면 블랙스완이 출현하는 복잡하고 불확실한 사회에 대한 대책은 무엇인가? 탈레브는『블랙스완』출간 이후, 예측 불가능한 블랙스완에 대비하는 바람직한 태도 내지는 삶의 철학을 담은『안티프래질』을 내놓았다. 안티프래질(anti-fragile, **反취약성**)은 '불확실성과 외부성으로 인한 충격을 성장으로 반전시키는 힘'이라 할 수 있다. '깨지기 쉬운'이란 뜻의 '프래질(fragile)'의 반대 의미인 안티프래질은 충격을 받으면 더 단단해지는 특성을 지닌다. 이를테면 "경제는 살아 있는 유기체와 비슷해서 평소 작은 실패를 통해 스트레스를 받아야 큰 위기가 왔을 때 견딜 수 있는 강한 체질로 진화한다."라고 탈레브는 보았다.

불확실성, 무질서, 위기에 효과적으로 대응하기 위해서는 현재의 프래질한 부위를 지속적으로 위험에 노출해서 안티프래질한 체질로 변화시켜야 한다. 미래에 닥칠 충격인 블랙스완은 예측 불가능하다. 따라서 어차피 맞추지도 못할 예측을 하느라 시간과 노력을 낭비하기보다는, 취약한 부분을 최대한 제거하는 방향으로 안티프래질한 특성을 강화하는 것이 더 효과적이고 또 현실적이다. 불확실성이 큰 시대일수록 정확할 리 없는 미래의 리스크를 막연히 예측하는 대신, 지금 프래질한 부위를 찾아 작은 충격을 지속해서 가하면서 안티프래질한 체질로 바꿔놓아야, 진짜 큰 위기가 왔을 때 잘 견뎌낼 수 있다.

그와 더불어 어설픈 합리주의, 통제, 개입을 버리고 차라리 블랙스완과 함께 사는 방법을 모색할 필요가 있다. 합리적인 예측, 현상을 이해했다는 착각, 안정을 추구하는 태도가 오히려 우리를 위험하게 만든다. 변화를 수용하고, 읽고, 해석하는 힘을 길러야 한다. 다양성의 가치를 인정하고, 세상의 변화에 능동적이고 탄력적으로 대응하는 태세를 갖추어야 한다.

33 개념적 혼성/ 질 포코니에 · 마크 터너
: 창조적 상상력의 근본 작동 원리

질 포코니에와 마크 터너는 촘스키 이후 언어학의 중심 사조인 '인지언어학' 분야의 대표적인 학자로, 둘이서 함께 '**개념적 혼성**' 이론을 학계에 제안했다. 처음에 이들의 이론은 '은유'와 같은 언어의 창조적 측면을 설명하기 위한 것이었다. 그렇지만 이후 철학, 심리학, 사회학, 인류학 등 다양한 분야의 연구자들이 관심을 두고 연구를 시작하면서 개념적 혼성이 비단 언어만이 아닌 인간의 모든 사고와 상상력의 중심에 존재한다는 견해가 일어나기 시작했다. 오늘날, 이 이론은 인간 **마음의 작용**을 설명하는 핵심 이론으로 주목받고 있다.

개념적 혼성 이론은 원래 언어가 의미 구성에서 담당하는 역할, 특히 새로운 은유, 반사실적 문구와 같은 의미 구성의 '**창조적**' 양상을 설명하기 위해 개발되었다. 그러나 최근의 연구는 개념적 혼성이 인간 사고와 창의적 상상력의 중심을 이루고 있으며, 이에 대한 증거는 언어뿐만 아니라 인간 활동의 다양한 다른 분야에서도 찾을 수 있다는 견해가 있다. 포코니에와 터너에 따르면, 인간의 개념적 통합 또는 개념적 혼성 수행 능력은 복합적 상징 능력에 의존하는 고등 수준의 인간 행동을 발달 및 촉진하는 핵심 메커니즘으로 작용한다. 이런 인간 행동으로 예술 활동, 도구의 제작과 사용, 고급 언어 사용을 들 수 있다.

개념적 혼성 이론의 기본 원리는 사실 아주 간단하다. 서로 다른 품종의 커피 원두나 포도를 섞어서 새로운 제품을 만드는 블렌딩 기법처럼, 사람들이 서로 다른 지식과 경험 영역에서 끄집어낸 정보를 통합하고 섞음으로써 새로운 개념을 만들어내는 행위가 그것이다. 간단한 예로 '컴퓨터 바이러스'를 보자. 바이러스는 본래 생물학적 개념이며, 컴퓨터 바이러스는 생물학적 바이러스와 같지 않다. '컴퓨터 바이러스'는 컴퓨터와 생물학적 바이러스를 혼성하여 새로운 개념을 만들어낸다. 그럼으로써 우리는 컴퓨터 바이러스와 생물학적 바이러스의 명백한 차이에도 불구하고 둘 다 '바이러스'라고 부르며, 이어서 '컴퓨터가 바이러스에 감염되었다.'라거나 '컴퓨터를 치료했다.'라고 말할 수 있고, '바이러스 백신'이라는 새로운 개념도 만들어낸다.

"내가 너라면 검은색 옷을 입을 것이다."라는 표현은 어떤가? 이 표현은 '나'가 완전히 '너'가 된다는 뜻이 아니며, 사실 '나'와 '너'가 완전히 동일하다면 이 표현은 아무런 의미도 없다. 이 표현은 '나'가 '너'의 상황과 입장이 된다면 검은색 옷을 입겠다는 뜻이다. 이는 '나'라는 사람의 성격과 특징을 '너'의 상황과 입장과 '**혼성**'해야 이해할 수 있는 표현이다. 우리는 이런 표현을 아무 노력 없이 이해할 수 있기에 대수롭지 않게 생각한다. 그러나 이런 간단한 이해에는 사실 매우 고난도의 인지 작용이 필요하다.

이처럼 우리가 의식하지 않고 쉽게 해온 생각들이 사실은 '개념적 혼성'이라는 고차원적인 인지 과정의 산물이다. 우리가 쉽게 이해하는 비유, 농담, 속담, 그리고 평범한 표현 또한 막상 깊게 들여다보면 그 이해 과정이 매우 복잡한 것으로 드러난다. 다만 그 과정이 '의식' 이면에서 일어나기에 우리가 이를 의식하지 못할 뿐이다. 시각이나 청각 등의 지각 과정이 사실은 매우 복잡한 두뇌 작용임에도 불구하고 우리가 그 작용을 인식하지 못하는 것과 마찬가지다. 우리 뇌가 수행하는 인지 과정은 의식으로부터 가려져 있고, 다만 결과물만이 의식에 떠오르기 때문이다. 이는 그만큼 개념적 혼성이 상상적이고 창조적인 작업임을 보여 주며, 서로 다른 정신적 개념을 혼성해서 새로운 개념을 만드는 일은 전적으로 '**상상력**'에 달렸다.

34 사회 체계 이론/ 니콜라스 루만
: 세상은 '체계'다.

독일의 저명한 사회학자 니클라스 루만은 우리가 '사회'라고 부르는 것을 이해하기 위해, 이제까지 존재했던 주류의 모든 사회학 이론을 거부하고 새로운 사회 체계 이론을 제안했다. 루만은 '반휴머니즘적이며 반지역주의적인, 그리고 구성주의적인' 사회 이론을 세워야 할 필요성을 제기하며, 사회를 **'체계'**로서 파악하는 새로운 차원의 이론을 펼쳤다. 일반적으로 체계는 어떤 고정된 사물이 아니라 '작동'에 의해 스스로 생산 및 재생산하는 것을 가리킨다. 살아 있는 유기체가 작동하는 것은 생명 체계이며, 인간의 의식이 작동하는 것은 심리 체계라 할 수 있다. 루만은 사회 체계는 '커뮤니케이션'이 작동하는 체계라고 보았다. 사회는 인간으로 이뤄진 것이 아니라, 커뮤니케이션들의 연관으로 이뤄졌다는 것이다.

체계는 동전의 양면처럼 그것을 둘러싼 환경과의 차이에 따라 자신을 재생산하는 **'재귀적 네트워크'**를 이룬다. 이때 중요한 것은 체계와 환경 차이인데, 이 차이로부터 '자기 생산'과 '자기 관찰'이 연쇄적으로 일어난다. 사회적 체계에 비춰보면, 사회는 커뮤니케이션의 작동으로 자기를 재생산하는 과정에서 자신에 대해 관찰하고, 이 관찰은 다시금 재생산에 영향을 미치게 된다. 루만은 한없이 복잡하게 분화된 근대사회의 구조적인 변화 그 자체를 추적했다.

루만의 독특한 사회 체계 이론은 함께 논쟁을 벌였던 하버마스의 이론과 견줄 때 더욱 두드러진다. 하버마스 역시 자신의 이론을 전개할 때 '체계', '커뮤니케이션' 등의 개념을 사용했는데, 그 맥락은 루만의 것과 전혀 다르게 풀이된다. 하버마스는 경제 · 정치적 영역이라 할 수 있는 '체계'와 사적 영역, 문화, 공론장 등이 위치할 수 있는 '생활 세계'가 대립한다고 보았다. 또 생활 세계 속에 있는 개별 인간이 펴는 의사소통적 행위를 '커뮤니케이션'이라고 일컫고, 이는 체계 안에서의 전략적 · 성공지향적 행위와 맞선다고 보았다. 그렇기에 그의 이론은 **의견 일치나 사회적 합의**와 같은 궁극의 목적을 지향하고 있으며, 이는 근대적 주체의 가능성을 탐색했던 '비판적 사회학'을 향한 그의 학문적 여정과도 맞물린다.

하지만 루만은 인간이나 근대적 주체의 개념을 사회 파악을 위한 기본 범주로 사용하는 것을 아예 배제하고, 사회라는 대상을 파악하기 위해서는 갖가지 커뮤니케이션으로 작동하는 사회적 체계를 서로 비교하고 그 차이를 읽어내는 접근 방법이 필요하다는 주장을 펼쳤다. 그는 거시적이고 보편적인 사회 이론의 가능성을 제시하면서, 비판이나 이념, 도덕마저도 사회를 파악하는 관점이 아니라 **사회현상**으로 자리매김하려 들었다.

베버와 루만의 '의미'

베버는 개인과 그의 행위에서 출발해 구조적인 것을 감싼 데 반해, 루만은 체계에서 출발해 개인과 그의 행위를 감쌌다. 베버는 **주체성과 주관적 의미**를 강조한 데 반해, 루만은 **탈주체성과 기능적 의미**를 강조했다. 베버에 따르면 개인은 체계에 의해 그 인격과 자유를 박탈당할 위협에 처해 있다. 반면 루만에 따르며 체계는 개인의 인격과 자유에 의해 그 기능이 상실될 위협에 처해 있다. 베버에게 사회는 존재하지 않는 개념이라면, 루만은 사회를 의사소통에 의해 구성되는 포괄적인 체계로 보았다. 그리고 베버가 보편사적 관점에서 다양한 합리성의 유형을 추구했던 반면, 루만은 체계 이론적 관점에서 합리성을 체계와 환경의 차이를 인지하고 유지하는 능력으로 파악했다. 베버가 체계에 의한 생활 세계의 식민지화를 극복하고자 했다면, 루만은 생활 세계에 의한 체계의 식민지화를 극복하고자 했다.

35 집단 무의식/ 칼 구스타프 융
: 인류의 축적된 집합 기억

스위스 출신의 심리학자인 칼 구스타프 융의 심리 이론의 핵심 개념이다. 융은 마음, 즉 인격을 의식과 무의식으로 나누고, 무의식은 개인적 무의식, 집단적 무의식으로 나누어 생각했다. 이때 집단적 무의식은 전혀 의식되는 일이 없는 것이지만 인격 전체를 지배하고 종족적으로 유전된 것이며 개인적 경험을 초월한 것이다.

집단 무의식은 무의식의 한 부분으로서 누구에게나 공통되는 일반적인 내용을 담고 있다. 즉 개인 무의식이 '어떤 개인이 어릴 때부터 쌓아온 의식적인 경험이 무의식 속에 억압됨으로써 그 사람의 생각, 감정, 행동에 영향을 주는 것'인 데 견주어, 집단 무의식은 '옛 조상이 경험했던 의식이 쌓인 것으로서 모든 사람에게 공통된 정신의 바탕이며 경향'이라는 것이다.

융은 집단 무의식의 개념을 프로이트보다 포괄적이면서도 철저하게 사용했다. 융의 견해에서 집단 무의식은 모든 인류가 신화적인 방식으로 공유하는 어떤 것이다. 여기에는 더 깊고 보편적이며 원초적인 성격의 측면들이 포함되어 있으며, 그 에너지는 의식에서 경험한 것과는 다른 이미지들을 만들어낼 수 있다.

집단 무의식에는 꿈의 자료, 환상 그리고 다른 창조적 경험들이 있는데, 그 형태는 모든 사람에게 있어서 유사하며, 인간이 언제나 겪어온 선과 악, 권력, 성(性), 출생과 죽음 같은 중심 주제들과 연관되어 있다. 융은 이미지들을 '**원형**'의 집단으로 묶었다. 원형은 인간이 공통적으로 갖는 정신의 틀 또는 질서로서, 이것이 의식으로 나타나면 엄청난 영향력을 발휘한다고 그는 주장했다. 대표적인 원형으로 **페르소나**(공적 가면), 남성 속의 여성성(**아니마**), 여성 속의 남성성(**아니무스**)을 들 수 있다.

페르소나

또 하나의 얼굴. '외적 인격' 또는 '가면을 쓴 인격'을 뜻한다. 분석심리학자 융은 사람의 마음은 의식과 무의식으로 이루어져 있는데, 여기서 그림자와 같은 페르소나는 무의식의 열등한 인격이며 자아의 어두운 면이다. '자아'가 겉으로 드러난 의식의 영역을 통해 외부 세계와 관계를 맺으면서 내면 세계와 소통하는 주체라면, 페르소나는 일종의 '**가면**'으로 집단 사회의 행동 규범 또는 역할을 수행한다.

분석심리학

분석심리학은 의식과 무의식의 관계를 이해하는데 초점을 맞추고, 인간이 무의식적인 내용을 의식화하는 과정을 중시한다. 분석심리학은 인간의 정신 구조를 의식과 무의식으로 구분하며, 나아가 무의식을 개인 무의식과 집단 무의식으로 세분화한다. 먼저, 의식은 자아(ego)에 의해 지배되는 부분으로, 인간이 자신을 밖으로 표현하고 외부 현실을 인식하는 기능을 한다. 인간이 자신의 의식을 능동적으로 외적 세계에 초점을 맞추는 경향을 '외향성'이라고 하며, 내적 주관적 세계로 향하는 성향을 '내향성'이라고 한다. 융은 인간은 이 두 가지 상반되는 태도를 지니며, 하나의 지배적인 경향에 따라 우리의 성격 및 태도가 달라진다고 보았다. 무의식은 개인 무의식과 집단 무의식이라는 두 측면으로 나뉜다. 개인 무의식은 좀 더 표면적이며 억압된 경험으로 구성되는데, 여기에는 아주 희미한 의식 경험이거나 의식으로 수용하기에는 너무나 고통스러운 경험이 포함된다. 개인 무의식은 콤플렉스를 포함하며, '**오이디푸스 콤플렉스**'가 대표적이다.

36 거울 단계/ 자크 라캉
– 거울에 비친 자신을 보고 자아가 생성된 단계

라캉은 프로이트의 정신분석을 '**구조주의**' 관점에서 파악했다. 라캉에 따르면, 아기에게는 아직 통일된 자아 개념, 다시 말해 단일한 '나'라는 개념이 형성되지 못한 상태이다. 그러다가 아기는 거울에 비친 자기 이미지, 또는 엄마나 다른 아기에게서 자기 모습을 발견하고서 동일시의 과정을 겪게 된다. 라캉은 이처럼 어린아이가 거울에 비친 모습을 자신이라고 인식하는 것을 '**거울 단계**'라고 말했다. 이 단계에서는 아직 주체가 형성되지 않는다. 아기는 엄마와 자기, 또는 다른 아기와 자기 자신을 혼동하는 전이성 단계에 있는 것이다. 아기가 자신과 세계를 구분해서 이해하지 못하는 단계를 라캉은 '상상계'라고 정의했다. 이 단계에서는 아직 타인이 존재하지 않는다. 오직 자신만의 세계가 있을 뿐이다.

■ 상상계와 상징계

거울 단계에서 아기는 마음속 엄마 이미지를 현실의 엄마와 동일시한다고 라캉은 생각했다. 사회를 상징하는 아버지가 존재하지 않고, 언어도 필요 없고 질서도 없는, 아기가 보고 느낀 그대로의 감정으로서의 세계(이미지의 세계)를 라캉은 '**상상계**'라고 불렀다. 그러다가 두 살 무렵에 이르면 아기는 엄마의 관심이 자신이 아닌 아버지나 다른 사람을 향하고 있음을 감지하게 된다. 이제 아기는 거울 단계를 지나 본격적으로 타인의 세계, 곧 사회로 들어간다. 이때 언어를 배우게 된다. 아기는 언어에 의해 자기 외적 질서를 받아들이면서 자아를 형성하게 된다. 아버지라는 언어, 준수해야만 하는 규칙이 존재하는 세계, 언어에 의한 질서가 지배하는 세계(언어의 세계)를 라캉은 '**상징계**'라고 불렀다. 언어란 타인과의 관계 속에서 성립한다. 거울 단계에서처럼 전적으로 자기만이 존재하는 세계가 아니라 내 마음대로 할 수 없는 세계로 진입하게 된다. 아기는 자기 소외를 느끼게 되고, 그러면서 '**주체**'가 형성된다.

■ 현실계

라캉은 거울 단계에서 아기가 인식하는 세계를 상상계라고 불렀다. 아기는 이후 상상계는 언어와 규칙 세계로 이루어진 상징계에 의해 지배된다는 사실을 깨닫게 된다. 여기서 상징계의 규칙을 받아들이면서 아기는 유아기의 자아를 형성하게 된다. 우리의 자아는 우리가 주체적으로 만들어 낸 것이 아니라, 세계에 이미 존재하는 타자와 언어 등 '**구조**'에 의해 만들어지는 것이라고 라캉은 생각했다. 이러한 생각은 자아는 자기 스스로 만들어나가는 것이라는 사르트르의 실존철학과는 크게 달랐다. 라캉은 상상계와 상징계 이외에 '**현실계**(실재계: 정신의 세계)'가 존재한다고 생각했다. 현실계는 우리가 지금 살고 있는 현실 사회로서의 의미가 아니다. 언어나 이미지처럼 우리가 직접적으로 인식하거나 체계적으로 파악할 수 있는 성질의 것이 아니다. 현실계는 언어의 세계로는 완전히 포착되지 않는 세계, 즉 우리가 결코 도달할 수 없는 쾌락이나 예술과 같은 영역이라고 라캉은 생각했다. 오늘날 라캉의 상상계 · 상징계 · 현실계에 대한 인식은 정치사상과 문화비평 등 많은 분야에 활용되고 있다.

이미지의 세계	언어의 세계	정신의 세계
상상계	상징계	현실계

37 센코노믹스/ 아마티아 센
: 역량의 평등에 따른 약자 구제

아마티아 센은 윤리와 철학을 복원한 후생경제학으로 아시아 첫 노벨 경제학상을 수상한 인도 출신 경제학자이다. 그는 탐욕적 자본주의 경제 탓에 사람까지 시스템 유지를 위한 도구로 전락해 버린 세상에서, 민주주의와 자유의 확장이 경제 발전의 궁극적인 목적이라고 주장했다.

센에 따르면 빈곤은 인류의 역량을 손상하는 주요인으로, 단순히 생산성의 문제가 아니라 경제적 요인까지 함께 고려해야 할 사안이다. 따라서 인간이 가치 있는 생활을 영위하기 위해 경제학이 필요한 것은 자명하다. 하지만 센에 따르면, 주류 경제학에는 근본적인 난점이 있다. 바로 인간을 '호모 이코노믹스'라고 생각하는 것, 즉 자기 이익을 최대화하는 것만을 행위의 동기로 본다는 점이다. 경제학은 이러한 인간상을 전제로 하여 그로부터 결과를 유추해 분석한다. 센은 그러한 순수한 경제인은 사실 '사회적으로 우둔한 자'에 가깝다고 보았다. 경제 이론에 근거하는 인간상은 '**합리적인 우둔한 자**(rational fools)'에 다름없다는 것이다.

이에 대해 센은 인간 행위의 동기로서 자기 이익뿐만 아니라 '공감'이나 '사회적 공헌(social commitment)'과 같은 개념을 경제학에 도입할 것을 주장했다. 이 두 개념은 타인이 이익을 볼 수 있게 배려한다는 공통점이 있으나, 자신의 이익을 어떻게 생각하느냐에 차이가 있다. 공감의 경우, 이는 애덤 스미스의 주장처럼 타인이 이익을 볼 수 있게 배려하는 것이 궁극적으로는 자신의 이익으로도 연결된다. 이에 비해 사회적 공헌의 경우, 자신의 이익을 도외시하면서 타인을 배려하는 것이기에 다분히 **이타적**이다. 센은 사회적 공헌의 중요성을 보다 강조하면서, 경제학의 중심에 인간을 두는 한편, 윤리학을 경제학에 접목하려고 했다. 이를 일컬어 '센의 경제학(센코노믹스)'라고 한다.

센이 사회적 공헌의 개념을 강조한 이유는 사회적 불평등이 현대 사회에서 해결해야 할 가장 큰 문제였기 때문이다. 센은 롤스가 『정의론』에서 제시한 '차등의 원칙'을 받아들여 자신의 논리를 전개해 나갔다. 하지만 롤스가 가장 불우한 사람들의 이익을 최대화하기 위해 소득이나 부와 같은 기본재의 차등 분배를 주장한 것과 달리, 그는 '능력의 차등'으로서의 '역량 개발'을 강조했다. 센은 정의로운 사회를 위해 롤스의 부와 소득과 같은 '기본재' 대신 재능과 같은 '**기본적 역량**'을 평등의 기준으로 해야 한다고 주장했다.

센은 차등의 원칙을 소득이나 재산과 같은 기본재는 물론이고 자유와 역량의 차원으로 확장해야 한다면서, 특히 '**능력의 차등**'을 강조했다. 능력이란 스스로 가치 있다고 여기는 목표들을 달성하는 데 필요한 여러 가지 기능을 말한다. 센에 따르면, 기본재를 평등하게 보유해도 '장애인'은 '병자'와 마찬가지로 자유를 맛보지 못한다. 기본권적 자유를 충족하면서 가치 있게 사는 삶을 추구할 때, 개개인이 얼마만큼 자유롭게 선택할 수 있는지, 다시 말해 무엇을 할 수 있느냐와 관련한 삶의 방식의 폭과 같은 것이다. 즉, 장애가 있는 사람이라도 가치 있는 삶을 추구할 수 있도록 하는 것이다.

이처럼 센은 모든 사람이 가능한 한 평등하게 실질적인 자유를 누릴 수 있도록 하는 사회정의를 강조하면서, 특히 빈곤 퇴치를 위한 **공공정책**의 필요성을 제시했다. 빈곤은 생존하고 활동하는데 필요한 여러 기능을 수행할 능력이 없음을 의미하는 것이기에, '역량'의 평등에 따른 약자 구제 정책의 일환으로서의 개인의 역량 개발을 위해 국가가 적극 나서야 한다고 강조했다.

38 호모 데우스/ 유발 하라리
: 신이 된 인간

이스라엘의 역사학 교수이자 세계적인 석학인 유발 하라리는『호모 데우스』에서 이르기를, 다가올 미래에 인간은 인공지능과 생명공학을 토대로 자신을 '신'으로 개량할 것으로 전망했다. 곧, 호모 사피엔스는 **호모 데우스(Home-Deus)**, 즉 '신이 된 인간'이 되리라는 것이다.

하라리는 인류가 지난 세월 우리를 괴롭혔던 '기아 · 역병 · 전쟁'을 보기 좋게 진압하고, 이제껏 신의 영역으로 여겨지던 '불멸 · 행복 · 신성'으로 다가가고 있다고 보았다. 과학의 발달로 미래에는 인본주의의 의미가 퇴색하여 더는 신적 가치나 인간 중심적 이데올로기의 의미가 사라질 것으로 예측했다. 그러면서 기아, 역병, 전쟁을 극복한 현세대인 호모 사피엔스가 다가올 미래의 화두로서 "인류의 최상위 의제는 무엇일까?", 그리고 "이제 우리는 무엇을 할 것인가?"에 대해 논의해야 할 때라고 말했다. 그리고 그 대답으로 "번영, 건강, 평화를 얻은 인류의 다음 목표는 불멸, 행복, 신성이 될 것이다."라고 예측했다. 이때 하라리가 말하는 신성은 기독교의 전지전능한 하나님이 아니라, 이를테면 그리스 신화에 등장하는 신에 해당한다고 보면 된다.

하라리는 "호모 사피엔스의 생명, 행복, 힘을 신성시하는 인본주의가 지난 300년 동안 세상을 지배해왔다."라고 말하면서, 불멸, 행복, 신성을 얻으려는 시도는 인본주의가 품어 온 오랜 이상의 논리적 결론일 뿐이라고 주장했다. 그렇다면 인간이 신성을 가질 때 결과는 어떠할까? 그 대답으로 "신기술로 인간의 마음을 재설계할 수 있을 때 호모 사피엔스는 사라질 것이다. 그렇게 인류의 역사가 끝나고 완전히 새로운 과정이 시작될 것이다."라고 말했다.

하라리는 100세 시대를 넘는 장수의 시대가 현실화하고 있는 지금, 인간은 장수를 넘어서 불멸의 **'신(Deus)'**이 되어가고 있다고 보았다. 특히 21세기의 **기술인본주의**는 유전공학과 컴퓨터 기술을 통해 초인간을 창조하게 될 것이라고 예견했다. 이제 인간은 기아, 전쟁, 역병 등을 극복하고 불멸과 행복 그리고 신성을 향한 여정에 나섰다는 것이다.

하지만 하라리는 인간이 호모 데우스로 되어가는 과정이 그리 밝기만 한 것은 아니라고 보았다. 인공지능(AI)이라는 높은 지능의 비의식적 알고리즘은 이제까지 인간의 알고리즘으로 행해왔던 수많은 역할을 대체할 것으로 전망되고 있다. 인본주의의 근간을 형성하는 개인의 자유의지는 21세기 과학혁명으로 흔들리고 있으며, 앞으로 수십 년 이내에 약물이나 유전공학, 직접적인 두뇌 자극으로 유기체의 욕망을 조직하거나 통제하는 것이 가능할 수 있다. 하라리에 따르면, 21세기 기술 진보의 열차에 올라탄 사람들은 창조와 파괴의 신성을 획득할 것이지만, 뒤처진 사람들은 절멸에 직면하게 될 것이다.

하지만 하라리는 그런 미래가 디스토피아일지 유토피아일지에 관한 판단을 유보했다. 그럼에도 하라리의 저서『호모 데우스』는 AI와 유전공학 기술 발전으로 전개될 미래의 모습, 그리고 우리가 직면하게 될 근본적인 질문과 고려할 수 있는 선택지에 대한 통찰을 제시하고 있는 점에서 의의가 크다.

39 역사적 아프리오리/ 프리드리히 키틀러
: 기술 미디어가 세계의 인식 변화를 가져온다.

'역사적 아프리오리'는 프랑스의 철학자 미셸 푸코가 『지식의 고고학』에서 도입한 개념으로, '선험적' 혹은 '선천적'으로 번역되는 '아프리오리'를 칸트의 '형식적 아프리오리'와 달리 역사적이고 경험적인 의미로 사용하는 개념이다.

푸코에게 '고고학'이란 담론들을 문서고 속에 축적된 수많은 언표의 차원에서 기술하는 것을 목표로 하고 있는데, 이 언표들은 '역사적 아프리오리'에 따라 체계화되어 있다. 즉 이때의 '아프리오리'는 역사적으로 축적된 담론들과 이것들에 일관성을 부여하는 규칙들의 집합 전체를 가리킨다. 이 집합이 어떻게 축적되고 생성되는지는 경험적으로 확인할 수 있는데, 이는 한 저자가 한 텍스트에서 어떻게 자신의 사유를 펼치고 말하는지, 그리고 각 저자와 텍스트가 고유한 언표의 규칙을 가지면서 서로 소통할 수 있는지 등을 규정한다. 즉 **'역사적 아프리오리'**는 담론적 실천의 성격을 규정하는 규칙의 집합이라고 할 수 있다.

독일의 미디어 이론가 프리드리히 키틀러는 푸코로부터 계승된 '역사적 아프리오리'라는 개념을 미디어론의 측면에서 고찰하면서 이를 자신만의 독특한 이론으로 발전시켰다. 키틀러는 '역사적 아프리오리'라는 개념을 계승하면서 그 개념을 **'기술 미디어'**로 이해했다. 즉, 기술이야말로 역사적 아프리오리로서 인간 인식을 가능하게 한다는 것이다. 그렇다면 인간의 인식이 어떤 기술 미디어에 둘러싸여 있는가가 근본적인 문제가 될 것이다.

키틀러의 미디어론은 "매체가 우리의 상황을 결정한다."라는 말로 집약된다. 그는 아날로그 기술 매체의 태동기였던 1900년대를 집중적으로 분석하면서 축음기, 영화, 타자기와 같은 새로운 기술 매체가 가져온 혁명적인 변화를 조명했다. 그가 기술 기반의 미디어에 주목한 이유는 '문자 독점' 체제를 무너뜨렸기 때문으로, 이러한 미디어를 통해 이전에는 없던 새로운 인식이 출현했다고 보았다. 즉, 기술 미디어가 지금까지 알지 못했던 세계를 가능하게 해준다는 것이다. 가령 축음기 덕분에 우리는 귀로 붙들 수 없던 소리를 보존하고 재생할 수 있게 되었다. 또 영화의 고속 촬영 기술을 활용하면 육안으로는 볼 수 없었던 움직임들도 볼 수 있다. 나아가 타자기의 출현으로 특정 계층이 독점하던 글쓰기가 사회 전반으로 확대됐다.

이로부터 키틀러는 "기술 미디어가 출현함에 따라 인간이라는 존재가 조작될 수 있는 사태가 실제로 일어났다."라고 결론지었다. 즉, 새로운 기술 매체는 문자가 결코 하지 못했던 것, 바로 '시간'을 저장할 수 있게 했다. 이것은 매체 기술의 변화와 발전 과정에서 주체는 인간이 아닌 기술임을 분명하게 밝힌 것이다. 즉, 인간 중심적으로 매체를 바라보는 것이 아니라, 역사 전체를 '정보의 저장, 전달, 처리 과정'으로 사유했다.

푸코의 지식의 고고학

푸코에 따르면, 고고학의 대상은 문화의 전체성이 아니라 역사서에 나타나는 수많은 언술 및 그것들을 구성하는 언표, 그리고 그 한계나 형식을 규정하는 모든 법칙의 총체로서의 집적이다. 이것들은 언어학의 대상과는 다르지만, 언술을 분석하는 데는 그 대상, 양식, 개념, 주제 등의 통일을 구하는 것이 아니라, 오히려 그것들의 분산에서 규칙을 발견하고 파생의 체계를 기술해야만 한다는 점 등, **방법론**적으로 새로운 언어학과의 친숙함에 있다고 보았다.

40 호모 사케르/ 조르조 아감벤
: 예외 상태에 있는 삶

'호모 사케르'는 원래는 '성스러운 인간'을 의미한다. 하지만 고대 로마법에 따르면 범죄자로서 제물로 바쳐질 수 없으나 누구나 죽여도 되는 자, 즉 '법에서 배제된 인간'을 가리키는 말이기도 하다. 호모 사케르는 누구나 그를 살해해도 좋은, 말하자면 버림받은 인간이다.

이탈리아 정치철학자 조르조 아감벤은 이것을 칼 슈미트의 말을 빌려 '예외 상태에 있는 삶'이라고 규정하면서, 인격을 박탈당하고 법의 바깥으로 추방당한 인간이자 사회적 보호막 바깥에 위치한 벌거벗은 생명을 **'호모 사케르'**라고 지칭했다. 아감벤은 호모 사케르를 근대 생명 정치의 출현 이후의 일반 '대중'과 같은 수많은 '벌거벗은 생명'으로까지 확장했다. 나치 수용소의 수감자들은 벌거벗은 생명의 지위를 가장 집약적으로 표현한 것이라 할 수 있다.

호모 사케르는 현대 사회 도처에서 발견된다. 공동체의 법적 · 제도적 질서로부터 추방된 자로서 모든 사회 질서에서 벗어나 있는 **'소외'**된 개인이 그들이다. 그들에게 가해지는 폭력이나 심지어 죽음까지도 의미가 없다. 사회 안에 있으나 배제된 자는 벌거숭이 삶을 살다가 아무런 보호나 구속도 없는 상태에서 죽어가는 것이다.

아감벤이 보기에 국가 권력, 즉 주권은 본질적으로 호모 사케르를 창출하는 방식으로 작동한다. 국가의 최고 권한인 주권은 전통적 **주권이론**이 말하는 것처럼 단순히 법을 만들 수 있는 권한이 아니다. 오히려 그것은 법을 멈출 수 있는 권한, 법을 멈추고 예외 상황을 선포할 수 있는 권한이다.

호모 사케르는 바로 이런 **'예외 상태'**에 처함으로써 모든 권한을 박탈당한 벌거벗은 삶이다. 이들에게는 무슨 짓을 해도 된다. 하지만 여기서 예외는 완전한 법질서 외부를 말하지 않는다. 예외는 무언가를 배제함으로써만 그것을 포함하는 이러한 극단적인 형태의 관계이다. 호모 사케르는 외부의 존재라는 낙인을 쓴 채 체제 안에 존재하고 또 활용된다. 요컨대 주권은 법질서를 중단시키는 방식으로 가동하는, 다시 말해 개인의 삶을 법질서 외부로 추방하는 방식으로의 권한이기에 역설적으로 법질서에서 벗어난다. 이를 두고 아감벤은 "벌거벗은 생명의 창출은 곧 주권의 근원적인 활동이다."라고 말하면서 주권이란 이름으로 자행되는 국가 권력에 비판적인 입장을 보였다.

현대 사회에서 호모 사케르의 양산 구조는 면면히, 그리고 교묘하게 이뤄지고 있다. 현대 민주주의는 사회구성원들의 삶의 질 향상에 공헌하지만, 그와 동시에 이들에 대한 정치에서의 **소외와 배제**의 논리로 작동한다. 이러한 비대칭적인 예외 상태, 그리고 호모 사케르의 양산을 통한 왜곡된 주권 권력의 확장은 현대 민주주의 사회에서 형식적으로나마 주권자로 명명된 국민 누구나 호모 사케르로 만들 수 있으며, 바로 그 점에서 사태의 심각성이 크다.

예외 상태

독일의 법철학자 칼 슈미트는 법질서가 마비된 상태를 **'예외 상태'**라고 부르고, 주권에 대해 "주권자는 예외 상태에서 결단을 내리는 자"라고 규정했다. 슈미트의 말을 바탕으로 아감벤은 '호모 사케르'를 '예외 상태에 있는 삶'이라 일컬었다.

41 공유경제/ 로렌스 레식
: '아나바다' 경제

공유경제란 일시적으로 쓰지 않는 물건이나 자원을 다른 사람이 잠시 사용할 수 있도록 하는 새로운 소비 형태를 말한다. 처음으로 **'공유경제'** 개념을 정의한 하버드대의 로렌스 레식 교수는, 공유경제를 기존의 '상업경제'에 대응하는 것으로 보았다. 자동차나 집을 일시 빌려주면서 수익성 등 사업적인 고려보다는 사회적 관계 등을 고려하는 경제 양식이라고 생각했다.

공유경제는 쉬고 있는 시설이나 자원을 사용하기 때문에 자원의 활용 측면에서 이용률을 높이고, 낭비를 막는다. 재화와 서비스를 빌려주는 사람에게는 수익을 발생하게 한다. 또 사용에 따른 추가 비용이 거의 들지 않고, 기회비용이 적어 가격이 저렴하다. 시설 등 자본 투자를 낮추고, 이것을 확보하고 관리하기 위한 비용을 절감한다. 공유경제는 이렇게 사회 전체의 효율성을 크게 증진한다.

공유경제는 사회주의적인 개념이 아니다. 오히려 순수하게 **자본주의적**인 요소를 담고 있다. 공유의 참된 의미는 공동소유가 아니라 **'공동이용'**이다. 공유경제는 자원의 소유자와 이용자 등 시장참여자의 경제활동의 자유를 최대한 보장하고, 완전에 가까운 자유시장 경쟁 체제를 지향함으로써, 대중이 주인공으로 참여하도록 유도하는 대중 기반의 자율 경제 체제이다.

공유경제는 갈수록 극단화되고 있는 '탐욕적 자본주의'에 대한 보완적 의미도 있다. 현대 사회는 거대 자본으로 집중되면서 많은 문제점을 일으키고 있는데, 이러한 상황에서 공유경제는 시장에서 소외된 소자본 자영업자와 소비자에게 집단의 힘을 보여준다. 나약한 개인은 공유경제를 통해 경제에서 소외된 자아를 되찾고, 시나브로 실효성 있는 경쟁력을 갖추게 된다. 공유경제가 자본주의 이후를 이끌 수 있는 대안으로 주목받고 있는 이유가 여기 있다.

42 싱귤래리티/ 레이 커즈와일
: 특이점

싱귤래리티는 인공지능과 사물인터넷의 결합이 가져올 미래를 상징하는 용어로, 양적으로 팽창을 하다가 질적인 도약을 하는 **'특정 시점'**을 말한다. 인공지능(AI)이 인류의 지능을 초월해 스스로 진화해 가는 기점(**기술적 특이점**)을 뜻하기도 한다. 이 시점에 다다르면 인공지능은 자신보다 더 뛰어난 인공지능을 만들고, 사람은 더는 인공지능을 통제할 수 없게 된다.

미국의 불가지론자이자 미래학자인 레이 커즈와일은 『특이점이 온다』에서 2045년 싱귤래리티(특이점)를 맞이할 것으로 예측했다. 커즈와일에 의하면, 인간 지능과 인공지능이 융합하는 기술적 특이점 이후부터 인류는 완전히 다른 세상에 살게 된다. 인공지능의 지적 역량이 폭발하는 **'초인공지능'** 단계에 도달한다는 것이다.

인터넷 싱귤래리티는 현실과 가상공간이 단일화되는 현상으로, 개인(인간)과 웹(기술)이 **공생 관계**를 이룬다고 보는 개념이다. 인터넷 싱귤래리티는 다양한 오프라인 환경이 응집력과 결집력을 통해 인터넷상에서 하나로 통일됨으로써, 비즈니스 · 과학 · 사회학과 같은 다양한 분야의 질적 확산과 더불어 가상공간에서의 인간의 자아 개념을 구체화하는 기점을 이루게 된다.

43 시간의 비현실성/ 존 맥타가트
: 시간은 실재하지 않는다.

영국의 철학자 존 맥타가트에 따르면, 시간에 관한 우리의 설명은 모순이 있거나 비현실적이다. 맥타가트는 시간의 본질은 과거 · 현재 · 미래라는 '시간적인 변화(A 계열)'로 생각하면서, 이는 현실에서는 실재할 수 '**없다고**' 주장했다. 과거는 현재도 미래도 아니고, 현재는 과거도 미래도 아니다. 과거 · 현재 · 미래는 서로 부정하는 관계로, 이 세 가지 시간은 서로 공존할 수 없다.

예를 들어, K가 태어났다고 하는 사건을 과거 · 현재 · 미래라는 계열(A 계열)에 적용하여 설명하면 다음과 같다. K가 지금 태어났다고 하면, 이 사건은 과거에서는 미래의 사건이고, 현재에서는 현재의 사건이며, 미래에서는 과거의 사건이다. 이렇게 되면 K의 탄생이라는 사건은 과거이기도 하고, 현재이기도 하며, 미래이기도 한 것이 되기 때문에, 과거 · 현재 · 미래라는 특성을 모두 갖게 되어 버린다. 이것은 모순이며, 따라서 시간은 실재하지 않는다. 이를 '시간의 비현실성(비실재성)'이라고 한다.

맥타가트는 시간을 파악하는 방법에는 'A 계열(**시간적 변화**)'과 'B 계열(**시간적 순서**)'의 두 종류가 있다고 보았다. B 계열은 '~보다 이전, ~보다 이후'라는 시간적인 순서 관계를 말한다. 하지만 B 계열은 시간의 변화(흐름)를 설명할 수 없기에 이를 시간의 본질이라고 말할 수 없다. 따라서 시간의 본질인 A 계열의 모순을 증명하면 시간이 존재하지 않는다는 것을 증명한 것이 된다. 덧붙여, 맥타가트는 무시간적인 순서 관계인 'C 계열(**무시간적인 순서**)'이라는 것이 있다고 보았다. 그리고 이 C 계열에 시간의 변화인 A 계열을 추가하면 시간적인 순서인 B계열이 만들어진다고 보았다. 맥타가트 자신은 C 계열이 실재한다(즉 모순을 일으키지 않는다.)고 생각했으나, 그의 일련의 증명에 대해서는 지금도 논의가 계속되고 있다.

44 제노페미니즘/ 라보리아 큐보닉스 그룹
: 기술 발전이 젠더 페미니즘을 해체한다.

제노페미니즘은 테크놀로지(기술)를 통한 젠더 해방을 역설하는 입장으로, '라보리아 큐보닉스'라고 불리는 이론가 그룹이 제창한 개념이다. 그들은 기존의 '**테크놀로지**'를 전략적인 개념으로 사용하면서 세계의 재구축을 시도했다. 헬렌 헤스터를 비롯한 그룹 구성원들이 집필한『제노페미니즘: 소외를 위한 정치학』은 기술적 담론과 페미니스트적 사유 사이의 연계를 고려한 실천 선언문이다. 그들은 선언문에서, 기술은 미래의 페미니즘 철학을 현실화하는 최적의 도구라고 생각했다. 인간이 역사적으로 성취한 기술적 발전에 대한 역사적 고찰과 그것의 전체주의적이고 해방적인 가능성을 페미니즘적 실천 방안에 어떻게 접합시킬 수 있을지 고민했다.

제노페미니즘이 기술 사용을 긍정적으로 보는 시각은 자본주의 발전을 위한 특정 기술을 확장해야 한다는 '**가속주의**'와도 친화적이다. 특히 반정부 운동과 같은 기존 좌파 정치의 이념을 배제하는 경향을 보이는데, 그 점에서 좌파가속주의의 영향을 크게 받았다. 그러나 그 부분이 바로 제노페미니즘의 취약점이기도 한데, 기존 좌파 정치사상을 배제하는 태도로 인해 제노페미니즘이 자칫 현실을 무시하는 배타적 사상으로 인식될 수 있기 때문이다.

45 신실용주의/ 리처드 로티
: 공과 사를 엄격히 구분하는 사고

분석철학가이자 정치철학자인 리처드 로티는 미국의 전통적 실용주의를 재평가하면서, 스스로 실용주의자임을 표방했다. 로티의 신실용주의 철학의 입장은 한마디로 **'반표상주의'**라고 할 수 있다. 반표상주의란 인간과 자연을 대립시키는 플라톤식의 이분법적 사고를 인정하지 않으려 는 입장을 말한다. 반표상주의는 철학적으로는 실재론과 반실재론의 논쟁, 주관과 객관의 인식론적 구분, 사실과 가치의 이분법적 구분 등을 모두 부정한다.

로티는 상대주의 관점에서 참된 지식으로서의 진리는 언제든 오류 가능성이 있으며, 지식은 인간의 문제 해결에 도움을 주는 **'역사적 조건'**에서만 참된 진리가 될 수 있다면서, 실용주의(프래그머티즘)의 계승자를 자처했다.

로티는 **'다원주의'** 관점에서 인간을 환경에 적응해 나가는 존재로 간주하면서, 지식의 실용 가치와 도구적 유용성을 인정하는 실용주의 사상을 분석철학이라는 새로운 사상적 흐름과 결합하고자 했다. 그래서 로티의 사상은 일반적으로 **'신실용주의'**라고 불리는데, 그 대표적인 사고의 하나가 **'자문화 중심주의'**의 옹호이다. 그는 어떤 사물이나 현상을 이해하려면 자문화 중심주의에서 출발할 수밖에 없다고 강조했다. 로티는 문화를 뛰어넘는 보편적인 진리는 존재하지 않으며, 오히려 지역이라는 맥락을 전제로 서로 다른 지역의 구성원들이 서로 대화를 나누면서 합의의 가능성을 찾는 것이 중요하다고 보았다.

로티의 신실용주의(네오프래그머티즘)는 실용주의 사상에 **공(公)과 사(私)의 구분**을 도입했다. 타인의 고통을 줄이기 위한 실천이 공적 행위라면, 자신의 신념을 이론화하는 것은 시를 쓰는 것과 같은 사적 행위로 보아야 한다는 것이다. 이는 반(反) 철학자라 불릴 만큼 급진적인 로티 철학의 진면목을 보여주는 대목이다. 실제 로티는 이론적으로는 포스트모던 문예철학을 펼쳤지만, 이를 정치 현실에 바로 적용하려는 '문화적 좌파'를 비판하면서, 의료 · 교육 · 조세 개혁과 같은 구체적 민생 정책을 지지했다.

46 필터 버블/ 엘리 프레이저
: 온라인 상의 확증 편향 현상

필터 버블은 미국의 온라인 시민단체 무브온의 이사장인 엘리 프레이저가 자신의 저서『생각 조종자들』에서 제시한 개념이다. 필터 버블은 대형 포털 사이트나 소셜 네트워크 서비스(SNS)가 이용자의 성향에 맞는 맞춤형 정보만을 제공함에 따라, 이용자가 지나치게 **'필터링'**한 정보만을 접하게 되는 현상을 말한다. 이렇게 되면 이용자는 자신의 견해와 비슷하거나 자신이 좋아하는 정보만을 자주 접하게 되면서 생각이나 판단력이 편협해지기 쉽다.

프레이저는 필터 버블 현상이 발생하는 원인으로 많은 인터넷 기업이 추구하고 있는 **'개별화'** 전략에 주목했다. 개별화 전략은 이용자의 성향과 취향, 기호 등을 파악해 이들에게 맞춤형 정보만 제공하는 것을 말하는데, 이는 필연적으로 왜곡 효과를 낳을 수밖에 없기에 이용자들은 **'확증 편향'** 속에 갇혀 살 운명에 처한다고 경고했다.

47 안티 나탈리즘/ 데이비드 베네이타
: 태어나지 않는 것이 낫다는 입장

'안티 나탈리즘(반출생주의)'은 인간의 출생을 부정적으로 보는 철학적 입장이다. 남아공 출신의 반출생주의 철학자 베네이타는, 출산은 타자에게 심각한 해악을 주는 동시에 강제로 고통에 내몰 뿐이기에, 도덕적으로 잘못된 행위라고 보았다. 베네이타에 따르면, 유전으로 물려줄 수 있는 질병을 앓고 있거나 경제적으로 찢어지게 가난하게 사는 부부라면 아이를 낳아도 그 아이가 고통 속에 힘겹게 살아갈 것이 뻔하므로, 아이를 낳지 않는 쪽이 낫다. 반대로 부유하거나 유전적인 질병을 걱정하지 않아도 되는 부부가 아이를 낳는 경우라면, 그 아이가 행복하게 자랄 가능성이 더 크긴 하겠지만, 그렇다고 아이를 낳는 것이 도덕적 의무까지는 아니다.

베네이타는 이 논리를 아이들이 이 세상에 태어난 결과 겪게 되는 모든 고통과 행복에 확장하여 적용했다. 그러면 아이가 태어났다면 겪었을 행복을 누리지 못하는 건 부모에게 도덕적인 책임을 물을 일이 아니지만, 반대로 태어나지 않았다면 겪지 않아도 될 고통을 겪는 아이들에 대한 책임은 신중하지 못했던, 무책임했던 부모에게 물어야 한다는 것이다.

비동일성의 문제

반출생주의의 문제는 아직 태어나지 않은 미래 세대에 인간이 끼칠 수 있는 도덕적 영향력에 관한 것으로, 현대철학의 가장 근본적인 논쟁 주제 가운데 하나인 **'비동일성'** 문제에 봉착하게 된다. 비동일성 문제란 힘겹고 고통받는 환경이라도 다음 세대를 태어나게 하는 편이 나은지, 아니면 좀 더 나은 환경에서 낳지 못할 거라면 태어나지 않게 하는 편이 나은지에 관한 고민이다. 힘겹게 살아갈 운명의 굴레를 지우기 싫어서 환경이 나아질 때까지 기다렸다가 다른 아이를 낳는다면, 같은 부모가 낳았더라도 두 존재의 정체성은 같다고 볼 수 없으므로 비동일성 문제가 발생하는 것이다. 반출생주의가 제기하는 비동일성 문제는 명쾌한 답을 내리기 어렵다.

48 페미니스트 예술이론/ 에스텔라 로터
: 남성 중심의 예술 비평에 대한 패러다임 전환

미국 위스콘신 대학 명예교수인 에스텔라 로터는 미학이론의 **형식주의**에 반대하면서 페미니스트 비평을 개척했다. 형식주의란 스타일과 구성과 같은 미적 구조가 예술의 본질적 요소이며, 사회적 · 정치적 · 역사적 배경은 부차적이라는 견해다.

로터는 예술 세계는 역사적으로 '형식주의'가 무시해 왔던 보다 넓은 범위의 대상과 실행을 마땅히 포함해야 한다고 주장했다. 좋은 예술은 사회적 혹은 역사적 기능과 무관하게 탁월성의 기준을 충족할 수 있다. 하지만 사회적 혹은 역사적 기능은 실제로 예술작품에 대한 우리의 이해를 높일 수 있다. 예를 들어 멕시코 출신의 여성 화가 프리다 칼로의 작품에 대한 당시의 사회적 · 개인적 배경을 많이 알면 알수록 우리는 화가의 작품에 대한 감성적 공감대를 더욱 발전시켜 나갈 수 있다. 로터는 **'페미니스트 예술이론'**을 통해, 예술에 대한 남성 중심의 범주와 제약과 같은 신성시에 문제를 제기하여 예술의 권리 회복을 시도했다.

49 언어 행위론/ 존 오스틴
: 언어는 사회적 맥락에서 파악해야 한다는 입장

일상언어학파의 일원인 영국의 분석철학자 오스틴은 언어를 행위와 연결해서 생각하는 '**언어 행위론**'을 전개했다. 그가 생각한 '언어 행위'란 일상 언어의 엄밀한 분석을 철학의 과제로 하는 것으로서의 언어의 본질적 존재 양식을 가리킨다. 예를 들어 법정에서 재판관이 "피고에게 무기징역을 선고한다."라는 판결문을 낭독한 경우, 이 발언은 단지 판결이라는 사실 확정뿐 아니라 그와 동시에 법적 효력이라는 행위 실행을 일으킨다. 약속 · 경고 등 일상적 발화 역시 그에 합당한 상황에서 이루어진 경우, 이는 일종의 사회성을 띤 행위를 실행한다. 오스틴은 이것을 '행위 실행적 발언'이라고 하여 기술(묘사) 중심의 기능을 하는 '사실 확인적 발언'과 구별했다. 사실 확인적 발언은 사실을 묘사하는 발언으로, 내용의 진위를 판단하여 의미를 부여한다. 이에 비해 행위 실행적 발언은 명령, 약속 명명 등의 행위로서의 발언을 의미한다.

오스틴은 사실 확정과 행위 실행은 따로 구분할 필요가 없으며 발언은 곧 행위 실행이라고 생각했다. 발언은 전부 '**발화 내 행위**'라는 것이다. 그는 언어는 사실을 기술하는 것이 아닌 '**행위**' 그 자체로, 사실(세계)은 언어 행위에 따라 변화한다고 보았다. 그에게 있어서 "언어가 세계를 만든다."라는 말은 결코 비유적 표현이 아니다. 언어의 의미보다 언어 행위에 중점을 두는 그의 관점을 따르면, '인간은 무엇을 아는가?'가 아니라 '인간은 무엇을 언어적으로 표현할 수 있는가?'가 더 중요하다.

50 내포와 외연/ 루이 엘름슬레브
: 단어에는 많은 의미가 있다.

언어철학에서 말하는 '외연과 내포'의 의미는 논리학에서 말하는 의미와는 다소 차이 난다. 언어철학에서 '**외연**'은 문자 그대로의 한 가지 의미 내지는 그 단어의 가장 포괄적인 의미를 말하며, '**내포**'란 그 단어가 불러일으키는 개인적 · 감정적 · 상황적인 다양한 의미를 뜻한다.

덴마크의 언어학자 엘름슬레브는 하나의 단어가 이처럼 두 가지의 의미 영역을 갖는 구조를 명확히 하고자 했다. 그는 소쉬르의 언어이론을 받아들여, 단어(기호)는 항상 다른 단어(기호)와의 관계 안에 있다고 생각했다. 이를테면 '바보'라는 단어는 어떤 한 맥락(즉, 다른 단어나 상황과의 관계) 안에서 비로소 '바보'라는 의미를 나타낸다.

이것을 단어 구조의 측면에서 생각하면, '바보'라는 기호 표현(시니피앙) 안에 다시 '**표현**'과 '**내용**'으로 이루어진 단어(기호)가 있다는 것이 된다. 만약 하나의 단어를 이러한 구조를 지니는 것으로 생각한다면, 원래의 '바보'라는 단어는 한 가지의 의미밖에 없었는데, 이것이 시대와 상황과 조건에 따라 여러 가지 의미가 더해졌다는 얘기가 된다.

하지만 그는 이러한 생각은 옳지 않다고 보았다. 오히려 본래 한 개의 단어(기호)는 한 가지 의미로 환원할 수 없는 유동적인 것으로, 그것이 우리 의식의 표층에 놓여 한 가지 의미로 고정화되는 것이다. 여기서 전자(표현)가 내포이며, 후자(내용)가 외연이 된다. 이때 한 가지의 표현(기호)이 다시 형식(표현)과 실질(내용)을 갖고, 내용 역시 형식과 실질을 갖는데, 이는 기호 표현 역시 일정한 어느 하나의 표현이나 내용을 갖는 것만은 아니라는 사고에서 비롯된다.